U0054415

旅遊文化

Travel and Culture

楊明賢◎著

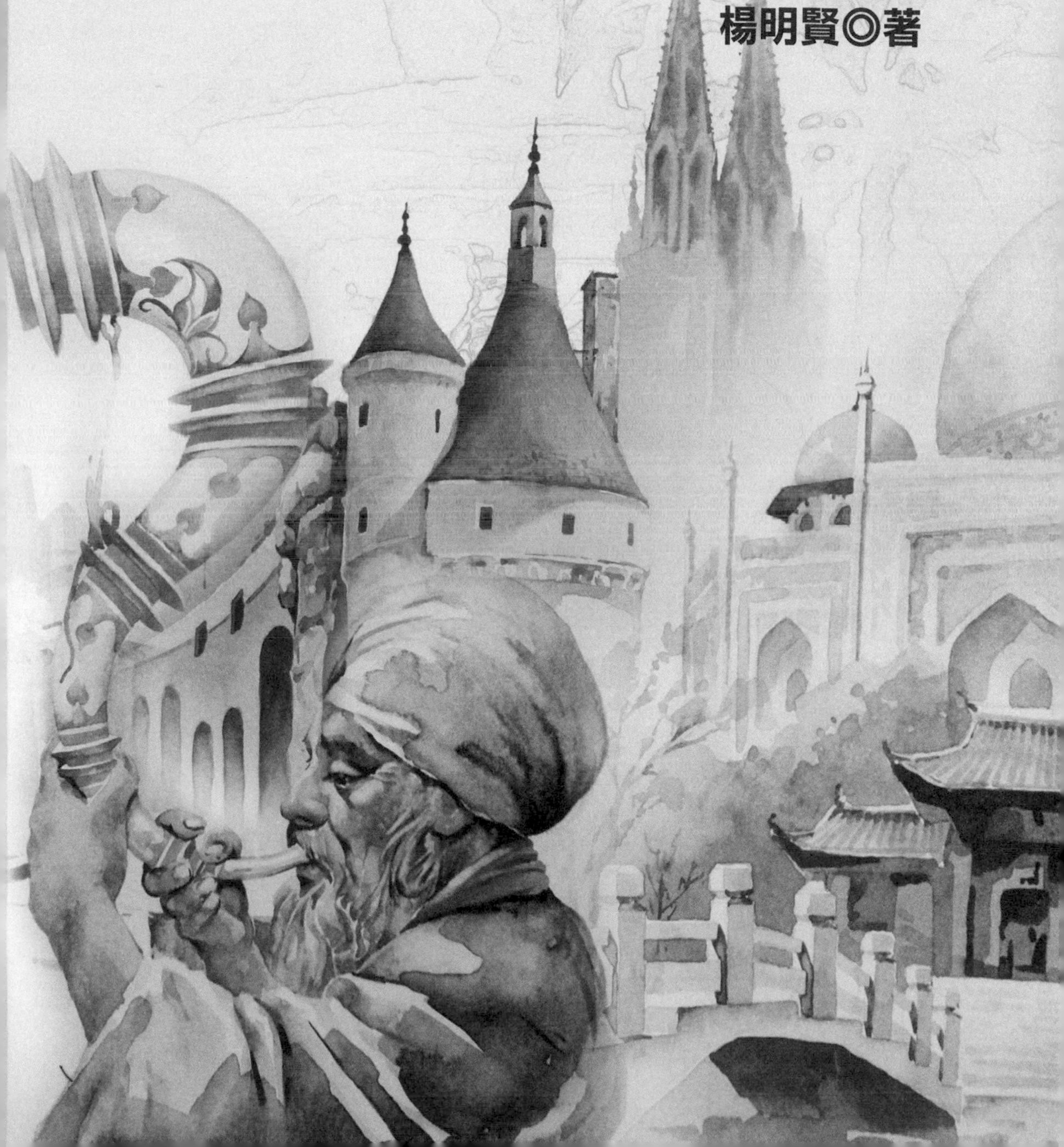

叢書序

觀光事業是一門新興的綜合性服務事業，隨著社會型態的改變、各國國民所得普遍提高、商務交往日益頻繁，以及交通工具快捷舒適，觀光旅行已蔚為風氣，觀光事業遂成為國際貿易中最大的產業之一。

觀光事業不僅可以增加一國的「無形輸出」，以平衡國際收支與繁榮社會經濟，更可促進國際文化交流，增進國民外交，促進國際間的瞭解與合作。是以觀光具有政治、經濟、文化教育與社會等各方面為目標的功能，從政治觀點可以開展國民外交，增進國際友誼；從經濟觀點可以爭取外匯收入，加速經濟繁榮；從社會觀點可以增加就業機會，促進均衡發展；從教育觀點可以增強國民健康，充實學識知能。

觀光事業既是一種服務業，也是一種感官享受的事業，因此觀光設施與人員服務是否能滿足需求，乃成為推展觀光成敗之重要關鍵。惟觀光事業既是以提供服務為主的企業，則有賴大量服務人力之投入。但良好的服務應具備良好的人力素質，良好的人力素質則需要良好的教育與訓練。因此觀光事業對於人力的需求非常殷切，對於人才的教育與訓練，尤應予以最大的重視。

觀光事業是一門涉及層面甚為寬廣的學科，在其廣泛的研究對象中，包括人（如旅客與從業人員）在空間（如自然、人文環境與設施）從事觀光旅遊行為（如活動類型）所衍生之各種情狀（如產業、交通工具使用與法令）等，其相互為用與相輔相成之關係（包含衣、食、住、行、育、樂）皆為本學科之範疇。因此，與觀光直接有關的行業可包括旅館、餐廳、旅行社、導遊、遊覽車業、遊樂業、手工藝品，以及金融等相關產業等，因此，人才的需求是多方面的，其中除一般性的管理服務人才（如會計、出納等）可由一般性的教育機構供

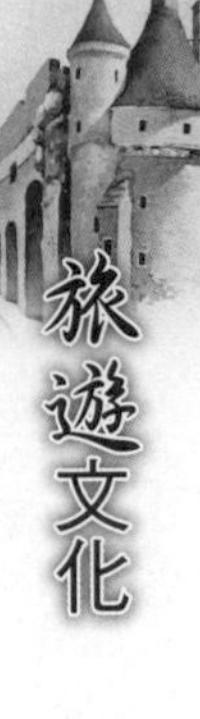

應外，其他需要具備專門知識與技能的專才，則有賴專業的教育和訓練。

然而，人才的訓練與培育非朝夕可蹴，必須根據需要，作長期而有計畫的培養，方能適應觀光事業的發展；展望國內外觀光事業，由於交通工具的改進、運輸能量的擴大、國際交往的頻繁，無論國際觀光或國民旅遊，都必然會更迅速地成長，因此今後觀光各行業對於人才的需求自然更為殷切，觀光人才之教育與訓練當愈形重要。

近年來，觀光學中文著作雖日增，但所涉及的範圍卻仍嫌不足，實難以滿足學界、業者及讀者的需要。個人從事觀光學研究與教育者，平常與產業界言及觀光學用書時，均有難以滿足之憾。基於此一體認，遂萌生編輯一套完整觀光叢書的理念。適得揚智文化事業有此共識，積極支持推行此一計畫，最後乃決定長期編輯一系列的觀光學書籍，並定名為「揚智觀光叢書」。依照編輯構想。這套叢書的編輯方針應走在觀光事業的尖端，作為觀光界前導的指標，並應能確實反應觀光事業的真正需求，以作為國人認識觀光事業的指引，同時要能綜合學術與實際操作的功能，滿足觀光科系學生的學習需要，並可提供業界實務操作及訓練之參考。因此本叢書將有以下幾項特點：

1.叢書所涉及的內容範圍儘量廣闊，舉凡觀光行政與法規、自然和人文觀光資源的開發與保育、旅館與餐飲經營管理實務、旅行業經營，以及導遊和領隊的訓練等各種與觀光事業相關課程，都在選輯之列。
2.各書所採取的理論觀點儘量多元化，不論其立論的學說派別，只要是屬於觀光事業學的範疇，都將兼容並蓄。
3.各書所討論的內容，有偏重於理論者，有偏重於實用者，而以後者居多。
4.各書之寫作性質不一，有屬於創作者，有屬於實用者，也有屬於授權翻譯者。

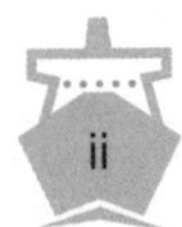

5.各書之難度與深度不同，有的可用作大專院校觀光科系的教科書，有的可作為相關專業人員的參考書，也有的可供一般社會大眾閱讀。

6.這套叢書的編輯是長期性的，將隨社會上的實際需要，繼續加入新的書籍。

身為這套叢書的編者，謹在此感謝中國文化大學董事長張鏡湖博士賜序，產、官、學界所有前輩先進長期以來的支持與愛護，同時更要感謝本叢書中各書的著者，若非各位著者的奉獻與合作，本叢書當難以順利完成，內容也必非如此充實。同時，也要感謝揚智文化事業執事諸君的支持與工作人員的辛勞，才使本叢書能順利地問世。

李銘輝　謹識

於文化大學觀光事業研究所

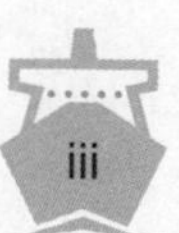

作者序

古人言：「行千里路勝讀萬卷書」，旅遊一直是人類夢想的目標；當我們無論是讀到《馬可波羅遊記》或《大唐西域記》等遊記時，心境常會隨著所經過的地方或所描述的景點而嚮往。世界各地的文明，亦藉由許多耳熟能詳的史事或故事流傳至今，如西方世界從希羅神話開始、特洛伊戰爭、布匿克戰爭、亞歷山大帝國、波斯帝國建立到基督教所建立的文明、地理大發現等；非洲地區則以北非埃及尼羅河文明最具代表；東方則以中國與印度為文明重心，其所產生的璀璨文化至今仍深遠的影響著亞洲各國；至於美洲地區亦有原住民文化的發展，無論是印加、馬雅、阿茲提克文化，即使大洋洲的島嶼也有其獨特的文化。隨著科技的發展以及資訊網絡的建立，距離縮短了，世界縮小了，探索各地文化的起源、現象與差異，不僅是學術上的探討，更成為旅遊最重要的動機。

個人近三十年來從事觀光旅遊教育，自2000年起更因進入地理學領域而對於觀光旅遊與文化地理的結合深感興趣；加上平日搜集與涉獵相當多與文化相關的資訊，無論是國家地理雜誌、世界遺產、國家公園、節慶活動、古代文明等資訊，或是國家地理頻道、旅遊探險頻道、國內各相關的旅遊節目等等；而在課堂上任教本課程亦近十年。有感於旅遊文化範圍相當廣泛，資料眾多，惜無統一的教材，因此自授課以來即自行編撰講義授課。期間，在台灣觀光學院李銘輝校長鼓勵、以及揚智出版社極力支持下，自四、五年前即積極整理相關資料，希望能夠撰寫《旅遊文化》一書。歷經五年時間，在架構與方向上進行多次的調整，同時，隨著網路與數位資訊的普及，內容更不斷的更新與修正，而在多方的協助下，終於付梓。

本書主要的架構分成總論與緒論二大部分：總論部分分三章，分別探討緒論（旅遊文化概述、內容意義及類型特徵）、世界文明（文

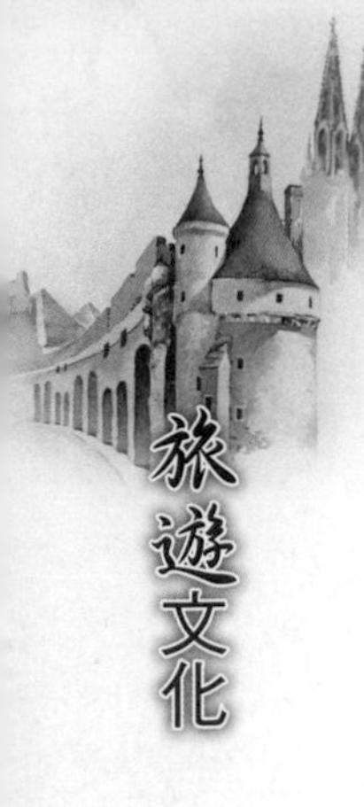

明的起源及各地文明起源與發展）、世界襲產與資源（世界襲產與奇景）；個論部分則分為八章，分別為：飲食文化、服飾文化、東方建築、西方建築與宗教建築、婚禮習俗、喪葬習俗、音樂舞蹈戲劇、繪畫與文學，同時就東西方或特殊的文化加以說明與闡述。

本書得以順利付梓，首先要感謝家人的支持，小惠及岳母細心照顧小孩，讓我得以專心編撰；雙親健康的身體亦讓我無後顧之憂；同時，就讀文化地理研究所博士班時的師生、景文科技大學各位師長以及觀光系與休閒系所有同學的協助資料整理與收集，是最後完成的關鍵；最後特別感謝台灣觀光學院李銘輝校長不斷的鼓勵，引領個人踏入旅遊文化的領域。也感謝揚智出版社范湘渝小姐的全力幫忙，從催稿、排版、編排到資料的查證等，傾全力協助。全書資料若有未盡完善之處，尚祈見諒，並予以賜教。

楊明賢

99.5.12

謹誌於新店景文休閒系

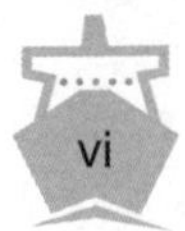

目錄

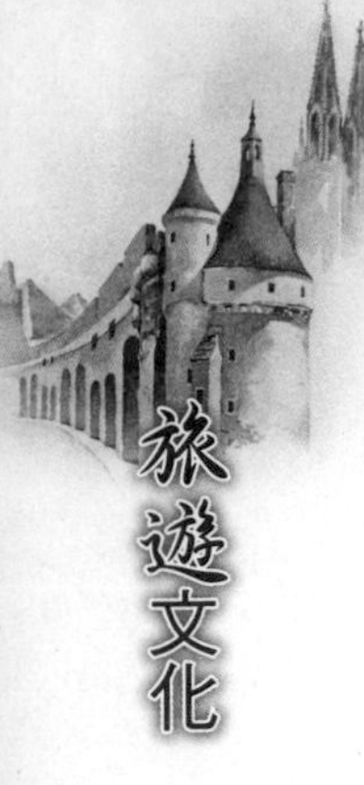
旅遊文化

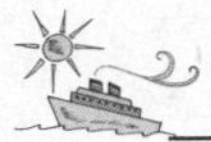

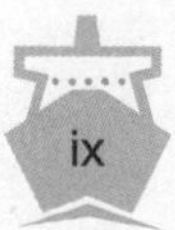

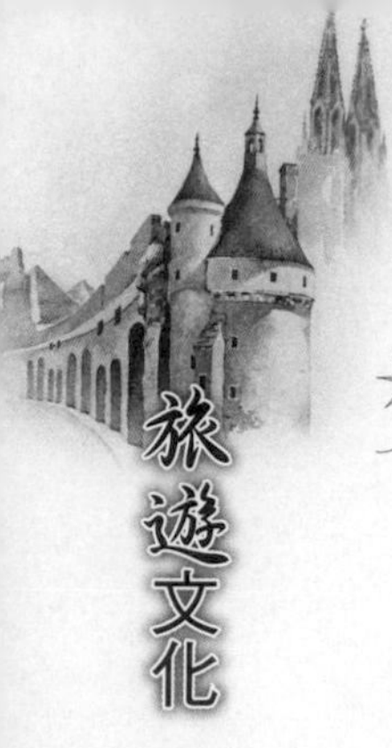
旅遊文化

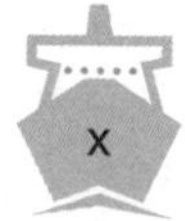

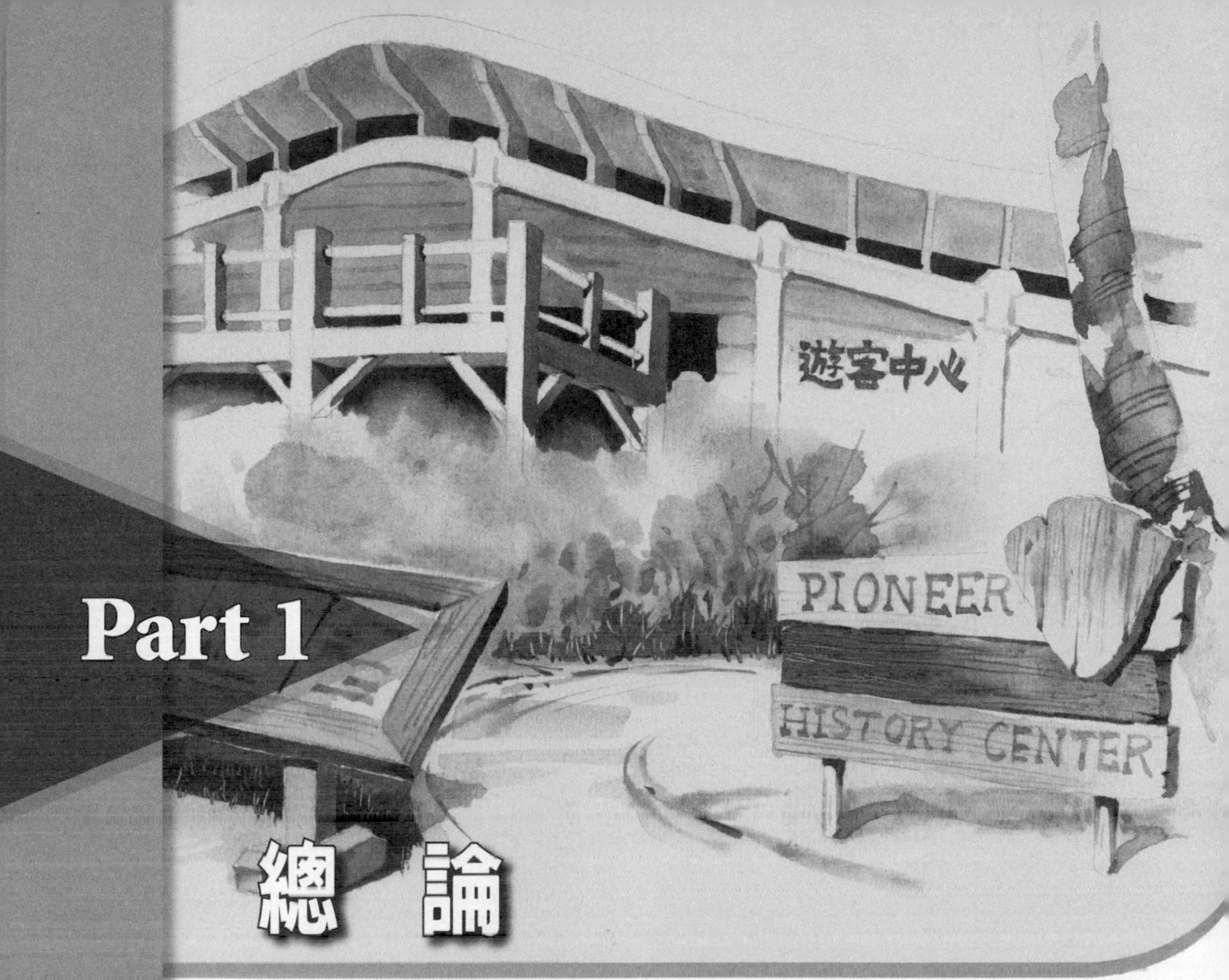

Part 1 總論

文化觀光的目的是為了增加見聞，體驗不同文化的旅遊，而旅遊文化主要是探討旅遊區域在文化上呈現的特殊性與獨特性，研究旅遊活動的現象、本質及規律的學科，除了自然保育之外，更重要的是環境教育，讓人們知道人類對於自然環境及其資源所採取的保育行動，得以維護基本之文化生態體系及其運作，保持遺傳物質的多樣性，聯合國教科文組織於1972年通過「保護世界文化和自然襲產公約」（Convention Concerning the Protection of the world Cultural and Natural Heritage），明定**世界襲產**（world heritage）為具有獨特價值的文化與自然襲產，是大自然和人類留下的襲產，也是全人類的共同財富。**旅遊文化**（travel and culture）作為永續發展的一種旅遊形式，不僅滿足了人們尋幽訪古和感受自然的渴望，還促進了全球性的文化交流。在全世界掀起了一股世界襲產旅遊熱，文化旅遊也逐步成為旅遊中的焦點。

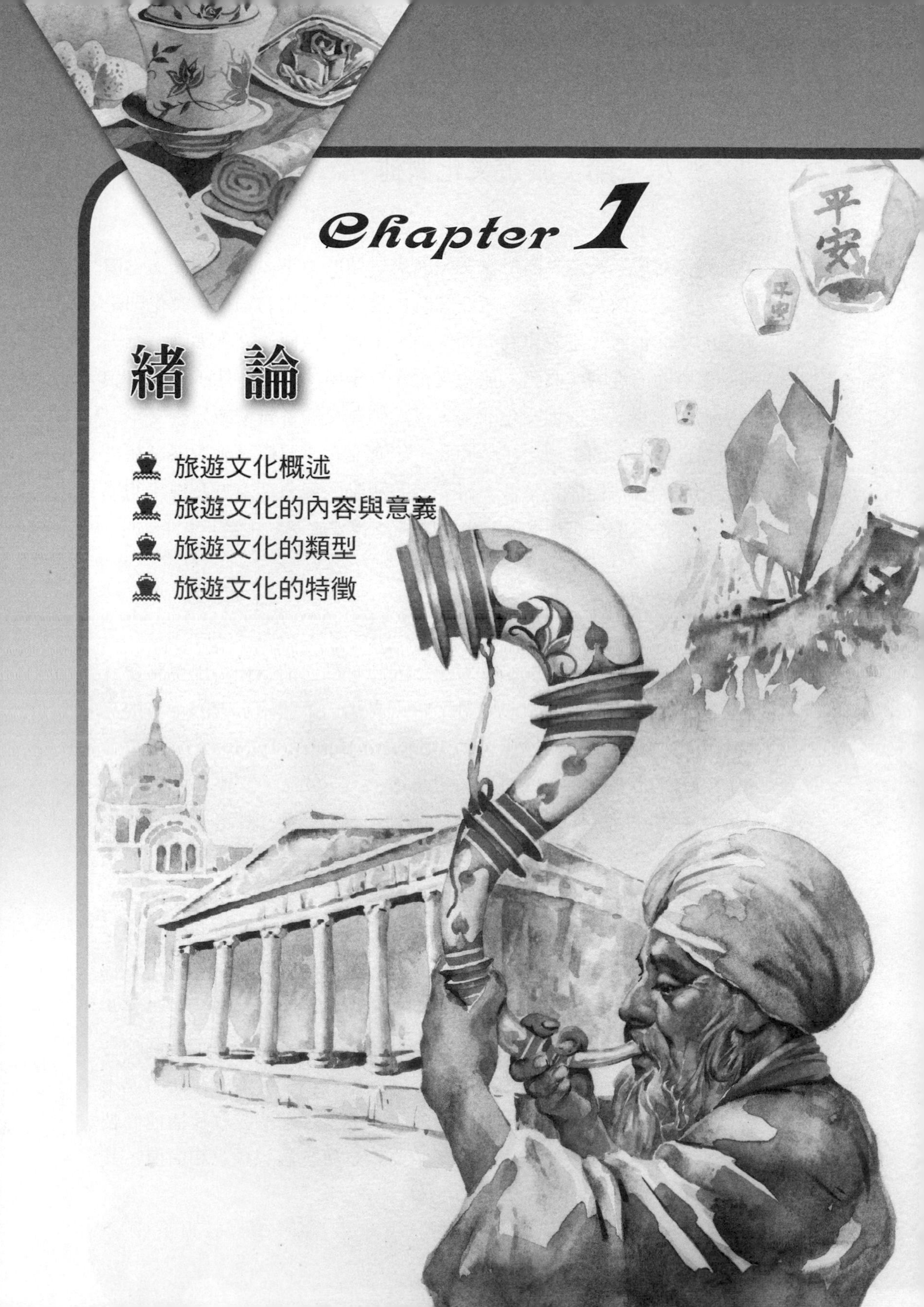

Chapter 1

緒　論

- 旅遊文化概述
- 旅遊文化的內容與意義
- 旅遊文化的類型
- 旅遊文化的特徵

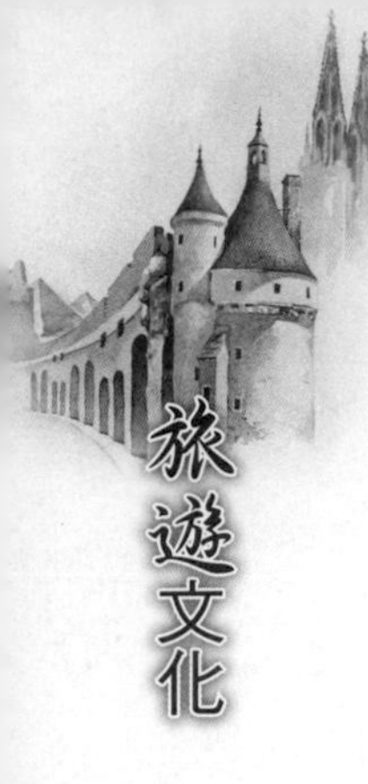

第一節　旅遊文化概述

觀光旅遊業被認為是21世紀發展最迅速的產業，為具有高文化價值與綜合經濟效益的產業。旅遊同時也是傳遞文化的過程，文化則是旅遊的核心。觀光旅遊作為一種自由、主動、積極的文化活動，為一種心靈層次的體驗與收獲。**旅遊文化**作為全新的文化型態，揭示了旅遊活動在本質上是一種文化活動，是人們為接觸各國家或民族文化上的差異性所從事的學習之旅。因此，旅遊文化主要探討旅遊區域在文化上呈現的特殊性與獨特性，研究旅遊活動的現象、本質及規律的學科；而文化觀光在此背景下，也象徵成為觀光旅遊的主流。

一、旅遊與文化

由於「文化」涉及的範圍廣泛，因此直到目前為止，出現許多針對「文化」一詞所下的定義。最早將「文化」下明確定義的，首推英國人類學家愛德華·貝納·泰勒（Edward Burnett Tylor, 1832-1917）於1871年出版的《原始文化》（*Primitive Culture*）一書，並指出：「從人類學的觀點來看，文化或文明是一個複雜的整體，它包括知識、信仰、藝術、倫理道德、法律、風俗，和作為一個社會成員透過學習而獲得的任何其他能力與習慣。」美國文化人類學家克羅伯（A. L. Kroeber）和克拉克洪（C. Kluckhohn）就「文化」一詞，在其1952年所著的《文化：一個概念定義的考評》（*Culture: A Critical Review of Concepts and Definitions*）一書中，列出了超過一百多種文化定義。這兩位學者在經過分析評估後，最後針對「文化」一詞下了一個綜合定義：「文化存在於各種內隱的和外顯的模式之中，借助符號的運用得以學習與傳播，並構成人類群體的特殊成就，這些成就包括他們製造物品的各種具體式樣；文化的基本要素是傳統思想觀念和價值，其

中尤以價值觀最為重要。」從上述的「文化」定義論述中，可以發現其中都有個共通點，即是在這些論述中都點出「文化」與人類生活息息相關，它可以只是一件人類創作結晶的藝術品，也可以是一個整體的總稱，其中包含有知識、信仰、宗教、道德及價值等。

文化大致可以劃分為三種層級：(1)並行文化（paraculture），指的是特定社會的文化，其中包含適用於整個社會的標準、規則以及習俗；(2)團體文化（group culture），指的是一個特定團體的文化，此文化內同樣有適用於特定社會中某個團體的標準、規則以及習俗；(3)個人文化（individual culture），指個人所建立的標準、規則以及習慣。**文化差異性**（cultural differences），指的是每種文化都有其特殊性，藉由相對照後所發現的不同處，這些特殊性即由所謂的「文化特徵」（cultural specificity）所組成，因而使得與其他文化間有了差異性。

若以並行文化的角度分析「文化特徵」，則主要是由十項特徵所構成：

1.民族性（natlonal character）：一國家內絕大部分人民所擁有的同樣性格。

2.感知（perception）：由於每種文化所著重的焦點不同，導致會用各種不同的方式看待這世界。

3.時間概念（experience of time）：每種文化對於時間觀念不盡相同，如臺灣人較喜歡回憶過往，而美國人相對上則較注重於眼前以及未來的時間。

4.空間概念（spatial experience）：如臺灣人與陌生人接觸時，習慣保持距離，而熱情的拉丁美洲人則是習慣擁抱人。

5.思想（thinking）：西方人較注重邏輯且為直線式思考，而東方人則反之。

6.語言（language）：語言是文化的載體，各個不同的文化藉由語言來呈現其特色。

7.非語言溝通（nonverbal communication）：每種文化對於同一表情、動作或手勢等都有不同的解讀。

8.價值取向（value orientation）：價值的取向會影響某個文化對於某種事物的評價，例如守時的觀念，有些文化認為守時是一種禮貌，但有些文化則不這麼認為。

9.行為模式（behavior pattern）：每種文化的風俗習慣、規則或是禁忌都可歸類於行為模式中。

10.社會團體與關係（social group and relationship）：東方社會較注重團體，西方社會則強調個人。

文化具有民族性和地域性分布的空間特徵和時代特徵；不同民族、地域和時代的人們所創造的文化具有不同的類型和特點，從而形成了不同的民族文化、民俗風情文化與歷史文化。

旅遊作為社會文化活動，是人類所特有的一種生活方式；是由旅遊者、旅遊資源和旅遊業所組合而成。事實上，旅遊活動原本就帶

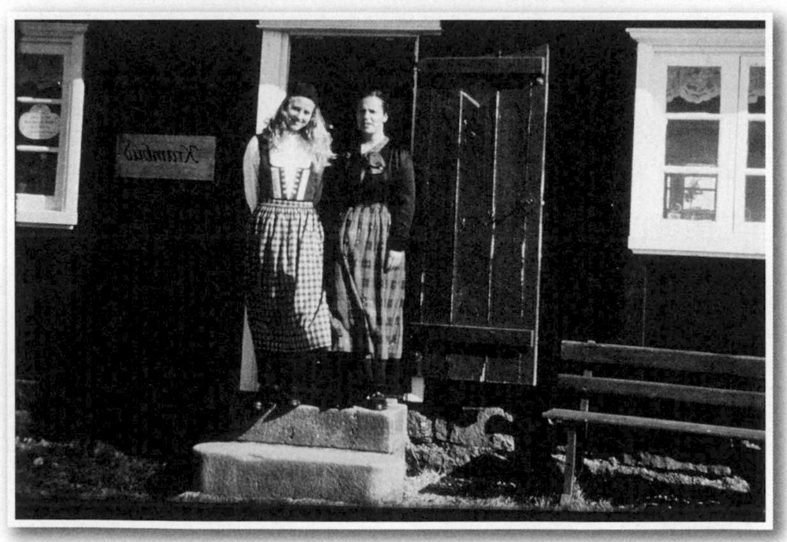

文化因民旅性與地域性等的差異，形成了不同的民俗風情特色（圖為北歐少女的傳統服飾）

有自由性、開放性和探索性等的文化內容色彩。旅遊活動自人類文明發展以來，即為人類社會生活的一項重要活動，如中國古代帝王巡遊天下、文人遊歷山水和高僧雲遊四海，及西方中世紀旅行家的商務之旅、現代探險家的環球旅行等等，都與旅遊活動密切相關。

文化與旅遊關係緊密，不可分割。文化是旅遊資源的基本內涵，文化是旅遊產品的根本屬性。旅遊作為一種特殊的生活方式，主要在於滿足遊客高層次的精神需求和文化享受，而旅遊文化則揭示了旅遊活動本質上是一種文化活動。

二、旅遊文化的定義

旅遊文化（travel and culture）是研究旅遊活動過程中文化的現象、本質及其規律的學科。旅遊文化既有旅遊的綜合性，又有文化的延續性，是旅遊與文化的一種深層次的結合，也是旅遊活動中所創造的專門文化，是旅遊業的核心。旅遊文化的內容十分廣泛，凡是人們在旅遊活動體會自然與社會發展過程中所形成的價值觀念、行為模式、物質成果、精神成果和社會關係的總和，都可歸納入旅遊文化的範疇。旅遊文化的形成是旅遊活動發展的結果，是旅遊者、旅遊資源和旅遊介體相互作用的結果。

按照旅遊的基本要素，旅遊文化可劃分為三部分：

1.旅遊主體文化：即與旅遊者的思想概念、心理特徵、行為方式有關的文化。旅遊者是旅遊活動的主體；旅遊主體文化具有核心地位。

2.旅遊客體文化：即與旅遊資源有密切關係的文化，是作為旅遊對象的文化事務與現象，包括人文景觀文化、自然景觀文化、旅遊宗教文化、民俗文化、旅遊藝術文化、聚落文化、建築文化、園林文化等。旅遊客體，即旅遊資源，是旅遊活動的物質基礎。

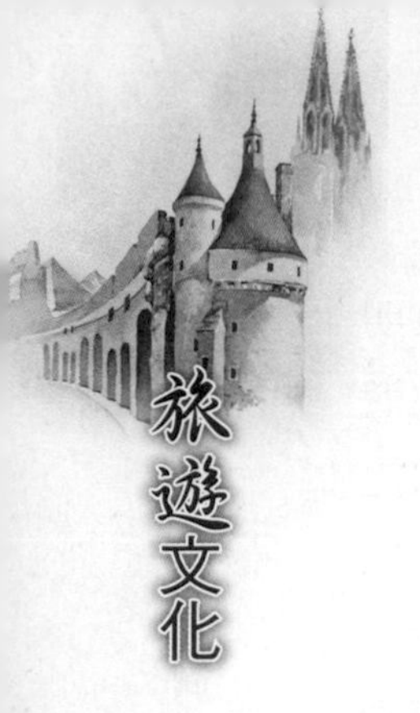

3.旅遊介體文化：即在旅遊活動中聯繫旅遊主體與旅遊客體，擔任中介體作用的文化（旅遊介體，即旅遊業），包括旅遊企業文化、旅遊商品文化、旅遊服務文化、旅遊管理文化、旅遊文化教育、旅遊導遊文化、旅遊政策和法規等。

由文獻中可以發現，旅遊文化所探討的內容主要包括：旅遊心理學、旅遊社會學、旅遊哲學、旅遊美學等領域。旅遊文化的研究，較多集中在如何吸引大量的旅遊者、如何實現令旅遊者滿意的企業管理與服務、如何提高經濟效益、如何提升旅遊產品的文化品位等方面。

三、旅遊文化的發展

1970年代開始，人們對旅遊文化概念有了認識，並開始將文化旅遊作為一個特殊的旅遊產品來開發。隨著聯合國教科文組織於1972年通過「保護世界文化和自然襲產公約」，世界襲產委員會於1978年公布了首批共十二項的世界襲產，世界旅遊自此進入了一個多元化發展的階段。

世界襲產旅遊以其獨特的魅力為國際旅遊業提供新的契機。**世界襲產旅遊**作為永續發展的一種旅遊形式，不僅滿足了人們尋幽訪古和感受自然的渴望，還促進了全球性的文化交流。在全世界掀起了一股世界襲產旅遊熱，文化旅遊也逐步成為旅遊中的焦點。

世界襲產，指具有獨特價值的文化與自然襲產，是大自然和人類留下的襲產，也是全人類的共同財富。世界襲產分為**自然襲產**、**文化襲產**、**混合襲產**和**文化景觀襲產**；此外，還包括**非物質文化襲產**。

1992年12月召開的聯合國教科文組織世界襲產委員會第16屆會議，提出將「文化景觀」納入《世界襲產名錄》。自此，「自然與人類的共同作品」的文化景觀，開始成為世人關注的焦點，並促進了旅遊文化的發展。

21世紀是一個國際化、本土化、生態化、科技化和市場化的時代。文化蘊藏着巨大的經濟潛能，也成為人類生存發展的精神支柱。在這樣的時代背景下，全球旅遊呈現出多樣化、多中心化的發展趨勢。旅遊文化在旅遊產業中將起到越來越重要的作用。

第二節　旅遊文化的內容與意義

旅遊文化是旅遊與文化的一種深層次結合，是一門新興學科，是旅遊業實現永續發展的原動力。其作為全新的文化形態，揭示了旅遊活動本質上是一種文化活動，是從文化方面研究人類旅遊活動發展規律的學科。

一、旅遊文化的內容

依據北京大學孫克勤教授所編之《世界旅遊文化》一書中，旅遊文化的研究內容可分為下列三個部分：（孫克勤，2007）

1.精神文化：指旅遊者的思想概念、行為模式、審美標準、文化素質、生活方式、消費水準等。

2.物質文化：指具有一定空間和一定形態的文化物質實體，如聚落、建築物、宮殿、園林、廟宇、考古遺址、橋樑、造像、碑刻、雕塑等人文和自然景觀。

3.非物質文化：指人類世代相承的各種傳統文化表現形式和文化空間。其形式包括語言、文學、音樂、舞蹈、遊戲、民俗、節慶、禮儀、手工藝、建築藝術及其他藝術。

旅遊文化的研究內容，實際上就是以旅遊主體、旅遊客體、旅遊介體之間的相互關係為基礎進行研究，其內涵十分豐富，延伸也

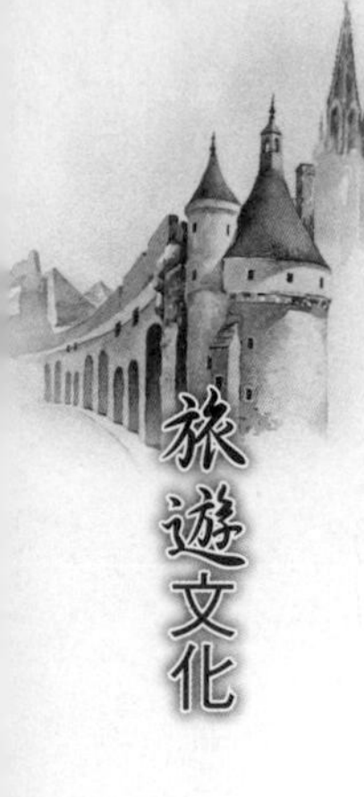

相當廣泛，研究範圍既涉及旅遊者自身的文化素質、興趣愛好、行為方式、思想信仰等旅遊主體文化領域；也涉及人文景觀文化和自然景觀文化的旅遊客體文化領域；同時也涉及旅遊業的企業文化、管理文化、教育文化、服務文化、商品文化、導遊文化、政策法規等旅遊介體文化。

旅遊文化是一門綜合性學科，涉及多種相關知識體系和多種學科方法的應用。旅遊文化研究需藉助文化學、歷史學、民俗學、心理學、地理學等其他學科中所使用的方法，主要包括：理論分析法、實地調查法、文獻考證法、比較研究法和統計學方法。

二、旅遊文化的意義

無論是人文旅遊資源還是自然旅遊資源，吸引旅遊者的動機必須具有獨特的民族或地方文化內涵，滿足人們對史學、文學、藝術、美學等方面的不同需求。旅遊文化是一個地區旅遊業保持自身特色的決定性因素，具有地域性、民族性、時代性等特點。

旅遊的本質屬性所賦予的文化內涵，可具體表現在：

1.旅遊是人們學習和求知的廣闊天地：旅遊資源是旅遊活動中觀光的對象，蘊藏著博大精深的精神文化內涵，可以成為人們認識和學習的對象，又可以提高人們對自然和社會的學識水準。

2.旅遊促進了科學考察、學術交流與文化往來：現代旅遊的興起和發展，促進國家和地區之間的文化與科技的交流，推動文化和科技前進；另一方面也加深世界各國人民的友好往來，增進彼此間的友誼。

3.旅遊是一種自由、主動、積極的文化活動：旅遊是一種高層次的愉悅的精神享受。過去，西方旅遊者喜歡到熱帶海濱去休閒度假。“3S”——陽光（sun）、大海（sea）、沙灘（sand）

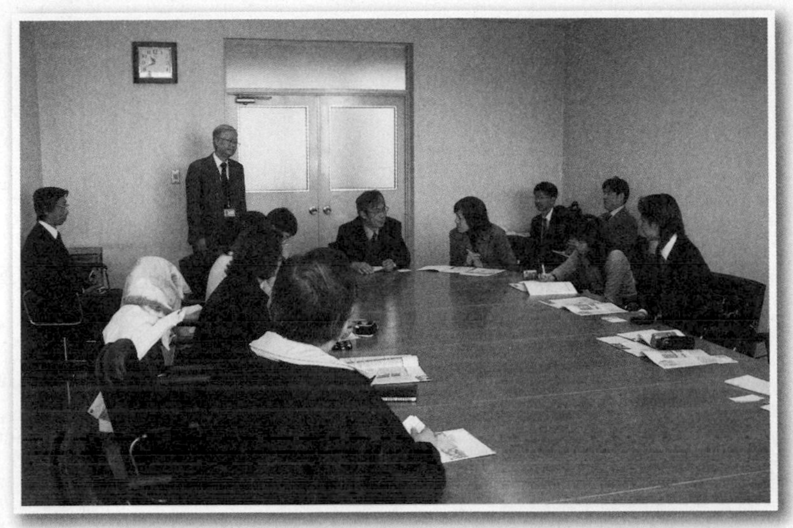

旅遊促進了科學考察、學術交流與文化往來，如兩岸間的學術文化交流

作為最具吸引力的旅遊目的地，隨著生態旅遊的開展、遊客環境意識的增加，旅遊熱點也從"3S"轉向"3N"，即到大「自然」（nature）中，去緬懷人類曾經與自然和諧相處的「懷舊」（nostalgia）情結，使自己在融入自然的過程中進入「涅槃」（nirvana，佛教中超越一切煩惱的境界）——這一最高的精神境界。

4.旅遊是藝術的享受和審美意識的昇華：旅遊是一種精神生活，這種精神生活是透過美感享受而獲得的。因此，從這一角度來看，旅遊是一種審美活動。旅遊可以培養旅遊者的審美情趣、增強旅遊者的審美意識、豐富旅遊者的審美經歷，以不斷提高旅遊者審美水平。從文化旅遊中，人們可以汲取經驗、增長知識、豐富生活。透過對構成歷史遺跡要素，如歷史聚落、古人類遺址、考古遺址、古典園林、古建築、石刻石碑等的觀賞，可以瞭解一個民族的文化，得到美的享受。

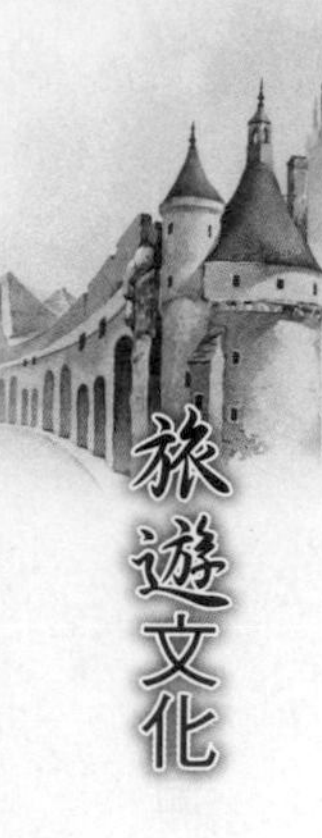

第三節　旅遊文化的類型

旅遊文化是探索旅遊資源中文化的相關主題，從另外的層面來看，以文化項目作為旅遊目的或主題者，則可將之視為文化旅遊或者是文化觀光。Richards（2002）曾提及，文化旅遊是一個難以去定義的觀念，部分的原因來自於它的範圍太大，不僅如此，光是"culture"一詞就有很多可能的意義。因此解釋cultural heritage tourism時宜將兩者同時納入並賦予意涵。而在實務上，有些旅遊參觀的內涵確實需結合文化與襲產兩方面，才有參觀的價值。在旅遊研究上，"heritage tourism"一般聯想為古蹟旅遊；"cultural tourism"則為文化旅遊；如硬要區分兩者的差別，前者一般指有形標的物體，如廟宇、宮廷、古建築物、歷史街道；後者則較偏重於文化現象的體驗，例如原住民藝術、慶典、舞蹈、音樂。以下僅就文化觀光型態作區分：

一、襲產型文化旅遊

襲產型觀光旅遊隨著教育與文化素養的提昇，已逐漸受到重視。文化襲產經營管理比起一般觀光管理更為複雜，主要是因其涉及到古蹟保存與維修的層面。**襲產型文化旅遊**相當重視文化資產的保存維護與造訪人次流量的控制，避免遺跡因大量觀光人潮而毀損；因此從參與者的行為來看，文化旅遊比起一般性的觀光旅遊多了文化資產維護與保存的概念，當然民間團體與非政府組織角色的介入，更突顯了社區居民在此所扮演角色的比重。

在所有文化旅遊型態中，以襲產型文化旅遊最具代表性，舉凡所有類型的文化旅遊都脫離不了襲產旅遊的型態。此即因為襲產是人類發展文明中，所創造出來的活動內容總稱：無論是思想、教育、社

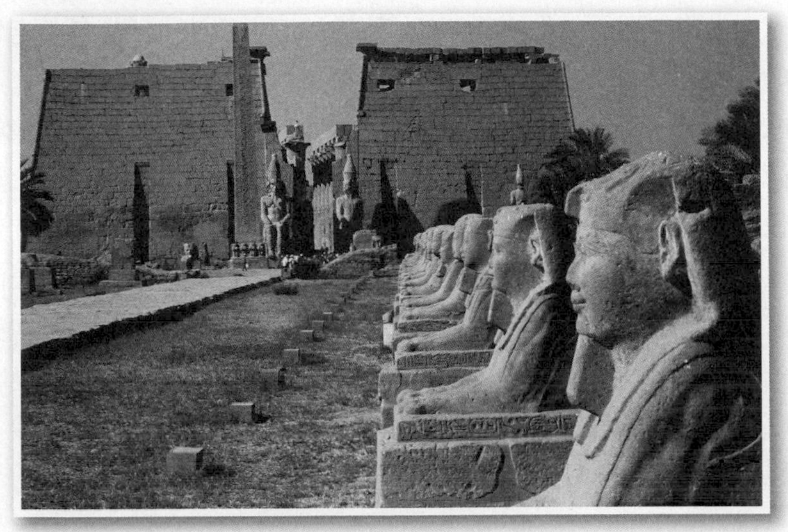

文化旅遊型態中以襲產型文化旅遊最具代表性（圖為埃及古神殿遺址）

會、經濟、宗教等等，均為文化的一環。同時，所具體展現的可見文化即以建築為主；無論是早期歷史發展所遺留下來的世界重大襲產與建築物，包括萬里長城、金字塔、馬丘比丘遺址、萬神殿、東西方重要的宗教建築等；或者近代在世界各區域因其地理環境或特殊時代背景、人物所創造或興建的聚落、社區、建築等等，均是文化觀光中最重要的角色。也因此世界各國無不以擁有普世價值的文化襲產為榮，同時也將其列為重要的旅遊資源；所呈現的項目則包含了建築物遺址、建築群、據點以及城鎮等等。

二、事件型文化旅遊

事件型文化旅遊，主要是指人們為某一特定的文化議題或目的所從事的旅遊活動。例如參加文化節慶，此類型可以在短時間內帶來大量的觀光流量與成果。世界上各大主要的節慶活動，均有其深遠的歷史背景以及特殊重要的意義，目前所包含的內容中主要可分為：民俗節慶活動、宗教節慶活動以及住民節慶活動。

所有事件型的文化旅遊必有其特殊的歷史情節，或者是整合地區性的觀光資源加以發展。例如威尼斯每年進行的面具嘉年華會、亞維儂的藝術節，西方宗教中最重要的感恩節、耶誕節、復活節等節慶，不僅呈現出宗教意義也造就了旅遊的意涵。而歷史的史蹟在文化旅遊中也扮演重要角色，例如美國在其國家公園系統分類中，歷史性資源即包括了國家史蹟區、國家紀念物、國家軍勳公園、國家戰役公園、國家戰役遺蹟、國家戰場及國家公墓等等；當中最主要的即是在美國歷史上各種戰役所留下的紀念。而在旅遊的發展上，除展現歷史事件的原貌外，也以角色扮演或歷史劇等解說導覽方式來重現原事件，以達觀光與教育的目標。

三、學習型文化旅遊

學習型文化旅遊，通常指那些從事表演藝術與視覺藝術等活動的旅遊。例如文化展演空間，如博物館、美術館、主題館等兼具娛樂、美學與教育性質。從事此類活動的旅遊者通常都期待在參與過程中得到成長，或對某件事物有更深入的認識與瞭解；具有強烈主動學習的意涵，透過觀摩其他文化的優點從中學習成長。

世界上最著名的博物館與展覽館，有許多在建築本身即具備文化襲產的價值；無論是倫敦的大英博物館、法國巴黎的羅浮宮、凡爾賽宮、美國的大都會博物館、中國與臺灣的故宮博物館，不僅僅是世界文物珍藏所在，其在建築上也極具普世價值。從巴黎的三大博物館可以瞭解不同時期的藝術珍藏，羅浮宮呈現的不僅是歐洲西方的文物，更包括法國在最強盛時期從世界各國所掠奪的文物，包括埃及和中國等；奧塞美術館展示的則是18世紀開始以印象派為主的藝術作品；龐畢度藝術中心以新世紀藝術創作為主。同時，世界上著名的歌劇院本身在建築風格上也具有獨創的風格與價值，例如澳洲雪梨歌劇院、米蘭歌劇院及巴黎歌劇院等。

四、宗教型文化旅遊

宗教型文化旅遊，主要是指參觀宗教聖地參與宗教儀式的旅遊活動，是最古老的旅遊型態。教徒為了宗教上的寄託與滿足，不惜千里跋涉前往宗教聖地；一般而言，此類旅遊市場並無法從信教人士中尋求擴展，因為宗教信仰的市場變動不大，唯一能擴充的是以宗教慶典為主的觀光，但是此類型的文化旅遊，又與事件型觀光有部分重疊之處；這是因為許多事件型旅遊的緣起，也都是從宗教信仰中得到啟發或延伸。

世界上著名的宗教聖地往往也是遊客最多的地區，或許有許多人會將從事宗教活動與觀光旅遊進行切割，但不可否認，宗教旅遊是世界上最重要的觀光旅遊活動之一。無論是梵諦岡（Vatican）、耶路撒冷、麥加、拉薩每年均湧進數千萬或數億的信徒，而中國宗教信仰

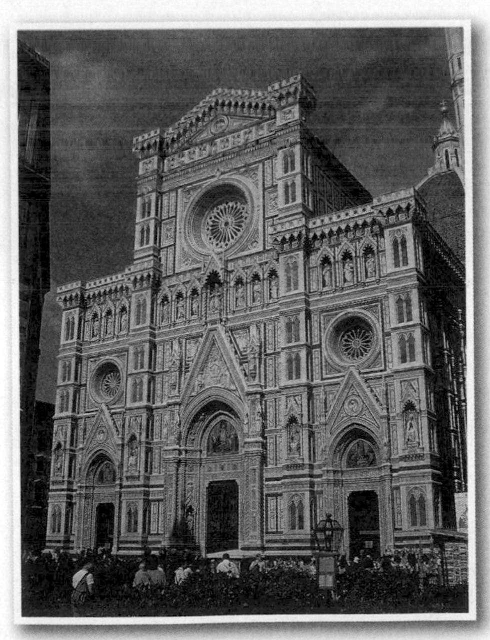

宗教型文化旅遊是最古老的旅遊型態（圖為佛羅倫斯聖母百花教堂）

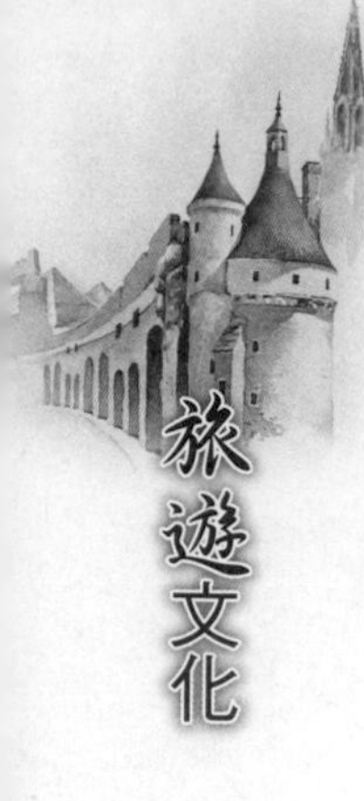

中的佛教四大名山、道教四大名山也都吸引無數的信眾參訪；同時，各宗教信仰的中心，無論是基督教、天主教的教堂、伊斯蘭教的清真寺、佛教的寺廟等，不僅有宗教上的象徵意義，更有建築上不凡的襲產價值，故宗教文化旅遊亦脫離不了襲產文化旅遊。世界上最著名的宗教建築，包括：梵諦岡的聖彼得教堂與廣場、威尼斯聖馬可大教堂、米蘭大教堂、德國的科隆大教堂；西班牙伊斯蘭教的哥多華大清真寺、印度泰姬瑪哈陵、西班牙格瑞那達阿罕布拉宮（Alhambra）、土耳其的藍色清真寺；代表印度教與佛教建築藝術的桑奇佛塔（Sanchi）、吳哥遺址、婆羅浮屠以及泰國的蘇可泰（Sukhothai）古城等均為代表各宗教最重要的建築。

第四節　旅遊文化的特徵

文化具有民族性和地域性分布的空間特徵和時代性特徵，不同民族、地域和時代的人們所創造的文化各有特點，從而形成不同的民族文化、民俗風情文化和歷史文化。旅遊文化具有一般文化形態所有的共同屬性，而作為一種有別於其他文化型態，旅遊文化又有其自身的內涵特質，如旅遊文化具有明顯的地域性、民族性和時代性特徵。

一、旅遊文化的地域性

文化的地域性也就是文化的地域差異性，或稱文化的地方性。不僅表現在東西方文化之間，不同的國家具有不同的文化背景、風土人情與生活習俗，就是在一個國家內部，也有文化差異存在。

地域性是地理環境在空間上表現出的差別。因此，地理環境在空間分布上的差異，必然導致旅遊資源在空間上的差異，使具有明顯的區域性特徵。如從世界範圍看，中國是傳統的東方文化代表，美國以現代文化為代表，法、德、意等歐洲國家則代表了多元文化。

二、旅遊文化的民族性

文化的民族性是指具有共同語言、共同地域、共同經濟生活，以及表現於共同文化上的共同素質的人。每個民族都生活在特定的自然和社會環境中，不同的環境造就了不同的生產和生活方式，形成了不同的語言、文字、藝術、道德、風俗習慣及物質成果等，構成了不同的民族文化。

文化的民族性影響著人類行為活動的各個方面，也對旅遊活動產生的直接誘因。

三、旅遊文化的時代性

文化既是在特定的空間中產生和發展起來的，也是在特定的時間內創造與生長的。在不同的社會歷史發展階段，文化的內容和功能是有所差異的。人類文化進化的不同層次，是構成世界文明多樣性的原因之一；同時，**文化的時代性**也是旅遊活動產生和發展的原因。隨著時代的變遷，傳統文化與現代文化之間的相互碰撞和融合，也會打破舊有的文化傳統，進而形成新的文化類型。

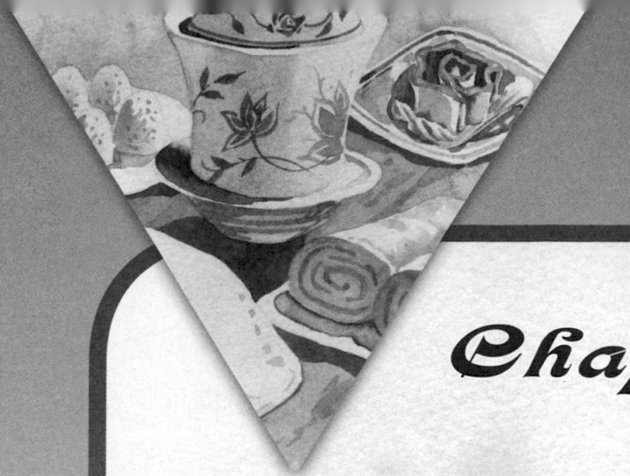

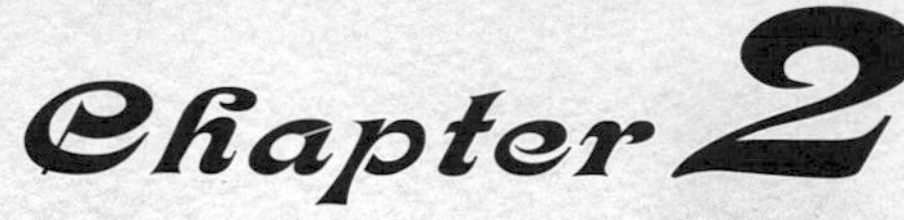

世界文明

- 世界文明的起源
- 世界各地文明的起源與發展

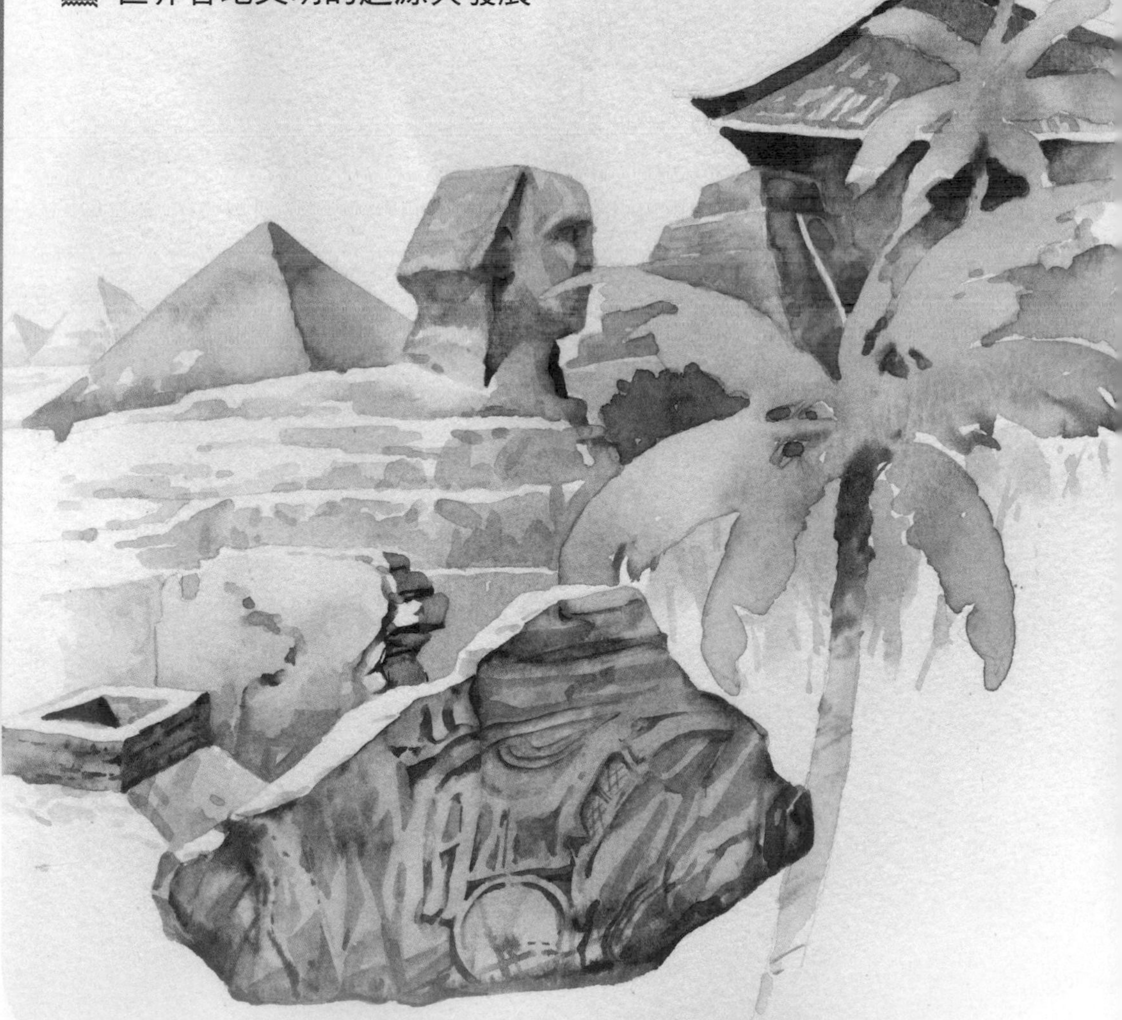

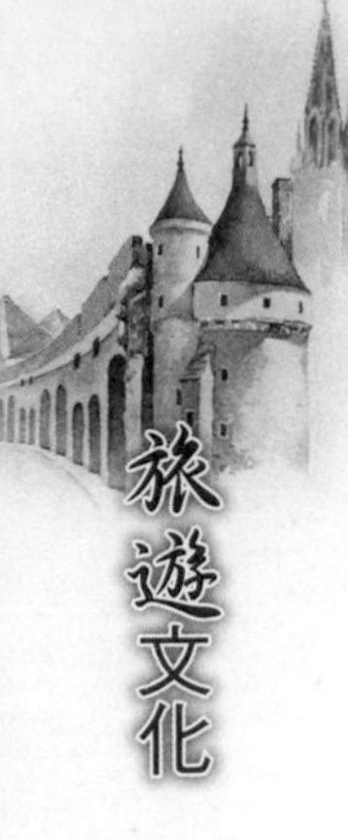

人類文明的發展是不斷延續呈現。就時間而言，或可劃分為古代、近代、現代等不同的階段；就空間而言，除簡化為東方與西方外，在每個區域中，又因時空的交錯，綻放出各個璀璨的次文明或文化。當然，文化與文明的產生有其時空背景，更受到自然環境與地理區位種種條件的限制與影響。而現今對於古代歷史文明的考證，在有文字記載的地區可從遺留的文獻中加以瞭解與探討，而在文字發明以前或者是文字已遺失的地區，則僅能藉由考古的遺跡與發現加以推論，其真偽性則值得商榷。本章中先略述文明的起源，並依照區域概述世界各地主要的古文明起源。

第一節　世界文明的起源

關於文明的起源，眾說紛紜，目前為世人普遍接受的條件為人類開始有定居的行為，聚落的產生，而漸漸形成團體及群居的型態，當中最關鍵的條件即為農業的產生。就地理條件因素而言，世界最早的古文明，一般均以美索不達米亞、印度、埃及和中國為四大古文明發源地。隨著人類的遷徙及文明的演進，亦創造出各地的文明。對於人類究竟於何時且透過何種途徑取得農耕技術，又在何種情況下開始定居生活，有不同的說法；其中一種主張是受自然環境的變化所致。根據此說法，在西元前8000年以前，世界各地都擁有茂密森林與豐富的水源，人類順應自然而生，同時以狩獵及採集為主；後來由於氣候變遷，土地變乾燥，森林範圍緊縮，自然環境改變，人們只好開始遷徙，住在尼羅河、底格里斯河、幼發拉底河等河畔區域，於是農業開始誕生。由於環境改變，不易再到處遷移授獵與採集，因此開始定居並形成聚落。

根據美國考古學家布雷德伍德（Braidwood）自1948年開始，於現今伊拉克東北部的薩克洛斯山附近丘陵地帶的耶莫遺跡發現，在此地有一座寬90公尺、深140公尺、面積約1.3公頃的聚落。據推測在此聚落約有150人，同時所挖掘出來的陶製品與石器，可以確認耶莫人的生存年代為陶器文化時代至使用陶器的新石器時代。在此遺跡最重要的發現為碳化的小麥種子與大麥種子。在人類採集時代，麥類種子應屬野生，自生自滅，然而被發現的種子與野生的構造不同，因此可見耶莫人也開始播撒麥種並栽培。此一發現亦讓原先認為西元前4500年左右尼羅河附近發現最古老的農耕聚落遺跡，足以再往前推論二千多年。同時，耶莫遺跡中也發現了羊的骨頭，且骨頭較野生的羊為小；由此亦可推論羊在此時可能已家畜化，且成為食用的動物。當時除了美索不達米亞外，東從伊朗的高原地帶，西至黎巴嫩的海岸地帶，其自然環境皆與耶莫地區相同，也誕生類似農耕的聚落。而聚落間的交流發展與融合，也就形成了古代的文明。

一、農業的起源

農業包括作物的栽培和動物的飼養，我國著名的地理學家張鏡湖博士認為，就農業的興起，其發展可以分為三個階段：（張鏡湖，1987）

1.動植物最初的馴化階段：遠古人民常馴化植物，但未能妥善養育，而且規模極小。
2.原始農業階段：此階段耕作和畜養已略具規模，考古的遺物足以證明，除了植物的殘株種子和動物的遺骸外，還有農具、器物和農田房舍的建築等。
3.農業經濟階段：這個階段人類正式進入農業經濟的社會，至少有一半以上的糧食，取之於農產品，此時採集與漁獵已退居次要地位。

作物可以分為**種子作物**和**綠體栽培作物**兩大類，深受氣候的長短

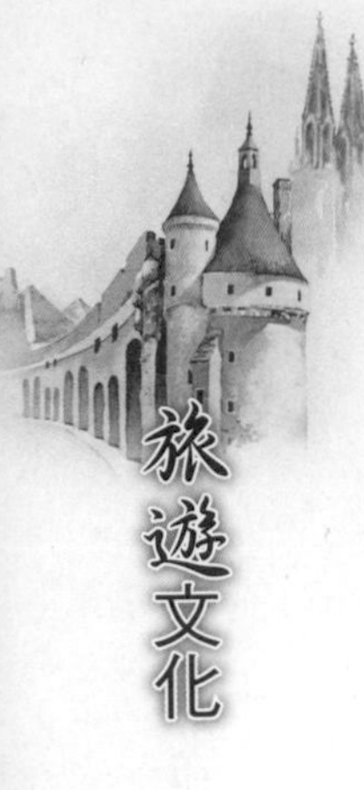

所影響（如潮溼或乾旱）。穀物屬於種子作物，綠體栽培作物則用植物的枝幹或根莖來繁殖。由於清地簡單，耕種方便，故人類最初以綠體栽培作物的種植最為可能，且有些根莖作物因沒有固定的收穫期，可以留在田間，隨時取食，一來減少貯存的問題，二來野獸不易取食根莖作物。

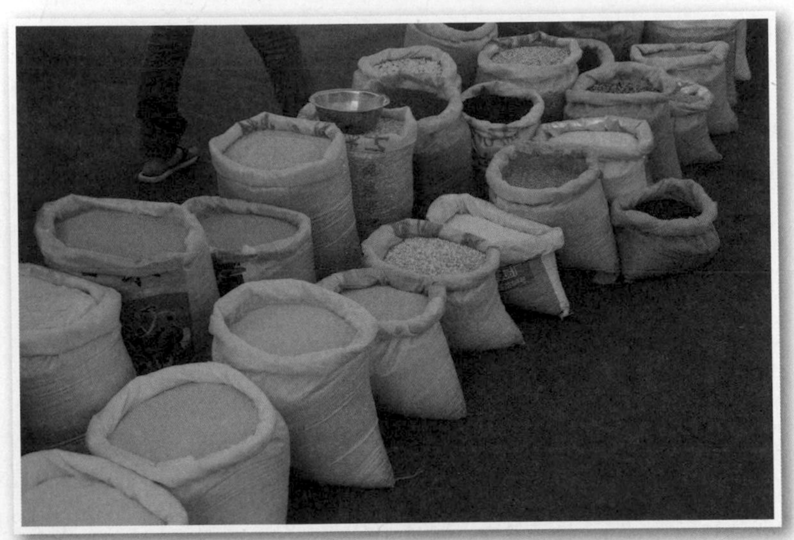

穀物屬種子作物，營養好、產量高，為農業經濟社會的主產物

哈倫（Harlan, 1971）將農業的起源地分為兩大類：一類有核心（centers），另一類沒有核心（noncenters）。前者的發展集中在一個明確的小區域，馴化的作物以少數幾種穀物為主。品種優良的穀物營養好、產量高，所以很快就進入農業經濟社會，發展成高度文化。沒有核心的起源地以綠體栽培作物為主，種類繁雜，耕地用具簡單，用掘棍而無犁，遺留的器物較少，且多採輪墾制度，生產力低。

蘇俄植物學家瓦維洛夫（Nikolai Ivanovich Vavilov, 1887-1943）認為，作物品種最繁雜的區域即為該作物的起源地。瓦維洛夫共收集了六百六十餘種食用植物的品種，發現亞洲南緯20到45度之間，是最重要的食用植物起源地，共有四百多種，並確認了八個作物起源中心：(1)中國；(2)印度；(3)中亞；(4)近東；(5)地中海；(6)阿比亞尼亞；(7)墨西哥與中美洲；(8)南美洲。每一個中心有三十八到一百六十三種土生作物。有土生作物的區域，供給了農業起源的必須條件，但非充分條件。作物種類多，未必就是理想的農業起源地。

二、農業的發展

就全世界各地農業的發展可歸納如下：

1.近東：近東為舊大陸最重要之農業起源地。約在西元前7500年，即有大麥、小麥、牛、羊、豆類和亞麻。南歐、北非和印度，都是承襲近東的農業，一脈相傳。中國的大麥、小麥和羊，也來自於近東。

2.中國：中國有兩個中心：一在黃土高原，即「仰韶文化」；一在杭州灣附近，可以「河姆渡文化」為代表；兩者都可以推溯到西元前5000餘年。黃土高原的農業，最初以黃米、小米和豬為主要食物，這種組合的生產力不及近東。後來自近東引入小麥和羊，又增加了大豆，食物營養的水準大為提高。河姆渡是世界稻米最古老的起源地。

3.東南亞：東南亞現有的新石器時代遺物，不足以證實該區穀物農業的興起早於西元前4000年。在稻米廣泛種植之前，東南亞有薏苡（一年生的草本植物），但並不是一個重要的穀物。最早的原始農業以芋頭和薯芋兩種根莖作物為主，是一個無核心的農業起源地區。

4.新大陸：新大陸最早的作物馴化和近東約略同時。中美洲最先有的穀物是小米和玉米，但生產力極低。新石器時代中美洲沒有家畜，故經過了五千年才從原始農業進入到農業經濟階段。祕魯則為一獨立中心，早期農作物很貧乏，後來從中美洲引入

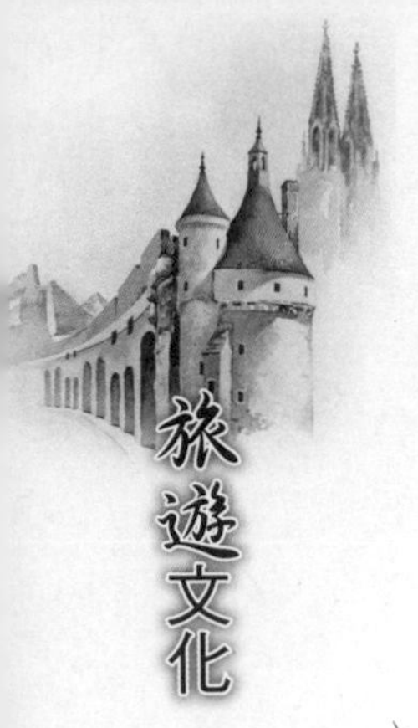

玉米。安第斯山高地的的喀喀湖（Lake Titicaca）海拔3,800公尺，約四分之一個臺灣大小，有一個次要的農業起源地，以馬鈴薯為主。亞馬遜河是一個以木薯為主的沒有核心的農業起源地。

第二節　世界各地文明的起源與發展

一、中東

(一)美索不達米亞文明——農業到城市（蘇美文化）

隨著農業灌溉的成功與農業技術的發展，西元前2400年左右，在美索不達米亞地區1公頃麥田的收穫量約為2,500公升，由於產量實在太豐盛了，猶太人便稱美索不達米亞為「伊甸園」。同時，從蘇美人圓柱印章所雕刻的播種方法，可知蘇美人利用牛犁田、播種，已經擁有高度的農耕技術了。當時蘇美人將犁鋤綁在牛身上，且安裝了像漏斗的工具；當犁鋤挖一條溝時，漏斗中的種子就會依一定比例自動掉下來。有了這個方法，便能讓種子平均栽植，使單位面積收穫量增加不少。

灌溉農業主要產物為大麥、小麥等穀物，在資源缺乏的南美索不達米亞地區，這些穀物也成為重要的出口商品。蘇美人經常拿剩餘的農產品與其他地區的人進行交易，累積了財富，政治、經濟結構就隨之應運而生；加上各部族之間為了爭奪農地、水路，爭鬥愈來愈激烈，便有新的社會體制誕生。人類最古老的都市文明，便是誕生在美索不達米亞最南部的「蘇美文明」。

西元前6000年前期，哈蘇那文化在美索不達米亞開始萌芽，後來演變為薩馬拉文化、哈拉夫文化；最後，這些文化都被烏拜德文化所

吸收，這個文化就稱為「烏拜德文化」（la culture d'Obeid），開始了灌溉農耕生活，並且製造石器、陶器、銅器等。西元前3500年左右，承自烏拜德文化的烏魯克文化形成。西元前3100年左右，從烏魯克遺跡挖掘出世界上最古老、刻有圖繪文字的泥板，文字的發明是烏魯克文化最偉大的事蹟。在文字誕生前後，以烏魯克為首，各村落逐漸呈現出都市化的樣貌。不久之後，王權在都市地區誕生，並且建造了大型神殿。

西元前3000年左右，在南部有烏爾、烏魯克、尼普爾等城市誕生；那時候的灌溉、排水系統是由集權的國家勢力管理，為了讓灌溉農業成功需要大量勞力，於是蘇美人成立了勞工團體，專門負責這些工作。他們並非強制命令奴隸工作，而是成立支薪的團體組織。除了這些團體外，城市國家的強大政治權力也決定了政權的興衰。

西元前2900年開始，王朝初期擁有權力的都市國家彼此戰爭，形成群雄割據的局面；因此，在各都市周邊築起了城牆，人們住在城牆裡。根據〈蘇美王表〉的記載，當大洪水侵襲此地後，最早擁有霸權的都市是位於美索不達米亞北部的基什；最後，霸權移轉到烏魯克及烏爾。到了西元前2600年左右，除了留下王表外，也留下了眾多的王碑，讓後人可更清晰地瞭解美索不達米亞的歷史全貌。西元前2500年左右，位於美索不達米亞南部的拉格什握有權力後，不斷地和鄰國烏瑪（Umma）於邊境地區發生激烈戰爭。到了西元前24世紀中期，烏瑪國王盧加爾扎克西（Lugal-Zage-Si）打敗拉格什後，再度成功征服了烏魯克、烏爾、拉爾薩（Larsa）等都市國家（古巴比倫時代）。後來，北方興起的都市阿卡德國王薩爾貢擊敗了盧加爾扎克西，也就打垮了所有的都市國家；於是，這些都市全部成為阿卡德王朝的領土。

阿卡德王朝統一了美索不達米亞南部；到了第五代國王沙爾．卡里．沙里（Shar Kali Sharri）執政時，異族入侵，國力開始衰微。雖然阿卡德王朝並未因此滅亡，仍繼續執政，但王朝威權已經喪失，各都市國家紛紛竄起，進入亂世時代。再度統一美索不達米亞南部的人，

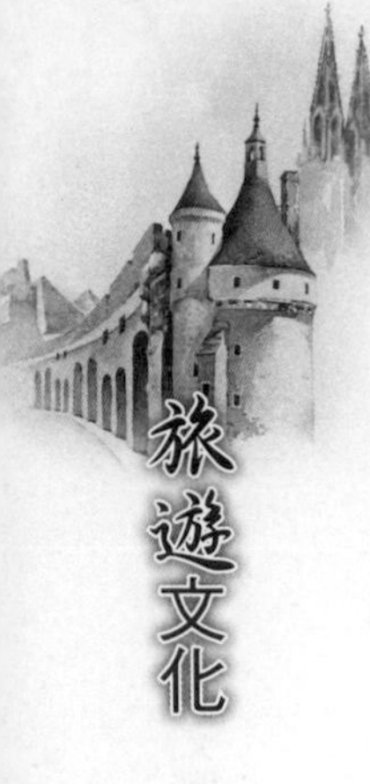

是成立烏爾第三王朝的烏爾納姆；烏爾納姆，就是頒布世界上最古老法典《烏爾納姆法典》（*Code of Ur-Nammu*）的國王。烏爾第三王朝存續時間達一百年之久，後來被從東方入侵的埃蘭人所滅；於是，美索不達米亞地區又再度陷入戰亂時代。後來，伊辛（Isin）與拉爾薩兩國爭奪統治權，這就是所謂的伊辛—拉爾薩時代。直到西元前1790年左右，巴比倫的漢摩拉比國王登場，才再度統一了美索不達米亞南部地區。

(二)美索不達米亞諸國

西元前2000年以後，美索不達米亞地區進入群雄割據的時代，巴比倫王國於西元前1894年左右竄起，始祖蘇姆—阿布姆（Sumu-Abum），利用底格里斯河與幼發拉底河從事貿易活動，並利用周邊肥沃平原區發展農業。由於巴比倫城的地理環境如此優異，便決定將巴比倫建設為首都。在蘇姆—阿希姆之後繼承王位的歷代國王不斷地擴建巴比倫，蓋了城牆、城廓、神殿。

當時的美索不達米亞各城市國家各有守護之神，成為當地人民的信仰對象。到了第六代國王漢摩拉比執政時，統一了美索不達米亞地區的信仰對象，將巴比倫城的守護神馬爾杜克神（Marduk）視為美索不達米亞的主神。漢摩拉比認為，宗教也是一種統治策略；將巴比倫城守護神定位在眾神的頂端，大家便公認巴比倫城就是美索不達米亞世界的頂端，於是環繞巴比倫城外的城牆更加堅固了，神殿也愈蓋愈大，所有建築物都改建得非常豪華壯觀。不知從何時開始，人們開始聚集在這座華麗之都。在漢摩拉比盛世期間，巴比倫的發展更為快速，儼然已經成為美索不達米亞地區的政治與宗教中心；於是各種行業的工匠師傅、商人、學者都來到了巴比倫城，神話、文學、天文學、美術等各種文化都在此興盛，並且開花結果。

在漢摩拉比王登基五年後，巴比倫王國相繼征服了烏魯克和伊辛，也打了無數戰役，最後整個美索不達米亞南方的城邦都受其統治。漢摩拉比王還有個萬世留名的偉大事蹟，那就是編纂了《漢摩拉比法典》。這部以「以眼還眼、以牙還牙」為中心思想的法典，共訂立了二百八十二項法條，含括了行政、司法各項層面，可以說是劃時代的法典。因為有了這部法典，讓巴比倫王國成為支配美索不達米亞地區的強大帝國。

西元前1595年左右，巴比倫王國第一王朝遭遇小亞細亞的帝國——赫梯（Hittie）王國（又稱為西臺）的侵略，因而滅亡。而在同時，位於美索不達米亞北部的米坦尼王國（Mitanni）也開始崛起，不斷地擴張勢力，除了控制東鄰大國亞述以外，從現在的敘利亞一直到北美索不達米亞地區都屬於它的版圖。西元前1350年左右，米坦尼王國也因赫梯的侵略，變成赫梯王國的屬國，經過二十年後，亞述國才取得獨立，再度成為大國。

獨立後的亞述國不斷重複上演著興盛與衰亡的歷史，直到西元前900年左右才開始迅速擴張版圖。西元前850年左右，將首都從亞述城遷移到埃蘭城，歷經一段停滯期後，西元前700年左右成功統治了包含巴比倫城在內的整個美索不達米亞地區與敘比亞，成為一個帝國。接下來亞述王國仍然繼續擴張領土，最盛期連現在的以色列、埃及都在它的版圖之下，而後亞述國統一整個東方世界，成為標準的世界帝國。

然而西元前627年左右，國王亞述巴尼拔（Ashurbanipal, 668-627 B.C.）駕崩後，巴比倫發生叛亂事件，叛變領導人——那帕波拉薩爾（Nabopolassar）反叛成功，便在巴比倫城成立新王國，稱作新巴比倫王國，與從伊朗高原崛起的國家米底亞王國聯手，在西元前612年左右，消滅了亞述王國。

取代亞述國成為霸主的新巴比倫王國，也是不斷地擴張領土。繼承那帕波拉薩爾王而成為國王的尼布甲尼撒（Nebuchadnezzar），還以巴別塔為模型，建造了金字型神塔和空中花園，讓首都巴比倫處於繁榮顛峰期。新巴比倫王國最盛期的版圖已經超越亞述王國，甚

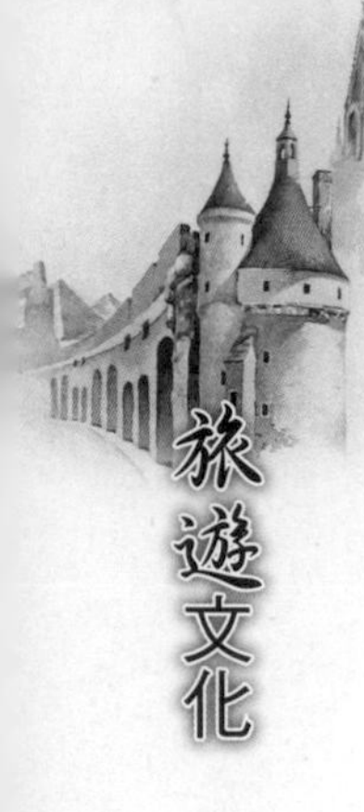

至還到達了現在的沙烏地阿拉伯。然而，即使新巴比倫王國如此繁盛強大，也走上了滅亡一途。西元前539年左右，波斯王居魯士大帝（Cyrus II the Great）成功征服新巴比倫王國。後來的美索不達米亞地方，還有東方世界，全都成為波斯帝國時代的領土。

(三)波斯帝國

西元前6世紀波斯帝國居魯士二世為阿契美尼德王朝歷史揭開序幕，領土西至地中海，東至印度河流域。其原為伊朗高原南部小國——安善（Anshan）國的王子，在父親岡比西斯一世（Cambyses I）死後，由其繼承王位，舉兵反叛，與米底亞王國作對。西元前550年，成功占領米底亞王國首都厄克巴塔納。接著趁勝追擊，於西元前546年左右，攻陷米底亞同盟國位於小亞細亞的里底亞王國，占領首都薩迪斯。

西元前539年，殲滅新巴比倫王國，統一原美索不達米亞地區。西元前529年，居魯士死後，繼承王位的岡比西斯二世遠征埃及，四年後成功征服埃及。然而，三年後，祭司高馬達叛變。西元前522年，王族之一的大流士一世打倒高馬達，登上王位。大流士一世（Darius I）並非正統的繼承人，當他登基後，以前受波斯統治的眾多地區紛紛起兵叛亂。大流士一世憑實力降服這些地區，再度收納為屬地。後來，大流士一世還遠征東方與西方；在位時，波斯帝國的版圖最大。大流士一世確立了中央集權體制，以行政管理能力和建築計畫聞名，習稱大流士大帝。

帝國領土內各地都派遣總督管理政事，還設置名為「國王之眼」、「國王之耳」的監察官，監督各地政事。此外，還建設了連接薩迪斯與蘇薩（Susa）的「御道」與新都波斯波利斯；統一度量衡，立下了許多豐功偉業。還遠征希臘，引發史上知名的「波希戰爭」。西元前486年，大流士一世在波希戰爭結束之前，便與世長辭。繼位的薛西斯一世執政時代，爆發薩拉米斯海戰（Battle of Salamis），結果卻大敗，遠征計畫以失敗收場。後來，阿爾塔薛西斯一世與雅典締結和平條約。大流士二世死後，又爆發繼承者之爭，居魯士三世發動叛變。不過，其兄阿爾塔薛西斯二世打敗居魯士三世，登上王位，國家局勢總算再度恢復平穩狀況。這段時期，稱為「國王和平時期」。

後來繼承王位的阿爾塔薛西斯三世遭到暗殺，他的兒子也同樣遭暗殺身亡。基於以上的情勢，西元前336年時，只好從旁系血親中選出繼承人，大流士三世因此得以繼位。大流士三世擊退巴戈阿斯，復興王朝，然而在大流士三世即位後的第六年，也就是西元前330年，來自馬其頓的年輕英雄亞歷山大征服了波斯帝國。

二、歐洲

(一)歐陸

距今四萬年前左右，被稱為現代人祖先的現生人類出現於歐洲地區，在存在時間比現生人類還早的尼安德塔人絕種後，現生人類仍繼續發展，而且人數也愈來愈多。現生人類以能阻擋風雨的洞窟為生活據點，製作剝片石器或尖頭器，組成小團體過著狩獵及採集生活。從遺跡可發現鉤狀魚叉及專門用來縫合動物皮革的骨角器；此外，這個時期也是人類開始創造美術的時代。遺留於法國拉斯科洞窟（Lascaux Cave）或西班牙阿爾塔米拉洞窟（Altamira Cave）的壁畫，為世界上最古老的藝術。

學者認為，現代人心中，可能將洞窟壁畫視為一種狩獵儀式。此外，也發現以動物骨頭或石頭製成的女性人像；這些女性人像，是為了祈求豐饒多產而製作。大約一萬年前，最終冰河期結束，溫暖時代來臨。冰原融化形成草原，人類可居住的範圍更加擴大，也由於狩獵技術進化，開發出了似弓的狩獵工具。然而，因為人口突然暴增，加上狩獵行為也對自然界造成巨大的影響，草食動物減少，人口也因此大幅減少。

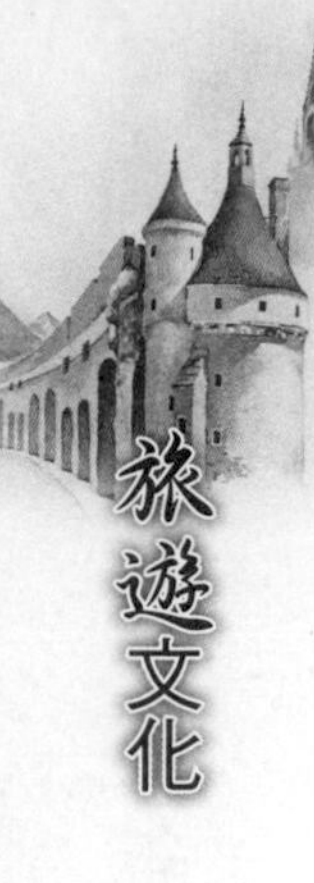

後來，從西亞地區傳入小麥或大麥，人們開始過著農耕生活。人類從原來的狩獵及採集生活轉型為定居生活，同時也開始畜養山羊、牛、豬等家畜，形成小型的社會。透過人類群集社會，訊息可傳達至遠方；而透過以物易物的模式，物資開始流通。之後，隨著尋找可耕的農地，人們遷移至歐洲各地。另一方面，北歐地區因為氣候嚴峻，無法從事農業，但卻擁有豐富的野生動植物食物來源，因此發展出不同於地中海地區農業文化的另一種文化類型。

位於地中海中的各島嶼原本孤立於海上，未曾受到大陸發展影響，也由於航海技術的發達，成功地引進了新文化，成為海洋交易路線的中繼點，於是成為多樣化文化的中樞。隨著經濟活動的熱絡，社會形態不斷改變的地中海世界也邁入下一個新時代，人類首次親手製作的金屬青銅器，掀起文明大潮流，同時席捲整個歐洲。克里特文明、邁錫尼文明、希臘文明陸續開花結果，成為歐洲世界的基礎。

(二)愛琴海

愛琴海連結了歐亞地區。西元前3000年左右，分布於愛琴海上的島嶼誕生了與石器文化截然不同的青銅器文化（金器與石器混合的文化），以愛琴海中心點基克拉澤斯群島命名，稱為基克拉澤斯文化。同樣地，在希臘本土也出現了赫拉迪克初期文化，後來在克里特島則誕生了克里特文化，這些文化相互影響而緩慢發展。此時，在愛琴海東邊的小亞細亞特洛伊也出現了最早的聚落。所謂「愛琴海文明」，就是這些文化及其所發展出來的文明總稱，位置就在於地中海東部的愛琴海島、希臘半島及小亞細亞西部，因圍繞愛琴海域而得名。

西元前2000年左右，赫拉迪克初期文化和基克拉澤斯文化神秘地消失了，原因至今未明。不過，有人說是被希臘人的祖先愛奧尼亞人（Ioniens）滅亡了。很幸運地，克里特島未受波及，而開始於中北部建造以諾薩斯宮殿為首的各種宮殿，這就是克里特文明。克里特文明的誕生地就是愛海上的克里特島，時間為西元前20世紀至西元前15世紀左右。

原本，在希臘神話中，傳說有位米諾斯國王住在克里特島的諾薩斯宮殿裡，但並不確定是否真有諾薩斯宮殿，20世紀初期，英國考古學家亞瑟·艾文斯進行實際挖掘工作，挖掘出諾薩斯宮殿，證實這座宮殿確實存在，轟動一時。然而，克里特文明究竟是屬於哪個語言系統的民族，至今仍無明確的答案；只知道克里特文明初期階段使用「克里特圖繪文字」的象形文字，在後期階段則使用名為「線形文字A」的線狀文字。這兩種文字都尚未被解讀出來，不過如果從壁畫等少數斷片來做判讀，倒能從克里特人的文化或宗教中找出好幾項的東方文化特徵。

克里特人應該是擅長海上貿易活動的海洋民族，且與東方世界有所關聯。大家都說，克里特人個性開放，他們並沒有在宮殿四周築起城牆；而且，遺留的壁畫或壺繪作品都極具寫實性，可說是栩栩如生。在克里特文明蓬勃發展的同時，在伯羅奔尼撒半島的邁錫尼，來自北方的亞該亞人（Achaeans）也開始建立國家。

起初，亞該亞人似乎受到了克里特文明的影響，到了西元前16世紀時，便發展出「邁錫尼文明」國家群。後來，邁錫尼文明的勢力在克里特文明之上，最後並消滅了克里特文明。亞該亞人被認為是屬於印歐語系的「希臘人」族群的第一波移民。20世紀的業餘考古學家麥可·文特里斯（Michael Ventris）便發表了獨家研究成果，證實亞該亞人使用希臘語。

在這之前，邁錫尼文字——線形文字B一直被認為是已經絕種的古代語言文字；但是，文特里斯卻認為線形文字B可能是古代希臘語的書寫文字。最後，證實他的想法是正確的。他發現線形文字B與日本的假名文字一樣，都屬於子音與母音結合的音節文字，因而解讀成功。在克里特文明中，確實存在著與後來的希臘文明截然不同、獨自發明的文字。克里特文明持續興盛了大約五百年，其文物流傳到愛琴海諸島，甚至遠播到希臘半島，最後還影響了地中海的塞浦路斯島和

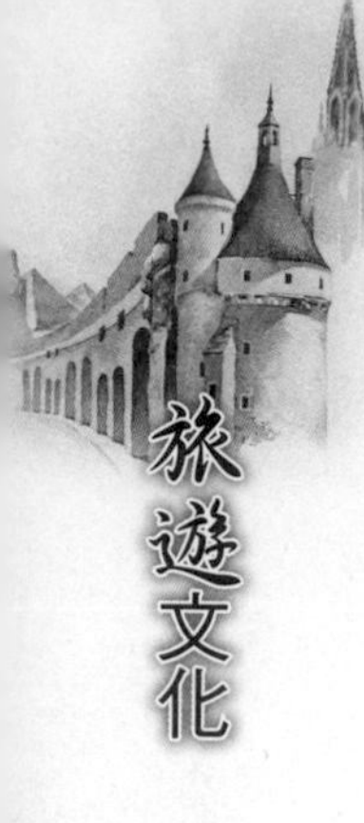

埃及。不過，即使克里特文明如此強盛，也將被下一個新文明——邁錫尼文明——取代了愛琴海的主導權。

西元前1700年左右，以希臘本土伯羅奔尼撒半島為據點的邁錫尼文明開始發展，並於西元前1500年侵略克里特文明據地——克里特島，將繁榮了五百年之久的諾薩斯宮殿當成統治克里特島的據點，最後將各地的宮殿破壞殆盡，諾薩斯宮殿就在西元前1400年左右被徹底毀壞。透過不斷征戰，邁錫尼文明的勢力愈來愈龐大。不過，邁錫尼文明就像被其所征服的克里特文明一樣，終究要走上衰亡之路。西元前1200年左右，邁錫尼文明各城市與八百年前神秘消失的文化一樣，留下重重謎雲。關於滅亡的原因眾說紛云，有人說是被小亞細亞的赫梯帝國所滅，也有人認為是「海上民族」所滅，還有人說是因為氣候變動、環境破壞所致，究竟真相如何，實在難以認定。邁錫尼文明滅亡了，愛琴海地區的發展也衰退了，正式迎接「黑暗時代」來臨。直到西元前750年左右，雅典和斯巴達等城邦國家興起，此地區才又有文明萌芽。

(三)希臘

古希臘在西元前700年是一個擁有眾多小國，一個支離破碎的地區，分布於山川河谷流域的平原和沿海及島嶼之上。兩個最發達的城邦國家是斯巴達和雅典，但它們的發展走向了不同的道路。在伯羅奔尼撒半島的南部，斯巴達以其訓練有素的軍隊占領了一個又一個城市，並使所有非斯巴達人淪為奴隸。

雅典原為阿提卡崎嶇岩石上的一個城堡，以「衛城」而富盛名。典型的城市成群地圍繞在一個山崗或高岩，山頂原是天然的要塞，同時容易建築工事，防禦敵人，故山頂或城堡最初即為城市。由於居留地擴大，分布到山岡周圍很遠的地方，於是將中央高處冠以建築的地方稱為**衛城**，原意是「城頂」、「城市最高處」。

當時**城邦制**是希臘的理想時代，雅典正是一個理想的城邦。在一

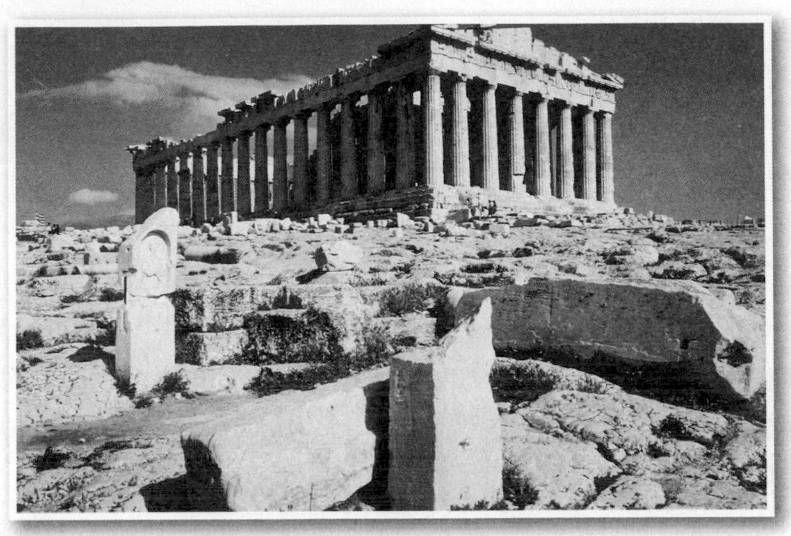

城邦，是希臘文明的獨特產物，也是希臘藝術與建築的極至表現

個城邦之內，所有的公民都能會見而且習於相識，都能參加市民和宗教的典禮，都能出席公共的劇場，讚賞神廟和公共建築物，並以高度的熱忱愛護他們的城市。從今天的角度看，雅典的民主還不夠完善，因為只有男性的自由公民可以行使這個權利，婦女不具備參與公眾言論的能力，只能待在家裡，與奴隸及外來的陌生人一樣，被排除在民主政治之外。

希臘藝術也是城邦文明獨特的產物。由於神廟成為城邦文化，非宗教和宗教的核心，藝術和建築在神廟上得到最高度的表現。這些神廟是受人尊崇的男女保護神的住處，如雅典衛城的聖地**巴特農神廟**，就是為雅典娜女神所建造的。

希臘諸城邦在抵抗了巴比倫和亞述諸古文明的繼承者——波斯帝國的侵略之後，發展到了輝煌的極致。

(四)亞歷山大帝國

西元前334年，年輕的馬其頓國王亞歷山大率領軍隊遠征波斯，

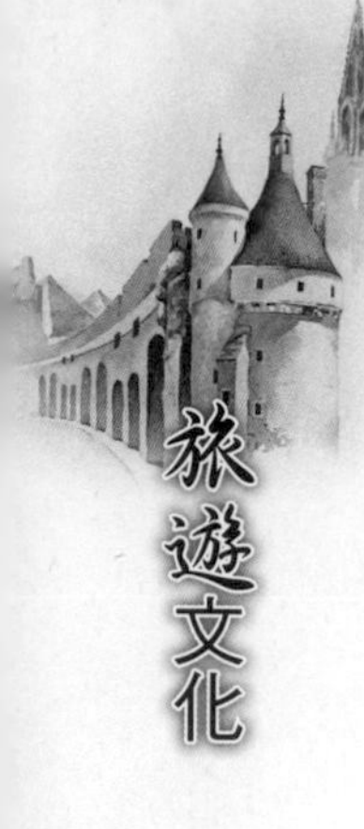

一路征服了小亞細亞、敘利亞、埃及、美索不達米亞等國，並繼續朝東行；於西元前330年占領了波斯帝國的首都波塞波里斯，併吞了波斯帝國，最後到了印度。可以說當時地球上大部分的領土都在亞歷山大的掌控之中，也因為這場遠征，讓希臘與波斯文化融合，產生了**希臘化文化**。

遠征之旅結束後，亞歷山大在西元前323年以32歲之齡與世長辭。死後其將領們分割了這個強大帝國。這些被稱為「繼承者」的將領們個個野心勃勃，彼此爭奪霸權，自立為王，自此東方世界陷入了一片混亂局面。這些繼承人中，最先擴展勢力的人是安提柯將軍及其子德梅特里烏斯（Demetrius）。

取得小亞細亞統治權的安提柯派兵至希臘，驅逐了自立為馬其頓國王的卡薩多羅斯（Cassandros），並將雅典收為領土。其他繼承者因此深感威脅，於是組成同盟軍，討伐殲滅安提柯，並分割占有安提柯的領土。至於安提柯的兒子德梅特里烏斯則在卡薩多羅斯死後，暫時即位為馬其頓國王，但由於人民的不支持，最後被流放到外地，而由安提柯二世重登馬其頓國王之位，統治了馬其頓。

西元前305年，埃及的托勒密王朝建立。托勒密一世索特爾（Ptolemaios I, Sorer，西元前304至285年在位），利用當地人尊敬法老王的心理，讓自己成為了法老王，建立了托勒密王朝。在托勒密的統治下，埃及恢復了往日的繁榮景象。知名的亞歷山大圖書館就是托勒密國王建造的。一直到西元3世紀末，這座建築仍完好無損，它的古希臘文獻圖書館裡藏有約二十萬卷文字資料。

相對於托勒密，擁有廣大中東領土的將領塞琉克斯，以敘利亞為據點，打造了塞琉克斯王朝，並朝東方遠征，不斷地擴張領土，建設了安提約基亞等眾多城市。不過，亞歷山大繼承人所建立的王朝，最後都被凱撒大帝所建立的王國——羅馬所滅。

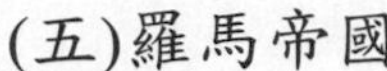

(五)羅馬帝國

在神話裡，據傳羅馬城是在西元前735年，由兩個被一隻母狼哺乳養大的孿生兄弟羅慕洛和勒莫所創造的。羅馬曾是一個小城邦、一個小王國，一連七代的羅馬城邦由國王統治，稱為羅馬的王政時代，後來貴族們推翻了最後一任國王的暴政，建立起羅馬共和，傳統王政時代結束於西元前509年，羅馬自此成為一個共和國。

羅馬變成一座石砌城市的重要因素，是伊特拉斯坎人的教導。在西元前6世紀之後的期間，羅馬受到伊特拉斯坎人的影響極深，羅馬從那裡學到了書寫。為了增強羅馬的軍事力量，最重要的是學得了希臘的方陣。同時，從伊特拉斯坎人那裡，他們學得了用希臘的甲冑、盔、矛和盾來裝備他們的步兵，並且用密集隊形作戰。

約西元前510年，羅馬人推翻了殘暴的國王。選擇了一個城市政府，以兩名執政官為首。執政官的任期僅有一年，兩人中任何一位沒有另一人的同意都不能單獨決策。這一時期的羅馬是個貴族共和國，只有貴族才能在元老院裡得到席位，或擔任最高級的政府職位、或在

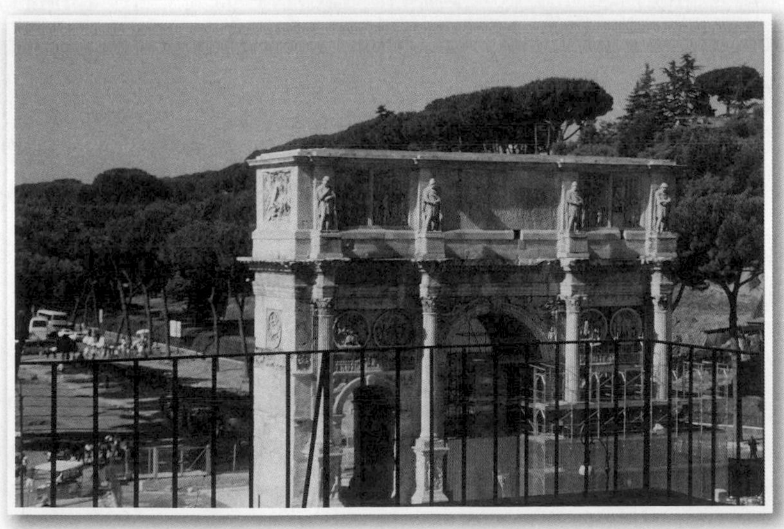

整修中的奧古斯都凱旋門

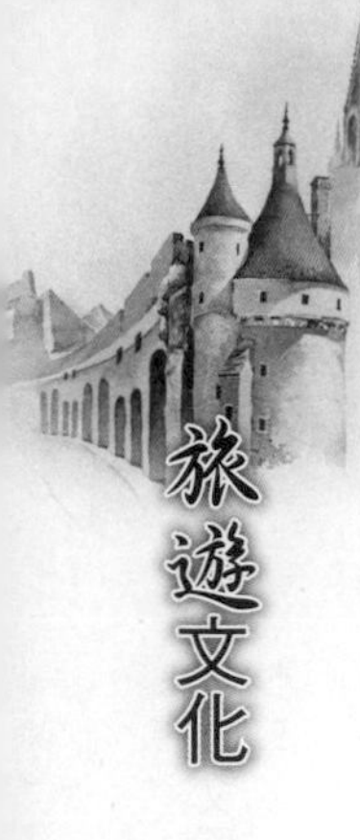

公共禮拜裡當祭司、或是解釋法律，至於貴族的身分則是父傳子。

自從第一次布匿戰爭（前264至前241年）開始，羅馬軍團在西西里島看到了希臘化城市的大理石廟宇和雕像、繪畫、劇場。不久，希臘劇場被譯成拉丁文，在羅馬搬演著。第二次布匿戰爭中，錫臘庫札、卡普亞和塔蘭托都因協助漢尼拔而受到懲罰和劫掠；而羅馬自這些城市運走了許多財物和希臘藝術品。

羅馬為成為義大利半島的第一大城，借助了強大的軍隊，讓羅馬的統治地域不斷擴大，到了西元前270年，羅馬城幾乎統治了整個義大利半島，人口達300萬。從羅馬共和開始，羅馬這一連串積極的向外擴張，經過三次布匿戰爭，逐漸建立起帝國的基礎。

羅馬帝國，其正式名稱是元老院與羅馬人民，在當時占據了整個地中海。羅馬帝國被分為前帝國時期（西元前27至192年）和後帝國時期（西元193至476年），也有人從後帝國時期中再分出三世紀危機時期（西元193至284年）。

羅馬本來使用拉丁語，但隨著領土擴張至希臘、中東一帶，希臘語變成了主要語言。就連當時成書的《新約聖經》也是用希臘語寫成。羅馬帝國自建立以來，不斷對外擴張，是具有侵略性的古代超級大國。在羅馬共和國末期，爆發內戰，後由屋大維勝出，建立了羅馬帝國。

西元前27年（前帝國時期），元老院賜給凱撒繼承人屋大維「奧古斯都」的稱號，成為羅馬帝國的第一代皇帝。奧古斯都在位的羅馬帝國初期，皇帝依舊相當尊重共和制時代所留下來的元老院；然而，當權力逐漸集中，皇帝統治體制也就正式確立。

西元9年，條頓堡戰役（Battle of Teutoburg）中，羅馬敗給日耳曼人，萊茵河以南地區成為羅馬的最北邊境領土。所謂的「羅馬和平時代」正式到來。西元68年發生的叛亂事件，逼得尼祿皇帝自殺身亡，帝位爭奪戰爆發。翌年，維斯帕先（Vespasian）即位，嘗試穩定局勢。維斯帕先首先平定了從尼祿時代即叛變的猶太屬地，並下令於羅馬市建造圓形競技場。西元96年即位的涅爾瓦（Nerva），與後來的四位皇帝被稱為「五賢帝」，而五賢帝時代為羅馬帝國的全盛期。

圖拉真（Trajanus）在位時，舉行大規模遠征行動，吞併了達西亞（Dacia）、美索不達米亞地區及部分亞述地區。羅馬當時統治了整個地中海世界成為大帝國，其規模之大無人能比。之後繼位的哈德良，縮小擴張得太快的統治區域，而且還建了哈德良長城，阻止日耳曼民族入侵，力求安定。五賢帝時期為羅馬帝國最盛期，爾後勢力逐漸衰微。五賢帝的最後一位皇帝奧里略（Marcus Aurelius）的兒子康茂德（Commodus）於西元180年即位，但因實施暴政遭到暗殺；後來即位的佩提納克斯（Pertinax，即未來的皇帝）也在三個月後被暗殺。在一片混亂中，塞維魯（Severus）嶄露頭角。塞維魯曾是潘諾尼亞（Pannonia）的總督，於西元193年登基。塞維魯在位時相當禮遇軍人，並且擴大軍人權限；因此，軍人以武力為背景，開始爭奪帝位，進入所謂的「軍人皇帝時代」。

西元284年，進入戴克里先（Docletinus）的時代，危機才終於解除下來。戴克里先於東方、西方各自設立了正帝與副帝，企圖平定羅馬帝國境內的情勢。接下來的繼位者為君士坦丁大帝，於西元313年發布米蘭敕令，承認飽受壓迫的基督教。西元330年遷君士坦丁堡，將政治中心遷移至帝國東部。到了狄奧多西一世（Theodosius I）時代，全面禁止信奉其他宗教，只能信奉基督教。狄奧多西一世死後，擴張的廣大帝國領土分裂為東、西羅馬帝國。大約在西元4世紀時，統治整個地中海世界的羅馬帝國終於走向滅亡。後來，因芬族入侵，日耳曼民族大遷徙行動，導致西羅馬帝國式微。西元476年皇帝羅路斯退位後，西羅馬帝國正式滅亡。東羅馬帝國改名為拜占庭帝國，正式進入中世紀時代。

(六)日耳曼

凱爾特人及日耳曼人的祖先，於西元前20世紀至西元前15世紀左

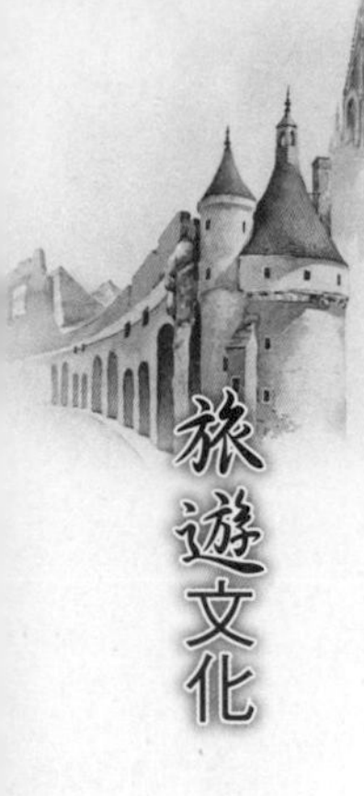

右，遷移到歐洲大陸西北方定居。在此之前，他們已經開始在歐洲大陸擴張領土，擊退原住民，最後終於占領整個歐洲，成為居住地。大遷移的結果，凱爾特民族統治歐洲中部到西部地區；日耳曼民族則與原住民融洽相處，在北歐地區扎根。

到了西元前8世紀，凱爾特人創造了哈爾斯塔特文化，擁有位於奧地利北部哈爾斯塔特的大規模岩鹽山，並將生產的岩鹽透過「鹽道」，出口到貝魯特沿岸地區和地中海地區，從事貿易行為。住在哈爾斯塔特的占領者，就在貿易通路中心附近的山丘建造城堡，並住在城堡裡。其山丘城堡四周有城牆、濠溝環繞，城牆內的住家則使用木頭和編織的樹枝修築，還蓋了儲存穀物的倉庫，占地約有50平方公里。

到了西元前5世紀，拉田文化（La Tene Culture）成形。對古凱爾特文化來說，這個時代可說是其黃金時代，發展出藝術、宗教等多樣化的文化。其中最具特色的圖紋美術品被稱為「拉田風格」，以凱爾特文化代表藝術的稱號而聞名。同時期的凱爾特人也擁有強大的軍事能力；以義大利地方為首，凱爾特人開始侵略希臘、馬其頓等地區。西元前390年，凱爾特部族之一的塞農族（Senones）聯合各部族的凱爾特人，一起進攻羅馬。凱爾特人非常驍勇善戰，突襲敵人時還會發出駭人的吼叫聲。他們手上拿著長槍或長劍，將敵人一一擊倒。花了七個月時間，凱爾特人終於成功占領羅馬。羅馬以黃金為籌碼想換取自由，凱爾特人接受了這個請求，從羅馬退兵。被凱爾特人蹂躪過的羅馬，在西元前58年左右，由凱撒率領羅馬軍隊給予凱爾特人狠狠一擊，讓凱爾特人幾乎面臨滅亡絕境。經過這場戰爭，羅馬幾乎統治了所的凱爾特部族。

後來，在古凱爾特時代發展出高盧羅馬文化（Gallo Roma Culture）。另一方面，日耳曼人從西元1世紀左右開始拓展勢力，他們在森林地帶建造了五十戶人家，形成一個聚落，開始農耕生活。西元9年左右，被凱爾特部族統治的羅馬軍隊入侵日耳曼人的占領區，但是日爾曼人成功擊退羅馬車隊。之後，羅馬人和日耳曼人就隔著萊茵河互相對峙抗衡。到了西元372年左右，游牧民族芬族開始侵略日耳曼人的領土，因此羅馬軍隊就與日耳曼人聯手，阻止芬族人的侵略。這場芬族之戰，讓日耳曼人成為羅馬帝國的傭兵，因而有機會滲透到羅馬軍內部。西元4世紀末期，當羅馬因內亂而國力衰微時，日耳曼部族趁機攻擊羅馬軍隊，搶回歐洲權霸。從此以後，日耳曼人就到處成立國家，整個歐洲地區也從古代時期轉移到中世紀時期。

三、歐亞大陸

(一)印度

印度古文明大約於公元前2500至公元前1500年左右，在印度近阿富汗的印度河地區發展。古印度人自稱為「波羅多國」，活動範圍在印度河一帶，印度河梵文叫「信度」，波斯人稱此地為「欣度」，希臘史家希羅多德（Herodotus, 484-430 B.C.）將印度河流域稱作「印度斯」（Indus），一直沿用至今。

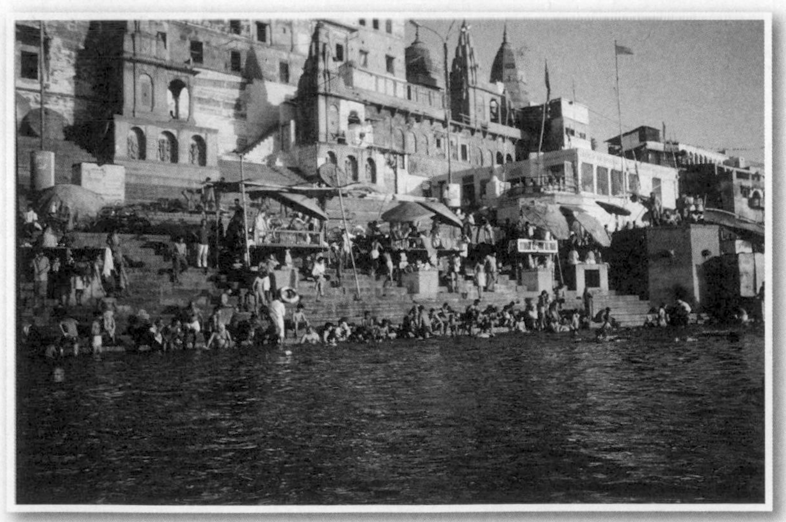

印度之母——恆河

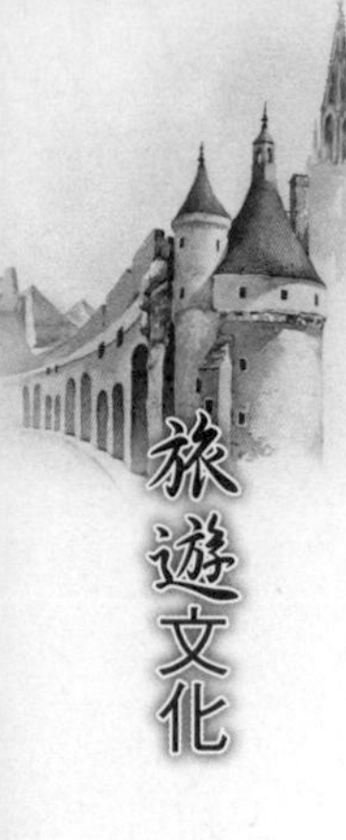

目前已知的最古老的印度文明是公元前第3世紀的印度河流域文明，通常以其代表遺址所在地哈拉帕（在西旁遮普）命名，稱為哈拉帕文化。哈拉帕文化是一個分布範圍非常廣大的文明，在時間上大致與古代兩河流域文化及古埃及文化同時。這一文化在達到相當發達和成熟的情況下，由於至今不明的原因而衰落以至最終徹底消失。取代哈拉帕文化的是由西北方進入印度的雅利安人帶來的新文化體系，這一文化（有時以其聖典的名字稱為吠陀文化）是古典印度文化的起源。

早期吠陀時代的歷史幾乎完全無從考查；梨俱吠陀描述這一時期雅利安人的主要活動是祭祀、遷徙和對土著居民進行征服。雅利安人在這時的主要祭祀對象是代表自然力量的因陀羅、阿耆尼諸神。在吠陀時代晚期，雅利安人的文化相較以前有了很大發展；他們從早期主要居住的旁遮普移入恆河流域地區。當時，崇拜梵天、毗濕奴、濕婆三大神的婆羅門教代替了敬奉自然神靈的早期吠陀信仰，這種宗教的一個顯著特點是抬高祭司階層（婆羅門）的地位。

自從古印度文明瓦解後，印亞大陸文化一直處於停滯期，直到西元前1500年左右才出現轉機。此時，一直定居於中亞地區，以游牧生活為主的雅利安人開始朝南方移動，抵達了現今印度與巴基斯坦的邊界旁遮普省。雅利安人首先征服了當地的原住民，並與其締結友好關係，也吸收了他們的文化。然而，此時期留下的考古學史籍資料實在太少了，婆羅門教聖典《黎俱吠陀》成為唯一的文獻資料。

因此，史學上將雅利安人開始遷移至印度地區的西元前1500年左右，至記錄各國歷史的佛教經典興盛期的西元前600年左右的這段時間，稱為「吠陀時代」。吠陀時代再以西元前1000年左右為界，分為前期與後期。西元前1000年左右，進入了後期吠陀時代，雅利安人的勢力已經深入東方的恆河流域。此時，雅利安人，也開始過著以農耕為主的定居生活，不再四處遷移。由於雅利安人農作物生產量大幅提升，豐衣足食後，也開始建立國家，樹立王權。同時，將人民分為婆羅門、剎帝利、吠舍、首陀羅等四個階級的種姓制度也正式形成。到了西元前600年左右，於印度恆河中下游地區出現了好幾個國家；此時的印度猶如中國的春秋戰國時代。關於這些國家的歷史，也都被記錄在佛教經典裡，並被稱為「十六大國」。隨著時間的流逝，十六大國之中有幾個國家以強國之姿崛起：恆河下游的摩揭陀國（Magadha）及跋耆國（Vajji）、印度西部的阿槃提國（Avanti）、恆河中游北部的憍薩羅國，合稱為「四大國」。

摩揭陀國的首都王舍城（Rajagrha）、憍薩羅國的首都舍衛城（Sravasti）都是釋迦牟尼佛曾經造訪過的城市，在佛典中占有極為重要的地位。這些遺跡至今依舊存在，也為後人所景仰。這四大強國之中，勢力伸展最遠，遠達恆河下游地區的國家為摩揭陀國，西元前4世紀中期，摩揭陀國已經統整了整個恆河流域，成為最強國。西元前317年左右，統治摩揭陀國的難陀（Nanda）王朝被擊垮，孔雀王朝取而代之。孔雀王朝建國之王旃陀羅笈多（Chandragupta）遠征印度河流域與德干高原地區，迅速地擴充版圖；後來，孔雀王朝成為統治整個印亞大陸的巨大帝國。孔雀王朝的勢力不斷擴張，第三代阿育王執政時，邁入了全盛期；除了印度最南方，整個印亞大陸都是孔雀王朝統治的範圍。阿育王皈依佛教，對於護持與宣揚佛教不遺餘力。阿育王往生後，孔雀王朝面臨分裂，國力開始式微，西元前180年左右終告滅亡。孔雀王朝瓦解後，巽加（Shunga）王朝、甘華（Kanva）王朝相繼出現，依舊以華氏城為首都，卻再也無法恢復孔雀王朝時的風光。雖然印度原住民的勢力也伸展至印度西北，但來自阿富汗北部大夏的希臘人卻穿越興都庫什山脈，入侵印度。關於希臘人於印度所建立的王國，幾乎沒有留下任何紀錄，但可確認的是，在眾多希臘國王中，公認勢力最強大的彌蘭多羅斯（Menandros，即彌蘭陀王）擁有廣大領土，從興都庫什山到恆河流域都在其統治範圍之內。到了西元前1世紀中期，來自中亞的賽迦族（Saka）擊退了入侵印度的希臘人，希臘人自此從印度的土地上消失。

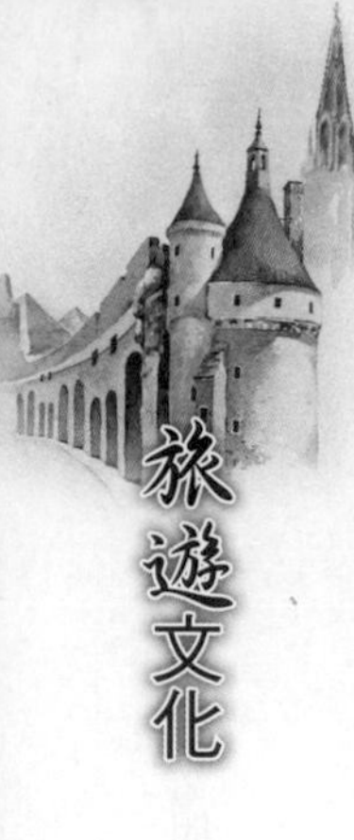

西元1世紀左右，大夏貴霜王朝成立。貴霜王朝創建者是來自中國北部的遊牧民族——大月氏人，在《後漢書》等中國史書中，都能找到關於貴霜王朝的紀錄。後來，貴霜王朝開始侵略印度，全盛期版圖遠至恆河流域；在同一時期，印度原住民——安達羅族（Andhras）於中印度地區建立了薩塔瓦哈納（Satavahana）王朝，與貴霜王朝相抗衡。這些王朝與羅馬帝國進行頻繁的海上貿易活動，因而非常富有繁榮，然而進入西元3世紀以後，薩塔瓦哈納王朝開始衰微；西元3世紀中期以後，貴霜王朝遭波斯帝國薩珊王朝擊敗，勢力也開始衰微。

西元320年，與孔雀王朝開國者旃陀羅笈同名的旃陀羅笈多一世征服印度北部，創立笈多王朝。第三代國王旃陀羅笈多二世在位時，國勢到達顛峰期。取代薩塔瓦哈納王朝，於印度中部崛起的伐卡塔卡（Vakataka）王朝也深受笈多王朝的影響。此時，印度教與佛教美術都有長足的發展，完成《摩訶婆羅多》、《羅摩衍那》兩大史詩巨著，印度古典文化正式迎接黃金期的到來。

西元5世紀後期開始，中亞游牧民族嚈噠族入侵笈多王朝，導致笈多王朝勢力開始衰微，之後於西元6世紀中期完全滅亡。笈多王朝滅亡後，除了達羅毗荼（Harsha Vardhana）於北印度建立只有一代歷史的帝國外，很長一段時期，印度北部都處於群雄割據的局面。西元10世紀後，回教勢力堀起，才結束這個混亂的時代。

(二)中國

中國是世界上文明發達最早的國家之一，有將近四千年有文字可考的歷史。中國文化的起源與分布，早期均認為起源於黃淮平原，為單一文化起源；然而隨後經過考古的挖掘，中國在古文明時期即已產生了不同的文化起源，包括長江中下游的河姆渡文化與四川的三星文化等等，進而形成多元文化起源說。發現於雲南元謀的猿人化石「元謀人」是中國境內已知最早的原始人類，距今一百七十萬年前；距今六十萬年前，在北京周口店一帶的「北京人」，能直立行走，製造、

使用簡單的工具，並知道了用火；距今一萬年前後的新石器時代遺址，遍布中國各地。在距今六、七千年的浙江餘姚河姆渡和陝西西安半坡遺址，發現了人工栽培的稻穀和粟粒及農耕工具。

從文物中發現最古老的王朝夏朝始於西元前2070年，中心地區在今河南省西部和山西南部一帶，其勢力和影響已達黃河南北。繼夏而興起的商、西周進一步發展了奴隸制度，之後是王室勢力衰微，諸侯爭霸的春秋戰國時期，這一時期被認為是由奴隸社會向封建社會過渡的階段。

大約在五千年前，中國已知道了冶煉銅的技術。西元前一千多年前的商代，開始使用鐵器；在製陶方面，有了白陶和彩陶；絲織生產也相當發達，產生了世界上最早的絲織技術。到了春秋時期，製鋼技術出現。春秋戰國時期思想學術空前活躍，出現對後世產生深遠影響的著名的哲學家老子、孔子、孟子和軍事學家孫武等人物。西元前221年，秦始皇嬴政結束了長達二百五十多年諸侯紛爭的戰國時期，建立了中國歷史上第一個統一的、中央集權的多民族封建國家——秦，並自稱始皇帝。秦始皇統一了文字、度量衡、貨幣，建立了郡縣制度，並在中國北部修建了綿延5,000公里的長城，生前就開始修築龐大的墳墓。1974年發現的、守護秦始皇陵的秦兵馬俑震驚了世界。八千個如真人大小的陶俑、陶馬和戰車栩栩如生。

西元前206年，劉邦建立了強大的漢王朝。漢代的農業、手工業、商業都有了極大發展，人口達到5,000萬人。漢武帝劉徹在位期間（西元前140至前87年）是漢王朝最為強盛的時期，他使中央政權實際控制的地方，從中原擴展到了西域（今新疆及中亞一帶）。他派使臣張騫兩次出使西域，打開了從長安（今陝西西安）經新疆、中亞直抵地中海東岸的道路，被稱為「絲綢之路」，中國絢麗的絲織品經此源源西運。隨著東西交往的密切，佛教也於西元1世紀時傳入中國。西元105年，官員蔡倫綜合了民間造紙的經驗，發明了造紙術，使人類的書寫材料發生了根本性變化。

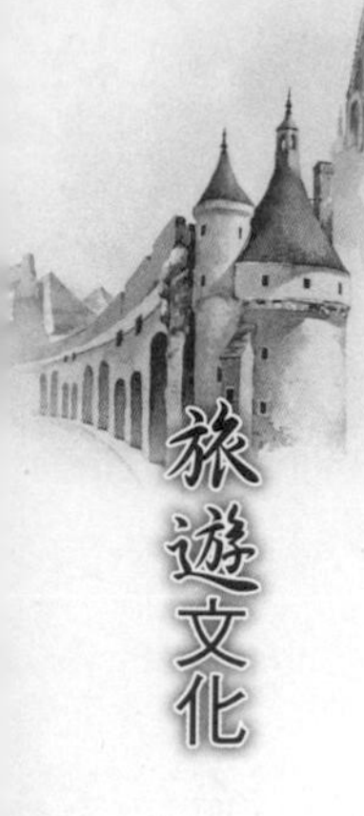

漢之後，經歷了三國、晉、南北朝、隋等朝代，李淵於西元618年建立了唐朝。李淵的兒子唐太宗李世民（626至649年在位）實行一系列開明的政策，把中國封建時期的繁榮昌盛推向了頂峰：有發達的農業、手工業和商業，紡織、染色、陶瓷、冶煉、造船等技術也都有進一步的發展，全國水陸交通縱橫交錯。7世紀60年代，中國的力量不僅在塔里木盆地、準噶爾盆地、伊黎河流域牢牢紮根，甚至擴展到中亞的許多城邦。中國與日本、朝鮮、印度、波斯、阿拉伯等許多國家建立了廣泛的經濟和文化聯繫。

唐亡後，經歷了五代十國戰亂頻繁的時期。西元960年，後周大將趙匡胤建立了宋朝（960至1279年）。宋朝曾先後有北宋、南宋，南宋時政權南遷，將北方先進的經濟、文化推廣到南方，促進了該區域的經濟開發。宋代天文、科技以及印刷術均居世界前列，畢昇發明的活字印刷，堪稱人類印刷史上的一大革命。

1206年，成吉思汗建立蒙古汗國。其孫子忽必烈於1271年入主中原，建立元朝（1271至1368年），定都大都（今北京）。忽必烈結束

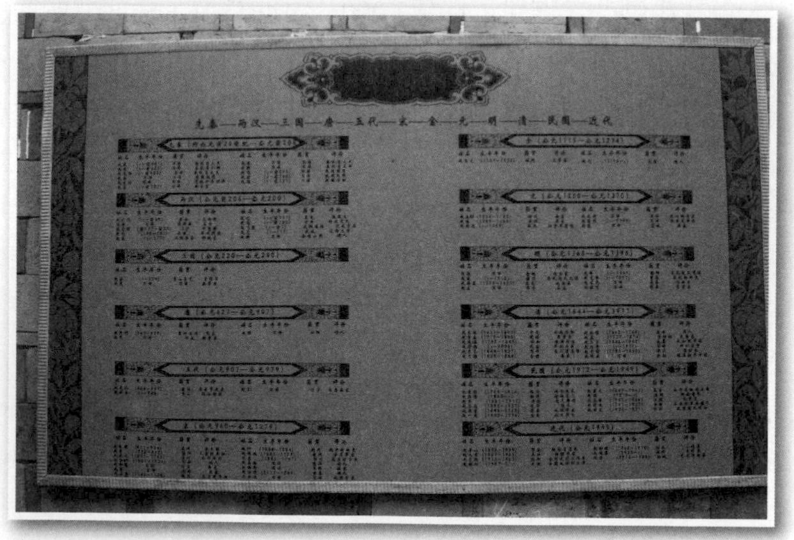

中國的歷史文化輝煌而昌隆，是世界上文明發達最早的國家之一

了長達數百年的多政權並立的局面，實現了包括今新疆、西藏及雲南地區在內的大統一。造紙、印刷術、指南針、火藥是中國古代科技的「四大發明」，至宋元時期相繼傳到世界各地，對世界文明作出了巨大貢獻。

1368年，明太祖朱元璋在南京建立了明朝（1368至1644年）。其子朱棣1402年即位後，開始大規模營建北京城池和宮殿，並於1421年正式遷都北京。1405至1433年，他派太監鄭和率領龐大的船隊進行了七次規模巨大的海上遠航，途經東南亞各國、印度洋、波斯灣、馬爾地夫群島，最遠到達非洲東海岸的索馬利亞和肯亞，是哥倫布時代以前世界上規模最大、航程最遠的海上探險。

明朝後期，中國東北部的滿族迅速崛起，於1644年建立清朝（1644至1911年），定都北京。清朝最著名的皇帝康熙（1661至1722年在位）遏止了沙俄的入侵。並加強對西藏的管轄，制定了由中央政府決定西藏領袖的規章制度。在其統治下，中國疆土面積超過1,100萬平方公里。

19世紀初，清王朝迅速衰敗。英國在這一時期向中國大量輸入鴉片，清政府力圖查禁鴉片。英國為保護鴉片貿易，於1840年對中國發動侵略戰爭，清政府最後與英國政府簽訂了喪權辱國的《南京條約》。鴉片戰爭之後，英、美、法、俄、日等國家不斷強迫清政府簽訂各種不平等條約。自此，中國逐漸淪為半殖民地、半封建社會。1911年孫中山領導的辛亥革命，推翻了清王朝近二百七十年的統治，同時也結束了延續二千多年的封建君主制，建立了中華民國。

(三)日本

日本陸地早期與中國大陸連接，但隨著氣候逐年暖化的關係，使得海平面上升，在一萬二千年前成為現在的島國地形。這時候，繩文時代開始萌芽。之前的舊石器時代到繩文時代之間，文化發展的最大特徵就是發明了繩文陶器與使用繩文陶器。這些繩文陶器可以當烹飪

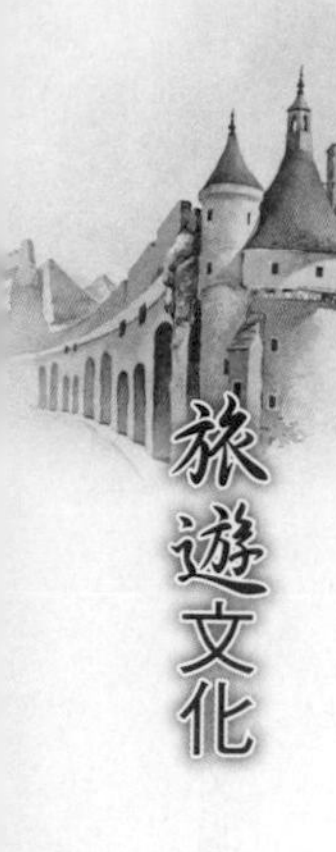

工具，讓吃的食物種類變多，營養水平也跟著提升。在繩文時代從未發生過戰爭，整個時期長達一萬年。

西元前5世紀左右，稻耕從中國大陸，經由朝鮮半島傳播到日本，生產經濟時代也因此應運而生。因此陶器厚度變薄，演變為裝飾較少的彌生陶器。彌生時代的特徵除了種稻外，還使用金屬器具。鐵器取代了石器，並製成農具，農耕技術有更先進的發展。西元前1世紀左右，在日本島國共有一百多個國家（全是小國），彼此之間戰爭不斷。西元3世紀，卑彌呼出現，聯合這些小國組成國家，才平定了戰亂。

西元3世紀後半期，以西日本為根據地蓋了很多古墳。在大和地方（現今奈良縣）出現了大和王權，統治廣大區域，政治勢力正式成形。被稱為「盟主」的大王與各地方豪族聯合統治國家，採取聯合政權體制，後來才開始與朝鮮各國往來頻繁。到了西元5世紀，日本與中國南宋締結外交關係；約有一世紀的時間，日本都會派遣使者到南宋謁見南宋皇帝。西元5世紀後半期開始，大和王權的各豪族互相爭權，導致戰爭不斷。尤其是蘇我氏和物部氏，為了西元538年（另有一派主張是西元552年）傳至日本的佛教問題，彼此激烈對峙。崇佛派的蘇我氏聯合廄戶王（後來的聖德太子）一起消滅了物部氏，獲勝的蘇我氏成為大王，掌握權力。蘇我氏所擁戴，並為日本第一位女皇帝推古天皇負責攝政事務的聖德太子，認為以天皇為主的中央集權國家是理想的政治體制，並以圓融的手法治理國家。關於外交方面，曾經有一段時間與中國斷絕往來，但這個時候開始，兩國又恢復交流，並持續了三百年。

聖德太子駕崩後，蘇我氏滅掉太子一族，想自立為天皇，獨掌政權。但中大兄皇太子與藤原鎌倉聯手，起兵叛變，殺死蘇我入鹿，新政權於焉開始，這就是所謂的「大化革新」。當中大兄皇太子國政大舉改革之時，在朝鮮半島，新羅與中國唐朝聯手討伐百濟，並予以消滅；百濟向中大兄皇太子要求援軍，結果派出去的27,000名士兵也慘敗。中大兄惟恐唐朝、新羅會為報復而侵略日本，決定祭出國防政策，在對馬地區設置「防人」，用以防守日本九州沿岸的軍隊。

後來，中大兄皇太子遷都後近江大津宮，西元668年即位，稱號為天智天皇，登基後兩年病逝。後繼者也就是天智天皇的兒子大友皇太子，與天智天皇的胞弟大海人皇太子爭奪皇位，發生戰爭，史稱「壬申之亂」，這是日本古代史上規模最大的內戰。獲勝的大海人皇太子於飛表淨御原宮登基，即為天武天皇。天武天皇死後，有三年的時間都由其皇后處理政事。西元690年，持統天皇登基。持統天皇建立了日本史上第一個計畫型城市，於飛鳥地區北側建造了藤原京，西元694年遷都藤原京。後來的首都，如平城京、平安京等城市的建築樣式，都彷照藤原京。

自710年（和銅3年）定都平城京至784年（延歷三年）遷都長岡京，共計七十四年，稱為奈良時代，日本是律令制社會的繁榮鼎盛時期，在政治經濟制度、階級關係、文化以及對外關係等方面都有所表現。此時貴族內部政治鬥爭不斷發生。經長屋王之變，藤原氏四卿、橘諸兄、僧玄昉等爭權，藤原廣嗣之亂，藤原仲麻呂排斥皇族成為第一個非皇族的太政大臣，僧道鏡利用孝謙上皇復位誅藤原仲麻呂，晉升法王，企圖以禪讓方式覬覦皇位等一系列事件，使天皇專政的絕對權威受到削弱。光仁天皇及桓武天皇時期，朝廷力圖整頓混亂的政治形勢，縮減財政開支，改革兵制，向東北地區擴展疆域，謀求整形和重新加強律令制。

以平安京（京都）為都城的歷史時代，始於794年（延歷十三年）桓武天皇遷都平安京，終於1185年（文治元年）鎌倉幕府成立，歷經四百年。分為三個時期：前期（794至967年）為律令制鬆懈但繼續運用時期；中期（968至1068年）為攝關政治確立與全盛時期；後期（1069至1190年）為院政與平氏政權時期。

以鎌倉為全國政治中心的武家政權時代。始於1185年（文治元年）鎌倉幕府成立，終於1333年（正慶2年，元弘3年）幕府滅亡，歷

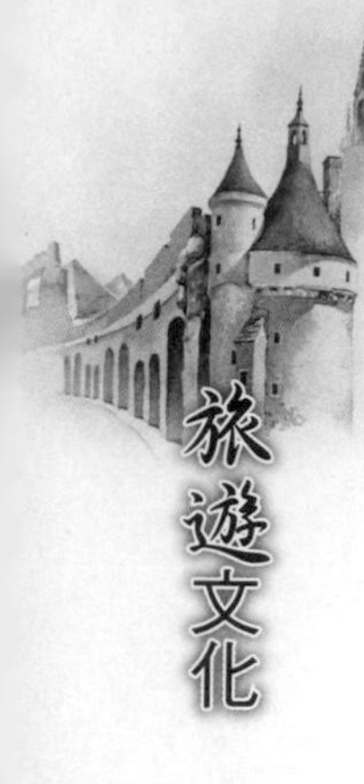

經149年。始期另有1180年說、1183年說、1192年說（源賴朝出任征夷大將軍）。源賴朝在打敗平氏以後，在後白河天皇（時為法王）的挑撥下，與他的弟弟源義經交惡，後來源義經轉投奧州藤原氏，源賴朝逼迫奧州藤原氏殺死源義經，源義經死後兩月，奧州藤原氏為鎌倉幕府所滅。

源賴朝死後，幕府的政權開始被他的妻子北條政子與外父北條時政掌握，北條政子又稱為尼姑將軍。北條氏借執權一職架空將軍的權力，甚至在第三代將軍死去以後，從京都迎接貴族藤原氏甚至皇子出任將軍。此後，幕府的政權被北條氏所世襲的執權所領導。在北條時宗在位的時候，元世祖忽必烈曾兩次侵日未果。後期，幕府的統治日漸衰敗，無法維持，終於後醍醐天皇舉兵，然後因討伐大將、上野大族足利尊氏的倒戈而滅亡。

後醍醐天皇消滅了鎌倉幕府後，進行了第一次的王政復古，推行新政，史稱建武新政。由於，新政未能滿足武士的要求，而且只重用京都的公卿貴族，引來武士的不滿。其中，倒幕大將足利尊氏更為不滿，他雖然被賜給天皇名字中的尊字，但他想開幕府，結果足利尊氏逼迫後醍醐天皇退位。新天皇光明天皇策封他為征夷大將軍，是為北朝。

而後醍醐天皇退位後，持著天皇象徵的三神器退往大和（今奈良縣）的吉野，是為南朝，至此南北朝終於形成，史書還稱為「一天二帝南北京」，經過多次攻防後，南朝的勢力衰退，終於南朝的天皇把三神器交給北朝的天皇，結束了南北朝時代。

足利氏原是上野豪族，而且更是鎌倉幕府將軍源賴朝的同族，足利尊氏在京都的室町開設幕府，是為室町幕府。南北朝的統一是第三代將軍足利義滿進行的，他統一了以後，曾企圖篡奪皇位。但在他死後，第四代將軍足利義持阻止了此事。由於當初足利氏為了對付南朝，必須於京都開設幕府，而在鎌倉設公方府，引來了關東大亂。在第八代將軍足利義政在位的時候，因繼承權問題爆發了應仁之亂，自此幕府的權威日下。原本受幕府策封於各地的守護大名，有的漸漸被守護代（副官）、家臣、國人篡奪政權，有的可以保持政權至戰國時代。從應仁之亂開始至足利幕府滅亡，人稱戰國時代。在京都中，幕府的權威日漸衰落，被管領細川家所干涉、擁立。第十三代將軍足利義輝被殺，他的弟弟足利義昭被織田信長擁立，後因與信長作對而被流放，幕府滅亡，正式進入安土桃山時代。

天正元年（1573年），織田信長滅了足利幕府後逐漸成為全國最強大的軍事首領，並開始積極拓展統治版圖，直到天正十年（1582年）消滅甲斐大名武田氏為止，已幾乎完全控制近畿地方與東海地方，並將勢力延伸至中國地方、甲信越地方、四國地方以及北陸地方。同年，部將明智光秀發動本能寺之變，織田信長失蹤（或說死去），長子兼織田家家督織田信忠敗給明智光秀後自殺，整個織田氏頓時陷入混亂。此時，織田氏部將羽柴秀吉在山崎之戰中討滅明智光秀，並在後來的家族會議中取得優勢，而於隔年的賤岳之戰打敗另一重臣柴田勝家，成功整合織田氏的版圖。1584年，羽柴秀吉與東海地方大名德川家康爆發會戰，雙方經過一番對峙後進行和解並結為同盟，同年，大坂城完工，羽柴秀吉以此為根據地，開始進行統一全國的計畫。經歷四次的大規模討伐後，1590年，接受天皇賜姓豐臣的秀吉完成全國大致上的統一，使日本進入百年來首見的和平時期，全國的實際政治中心也轉移到大坂城的豐臣氏手上。此後，豐臣秀吉鼓勵商業以廣開財源外，持續推動全國檢地與刀狩令的工作，並以各種手段削弱主要大名的封地。1592年起，他發動兩次侵略朝鮮的戰爭，史上合稱文祿、慶長之役（即萬曆朝鮮戰爭，韓稱壬辰衛國戰爭）。這場戰爭導致西日本諸大名實力大損外，也造成豐臣氏財力上嚴重的負擔，並促使家臣嚴重分裂。1598年，豐臣秀吉去世，全國再度陷入混亂。當時最強大的大名德川家康利用政治手段控制大坂城的權力中心，招致多數大名與豐臣內部文官的不滿。1600年，不滿的大名在文官石田三成與大名毛利輝元的號召下起兵討伐德川家康，雙方在關原

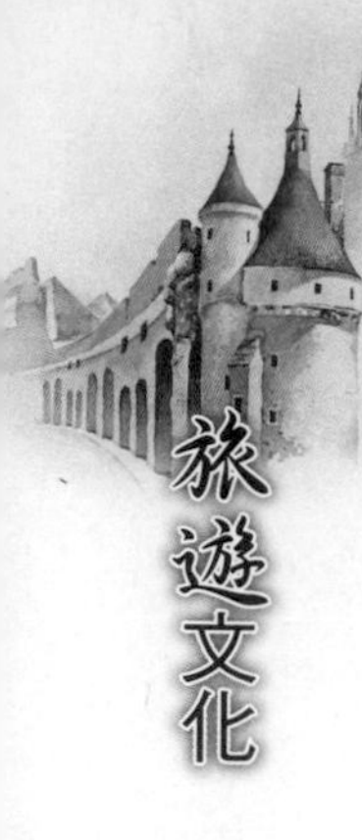

之戰中交手，結果德川家康大獲全勝，成為全國實際的統治者。1603年，天皇下旨封其為征夷大將軍，至此進入江戶時代。

豐臣秀吉死後，德川家康在關原之戰中獲得勝利並被委任為征夷大將軍，於大坂之戰中滅了豐臣氏。幕府禁止基督徒，經歷島原之亂並完成鎖國政策，只進行少部分在長崎出島與荷蘭和清朝的交易。和朝鮮王朝則透過朝鮮通信使維持關係。政治一安定經濟也跟著發展，在德川綱吉時代景氣良好，商人與町人盛行元祿文化（元禄文化），時局昌盛。

江戶時代中葉，幕府財政陷入困境，德川吉宗實行享保改革暫時恢復了財政，但不久又再度惡化，在這之後的寬政改革、天保改革等企圖改善，始終未能解決根本問題。到了末期（時稱幕末），被歐美各國逼迫開放門戶，經由培里而簽下了日美神奈川條約（日米和親條約）等不平等條約，鎖國崩裂。隨著開國尊王攘夷的思想強烈，成為半內亂狀態後幕府的權威弱化，終於最後德川慶喜實行大政奉還而將政權歸還給朝廷。

經過王政復古大號令及戊辰戰爭後，擁戴朝廷的諸藩，成立了明治大日本帝國政府。新政府積極引入歐美各種制度及廢藩置縣等等，這些各項改革被稱為明治維新。一方面，新政府確立國家制度，如設立帝國議會及制定大日本帝國憲法；一方面，又以培植產業及加強軍力（富國強兵）為國策推進，急速地發展成近代國家。此外，日本又在甲午戰爭及日俄戰爭中取得勝利，成為列強其中的一角。在確保國際地位的同時，於1879年染指清朝朝貢國琉球國，並改設為沖繩縣。後1910年吞併朝鮮。文化上，日本從歐美傳入了新的學問、藝術，引領出未曾在日本出現過的個人主義小說，文學開始出現，與江戶時代以前不同的文化展開了。宗教上，改變了以往神佛合流的現象（神佛分離），出現了打壓佛教（廢佛毀釋）等等的運動。

明治天皇於1912年駕崩，子嘉仁繼位，改元大正，是為大正時代。大正元年，因為陸軍倒閣而引起了第一次護憲運動（大正民主運

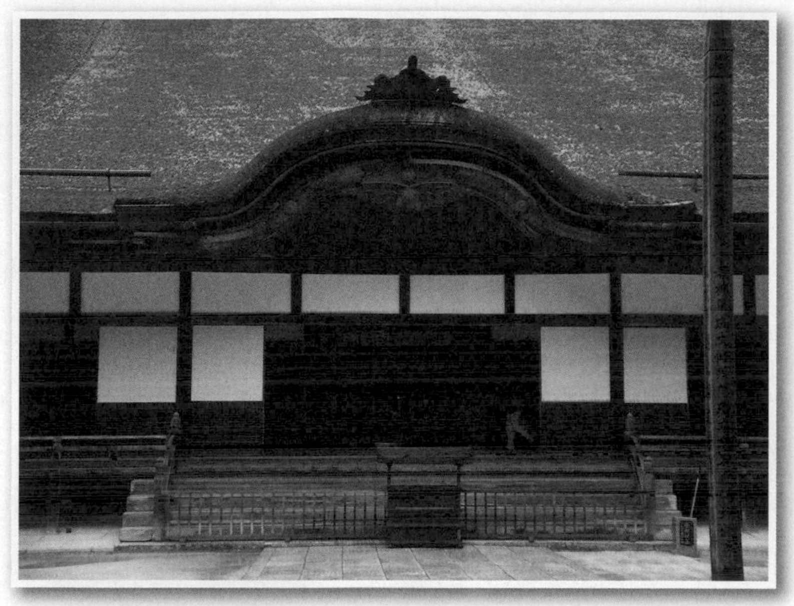

日本文化風格裡的佛教廟寺

動（大正デモクラシー），開始出現政黨政治。大正時代前期，發生了第一次世界大戰，時為自明治維新以來日本國力最高峰的盛世，但1921年，大正天皇因病而由太子裕仁攝政，數年後發生關東大地震，以及在國際會議中節節敗退，使日本日漸艱難。權貴與政黨不斷抗爭，發生了第二次護憲運動，實行了全民普選（1925年）。亦由唯一的元老西園寺公望推薦首相，提倡「憲政之常道」。

四、非洲－埃及

埃及古王國時期是金字塔建造數目最多的時代，可以說是古埃及金字塔時代的象徵代表。西元前3100年左右，下埃及與上埃及統一，開啟了早期王朝的時代。在這個時期，發明了象形文字，並將首都定於孟斐斯（Memphis）。西元前2686年左右，第三王朝的第一代法老王左塞（Zozoeser）建造了埃及第一座金字塔。這段期時，王朝的基

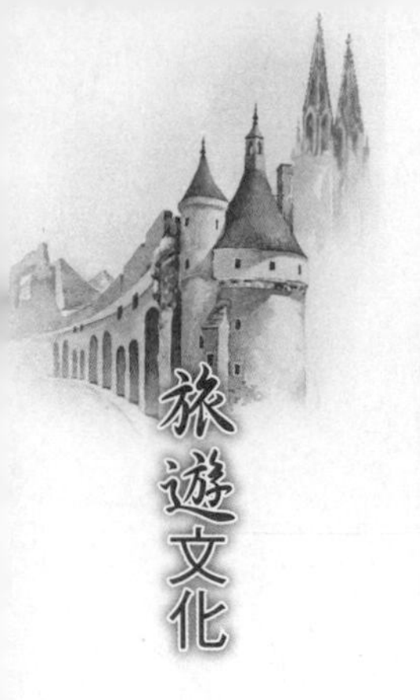

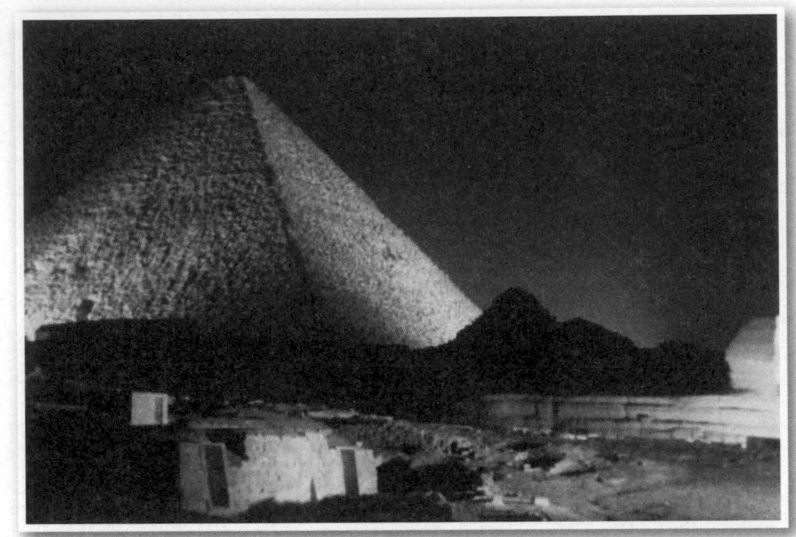

埃及文化瑰麗、壯闊，還帶有濃濃的神祕色彩

礎已經趨於穩固。併用太陰及太陽歷法，能夠正確預測尼羅河的洪水氾濫周期。此外，官僚組織化已經確立並實施，連地方官員制度都有規則可循；同時也整頓徵稅制度，確立中央集權體制。在當時，建造金字塔是國家大事，因為這樣的背景，才會在這個時期完成了很多的金字塔。當時的金字塔稱為階梯金字塔，乃是以舊有的長方形石槨〔稱為瑪斯塔巴（Mastaba）〕墳墓為基底，再用石頭堆高成為階梯狀。石槨墳墓採用的建材是日曬磚瓦，但是階梯金字塔的建材是削切完整的石灰岩石。西元前2613年，進入第四王朝時代，王朝的勢力更龐大了；同時，金字塔形狀也從階梯形演化為表面平坦的四角錐形。

第一代法老王斯奈夫魯王派遠征隊到西奈半島、那比亞，挖掘土耳其石和礦山，為了促進貿易交流，將交易據點設於埃及人的住宅區。因為能夠調配到豐富的資源，斯奈夫魯王完成了曲折金字塔、紅色金字塔等三座金字塔。為了完成金字塔，法老王從各地召集了許多工人。對於負責建造金字塔的工人，斯奈夫魯王給予非常充裕的糧食，且因為語言、觀念相通，更加深了人民的團結力量與意識。

斯奈夫魯王的兒子古夫王建造了當今世界最大的金字塔（又稱胡夫大金字塔）。在古夫王時代，只信仰太陽神的風氣更盛，所以將位於北側的金字塔入口遷移到東側。在這個時代，卡夫拉王、門卡烏拉王所建造的金字塔，與古夫王的金字塔並稱為吉薩三大金字塔，這段時期可以說是古王國時代最興盛的時候。西元前2494年左右，只信奉太陽神的觀念更強烈了，各法老王除了建造金字塔外，也蓋太陽神殿。這段期間，開始於金字塔內部刻上象形文字，就是所謂的「金字塔文」；其實，這是一篇咒文，就是祈求再生復活與守護遺體的咒文。西元前2345年左右，第六王朝開始，中央集權制影響力漸漸式微；原本不准大臣於法老王金字塔附近建造自己的墳墓，這時期的大臣則可以任意在法老王金字塔附近建造墳墓，地方官員便開始為自己蓋墳墓。於是，皇家權力衰退，古王國時代也終告結束。

西元前1565年左右興起的第18王朝到第20王朝（開始衰微的西元

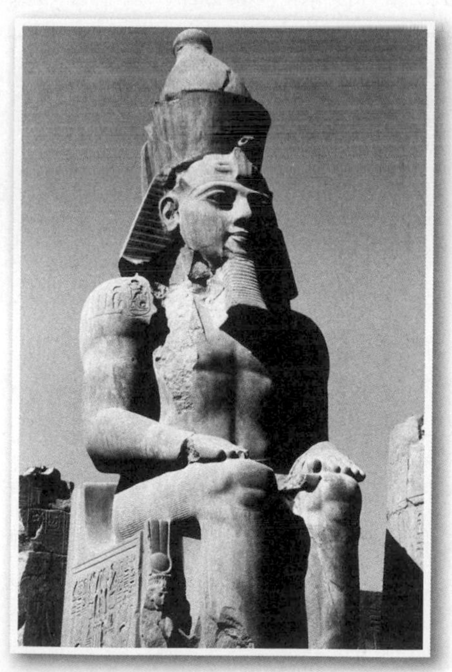

埃及法老王古神殿遺址

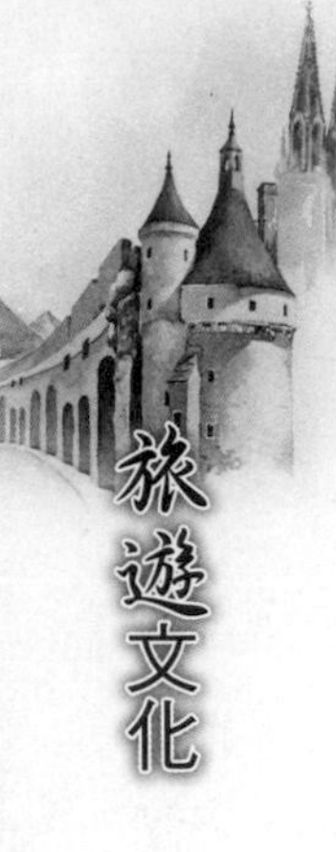

前1070年左右這段時間），就是史上的新王國時代，也是古埃及時代最繁榮的時期。

接著而來的為中王國時代，中王國時代的經濟、文藝活動特別蓬勃發展，將第一中間時期失落的埃及榮耀重新找回。中王國時代的國王因企圖復興古王國時代的古典文化，都模仿先王競相爭建金字塔。後來又於穀倉地帶法尤姆濕地地區整頓灌溉設備與運河，並致力於西奈半島的銅礦山挖掘工作。此外，於教育內容的文學中注入埃及文學的特色，誕生了「智慧文學」，許多豐富多彩的文學作品也陸續問世。到了西元前18世紀，也就是第12王朝末期時，王權開始衰微，這時候位於南方的努比亞擺脫了埃及的統治；接下來的第13王朝時代，每位國王的在位期間都不長，王位更迭速度頻繁。第13至17王朝的混沌時代，也就是第二中間時期的開始。在第二中間時期，異族西克索人（Hyksos）以下埃及的亞華里斯為據點，建立自己的王朝，對於整個埃及造成極大的影響。後來，以底比斯為中心的埃及王朝勢力再度興起，最後由第18王朝的第一代法老王雅赫摩斯一世（Ahmose I）驅逐了西克索人。雅赫摩斯一世再度統一埃及，讓埃及進入新王國時代，迎接前所未有的繁榮時代。

埃及曾被異族西克索王朝統治，在統治期屆滿一百年時，也就是在西元前1580左右，第17王朝的塞肯內拉二世開始與之對抗。歷經長久的激戰，最後雅赫摩斯王（Ahmose）終於成功地從西克索人手中奪回政權。接下來，古埃及進入了第18王朝時代，而第18王朝的歷代法老王們，經常進行軍事遠征行動。圖特摩斯一世（Thutmose I）認為，遠征行動能夠成功，全要歸功於阿蒙神的庇祐，因此將阿蒙神移駕到卡納克神殿內膜拜。從此以後，移駕阿蒙神到卡納克神殿就變成了一種習俗；從這個時候開始，阿蒙神官的勢力逐漸壯大。此外圖特摩斯一世還建造了知名的「帝王谷」，歷代眾多法老王都在此地長眠。

圖特摩斯三世征服了古代世界中最大的商業城米吉多，後來也不

停地遠征敘利亞、巴勒斯坦等地，統法的領土規模是古埃及歷代中最大的。北達敘利亞的幼發拉底河，南到努比亞（Nubia）的內陸地區，到處都有埃及的殖民地，可說是埃及最強盛的時期。有著如此豐厚的基礎，歷代法老王們便相繼建造了眾多壯麗的神殿、王墓；受貴族和法老王保護的墓園工匠們，也開始建造色彩鮮豔的美麗墳墓。以王侯貴族們虔誠的信仰為後盾，勢力不斷擴大的阿蒙神官們也開始干預政治了。阿蒙霍特普一世對於宗教並不是非常熱中，故自他開始阿蒙神的信仰忠誠度終於出現動搖的跡象。西元前1360年左右，阿蒙霍特普四世終於排拒了阿蒙神，改奉阿頓神為唯一神祇，並進行宗教改革。不過，信仰阿蒙神的風俗已經滲入民心，埃及人民根本不接受阿蒙霍特普四世的命令，於是對他日漸產生不信任感。圖坦卡門法老王想平定這樣混亂的局面，但是年紀輕輕的他卻離奇身亡了，再加上周邊鄰國致力於擴充軍備，讓埃及備感威脅。

為了重振埃及的威望，拉美西斯二世不停地與當時最強大的敵國敘利亞的赫梯（西臺）帝國發生戰爭，最後兩國簽定和約，平和落幕。拉美西斯二世想恢復往日榮景，因此大力推動各地的建設。他將這些建設事業視為公共事業，動員所有的人民參與這項工程，於是景氣變得非常活絡，人民也過著富裕的生活。可是，當偉大的拉美西斯二世往生後，埃及勢力再度衰微，之後活躍於北非到西亞地區的「海上民族」成功地入侵埃及。後來，埃及雖然擊退了「海上民族」，但是王權已經式微，第20王朝結束時，也是新王國時代落幕之時。

五、美洲

(一)印加

南美洲大陸文化萌芽期要回溯到西元前4000年前，此時秘魯海岸地區開始有植物栽培工作，然而亦有學者主張早在西元前6000年前，

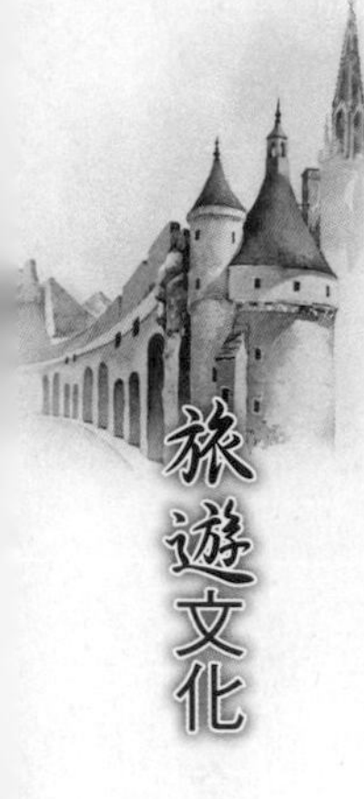

南美洲地區就已經開始農業栽植工作了。到了西元前3500年左右，現在的厄瓜多海岸地區產生了陶器文明。從陶器作品的形狀複雜度、鮮豔色調來看，這個文化並不是南美地區獨自產生的文化，應該是中美洲地區的前代文化流傳到此，才誕生如此高文明的陶器文化。但是，接下來有一段時間，此地區的狀況不明，後人無法確知這段期間的文明型態。有一個說法認為，原始城市文明已經在此誕生，這個學說的根據就是卡拉爾（Caral）遺址。可以確定的是，在西元前1000年左右，這個地區就開始大規模的神殿建築工作。這段期間被稱為查文文化（Chavin），範圍涵蓋目前整個秘魯地區，奇特的石像雕刻、採用堆石法建造的雄偉建築物都已經出現了。這些遺跡的代表就是秘魯北部高原地帶查文德萬塔爾（Chavin de Huantar）古蹟。很多研究學者都主張，查文文化也是繼承了從中美流傳過來的技術而誕生的文明，不過它的建築充滿獨創性，屬於當地自創文化的可能性也很高。

查文文化興盛的時間長達一千年，之後就進入戰國時代，而各自發展出獨特的地方文化。包括以地上神秘繪圖與幾何圖而聞名的納斯卡文化，以及擁有精細複雜架構能力，留下許多栩栩如生的壺製品的莫其卡文化等等，每個地方都誕生了獨具特色的文化。每個文化都擁有原始國家的性格，也立志成為當地的霸主，因此彼此間不斷地合作或戰爭。結果到了西元7世紀，瓦里王國統一了秘魯地區，建立統一的國家。瓦里王國以秘魯中部的城市為首都，也命名為瓦里，並以此為根據地發展出新興勢力。

從分裂期到瓦里王國統一的期間，開始畜養美洲駝羊，同時以活人當供品的生祭儀式、木乃伊製造等習俗都已經誕生了。有學者認為，目前分布在安地斯山區各地的梯田就是在當時創始的。另一方面，在目前的玻利維亞地區，從西元4世紀開始，蒂亞瓦納科文化（Tihuanaco）已在此誕生、興盛。蒂亞瓦納科文化一直到13世紀才開始衰亡，不過卻以的的喀喀湖南岸的「太陽之門」為主，留下了眾多的神殿遺跡。西元8至9世紀，瓦里王國開始走向衰亡之路，國家再度陷入分裂，遂由帕查卡馬克（Pachacamac）、西坎、查卡、石穆王國併吞其他國家，統一秘魯。在奇穆王國時代，大規模的灌溉農業與金銀鑄工業非常發達，王國版圖南北長達1,200公里。

(二)馬雅

馬雅文明以中美洲、瓜地馬拉共和國為中心，勢力範圍遍及墨西哥猶加敦半島、貝里斯、薩爾瓦多共和國等地，其歷史恐怕要追溯到三千二百年前。當時位於墨西哥灣沿岸地區，也就是中美洲最古老的文明——奧爾梅克（Olmec）文明興盛之時。它是馬雅文明的先驅，建立於西元前1200年左右。當時採農耕定居生活的馬雅人受奧爾梅克文明影響，開始建造大規模的聚落。西元前1000年左右，後來成為馬雅文明中心都市的蒂卡爾也開始有人居住。

剛開始，馬雅深受奧爾梅克文明的影響，但隨著自己的聚落、社會逐漸成形以後，就開始建造屬於自我風格的墓地或公共建築物，到了西元前400年左右還發明了文字。馬雅因人口數不斷地增加而更為發展，從聚落成長為城邦國家。當時在太平洋沿岸有卡米納柳尤（Kaminal Juyú）等城市興起。到了西元前350年左右，馬雅低地地區也有米拉多（El Mirador）等都市崛起。就在這個時候，他們創造了屬於自己的曆法——馬雅曆，並開始使用。

到了西元250年左右，文明中心從卡米納柳尤等太平洋沿岸地區遷移到馬雅低地地區，然後馬雅文明就在這裡開花繁盛。而各地的城邦國家都自立為王，彼此為了爭奪霸權而戰，戰爭狀況或王朝歷史就被記錄於石碑國祭壇上。後來，位於現在瓜地馬拉北方的蒂卡爾取得城邦國家霸權，成為最強盛的國家。之後其人口在最盛期多達十萬人。但蒂卡爾與鄰近都市卡拉克穆爾發生戰爭，不幸戰敗，導致國勢衰微，在那段期間，其他城市快速發展，馬雅低地地區又形成群雄割據的時代。而位於墨西哥和瓜地馬拉國境附近的雅修奇蘭、瓜地馬拉中北部的塞伊巴爾、宏都拉斯的科潘等，各地的都市人口急速增加，相繼建造巨型的金字塔。那時候，馬雅文明正處於顛峰期，現在所遺留的遺址，幾乎都是那時候建造的。

不過，在西元700年左右，處於繁華盛世的馬雅低地地區的城市竟神祕地突然凋零了。各城市不再建造新建築物，所有已經蓋好的建物都荒廢了，也不再記載曆法或王朝歷史。關於這些城市凋零的原因眾說紛紜，有人說是異族入侵，也有人說是大自然遭破壞所致，還有人說是發生天然災害之故，但真正的原因至今未明。馬雅低地的城市衰亡後，文明中心遷移到猶加敦半島北部，出現了奇琴伊察、馬雅潘等城市，瓜地馬拉高地也有瓦沙屯（Uaxactun）城市崛起。但是，這時候已經深受墨西哥高原興盛的托爾特克明（Tolteca）影響，馬雅文明無法再恢復往日鼎盛時期的風光。到了1519年開始，因被西班牙人征服，寫下悠久歷史的馬雅文明終於落幕了。

(三)印第安

據推算的可能時期是二萬五千年前人類登陸北美大陸。當時正值冰河期中期，隨著水位下降，歐亞大陸東端與北美大陸西端出現一塊名為白令陸橋的陸地，因此人們可以到毫無人煙的北美大陸地區開墾，並且在此地扎根居住。這些古代開拓先驅們，直到西元前1000年才點燃文明之火。這時候，於現在的俄亥俄州地方，誕生了阿登納文化（Adena Culture），他們開始在此建造被稱為山塚（mounds）的墳墓。山塚中間呈圓形，四周是四方形圍繞；將遺體擺在中間，上面再堆土，堆成圓錐形或角錐狀。從這些墳墓遺跡中，除了找到遺骸外，還發現雲母製首飾、石製雕刻導管、刻有文字圖案的護身符等陪葬品。在這個時候也開始栽培玉米，製造陶器。到了西元前300年左右，受到阿登納文化的影響，從俄亥俄州到伊利諾州一帶，霍普韋爾文化（Hopewell Culture）開始繁榮興盛。霍普韋爾文化的山塚規模比阿登納文化大，埋葬處理的遺骸數目也變多。為了應付這些土木工程，需要消耗大量體力，因此必須增產糧食，也看得出權力

正在擴張膨脹中。此外，在陪葬品中發現墨西哥灣貝殼、懷俄明州（Wyoming）的天然玻璃、在蘇必略湖（Superior Lake）採集的天然銅等等，這表示當時的人已經到處旅行，並與各地方的人進行貿易往來。霍普韋爾文化後來也延續了很久，直到西元700年左右才開始式微。繼承霍普韋爾文化，以流經美國東區的密西西比河為據點，密西西比文化開始拓展實力。這時候，為了阻止敵人入侵，出現建有宗教建築物和防禦柵欄的巨型聚落。代表作就是伊利諾州聖路易斯郊外的克霍基亞山塚遺跡。

西元1200年左右，密西西比文化達到最盛期，這個聚落的人口多達2至3萬，並蓋了東西長200公尺、南北300公尺的巨大山塚，其上還蓋了神殿及酋長的家；後來，密西西比文化還影響到北美東南區域。在「五月花號」抵達美國以前，也就是西元1600年左右，密西西比文化也開始衰退了。另一方面，西元700年左右開始，在北美南部的新墨西哥州附近，受到中美城市文化影響的普韋布洛文化興起。這時候，在斷崖挖洞，使用日曬泥磚蓋了很多的集體住宅。蓋於斷崖的住屋群中，以梅紗維德遺及使用砂岩建造的普韋布洛波尼托遺跡最有名。

除了以上較具代表性的文化外，在北美大陸這片腹地廣大的地區，也有各式各樣的文化開花結果。在西元15世紀時，這裡共聚集了五百個族，多達二百種語言。不過，當哥倫布「發現新大陸」，西歐各國在此開闢殖民地以後，被稱為「印第安人」的原住民從此走向悲慘的歷史。

六、澳洲大陸

澳洲原住民擁有屬於自己的藝術文化，傳承自遠古時代，歷史悠久；如他們在洞窟內創造屬於他們的壁畫年代，而這壁畫洞窟遠比法國拉斯科洞窟內的壁畫還要久遠。即便到了現在，澳洲各地仍依舊保

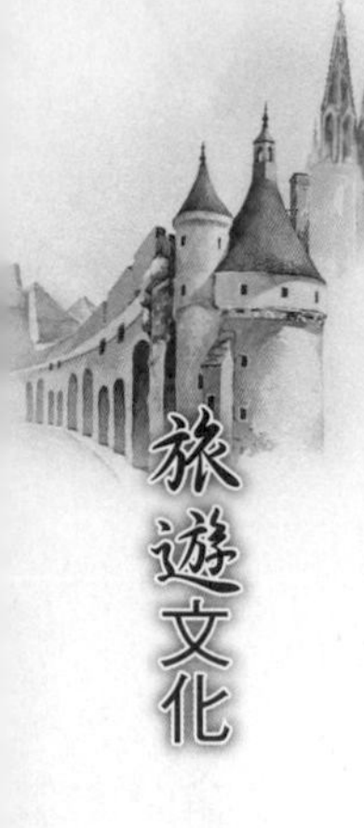

留了眾多訴說著歷史足跡的壁畫洞窟遺作。

(一)原住民的壁畫洞窟

文化是由語言、宗教、習俗、經濟、政治等各種元素所組成，而關於人類經營的所有生活模式，人們統一以「文化」稱呼；人類在還不會製造陶器，也不懂農耕技術，只以狩獵、採集為生的舊石器時代，人類的畫布就是洞窟裡的牆壁。這類遺跡中，當屬法國的拉斯科（Lascaux）洞窟或西班牙的阿爾塔米拉（Altamira）洞窟最具知名度。

拉斯科壁畫的創造年代是距今一萬七千年前，阿爾塔米拉壁畫的創造年代則距今一萬六千五百年前，這些人類的「藝術」萌芽作品都流傳至今。然而，很多人可能不曉得，澳洲大陸也遺留了舊石器時代的壁畫。

澳洲各地留下了許多當地原住民所畫的洞窟壁畫作品，有些作品的年代甚至比拉斯科壁畫或阿爾塔米拉壁畫還久遠，須追溯至兩萬年前；他們之間有個關鍵性的差異存在：經過了兩萬多年，歐洲壁畫文化已經消失了，也沒有人研究其意義或傳承這項技術，澳洲原住民卻仍承襲了這項文化技術，世代流傳。除了在岩石壁面上作畫，也於樹皮作畫。他們所創造的美術文化，被統稱為「澳洲原住民藝術」（Aboriginal Art）。

(二)卡卡度國家公園

位於澳洲大陸北端之北領地（Northern Territory）的阿納姆地半島（Arnhem Land Peninsuls）中部，有座卡卡度國家公園（Kakadu National Park），是澳洲境內規模最大的國家公園。占地約為2萬平方公里，腹地廣大，約有一千五百種植物、二百八十種鳥類棲息，且已被登錄為世界襲產。

卡卡度國家公園被列為世界襲產，理由不只是優美的自然環境而

已，澳洲原住民在公園境內留下了超過一千件以上的壁畫作品，才是讓它入選的最大原因。"Kakadu"這個詞的語源，來自居住於此地的一支澳洲原住民「嘎古都族」（Gagudju）。

人類居住於卡卡度國家公園洞窟群的歷史起源相當早，其中一個洞窟甚至發現了四萬年前狀似石斧的石器；這個石器應該是人類的作品，可說是世界上最古老的石器。

澳洲原住民於洞窟內所畫的題材種類繁多，包括他們的獵物鴯鶓（emu）、袋鼠等動物，以及人類、神祇、神話中的生物等等；其中最獨特的圖騰，當屬「虹蛇」，是澳洲各地神話中都會出現的巨蛇生物，傳說中牠掌管了生之所需的水源。在澳洲原住民歷史的「夢幻時代」（Dream Time）——神話時代裡，認為虹蛇誕生出各種生物，為了讓身體能夠四處移動，因而創造了山脈與溪谷。

卡卡度國家公園的洞窟壁畫風格相當獨特；除了澳洲地區，很難在世界其他地區找到具有如此獨特風格的壁畫作品，以公園東部努朗吉岩地（Nourlangie Rock）洞窟內的壁畫作品為代表作。

在努朗吉岩地洞窟岩壁上的蛇或動物等圖騰，彷彿像X光照片般，將體內的骨頭、內臟都清楚地畫出來。這樣的表現手法稱為「X光線描繪法」，為西元前1000年以後比較新的時代所使用的繪畫技巧。學者認為，可能是他們解體動物時所發展出來的繪畫手法，懂得在哪個部位該以何種方法描繪表達。

卡卡度國家公園的洞窟壁畫主要使用紅色、黃色、白色、黑色等四種顏色。他們將礦石或砂岩磨碎，製成紅色或黃色顏料；石灰石或燒過的貝殼則為白色顏料的原料；木炭或含錳的礦石，就是黑色顏料的原料。他們更從動物身上抽出油脂，利用這些油脂或水溶解顏料粉末，再使用樹枝、鳥類羽毛、動物骨頭為畫筆，於岩面刷塗上色。

(三)金伯利洞窟壁畫

在腹地廣大的澳洲，地區不同，所居住的原住民部族也就不同，

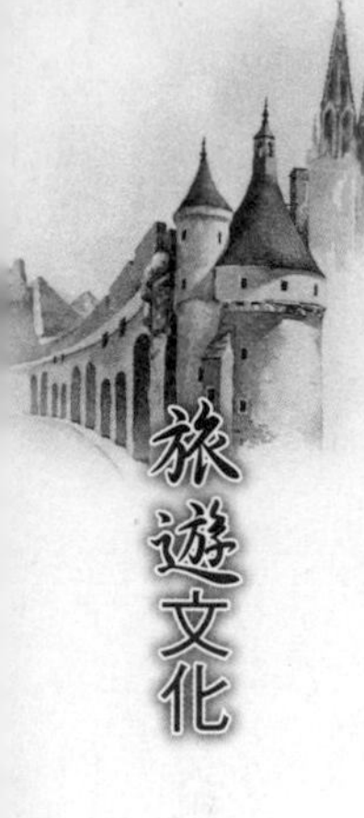

每個部族的文化也不盡相同，各自擁有獨特的文化。位於澳洲西北部西領地（Western Territory）的金伯利（Kimberley）地區，就是留有眾多獨特風格的洞窟壁畫作品的地區之一。金伯利地區可說是澳洲最後的祕境，岩山險峻、溪谷林立，也因為這個地區的自然環境嚴苛，才能阻止白人入侵，讓澳洲原住民文化得以平安留存下來。

金伯利地區洞窟壁畫作品的最大特色就是，許多壁畫都有名為「萬吉娜」（夢幻時代的生物）的圖騰出現；大多數的壁畫，都將萬吉娜畫成人類的模樣，身高最高可達7公尺，臉部膚色相當白皙，擁有一雙黝黑的大眼睛、鼻子，但是沒有嘴巴。臉龐四周使用紅色顏料畫出光環，其胸部有許多黑色橢圓形記號。根據當地的神話傳說，萬吉娜來自海洋與天空，她在創造了風景後卻被吸進岩石表面。

居住在金伯利地區的澳洲原住民，會舉行名為「烏南」（Unan／Wunan）的傳統宗教儀式；在儀式中，他們使用顏料為岩面上的萬吉娜像重新上色，並相信此舉能讓大家過著豐饒富裕的生活。總而言之，對他們而言，萬吉娜不僅是壁畫人物，更是信仰的對象。

澳洲原住民在二萬年前的遠古時代，便已開始建構獨特的文化風格。然而，英國人於18世紀在澳洲實施殖民地政策以後，其原住民文化快速消失，殖民者占據了他們的土地，澳洲原住民被迫面臨受難的時代。

澳洲原住民被趕出洞窟，傳承二萬多年的壁畫文化也成為過去式，除了部分的阿納姆地半島保護區除外。現今澳洲各地的洞窟裡仍保留了澳洲原住民的壁畫作品，吸引了許多現代人觀賞。此外，現代的澳洲原住民中，也有許多藝術家參考洞窟壁畫等傳統美術優點，創造出新的作品，而這些作品在世界上普遍獲得高度評價。

七、太平洋島嶼

大約在五萬年前，人類首度登陸大洋洲這塊土地。當時的海平面高度比現在低，亞洲大陸與菲律賓、印尼地區連成一片，叫做巽他大陸（Sundaland）。澳洲與巴布亞新幾內亞一帶也連成一片，稱為胡薩爾大陸。當時，巽他大陸與胡薩爾大陸相連，居住於胡薩爾大陸的人們中，有人用木頭與竹子組裝成竹筏，然後乘坐竹筏來到鄰近的美拉尼西亞定居。這些人是用石器的狩獵採集民族，歷經好幾個世紀，在此地緩慢地發展。

西元前3600年左右，被稱為拉庇泰人的蒙古人種（Mongoloid）由東南亞渡海而來，抵達了大洋洲地區。他們飼養狗、豬、雞等家畜，以玉米、山藥為主食，這些食物都是他們從亞洲帶來大洋洲的。後來，拉庇泰人再乘坐浮架獨木舟（outrigger），憑著他們優異的航海技術，從美拉尼西亞渡海到北方的密克羅尼西亞，很快地人口就擴散到密克羅尼西亞。西元前850年左右，再度遷徙到東方的波里尼西亞，於是拉庇泰人遍布大洋洲整個地區，其所形成的大範圍交易網路，就成為促使拉庇泰人快速發展的重要因素。這個交易網路的範圍達2,000至3,000公里，利用這個交易網路將物資運送到新的殖民島，並且從事黑曜石、糧食等交易活動。

隨著時代的演進，在大洋洲地區也建立了王權統治體系，擁有豐富物資的島就成為行政中心。相對地，在物資缺乏的島嶼地區，便透過交易活動互相彌補不足，每座島嶼的人民過著分工互助的生活。在拉庇泰人進出大洋洲的同一時期，查莫洛人（Chamoro）的祖先也從菲律賓、印尼遷移到密克羅尼西亞居住，大洋洲於是成為少數民族混居的地區。另一方面，拉庇泰人與在初期就成為人類活動地區的密克羅尼西亞當地原住民們通婚、混血，不斷演化，並且開始製造以繪文陶器為主的各類型陶器，讓密克羅尼西亞成為擁有多樣化文化的地區。而在波里尼西亞地區的各個島嶼，形成以首長為中心的社會體

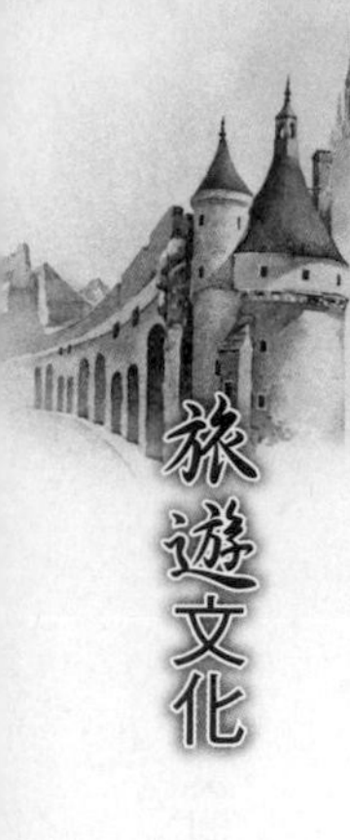

系。

到了16世紀，計畫挑戰航行世界一周計畫的麥哲倫「發現」了大洋洲。因為大洋洲沒有黃金與辛香料，所以對歐洲人來說，大洋洲並不是重要之地。18世紀時，因詹姆士．庫克的太平洋探索之旅，才將大洋洲冠上「南國樂園」之名，介紹給歐洲人民；於是，有許多的歐洲貿易商與傳教士來到了大洋洲。由於改信基督教與殖民地化的關係，大洋洲的各島進入了近代文明。

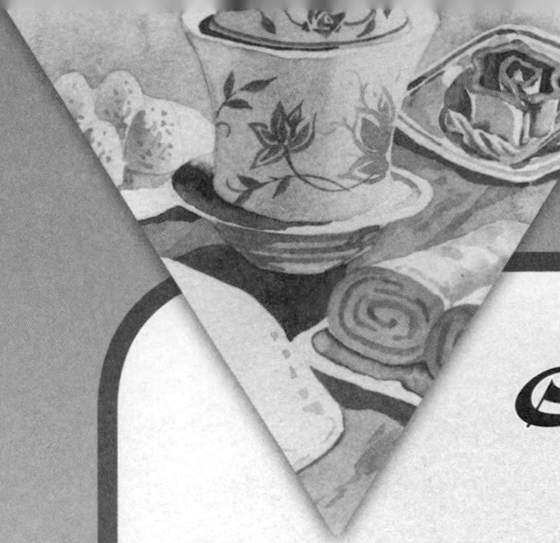

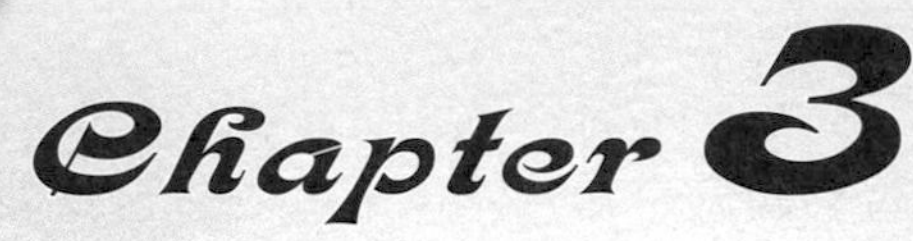

世界襲產與資源

- 世界襲產
- 世界奇景

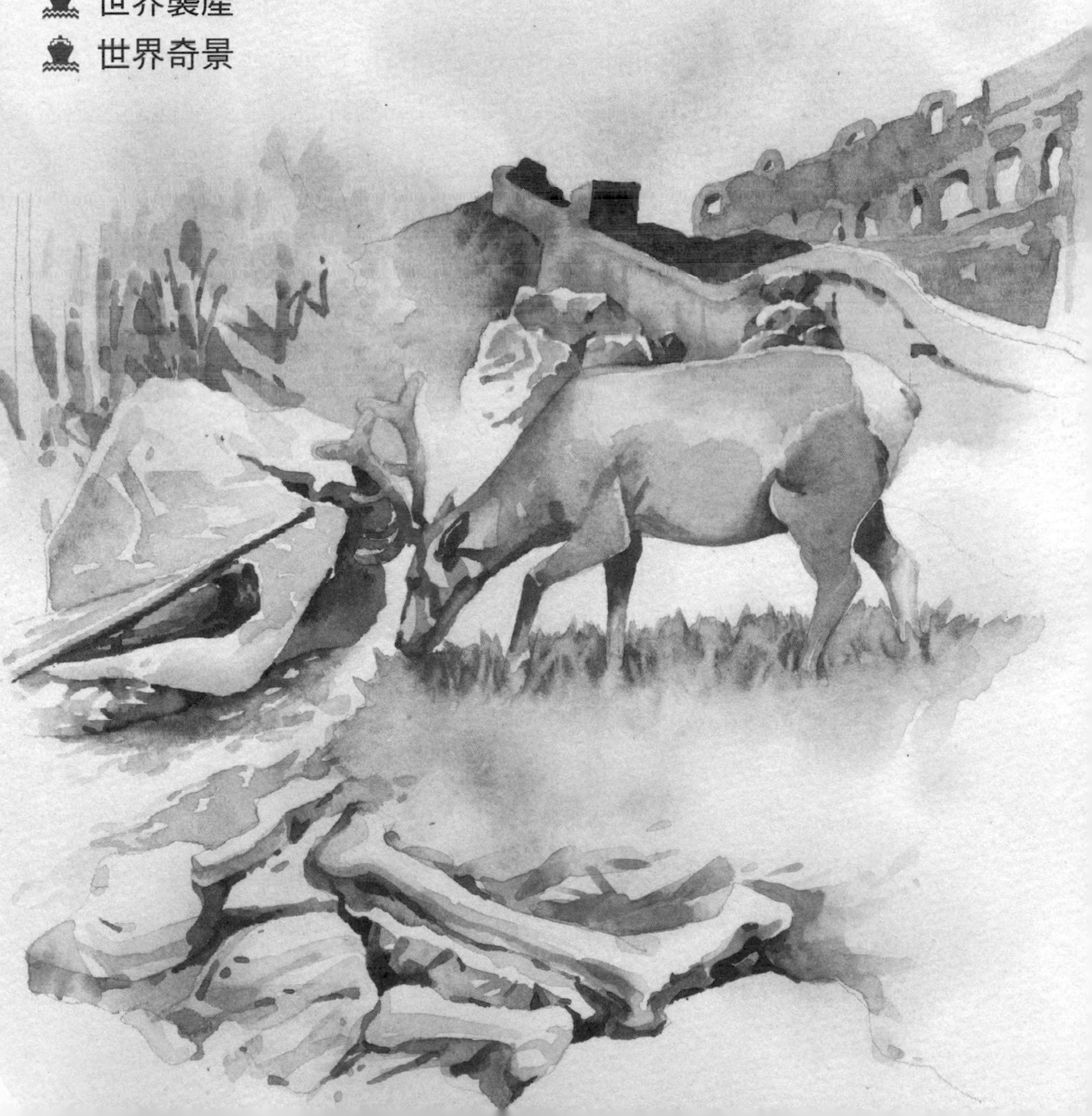

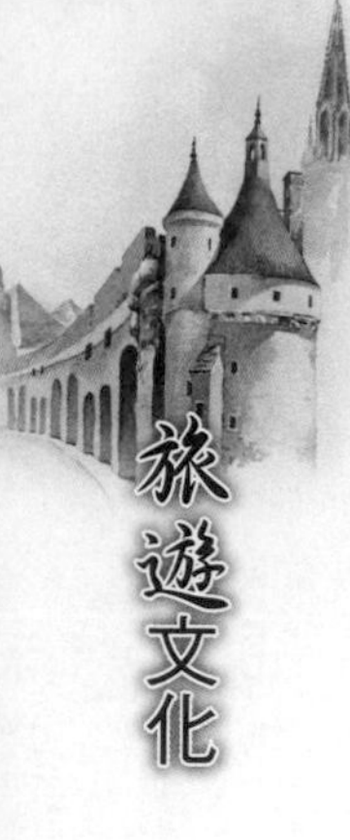

第一節　世界襲產

世界襲產的觀念是1972年以來，由聯合國教科文組織通過「世界文化與自然襲產保護公約」，建立了明確的規範和機制，凝聚締約國力量，藉以保護人類共同的襲產。目前各國提出申請並經由「世界襲產委員會」審議通過的總計有八百九十處各類型的世界襲產。藉由列入「世界襲產」的方式，不僅可喚起國際間或當地居民對「環境」的重視與瞭解，更可藉由締約國經費和技術的支援，幫助各國維護境內的人類襲產。

根據聯合國相關的規定，申請列為世界襲產據點的地方，除了本身就自然或人文方面的資源具備特殊或獨特的價值與意義外，政府單位是否透過法律或慣例，建立保護及經營管理機制，當地民眾的認知等，亦為考量的項目。

一、世界襲產的定義與分類

(一)世界襲產的定義

世界襲產的定義，主要係指在地球或人類演進過程中，具有世界顯著價值的資產，須由全球關注並加以保護的資產。保護的範圍涵蓋了「文化襲產」、「自然襲產」或兼具兩者的「複合襲產」。截至2009年7月止，「保護世界文化和自然襲產公約」的締約國已達一百八十五個國家與地區，共有八百九十處世界襲產地（World Heritage Sites）分布在一百四十八個國家中。依其類型可分為文化襲產六百九十項、自然襲產一百七十六項及兼具兩者特性之複合襲產二十五項，以及2001年新增的「口述與無形人類襲產」（根據UNESCO2003年非物質文化襲產公約，自2009年起獨立成為非物質文化襲產名錄）類別。

由於國際化的影響，許多傳統的文化也面臨失傳的危機，鑑於此類襲產較不易保存，因此2003年10月，教科文組織通過了保護非物質文化襲產公約，確認了非物質文化襲產的新概念來取代人類口述與無形襲產，並設置了人類非物質文化襲產代表作名錄。（UNESCO, 2003）教科文組織每兩年評選人類口述與無形襲產，其為具有特殊價值的文化活動及口頭文化表述形式，包括語言、故事、音樂、遊戲、舞蹈和風俗等，至2005年11月為止，聯合國教科文組織公告了九十項「人類口述與無形襲產代表作」，例如中國古琴、崑曲、新疆木卡姆藝術、日本能劇、摩洛哥說書人、樂師及弄蛇人的文化場域、西西里島提線木偶劇等。

(二)世界襲產的分類

1.文化襲產：

(1)紀念物遺址：從歷史、藝術或科學的立場言，具世界顯著價值的建築、雕刻或繪畫紀念物，或具有考古學的要素。

(2)建築群：從歷史、藝術或科學立場言，具有世界顯著價值的建築，無論單獨的或連續的建築物，其具備地景同質區域的價值。

(3)據點：人為或結合人與自然的作品，包括具歷史、美學、民族學等世界顯著的價值。

(4)城鎮：目前已無人類居住的城鎮、歷史城鎮（目前仍有人居住）、20世紀後發展的新城鎮。

2.自然襲產：

(1)地質地形：自然界中地形或地質構造的演進，從美學或科學的觀點其具有顯著的世界價值。

(2)生態物種：有關受威脅物種（包括動物與植物）棲息地，從科學或保育的觀點具有顯著的世界價值。

(3)自然美景：自然的地點或獨特的區域，其從科學、保育、自

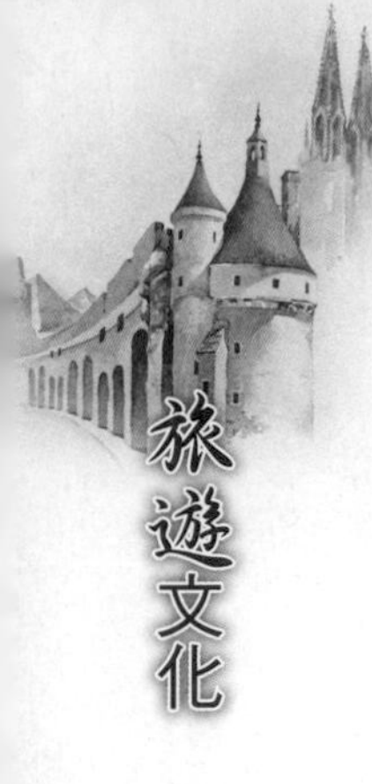

然美學的觀點具有顯著的世界價值。

3.複合襲產：兼具文化與自然襲產價值。

二、世界襲產的條件與評估準則

世界襲產地的設立，主要係由各締約國針對國內相關之自然文化資源先行進行評估，再依一定程序向世界襲產委員會提出申請，在推薦地區或國家提出申請後，相關的審議任務，世界襲產委員會分就不同的範圍委請專業組織執行。例如：自然襲產的部分由IUCN國際自然保育聯盟執行；文化襲產部分由ICOMOS國際文化紀念物與歷史場所委員會執行；最後由此兩個團體提交報告至世界襲產委員會進行最後的評估，而結果則可能接受提列名單之內或者拒絕提請修正。

對於世界襲產所定設立標準，有一般性的標準與分類的標準，茲分述如下。

(一)一般性的標準

一般性的原則，包括下列幾點：

1.推薦的名單或地區必須是從國際觀點而言，具備顯著世界價值。

2.推薦的地區與名單必須提供相關的文件，包括地圖、幻燈片或相關的研究報告等。

3.對於推薦地區必須制訂相關的法令或保護計畫，並確實執行。

4.推薦的地區要和鄰近或相同資源的地區做評估比較。

5.必須取得當地居民全力支持，同時亦須有NGO團體的參與。

6.範圍的劃設上，必須有緩衝區設置，以確切提供完整精確保護範圍。

(二)文化襲產評估準則

1.表現人類創造力的經典之作。

2.在某時期或某文化圈裡，影響建築、技術、紀念性藝術、城鎮規劃或景觀設計的發展，展現人類價值的重大交流。

3.作為獨特的證據，呈現一種現存或已消失的文化傳統或文明。

4.某類型建築物、建築技術或景觀的卓越典範，足以展現人類歷史重要階段。

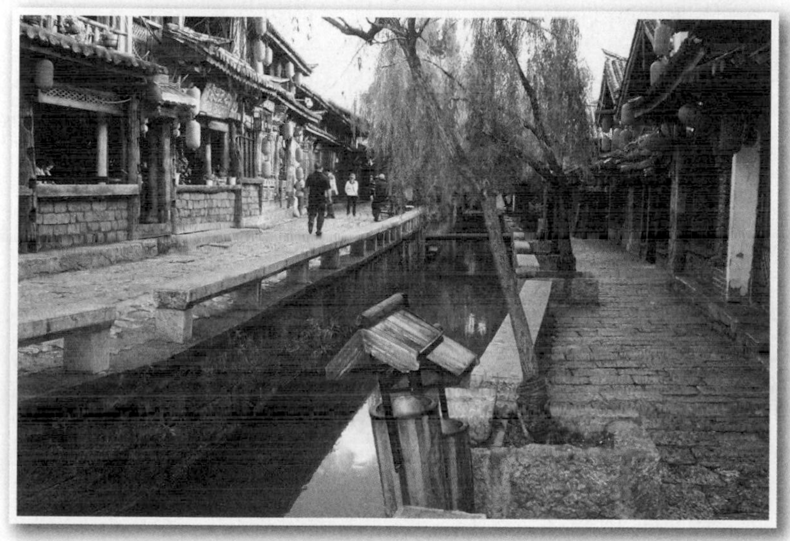

麗江的大研古城有著近八百年的歷史，以古樸的藝術風格及科學佈局藝術名列「世界文化襲產」城市

5.傳統人類聚落或土地利用方式的特殊範例，足以代表單一或多種文化，特別是易受不可抗力危害之文化。

6.與具傑出普世性價值的事件或生活習慣、思想、信仰、藝術或文學作品，直接或間接相關。

聯合國教科文組織同時也將文化襲產的維護保存納入考量，並規定下列二個要件均須具備：

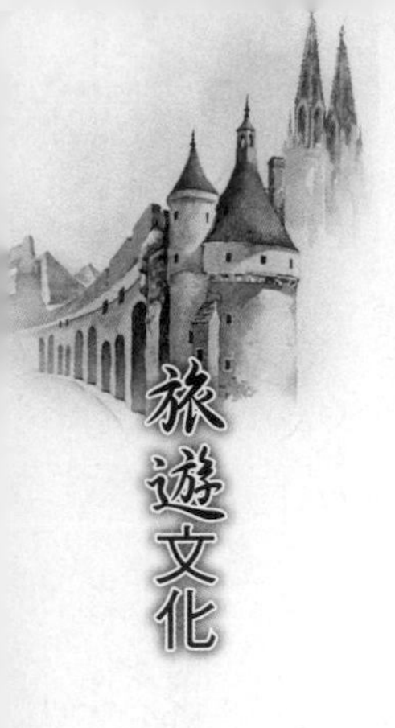

1.在設計、材料、技術或環境／文化景觀上，具獨有的特徵與要素，符合「真實性」條件。

2.透過適當的法律或慣例，建立保護及經營管理機制，確保被提名的文化資產或文化地景受到保存維護；同時對於未來觀光的規劃與管理，也要一併加以考量。

(三)自然襲產評估準則

在自然襲產評估的指標中，列入名錄者須經世界襲產委員會通過符合下列相關的條件或因子，並具有顯著的世界價值：

1.含括的類型：

條件A　在地球形成的過程階段中，地形地貌或地質的發展變化有顯著的代表性。

條件B　陸上或海洋動植物生態系方面，在演替的過程中具有顯著代表。

條件C　具有特殊的自然美景或重要的美學地點。

條件D　重要著名受威脅的生物棲息地。

2.同時也符合下列各種情況的完整性：

(1)條件A必須包括全部或大多數主要的內在相關或獨立因素間互動或相關性。例如：在「冰期」中須含括雪地、冰河切割地形、沉澱物或移植等。

① 條件A，須具備研訂管理計畫。

② 條件A，須研訂長期的保護法立法，包括區域、物種、棲息地等；同時劃設緩衝區，避免或降低衝擊。

③ 條件A中，必須是世界生物多樣保護組織界定的生物多樣性重要區域。

(2)條件B含括長期保護生態系或生物多樣性的區域中，必須是有效的範圍或包括必須的條件。例如在熱帶雨林中，須包括

相當數量在海平面上的物種，或者其地形、土壤的演變等。

(3)條件C含括著名的美學價值，也包括維持其美學必要的區域。例如瀑布的美景須包括鄰近相關的河流等。

(4)條件D須包括考量於多樣性和生態系中維持動、植物多樣性的棲息地。例如島嶼地形生態系包括維持地區性物種的棲息地，而棲地的範圍必須大到足以維持一定數量的物種，確保其保育。

三、世界襲產的發展與課題

2002年第30屆公約會員國大會中，世界襲產委員會檢討全球策略和目標後，依據世界襲產Budapest宣言，提出了四項總目標"4Cs"來總結未來的挑戰，分別是：

1.信實度（credibility）：確保能夠設置具代表性的自然和文化類型的襲產地。

2.保育（conservation）：推動有效的保育措施。

3.增能（capacity-building）：提升經營管理水準技術。

4.溝通（communication）：告知大眾世界襲產成就。

聯合國教科文組織世界襲產中心主任Francesco Bandarin於2007年指出，當前推動世界襲產公約的挑戰包括：改進世界襲產名錄的均衡性、使世界襲產監測過程更有效率、確保世界襲產地的保育、移除世界襲產瀕危名單中的襲產地、解決日益增加的國際協助需求問題、加強培訓和研究，以及推廣世界襲產的資訊等七大項。

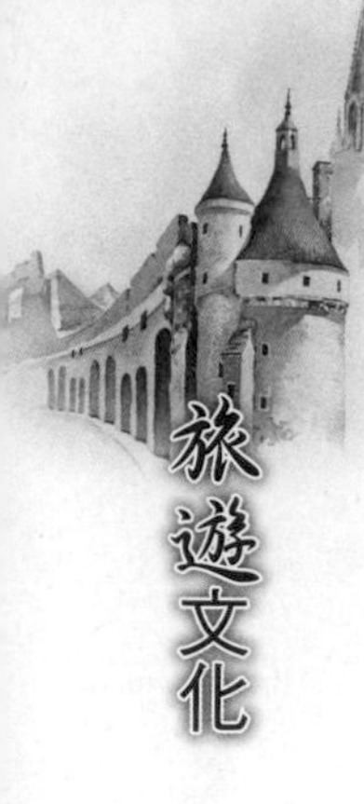

四、代表性的世界襲產

(一)歐洲

1.倫敦塔：位於英國倫敦的泰晤士河北岸，由威廉一世（1027-1087）建造，主要是用來防衛和控制倫敦城，是英國羅馬風格流行時期的一座城堡建築。現在的倫敦塔為著名的英國珍寶館，陳列著英國中世紀國王的王冠、珠寶和歷代的兵器、甲冑等。

2.斯特拉斯堡（Strasbourg）：位於法國下萊茵省省會斯特拉斯堡市區內，是以伊爾河的一座島嶼為基點拓展而成的著名建築。這裡一直是中世紀歐洲社會重要的文化中心。斯特拉斯堡與許多重要的歷史事件和歷史人物有關。如1972年4月24日，法國的詩人、音樂家德·李爾在此譜寫了一首萊茵軍隊讚歌《馬賽曲》，此曲後來被定為法國的國歌。

3.維爾茨堡：位於德國巴伐利亞州下法蘭克尼亞區的維爾茨堡市，其花園是德國最大、最宏偉的巴洛克式王宮之一。巴洛克式建築圍成正方形宮殿廣場，花園巧妙利用了宮殿周圍的地形，布局精美別緻，至今仍保留原來的造石路面，是德國屈指可數的幾座保存完好的宮廷廣場之一。

4.古埃爾公園、古埃爾宮和米大拉大廈：這三座建築均位於西班牙巴塞隆納省的巴塞隆納市內，為安東尼奧·高第的典型作品，這三個作品講究建築與雕塑、大自然、空間、色彩和光線的配合，從觀念上擺脫了傳統的約束，展示出極端的個性特徵。安東尼奧·高第（Antonio Gaudi, 1852-1926）為西班牙傑出的建築師，被譽為天才建築師，為一極具個性化的現代建築藝術家，這三個作品是影響深遠的世界性傑作。

5.埃皮道拉遺址：位於希臘伯羅奔尼撒半島阿爾戈利斯行政區納

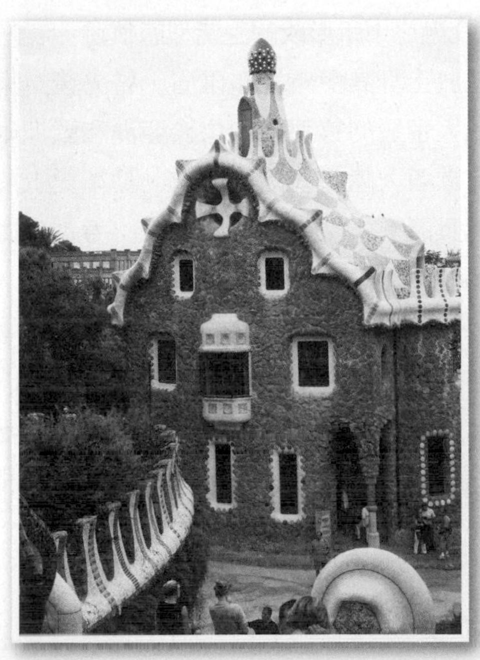

埃爾公園（Park Güell）是高第作品裡最充滿歡樂氣息的建築物，如童話世界般的薑餅屋、馬賽克小怪獸等等

夫普利亞省，是古希臘埃皮道拉斯城邦政治與文化的中心，對歐洲文化和現代文明的發展具有重要的影響。遺址中的埃皮道拉斯劇場為希臘古典時期晚期的露天劇場代表性建築之一，其中心有一圓形的表演區，稱為「歌壇」，這種圓形表演區為古希臘劇場建築共有的特徵。

(二)亞洲

1.默哈巴利布勒姆古蹟：位於印度東南部的泰米爾納德邦，建於公元7世紀帕那瓦王朝時期。其中有眾多的寺廟和石窟聖殿，還有巨型的露天浮雕，「恒河降世」是其中的代表作。遺址中還有著名的河濱寺，寺裡保存有幾千幅有關濕婆升天的雕塑。

2.塔克西拉考古遺址：位於巴基斯坦塔克西拉城，為印度文化古城，先後受到波斯、古希臘和中亞的影響。塔克西拉考古遺址中有薩拉卡拉、比爾、瑟卡和瑟蘇克四個歷史上相繼存在的居民，

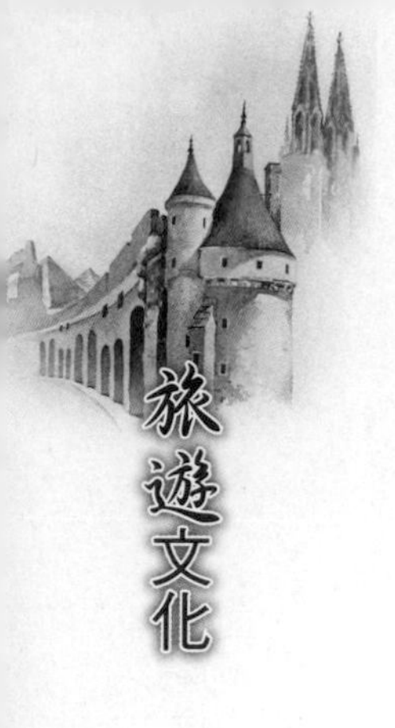

從中可以看到各種文化交融之中所形成的生活型態軌跡。

3.伊斯坦布爾歷史區：位於土耳其伊斯坦布爾省，曾先後為東羅馬、拜占廷和鄂圖曼三大帝國的首都，因位於亞洲和歐洲兩個大陸的交接處，聯繫有歐亞大陸的政治、宗教、藝術史上的重大事件，有四大地區極具歷史與文化的參考價值：考古公園、蘇萊曼尼耶區、澤雷克區和城牆區。

4.耶路撒冷：猶太教、基督教和伊斯蘭教共同聖地，位於巴勒斯坦中部猶他亞山區之巔。舉凡《新約》、《舊約》中提及的人名、事件和有關地名，在耶路撒冷都有教堂或殿宇與之對應。耶路撒冷有許多著名的建築，如「哭牆」，為猶太人信仰和團結的象徵物。

(三)美洲

1.伊瓜蘇國家公園：位於阿根廷朱希奧內斯省及巴西的巴拉那州，地跨兩國邊境。因瀑布落差80米、寬2,700米，分成眾多激流，產生出巨大的蒸氣雲團，周圍的亞熱帶溼潤原始森林中生長了二千餘種的維管植物，有貘、美洲豹等本地特有動物棲息。

2.查文．德胡安塔爾古蹟區：坐落於秘魯安卡什省。在公元前1500年至前300年，這裡曾出現了查文．德胡安塔爾文化，這是前哥倫布時期美洲最著名的地區之一，也是南美洲地區最早的文明先河。

3.恐龍公園：坐落於加拿大艾伯塔省臨近卡爾加里的雷德迪爾峽谷之中。此地有豐富的化石層與奇特的崎嶇地帶和罕見的沿河生態環境，成為聞名於世的三大自然景觀。公園裡有許多保存完好的恐龍化石。

4.黃石國家公園：位於美國西部，面積達9,000平方公里，橫貫懷俄明州、蒙大拿州和愛華達州，以豐富多樣的間歇泉、溫泉、礦泉沉澱物和火山氣體而著稱於世。黃石公園因黃石河貫流其

間而出名，不僅有豐富的地貌景觀，動、植物資源也極其豐富。

(四)非洲

1.努比亞遺址：位於埃及東南部，這裡的古建築體現了埃及幾千年宗教建築的成果。努比亞地區最雄偉的建築是阿布辛貝雙神殿，皆建於公元前8世紀，是在岩石上鑿成的建築，其鑿雕工程採用了大膽獨特的工藝。首先，岩石被慢慢切割成大石塊，再把它們移至高地，最後依靠人工懸崖組合成各種建築物。

2.迦太基古城遺址：坐落在突尼斯北部丘陵起伏的三角半島上，是昔日迦太基帝國的首都，其東北部是一片大型的墓地，東南部是一座古羅馬式的廣場，而艾斯曼神廟則雄踞半島最高處。迦太基曾是第一所基督教拉丁文學院的誕生地，許多著名的基督教衛道士都曾來此生活過。

3.達德拉爾特．阿卡庫斯石窟：位於利比亞與阿爾及利亞接壤的邊境地區。這裡保存有數以千計的雕刻和石窟畫，分別為12,000年前至1世紀期間的不同藝術傑作，展示著一萬多年的人類文明演進史。這裡大部分的石窟畫作品是以非洲大型的草原哺乳動物為主要對象，也因此石窟畫成為非洲文明悠久歷史的最佳見證。

(五)大洋洲

1.大堡礁：位於澳大利亞東北部大陸棚上，在昆士蘭州東海岸的對面。大堡礁區共有四百多種珊瑚、四千種軟體動物和一千五百種魚類資源，也是儒艮和龜類的棲息地。

2.海灣地帶國家公園：位於紐西蘭南島西南角，坐落在太平洋板塊和澳大利亞印度洋板塊交界處的高山斷層上。公園裡有三分之二為森林，園內共有二十多種稀有或瀕臨絕跡的植物。這裡

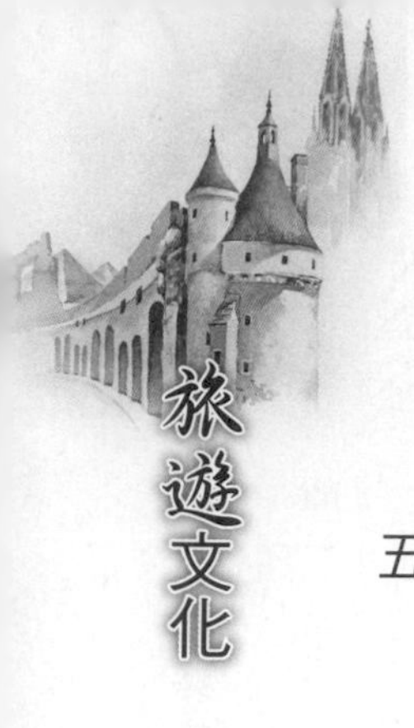

土生土長的陸地哺乳動物僅有蝙蝠一種，其他陸地動物有很多是從其他地區所引進。

五、中國的世界襲產

中國於1985年加入世界襲產公約以來，中國聯合國教科文組織全國委員會秘書處即展開積極作業，有計畫地向世界襲產委員會申請和推廣具有突出價值的襲產（陶佛，2001），截至2009年共有三十八項，其中文化襲產有二十七處、自然襲產有七處、複合襲產四處、文化景觀一處；至於無形文化襲產則有二十九項（**表3-1**）。

表3-1　中國的世界襲產（1985-2009）

文化襲產	地點	獲選時間	文化襲產	地點	獲選時間
長城	北京	1987	北京故宮	北京	1987
周口店北京猿人遺址	北京	1987	秦始皇陵及兵馬俑坑	陝西省臨潼縣	1987
敦煌莫高窟	甘肅省	1987	武當山古建築群	湖北省丹江口市	1994
承德避暑山莊及其周圍寺廟	承德市	1994	西藏布達拉宮、大昭寺、達賴夏宮羅布林卡列寺	西藏拉薩	1994 2001
孔府、孔廟、孔林	山東省曲阜市	1994	廬山風景名勝區	江西省北部	1996
平遙古城	山西省	1997	蘇州古典園林	江蘇省蘇州市	1997
麗江古城	雲南西北麗江市	1997	北京天壇	北京	1998
北京頤和園	北京	1998	安徽宏村與西遞	安徽省黟縣	2000
大足石刻	北山、南山、寶頂山、石門山、石篆山	2000	都江堰－青城山	四川省	2001
明代皇家陵寢（顯陵） 清代皇家陵寢（東陵、西陵）	顯陵位於湖北省鍾祥，東西陵位於河北省境內	2001	雲岡石窟	山西省大同	2001

（續）表3-1　中國的世界襲產（1985-2009）

自然襲產	地點	獲選時間	自然襲產	地點	獲選時間
明代孝陵、清代十三陵	孝零位於南京市，十三陵位於河北省昌平縣	2003	龍門石窟	河南省洛陽城南	2001
高句麗王城、王陵及貴族墓葬	吉林省集安市和遼寧省桓仁縣	2004	澳門歷史城區	澳門	2005
殷墟	河南安陽	2006	廣東開平碉樓與村落	廣東開平	2007
福建土樓	福建省南靖縣永定縣等地	2008	五台山	山西省	2009（文化景觀）
武陵源風景名勝區	湖北省張家界市	1992	黃龍風景名勝區	四川阿壩藏族、羌族自治州松潘縣	1992
九寨溝風景名勝區	四川省北部南坪縣	1992	三江並流（金沙江、怒江、瀾滄江）	雲南省西北迪慶藏族自治州、怒江傈僳族自治州與麗江地區	2003
四川大熊貓棲息地	四川臥龍山 四川四姑娘山 四川夾金山脈	2006	中國南方喀斯特地形	雲南石林 貴州荔波 重慶武隆	2007
三清山	江西上饒市	2008	--	--	--
複合襲產	**地點**	**獲選時間**	**複合襲產**	**地點**	**獲選時間**
泰山風景名勝區	山東省中部	1987	黃山風景名勝區	安徽省南部黃山市	1990
峨眉山樂山大佛	四川省峨眉市樂山市	1996	武夷山風景區	福建省及江西省	1999
非物質文化襲產					
昆曲、新疆維吾爾木卡姆藝術、古琴、蒙古族長調民歌、中國傳統桑蠶絲織技藝、南音、南京雲錦織造技藝、宣紙傳統製作技藝、侗族大歌、粵劇、格薩（斯）爾、龍泉青瓷傳統燒製技藝、熱貢藝術（唐卡壁畫等藏傳佛教藝術流派）、藏戲、瑪納斯（中國柯爾克孜史詩）、花兒、西安鼓樂、中國朝鮮族農樂舞、中國書法、中國篆刻、中國剪紙、中國傳統木結構營造技藝、端午節、媽祖信俗、中國雕版印刷技藝、呼麥（蒙古歌唱藝術）等二十二個項目入選「人類非物質文化襲產代表作名錄」。羌年、黎族傳統紡染織繡技藝、中國木拱橋傳統營造技藝等三個專案入選「急需保護的非物質文化襲產名錄」。					

資料來源：整理修改自中國大陸世界襲產網站（2009）。中國世界遺產介紹。取自：www.cnta.gov.cn

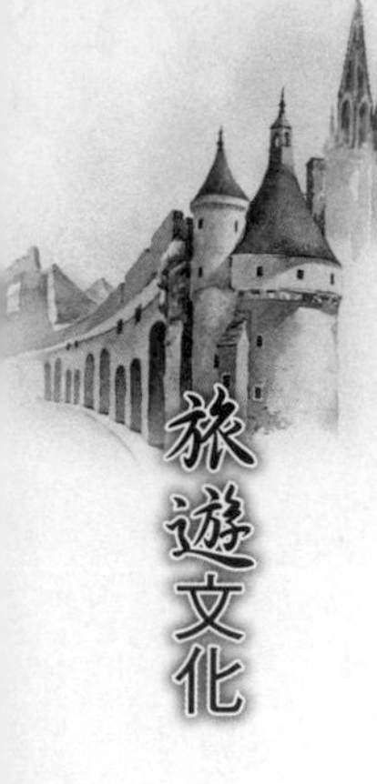

目前中國正在申報的有：雲居寺塔及石經（北京房山）、銅綠山古銅礦遺址（湖北省黃石市大冶縣）、北京古觀象臺（北京建國門）、永樂宮（山西芮縣）、盧溝橋（北京豐台）、西安碑林西安古城牆漢長安古城遺址（西安）、北海公園（北京西城區）、漢大明宮遺址（西安）、安濟橋（河北趙縣）、開元寺塔（河北定州）、神農架自然保護區絲綢之路（中國）、獨樂寺（天津薊縣）、杭州西湖良渚遺址（浙江餘杭）、佛光寺（山西五台縣）、路南石林（雲南路南）、牛河梁遺址（遼寧朝陽市）、程陽永濟橋（廣西三江，即風雨橋）、佛宮寺釋迦塔（山西應縣，即「木塔」）、江南水鄉城鎮（蘇州周莊、同里）、丁村民宅（山西襄汾縣）、桂林灕江（廣西）、元上都遺址（內蒙古錫林郭勒盟正藍旗閃電河）等等。

六、臺灣世界襲產潛力點

2002年初，行政院文化建設委員會徵詢國內外專家、縣市政府與地方文史工作室提報與推薦臺灣具「世界襲產」潛力點名單，並召開評選會，選出十一處具「世界襲產」價值的潛力點，10月邀請國際古蹟保存協會副主席西村幸夫、日本景觀建築學會會長Sugio Shintaro以及澳洲文化資產保存建築師Bruce Pettman等學者，來台探勘，經由文建會邀集的專家學者評估後，分為三個類別：（行政院文建會，2003、2006）

1. 第一類別：有顯著及特殊價值、文獻及其他輔助設備達到準備完善的程度，以及目前正面臨如開發或觀光壓力等危機並急需關注的地點，如棲蘭山檜木林、太魯閣國家公園、卑南史前文化遺址、阿里山森林鐵路。
2. 第二類別：其餘第一類並未包含的潛力點，如陽明山國家公園、澎湖玄武岩、金門、淡水紅毛城及其周邊歷史環境、金瓜石、苗栗三義臺鐵舊山線、蘭嶼達悟族聚落及自然景觀等。

3.第三類別：指未被涵蓋於此次十一處的潛力點，但可能擁有相同價值之建議名單，如玉山、美濃竹門水力發電廠。

以下將國內具潛力的十三處之重要資源特色略述如后：

1.太魯閣峽谷：太魯閣係以立霧溪切割大理石形成的高深峽谷名聞遐邇，其U型的峽谷地形見證了臺灣形成過程中，地殼上升和河流下切最清晰有力的證據。太魯閣亦是全球造山運動的初期型態，除了地形的價值外，無論就物種的特殊性或臺灣族群輪替的歷史，亦是相當重要區域。

2.阿里山森林鐵路：阿里山鐵路和喜馬拉雅山大吉嶺鐵路、秘魯安地斯山並稱世界三大高山鐵路。阿里山鐵路為克服峻峭的山勢，展現出人類智慧與技術的結合。而沿途，隨著海拔高度，可以見到林相隨海拔高度而有所變化，也為臺灣林業留下見證。

3.卑南遺址：為臺灣地區面積最大、保存最完整的史前文化遺址。卑南遺址於1980年因南迴鐵路開挖而發現，經數十年的搶救挖掘，推估範圍將達90公頃。遺址範圍所呈現的為距今五千至二千年前，聚集在當地原居住民的生活方式、傳統信仰等；尤其石板棺的發現，其中的文物出土更呈現出豐富的考古價值。

4.棲蘭檜木林：檜木是千萬年前冰河孑遺，也是世界地史變遷和古裸子植物（維管束植物，以其胚珠裸露，因沒有由子房形成的果實所包被而稱之）演化的有力證據。目前全世界檜木僅存七種，臺灣是唯一檜木林的亞熱帶地區，日本殖民時代及光復早期，由於深入山林開闢，林場成為當時重要財政來源，檜木林幾乎砍伐殆盡。所幸棲蘭山區地處偏遠，保留相當大面積的原始林，此範圍內亦是臺灣植物多元物種的基因庫。

5.金門：金門地區在歷史上占有相當重要的戰略地位，亦是臺灣與大陸間重要的交通要道。金門除地理位置外，大量閩南傳統

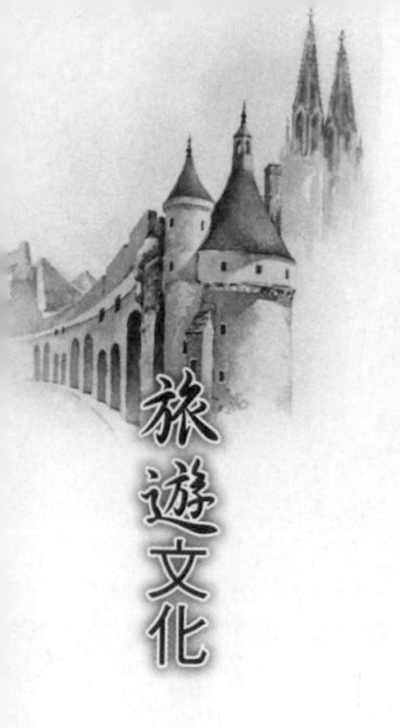

的宗族聚落和民居建築，甚至僑民所建洋樓建築，相較於大陸閩南地區，堪稱「閩南建築文化基因庫」。其自然資源，則為候鳥重要之過境棲息地；另外，亦有罕見的文昌魚、鱟及歐亞水獺。

6.澎湖玄武岩：澎湖群島除花嶼外，皆由玄武岩構成，其中錠鉤嶼、雞善嶼及小白沙嶼為自然保護區。澎湖群島的產生可追溯自一千六百萬年前，在地殼拉張過程中火山熔岩緩慢噴發凝結形成；雖然世界上許多地區均有玄武岩島嶼，但數量仍以澎湖群島最多。而澎湖的人文活動，更展現出先民融合母文化和自然環境的調適。

7.蘭嶼：蘭嶼是臺灣唯一的熱帶雨林島嶼，島上的達悟人保存了全臺灣最完整的原住民文化，其獨特的傳統產業、生活方式，展現出與自然的融合及傳統的信仰文化。地質上，蘭嶼是古老的火山島，擁有火山和海階堆積地景，孕育豐富的野生動植物，為重要的生態研究寶庫。而人類學上，蘭嶼與東南亞其他島嶼的關係，亦是值得探討的方向。

8.淡水紅毛城：淡水紅毛城是海權時代西方勢力的遺跡，同時也象徵海洋臺灣的重要性。紅毛城早期為原住民和漢人在此築山寨，西班牙人先後二次打造城堡型態，而歷經荷蘭、英國的多次修建，始成現在的情景。鄰近散落著融合中國傳統的西式建築。其優勢所在，尚包括當地居民的支持。

9.大屯火山群：二百八十萬年前，板塊的撞擊造成激烈的火山運動，而灼熱的岩漿和碎屑堆積造就台北盆地一系列錐狀火山。火山雖已平息，但豐富的地質資源：噴氣孔、硫磺、溫泉則形成當地特殊的自然地景。另外，歷代的人為活動也改變了當地的風貌，目前為大台北都會區重要的綠地。

10.金瓜石與九份：臺灣東北角金、九二處蘊藏全臺95%的金礦，發展出輝煌的百年礦業史。兩地不僅牽動著20世紀前半葉的東

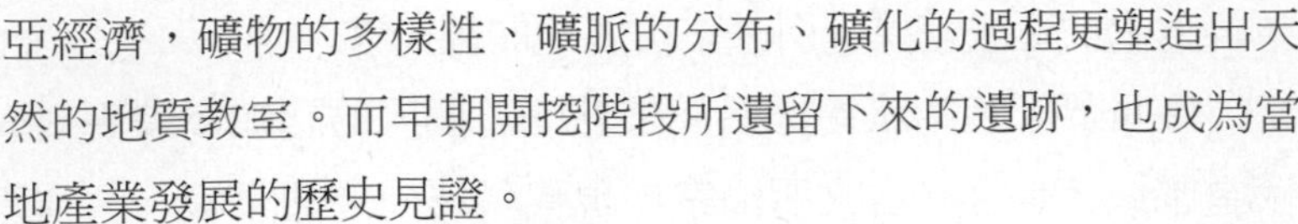

亞經濟，礦物的多樣性、礦脈的分布、礦化的過程更塑造出天然的地質教室。而早期開挖階段所遺留下來的遺跡，也成為當地產業發展的歷史見證。

11. 舊山線鐵道：從苗栗三義到臺中后里，全長23公里的舊山線鐵路，途經四座鐵橋、九座隧道，擁有鐵道最陡、最彎、海拔最高火車站、最長鐵橋等多項臺灣第一。而沿山開鑿的山線，還見證了北臺灣產業的變遷，因此舊山線之美調和了歷史、藝術、科技和周遭自然景觀。
12. 玉山：玉山為東亞第一高峰，不僅是重要的崇山峻嶺，也是臺灣最重要的集水區；而玉山國家公園範圍內，海拔高差3,600公尺，蘊育了五種森林群系，亦是喜馬拉雅山系植被的南界。同時，地理上的特色，其保存臺灣許多珍稀物種。其原始自然的地景中，也含括了臺灣不同時期對山林開發的見證，富有人文意涵，堪稱臺灣地標。
13. 竹子門發電廠：位於高雄縣美濃鎮，興建於民國前3年（1908年），原名「竹子門發電所」，主要功用為開發南隆平原、解決美濃地區灌溉及民生用水、供應高屏地區電力的需求所設立的水力發電廠。竹子門發電廠採巴洛克式建築，為臺灣第一代發電廠。廠內四部「阿公級」的發電機以及古樸典雅的巴洛克式廠房已有近百年歷史，民國81年被政府列為三級古蹟。

第二節　世界奇景

觀光旅遊活動是人們離開工作與居住的場所，選取迎合其需要的目的地做短暫的停留，並從事相關的活動。隨著目的地的差異，對所接觸到的空間現象，舉凡人文景觀與各種自然現象等皆會隨時間變化、空間之差異而呈現不同的風貌。也由於各個國家或地區在地理基

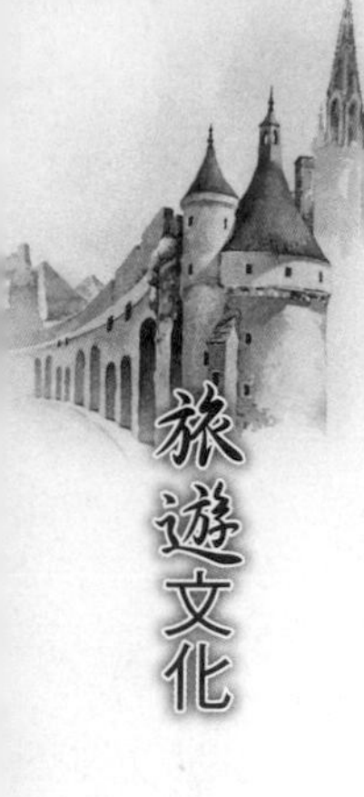

本條件上的區域差異吸引著來自各地的觀光客。

在世界著名的旅遊據點或景點中，個人的認知與差異很大；從各國首都或者是世界古文明國家、現代科技先進國家等，往往因為旅遊需求的不同而呈現出截然不同的結果。例如：對於宗教朝聖者而言，宗教的發源地自然成為信徒夢寐以求的目的地；對於藝術建築的喜好者，當然無法錯過世界著名的博物館，以及各地代表性的建築物；而對於自然生態的崇尚者，原始叢林或者是山野海洋才是他們的目標；因而有「世界上有一生必去六十處景點」、世界《四十個天堂——此生不可錯過的美景》、《四十個驚奇之旅——此生不可錯過的遊歷》等書的出版。然而，最具影響力且為世界各國觀光客奉為旅遊目的指南的則是由聯合國教科文組織所公布的「世界襲產名錄」。只要被列為世界襲產，無論是自然襲產、文化襲產或者是複合襲產，其均代表該據點具有世界顯著價值，且具有相當的吸引力，足以吸引觀光客前往旅遊。

一、世界舊七大奇景

古希臘歷史學家希羅多德（公元前484-425年）與亞歷山大博物館的卡里馬卡斯（公元前305-240年）曾經列出舊七大奇蹟，原作已遺失。目前除埃及吉薩金字塔外，均已毀損，僅能憑部分文獻加以瞭解舊貌，現今所知名單編製於中世紀，多來自希臘著作。包括：

1.埃及亞歷山大港燈塔（Lighthouse of Alexandria）：建於公元前3世紀，為托勒密埃及時期的亞歷山大城港口外的法羅斯島上的一座燈塔，也是世界上的第一座燈塔，建於公元前280年左右。自建成後，歷經了一千六百年後毀於地震。

2.土耳其阿提米斯神殿（Temple of Artemis）：建於公元前550年。阿提米斯神殿是一處龐大的大理石建築，從興建到完工據稱費時長達一百二十年時間，但在262年，哥特人將其毀於戰火

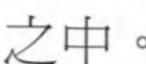

之中。

3.希臘奧林匹亞的宙斯神像（Statue of Zeus）：宙斯神像立於公元前435年，為希臘古典時代最負盛名的雕刻家菲狄亞斯（Pheidias）所創作，也是這位雕塑家最著名的作品。菲狄亞斯為創作這座雕像歷時整整八年，惜毀於5世紀時的一次地震。

4.羅德斯島巨像（Colossus of Rhodes）：建於公元前292至280年。羅德斯島位於愛琴海東部，接近小亞細亞西岸，為愛琴海上的著名島嶼。公元前292年，馬其頓人侵入，羅馬人奮起抵抗並終獲勝利，於是用戰爭中繳獲的武器鎔鑄成這座太陽神像，但這座神像後來也毀於地震。

5.伊拉克巴比倫空中花園（Hanging Gardens of Babylon）：約建於公元前600年。巴比倫城位於兩河流域的西岸，即現今伊拉克巴格達城的南面。空中花園是公元前7世紀後期，國王尼布甲尼撒二世（新巴比倫的國王）為安慰他的愛妃阿米蒂斯的思鄉之情而修建。20世紀初，法國考古學家在巴比倫古城的廢墟中發掘出一處遺址，確信這就是「空中花園」的所在地。

6.土耳其哈利卡納蘇斯陵寢（Mausoleum of Halicarnassus）：建於公元前351年，是一座具有金字塔頂的東方風格的神廟式建築物。卡納蘇斯是希臘城邦加利亞的國王，此陵墓是他生前下令興建的。公元前7世紀，陵墓毀於地震。近代的考古發掘，又重現了一些歷史遺跡。

7.埃及胡夫大金字塔（Pyramids of Egypt）：建於公元前2650至公元前2500年。胡夫大金字塔是古埃及最高大的金字塔，塔高146米、塔基邊長230米，整個塔身由平均2.5噸重、大約230萬塊的巨石砌成。胡夫大金字塔以其外形龐大雄偉、內部構造複雜精細而聞名於世。

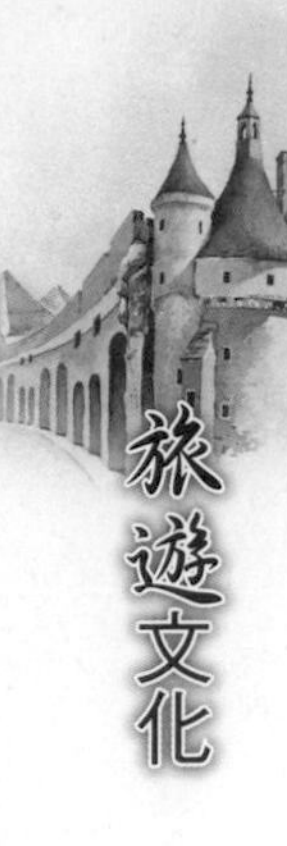

二、新世界七大奇景

瑞士探險家韋柏在2001年創辦「世界新七大奇景基金」，致力喚醒世人注意全球人造和天然美景遭受破壞的危機。「世界新大七奇景」是歷來規模最大的全球票選活動，而且新七大奇景票選追求公平，首度揚棄歐洲中心的立場，將全球奇景一視同仁，訴諸世界票決。最初的候選者有近兩百個，2006年初縮減為二十一個；雖然最後經由網路投票選出新世界七大奇景，然而在過程中，由於各國政府或民間強力介入，加上人口多寡的差異以及網路普及程度，均嚴重影響最後的結果，例如巴西的公車票上印了一排宣傳文字，呼籲民眾參與，印度歌手推出曲子為泰姬瑪哈陵拉票；另外，票選不限一人一票，可能有人重複出手。柬埔寨人則認為，他們網路化程度較低，會影響吳哥窟得票。部分人士則認為這是件嚴肅的事情，不宜付諸民眾票選。而聯合國教科文組織（UNESCO）經過科學評估，將全球八百五十一處人工和自然景物列入「世界襲產表」，拒絕支持世界新七大奇景票選。

本章先將被列為二十一處的候選名單列表（**表3-2**）於後，並簡單介紹新世界七大奇景的背景資料。

經過1億人網路或電話票選，現代世界新七大奇景於2007年7月7日於葡萄牙首都里斯本公諸於世。全新出爐的世界七大奇景簡介如下：

(一)中國萬里長城

萬里長城橫亙在中國大陸的北方，穿越茫茫無際的草原，翻越巍巍高聳的群山，向東奔騰入海，綿延12,700多公里。其修築的年代從戰國時期到明朝為止，近二千年來歷代均有修建，現存的遺址以明朝修築時為主。在秦朝，始皇帝以原有燕、趙、秦所建的城牆為基礎修築，漢朝時則以防禦北方匈奴的入侵為主，唐宋元年間對於長城並無大幅修建；直至明朝因受蒙古族及女真族的威脅，故大興土木，以磚

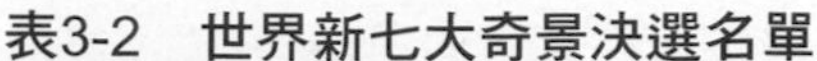

表3-2　世界新七大奇景決選名單

1	紐約自由女神	高46公尺，是法國為慶祝美國獨立一百周年送給美國的禮物
2	英國巨石陣	每塊巨石重約50噸，歷時約一千四百年才完成
3	巴黎鐵塔	法國首都的地標，曾是全球最高建築
4	德國福森新天鵝堡	迪斯耐樂園城堡便是參考其外形而建
5	俄羅斯克里姆林宮和紅場	俄國沙皇官邸
6	中國萬里長城	建於秦代，為全球最大人造工程
7	日本京都清水寺	京都最古老寺院，占地13萬平方公尺
8	澳洲雪梨歌劇院	容納7,000人，歷時十七年才完工
9	柬埔寨吳哥窟遺址	占地310平方公里，有「雕刻出來的王城」美譽
10	土耳其聖索菲亞大教堂	拜占庭帝國最鼎盛時期之作
11	埃及金字塔	古代七大奇景，迄今尚存約110座（列「世界榮譽奇景」，不用投票）
12	印度泰姬瑪哈陵	動用2萬名工匠花了二十二年建造成的大型陵墓
13	約旦佩特拉古城	隱藏在阿拉伯谷東側的一條狹窄峽谷內，古城建築幾乎全從岩石中雕鑿而成
14	羅馬競技場	高四層樓，每層樓風格各異，可容納5萬名觀眾
15	西班牙格拉納達阿罕布拉宮	中世紀王宮，占地13公頃
16	希臘雅典衛城	順應地勢而建，由山門、巴特農神殿等四座建築物組成
17	馬里約巴克圖遺址	曾是阿拉伯經濟和文化中心，是當時全球最富裕城市之一
18	巴西里約熱內盧基督像	位於山頂，高達38公尺
19	智利復活島巨像	島上有600百座巨型石造雕像，最高者達9公尺
20	秘魯馬丘比丘遺址	由印加王朝修建的「雲中之城」，於1911年重見於世
21	墨西哥奇琴伊察金字塔	羽蛇神庫庫爾坎梯型金字塔有九層，共350多級樓梯

資料來源：《聯合報》國際新聞組。

包砌長的夯土牆體，並在明王朝的二百年間不斷的修築。

長城在中國歷史上，除軍事價值外，在文化上亦影響整個中國族群文化間的消長與融合；長城在1987年被聯合國教科文組織列為世界文化襲產。

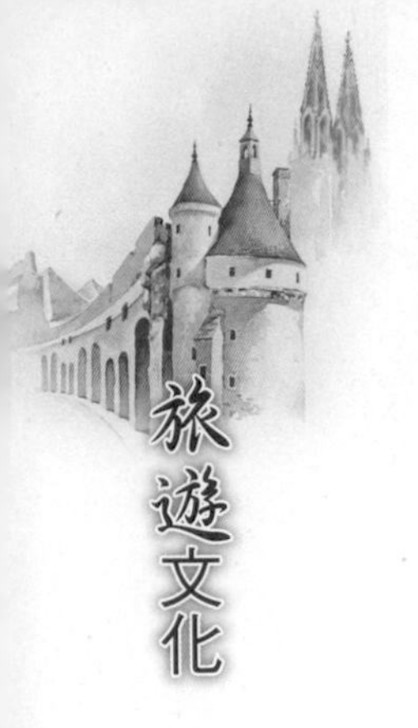

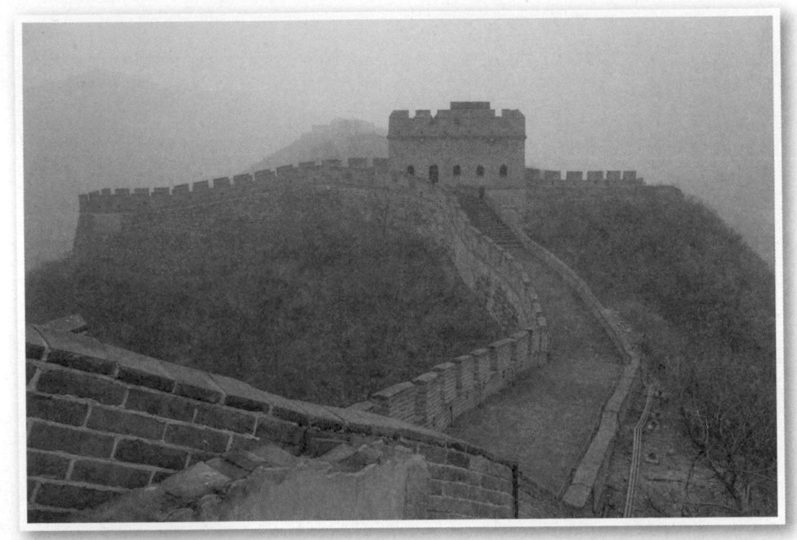

萬里長城從戰國時期到明朝均有修建，現存者主要為明朝時期的修築

(二)約旦佩特拉古城

佩特拉是約旦著名古城遺址，位於約旦境內南部，離首都安曼南方250公里，位於馬安（Maan）西北、哈嫩（Harun）山麓。古代曾為重要的商路中心，北連敘利亞，西接以色列，南下阿拉伯半島，東通兩河流域，是古代歐亞非的交通要塞。佩特拉古城建在隱藏的山谷之中，大部分的建築物都是在天然巨大、粉紅色的沙岩壁所鑿雕建造而成，在陽光下閃耀出玫瑰紅、赭紅、海藍的結晶體共同反射出的斑爛色彩，故有玫瑰紅城（Rose Red City）之美譽。

佩特拉古城內的宮殿、廟宇和墓塚等建築，是融合了希臘人和亞述人大而剛強的藝術風格，加上阿拉伯的游牧民族納巴提人本身的文化特色，形成了別具一格的建築藝術，使古城得到全世界的關注和保護。1982年佩特拉古城被列入世界文化襲產名單。

(三)巴西里約熱內盧耶穌救世主雕像

里約熱內盧耶穌救世主雕像原是為了紀念巴西獨立運動而建，現

已成為南美洲地區的精神指標。這座雕像位於巴西里約熱內盧市的科爾科瓦杜山頂，山高710米。基督像身高30米，站立在8米的基座上，基座同時也是一座能夠容納150人的禮拜堂。基督像總重1,145噸，張開的雙臂橫向總長28米。基督像由法國紀念碑雕刻家保羅．蘭多斯基設計，當地的工程師海托．達．席爾瓦．科斯卡監督建設，製作共花費了五年時間，於1931年建成，工程期間還特別興建了公路和一線鐵路，將材料運送到710公尺高的科爾科瓦杜山頂。耶穌救世主雕像是里約熱內盧最高的景點，每年吸引180萬遊客到訪。

(四)秘魯馬丘比丘

馬丘比丘遺址坐落於秘魯境內，高2,400公尺的安地斯山巔，占地325平方公里，其南北兩側分別有馬丘比丘和瓦那比丘山為屏障。根據考古學家的研判，大約興建於15到16世紀，遺址內存留完整的神廟、祭壇、貴族宅第、民宅與梯田，是當時印加人舉行宗教祭典的聖城，也是神學和天文學的研究中心。

這座規模宏大的古城，卻在短短八十年後遭廢棄，許多建築甚至還未完工，但令人遺憾的是，印加帝國並無文字將這段歷史記載下來，馬丘比丘一直到1911年才被美國考古學家賓漢發現。1983年，聯合國教科文組織將馬丘比丘列為歷史與自然雙重襲產。

(五)墨西哥奇琴伊察金字塔

位於墨西哥東南部猶加敦半島，在墨西哥灣與加勒比海之間，包括猶加敦、康培（Campaech）、寬塔娜魯（Quintana Roo）三個州，位在墨西哥灣和加勒比海間，北部是雨量稀少的灌木區，南部是多雨叢林地帶。

由於地理位置以及叢林阻斷交通，讓猶加敦半島猶如孤立區域，使得馬雅文化能夠在此落地生根，成為目前墨西哥古文明最豐富的區域。奇琴．伊察在後古典時期的馬雅文明裡，是座住著5萬人的大

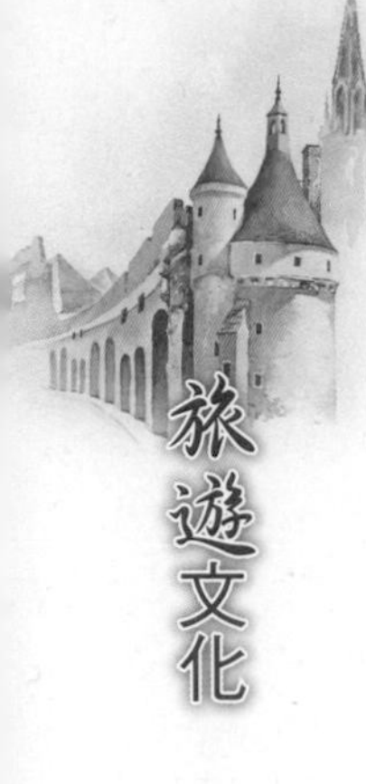

旅遊文化

城市，位置在猶加敦半島的叢林裡，是幢長方形建築物，門口還立有四根大柱子，在14世紀後漸漸遭遺棄。奇琴伊察金字塔混合了馬雅與托爾鐵克藝術，大約興建於5世紀，這個坎梯型金字塔總共有三百六十五級階梯，代表一年三百六十五天；除了金字塔之外，還有一座天文觀測站和戰士神殿。

(六)義大利古羅馬圓形競技場

羅馬圓形競技場是古羅馬時期最大的圓形角鬥場，建於公元72至82年間，現僅存遺跡。整個建築體規模，長軸直徑188公尺，短軸直徑156公尺；內部表演臺則直徑為78與46公尺。從外觀來看，其建築結構可分為四層，第一、二、三層是由拱所構成的拱列，第四層則是開了一些小方窗的頂樓。在拱門與拱門之間有裝飾性的半壁柱，其中的柱式，由低而高的樓層依序是：多利克式（Doric order）、愛奧尼克式（Ionic order）及柯林斯式（Corinthian order）三種希臘柱式。

從視覺均衡的美感上來說，多利克式最穩重、強壯，置於下方，而柯林斯式最輕盈、花俏，故置於上方；另一方面而言，這也象徵著

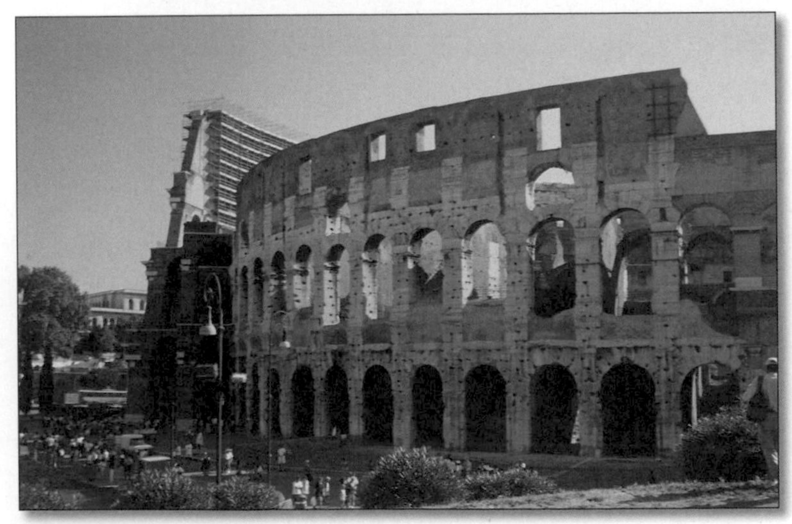

義大利古羅馬圓形競技場

羅馬人對希臘文化的嚮往與吸收。在拱門的上方有兩個深長的褶襉交錯著，形成蜂窩般的天穹狀網絡；而牆壁則是以光亮的白色大理石所築成，搭配用灰泥粉飾過的天花板；最上層是50米高的實牆，每層的八十個拱形成了八十個開口，最上面兩層則有八十個窗洞。整個鬥獸場最多可容納5萬人，這種入場的設計即使是今天的大型體育場依然沿用。

(七)印度泰姬瑪哈陵

泰姬瑪哈陵（Taj Mahal）為印度蒙兀兒帝國第五代國王沙迦罕為其愛妃孟塔茲・瑪哈所建的陵墓；瑪哈產下她第十四個孩子的時候去世；這座白色的大理石建築，外表會隨時間的改變散發出各種光澤，再加上動人的愛情傳說，是印度參訪遊客最多的歷史建築，每年吸引遊客近300萬人。泰姬瑪哈陵的正門為典型的回教建築式樣，由紅砂岩築成，上面飾有白色的圖案和花紋。正門頂端及前後各有十一個白色的小圓頂，每個圓頂象徵一年，代表泰姬瑪哈陵的建造期間。正門後方是一座典型的蒙兀兒式花園，中央闢有水道和噴泉，盡頭為陵墓主體。這座白色的大理石建築正中有一座大型的圓頂，四角分別豎立著高聳的尖塔。陵墓的正面和窗戶四周都飾以優美的回教可蘭經文，這些文字呈上寬下窄型式，讓人們由下往上仰視時達到視覺平衡。在陵墓內並無燈光，僅有微弱的燭光閃曳；置中的石棺為空棺，沙賈汗王和皇后真正的靈寢在地下的土窖中。

在新世界七大奇景公布後，該基金會並開始進行世界七大自然奇景的票選活動，在經過四個階段的票選後，預訂於2010年暑期正式向世界公布獲選名單；相關資訊可參考網址：www.new7wonders.com。

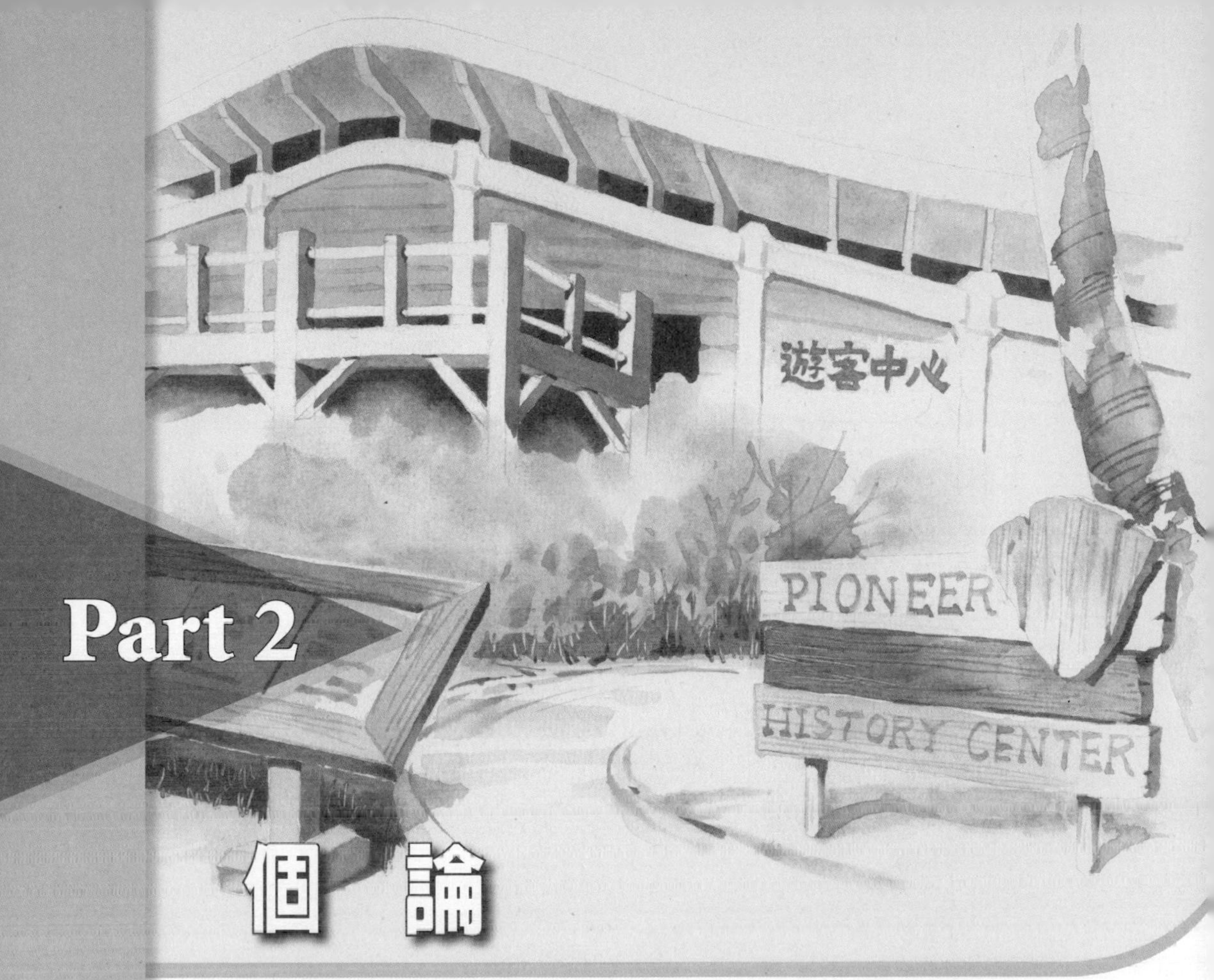

Part 2

個論

文化所呈現的層面相當廣泛，就廣義而言，是人類從長期經驗中所創造的共同生活方式，舉凡思想活動、民族融合、宗教信仰、社會結構、教育制度、經濟活動、政治組織、科技發展、藝術成就等，都是**廣義的文化**。而**狹義的文化**，則是專指學術思想等精神層面的活動及其成果。文化的呈現同時也受到時間與空間的影響，就時間而言，文化會隨著科技及環境與政治、經濟、宗教等背景而變遷，因此文化的呈現均有跡可循，甚而可作為未來的推測；就空間而言，則不同的地理環境、氣候、水文、地形等不僅主導或限制文化的發展，也營造出多彩多姿的文化差異性。隨著交通與網際網路科技的發展，全球化成為趨勢；然而如何營造在地文化的特質，更是各個國家或地區思索的方向。本篇即針對文化呈現的各個層面，以東西方作為區分，就飲食、服飾、東方建築、西方建築與宗教建築、婚喪禮俗、音樂舞蹈戲劇與繪畫文學等章節加以詳述。

Chapter 4

飲食文化

- 概　論
- 中國餐飲
- 亞洲餐飲
- 西方餐飲
- 飲　料
- 香　料

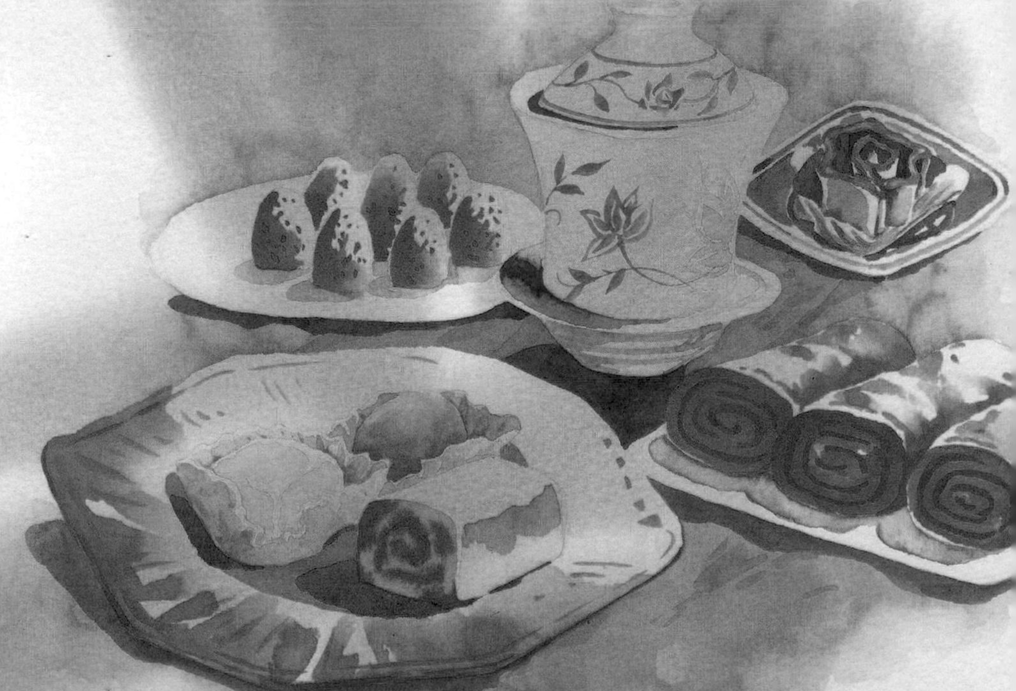

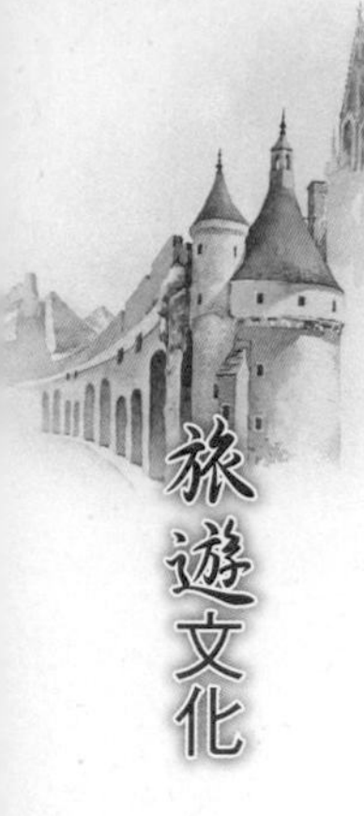

第一節 概 論

文化是人類行為、藝術、宗教、習慣和其它工作及思想產物的總稱，也是人們實現創造力的歷程與結果。**飲食**則是人們活動最主要的原動力，因地域、種族、經濟、個人、科技、宗教等因素的不同，創造出不同的飲食文化。**飲食文化**是人類足以與動物相區隔的一項重要指標，人類將彼此的差異性與人際關聯性，表現在飲食世界上，隨著環境變化而有所變動，中外皆然。

林國煌（1992）認為，飲食文化是一部微觀人類進化史，是人類從茹毛飲血、為求生活溫飽的蓽路襤褸，一直到發展出繁文縟節的餐食禮儀的進化史。于長江（1998）更舉出，影響飲食文化的因素複雜，舉凡人文、歷史、地理、社會、政經皆有可能形成不同的飲食文化。故王筑生（1998）為飲食文化下了如此的定義：「飲食文化除了包括食品本身、食用方式、食品製作、用餐器皿、食品分類外，更包括食品象徵及飲食風俗等方面。」

王遙芬（2001）特別指出，飲食文化是一種特殊又普遍的社會現象，「特殊是因為所使用的材料、加工方式，或因地區、民族的差異，而產生不同的飲食風味及文化風格；至於普遍性，則是因為每個人皆必須飲食，尚且不論民族、地位等國別，飲食涉及層面之廣泛，舉凡政治、經濟、哲學、文學、藝術等各個領域，無不留有它的足跡。從飲食文化綜合觀念來論，它含括飲食的觀念、生產方式、生活習慣、地域分野、民情風俗、物產原料、烹調技術、烹飪理論、營養學說、食療原理，以及食品雕刻、菜餚造型、拼擺藝術、配料調味、食物保鮮等諸多方面的知識。」

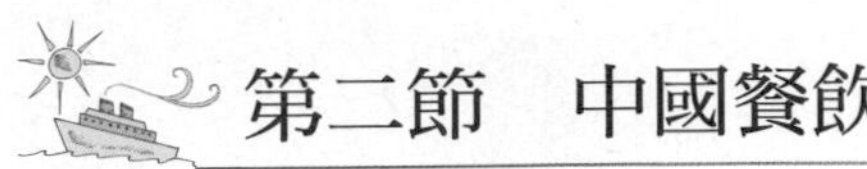

第二節　中國餐飲

世界上每個民族的飲食文化，均體現其民族文化的累積和哲學思想傾向。飲食文化自古以來就受中國人高度重視，和人們生活密不可分；飲食除了在禮儀制度上扮演重要角色外，在文化研究上更具有重大意義。古代哲人對它作了許多思考，以人類基本需求觀點論，《孟子．告子》說：「食、色，性也」，《禮記》指出：「飲食、男女，人之大欲存焉」，顯示人類本能存有兩大需求，前者為維續生命，後者為傳宗接代。就兩者對人類存在的實際面而言，前者遠較後者為迫切（林明德，1994）。就禮制面而言，中國古代制度文化主要是「禮」，「禮者，體也」（《禮記．禮器》篇），作為制度它是思想、生活的外表表徵，其內涵可為群體習俗。在中國，為數眾多的史書、各朝各代學者的著作及詩詞歌賦裡所提到的飲食部分不勝枚舉，這樣的傳統文化除了深刻地反應出該社會在飲食文化的特徵之外，也成就中國菜成為獨特的國粹，盛名天下。**表4-1**為王子輝與聶鳳喬（1999）等人依中國炊具發展，將中國飲食史分為五期：無炊具、石烹期、陶烹期、銅烹期、鐵烹和電氣烹期，具體呈現了中國飲食的發展史。

本節針對中國飲食文化部分，分別就中國飲食的特點、烹調方式、宮廷菜系、地方菜系、少數民族特色餐飲加以介紹。

一、中國飲食的特點

中國菜餚經過長期的發展和提升，融會了燦爛的文化，集中了各民族菜餚烹飪技術的精華，從而形成了具有中國氣派的特點，茲舉下列八種加以介紹：

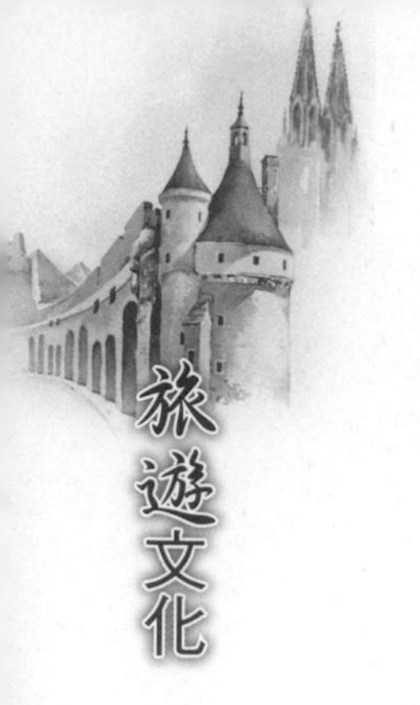

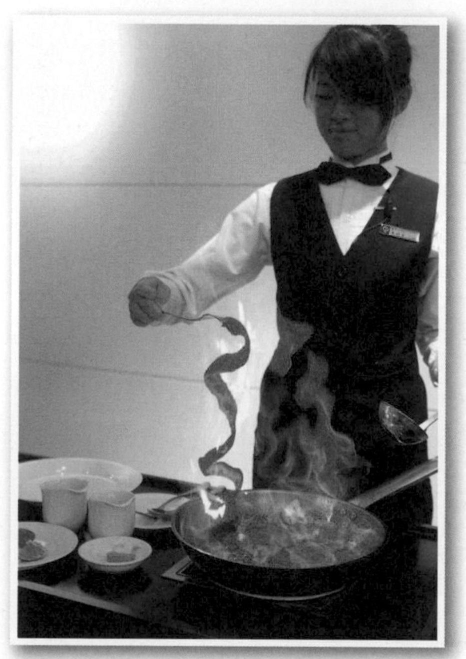

飲食涉及層面之廣泛，就連表演藝術都可成為飲食風情的元素

1.選料認真：中國的烹飪原料總數據傳已達萬種以上，其中常用的約有三千多種。這樣眾多的原料，隨著地區、季節、生產的不同，其質地存在著一定的差異性，因此要想烹調出色、香、味、形俱佳的美味佳餚，選料必須認真。

2.刀工精細：刀工是製作菜餚的一個重要環節。中國廚師的刀工技巧中外聞名，其刀法多樣，有切、片、剁、砍、斬、排、削、拍等十多種刀法。除選用各種刀法嚴格要求原料的大小相等、粗細均勻、厚薄一致、整齊劃一，以保證原料在烹調過程中受熱均勻，成熟度一致。另外，廚師還能透過各種刀工技巧將原料美化。

3.配料巧妙：中國廚師歷來對主料重視分檔取料，對輔料與主料之間則注重色澤、形狀、數量、質地、滋味等因素恰如其分的

表4-1　中國飲食史依炊具發展的五個時期

分期	開始時間		朝代	炊、餐具	烹飪技藝
無炊前石期	距今約50萬年前 → （用火熟食，烹飪誕生）			石器等天然物體	火烹 石烹、包烹、竹烹、皮烹
陶烹期	→ （距今約5,000年）		→ 黃帝、唐、虞	陶器（灶）	水煮法、氣蒸法
銅烹期	距今約4,000年前		夏、商、周	銅器，原始瓷器、玉、漆、象牙食器（箸）	選料、刀工、配菜、火候、調味、勺芡、食雕
鐵烹期	距今約2,000年前	初期：221B.C.至589年	秦、漢、魏、晉、南北朝	鐵器，漆、瓷餐具（蒸籠）	接續銅烹期，並細分菜餚、麵點
		中期：589至1279年	隋、唐、五代、宋	瓷、漆、金、銀、玉、水、瑪瑙餐具（木炭、暖鍋）、清瓷、明錫食器、景泰藍、琉璃製品	接續初期，並細分花色
		近期：1279至1910年	宋、元、明、清	續上而更精緻化	續上而更精緻化
鐵烹期電化期	1910年以後		民國至今	電化、液燃等產品	續上而更精緻化

資料來源：取自朱亭佳（2004）。《辦桌產業策略發展之研究》。台北：銘傳大學觀光研究所碩士論文。轉引自王子輝、聶鳳喬（1999）。《食史篇》。上海：文化，中國食經系列。

拼配。另外，我國廚師還特別擅長用各種原料拼擺成各種平面和立體的藝術冷盤。

4.擅於調味：擅於調味是我國菜餚品種眾多，風味迥然的重要因素之一。在這方面，我國廚師積累了豐富的經驗，具有獨到之處。其特點為用料廣泛、方法細膩、技術高超、善調複合味。

5.技法多樣：我國菜餚的烹調技法多達數百種，據《中國烹飪》記載，其中熱菜技法九十四種、冷菜技法十五種、甜菜技法五種。

6.菜品豐富：中國是一個多民族的國家，由於地理、氣候、物產、文化、信仰的差異，菜餚的品種繁多，並形成了眾多的風

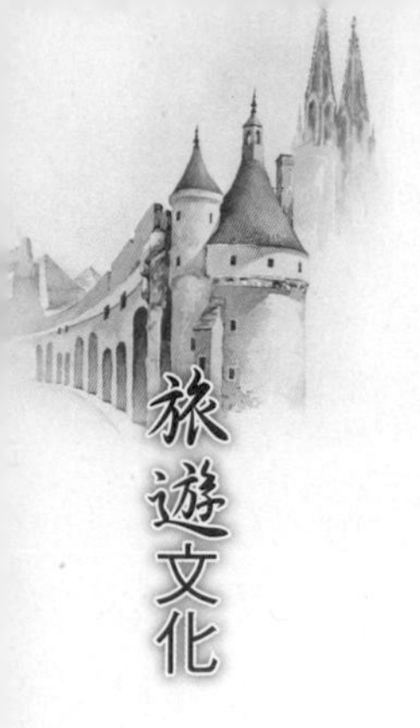

味流派。目前最為著名為人們所公認的有「四大菜系」，另外還有八大流派，十大風味等；此外，還有少數民族菜及宮廷菜、素菜、官府菜、仿古菜、藥膳菜等著名的風味菜。

7.精於火候：根據原料的性質、形狀和烹調目的，正確地運用火候，是飲食烹飪中難度大，技術要求極為嚴格的一個重要環節。

8.盛器精美：盛器的精美，對於菜餚具有襯托作用，使之錦上添花。我國自古對菜餚的盛裝器皿就非常重視，菜餚的盛器，具有品種多樣、製作精美、外形美觀、質地優良、色彩鮮豔的特點。

二、烹調方式

以加熱、調味等運用方式不同，中國餐飲在處理上可歸納出炒、燒、蒸、炸、煎、烤、爆、醃、滷、燻、凍、燴、拌、烹、溜、燙、燉、煮、醬、燜、焗、涮、汆、醉、滾、烘、煨、邊、風、酥、糟、熗、扣、煲、羹、扒、熬、泡、拼、甜等多達四十種烹調方式；其中較具特色的有下列幾種：

1.烤：以火將食物直接炙熟的烹調法，如北平烤鴨。

2.凍：將烹調好的食物放入冰箱內，使菜與湯汁凍結起來的方法，如肴肉凍。

3.溜：經炒、炸、蒸、煎等食材，加入調味料，勾芡後速炒至熟的烹調法，如滑蛋牛肉。

4.醬：利用中國特有的醬料，使菜餚入味、著色，再經過加熱的作法，如醬肘子。

5.熗：將材料加工切絲、片、條狀等，過油或焯水後，趁熱加入醋、酒或味濃衝鼻的作料，使其味熗入菜材的烹調法，如熗白菜。

6.糟：以酒糟浸清食物，使食物入味並且保存持久的手法，如酒糟魚。

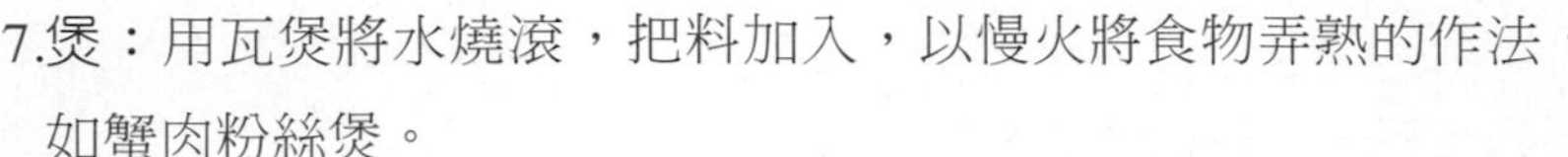

7.煲：用瓦煲將水燒滾，把料加入，以慢火將食物弄熟的作法，如蟹肉粉絲煲。

8.燉：分「直接燉」、「間接燉」兩種，用中火或文火，使食物熟爛的燉法，如醃墩鮮。

9.煸：將已熟食物放入鍋內，用鏟翻炒，使食物在小火中慢慢乾燥的烹調法，如煸四季豆。

10.焗：材料置鍋中，不加任何湯水，蓋鍋蓋以小火乾燒至菜餚熟的烹調法，如焗烤白菜。

11.醉：將材料放入有蓋的容器內，加以少量的高粱酒及較多的米酒，把食物浸泡至適當的烹調法，如醉雞。

12.羹：把材料放入高湯內，加入太白粉勾芡而成的菜餚製法，如西湖牛肉羹。

13.燒：用大火將材料炒過，加入調味品、水（或高湯），用中火（或弱火）燜燒，使食物熟透的烹調法。分為以醬油調味的「紅燒」、用鹽調味的「白燒」，及用酒糟加材料一塊燒的「糟燒」、以醬油加蔥調味的「蔥燒」，和將炒過的食物，燒到乾為止的「乾燒」等共五種，如紅燒下巴。

14.汆：小型原料入沸湯中快速煮熟的烹調法，多用於製作湯菜，如蛤蜊汆鯽魚。

15.煨：將材料隔一層灰、泥土或陶鍋，以小火將食物加熱至爛的烹調法，如乞丐雞。

三、宮廷菜系

(一)滿漢全席起源

滿漢全席始於清代中葉，是具有濃郁中國民族色彩的巨型筵宴，包括了宮廷餚饌的特色，又有地方風味之精華，禮儀講究，形成引人注目的獨特風格。

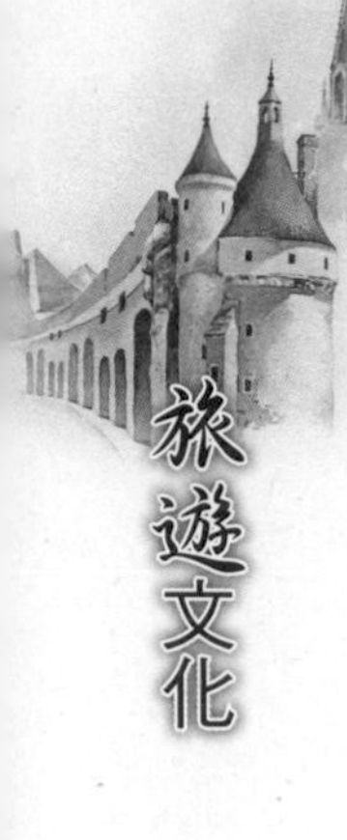

滿漢全席原是官場中舉辦宴會時滿人和漢人合作的一種全席。主要為科舉考試結束後地方官吏宴請主考官使用的宴席。主人是地方上最高官員，客人是欽差大臣；入席時大小官員一律頂戴朝珠，身著公服就座。筵席的場面、規模、等級、陪宴人員的職位、供應筵席用的烹飪原料及果、酒的品種和數量等等，都有嚴格的規定。程序上，首先要奏樂、鳴炮、行禮恭迎賓客入座，客人入座後由侍者奉上進門點心。進門點心有甜、鹹兩種，並有乾、稀之別。進門點心之後是三道茶，如清茶、香茶、炒米茶，然後才正式入席。滿漢全席上，一般至少有一百零八道菜色，取材廣泛、用料精細，山珍海味無所不包。烹飪技藝精湛，突顯滿族菜餚的特殊風味，擅於燒烤、火鍋、涮鍋，又顯示漢族烹調特色，扒炸、炒、溜、燒等皆備，菜品口味也極豐富。滿漢全席濫觴於北京，推及各地，天津、廣東、湖北、東北、四川、揚州等地都有滿漢全席。

以下為滿漢全席的餐品表：

1.四道奉：什錦頭盒一個、下馬點二式（粉果、煙麥）、上湯片兒。
2.四熱葷：雞皮鱘龍、蟹黃鮮菇、玉簪出雞、夜合蝦仁。
3.四冷葷：酥姜皮蛋、京都腎球、酥炸鯽魚、鳳眼腰。
4.四雙拼：鳳梨拼火鵝、北菇拼豬腰、青瓜拼腰花、露筍拼。
5.四大碗：一品官燕、鳳尾大裙翅、象拔虞琴、金錢豹狸。
6.四中碗：虎扣龍藏、仙鶴燴熊掌、銀針炒翅、鼎湖上素。
7.四小碗：炒梅花北鹿絲、紅爐烘雪衣、乾燒網鮑片、鳳入竹林。
8.四每位：月中丹桂、舌戰群儒、清湯雪耳、鹿羚水鴨。
9.四燒烤：燒乳豬全體、如意雞一對、冶爾巴一札、挂爐片皮鴨一對。
10.四冷素：齋扎蹄、素筍尖、齋面根、素白菌。

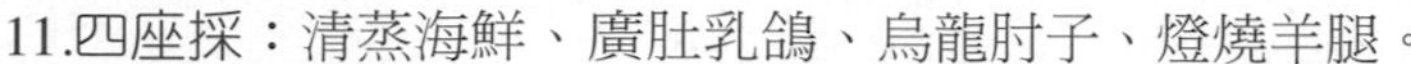

11.四座採：清蒸海鮮、廣肚乳鴿、烏龍肘子、燈燒羊腿。

12.八鹹點：母子鮮蝦餃、雞肉拉皮卷、雲腿餡兒府、蟹肉海棠果、鮮蝦扒水餃、百花釀魚肚、芙蓉雞粒餃、酥炸鱸魚條。

13.八甜點：玫瑰煎蛋糕、脆皮鳳梨球、奶油橙香酥、蓮子蓉方脯、得汁鴛鴦筒、芝麻鳳凰卷、七彩凍香糕、水晶鮮奶凍。

(二)宮廷點心

北京為遼、金、元、明、清五朝古都，小吃歷史悠久，可以追溯到14世紀時，從元代宮廷小吃逐漸演變而發展。文獻上元朝飲膳大醫忽思慧為文宗皇帝提供御膳食譜的《飲膳正要》中，看出一些脈絡。北京宮廷小吃之所以風味突出，與精湛的烹飪技術有直接的關係，由於品類繁多，工序複雜又十分講究色、香、味、形，所以在烹飪技術上也必須多樣化：（京兆尹餐廳，2009）

1.驢打滾：這是北平傳統風味的小吃，俗稱「豆麵糕」；外邊裹著一層棕黃色的豆麵，斷面可看見黃色的米麵環繞著褐色的豆

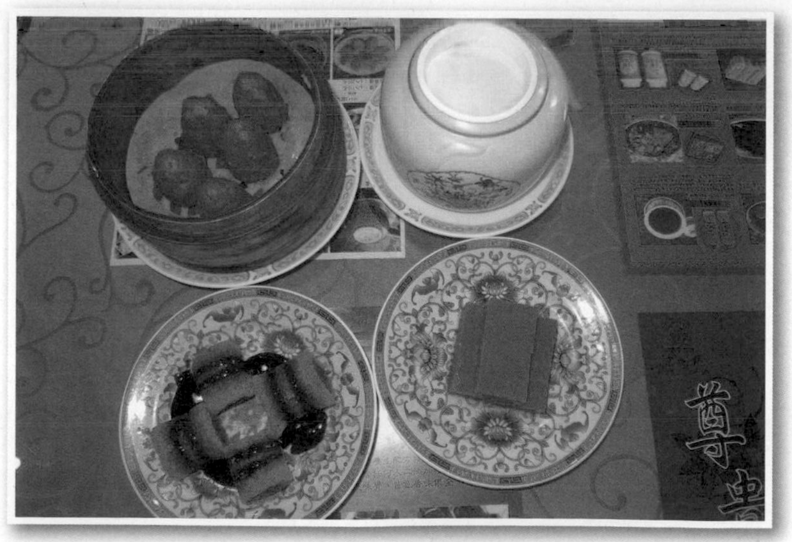

宮廷點心講究色、香、味、形，如驢打滾、豌豆黃等
資料來源：揚智編輯部攝自京兆尹餐廳。

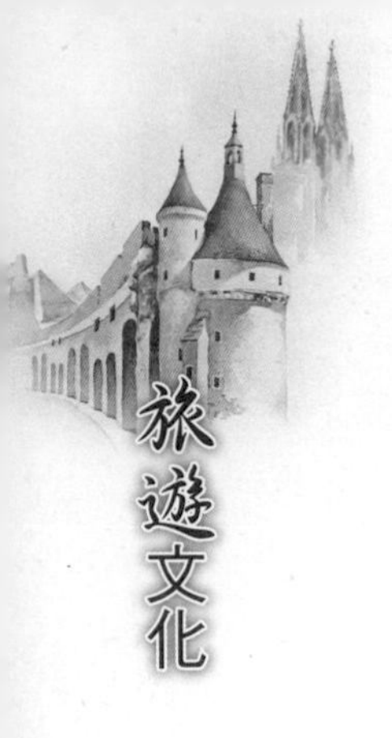

餡，吃起來柔軟有勁。由於豆麵糕所滾之豆麵為驢子磨的，其形狀又似驢子在黃土上打滾，裹上了一層黃色的泥，故名曰「驢打滾」。材料：江米麵、黃豆麵、綠豆麵、小豆、桂花。

2.果仁奶烙：奶烙歷史悠久，古稱醍醐，乳烙、羊烙、牛酥烙，是以純鮮乳加上適量的酒釀和糖，用炭火烤，到了某種程度再用冰來凝結，口感瑩潤如脂，入口甘沁，為化食解膩及醒酒的飲品。而烙乾為奶烙的副產品，烙舖的奶烙若是當天賣不完，絕對不能留到第二天再賣，因為奶烙隔夜會餿掉，因此當天賣不完的烙，晚上就要把它烤煉成烙乾來賣，烤出來的烙乾形狀顏色就像核桃，論斤兩來賣。

3.豌豆黃：北平的豌豆黃分粗細兩種，粗豌豆黃是用現切現賣，買多少切多少，至於細豌豆黃，相傳是慈禧太后晚年最愛吃的甜點，口感細膩入口即化。豌豆黃的作工手續繁雜，必須用最好的黃豌豆加上黃槴子（中藥材）水染成金黃色，且須在炒豆沙前十分鐘加入，加的過早黃色會消失，豆皮須洗得乾淨，豆泥要濾得細，水分要恰當，火候要正好，才能做出上好的豌豆黃。

4.八寶窩頭：光緒庚子年八國聯軍侵占北京，慈禧太后逃難時，途中饑餓難忍，京郊貫市有個人做給她窩頭吃，吃時甚覺甜美，後來回到北京，她便命令御膳房做窩頭吃，八寶窩頭做法是栗子麵、榛子麵、芸豆麵、綠豆麵、黃米麵、江米麵、瓜子仁、核桃仁這八種麵所製成的。

四、地方菜系

中國歷史悠久，其烹飪藝術淵遠流長，聞名於世。中餐以它的色、香、味、形而誘人。長期以來由於各地區的自然環境、文化、風俗、習慣不同中國菜餚形成不同風味的地方菜系。在菜系的分類上，眾說紛紜，有分為五大菜系、八大菜系，甚至十大菜系。本書以綜合的分類，概分為京、江、粵、川、湘五大菜系。北京菜系以京津地區為主流，擅長烹調海味；四川廚師烹調愛放乾、鮮辣椒，以麻辣辛香調料而聞名；湘菜則以重口味為主；粵菜取料廣泛，講究鮮嫩和酥脆；江浙菜注重原汁原味，特別是油而不膩，清淡鮮美。茲說明如下：

(一)北京菜系

北平的佳餚雖不下千百種，但是其中稱得上最有特色的，除了聞名遐邇的北平烤鴨之外，就是當地的小吃點心。北平人以麵食為主，光麵食的花樣可就五花八門，層出不窮，不過最重要的還是餃子、拉麵跟烙餅。北平的飲食，通常以節日為分界點，作為季節性食物的轉換季，春天吃春捲，夏天喝粥，只有秋冬為驅寒需要攝取動物性營養時，才吃烤肉。冬天，大眾化的食品是火鍋，以涮羊肉火鍋最受歡迎。食材上，北平以鮮嫩居多，調味清淡，烹調時以清燴和汆煮較多，口味是不甜不鹹、不辛不辣較為中和，大部分的菜都加大蒜為其特色。

(二)江浙菜系

江浙菜泛指淮河、長江下游靠海的廣大地區，上海、杭州、寧波及蘇州等地均屬於此一範圍。自宋代以來，此一地區之口味有了較大的變化。原來南方重鹹，北人重甜，當時由江南到長安，洛陽朝貢的魚、蟹、蝦皆要加糖蜜，後來宋都南遷，中原大批士族南下，因此中原口味也隨之南傳。至今「錫蘇重甜」，可謂其來有自也。事實上，江浙菜可說是江蘇、浙江等地各方風味的綜合體。談到江浙菜，實難以任一地方為代表，其代表性者簡介如下：

1.揚州菜：特點是講究選料，多用燉、煨之法，重用原湯原汁，

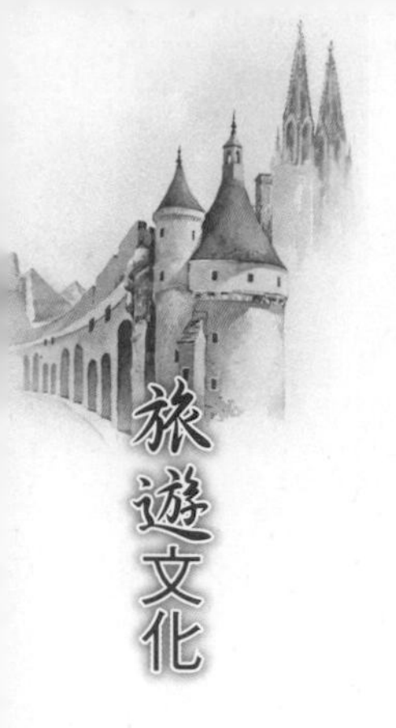

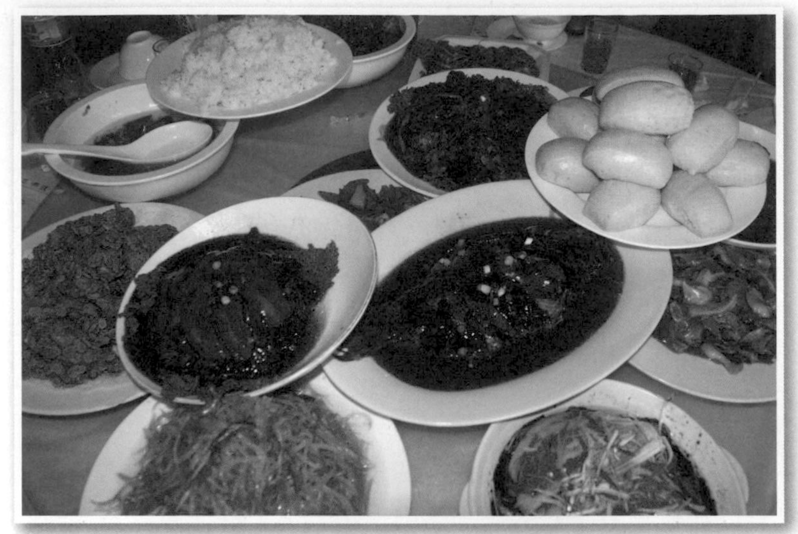

江浙菜系，南方重鹹，北人重甜，魚、蟹、蝦皆要加糖蜜

配料少，主料突出。口味平和鹹甜適中。點心以發酵麵點、燙麵點心及油酥點心取勝。揚州菜因為鹽商巨賈的鑽研而豪華多變，以窮極奢華為特色。

2.蘇錫菜：以蘇州與無錫為代表，其蝦、蟹、魚、糕及船菜之烹調冠於全國。而蘇州菜以仕宦之家的私房菜為主，重質不重量，極具獨特風味。其中又以茶食小吃尤具特色，頗注重造型及色調。

3.寧波菜：多用海鮮，味尚鮮鹹，可謂「鮮鹹合一」，以蒸、烤、燉製海味見長。講究鮮嫩軟骨，注重保持原味。

4.杭州菜：杭州乃絲綢的產地，物阜民豐，享受自然高於水準之上，其口味以清淡為主，少用辛辣，也不濃油厚醬，味清醇，令人回味無窮。

5.上海菜：上海自通商開埠以來，各地商賈齊集，十里洋場，華洋雜處，吃的是五花八門，中外具備，可謂全國珍饈在此集其大成。其特色是油大、味濃、糖重、色鮮，調味主要有鹹、糟、香、醉、甜等。選料則以海鮮為主，常見的烹調法有紅燒、清蒸、油燜、炒等。

(三)廣東菜系

一般所謂廣東菜，大多指廣州菜而言，以製作精、味道美、花樣多、構思巧而馳名於全世界，因此中國有「吃在廣州」的美譽。其豐富的飲食中，不但以精緻美味的大菜取勝，茶樓的小點、路邊的小吃、各種五花八門的食品等都有其特殊風味，其中的飲茶、粥品、燒烤狗肉、蛇羹、補品等是廣州最具代表性的飲食。

廣東菜匯集中西各地的飲食精華，烹調方法廣博精到，主要有炒、焗、扒、煲等方法。常見的調味料有蠔油、沙茶醬、辣椒油、辣椒醬、海鮮醬、芥末醬、梅醬等頗有特色，可說是五滋六味並用，變化無窮；其共同特點是鮮、嫩、滑、香、甜，菜形美、色豔麗，食器講究，尤其菜名高雅別緻，含意深遠也是特色之一。在分類上，廣東菜又可分為廣州菜、潮州菜及東江菜三系，其特點如下：

1.廣州菜：油膩較少，味道較淡，有些菜比較生脆。
2.潮州菜：味清，煮得比較熟，刀工較細，善烹飪海鮮，口味偏香濃鮮甜，講究原味少鹽，以維持菜餚本身的清淡鮮美，以湯菜、素菜及甜菜最具特色。
3.東江菜：又稱客家菜，味稍濃於廣東菜，較重油，煮得較熟，有較多的鄉土風味，菜名多為肉類，少用海鮮，主料突出，重油偏鹹，喜歡以豆豉入菜。

(四)四川菜系

川菜源於古代的巴蜀兩國，自古地域廣闊、沃野千里，物產豐饒，使川菜擁有得天獨厚的物質基礎。同時，自秦朝至三國，成都為四川地區政治、經濟、文化中心，使川菜獲得較大發展。而隨著明清時

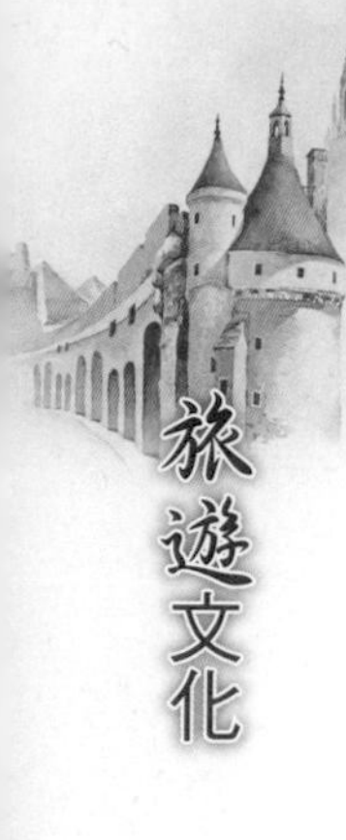

期，移入人口的增加，川菜得到進一步的發展，自成一個主要體系。

四川因四周不臨海，故烹飪所用的材料，以山味、田園及河魚為主。一般人提到川菜，就想到麻辣，於是望而生畏，其實川菜系中的辛辣菜色只占少數。在口味上，川菜特別講究色、香、味、形，兼有南、北之長，以味道多、廣、厚著稱。其以辣椒、胡椒、花椒、豆瓣醬等調味品調出麻辣、酸辣、椒辣、麻醬、蒜泥、芥茉、紅油、糖醋、魚香、怪味等各種味型。川菜取材上蔬菜多於魚鮮，調味特別重，主味突出，使人一見就知道是川菜。川菜由筵席菜、大眾便餐菜、家常菜、三蒸九扣菜、風味小吃等五個大類組成一個完整的風味體系，在國際上，享有「食在中國、味在四川」的美域。

川菜可分為成都（上河幫）及重慶（下河幫），以及樂山、自貢（小河幫）等地方菜所組成。代表的菜色包括：宮保雞丁、麻婆豆腐、燈影牛肉、樟茶鴨子、毛肚火鍋、魚香肉絲等。

(五)湖南菜系

湖南菜簡稱湘菜，其以悠久的歷史、豐富的菜色與濃郁的地方特色享譽海內外。湖南菜的起源，長沙烹飪技術早已被紀錄下來，且源遠流長。最早被發現在距今兩千兩百多年的長沙馬王堆古墓中，除了一批出土的竹簡菜單，上面記述一百多種精美菜餚的製作過程外，還有記載九大類烹調方法，是現今許多著名湖南菜烹調技術的起源。

湖南位於中國大陸中部，氣候溫和、雨量充沛，有高山與大河居其中，不論水產、山珍、牛羊畜牧等都很豐盛，自然條件非常優越，自古便有「魚米之鄉」之稱。許多人無法分辨川菜與湘菜，然這兩地的菜色有極大的差異。湖南喜歡生吃辣椒，四川人則喜歡麻與辣。川菜多將辣椒作為菜的配料，將辣味融合在菜裡，湖南菜中的小菜則常見油炸辣椒等。

綜觀湖南菜各大系的菜色，可推敲出五大特色：材料廣泛多樣、技法多變、品味豐富、擅長調味、刀工精妙。由於湖南菜的歷史悠久，歷經千年來的改進與創新，已經形成多種獨到的烹飪技法。湖南自古以來就重視原料的相互搭配、滋味互相入味、交融會合，以達到去除雜味、豐富口感、提升美味的目的。基本刀法有十幾種，手法純熟，因材料與烹飪手法的不同而使用不同的刀法。湖南菜成長於物產多樣豐隆的魚米之鄉——長江流域，最大的特色是清、脆、香、嫩、口味重。其最具特色的食材以臘肉、豆豉與朝天椒為代表。（李信賢，2000）

五、少數民族特色餐飲

(一)清真菜

中國信奉伊斯蘭教的民族包括回、維吾爾、哈薩克、烏茲別克、塔吉克、塔塔爾、柯爾克孜、拉薩、東鄉、保安等民族，他們在飲食上都或多或少地受到宗教教義的制約，其餚饌受《古蘭經》影響明顯，可統稱清真菜系列。

清真菜大體可分為三個流派，受當地物產及飲食習俗的影響而成。西北地區的清真菜，擅於調製牛羊肉奶，哈密瓜與葡萄乾等原料製成的菜餚，風格古樸典雅，有濃郁的草原生活氣息；京、津、華北地區的清真菜，取料廣博，牛羊肉外，海味、河鮮、禽蛋、果蔬俱備，講究火候，精於刀工，色、香、味、形並重；西南和東南地區的清真菜，擅於用家禽和菌類植物，菜餚清鮮不寡淡，注重保持原汁原味，家常飲膳的特點突出。

清真菜的特點是：

1.飲食禁忌比較嚴格，其飲食習俗源自於伊斯蘭教教規。
2.選料嚴謹，工藝精細；用料主要取材於牛羊兩大類；烹調技法早先以熗涮為主。
3.口味偏重鹹鮮，汁濃味厚，肥而不膩，嫩而不腥。

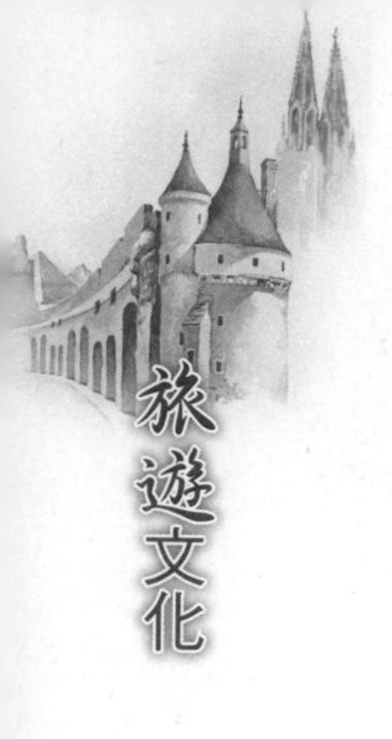

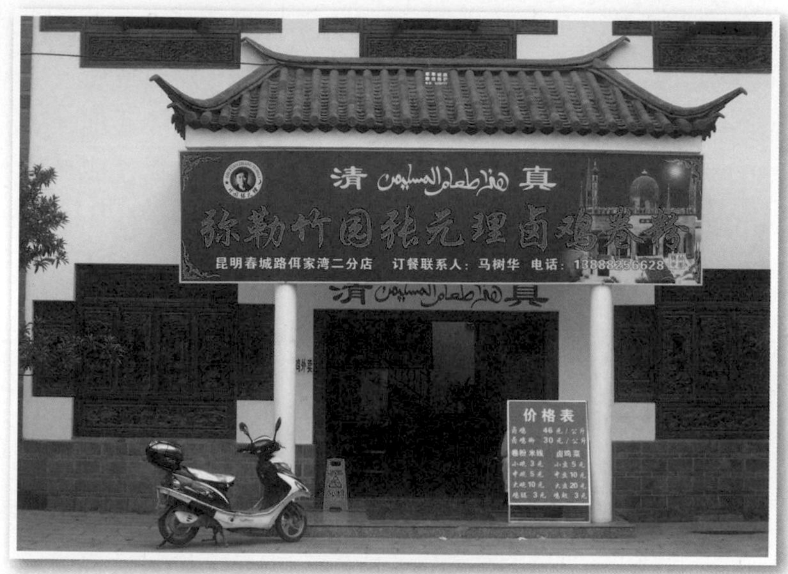

清真菜的飲食源自於伊斯蘭教規，口味偏鹹鮮

4.清真菜也可成席，極有特色，尤其是一百多道羊菜組成的全羊大席，史稱「屠龍之祭」。

(二)朝鮮菜

朝鮮族主要聚居在吉林省延邊族自治州和長白朝鮮族自治縣。境內河流縱橫，群山聳立，森林茂盛，自然資源豐富。盛產世界珍貴的松茸、鹿茸、人參、黃芪、哈士蟆，以及猴頭菇、元蘑、榆黃蘑、木耳、花菇等。

朝鮮族人的飲食風格通常是民間的家常便飯。隨著交通的發展和經濟文化交流的加強，使朝鮮族的風味有了新的變化。朝鮮菜餚常見的有「八真菜」和「醬木兒」等。如今，朝鮮族菜在傳統風味的基礎上吸收漢族菜的特長，改變舊食俗，利用長白山珍貴的原料，精製出了別有風味、膾炙人口的新菜品。

朝鮮族菜的特點是：

1.調味選料講究，無辣不成菜。
2.擅長「三生」（生拌、生漬、生烤）和湯煮。
3.餚饌鮮香脆嫩、辛辣爽口、原汁原味、樸實大方。
4.朝鮮族菜餚食用後大都有一定的滋補和醫療作用，如春食「參芪補身湯」、夏食「三伏狗肉湯」、冬食野味肉和野味湯菜。

(三)維吾爾族菜

維吾爾族主要聚居在新疆維吾爾自治區，以農業經濟為主，主要種植小麥、水稻、高粱、玉米、豆類、薯類等；牧區則飼養馬、牛、羊等。

維吾爾族主要從事畜牧業，兼營農業。飲食以肉、乳為主，糧食為輔。烹飪技術也較原始，基本用炖、熏、炙（火烤肉）等方法，如今維吾爾族的一些菜餚和小吃仍保持著這種風味。隨著與漢族和其他少數民族交往的加深，維吾爾族飲食更加豐富，許多特色食品已成為其他民族餐桌上的常見食品，維吾爾族菜也在我國少數民族菜餚中具有了越來越廣泛的代表性。

新疆維吾爾族的飲食特點是：

1.以麵食為主，喜食牛羊肉。
2.維吾爾族的涼菜拼盤原料以瓜果蔬菜為主，注重藝術造型，富有瓜果之鄉的濃郁色彩。
3.烹調擅用烤、炸、煎、炒、蒸等技法；菜餚的質地和味型適應氣候高寒、人體熱量需求大的要求，油大、味重、香辣兼備。

第三節　亞洲餐飲

亞洲地區主要分為東北亞、東南亞、南亞，以及中東地區阿拉伯世界。在飲食文化的呈現上，亦受地理位置、氣候以及物產的影響最

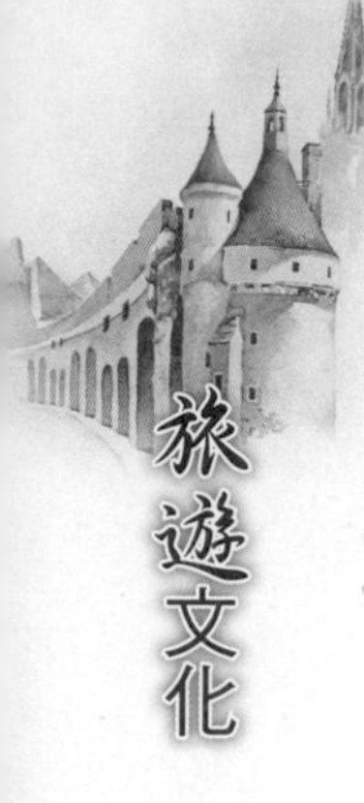

大，然而東北亞與東南亞的飲食在歷史上受中國文化傳承的影響；南亞地區以香料為主，中東地區則受伊斯蘭教教義的影響最大。本節即就日式料理、韓式料理、東南亞料理以及印度料理加以介紹。

一、日式料理

(一)日式料理的發展

日式料理的源頭是傳統中華文化在日本發展所產生的餐飲方式。發展的過程中加入日本當地的料理材料，以及全方位以客為尊的觀念，再加上現代人強調完美的感覺，造就了我們所見的日式料理。

日式料理最大的精神在如何吃得自然、優雅，在繁複莊重的禮節中，達成心靈的最高享受，因此日式料理的確是一門高深的學問。一般的日式料理店，不會對顧客要求正式的用餐禮節，然而其在餐廳的服務上亦有以下特色：

1. 一道菜出來，先瞭解這個店的料理長用什麼樣的風格來表現這個月份的主題。
2. 「立即享用」也就是料理熱的要趁熱吃、冷的要趁涼吃，才能吃出料理的風味。
3. 用膳夾菜最好由近而遠，或由上而下照順序吃，若未能依順序食用，則以不把料理擺飾弄亂、不妨礙整體美為原則。
4. 如有小器皿裝上料理，務必用手拿著器皿靠近嘴邊端坐。
5. 食用時忌狼吞虎嚥、大嚼。
6. 用筷之後應馬上置於筷枕上，才能在餐皿上保持整齊。

(二)具代表性的日式料理

目前可列舉出的日式料理，以種類來分計有：壽司系列、拉麵系列等；而若以地區則可略分為：關東料理、關西料理；當然各地亦

有當地的特色料理，如京都、大阪、名古屋、北海道等。而若就餐飲文化而言，懷石料理是日本料理的文化代表。以懷石料理為例，目前傳統的全套懷石料理包含：開胃前菜、湯、生魚片、烤物、煮物、炸物、酢物、飯食、湯、漬物、果物、甘味等十幾道佳餚。一套懷石料理有如一首詩篇，有一特定主題貫穿全部的料理，有序（前菜首）、主文、尾，整體呈現風格，消費者在享用時，除享受美味外，亦可感受到廚師的用心。開胃前菜及生魚片通常表現全套料理的主題，如松、竹、櫻、菖蒲、楓等，讓品嚐者能意會到「現在是某某季節」。前菜通常分酸、甜、苦、辣、鹹五味，目的是在試探舌頭的味覺。下一道是清湯，多以當季珍貴的海鮮為主，湯的上桌表示料理從此道菜開始了，目的是在清洗剛嚐過刺激的舌，才能仔細品嚐後面料理的味道。在一連串的料理（生魚片、燒物……）用完後，最後才是飯食、湯、漬物，飯是怕光吃料理吃不飽，最後用來填飽肚子的，通常與當季代表性的一種蔬菜，如「筍、豌豆、栗子、菇、白果……等」一起拌白飯加上少許的鹽，飯與蔬菜均衡讓色澤顯出美感，講求吃出淡淡

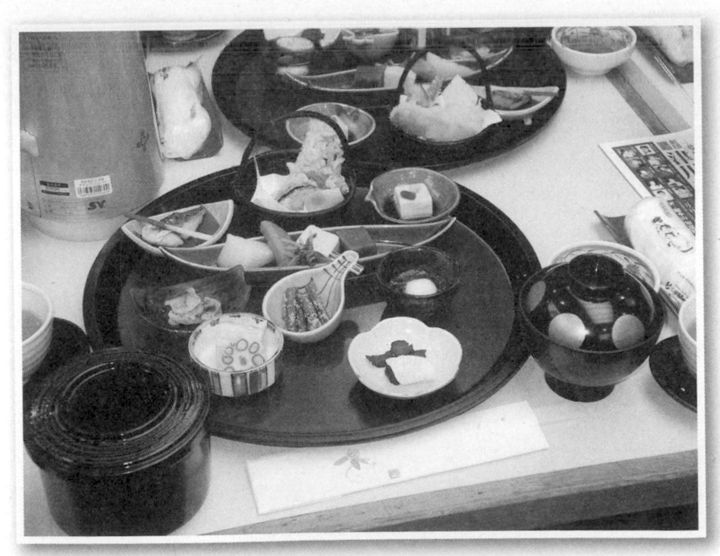

一般的日式料理店在國內隨處可見，如日式定食料理

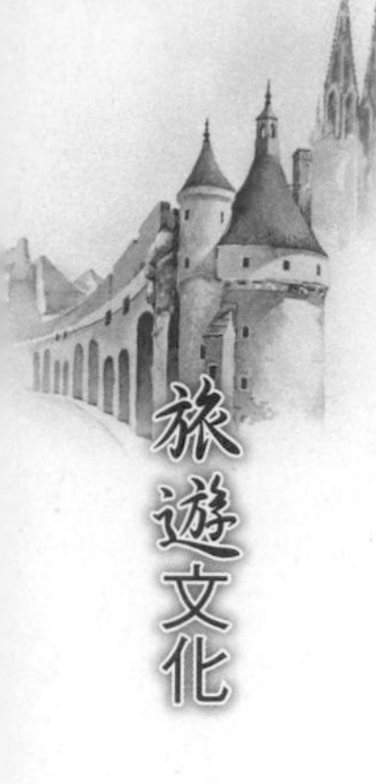

的蔬菜香味，而這裡的湯是表示料理到此全部用畢，與第一道湯遙呼相應，最後才是水果、甜點、品菜。（上閣屋海鮮日本料理，2009）

(三)日本茶道

中國茶葉約在唐代時，隨著佛教的傳播進入到朝鮮半島和日本列島。因而最先將茶葉引入日本的，也是日本的僧人。1168年，日本國榮西禪師歷盡艱難至中國學習佛教，同時刻苦進行「茶學」研究，也由此對中國茶道產生了濃厚的興趣。榮西回國時，將大量中國茶種與佛經帶回至日本，在佛教中大力推行「供茶」禮儀，並將中國茶籽遍植贈飲。榮西因而歷來被尊為日本國的「茶祖」。隨著唐宋時期中國的茶葉與飲茶藝術，飲茶風尚引入日本的佛教寺院後，又逐漸普及到廣大民間，使喫茶的習俗進入日本平民的生活，並日益興盛。

15世紀時，日本著名禪師一休的高徒村田珠光首創了「四舖半草庵茶」，而被稱為日本「和美茶」（既陀茶）之祖。所謂「陀」，是其茶道的專用語，意為追求美好的理想境界。珠光認為茶道的根本

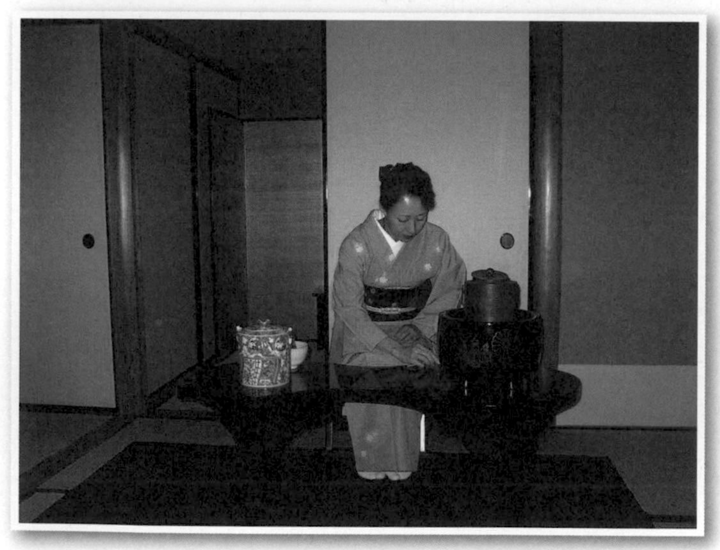

日本茶道首重清心，而「清心」是禪道的中心

在於清心，清心是「禪道」的中心。他將茶道從單純的「享受」轉化為「節慾」。體現了修身養性的禪道核心。其後，日本茶道經武野昭歐的進一步推進而到達「茶中有禪」，「茶禪一體」之意境。而16世紀時，千利休以「禪道為中心」的「和美茶」發展而成「平等互惠」的「利休茶道」，成為平民化的新茶道，在此基礎上歸結出以「和、敬、清、寂」為日本茶道的宗旨（「和」以行之；「敬」以為質；「清」以居之；「寂」以養志）；至此，日本茶道初步形成。

日本茶道分兩大宗系：一為抹茶道，傳自我國唐宋時期，採用當時的抹茶法，用蒸青茶碾製成粉狀茶葉飲用；另一種為煎茶道，源於中國明清時期，採用以炒為主加工而成的散狀芽條。而最有名的茶道流派是所謂「三千家」，被稱為「千家流派」。千家流派又可分為三個派系，即「表千家」、「里千家」和「武者少路千家」。

■茶室與茶具

日本茶道的「茶室」，又稱「本席」、「茶席」，為舉行茶道的場所。日本的茶室一般用竹木和蘆草編成。茶室面積一般以置放四疊

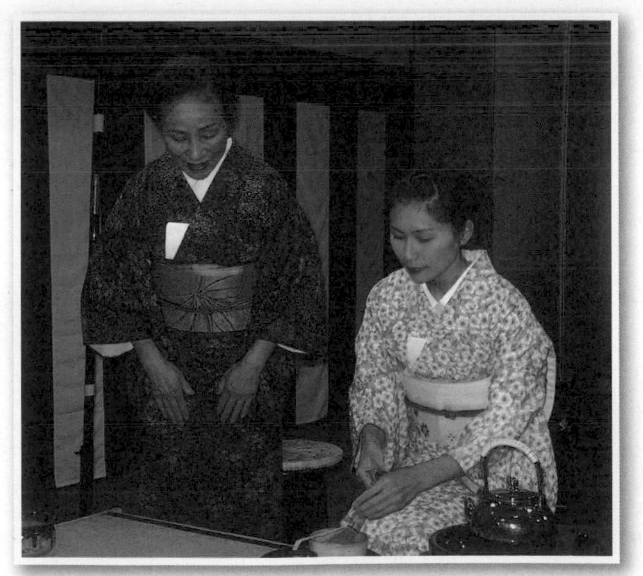

日本茶道重視禮儀，禮法繁複，就連茶道的用具亦名目繁多

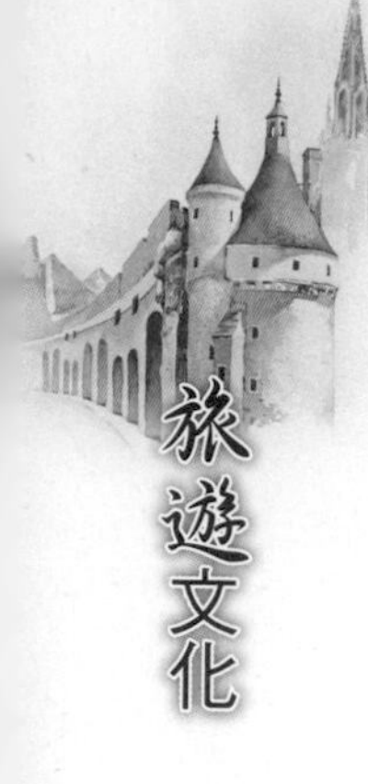

半「榻榻米」，約9至10平方米。茶室分為床間、客、點前、爐踏達等專門區域。室內設置壁龕、地爐和各式木窗，一側布置「水屋」，供備放煮水、沏茶、品茶的器具和清潔用具。

日本茶道的茶具因日本茶道源於中國，故茶具也源於中國功夫茶具。其基本茶具主要可分四大件：

1.涼爐：煮水用的風爐。

2.茶釜：煮水用的鐵製的有蓋大缽。

3.湯瓶：泡茶用的帶柄有嘴罐，稱「急須」。

4.茶碗：盛茶湯用的瓷碗。

另外，還有研磨茶葉的「茶磨」、夾白炭用的「火箸」；盛冷水的「水注」；盛白炭的「炭籃」；清潔茶具用的「水翻」；裝香用的「香盒」；沏茶時用於攪拌的「茶筅」；取茶粉用的竹製「茶勺」；擦拭茶碗的「茶巾」；盛茶葉末的「茶罐」；用三根大鳥羽毛製成，用於拂塵的「羽帚」；盛炭的「炭斗」；盛爐灰的「灰器」；取水用的「水勺」等。

日本茶道的用具名目繁多，不但有大小之分，還有「和物」（日本）與唐物（中國）、高麗物（朝鮮）之區別。

■ 日本茶道的禮儀

日本茶道強調透過品茶陶冶情操，完善人格，強調賓主間有一種高尚精神、典雅儀態和雙方間的融洽關係。

每次茶道舉行時，主人必先在茶室的活動格子門外跪迎賓客，頭一位進茶室的必須是來賓中的一位首席賓客（稱為正客），其他客人則隨後入室。來賓入室後，賓主相互鞠躬致禮，主客面對而坐，而正客須坐於主人上手（即左邊）。這時主人即去「水屋」取風爐、茶釜、水注、白炭等器物，而客人可瀏覽欣賞茶室內的陳設布置及字畫、鮮花等裝飾。主人取器物回茶室後，跪於榻榻米上生火煮水，並從香盒中取出少許香點燃。在風爐上煮水期間，主人要再次至水屋忙碌，這時眾賓客則可自由在茶室前的花園中閒步。待主人備齊所有茶道器具時，這時水也將要煮沸了，賓客們再重行進入茶室，茶道儀式才正式開始。

日本茶道的禮法分為下列三種：

1.炭禮法：為燒沏茶水的地爐或者茶爐準備炭的程序。無論是初座還是後座都分別設有初炭禮法和後炭禮法。它包括準備燒炭工具、打掃地爐、調整火候、除炭灰、添炭、占香等。

2.濃茶禮法和淡茶禮法：濃茶禮法和淡茶禮法是主人置茶、客人品茶一整套的程序。一般情況，主人先將少許呈粉末狀的抹茶放入瓷碗中後加點水，用特製的竹筅把茶末攪成糊狀，再加水至碗的四分之三即可。喝時用右手拿起茶碗，放至左手掌上，再把茶碗從對面向身前轉，經細品、慢啜後奉還主人。

客人飲茶可分為「輪飲」和「單飲」。即客人輪流品一碗茶，或單獨飲一碗茶。茶道禮法不僅是飲茶，主要還在於欣賞以茶碗為主的茶道用具、茶室的裝飾、茶室前的茶園環境及主客間的心靈交流。

一次茶道儀式的時間，一般在兩小時之內。結束後，主人須再次在茶室格子門外跪送賓客，同時接受賓客的臨別贊頌。

二、東南亞料理

東南亞包括：香港、澳門、泰國、馬來西亞、印尼、新加坡、菲律賓、緬甸、越南等地，由於國家眾多，因此飲食方面也各具特色。

(一)香港飲食特色

香港氣候與臺灣南部相似，又因四周環海，故海鮮十分豐富，除海鮮之外，香港人早上喜歡飲茶、平日注重煲湯養身，飯後喜歡吃甜

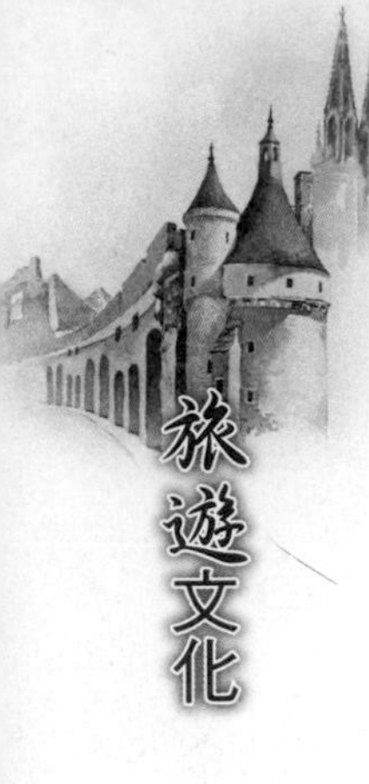

品，這些是大多數香港人的飲食習慣：（香港旅遊發展局，2009）

1.飲茶：飲茶可說是香港本地飲食文化的精髓，也是香港飲食文化之一。從每天上午各家茶樓高朋滿座的盛況看來，飲茶早已成為香港人日常生活的一部分。其中蝦餃、燒賣、叉燒包更是美味可口的點心。

2.街頭小吃：街頭小吃不僅是一種美食，更是一種與現代生活息息相關的富有地方色彩的風味。最常見的街頭小吃除了魚蛋、牛雜外，還有琳瑯滿目的款式，如具有地方色彩的小食，最常見的街頭小食大多在旺角的花園街、女人街及油麻地的廟街。

3.甜點：香港人喜歡飯後甜點，最普遍的則是龜苓膏，龜苓膏有解毒去溼、消除暗瘡、清熱降火、滋陰養顏的功效，龜苓膏的材料有龜板、土茯苓、金銀花、大生地、臘梅花、錦茵陳、夏枯草、紫草、甘草、涼粉草等。

(二)菲律賓飲食特色

菲律賓由於長期受外來統治，外來影響表現在食物上最為明顯，菲律賓菜融合了西班牙、馬來、中國各地的風格，以使用大量水果、當地調味與海鮮著稱。食物對菲律賓人而言，是地方藝術與文化的一部分，結果便是結合各家的長處，融貫東西美食精華。

菲律賓人三餐都吃米飯。招牌菜包括：「旁西莫洛」（pancit molo），一種包了豬肉、雞肉、香菇的餃子置於雞湯或肉湯中烹製而成；「阿多波」（adobo），豬肉丁加醋慢燉，再加上雞肉、大蒜與其他調味料之後淋在白飯上食用；「勒瓊」（lechon）為典型慶典菜餚，豬內部剖開塞入羅旺子葉，以炭烤烹製，直到表皮酥脆、肉質柔軟即可；「辛南格雷」（sinan-glay），為另一道慶典大餐，以魚肉或蟹肉沾上辣醬，用包心菜包裹，以椰奶蒸煮。菲律賓也因芒果及椰子產量頗豐，故許多甜點及冰品也大多含有芒果及椰子這兩種材料。

(三)泰國飲食特色

泰國有「亞洲三大穀倉之一」的美譽，泰國人的主食以米飯為重點，除了米食外，肥沃的土壤也讓泰國生產許多產物，無論蔬菜、香料、水果都是以種類多、高品質的特色，加上世代相傳的漁牧及海水養殖，讓泰國的飲食文化更加豐富多元化。

由於泰國溼熱所以菜的口味也和氣溫成正比，味道偏重，因為當地氣候炎熱，當地人認為會有許多瘴氣，加上熱天裡胃口差，酸辣容易開胃，所以他們就用這方法來添加各種香料。

泰國菜不像中國菜或日本料理那麼講究作工，他們是以簡單為原則，但在調味上，又講究繁瑣，因此各種醬料及香料的運用也就成泰國菜獨有的標幟。而泰國菜的調味方式，有一部分料理手法是中國式的，同時，由於數千年來與印度、中東、西班牙、歐洲等國通商，使泰國接受外來文化包容力極強，並隨即反映在飲食上，雖是移民文化飲食，但長時間潛移默化也讓許多國家都能接受他的菜系及特色。

傳統的泰國人不吃完整的魚和肉，他們把它切碎再料理，醬料也就這樣衍生了。泰國菜不僅酸、辣、甜各種口味都有，連調味料及醬汁也不可小覷，大量的辣椒、咖哩、魚露、蝦醬、椰汁幾乎每餐輪流出現，而香茅、檸檬葉、九層塔、香芹等更是少不得，配上傳統泰式複雜的切、剁、搗、拌的處理方式，一盤酸辣又具特色的泰國菜就這樣形成。

三、印度料理

印度國家的飲食習慣與種族、區域、宗教信仰、階級地位等，都有密切的關係。食物主要特色就是香料，包括咖哩、乾辣椒、胡椒、含植物果實、種子、葉子、根組成八十多種，食物中具有酸、甜、苦、辣、嗆、鹹、各種香料混和烹調而成。宗教信仰，深深影響當地

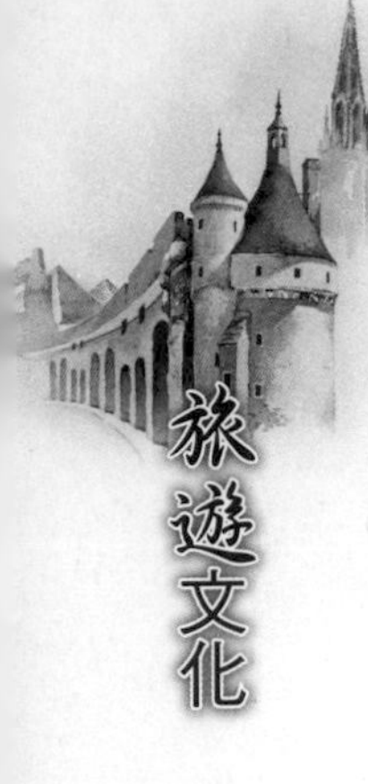

食物。印度教徒不吃牛肉。回教徒不吃豬肉，因此印度主要肉類，以羊肉和雞肉為主。（王遙琴等，2009；MOOK自由自在旅遊網，2009）

咖哩主要用於印度西部，一般使用雞肉、羊肉及魚作底，加入蕃茄、洋蔥、辣椒、薑、咖哩等二十幾種材料烹煮而成。其特色的食物為撲勞與印度烤餅。

用「北方人吃麵，南方人吃米」來形容印度人的飲食習慣一樣貼切。一般說來，北部天氣尚稱涼爽，口味並不以辛辣著稱，多依靠麵粉過活，因此發展出各種有餡沒餡的麵食產品，在印度除米飯是部分主食外，還有各式各樣的烤餅，其中較常見的撲勞（Pulao）是由米飯、咖哩、肉類、香料、青菜或花生雜燴烹調而成。

印度烤餅包括：南（Nan）、羅提（Roti）、普里（Puri）、恰巴提（Chapattis）、哈瓦（Halwa），以及小麥粉和麵粉烤成的填充麵包與油炸麵包，印度烤餅食用時，可以包著咖哩肉、蔬菜或扁豆糊。

在甜點與飲料方面，印度街上最常見的點心有包肉餡、馬鈴薯、豆子或蔬菜的三角形小麵餅：沙摩沙（Samosa），扁豆糊加發酵米做成的德沙（Dosa），蔬菜裹埃及豆粉油炸而成的帕可拉（Pakora）等。一般而言，印度甜點和糕餅都很甜，大部分是用乾乳酪、豆類、椰子、米、粗麥粉、全麥粉、糖漿為材料製做而成。飲料以拉西（Lassi）為主，使用酸奶酪加水、糖或鹽、香料調製而成，飯後可以幫助消化。

(一)烹調方式

北印度食物以烘烤、油炸為主，口味比南印度清淡，烹調方式受蒙兀兒宮廷影響，在回教式烹調法中，以天多（Tandoor）雞肉、羊肉最為有名。「天多」是利用圓錐形的土製爐灶烘烤經過調味的肉串或麵餅，北印度肉類料理以烤雞（tandoor chiken）、烤羊肉捲（seekh kebad）很受歡迎。印度一樣有各式的素食，北印度素食Banarsi，以乳

酪為主，加入波菜、豆子等煮成，北印度素食主要是酥油浸泡過的米飯，搭配蔬菜、豆類和胡椒湯等。

(二)手為食器

來到印度，不妨捨刀叉，效法當地人試試自己手指靈活度，以手用餐時，千萬要記得右手才是主角，放食物入嘴，左手只負責拿杯子，南北稍有不同，北方人用五指的前端，南方人則是全手可用。

第四節　西方餐飲

歐洲的飲食文化，深受希臘和羅馬文化影響，而遠東的埃及和兩河流域文化對希臘及羅馬文化影響又至深。因而探討歐洲飲食文化時，也需將這些文化一起討論，因為這些文化是歐洲文化發展的基礎，若少了它們的描述就無法解釋歐洲飲食文化的發展歷程。

歐洲飲食文化的歷史進程，始於遠古和上古時期的覓食活動，歷經石器時代、青銅器時代和鐵器時代。當時人類的飲食從不懂儲存，逐漸衍生出一套制度，並開始懂得烹調熟食。至古典時期的希臘人大部分以穀麥粥和蔬菜為主食，以水為主要飲料，並且大多集體同飲共食，遵守固定飲食規矩。古希臘早在史前時代已有系統地採集蜂蜜，但不論採取自然或人工養殖的蜂蜜都耗時耗力，價格也因此昂貴，使蜂蜜成為能彰顯購買者身分地位的產品。同時，魚露在當時已為眾人所知，對希臘及羅馬古典飲食有深遠的影響。酒精類飲料則以葡萄酒和啤酒十分普及，此時期的酒非採蒸餾法釀造，所以當時的葡萄酒類似酒精濃度極高的香甜酒（Likörwein）。至於啤酒在希臘古典時期並不屬於日常飲品，治病才是主要用途。

羅馬極盛時期，穀物、橄欖油、葡萄酒和各地生產的蔬菜構成羅馬飲食基礎；農作收成原則上極度不穩，這情形不只支配著古希臘和

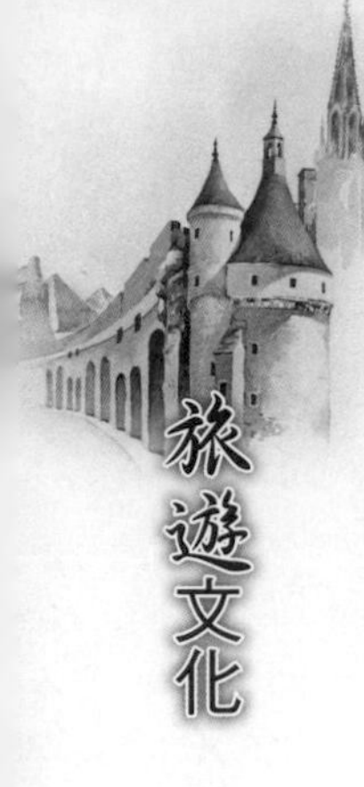

早期高度文化，也對古羅馬飲食文化產生重大影響，也因而讓當時的當權者或政治家有機會藉此提供百姓免費或低價糧食和他們喜愛的娛樂，以收攬民心，贏得選舉。到了第3世紀，西羅馬因為民族大遷徙而結束。緊接著進入中古時期，歐洲中世紀初期的飲食，拜占庭帝國的上層階級飲食文化結合了古羅馬、古希臘及近東元素，這種希、羅、近東三合一現象，是拜占庭總體文化結構的一大特徵。中世紀盛期和晚期的鄉村生活，農業結構的改變逐漸促成飲食結構轉型。再加上11到13世紀的十字軍東征，使得西方和近東展開了文化交流，並接納了近東飲食習慣，如甜糕點內加入濃重的香料，而番紅花、薑、糖和肉桂就此透過十字軍逐漸傳抵西方國家，現代歐洲人對耶誕節糕點特別是薑餅的口味情有獨鍾，則可溯及十字軍騎士的文化傳播。中世紀盛期飲食文化的另一項特點，即是森林採集活動依然保有重要的地位。

中世紀晚期開始，地方特色逐漸主導飲食習慣。經由城市間貿易和國際經濟發展，各地文化行為模式也流通歐洲四方。因此這時期隱約可見歐洲飲食文化同源化的濫觴跡象。城市生活型態改變，飲食文化也發生深層變化，其變化影響之深遠，不僅隨即反映在廣大民眾的日常生活，更表現在數百年後工業化所帶來的種種革新。

18世紀初咖啡在歐洲中上階級間迅速流行開來，是種奢侈品，其代表功成名就，能突顯個人在社群中的地位，而與咖啡搭配的調味料「糖」也開始利用，以增加甜味。這些來自殖民地的新商品，不只顛覆舊有的飲品文化，也因為香料在此時成了大眾商品，所以更改造了菜餚的烹調方式。發現美洲大陸促成歐洲菜的最大變化因素是馬鈴薯，直到18世紀後期才普遍，一連串作物欠收的壓力下，人口又持續增加，再加上馬鈴薯易種植，馬鈴薯因而成為消飢解餓的救星，主食也因此由穀物轉換成馬鈴薯。在歐洲許多地區近代初期由麵包、粥食共同構成的飲食體系就此徹底被馬鈴薯瓦解取代，這意味著日常飲食發生了根本的變化。

19世紀後半有賴於社會、經濟、政治三方面因素的結合，使市場能

供應大型工廠出品的啤酒和糖，且還促成新產品人造奶油（Margarine）問世。除了前述產品，歐洲已開發地區和地理優勢區的新興保久食品工業也有助日常飲食漸趨標準化。而歐洲經濟體系逐漸恢復運作主要因素有三：首先是農業革命促使農產量提高；再者是運輸革命，因為渡輪和鐵路的便利，讓食物的運送及供應更快速；最後是一連串革新組成，如貿易擴張和商業組織重組。歸結起來，根本的革新要屬保存方法和食物加工法的改良，以及更大量運用金屬罐頭食品。

1914至1945年間的飲食文化，對歐洲飲食造成最主要的影響為物資缺乏和飢餓，除戰爭影響外，如政治和思想現代化、經濟面的變化、農業上的改變等都是影響的因素。同時也導致餐飲業、啤酒釀造業、葡萄農業和烈酒工業陷入嚴重危機。戰後由於軍人習慣罐裝的食物，加上罐頭食品工業迅速發達，罐頭生產進入標準化且變得很便宜，使罐頭食品徹底流行。而1945到2001年間的歐洲飲食文化，由顧恩特．希旭菲爾德（Gunther Hirschfelder）於2001年在德國出版《歐洲飲食文化》一書（2004年由張志成譯成中文）描述為「從飢餓到『暴食潮』再回到飢餓」。「在這急劇變化的時期，物資缺乏和飢餓導致人們陷入空前困境，這不僅因為物資貧乏，還因為認同危機嚴重氾濫。這波暴食潮的特點是卡路里攝取量急劇升高以及需求對象的轉移。由於供過於求，如甘藍這類原產蔬菜、魚類罐頭和馬鈴薯價格開始下跌。這時商業利益最高的是文化價值高又符合品味理想的食物，諸如奶油、鮮奶油、酒品，而肉類是其中之最。」現代飲食文化形成過程中，所謂「旅遊潮」也有舉足輕重的地位，四處遊走讓遊客開了眼界，既看到其他文化，連帶也見識到了其他飲食文化，人們也因此接觸到異國用餐體系。

本節即以代表歐洲飲食文化的法式料理、義式料理、歐洲其他料理，以及土耳其料理、中南美洲料理簡述如後。

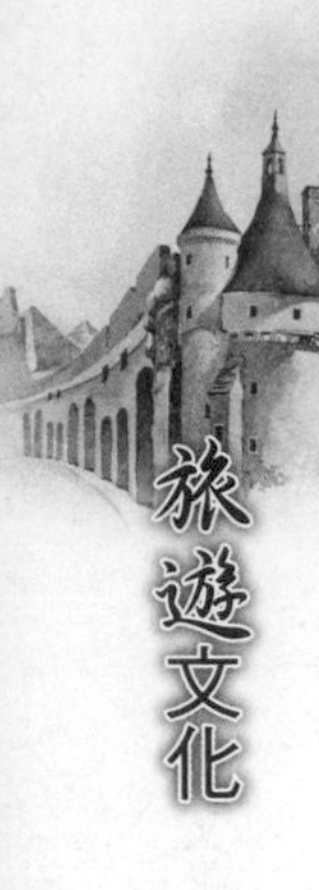

一、法式料理

法國是愛情、時尚、美食的代稱，法國人追求一切美的事物，從精神到物質，從心靈到感官，就是這樣的生活觀下，法國料理的美名不脛而走。法國人對食物是極講究的，但一般人對法國菜的印象可能並不正確。因為除了如宮廷般尊貴的法式料理，在法國當地當然也有較家常的小餐廳，一般而言在法國當地的餐廳分為：咖啡館、小酒館、啤酒店，及一般人們印象中的法式高級餐廳，每種餐飲各具特色，從簡易的餐點到傳統的家鄉菜，至精緻的料理無所不包。

食物的烹調與氣候及地理環境有著密切的關係，法國也一樣。一般而言，北部的料理較常使用動物性奶油及鮮奶油；南部則較講究自然及健康，因此較常使用的是橄欖油；西部則因臨近海洋，海鮮就成了常用的食材；東部一帶則受到德國的影響，而以捲心菜和豬肉揚名。除了以上概括性的分類，再仔細瞭解法國各地也有經典名菜，例如法國尼斯的鯷魚橄欖沙拉、馬賽的海鮮湯、里昂的焗乳酪洋蔥湯、勃艮地的烤蒜茸田螺、阿爾薩斯的酸菜什錦肉腸、普羅旺斯的田雞腿、諾曼地的烤蘋果雉雞等。

在法式料理中，奶油的應用是十分重要的，可以說幾乎有一大半的烹調會用到奶油調味。除了在食材上用心外，能讓食物更顯美味的方式無疑就是香辛料的運用。主要的香辛料有鼠尾草、百里香、月桂葉、迷迭香、茵陳蒿、羅勒、蒔蘿、大茴香、番紅花等。講到法國的

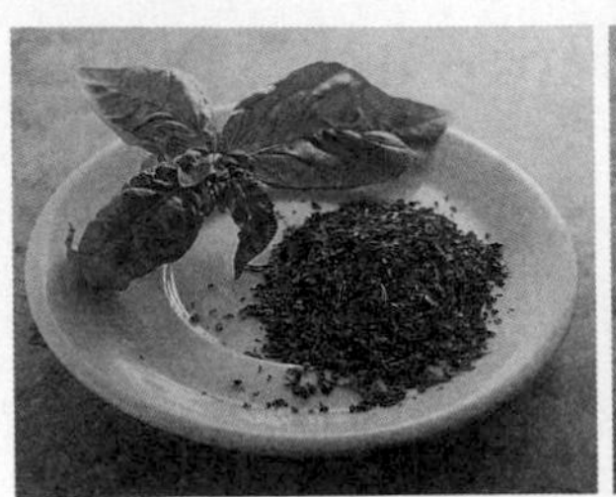
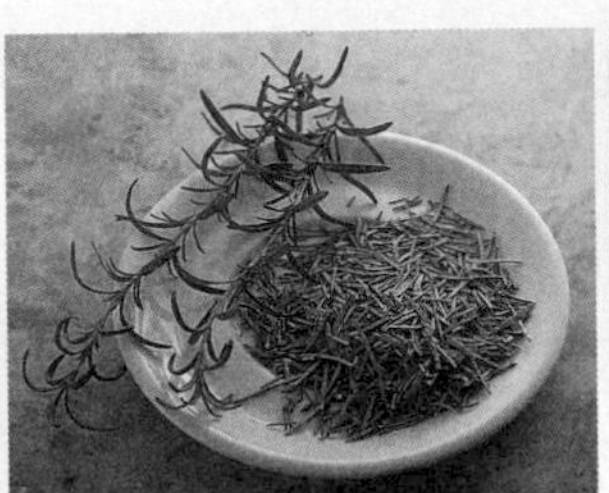
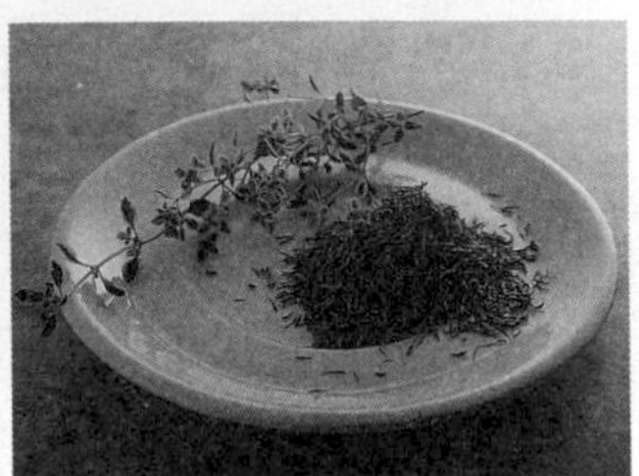

法式料理中常用的香料食材：羅勒（左）、迷迭香（中）、百里香（右）

葡萄酒更是遠近馳名，不過如果將葡萄酒用於作菜上，所使用的酒都要選用不甜的，只要一般平價酒即可，無須購買上等酒。而一般紅酒搭配口味較重或較粗糙的紅肉，白酒搭配口味較淡或較細緻的白肉。

(一)法國料理三寶

一般提到法國菜的特色，就不能不提到法國料理三寶：松露、鵝肝醬及魚子醬，這些都是極珍貴的食材。松露可分為兩種：一種是黑色的，顆粒較大，量較多，多生長在森林底下7公分的地方；另一種是白色的，顆粒較小，產量較少，價位也較高，主要產地在義大利；而野生的松露，因品質最佳，價錢自然也最貴。

鵝肝的食用可分為熱食或冷食，熱食可搭配前菜，或製成Sauce與牛排調味。冷食依法國習慣，會將鵝肝製成鵝肝醬。

魚子醬分為三個等級：(1)Beluga的顆粒大且結實，呈金灰黑色；(2)Oscietre的顆粒中等，呈淺黑色；(3)Sevruga的顆粒較小，呈黑色。

(二)常見的法式料理

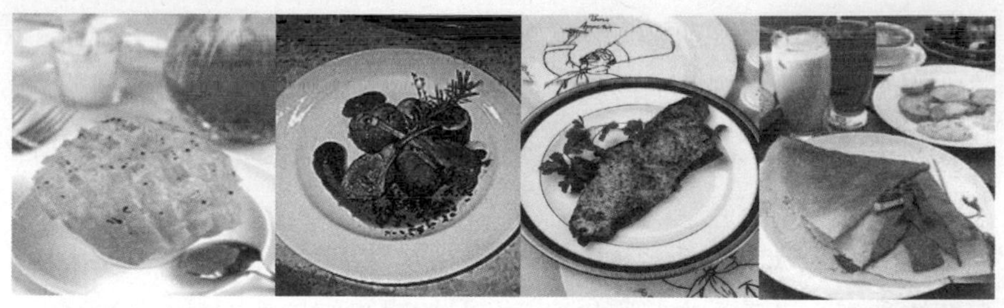

法式松露酥皮濃湯　法式香烤羊排　法式醍魚沙朗牛排　法式薄煎餅

二、義式料理

義大利是全世界著名的美食國家，飲食內容則涉及葡萄酒、礦泉水、義大利乳酪、松露、義大利麵、各式海鮮、義大利麵包等。義大利自文藝復興開始，對於烹調的技巧和材料的運用就很講究了。義大

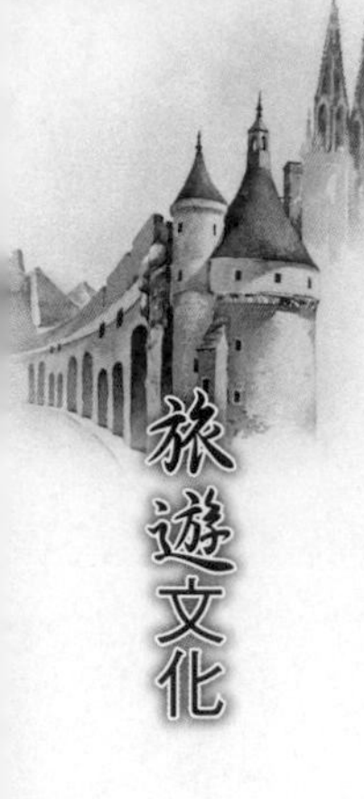

利菜在烹調時非常喜歡用橄欖油、大蒜、蕃茄及香料。炸類較少，紅燴、燒烤較多。通常將材料與配料一起烹煮，非常的出味，此亦為義大利菜的特色。

義大利菜因區域的不同而有不同的特色，如米蘭區域（Milano）盛產米和松露（Truffle），較有名的菜餚有：米蘭豬排（Pork Scallop Milanese）、米蘭紅花燴飯（Risotto Milanese）；威尼斯（Venezia）盛產海鮮，較有名的菜餚有：蕃茄海鮮湯（Zuppa di Pesce）和洋蔥小牛肝（Claf's Liver）；羅馬（Rome）較有名的菜餚有：犢牛火腿片（Saltim Bocca Alla Romana）等；其他還有些具有國際知名度的名菜，如生醃牛肉（Carpaccio）、燜小牛蹄（Braised Ossobuco）及檸檬雞（Lemon-Chicken）。

義大利人對肉類的製做及加工也非常講究，冷肉製品非常適合於開胃菜和下酒佐食，起司亦是義大利人所愛，如帕美森（Ricotta）等都令人回味無窮；同時，義大利人很喜歡麵、飯類製品，單就麵、飯類製品就有約四十至五十種。例如菠菜麵片（Lasagne）、寬雞蛋麵（Tagliatelli）、義大利麵（Spaghetti）、通心麵（Macaroni）、餃子（Ravioli）和流行於世界的披薩餅（Pizza）等，尤其是披薩餅就有許多種口味，一般常用蕃茄沙拉、香腸及青椒、起司等材料烘烤而成，義大利也盛產各式葡萄酒及水果酒，風味突出，所以在義大利飲酒的人士也非常多。

美食是義大利人生活的一大樂趣；義大利式的麵食（通心粉、細麵條之類）是最為流行的代表菜式，也是最經濟的食品，而最令義大利人引以為傲的是他們自認為是法國菜的鼻祖。相傳16世紀時義大利公主凱撒琳下嫁法皇亨利二世，把義大利傳統烹飪的方式帶入了法國，而法國人將兩國烹飪上的優點加以融合，逐步將其發揚光大，創造出現今最負盛名的法國菜餚。

三、其他歐洲飲食

歐洲每個國家都有其不同的代表菜色，但相同的是每個國家的菜色都包涵了各國本身的風俗民情、文化習慣及宗教信仰。

(一)比利時的飲食特色

比利時的飲食文化受到法國料理的影響。此外，東南方的華隆區（Walloon）以及法蘭德斯（Flemish）區都各自有當地人深深引以為傲的地方料理。用餐時通常先上蔬菜清湯、牛肉片或雞湯，常見的開胃菜有亞登尼斯（Ardennes）出產的火腿或是香腸、美乃滋拌海鮮、炸蝦捲，或是淋上香料醬的鰻魚。在打獵的旺季，餐桌上還會常常出現許多野生動物的料理，像是野兔、鹿肉、山豬肉等等，各地區有不同的變化。

甜點方面，亞登尼斯高地的水果拼盤、水果塔都讓人垂涎三尺，比利時的溫室葡萄也頗負盛名，林姆堡（Limburg）則是以葡萄汁醃製的梅乾出名，除此之外，比利時最為人所知的甜點當然就是巧克力。

(二)匈牙利的飲食特色

匈牙利飲食從豐盛的湯充滿穀物和以甘藍菜為主，即可看出早期匈牙利式烹調的痕跡。早年大遷移的年代中，遊牧成性的「馬扎爾人」曾試驗了許多不同的食物保存方法，其中還包括一項揉製麵糰的技巧，在將麵糰搓成小球之後，可供投入滾水中煮食；這種麵食叫做「塔合尼亞」，是由麵粉和蛋揉製成的，小圓球還可以加入豬油、洋蔥和辣椒等，使成褐色，然後配上肉類以供使用。

匈牙利食物中最為人所熟知的調味料就是辣椒。魚類、雞禽以及小牛肉等常以辣椒為調味料，並佐以酸酪醬的菜。另外，其它牛、羊、豬肉和含脂肪較多的鵝肉或鴨肉等，通常較少使用辣椒為調味。

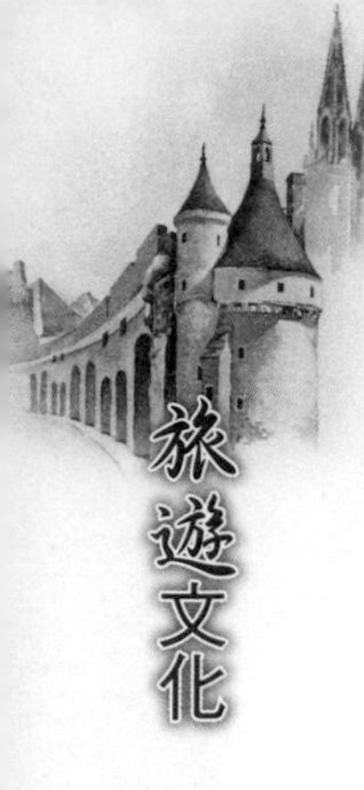

匈牙利的名菜古爾亞斯，便是在肉湯中或是在放了洋蔥及小馬鈴薯的燉肉中，加上許多辣椒，為最著名的匈牙利特殊飲食。（黃仲正，1991）

(三)瑞典的飲食特色

瑞典不像義大利或法國擁有美食聲譽，卻擁有很精緻的食物。瑞典人最喜愛的肉食類，為在山林中獵取的馴鹿以及鳥獸等；由於北歐地區臨海，因此魚產也是瑞典人日常生活中不可或缺的食材。瑞典在國際間最為著名的宴會即是「自助大餐」，這種餐會的形式是將酒菜放在一張張桌上供人食用。若在8月前往瑞典觀光，可能有幸參加他們的螯蟹宴會。這些鮮美海產貝類的煮法，是在水中加入蒔蘿香料、鹽和糖，一起放進去煮，煮好之後冷卻，隔天再拿出來吃，吃的時候配以熱牛奶土司麵包、香菜乾酪，以及杜松子酒和啤酒一起進食。

(四)波蘭的飲食特色

波蘭的菜色相當豐富，每逢重要的宗教節慶，總要享受一頓典型的餐會。餐宴中先上一道紅甜菜湯，接著鯉魚或梭子魚是第二道菜，第三道則為麵食，加糖烤製或是以家中栽種香草調味，別有一番風味。而波蘭最有名的名菜為酸白菜燴肉與波蘭牛排（灑麵包粉的肉排），酸白菜燴肉是道泡白菜加肉類的飯食，早期均以此法煮食新鮮的獵物，今天則以牛肉或豬肉為主。

四、土耳其料理

土耳其餐因種類豐富、烹調特別、味道鮮美，而被稱之為「東方的法國料理」。現代土耳其餐最講究的就是魚，將利用快速凍死的烹調方式稱為「冰鮮」。土耳其的魚基本是野生的，且以海魚為主，吃起來口感很好，如香煎小香魚、油煎比目魚、鮮烤鱸魚，或濃湯爛

燉。其特色菜是烤鍋蓋魚，這種魚圓圓扁扁的，富含膠質、口感鮮美。鹽魚也很有滋味，一般會用鱸魚為原料，鹽魚的作法是先用厚厚的一層鹽把魚包起來，放到火裡烤，烤好後端上來，澆上酒精，用打火機點着，此時整個餐館的氣氛會為之一振。由於魚本身不沾火，故魚肉鮮嫩無比。

土耳其的烤肉可謂名傳海外。它是用羊肉或雞肉一塊塊地壓緊壓實，再用鐵籤串住，在火爐邊上轉著慢慢烤，面上的熟肉用一把鋒利的長條刀一片一片地片下來，放在炒米飯上或餅上吃。東南部的伊斯坎代人將其澆上特殊的番茄汁和橄欖油，就成了著名的伊斯坎代烤肉。

烤肉搭配最多的飲料是酸奶。英語裡的酸奶其實是從土語而來，稠的叫Yogurt（酸奶酪）、稀的叫Ayran（酸奶汁）；前者用來拌菜，後者則為飲料。土耳其酸奶之多，在餐飲中應用之廣，可謂舉世無雙。

五、中南美洲料理

中南美洲由於地理位置、氣候以及物產的因素，許多世界上主要作物均發源於此，例如玉米、馬鈴薯、甘蔗等等；之後由於地理大發現，殖民文化的影響，現在的餐飲亦或多或少受到衝擊與影響。以下先簡述其特色。（劉廷祖，1990）

(一)中南美洲的料理特色

中南美洲這些國家的主食通常以玉米為主。瓜地馬拉人主食是玉米餅、黑豆、芭蕉及肉類；巴拿馬人以稻米為主食，口味普遍偏重，餐飲及點心均較鹹或較甜；巴西的菜餚受葡萄牙人和非洲後裔的影響，主食是米、黑豆和樹薯粉，搭配牛、雞或魚肉，以巴西傳統的地方菜餚"Feijoada"為例，即以牛肉乾、香腸、鹹豬肉和黑豆加上一些

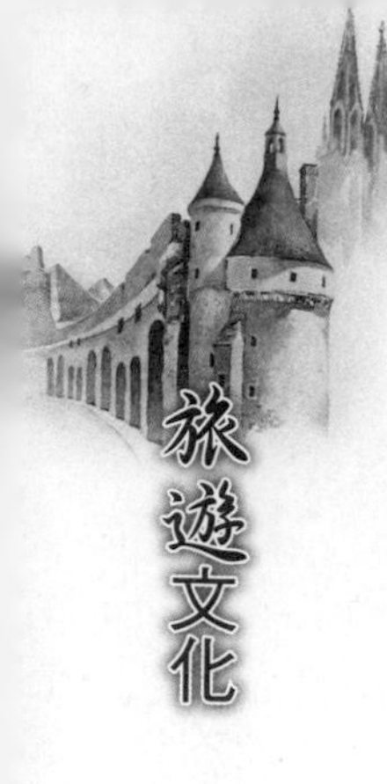

香料調味，入鍋烹煮熟了之後，撒上樹薯粉，拌入包心菜食用；而巴西炭烤，也是當地人喜歡的食物之一，通常會配上豆類、米飯及蔬菜一起食用。

(二)墨西哥

墨西哥菜深受美洲印第安人、西班牙人和法國人的影響，玉米薄餅是餐餐不可或缺的主食，即使是國宴也是一盤盤玉米美食。一張玉米麵餅，經過炸、烤等各種烘焙形式就可變化出不同的花樣，如硬塔可餅、軟塔可餅、法士達、墨西哥烤起士三明治、玉米脆片等，其中法士達是將牛腰肉或雞肉炒洋蔥、辣椒及青、紅椒等佐料，再依個人口味沾莎莎醬或是起士及美乃滋等調味的美食，如果真的要吃法士達，建議吃牛腰肉，因為Fajitas法士達這名字就是來自於西班牙字的Faja，即牛腰肉的意思。

口味獨特的沾醬是墨西哥美食中不可少的重要佐料：莎莎醬、酪梨醬、豆泥醬等。墨西哥調味料裏充滿著番茄、洋蔥、各式香料及多種辣椒，取代我們平常使用的鹽與糖，創造出強烈豐富且自然的口感。莎莎醬是以蕃茄為主要食材，因為墨西哥的番茄產量多，將番茄、洋蔥、蒜、綠辣椒加入少許的檸檬汁，就成為墨西哥菜餚中的傳統口味；另外，每年的8、9月是酪梨的盛產期，將酪梨攪碎，加入墨西哥辣椒、蒜、糖、鹽等，就成了健康好吃的酪梨醬，味道獨特清香。當然，象徵墨西哥代表的墨西哥沙拉中的豆泥醬也是不可忽略的食材，它是墨西哥才有的食物，含有微微的奶香，其中包含的成分有大紅豆、花豆、起司、黑豆、洋蔥、橄欖油、酪梨醬、切丁黑橄欖、酸奶酪、番茄、鹽與奶油。

最後值得一提的是，墨西哥菜中，豬油扮演了極重要的角色，許多菜若不用豬油製作就會失去原有的風味；橄欖油的使用也很頻繁，橄欖油可以直接刷在軟塔可餅上食用，或是拌入莎莎醬中增加風味。

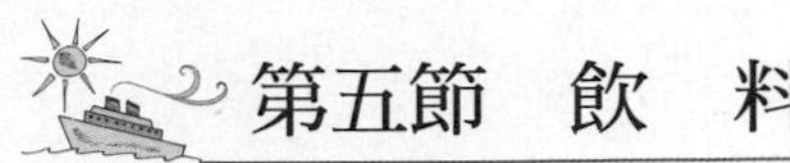

第五節　飲　料

一、咖啡

(一)咖啡的起源

最早有計畫栽培及食用咖啡的民族是阿拉伯人，而宗教也是咖啡在阿拉伯世界廣泛流行的一個很大的因素。到了15世紀的早期，咖啡飲料在土耳其、埃及和敘利亞都非常盛行。咖啡樹是屬於茜草科的常綠灌木或喬木，主要可分為兩大品種：阿拉比卡種與羅布斯塔種。阿拉比卡種的咖啡樹，適合種植在海拔1,000到2,000公尺左右，排水良好的肥沃山坡上，氣候不可太潮濕但要有充沛的雨量；羅布斯塔種的咖啡樹可在平地生長，對於疾病具有較強的抵抗力，產量也較高，多半供給大型咖啡工業生產即溶咖啡。

(二)咖啡的產地及其特性

咖啡的出產地帶，俗稱為咖啡帶，界於北緯25度到南緯30度，涵蓋了中、西非、中東、印度、南亞、太平洋、拉丁美洲和加勒比海的許多國家。主要是受到氣溫的限制。因為咖啡樹容易受到霜害，緯度過高不適合，而以熱帶地區為宜。

咖啡的生產國就其地理位置區分為四大區：第一區為中美洲及加勒比海、第二區為南美、第三區為非洲、第四區為亞洲，其主要生產國如下：

1.巴西：咖啡的生產量占世界的三分之一。

2.哥倫比亞：為世界第二大生產國，其品質優良，所生產的咖啡質美、香味獨特，無論是單飲或混合都非常適宜。

3.哥斯達黎加：生產地大致可分為太平洋、大西洋沿岸及中間地

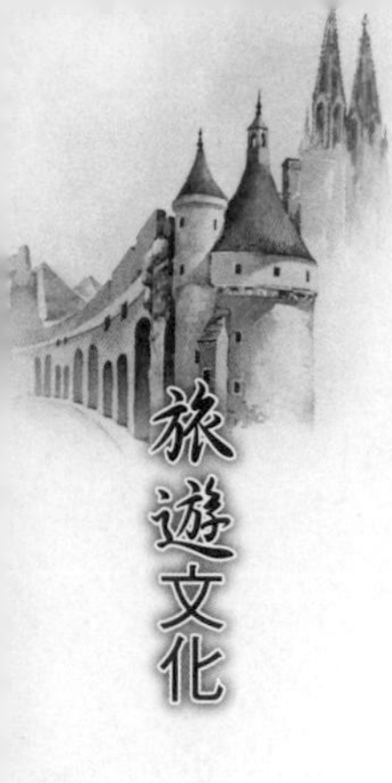

帶三個地區。

4.夏威夷、印尼：蘇門答臘島及瓜哇島為主要產地。

5.牙買加：聞名於世之藍山咖啡產地。

6.肯亞：所種的咖啡豆是高品質的阿拉比卡種。

7.衣索匹亞：咖啡的原產地，豆小而香，通常以摩卡稱之。

(三)咖啡豆烘焙的相關知識

咖啡豆的烘焙從淺焙至深焙。咖啡豆的質感、芳香與複雜度，大概都在淺焙至Espresso時達到最高峰，且酸味和豆子的特色在淺焙時最明顯。（蔡瑞麟、林世昀著，2002）

咖啡生豆除了纖維質、水分和蛋白質之外，還含有兩千種以上的複雜成分。在烘焙過程中，生豆的水分被蒸發、木質部分膨脹，一些醣類燃燒變成二氧化碳和水蒸氣，使得烘好的豆子其體積比生豆大將近一半，重量卻輕15%到20%。至於決定何時停止烘焙，一般參考三種現象：即豆子的溫度、顏色及煙的氣味。一般的做法是用風扇吹涼，配合攪拌與拋灑的動作，利用冷空氣帶走熱量，順便吹走殘餘的豆皮，這種方式被稱為「氣冷」。直接加熱式的原理則是用火加熱金屬鍋子或桶子，利用傳導與輻射把裝在裡面的咖啡豆烤熟或炒熟。

■義大利咖啡沖煮的原理

咖啡粉裡面有許多芳香成分，但也有許多苦澀雜質。「萃取」其實只是指將咖啡粉裡面的各種成分被水溶解。我們稱高壓且快速的咖啡沖煮方法為“Espresso”，熱水在強大的壓力下，會努力穿過咖啡塊；但是受到這些研磨得很細、填壓的緊而結實的咖啡塊阻擋，它必須使每一粒咖啡粉都平均地被滲透，才能成功穿過咖啡粉。這壓力和阻力均衡的對稱，正是“Espresso”沖煮過程的核心。以下是影響一杯咖啡沖煮出來成果如何的因素：

1.對研磨及填壓非常敏感。

2.沖煮時間和研磨填壓間的關係。

3.不平均的研磨或填壓造成不平均的萃取。

4.咖啡豆新不新鮮有關係。

5.即使些微的溫差也會被察覺。

■濃縮咖啡應用在其他煮法

不管哪一種煮法，新鮮的豆子、適當的水溫、正確的研磨、沖煮時間的掌握，以及咖啡粉的均勻，在在都關係到咖啡的萃取。每一步驟，都是為了萃取最多的甘醇物質。要做出一杯好喝的濃縮咖啡，水溫得控制在攝氏88到95度之間；這兩個原則，同樣也適用於其他的咖啡沖煮法。淺焙的咖啡豆比較酸而複雜，深焙的咖啡豆則比較苦而單調，沖煮時水溫過低會使咖啡的味道偏於酸澀，而水溫過高則會灼傷咖啡粉，使味道太苦而味道平板。

二、酒類

(一)酒的發展

酒是人類飲用歷史最久的植物發酵酒精飲料，飲用酒是醇類（有機化合物其中一大類別）的其中一種，其最基本定義是指飲料中所含的主要成分是乙醇（酒精）。

酒精從史前時期就有廣泛紀錄，作為標準飲食和醫療，因為它的弛緩劑和欣快作用也被人們拿來作為消遣目的。酒也有宗教色彩的神秘用途，像是希臘羅馬宗教在欲死欲仙的酒神祭拜儀式（也稱Bacchus或Dionysus）中認為，喝酒可以和神一起狂歡；在基督徒聖餐中和猶太教特殊逾越節也使用酒。中國河南舞陽縣的新石器時代，賈湖文化遺址出土的陶器內吸收和封存的液體殘跡，經化學分析表明，九千年前人們就透過混合稻米，蜂蜜和水果的發酵液來製酒。

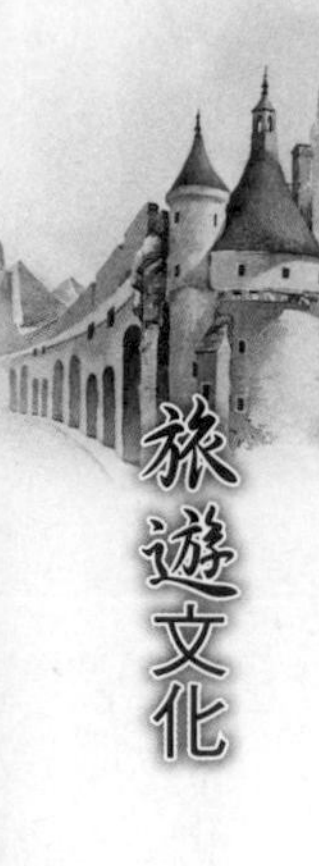

(二)飲用酒的用途

在許多國家，酒精飲料都被用於搭配午餐和晚餐。在惡劣衛生的地方和區域，如中世紀歐洲，酒精飲料（特別低酒精含量或類似啤酒的）被相信是避免傳染疾病一個方法（例如霍亂）。航海時因為酵母可以消滅其他微生物，酒精飲料存放數個月或幾年，都不會壞；因此酒在早期亦被作為遠距航行的重要水源。而在寒帶地方，強酒精飲料（例如伏特加酒）普遍地被飲用，可以使身體充血驅寒，可能因為酒精是食物能量中能迅速被吸收的來源，並且會膨脹周邊血管導致身體發熱，但此為危險誤解；因為血管擴張反而會導致熱量加速散失。在許多文化和歷史，酒精飲料由於神經學作用在各種各樣的領域，故也扮演重要社交功能。

(三)酒的種類

■蒸餾酒

蒸餾酒在中國多屬白酒，其釀造首先要製麹（麴），即用熟糧食和菌種混合培養，製成麹後再和糧食混合，同時進行糖化和發酵，製成糧食酒、再蒸餾。由於製酒發酵過程中產生濃度高乙醇溶液可以將酵母殺死，無法繼續發酵，所以經發酵釀造的酒類含乙醇濃度最高只能達10%至15%。但酒精的沸點是78.2℃，經加熱使溫度超過酒精沸點而不到水的沸點，酒精蒸汽逸出，再經冷凝可得到80%至90%以上濃度的乙醇溶液，即可製造高濃度的烈性酒。所以蒸餾酒也稱為烈酒，由於蒸餾過程中提取的餾分不同，有時分為「頭曲」、「二曲」或「二鍋頭」等。世界著名的蒸餾酒有蘇格蘭的威士忌、法國干邑白蘭地、中國貴州茅台和俄羅斯伏特加等。

■葡萄酒

葡萄酒是用葡萄果實或葡萄汁，經過發酵釀製而成的酒精飲料。在水果中，由於葡萄的葡萄糖含量較高，儲存一段時間就會發出酒

味，因此常常以葡萄釀酒。葡萄酒是目前世界上產量最大、最普及的單醣釀造酒。早在六千年以前，在盛產葡萄的地中海區域，兩河流域的蘇美人和尼羅河流域的古埃及人就會釀造葡萄酒。在舞蹈文化中，有一種葡萄酒舞是在釀酒用葡萄豐收時，慶祝的團體舞蹈。葡萄酒在基督教被視為耶穌基督寶血的象徵物。

葡萄酒有許多分類方式。以成品顏色來說，可分為紅葡萄酒、白葡萄酒及粉紅葡萄酒三類，以釀造方式來說，可以分為葡萄酒、氣泡葡萄酒、加烈葡萄酒和加味葡萄酒四類。其中一般葡萄酒的酒精含量約為8%到15%，而加烈葡萄酒的酒精含量可能會更高。

■啤酒

啤酒是世界上最古老也是消費量最大的酒精飲料，同時也是僅次於水和茶的第三大飲料。啤酒是用含有澱粉的穀類（主要是大麥）釀造而成的，多數添加啤酒花來調味，有時候還會添加一些香草和水果。啤酒很早便見諸文字記載：《漢摩拉比法典》中就記載有關於啤酒和啤酒館的法律；蘇美人的《酒神頌》既是經文，也是讓文化較低的人們記住釀酒配方的一種方法。

不同文化釀造啤酒的基本方法都是一樣的，主要分成兩種類型：一種是全世界流行的窖藏啤酒；另一種是比較地方性的愛爾啤酒。目前世界上生產啤酒及飲用啤酒最興盛的包括：德國、美國、日本、中國等國家。

三、茶葉

(一)茶的起源與傳播

茶泛指可用於沖泡的常綠灌木茶樹的葉子，以及用這些葉子泡製的飲料，後來引申為所有用植物花、葉、種子、根泡製的草本茶，如「菊花茶」等，有些國家亦有以水果及香草等其它植物葉而泡出的

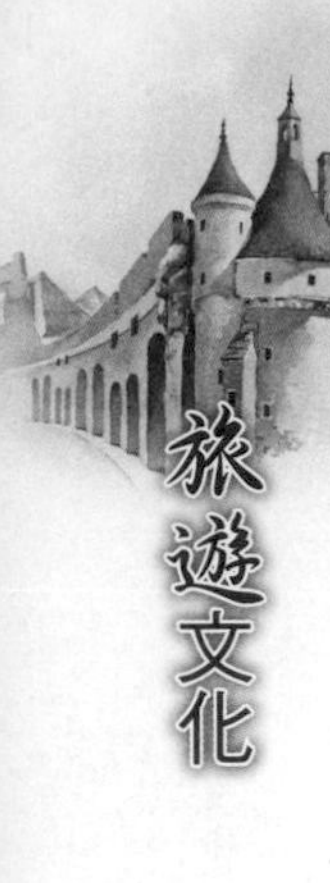

茶。

茶葉的起源始於中國，自古有神農發現茶葉的傳說，到商周時，茶不僅用作藥物，而且開始成為飲料，因此後人便開始有喝茶的習慣。《詩經》中亦有「誰謂茶苦，其甘如薺」。據陸羽《茶經》有「茶之為飲，發乎神農氏，聞於魯周公。」的記載。在古中國和平盛世的時候，茶也開始成為了文人雅士們其中一個消遣。茶葉的起源還有其他傳說，比如印度佛教創始人發現茶統的傳說；印度和中國是最早飲茶的國家；茶葉從中國向東傳到朝鮮、日本，向北傳到蒙古、俄羅斯，後來通過絲綢之路傳到中亞、西亞和歐洲；1824年英國軍人勃魯士在印度阿薩姆地區發現野生茶樹；馬可波羅（1254-1324）在他的遊記中曾記載一個中國財政大臣因為濫收茶稅而被罷官。

西方最早記述茶葉的書籍是1559年威尼斯人拉莫西奧（Giambattista Ramusio）寫的《航海記》（*Navigatiane et Viaggi*）。在這本書中，拉莫修引用阿拉伯人哈茲．穆罕默德（Hajji Mahonmed）有關中國茶葉的記述：16世紀進入中國的西方傳教士根據自身經歷將中國飲茶習俗做了比較詳細的介紹，但是葡萄牙人沒有大批進口販賣

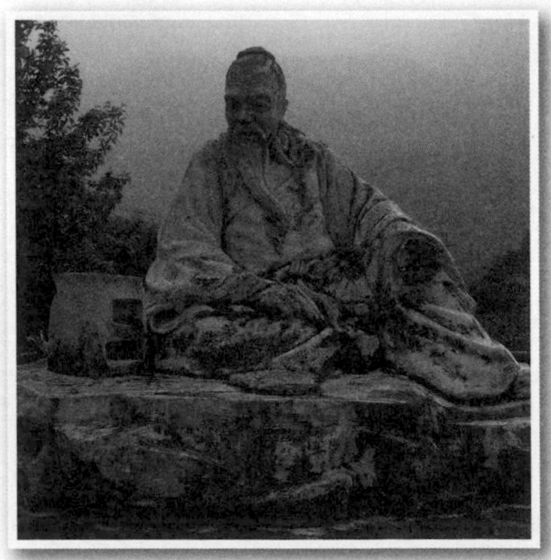

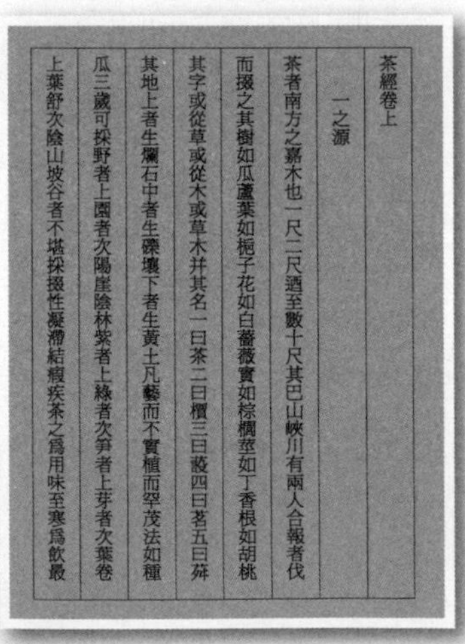
茶經卷上
一之源
茶者南方之嘉木也一尺二尺迺至數十尺其巴山峽川有兩人合報者伐
而掇之其樹如瓜蘆葉如梔子花如白薔薇實如棕櫚莖如丁香根如胡桃
其字或從草或從木或草木并其名一曰茶二曰檟三曰蔎四曰茗五曰荈
其地上者生爛石中者生礫壤下者生黃土凡藝而不實植而罕茂法如種
瓜三歲可採野者上園者次陽崖陰林紫者上綠者次笋者上芽者次葉卷
上葉舒次陰山坡谷者不堪採掇性凝滯結瘕疾茶之爲用味至寒爲飲最

唐陸羽（茶神）的塑像與《茶經》一文

資料來源：廖慶樑（2010）編著。《台灣茶聖經》。台北：揚智，頁8。

中國茶葉；17世紀初，荷蘭首先將中國茶葉輸入歐洲。1607年，荷蘭從澳門運茶至印尼萬丹，1610年開始經萬丹轉口中國茶到荷蘭。

(二)茶的種類

能製作茶的只有茶樹春季發出的嫩芽，中國的茶品質最好的在每年4月上旬的清明以前採摘，稱為「明前茶」，剛抽出尚未打開的嫩芽尖，叫做「蓮心」，因為很輕，所以產量低，價格也昂貴；在清明以後至4月下旬穀雨以前採摘的茶為「雨前茶」，已經打開一片嫩葉和抽出的另一個新芽；穀雨以後至5月上旬立夏以前採摘的茶叫「三春茶」，由於有兩面小葉和中間一個嫩芽，所以叫「雀舌」；立夏以後一個月內採摘的茶質量較差，是「四春茶」，也叫「梗片」，一般用於製作較低級的加工茶。

茶可以依照加工方式略分為：

1.綠茶：經殺青、揉捻、乾燥，大部分白毫脫落，浸泡綠湯綠茶，中國大部分名茶為綠茶，如龍井、碧螺春等。

2.紅茶：經過發酵的茶，有功夫紅和紅碎兩種，有利於消化，西

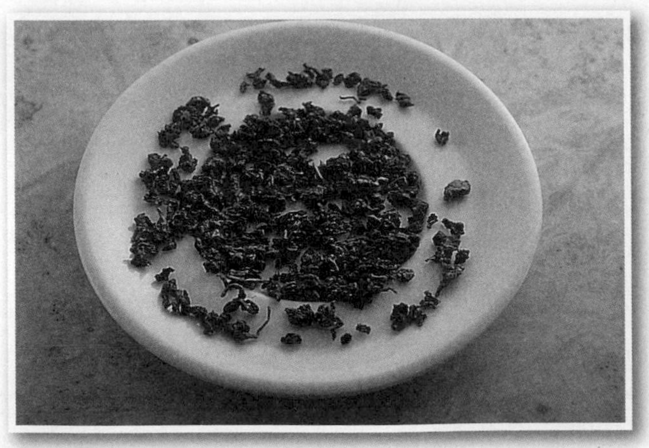

金萱又名台茶12號，其味甘醇滑潤、湯色金黃，有著獨特的桂花、牛奶香氣

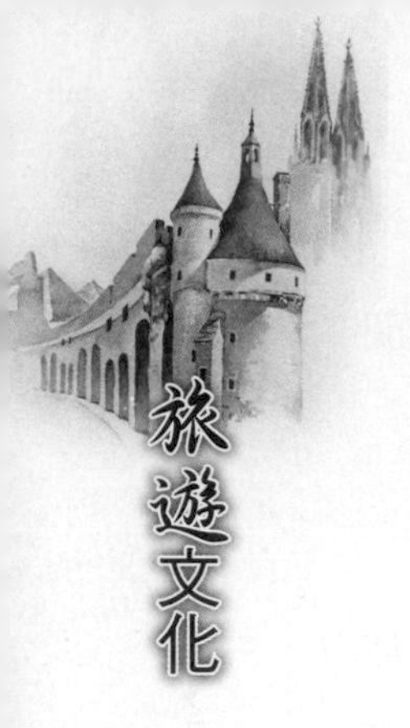

方人比較喜歡紅茶，名茶有中國的祁紅、印度的大吉嶺和阿薩姆等。

3.白茶：新採摘的茶，經過萎凋和烘乾，不揉捻，白毫顯露，名茶如白牡丹等。

4.黃茶：經殺青、揉捻、悶堆、乾燥，葉已變黃，浸泡黃湯黃葉，名茶如君山銀針等。

5.青茶：又名烏龍茶，是經過萎凋、曬青、搖青、殺青來作部分發酵，綠葉紅邊，既有綠茶的濃郁，又有紅茶的甜醇，名茶如中國鐵觀音、大紅袍、臺灣的凍頂茶、東方美人茶。

6.黑茶：經過後發酵（殺青、揉捻、渥堆）的茶，顏色深，著名的有普洱茶。

7.加工茶：用以上各種種類的茶經過加工製成的茶，有：

(1)花茶：一般選用綠茶與新鮮茉莉花窨製的茶，除茉莉花茶以外，還有珠蘭花茶。

(2)緊壓茶：一般選用紅茶或黑茶，經過蒸汽熏蒸變軟再壓縮成型、乾燥，以便於運輸、貯藏。如用普洱茶製成的沱茶和磚茶深受蒙藏地區青睞。

(三)茶的生產與消費

根據聯合國農糧組織的統計，中國、印度、斯里蘭卡、肯亞、印尼向為世界主要的茶葉產國。印度、斯里蘭卡、肯亞是世界三大紅茶生產國和出口國。世界綠茶出口19萬噸，占世界茶葉貿易量的14%。中國是世界第一大綠茶出口國，其次為越南、印尼等國。

世界五大茶葉進口國為英國、俄羅斯、巴基斯坦、美國和埃及，進口量占世界總進口量的60%左右。英國是非產茶國家，但茶葉進口量位居世界首位；美國是茶葉傳統消費大國，德國、法國消費呈增長趨勢；埃及、巴基斯坦茶葉消費增長快速；俄羅斯歷來是茶葉消費大國，95%的居民有飲茶習慣，消費以紅茶為主；世界綠茶主要進口國有摩洛哥、烏茲別克、日本、馬里、阿爾及利亞、塞內加爾等。

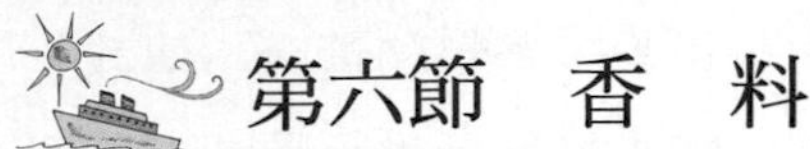

第六節　香　料

香料通常是指，「植物的花、蕾、果實、種籽、葉、莖、樹皮、根，或者利用其成分達到增加香氣及風味、抑臭、著色等等效果，以促進食慾、幫助消化」。香料為菜餚提出誘人滋味，例如中國菜、法國菜、土耳其菜等世界三大美食，皆以擅常使用香料入味著稱，最常作為食材入菜的香料可以列出辣椒、芥末、番紅花、茴香、肉豆蔻、胡椒等。香料同時也運用在健康保健方面，「香料療法」的植物療法目前在英、法、德、澳等國家相當盛行，例如強調預防感冒、緩解頭痛、喉嚨痛、舒筋活血、發汗驅寒等簡單的防治處理與強健養生功效，香料均為日常生活中容易栽植且具有顯著效果的健康食品。除了實用價值外，藥用植物獨特的淡雅清香，涵蓋廣泛的植物類型，也是園藝植物中相當受歡迎的一群。以下就香料的發展、分類、簡介略作說明。

一、香料的發展

香料植物生長的區域主要以低緯度、靠近赤道的地區或國家為主，例如以印度、東南亞、中南美洲各地為主。至於其運用於餐食的歷史相當久。中國早在《周禮》、《離騷》等文獻中已有香料烹飪的記載，如胡荽、迷迭香、月桂葉等。直至目前中國各地傳統菜餚中，運用到的香料已達百餘種。漢朝的張騫開啟了通往西域的商路之後，胡麻、胡椒等香料是從西域獲得的重要商品之一。明代的航海家鄭和下西洋，也從東南亞獲得大量胡椒、蘇木等香料回國。

歐美國家在運用香料的歷史上，早於古羅馬希臘時代便有史蹟

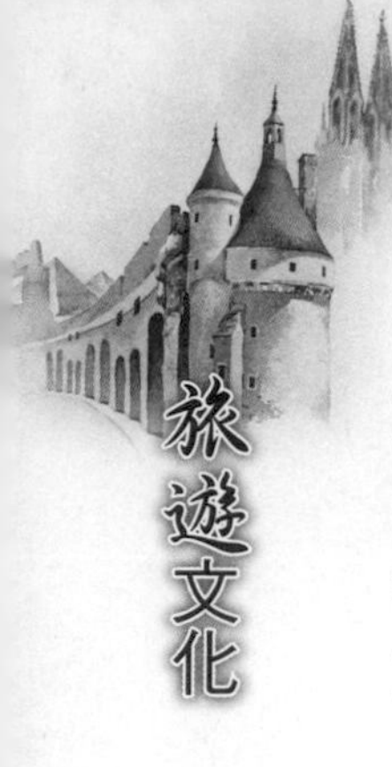

古籍可考。在歐洲，香料的產量很少。葡萄牙航海家達．伽馬繞過好望角前往印度的最主要的目的就是發現一條香料的貿易途徑。香料貿易在人類歷史上有著舉足輕重的作用，可以說，香料和黃金、傳教一樣，是促成歐洲地理大發現的重要原因，如香料群島也因歐洲列強對東南亞的爭奪而得名。

二、香料的分類

香料主要被用於為食物增加香味，而不是提供營養。香料在食品中一般可分為天然香料及合成香料二大類。天然香料是自然界的香料，如香辛料中的胡椒、茴香、薑、肉桂、丁香等；合成香料是以人工合成法製造的香氣成分，如檸檬油醛、薄荷腦、香草醛。香料很少單獨使用，大部分以數種數十種成分調和構成。有時，香料也指製造香味用的材料。以下簡要介紹數種：

1.花椒粒：一般買得到的均以乾燥型香料為主，在中國西北、四川一帶多以新鮮花椒粒醋漬、作醬，或剁碎和麵做饅頭、麵條。花椒的樹葉用來熱炒，滋味亦相當奇特。乾燥花椒粒磨研

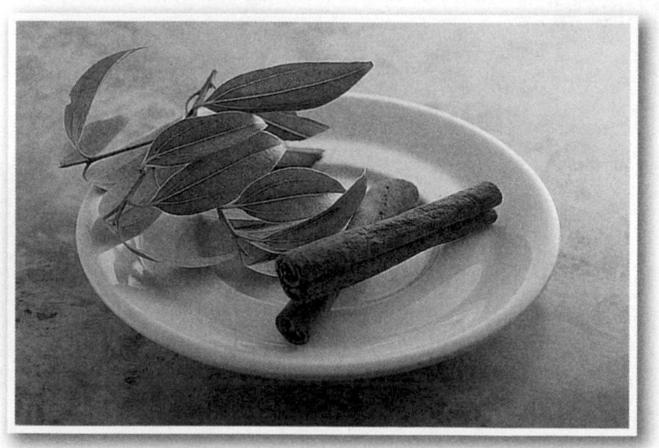

天然香料（圖為肉桂）被用來增加食物的香味而非提供營養素

細末，調入鹽及辣粉，用來沾煎炸的食物味道非常香麻。整粒磨研入菜，則多是快爆取香，不辣麻為調味，花椒顆粒在密封狀態下可儲放兩年之久。最佳搭配主料為肉類，常用於烹調法上的煎炒、炸烤。

2.胡椒粒：主產地在印度馬來西亞的胡椒，在中古世紀它的昂貴價值除了有錢幣的代用性外，亦可當成嫁妝。而在歐洲列國競逐的海權時代裡，它也是刺激發現東方航線的重要誘因之一。依成熟及烘焙度的不同而有綠色、黑色、紅色及白色四種，乾燥的四色胡椒雖風味各異，保存期皆約兩年。最佳搭配主料為肉類，常用於烹調法上的燉滷、炸烤。

3.月桂葉：和迷迭香、麝香草一樣，對食物都具有去腥防腐作用，故而在西式烹調中，常用以製作肉醬、醃漬物的添加香料。而由於月桂葉的香氣在經過加溫泡煮後，特有的濃厚微苦香氣才會透散出來，所以一般月桂葉屬於輔佐帶味的配角，不常多放。同時，乾燥品的保存時限可長至一年半左右，再加上乾燥的月桂葉仍保有相當原質風味，故平常家庭烹調用乾燥的月桂葉是比較方便的。最佳搭配主料為肉類、甜品，常用於烹調法上的燉滷、醬汁。

4.巴里西：是少數西餐香料中最為大家熟悉的，可能因為它的葉型皺縮呈捲葉狀，枝葉的質地韌實，所以多被用於裝飾盤邊。其實把巴西里的葉片拆洗乾淨後切碎加入各種醬汁或湯品中，可有非常特殊的點香效果。由於質地的關係，巴里西不論做乾燥或新鮮的香料都是居家生活的絕妙品。新鮮的巴里西在冰箱保鮮期可長達十四天以上，乾燥品則約一年左右。最佳搭配主料為海鮮、肉類，常用於烹調法上的煎炒、醬汁。

5.羅勒：又名九層塔，原產於印度，為一年生直立草本植物，高通常30至80公分；上部倒生細毛，綠色或淺紫色。葉對生，卵形至卵狀長圓形，長2.5至5公分，寬1至2.5公分。野生於村落

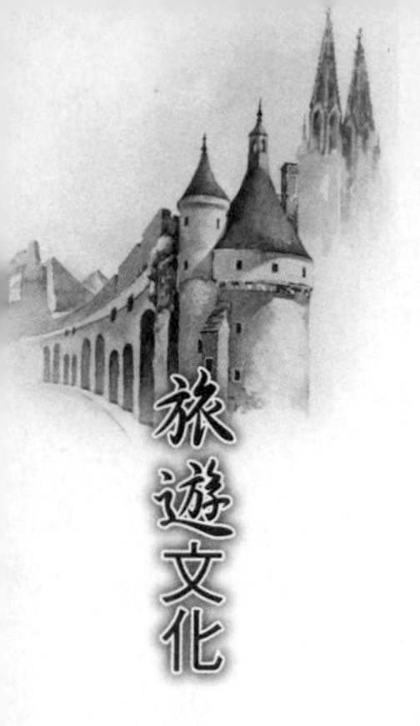

邊、路旁和曠野，也有人工栽培。亞洲、歐洲、非洲和美洲溫暖地區均有分布。臺灣因為消耗量大，多半人工栽培。主要用來當烹飪時的香料植物及藥用。用來作義大利麵等的西洋料理都叫做「羅勒」。自古流傳至今的印度阿輸吠陀（Ayuveda）療法中也常使用九層塔做的精油。

6.綠薄荷：含二十五種，其中以胡椒薄荷（Peppermint）及綠薄荷（Spearmint）為最常用的種類。最早盛產於歐洲地中海地區及西亞洲一帶。主要產地為美國、西班牙、義大利、法國、英國、巴爾幹半島各國等。用途廣泛，普遍用來作為食品飲料的香料及藥品、芳香療法的原料。

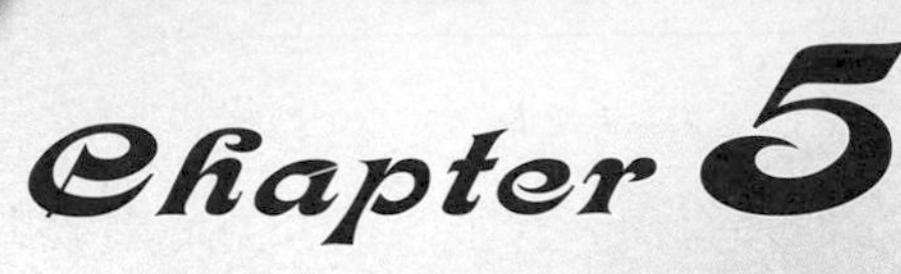

Chapter 5

服飾文化

- 概　論
- 中國服飾
- 亞洲傳統服飾
- 西方傳統服飾

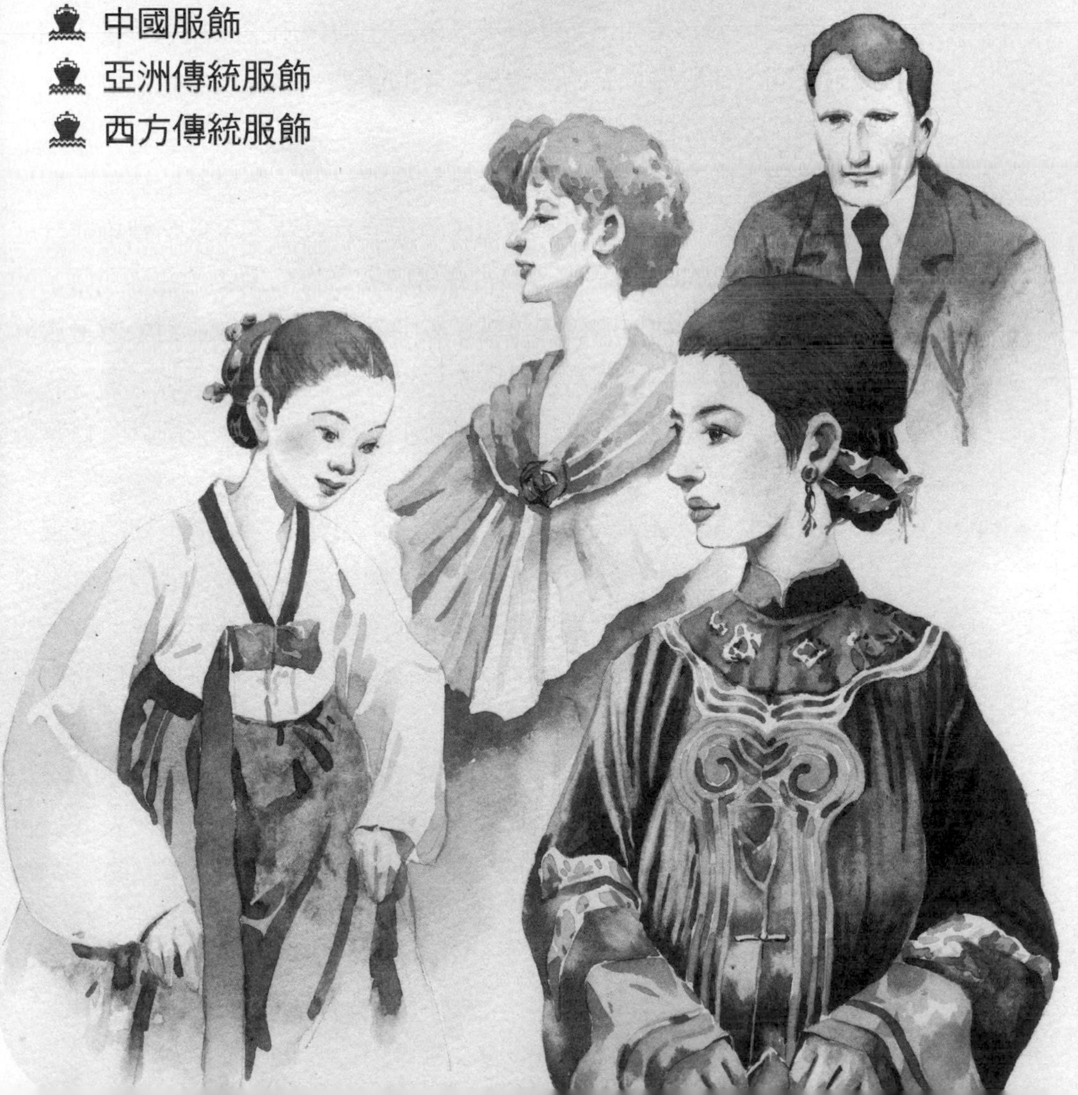

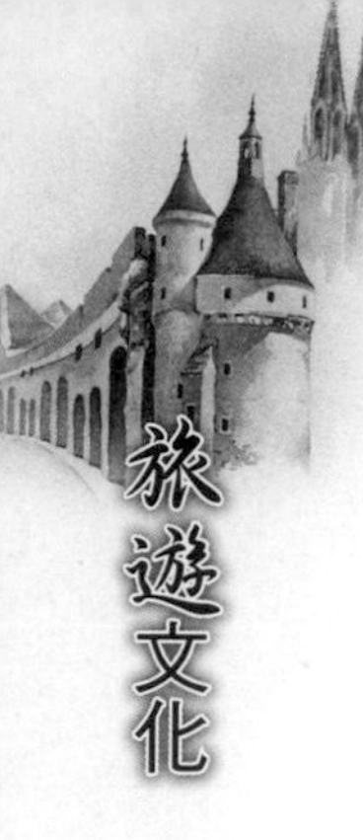

第一節 概 論

服裝（亦稱為衣物、衣服、衣著）最廣義的定義，是指除軀幹與四肢的遮蔽物之外，還包括了手部（手套）、腳部（鞋子、涼鞋、靴子）與頭部（帽子）的遮蔽物。幾乎所有國家、地區或民族均有其穿著衣物的文化。人類穿戴衣物除了有功能性的理由外，也有社會性的理由。衣物能夠保護脆弱的人體免於天氣與環境的傷害，而同時服裝中的每個物件也帶有某種文化與社會意義。人們從服飾上傳達的社會訊息包含了社會地位、職業、道德與宗教關係、婚姻狀態，以及性暗示等等。人類必須知道這些符號以辨認出傳遞出來的訊息，當不同團體對於同一件服裝或裝飾解讀出不同的涵義，亦呈現出在服飾文化中的差異性與獨特性。

歷史上或在特殊的社會中，擁有高地位的人會將某些特別的服裝或飾品保留給自己來使用。例如在羅馬唯有皇帝才可以穿戴染成紫紅色（Tyrian purple）的服裝，為古羅馬時期王室的顏色；在許多原始的部落中，只有高地位的酋長可以穿戴羽毛大衣與獸骨雕刻象徵皇族的飾品，而古代中國只有皇帝皇后才可以穿十二章衣和翟服。現在社會上，更在商業活動與時尚品牌的潮流下，更加深許多服飾具有社會階級的意味。

服裝也可以用來表現一個人對其文化規範與主流價值觀的異議，以及個人的獨立性。在19世紀的歐洲，藝術家與作家會過著波希米亞式的生活，並且刻意穿著某些服裝來震驚他人。波希米亞族、披頭族（beatnik）、嬉皮、哥德族、龐克族等持續在西方世界以服飾的獨特性進行反文化傳統。

民族服飾是指各民族本身文化中獨有特色的服飾，也可以稱為地方服飾或民俗服飾。世界上許多地區，民族服裝與風格代表了某個人隸屬於某個村莊、地位、宗教等等。例如蘇格蘭人用不同顏色與樣

式的格子花紋（tartan）代表不同的氏族；正統猶太人會用側邊髮辮（sidelock）來宣告他的信仰；而一個法國鄉村婦女會用她的帽子（cap or coif）來宣告她的村莊。同時，即使在現代社會中，人們在日常的時間雖然多以西裝打扮為主，但在節慶、宗教儀式、國家典禮和其他正式的場合中，則會以民族服飾打扮出現，而通常在服飾上的一些裝飾品中，可以據以推斷出穿戴者的婚姻狀態、社會或宗教地位等。

第二節　中國服飾

中國漢族服飾的起源可以追溯到遠古時期。最初人類用獸皮、樹葉遮體禦寒，後來用磨製的骨針、骨錐來縫紉衣服。五、六千年前，人們開始提取野麻纖維，搓捻成線後，織成麻布。以後又發明飼蠶和紡織絲綢，大約在殷商時代，人們已熟練地掌握了絲織技術。衣服樣式最初也是由「圍」、「披」、「套」三種簡單的操作方式形成的。人們發明了針織和縫合技術後，才發明了製袖、褲筒等筒狀衣物。漢族的冠服制度，約在夏商時期確立，至周代趨於完善，並成為禮儀的表現形式，充分反映了等級制度。

1.秦漢時期：秦朝建立了衣官制度，漢沿襲秦制，至東漢明帝時，確立了以冠帽為區分等級主要標誌的漢朝冠服制度。秦漢時期的男子，主要穿的是一種寬衣大袖的袍服，可分曲裾與直裾兩類。裾，音ㄐㄩ，衣服的後襟。將上衣下裳連成一體，合成一件衣服，稱為「深衣」，再由深衣的前襟接出一段，穿時繞到背後的部分，就稱之為「曲裾」。

2.魏晉南北朝時期：各民族服飾相互影響並日趨融合。漢族男子的主要服裝為衫，袖口寬大，不受衣袪（即衣袖）的約束。婦女的服裝則初承漢舊制，後有所變化，衣衫多為對襟，衣袖寬大，長裙的式樣很多，腰間則用帛帶繫紮。

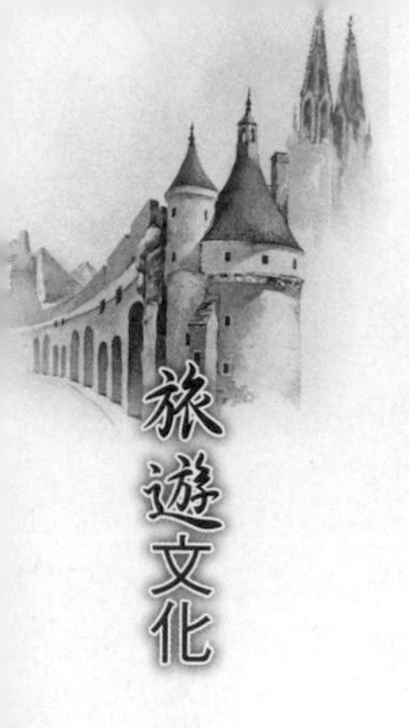

3.唐朝時期：唐代服飾承上啟下，「法服」與「常服」同時並行。法服是傳統禮服，包括冠冕、衣、裳等。長服又稱「公服」，是一般性的正式場合所着的衣服，包括圓領袍衫、幞頭、革帶、長筒靴。武則天時出現一種新式服裝，即在不同職別官員的袍上繡上不同圖案，文官袍上繡有飛禽，武官袍上繡有走獸；平民多穿麻衣，即白袍。值得一提的是，唐代女服在質、色、式都勝過以往的各個朝代。

4.宋朝時期：宋代服飾大體上沿襲了隋唐舊制，但色彩較為單調。

5.明朝時期：明代恢復唐代的衣官制度。官員頭戴烏紗帽，穿圓領袍。袍服上綴有補子，並以補子上所繡圖案的不同，表示官階的差異。男子便服，一般為袍衫，大襟、右衽（即衣襟）、寬袖，下長過膝；平民百姓，上身着襖，下身着褲，裹以布裙。婦女衣裙與宋代近似，但內衣有小圓領，頸部則加上鈕釦。

6.清朝時期：制定了官民服飾制度、服色制度，導致傳統冠服制度最終消滅。一般男服有袍褂、襖、衫、褲等。長衫、袍褂是清代男子的主要禮服，官吏士人開兩衩（即衣裙兩旁開叉的地方），市民百姓的長衫、袍褂不開衩。漢族婦女服裝一般為披風、襖、褲。

7.民國時期：民國之後，西風漸進，傳統服飾多只在特殊場合穿著，平時以西服為主。

一、中國歷代官服

中國的服裝發展，可分為三個階段：周代以前，為蔽體禦寒時代；周禮制定，以至清末，屬政治表徵時代；君主政體結束後，新的服裝文化特色，漸漸走向國際化。中國服裝制度的大原則是「上得以兼下，下不得僭上」，故社會階級愈低的人，能選擇的服色就越小。故歷朝官府均以列舉式規定不准使用的顏色，每一階層的人就在他能用的範圍之內發揮，雖然每一朝代均有禁用色之公布，但隨著服裝文

化的進展，官府的規定經常與民間有所差異，因此，有時禁用色也就意味著流行色。一個時代之所以選擇某一顏色作為流行服色，事實上隱含著該時代的政治取向。

本段介紹官服，從周代至明清，雖不同朝代均各有其規定與禮制，但整體而言，文武官的區別以及官階的高低，均可從服飾上瞭解。文官以飛禽，武官以走獸象徵，故可就民間形容貪官酷吏為「衣冠禽獸」得知。冕服為歷朝官服的主要代表；明清時期依穿著的場合，又可分為祭服、朝服、公服、常服；清朝另有在重要場合需穿著蟒袍的特色。補子為明清時期的官服，為舊時有品級官員服上的繡章，綴於前胸與後背，文官繡鳥，武官繡獸，亦稱為「補服」，官職的大小依此做區分，以作為權力尊嚴的表徵而言，官階等級的標記十分莊重嚴肅，具有法規法統的權威。茲分述如下：

(一)周朝

周代服飾主要由冠、衣、裳、蔽膝等要件所組成。冕服為古代大夫以上所穿的禮服，主體是玄衣，衣裳上面繪繡有章紋，古時在最隆重的典禮時，士大夫會穿九章紋冕服。衣裳之下，襯以白紗中單，即白色的襯衣。下身前有蔽膝，天子的蔽膝為朱色，諸侯為黃朱色。鞋是雙底的，以皮革和木做底，鞋底較高，周代天子，在隆重典禮時則著赤色。

(二)秦朝

秦始皇規定的大禮服是上衣下裳，同為黑色祭服，並規定衣色以黑為最上，又規定三品以上的官員須著綠袍，一般庶人則著白袍。

(三)唐朝

官員平時穿的服裝用織有暗花的料子製成，在袍服下部通常有一道襴，名為襴衫（或藍衫），亦稱圓領袍。另外，頭上所戴之進賢冠

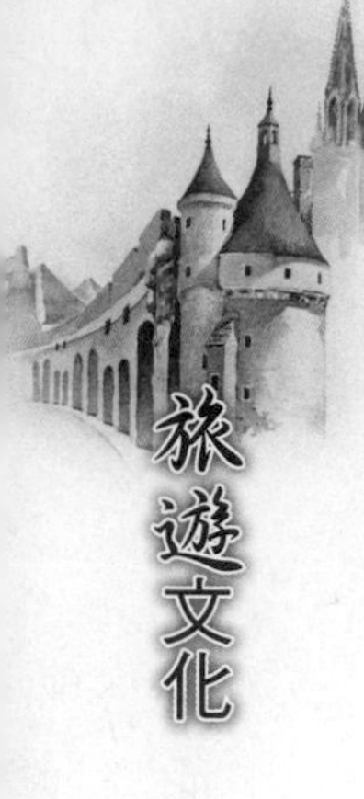

（古時儒者所戴的黑布冠）係以梁數多少表示品級高低；三品以上三梁，五品以上兩梁，九品以上及國官一梁。

(四)明朝

從宋代起皇帝幾乎只穿一種冕服。

在封建時代，歷代王朝制定服飾制度時，一面儘量消除前朝在服飾習俗方面的影響，重建一國之制，力圖氣象更新。皇室宗族及異姓封賜的親王、郡王、貝勒、貝子、國公、將軍等共分十二爵秩；中央及各級政府衙門的官員、軍事將領分為文、武一品至九品。此外，對未任職品官、科舉中試的進士、舉人；從耕農官，各級侍衛等的著裝、配飾均按等級各有規定。蟒袍——形制、紋飾均同龍袍，是王宮大臣及各級官員雜役最常穿用的禮服。除在朝見、宴會、喜慶禮儀等場合必須穿蟒袍外，朝廷還有「花衣朝」，及皇帝萬壽節的前五日和後四日，群臣一律著蟒袍，違例即按大不敬論處。

明朝文武官員依穿著的場合分為（如表5-1）：

1.祭服：參加郊廟、社稷等祭祀時。不分尊卑，俱用青色衣，白紗中單，赤羅裳，赤羅蔽膝；項掛方心曲領，其餘冠帶、佩飾等如同朝服。

2.朝服：用於大祀、慶成、正旦、頒詔等國家大典。都戴梁冠、穿赤羅衣裳。

3.公服：用早晚朝奏事、侍班、謝恩、見辭等。穿袍，盤頂右衽，袖寬3尺，材料用紵（ㄓㄨˋ，一種麻料纖維）絲或紗羅絹。

4.常服：用於常年理事。冠用烏紗帽（烏紗帽是由唐代襆頭演變而來的一種圓頂官帽），戴烏紗帽時，一般多穿圓領衫，腰繫革帶（皮革製的腰帶）。

(五)清朝

清朝文武官員的補服簡略說明如下：（如表5-2）

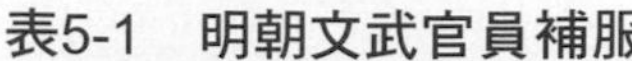

表5-1 明朝文武官員補服

品位	朝服			公服		常服		
	梁數	帶	綬	顏色	紋樣	束帶	文官	武官
一品	七梁	玉	雲鳳四色（黃、綠、赤、紫）	緋色	五寸的大獨科花	玉	仙鶴	獅子
二品	六梁	犀	雲鳳四色（黃、綠、赤、紫）	緋色	三寸的小獨科花	花犀	錦雞	獅子
三品	五梁	金	雲鶴	緋色	二寸無枝葉的散花	金鈒花	孔雀	虎豹
四品	四梁	金	雲鶴	緋色	一寸半的小雜花	素金	雲雁	虎豹
五品	三梁	銀	盤雕	青色	一寸半的小雜花	銀鈒花	白鷳	熊羆
六品	二梁	銀	練鵲三色（黃、綠、赤）	青色	一寸的小雜花	素銀	鷺鷥	彪
七品	二梁	銀	練鵲三色（黃、綠、赤）	青色	一寸的小雜花	素銀	鸂鶒	彪
八品	一梁	烏角	鸂鶒（色多紫）	綠色	無	烏角	黃鸝	犀牛
九品	一梁	烏角	鸂鶒（色多紫）	綠色	無	烏角	鵪鶉	海馬

註1：朝服御史冠用獬豸，所拿的笏板，一至五品用象牙，六至九品用槐木。

註2：常服文官：雜職官為練雀、風憲官（負責彈劾百官，代天巡狩）為獬豸。

資料來源：整理自黃能馥、陳娟娟（1999）著。《中華歷代服飾藝術》。出版：中國旅遊。

表5-2 清朝文武官員補服

品位	冠頂	蟒袍	補服	
			文官	武官
一品	紅寶石	繡八至五蟒，不得用金黃色（金黃色為皇子所用、繡九蟒）	仙鶴	麒麟
二品	珊瑚		錦雞	獅
三品	藍寶石		孔雀	豹
四品	青金石		雲雁	虎
五品	水晶石		白鷳	熊
六品	硨磲		鷺鷥	彪
七品	素金		鸂鶒	犀牛
八品	金頂無飾	無蟒	鵪鶉	犀牛
九品	金頂無飾	無蟒	練雀	海馬

註：凡都御史、副都御史、給事中、監察御史等各道的補服繡獬豸。

資料來源：整理自黃能馥、陳娟娟（1999）著。《中華歷代服飾藝術》。出版：中國旅遊。

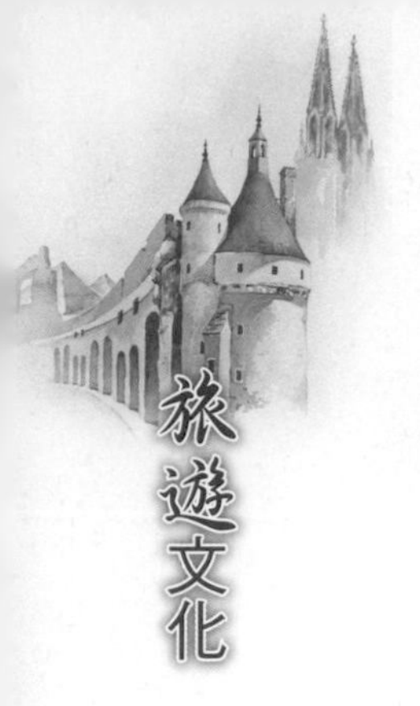

1.蟒袍：官員參加三大節、出師、告捷等大禮必穿，是官員的禮服袍。

2.補服：為禮服的另一種，是清代官服中主要的服裝；所謂補服，是指明、清凡裝飾有「補子」的官服，稱為補服，也稱補褂。前後各綴有一塊補子，形式比袍短、比褂長，其袖端平，對襟，又名外掛、外套；表示官階差異最明顯的地方，為文官繡文禽、武將繡猛獸紋飾。（如**表5-4**）

表5-4　清朝文官補服圖案

一品仙鶴 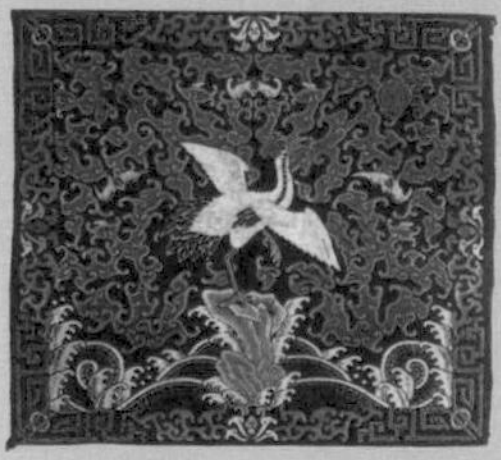	二品錦雞 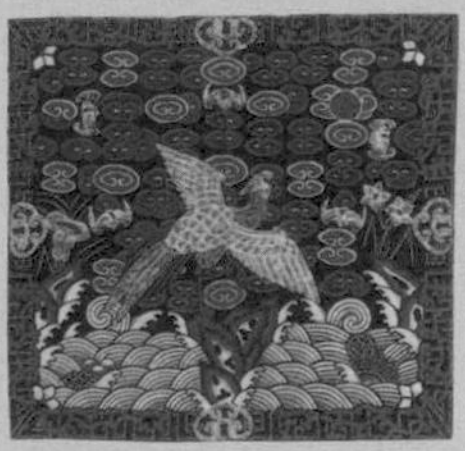	三品孔雀 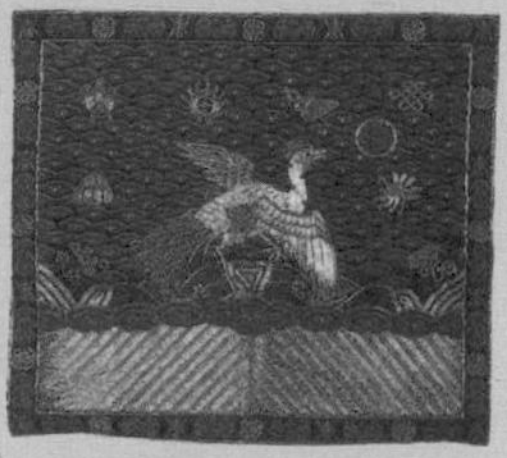
四品雲雁 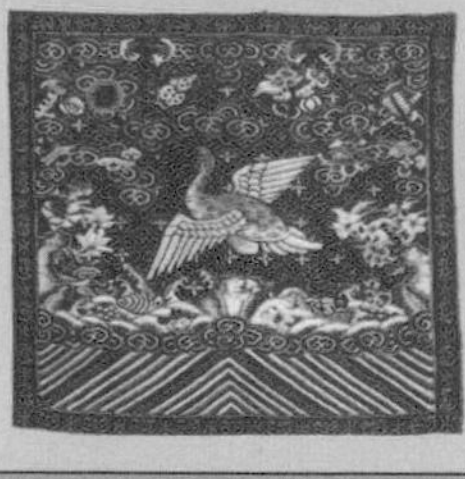	五品白鷳 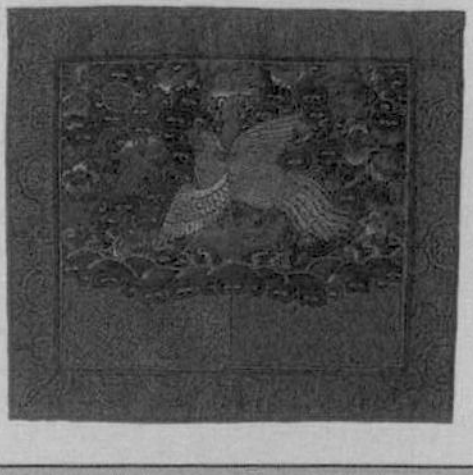	六品鷺鷥 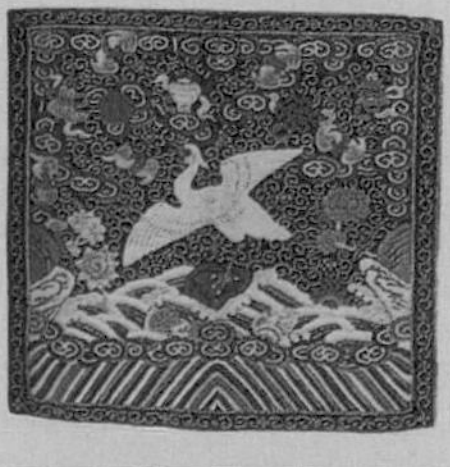
七品鸂鶒 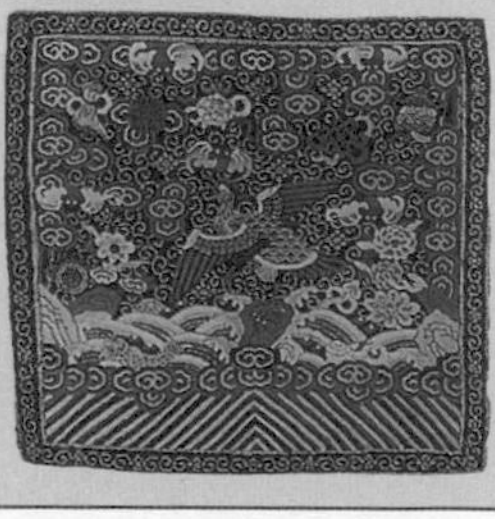	八品鵪鶉 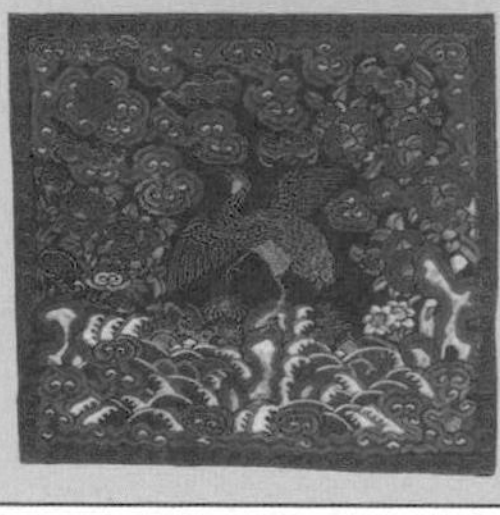	九品練雀 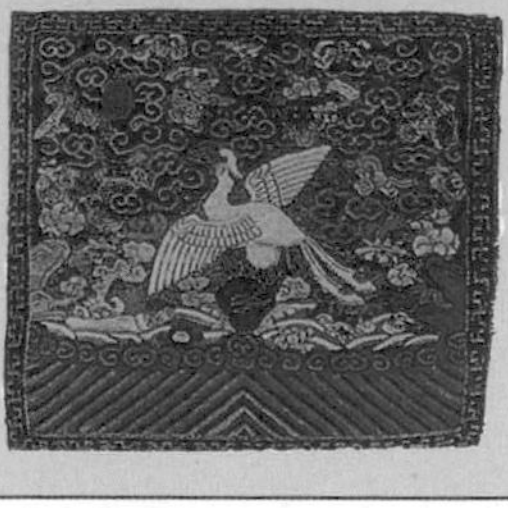

資料來源：整理自黃能馥、陳娟娟（1999）著。《中華歷代服飾藝術》。出版：中國旅遊。

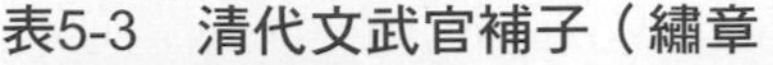

表5-3 清代文武官補子（繡章）

文官補子		
一品仙鶴	二品錦雞	三品孔雀
四品雲雀	五品白鷴	六品鷺鷥
七品鸂鶒	八品鵪鶉	九品練雀
武官補子		
一品麒麟	二品獅子	三品豹
四品虎	五品熊	六品彪
七品犀牛	八品犀牛	九品海馬

資料來源：整理自黃能馥、陳娟娟（1999）著。《中華歷代服飾藝術》。出版：中國旅遊。

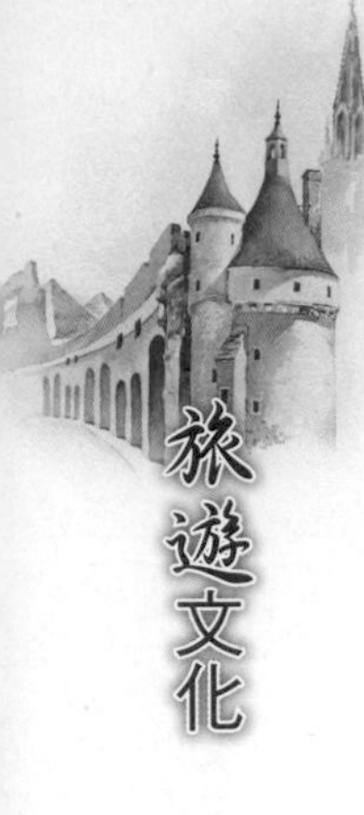

二、中國傳統服飾

(一)長袍

在清代之前男、女服飾大抵以袍衫為主。依身分及禮教制度而在顏色、圖文及配飾上有所區分。

■袍的沿革

「袍」在漢朝之前多為內著之衣服。形式為長及踝一剪到底的長身衣，袍服之外為合乎禮儀必須加上「弁服」。而後為配合時宜且方便穿著則將兩者合一新創「深衣」（將上衣下裳連成一體，合成一件衣服）及「禪衣」（單層的外衣），並與弁服並行共存。漢朝永平二年重新制定冠服制度，將袍升格為次級禮服之一。而自唐太宗貞觀年間規定，除了元旦、冬至的大朝會及大祭祀慶典中仍須穿著弁服、冕服，其餘之場合概用常服。自此之後袍的價值愈高同時其用途也愈加廣泛，宋元明也都一一仿行，同時深衣及禪衣的制度也並存續行。

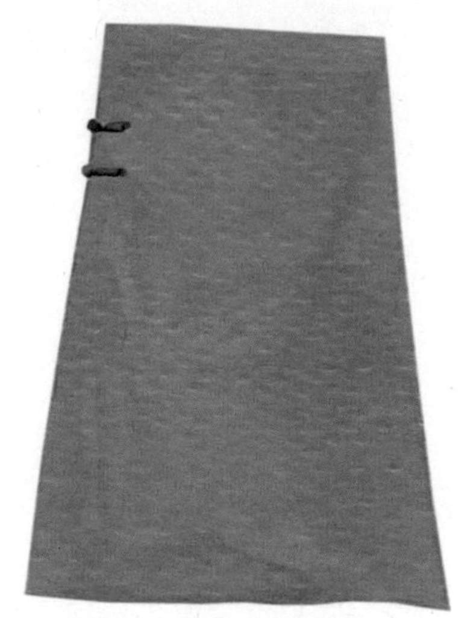

袍在漢朝之前多為內著之衣服（圖為長袍）

資料來源：揚智文化整理繪製。

■禮袍的形式

清代的禮袍概分為二種：一是官袍，分別因衣飾上的龍、蟒繡飾而分為龍袍和蟒袍。在袖口的部分為便於冬季射騎時保暖，而將袖口設計成上長下短的樣式，又名「箭袖」，又因狀似馬蹄，故別名「馬蹄袖」。在袍的側邊亦有所區分，官吏士人式開兩叉；皇族宗室式開四叉。二是官紳或平民服飾，袖口並無特定的斜削，多為平口。

(二)馬褂

■馬掛的沿革

「掛」在字形上之意為外衣。馬掛本為騎服，為方便騎馬時所穿之及腰的上衣，故多為營兵所穿。後在康熙末年，因富家子弟將穿著馬掛蔚為新奇而風行。雍正年間馬掛之穿著更普及於日常生活之中，進而到了民國初年，馬掛便漸漸演變成國民的常服或常禮服。

■馬掛的形式

馬掛形式的制定是在清代，其基本款式為短身、長袖、寬腰。類別可分為三：一是大襟馬掛，是為穿於袍服之外的常服；二是對襟馬掛，大多作為禮服之用；三為缺襟馬掛，製如缺襟袍，又名「琵琶襟掛袍」，大抵作為行裝。而馬掛為求穿著舒適及美觀，在設計上皆為四面開叉。歷史記載馬掛因顏色的不同其價值亦不同。

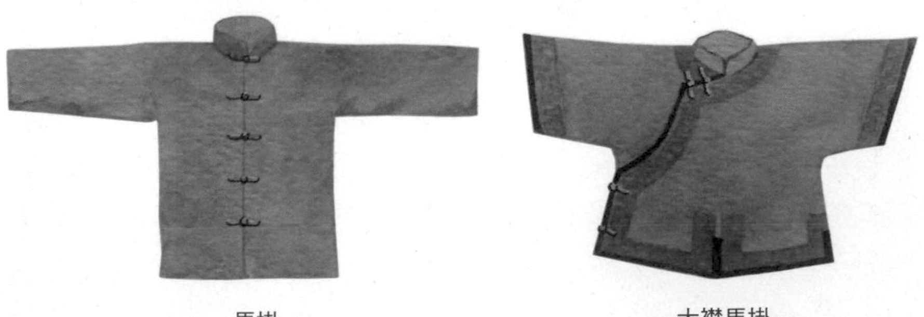

馬掛　　大襟馬掛

資料來源：揚智文化整理繪製。

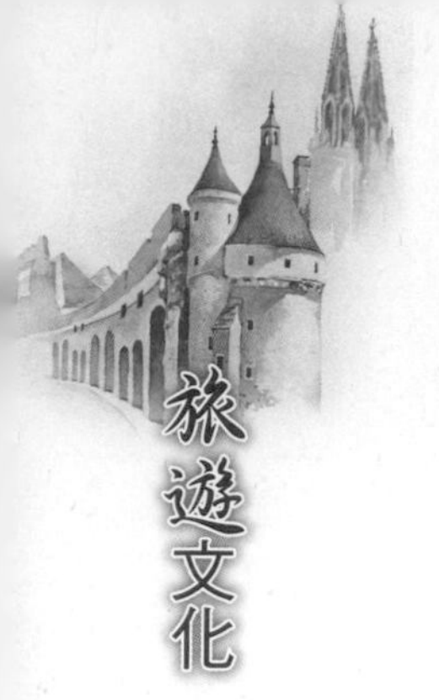

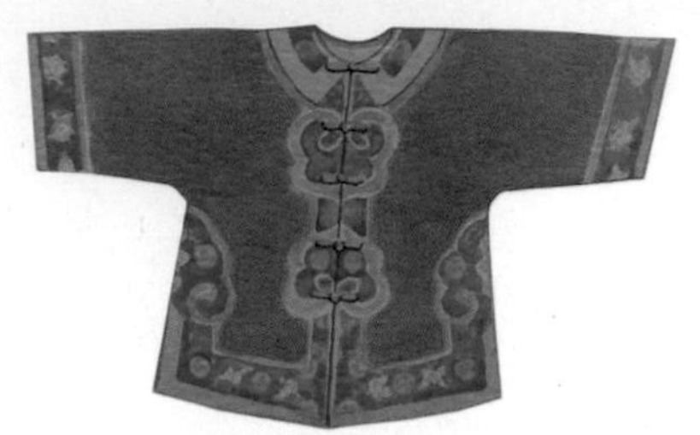
對襟馬掛

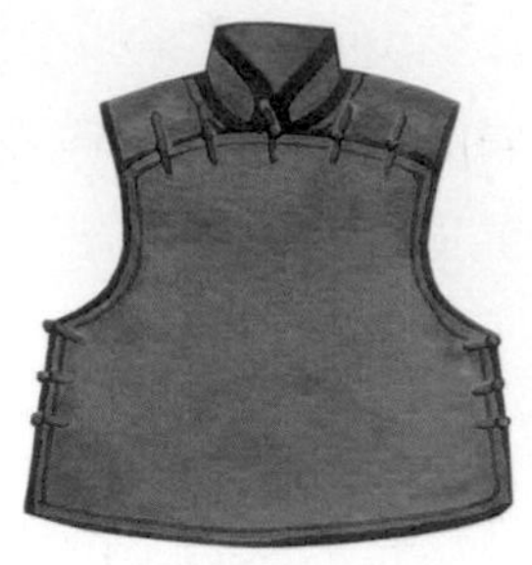
一字襟馬掛

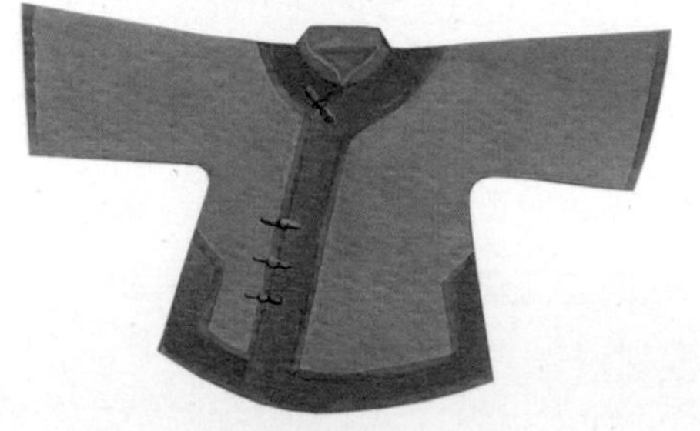
直襟馬掛

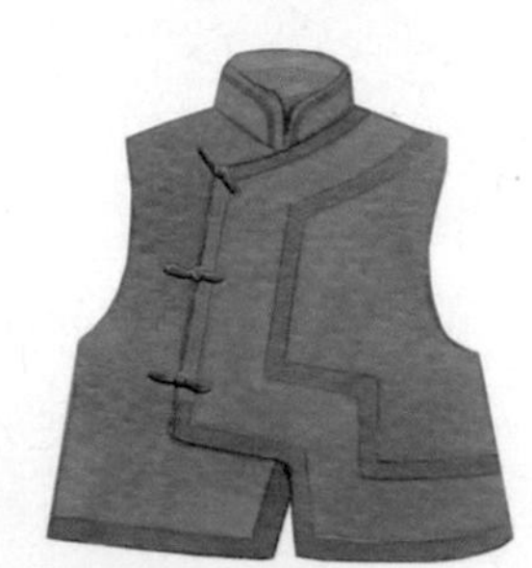
琵琶襟掛袍（缺襟袍）

馬掛的基本款式為短身、長袖、寬腰，設計上皆為四面開叉

資料來源：揚智文化整理繪製。

(三)旗袍

旗袍的名稱係因滿人又被稱為旗人，故又將其所穿之長袍別名為旗袍。

旗袍的形式因男女皆穿，故在演變上分為兩種：一是由滿族男子所著寬鬆並長及踝的長袍，在滿人逐漸脫離射騎生涯後，漸被清代盛行的長袍馬掛取代而式微，但其精神仍存在；二是由滿族婦女所著寬鬆且長及膝部的袍子，因漸顯線條用以表現女性身段之柔媚為設計重點的合身服飾，在後期近代更由於西方文化的輸入而使旗袍有更豐富的樣式。旗袍的演變，由古代為展現工的精緻多飾，到20年代為方便婦女活動而改為略較寬鬆的樣式，後到30年代，受西方文化的影響進而改良為合身及膝的新式樣。再到40年代後期，又因民智開化，旗袍再度被注入新生命，形式上有了無袖的新剪裁及新穎布料的設計應用等等的出現。（周汎，高春明著，1987）

(四)肚兜、纏足

■肚兜

「肚兜」為古代婦女穿用內衣的名稱，內衣又叫小衣、脅衣、褻衣、襪胸、襪肚、襪腹、腰巾、腰采、齊襠、袓服、汗衣、鄙袓、羞袓、心衣、抱腹、帕腹、袓腹、圓腰、纏弦、腰彩、寶襪、訶子、小衫、小馬甲、襪裙等二十餘種名稱。最早內衣稱「褻衣」，儘管稱呼不同，全部只有前片，沒有後片，所以背部都是外裸的，唐以後，稱「襪胸」或「襪肚」。宋、明以後，稱「襪胸」。清代稱「肚兜」，一般作成菱形，上有帶子，使用時套在頸上，帶子質料有絲繩、有金鏈、有銅銀。肚兜兩側另有兩根帶子，著時束在背後，而下面一角，通常遮住肚臍。民國以後，中國婦女追求曲線美，用內衣約束雙乳，這種內衣較窄小，都是對襟式，襟上有數粒鈕扣，著時將胸腰裹，俗稱「小馬甲」，並發展為今日胸罩。

昔時臺灣，肚兜不僅大人穿，小孩子也穿。客家話中稱為「肚褡」或「肚圍」。小孩滿月或週歲時，為外婆家製送為外孫的贈禮。小孩穿肚兜可避免腹部受涼，鄉村孩童穿上肚兜，大都不穿褲子，不僅活動方便，也省去換除褲子的麻煩。

在客家婚俗中，新娘肚兜內藏滿各種寶貝。由於肚兜是婦女每天穿著的內衣，時常需要換洗，除了考慮材質、款式舒適、牢固，在織繡工藝上，更需要耐搓耐洗。目前保存的肚兜布料以絲品居多，正、背面布料顏色大多一致，顏色有白、紅、藍、綠、黃、黑等。基本上，肚兜材質、用色與穿者年齡、身分地位、經濟能力、地方習俗文化也有著緊密關係。

根據研究，肚兜上的花紋可分為以下幾種：

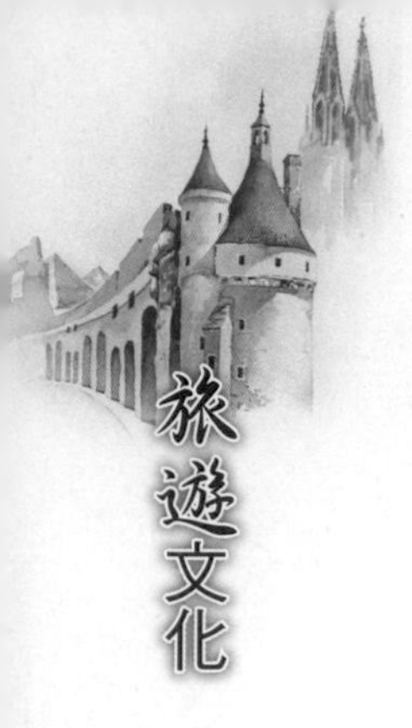

1.哺乳動物：以蝙蝠、鹿和人最常見。蝙蝠的蝠與福同音，代表福氣，有神明庇佑之意。

2.鳥類：有鳳凰、喜鵲、雉、雞代表尊貴。公雞鳴叫，音同功名，代表作官；雞音似吉，有時也用作吉祥順利。鶴象徵長壽，喜鵲隱喻喜事到來，繡之鴛鴦一對，祝福夫妻百年恩愛。

3.魚類：多為鯉魚，出自魚躍龍門的典故，代表男孩。

4.爬蟲類：龍和烏龜兩種吉祥物，象徵吉祥長壽。

5.昆蟲類：成雙蝴蝶，代表夫妻和睦、比翼雙飛。蜈蚣乃民間五毒之物，代表避邪。

6.植物類：有石榴、桃、蓮、牡丹和梅、蘭、竹、菊及各種折枝花紋。石榴多子，象徵子嗣繁衍。桃子代表長壽，常見於老人的肚兜，柿音同事，祈求萬事如意。牡丹表示富貴。梅、蘭、竹、菊合稱四君子。蓮字音同連，延伸出「連生貴子」、「連中三元」的意涵。

7.非生物：有磬、如意、瓶、鼎、七層塔、銅錢。磬即慶之意。瓶與平同，象徵平安。如意代表順遂。銅錢代表財富。佛教認為，築塔供佛乃一大功德，當然也一併繡上。此外，肚兜上的紋飾，也出現如壽、喜、卍等吉祥單字。其他如回紋、水波、萬字錦、三角形紋也頗為常見。有些甚至把著名小說如紅樓夢、西廂記給繡上。

■纏足

纏足在古時社會中突顯女性的地位，一雙小巧玲瓏小鞋，以纏足明顯的區別「男女有別」，造成女子、妻妾行動不便，有利於控制行動。許多學者專家研究「裹腳」，在當時是為了滿足「性」需求，但舊時社會中的想法，認為「裹腳」代表著財富、權勢、地位，也多流行在名門閨秀及風塵女子之間，一般婢女、婦女皆很少纏足。

從史料觀察，唐代婦女尚無纏足之記載。到了宋代，才出現纏足之習。由宋至元，以迄明清，各時期的婦女，幾乎都沿習了宋代遺俗，以纏足為尚，只有少數民族地區的部分婦女未染此習。清代滿族掌權，視漢人纏足為罪惡，多次下禁令，後因議士上奏法令太嚴，故民間婦女再度恢復纏足陋習。清末，西方文化東進，國人覺悟增強，以梁啟超、康有為等進步力量為主體的天足運動蓬勃掀起，衝擊陳舊腐朽的世俗觀念，纏足之風終於禁止。

三、中國其他民族特殊服飾

中國共有五十六個民族，除漢族外，各個民族服飾均有其地理條件、氣候條件、文化背景等因素的影響而呈現出多彩多姿的樣式。即使在同一民族中，在服飾上亦可能有相當大的差異。例如苗族的支系相當多，每個支系在服裝上或頭飾上各有特色，然而對銀飾品的使用則為其共通點。以下即介紹幾個具代表性的部族服飾以及客家民族的傳統服飾。

(一)蒙古族

主要聚居於內蒙古自治區和新疆、青海、甘肅、黑龍江、吉林、遼寧等省自治區的蒙古族自治州、縣，其他散居於寧夏、河北、四川、雲南、北京等地。

■服飾

1.鄂爾多斯女子服：袍身瘦且細長，未婚女子繫腰帶，身後留一個小穗頭。出嫁後則不繫腰帶，加短長坎肩。頭飾為圓錐形，上面繡有各種花紋圖案，垂鍊穗子多為金銀所製。

2.布里雅特蒙古族婦女時裝：帽子及頭飾部分飾以重點誇張的織錦緞，小坎肩用絲絨火紅色面料的基調，散發出布理雅特婦女熱情奔放的性格。

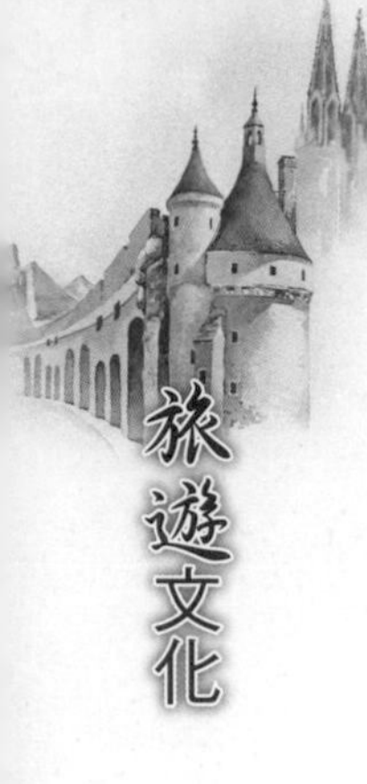

3.達爾男子生活服：冬季穿豹皮大衣為狩獵方便。帽子用鹿、狼、狐狸的頭皮製成，毛朝外、雙耳挺直，有偽裝作用。

(二)藏族

素有世界屋脊之稱的西藏，美麗神奇，是藏族的主要聚居地，在現有130多萬人口中，藏族占95%。主要分布在西藏、青海、甘肅、四川和雲南等地。藏族聚居於西藏自治區，以及青海省的海北、黃南、海南、果洛、玉樹幾個藏族自治州和海西蒙古族藏族自治州，甘肅省的甘南藏族自治州和天祝藏族自治縣，四川省的阿壩、甘孜兩個自治州和木里藏族自治縣，雲南省的迪慶藏族自治州。

■服飾

藏族的男男女女大多蓄著髮辮，男子盤辮於頭頂，女子則梳辮披肩，辮稍上總是裝飾著漂亮，鮮豔的髮飾；而頗受大家歡迎的皮帽已不只是防寒，同時也成了裝飾。由於高地氣溫低，為了活動方便，他們常袒出右肩，或袒出雙臂，用兩個袖子將袍子繫在腰間。睡覺時，這長及腳踝的大袍就成了上好的墊被，人蜷伏在其中，溫暖舒服，婦女總在長袍的外頭，繫上一條圖案瑰麗的圍裙。

■哈達

「哈達」是藏族同胞視為最珍貴的禮物，為一雪白的織品，一般寬約20、30厘米、長約1至2米，用紗或絲綢織成，每有喜慶之事，或遠客來臨、或拜會尊長、或遠行送別，都要獻哈達以示敬意。

各地藏族男女特別講究飾物，飾品的質材多樣，有金、銀、珍珠、瑪瑙、玉、翡翠、珊瑚、琥珀等。運用廣泛，有頭飾、髮飾、鬢飾、胸飾、腰飾、耳環、項鏈、戒指等。造型多為自然形狀。婦女都喜歡佩戴珊瑚、瑪瑙、項鏈和銀質佛盒；男子則普遍佩戴各種腰刀、火鐮等飾物，也有戴耳環、戒指和手鐲的。

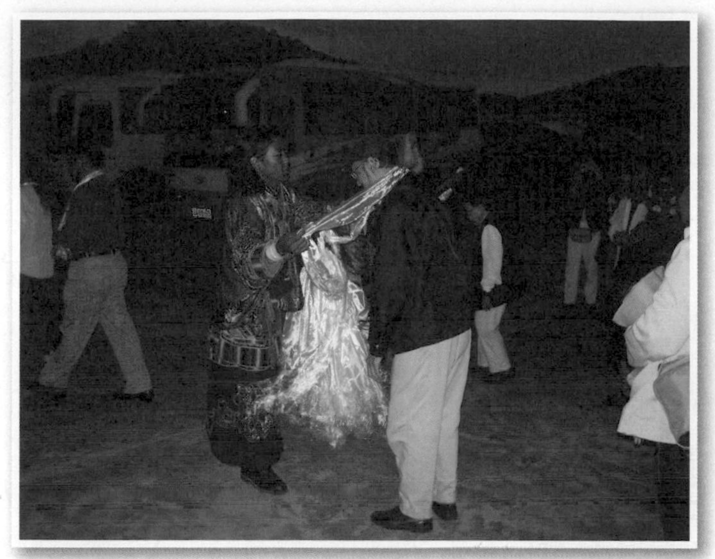

「哈達」為一雪白的織品，圖為藏族獻哈達以示敬意的禮儀

(三)西南地區少數民族

■彝族服飾

彝族支系繁多，各地服飾差異大，服飾近百種。一般婦女多穿鑲邊或繡花大襟右衽上衣，戴黑色包頭，領口別有銀排花。除小涼山的彝族穿裙子外，其他地區的婦女都穿長褲，許多支系的女子在褲腳上還繡有精緻的花邊。男子多穿黑色窄袖且鑲有花邊的右開襟上衣，下著多褶寬腳長褲。頭頂裹以長達丈餘的青或藍、黑色包頭，右前方扎成姆指粗的長椎形的「子爾」。

■傈僳族服飾

傈僳族婦女的服飾根據顏色分為白、黑傈僳、花傈僳族婦女，普遍穿右衽上衣，麻布長裙；已婚婦女耳墜大銅環，頭上以珊瑚、料珠為飾。「花傈僳」服飾較為雅麗美觀，婦女均喜歡在上衣及長裙上鑲繡花邊，頭纏花布頭巾，裙長及地，行走時長裙搖曳擺動，顯得婀娜富麗。

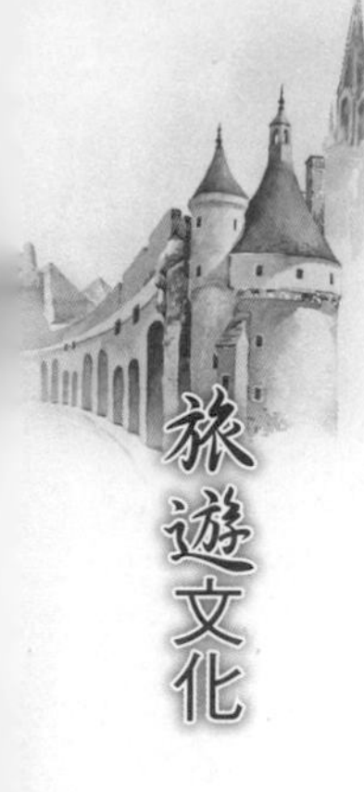

■ 白族服飾

白族男女崇尚白色，以白色為尊貴。男子多穿白色對襟衣，外套黑領褂，或數件皮質、綢緞領褂，俗稱「三滴水」，腰繫皮帶，下著藍色或黑色長褲。女子多穿白上衣，紅坎肩，或淺色藍上衣，外套黑絲絨領褂，腰繫繡花短圍腰，下著藍色寬褲，足穿繡花「百節鞋」。未婚婦女梳獨辮子盤於頭頂，並以鮮麗的紅頭繩繞在白色的頭巾上；已婚婦女則改為挽髻。

■ 納西族服飾

納西族服飾因地而異。麗江一帶已婚婦女頭戴圓形或沙鍋狀紗巾，外蓋藍色包頭巾。未婚女子戴布頭巾或黑絨小帽，上衣為寬腰大袖、前幅短、後幅及腰的大褂，加套坎肩，下著長褲，腰繫百褶圍腰，穿船形繡花鞋。背披羊皮披肩，上綴有絲線繡成的七個精美圖案並垂穗七對，俗稱「披星戴月」，以示勤勞。男子服飾，多穿大襟無領長衫，外加青布領褂；山區一帶多穿麻布衣褲，外披羊皮坎肩或羊毛披氈。

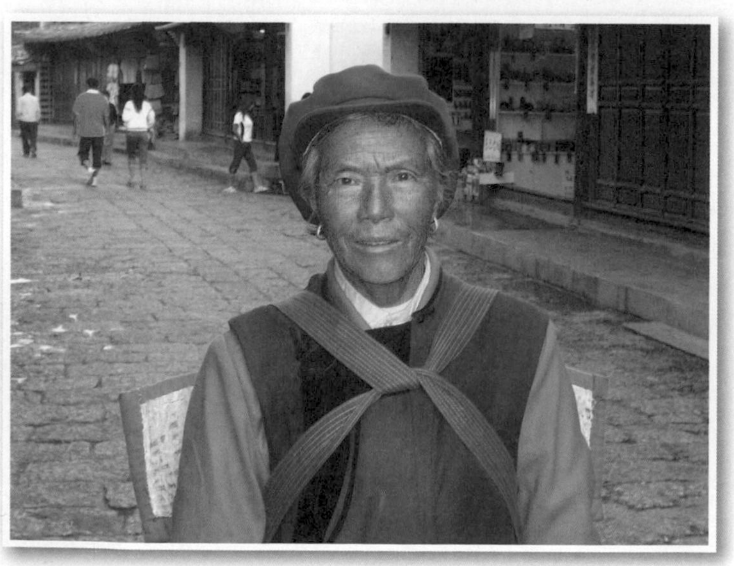

圖為納西族傳統婦女的服飾

■哈尼族服飾

用藏青色土布作衣料。男子穿對襟上衣和長褲。西雙版納地區穿右襟上衣，沿大襟鑲兩行大銀片，都以黑布或白布裹頭。婦女著無領右襟上衣，穿長褲，衣服的托肩、大襟、袖口、胸前和褲腳皆鑲彩色花邊。西雙版納婦女穿短裙，裹護腿，胸前掛成串銀飾，戴鑲有小銀泡的圓帽。

(四)客家傳統服飾

臺灣地區客籍人士，其祖先歷經多次遷徙來台，不論是時間的演變或遷移地的改變，都保有了原鄉所具有的傳統美德。而這種傳統的民風，也清楚地表現在臺灣地區客家女性所穿著的傳統服飾——「上穿大襟衫；下著大襠褲」。早期臺灣客家男女都是穿「大襟衫」，顏色以藍、黑、白、黃為主；臺灣客家人比較節儉，早期的服裝多用來蔽體禦寒，或是以實用性的需求為主。

男女衣服同為衫、襖、掛甲、褲，女子另外尚有裙。衫是單層衣衫，為夏天服飾。男子大抵為對襟短衫或長衫；女子所著則名為大襟衫，民初時的年輕女子亦多著大襟短衫。襖有短襖、長襖或棉襖、皮襖等，為秋冬季節的服飾，一般採用大襟。盛裝或常服的區別則是比照行動便利的程度或質料的貴賤來分。行動上較礙手礙腳的長袍馬掛，作為外出服或慶典祭祀的時候穿；短衫褲子，則是家居常服。

鞋子的部分，客家男子的穿戴和閩南男子差別不大；女子卻有極大的差別。客家婦女因生活環境上的因素，大抵勤於勞動。她們不像閩南婦女自小纏足，而是維持天足，平常穿拖鞋式繡花鞋，而且是晚上洗過澡後才穿鞋；襪子及繡花包鞋則是結婚時才穿。

童衣方面，因為衣服主要是從性別而不從年紀來分，所以小號的男人衣服就是男童衣服，女童衣服也一樣。不過，早先時候臺灣的小孩子還是有些專屬他們自己衣服的名稱。譬如嬰仔衫、和尚衫，如小男孩所穿的開襠褲（亦稱蛙褲）便是。

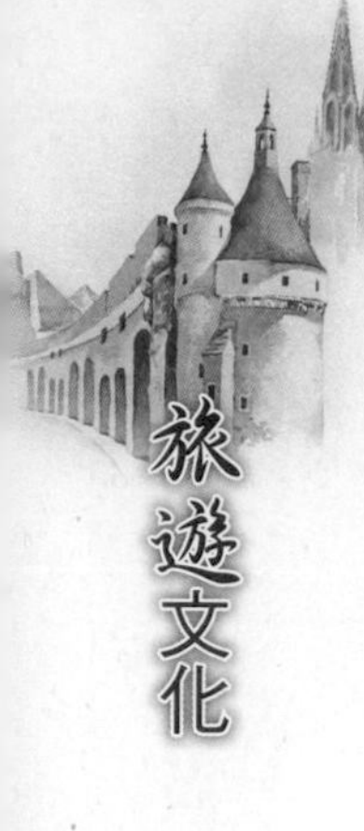

1980年代以後，多數臺灣客家婦女已不再穿著「大襟衫；大襠褲」的傳統服飾，臺灣客家婦女平日雖已不穿著這類傳統服飾，但許多人卻擁有屬於個人一套的傳統式樣的客家服，足見客家婦女對客家傳統文化的珍惜。

第三節　亞洲傳統服飾

亞洲傳統民族服飾的發展深受中國各民族影響很深，所以在一些服飾細節上，皆有一些相似之處。雖然如此，但近幾世紀以來隨著各民族獨立發展，許多國家皆有其代表性的傳統服飾。現就亞洲六個較有傳統服飾特色的國家，針對他們的傳統服飾做下列的探討：

一、日本和服

和服為日本人最具代表性的服裝，隨著時代的演變，21世紀的日本人大多穿西裝、洋裝，但在特殊的場合裡，還是少不了和服。

日本和服將傳統文化傳遞至新時代，走在繁華進步的日本街頭，遊客們可以感受到傳統與現代的融合。日本和服有著深遠的歷史背景，在每個時期有不同的規定，其規定就是“T P O”，所謂“T”即是“Time”（時間）；“P”即是“Place”（地點）；“O”即是“Occasion”（場合），依場合、季節的不同，所穿戴和服的樣式及配件，也會隨之改變。此外，日本和服最重要的是在色彩的調和之美，和服、腰帶、配件、材質、花紋、顏色……等，如何配合得天衣無縫，正是和服最大關鍵。。

和服的材料有很多種：浴衣大多為綿製或較吸汗的化學纖維；和服則有絽、絹、紋絽、（絲綢）金分、銀分……等，且依手法、手工（如染整、手繪、編織等），來決定它的價值。茲介紹如下：

1.浴衣：和服的一種，洗完澡後或夏天較熱季節時所穿的簡易和服，材質大多為綿織品。明治時代（19世紀後半）之後，日本開始引進洋服、西服，穿和服的人就變少了，但近年來，在夏天的廟會、煙火大會等熱鬧場所中，浴衣成了年輕女性夏季流行的新寵。

2.振袖：為未婚女性的禮裝，依袖子的長短分為大振袖、中振袖、小振袖。未婚女性專用衣裝，婚後則須將袖子剪短：

(1)大振袖：花嫁新娘裝等。

(2)中振袖：參加結婚喜宴、成人式、畢業式、謝師宴、茶會等場合。

(3)小振袖：正式、非正式等各種場合均可穿著。

3.留袖：為已婚女性的正式禮裝，多半於結婚喜宴等正式場合穿著。顏色為黑色，裙襬及袖口織有圖案，再搭配鑲有金、銀線的腰帶。留袖又分黑留袖和色留袖。

4.訪問著：有稱「色留袖」（色彩留袖），因下襬多半是較花俏

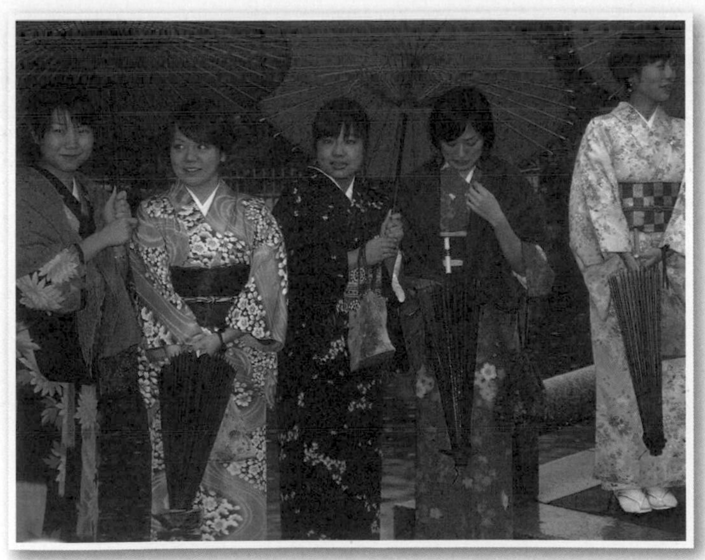

日本和服首重色彩調和之美，圖為日本傳統少女服飾

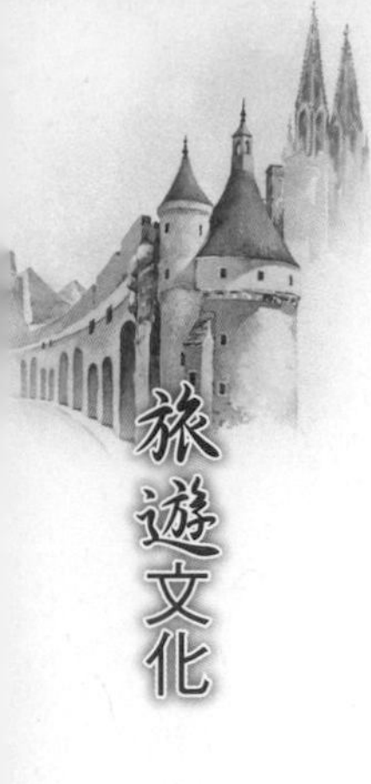

的圖案，故並無已婚或未婚之規定，穿著場合較廣。

5.花嫁著（花嫁衣裳）：結婚形態可分兩種：傳統的神前結婚、西洋教堂結婚；若是神前結婚的話，花嫁裝是不可缺的。

6.普段著：和服種類較多，依衣料的材質、織法、花紋、顏色等，其稱呼不同。所謂普段著，即為日常衣裳，凡居家休閒、逛街、購物、茶會、同學會等場合，均可穿著。

7.畢業著：專科以上的畢業典禮或學位授予儀式中所穿著的衣裳。鞋子可分和服夾腳鞋和馬靴兩種。

二、韓國服飾

韓服是蘊涵著韓國傳統文化的傳統服裝，男性是短褂搭配長褲，而以細帶（daenim）縛住寬大的褲腳。女性的韓服則是短上衣搭配幽雅的長裙。韓戰以後，穿著韓服的人逐漸減少了，但在過節、結婚、活動時，仍有許多人喜歡穿傳統的民族服裝。

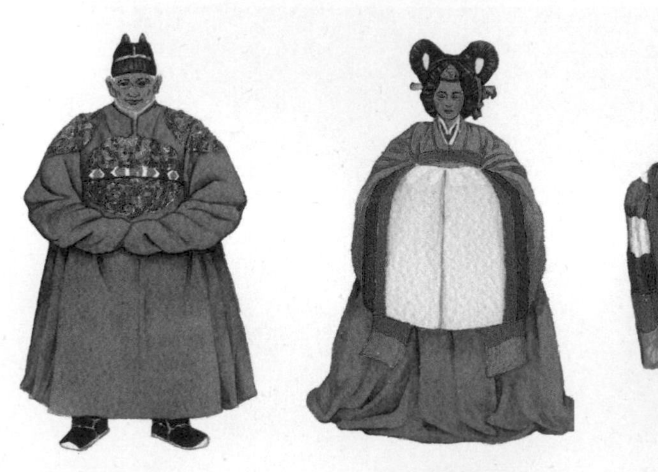

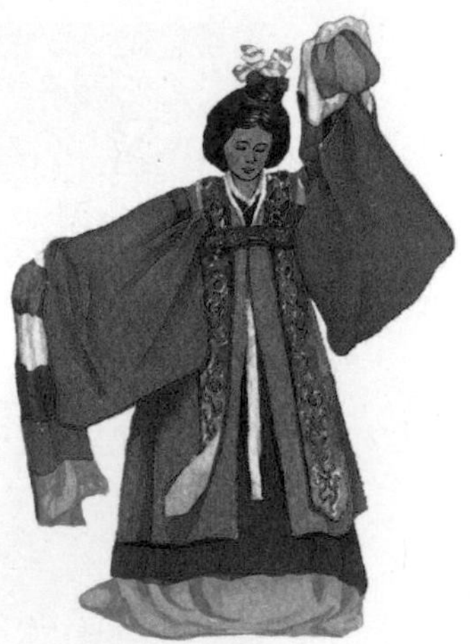

男性朝服　　女性朝服　　才人服飾

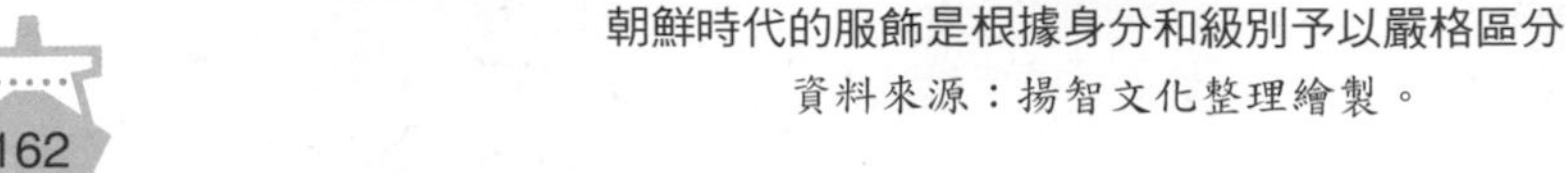

朝鮮時代的服飾是根據身分和級別予以嚴格區分的

資料來源：揚智文化整理繪製。

韓服的線條兼具曲線与直線之美，圖樣設計也非常的豐富多樣，而且穿起來相當舒適方便，且只要把韓服好好的保管就可以穿很久，非常經濟實惠。另外，韓服上面的條紋和一些裝飾都是代表著健康和平安。

(一)韓服的歷史

韓國傳統的服裝是在寒冷的地帶所穿的，也就是以北部地區胡服為基礎做成的短上衣、長裙、短褂和長褲。現在人們穿的韓服是和以前中國的官服相結合製作而成的。朝鮮時代可以說是韓國歷史中最重要的時期，在悠久的歷史中，衣、食、住等方面存在著很多的文化，特別是服飾由法典和儀典上的規定，根據身分和級別嚴格的區分為華麗的宮中服飾和樸實的貧民服飾。

1.男性服飾：有朝服、世子／皇太子常服、祭服和官服、軍服、戎服、鶯衫、綠事服、羅將服、平常服、喪服和宗教服飾。

2.女性服飾：有圓衫、翟衣和小禮服、闊衣、唐衣、內人服、夫人服、處女服、長衣、長袍。

3.才人服飾：根據事情而穿不同樣式衣服的朝鮮時代的服飾。如紅袖衣、妓生服、春鶯傳舞服、佾舞服、劍器舞、女伶服、僧舞服、閑良舞服、去邪服、巫舞服。

1910年代以後韓國服飾呈現出中國和西洋國家混合的形態。男性開始穿西裝，女性開始穿套裝。也有多半的女性服飾以寬鬆的桶式長裙和長上衣的現代韓服代替了套裝。1950年韓戰以後，西裝成了大眾服裝。

(二)女子傳統韓服

傳統的色彩安排是紅色裙子配上淡淡的淺綠色或白色、 藍色短上衣；藍色裙子則配紅色或白色、黃色短上衣。此外，紫色裙子配淺紫

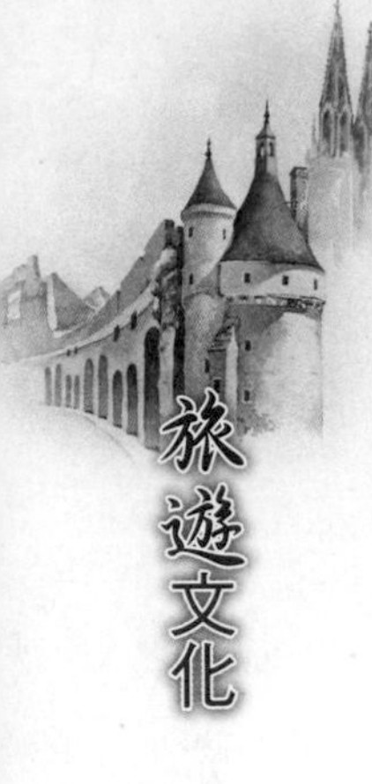

色短上衣，深紫色裙子配粉紅色或玉色短上衣。

結婚時新娘穿的冠禮服，以暗淺綠色短上衣配紅色裙子，強烈對比的綠衣紅裳為主，近來比較避開綠衣紅裳的傳統色彩，穿深藍色短上衣配紅色裙子，平時也可以穿。

(三)韓服的基本構成

1.短上衣：韓服的上衣，下面搭配裙子或褲子。女性的上衣前面有兩條長長的絲帶，可以把絲帶繫成漂亮的模樣，更可搭配顏色做變化；男性的短上衣上則為扣子。

2.褲子：即男性韓服下面穿的褲子。男性的褲子非常寬鬆，中間配有腰帶，下擺則用絲帶綁在腳腕上；女性則是在長裙裡面穿著像褲子一般的內衣。

3.裙子：可分為裙體、腰帶和肩帶。裙體部分從腰部到底端有很多細微的條紋，穿著時會先把前面的肩帶繫好，再將短上衣的帶子從左邊向右邊繫好。

4.馬褂子：為穿在短上衣上面的衣服，配帶有扣子，樣式和短上衣差不多，領口則簡化。馬掛子的功能為防寒，也可以使韓服顯得更漂亮。

5.長袍：過去是防寒所用，後慢慢演變成外出必穿的衣服。佩帶有圍脖，是一種很講究禮儀的穿著，故較具正式性質。

三、東南亞傳統服飾

(一)越南

長衫是越南女性獨特的傳統服飾，通常以絲綢類質料輕盈軟薄的布料裁剪，款式類似中國旗袍，但衣褲自腰以下開高衩，配上同花式或白色布料的寬鬆長褲，不論蹲、坐、騎車都很方便。

長衫除了手工精細考究外，還相當講究穿著的身段，因此每個人穿起來都非常合身好看，婀娜多姿。長衫為越南傳統的服裝"ao dai"，有點類似中國的旗袍。長衫部分，腰部以上剪裁合身，腰部以下寬敞，左右各開叉至腰部，內著寬筒喇叭褲。極盡合身的上衣，配上飄逸的裙擺及長褲，無疑可將嬌小玲瓏的身段襯托得更優美，特別是開叉下似隱若現的白晰小腹，更不時流露出萬種風情。

現在在布料、色彩，或款式方面，皆較從前多變化。例如裙擺的長度現在約離地面10至20公分，年輕少女則偏好及膝的長度，方便駕駛機車；又如從前的服裝顏色富地方色彩，北越婦女喜好茶色、中部婦女偏愛紫色、南越婦女則多著白色或於前面繡花，目前則幾乎沒有分別。

近年來，越南政府開始鼓勵婦女在正式場合穿著國服，同時也規定初中以上的女學生以傳統服裝為校服。南越的女性，受西方文化較深，服飾上較為西化，特別是近年來由於對外開放，國外的時裝充斥市場，年輕人開始將牛仔褲視為「現代」的符號，如胡志明市也有不少女性開始穿著西式裙裝，甚至在某些場所還可看到迷你裙。

和許多民族一樣，越南人在婚、喪、喜慶等重要節日中，有其特別的服裝，例如在結婚典禮時，新郎和新娘都必須穿著正式的傳統禮服。新郎身穿絹質黑色或深藍色長袍，頭戴同色布帽，新娘穿白絹質黃色國服，外披白紗長衫，頭戴黃色布帽。此外，因有部分越南人信奉天主教，故也有以著西式白紗舉行婚禮者，而且有愈來愈多的年輕人偏好西式禮服，故出租西式禮服的商店到處可見。

喪禮時，家屬需著素色的傳統服裝，頭上綁白布條，而參與祭祀的男性需著黑色服裝，女性則著素色服裝。

(二)泰國

泰國人的服裝比較樸素，在鄉村多以民族服裝為主。泰族男子的傳統民族服裝叫「絆尾幔」紗籠和「帕農」紗籠。帕農是一種用布纏

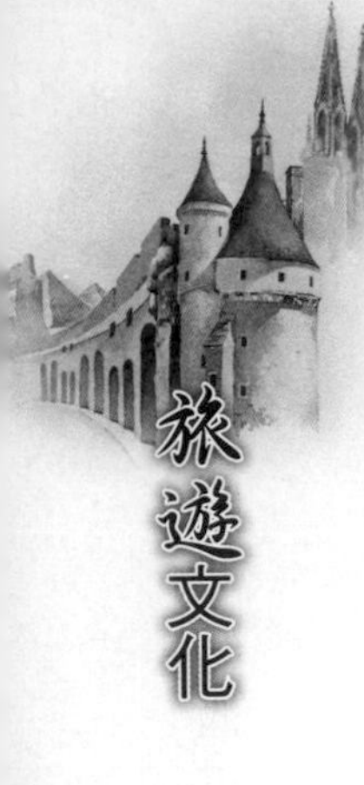

裹腰和雙腿的服裝。絆尾幔是用一塊長約3米的布包纏雙腿，再把布的兩端捲在一起，穿過兩腿之間，塞到腰背處，穿上以後，很像我國的燈籠褲。由於紗籠下擺較寬，穿著舒適涼爽，因此它是泰國平民中流傳最長久的傳統服裝之一。

女筒裙是泰國女子下裝，曼谷王朝拉瑪六世時期（1910-1925）開始流行。筒裙同紗籠一樣，布的兩端寬邊縫合成圓筒狀，穿時先把身子套進布筒裡，然後用右手把布拉向右側，左手按住腰右側的布，右手再把布拉回，折回左邊，在左腰處相疊，隨手塞進左腰處。穿時也可以用左手以同樣動作向相反方向完成。

隨著社會的發展和外來的影響，泰國農村青年人中穿西褲和襯衣者已相當普遍。城市裡的男子慣於穿制服、西裝，大多數場合可穿長褲、襯衣。女子則喜歡穿西服裙，受女子傳統服裝筒裙的影響，西服裙一般裁剪得十分合體，緊緊圍於臀部。裙子隨年齡的差異長短而有所不同，但上衣的樣式就千變萬化了。

四、印度傳統服飾

印度社會階級明顯，自古以來之種姓制度，將人民區分為尊卑貴賤之不同等級。種姓世代沿襲，相互禁止通婚。另外，印度宗教複雜，八成人民信奉印度教，另為回教、錫克教、耆那教、佛教、拜火教及基督教等，宗教間排斥性高。種姓階級與宗教對立，為印度社會長期以來難以解決之隱憂。

印度服飾對西方的服裝設計與式樣有著巨大的影響，在對西方傳統印度音樂文化和宗教信仰的輸出的同時，印度服飾對西方的色彩、織物、質地和式樣等也都有很大的影響。對許多初次訪問印度的遊客來說，印度服裝鮮艷的色彩和多樣化是最令人印象深刻的。印度服飾種類光是莎麗、綽尼、勒含卡和莎爾瓦克米茲這四種主要的傳統服飾，便已讓遊客眼花繚亂。

印度人酷愛鮮豔的色彩，即使是最貧窮的婦女也喜於炫耀她們驕傲的色彩。加上印度是全世界最喜愛黃金的民族，婦女們無不以穿戴閃耀的黃金飾品作為身分的象徵。父母親生下女兒，便開始準備長大後的黃金嫁妝。

(一)莎麗

莎麗（sari）是流行最廣的服裝。莎麗其實只是一塊長方形的布料，大約5到6米長。式樣、色彩和質地多種多樣，用來體現婦女的地位、種姓以及來自於何處。莎麗不經裁剪，卻適合任何身材，但穿著方式多不相同，被用來體現穿著者的地位、年齡、職業、地域和宗教信仰。比如說，大多數地區的婦女喜歡將莎麗搭在左肩上，而來自吉拉特的婦女有時則將莎麗搭在右肩上。

(二)綽尼

與莎麗等服裝同時穿著的一件短緊身上衣即為綽尼（chole）。露背的傳統綽尼在拉賈斯坦仍然非常普遍。

(三)勒含卡

勒含卡（lehanga）為拉賈斯坦省婦女的傳統裝束，是一種和綽尼同時穿著的一件皺褶長裙，後背、小腹暴露，頭部則搭著一塊叫做「杜候塔」的柔軟長布。

五、伊斯蘭教傳統服飾

信奉伊斯蘭教的人稱為「穆斯林」，穆斯林在阿拉伯語的意思是「一個服從真主的人」。《古蘭經》中第二十四章第三十節告訴了世人：「你當告訴眾穆民男子：俯首下視，遮其羞體。這於你們至潔的。……你當告訴眾穆民女子：俯首下視，遮其羞體，不得現

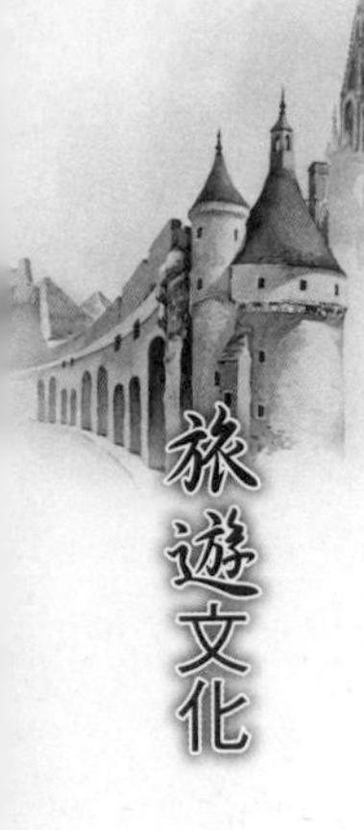

露裝飾，除非那外露的。當令她們把面紗垂在衣領上，不要露出裝飾。……」這一段經義，是指不要俯視他人的羞體。羞體是指人體在禮教上必遮之處。男性的羞體在此指人體中膝蓋以上，肚臍以下的部位，而女性的羞體則因個體之構造及其特性，除臉部、雙手之外，皆為女性的羞體。此種服飾類似今天我們所見的中東婦女所穿著的長袍或長裙，及包著頭巾。

中東地區的服飾受宗教、風俗、文化及氣候的影響而演變成我們所看到的奇特服飾。婦女會用一塊布將身體完全包裹住，臉當然也要蒙住，只露出一雙眼睛。男性雖然不同於女性般全身包頭蒙面，不過男性服飾仍相當奇特，身著寬鬆的衣袍、寬大的衣袖，頭上包裹一條白色頭巾，長度及腿。

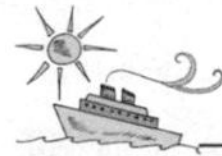

第四節　西方傳統服飾

一、歐洲傳統服飾

(一)希臘

在希臘，有將近一半的人口居住在鄉村，他們利用自己所飼養的山羊或綿羊身上的毛，自行紡紗編織成日常所穿的衣服。在馬其頓地區，由於四處栽植桑樹，養蠶業相當發達，相對絲織品也就多了。此外，亞麻織品也是希臘服飾中重要的材質之一。

■ **女性服飾**

在工作服和裙子外面，罩著一件橫條紋的圍裙，或是深藍、黑色的及膝短袖衣，下擺還有刺繡做裝飾。外套是一件長袖夾克腰部收緊，衣服上以金線或細絲線縫上裝飾的圖案。銀色腰帶，密織的襪

子，軟皮涼鞋，並且有成串的錢幣掛在身前。頭巾有暗色的，也有花色斑斕的。帽子則是一種稱為「貝雷帽」的羊皮帽子，這是一種扁圓形的帽子，戴在頭上很緊，但質料很軟，一般他們在貝雷帽上會綴上一些黑色的長穗帶。

Poona區的圍裙，不是圍在腰際，而是穿在臀部的位置，顏色單調。相反的，在其他地區的圍裙，則多有著條紋裝飾或花色斑斕。密接的長襪是白色或花色的，配上簡單的黑鞋或皮拖鞋，而且鞋的前端綴有黑色的絨球。頭巾是絲或亞麻材質，用來遮住臉龐，或者穿戴垂在背後。

在希臘中、南部，可以看見不同型態的服飾。長長的裙子是摹仿他們祖先寬鬆的長袍而來，質料選擇很廣泛，絲、棉、亞麻都有，顏色的搭配上大膽而複雜，如將藍、紅、綠、黃運用混搭，加上金、銀線，或是細絲線在表面做圖案裝飾，然後會長裙外罩上一條圍裙。

阿馬利亞（Amelia）區的女子服飾以「阿馬利亞皇后」（Queern Amelia）的服裝為該區的主要傳統服飾。其特徵是以一些色調柔和的衣料來製作長及腳踝的長裙，還有以金線刺繡裝飾的夾克，穿在罩衫外面，而紅色的頭巾上則一定垂著長長的絲帶。

Paranoia區，女子穿著亞麻製的白色長袖服裝，滾黑邊，邊緣和袖子部分繡上橘色絲線做的圖案，圍裙則較短，邊緣有黑色滾邊，圍裙上的刺繡也是黑色的。外套是黑色的，長度至臀部附近，袖子長度約只到手肘部分。帽子是貝雷帽，帽子上有兩條長穗帶垂在左側。腳上著白色長襪和以刺繡裝飾的拖鞋。脖子上則掛著由錢幣串起的項鍊裝飾。

Attica、Trickery和Tarragona等地的服飾則是類似傳統希臘的形式。一件及踝、寬大有皺摺的裙子，外面還穿上長及膝蓋的外衣，顏色為白色或柔和的對照色，並於腰部繫上腰帶。

■男性服飾

希臘男子服飾主要分為兩種形式：一種是以寬鬆長褲為主，另一種則以稱為「佛斯坦尼拉」（Foustanella）的白裙為主。一般而言，男子的服飾設計簡單，用色黯淡，目的主要是在凸顯女子的服飾。每個地區都有他們的特點：在色雷斯地區，男子的褲子剪裁十分特殊，稱為「波特利」（Poutouri），一般是羊毛質料、暗色系的，它的命名主要是由於它是來自「波特利亞」（Potpourri）這個地方。在馬其頓地區的男性則穿著一種稱之為「帕諾夫拉基」（Panovlaki）的服裝：一種外罩一件裙子的長褲。這種褲子在國內其他地方也可以見到，質料是棉或毛的，顏色則是白色，褲腳一般紮入綁腿或是顏色明亮的密接長襪中；另外一種寬鬆的長褲，稱為「夫拉卡」（Vraka），在各島嶼間十分普遍。

Geek的短背心非常普遍，平時穿的Geek由於工作的關係，樣式很簡單不做裝飾，但在慶典上穿的Geek則有刺繡作裝飾。這一類的背心，一般是無袖的，但在一些地方，像是南部的Peloponnese，就會有兩條寬鬆的袖子從肩部垂下。

(二)巴爾幹半島（羅馬尼亞）

羅馬尼亞的服飾、刺繡，充分反映了羅馬、義大利顏色與服飾的表現，常使用有孔小珠、閃爍的金屬片、金屬線或絲線，發展出屬於斯拉夫民族的幾何美學形式，並呈現他們對刺繡的高度喜愛。部分服飾，則是奧圖曼土耳其帝國統治下的產物。

羅馬尼亞服飾基本素材是亞麻、大麻、羊毛和皮革，而隨著棉花大量引進，並且在羅馬尼亞大量生產後，19世紀對棉花的使用便大幅增加。而南部的養蠶業，也帶動了絲素材的使用，絲的使用主要則是在面紗和刺繡上。

在巴爾幹半島諸國中，羅馬尼亞服飾的刺繡和設計是最豐富的。雖然各地服飾設計千變萬化，但刺繡都能保有其一貫的特色，即是引

用幾何結構的設計，每一地區設計的圖案均有其獨特形式，而使用的顏色則取決於植物染料的來源。羅馬尼亞服飾的基本色包括有紅、黑、深褐、藍、黃、暗綠和暗紫色，在農業地區使用的色彩會明亮些；在山區，色彩的運用則灰暗許多，以暗紅、黑和白色為主；南部的喀爾巴阡山區，以黑、白相間的刺繡最為普遍，流傳的刺繡形式是一種「一針型」的刺繡，它的繡工相當細膩。

■女性服飾

羅馬尼亞的女性服飾主要在顏色、刺繡和其他細部上做變化。在歐達尼亞、喀爾巴阡山南部和外西凡尼亞北部，主要的形式是雙圍裙，一件在前，一件在後，圍裙上有黑色、白色和藍色的橫紋。

在瓦拉幾亞南部和摩達維亞東部，女性身著緊身裙，稱為feta，裙子以暗色為底，織上平行的細線，這個細線可以是任何顏色，而在裙緣則是一條刺繡或是兩寬帶的紅邊。在Baca地區，裙子的後半是黑色的襯墊，兩側和前面則是亮色的寬、窄色帶編織。

■男性服飾

羅馬尼亞男性的服飾最常見的形式出現在南、東和北部，以白色長褲和白色襯衫為主。長褲有的長及小腿，可以塞進馬靴中，有的長及腳踝，搭配涼鞋。襯衫則有著長而寬的袖子，腰上為寬的皮帶，或是編織的毛製腰帶。在一些地區，襯衫是塞進褲腰裡的，在外西凡尼亞地區的服飾充分反應了馬扎兒人的影響，罩衫是白色、寬大而充滿皺摺的。工作服的剪裁顯然較慶典服飾粗糙、簡單、寬鬆。夏天的褲子常用棉布製成，毛織褲則用於冬天。另一種長的緊身褲，可將襯衫塞進褲腰，在身前常有黑或藍色三束編成穗帶的設計，頗受奧圖曼土耳其帝國所影響。襯衫的袖緣、下擺、肩和袖子上半部、前面和領緣都有刺繡裝飾，顏色、圖案各地不同，在一些地區，紅色只用於老年人的衣飾，黃色則是年輕人。男性同時會戴上一頂草帽或平的圓帽，上面裝飾著穗帶，並在一側插上羽毛。

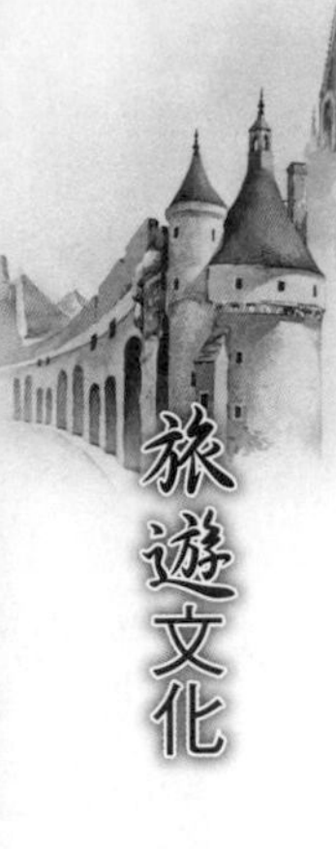

(三)北歐服飾

北歐地區由於地處高緯度地區，氣候嚴寒，故服飾上以當地獵補的動物毛皮製作，主要以禦寒為主。如丹麥的古代維京人非常喜歡鮮豔的色彩，服飾上的打扮相當在意，戰士也都身穿羊毛服裝，下半身穿著皮帶修飾的長褲，讓他們隨時可從身邊抽出長劍參加戰鬥。

維京婦女則穿著長袖內衣，外套羊毛衫。她們的服裝上都裝飾了用銅扣繫緊的肩帶，有時還會加上披肩或圍巾，並搭配適合又漂亮的扣子繫住。

芬蘭拉普人傳統服飾以帽子最具特色，主要食物是馴鹿肉，穿戴原料也主要來自馴鹿。芬蘭是世界上主要皮毛生產國，以芬蘭藍狐皮最負盛名。

(四)英國傳統服飾

英國傳統是男子也穿著裙子，並且是格子圖案的百褶裙。格子的花紋依家族而有所不同，每個家族都有自己的格紋。頭上會戴上帽子。

英國在地理上可分為三大島，即愛爾蘭、蘇格蘭和英格蘭。服飾上以愛爾蘭與蘇格蘭尤具特色，茲簡述其服飾特色如下：

■愛爾蘭

男人著黑色西裝，肩上有飾章，上口袋有飾紋，白襯衫打領帶，黑綠色短裙在膝上兩旁外摺，背後的方披巾披至裙長，長統襪的長度到膝下，兩側有襪穗，著短鞋；女性為墨綠色洋裝，有腰身，長至膝，著長襪短鞋，袖口繡紋上有圖案，大口袋繪製有圖飾背在背後。

■蘇格蘭

蘇格蘭傳統服飾嚴格來說應該是屬於高地人的傳統服飾，而每一種格子的圖案都代表著蘇格蘭人與愛爾蘭人的家族名稱，這些名字都

是使用古老的蓋爾語言（Gaelic）命名。

這些格子圖案是利用各種不同顏色的紗線，直的橫的交錯編織設計出來的圖案，隨著時代的變遷，目前已變幻出上百種圖案供喜好者選購，蘇格蘭裙（Kilt）也從繁複的穿著方式改變為簡化穿著的現在服飾。

這些蘇格蘭裙的圖案，都是有申請專利的，圖案及顏色看起來都很類似，是要仔細加以比對，如有些紗線的排列方式有可能是多了幾條或是少了幾條。

二、中南美洲傳統服飾

中美洲指自墨西哥南部延伸至哥斯大黎加西北邊界的整個區域。印地安原住民於西班牙航海家克里斯多福．哥倫布發現新大陸之前的三千年間，在這個區域發展了數個層次分明、文化相關的農業文明，因此中美洲文明又指這些前哥倫布時期的印地安文明。中美洲文化共有的特色包括常可在這些文明雕刻上發現的三石壁爐圖騰概念（暗示了他們的居家環境）、某種涼鞋的穿著，以及以玉蜀黍為主的集約農業。中美洲文明含括了奧爾梅克、提奧提華坎、薩波特克、馬雅、米茲特克、瓦斯蒂克、托托納克、托爾特克、塔拉斯卡，以及阿茲提克。

南美洲最寬廣的地區接近赤道，溫帶陸地面積較小，以致溫帶範圍小、熱帶範圍大。亞馬遜盆地及蓋亞那高地東部屬熱帶雨林氣候。地形上，略可以安地斯山脈為界，西半部鄰近安地斯山脈為高原地帶，以西則為平原；同時當地又受到洋流與地形影響，形成多樣性的氣候景象。南美洲的文化原以印第安人的文化為主，歐洲殖民者於印第安人大量死亡後引進黑奴以補充勞力，使本區血統複雜。由於西班牙及葡萄牙帶來的拉丁文化長期居主導地位，故南美洲經常被稱拉丁美洲，不過原有的印第安文化並未消失，而是融入非洲黑人文化。文

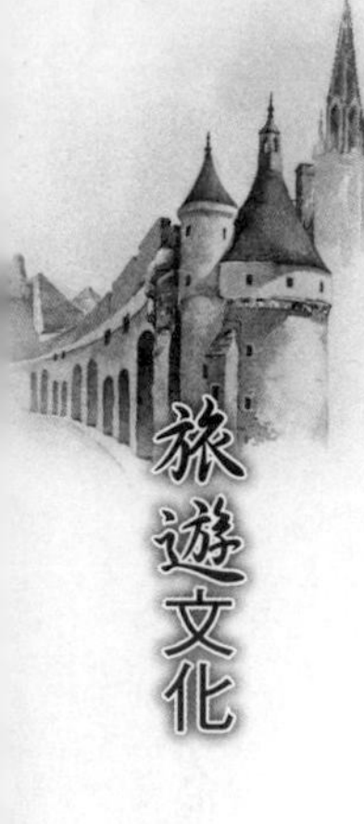

化間彼此衝突與融合，形成合成文化，使南美洲的文化更加豐富。

中南美洲地區曾發展出印加、馬雅、阿茲提克文化，故其傳統服飾深具民族風格。由於美洲的民族屬多，但不外乎歐洲移民的服飾風格和土著印地安人的服飾風格，例如外衣就主要是歐洲式長外套和印地安人斗篷兩大類。所以選一些有代表性的、藝術性強的民俗傳統服飾列舉出來，基本上均能概括出中南美洲的民俗傳統服飾概況。以下依地域性的不同，將中南美洲部分國家最原始傳統服飾略述如下：

(一)墨西哥

墨西哥的傳統服裝非常漂亮，是一種以黑色為底，上面有金色滾邊和紅、白、綠色的繡花。沒有袖子，束腰群擺寬大，長可及地，這種是相當有強烈風格的服飾。

(二)瓜地馬拉

瓜地馬拉民俗服飾則豐富多樣，每個村落都有自己的傳統款式和色調。一般來說，女子穿著長裙，紮著圍裙和腰帶，頭上有各色圍巾加上精美刺繡；男子戴著竹編禮帽，腰掛砍刀。

(三)洪都拉斯

洪都拉斯城市人都著歐式服裝，僅土著居民有獨特的服飾特色。土著居民男子一般短上衣、長褲、束腰帶，外罩斗篷；婦女多穿長及膝下的裙子，上身裸露佩帶各種飾件。

(四)尼加拉瓜

尼加拉瓜深受西班牙人影響，但東部地區卻以黑人為主，兼有印地安因素的獨特風格。男子著白色襯衣，深色禮服、寬大的淺色褲子、帶纓穗的腰帶，戴大草帽；女子上身露出肩胸的短袖上衣，下半身穿戴皺摺邊的裙子，佩飾主要以彩色穿珠為特色。

(五)哥斯大黎加

哥斯大黎加亦深受西班牙影響，婦女多穿印花布連衣裙、紮圍裙，頭上圍頭巾，穿皮鞋；男子服飾通常講究顏色，以穿著鮮亮的襯衫、馬褲為喜好，頭戴寬邊帽，也披圍巾，穿高筒靴子。

(六)巴拿馬

巴拿馬則混合具有西班牙文化、非洲文化和印地安文化相結合的特點。男子的傳統服飾是一種叫做「蒙圖諾」（Montuno）的長襯衣，襯衣上繡花並有垂穗，一般敞襟穿不扣鈕釦，下身穿帶有刺繡花紋的過膝短褲。婦女穿繡花的薄紗短衫、寬大的裙子、肩上披巾、頭帶草帽。無論男女都經常背一個形狀奇特的植物纖維做的跨包。

(七)祕魯

坦帕人是秘魯印地安人中較大的部落之一，坦帕人衣著裝束有著自己的特色：身穿坦帕長袍，頭上插一根紅色羽毛，鼻子上橫穿一根黃色羽毛，脖子上掛著一個蝸蝸牛殼，背上佩帶著美麗的箭殼，用各種羽毛做箭尾。

(八)玻利維亞

玻利維亞人一年四季頭戴帽子，已經成為典型服飾形象的一部分。他們認為可以光著腳走路，但不戴帽子就等於忽略了頭部的存在，因為頭部是靈魂的廟宇，是人體最神聖的部位。

(九)巴西

在巴西亞馬遜叢林深處定居的土著人衣著十分簡單。土著男人們僅穿一條皮製的短褲；而婦女則幾乎一絲不掛，甚至在公共場合也僅僅只圍上一條寬腰帶；不論男女四肢上都纏著由植物纖維編織成的裝飾帶。

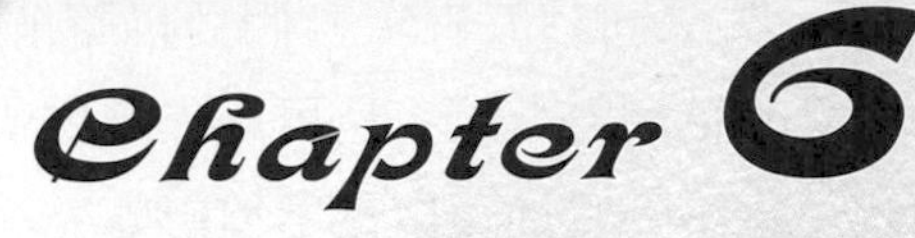

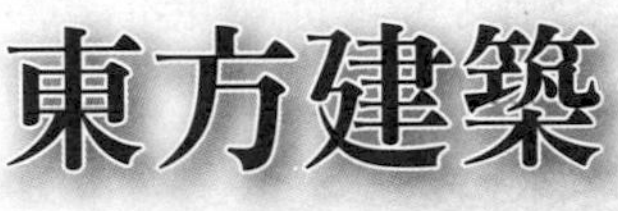

Chapter 6 東方建築

- 建築概論
- 中國建築
- 臺灣建築
- 日本建築
- 東南亞建築

建築藝術，是旅遊過程中，首先對遊客造成視覺衝擊的文明產物。透過建築三度空間的展現，人們可以瞭解千年來人類文明的演進；而透過建築的結構與型式，也可以去發現或探討不同民族對於建築思考的模式。建築除受地理自然環境影響外，社會經濟條件、宗教傳統思想、殖民文化衝擊等，均決定了建築的發展與獨特性。本章與第七章分別探討東方建築、西方建築與宗教建築，將從發展沿革、風格、都市、古蹟、庭園、特殊建築等加以探討。

第一節　建築概論

一、世界建築的發展

建築發展始於文明之初，隨著地域、種族、氣候、信仰、生活方式不同，逐漸發展出屬於文明的脈絡，然後透過戰爭、交流、傳播，而形成各種建築特色。原始社會是人類社會發展的第一階段，原始人在與自然抗爭過程中選擇了巢居或住在天然洞穴，而隨著工具發明與農業起源，開始了定居與村落的形成。

埃及文明在公元前近三千年的歷史裡，創造出金字塔、方尖碑、神殿等巨型建築，方石、圓柱、軸線式設計的神殿建築開啟世界建築的先河，緊接著地中海另一端的古希臘文明興起。

愛琴海是歐洲文明的起源，接下來的兩千多年，歐洲建築領導了世界潮流，從古希臘、古羅馬，到基督教興起之後，基督教文明主宰整個歐洲建築、繪畫、音樂藝術的發展，世界各大文明中，唯獨歐洲建築具有清楚的發展脈絡，古典時期、拜占庭時期、仿羅馬式、哥德式、文藝復興式、巴洛克式、洛可可式、古典主義、歷史主義、新藝術、當代建築……每個時期的風格形式都有一套清楚完整的論述。16世紀之後，隨著地理大發現，帝國殖民主義興起，歐洲文明所主導的

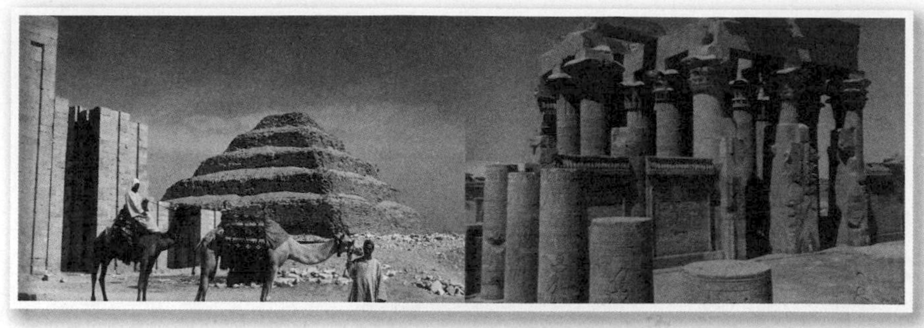

公元三千年前，埃及以金字塔、神殿、方石、圓柱等巨型神殿建築設計，開啟了世界建築先河

風格傳遍全球，成為世界建築的主流。

除了基督教文明，以宗教信仰為前提發展出來的建築藝術還包括了印度教、佛教、伊斯蘭教。佛教發展於西元前6世紀，伊斯蘭教則直到西元7世紀才誕生，兩者的建築形式各自融合了印度次大陸以及西亞近東地區的風土文化。既是宗教建築，信徒祭祀及朝拜的寺廟和清真寺，自然也就成為這兩大文明建築的代表。

中國建築在世界建築藝術中自成一格，以木構框架為主要承重體系，屋頂形式複雜多變，不強調突出單體，而以建築的排列組合、實體和空間相互搭配取勝，不求高聳，而是橫向層層向外開展。日本建築承襲自中國，同樣屬於整個東方建築藝術體系。

美洲建築也是獨自發展，和埃及不約而同都產生了金字塔形狀的建築，只是一個是皇室的陵墓，一個則主要作為宗教獻祭之用，金字塔頂端還蓋了神廟。

二、聚落發展的影響因素

聚落是人類生活表現的場所，聚落的位置是形成聚落分布現象的主因，亦即聚落位置所處條件的差異與變化，可以產生分布的各種特性。聚落的地理位置選擇深受地理條件影響，尤其是地形、氣候、水

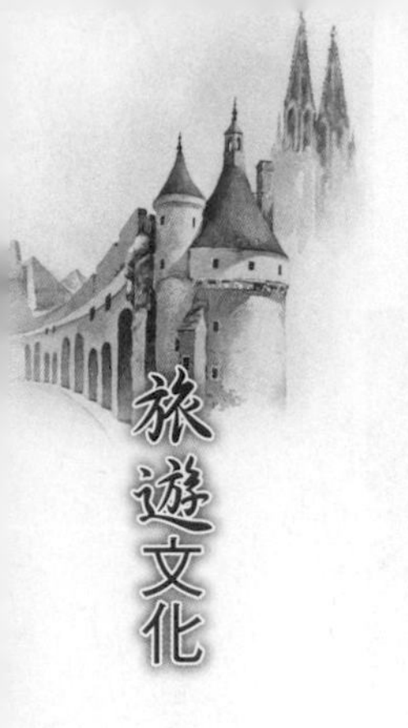

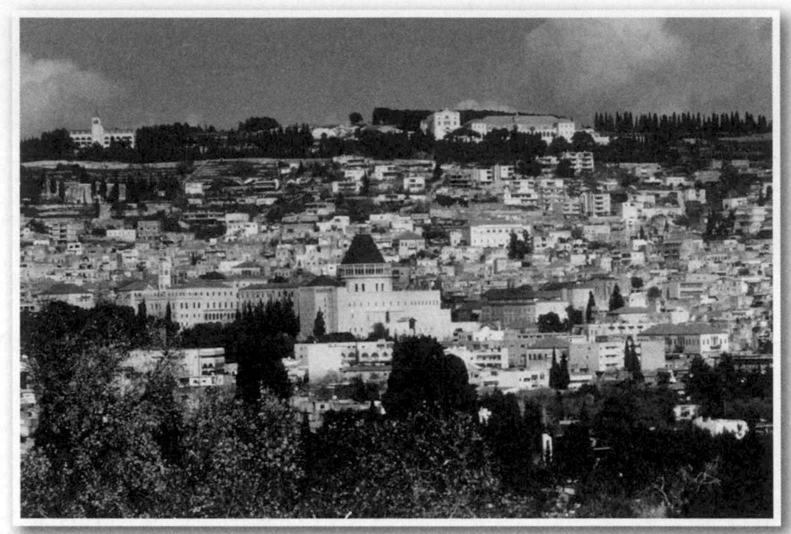

聚落的發展與氣候、地形有著密切的關係，同時城市文明也因聚落的發展而產生不同的面貌

利等，例如早期聚落多喜挑選容易得到水，且少災害、風勢不強、日照較多等條件的地點，一般觀光旅遊時可以用小地形與微氣候的角度觀察。不過聚落的位置不僅包括自然的意義，也應兼具社會經濟背景的人文條件。

影響聚落之自然環境與社會環境分述於後。

(一)自然環境

人類生存於不同的空間，對自然環境的依賴與適應程度，會因地制宜，因此各地不同聚落也會因環境而異，主要包括氣候與地形兩條件：

1.氣候：日射與日照、氣溫、降雨量、風等因素。

2.地形：會因交通是否便捷、取水是否方便及安全問題等，發展出不同形式的聚落。例如防禦性城寨聚落、丘陵地區聚落、平原聚落、谷口與山口聚落、宗教聚落、礦業聚落、河口聚落、

沿岸聚落、綠洲聚落等。

(二)社會經濟環境

社會經濟環境受到經濟條件、交通路線、軍政需要、宗教活動等因素所影響，其中以宗教活動的影響最為明顯。

三、影響建築構建的環境因子

建築之始，產生於人類為求遮蔽風雨、寒冷、燠熱的棲息之所，因此古代各原始建築，不論埃及、巴比倫、美洲及中國各地，均依各自的環境條件築構房舍，以適應當時生活需要。一地之房屋構築與當地之氣候、物產材料之供給、該地之風俗、思想制度、政治經濟等有關，更隨其當代之藝文、技巧、知識發明而改變。

影響房屋構築的環境因子包括有房屋的建材、屋頂型式等因素，依李銘輝教授（2002）在《觀光地理》一書中所述，說明如下。

(一)建築材料

走入一個地區觀光，常可發現同一地區的房屋格式和內部構造皆相似，這可顯示出當地之特有風格，除緣於風土民情外，還受建築材料係就地取材，致建築樣式常隨各地域自然環境之不同而產生差異。如極地氣候區多冰屋、熱帶氣候區多草屋、溫帶氣候區多磚屋、高緯森林區多木屋、環地中海區多石屋、山地丘陵區多石屋、乾燥地區多獸皮屋。早期建物受上述原因影響較為顯著，近期因科技進步、交通發達，且近代建材以鋼筋、混凝土為材料，區域特徵較不明顯。

(二)房屋型態

房屋的形狀各地都不太一樣。人是針對土地的自然條件，設計出最適合居住的房子，因此房屋的形狀就千變萬化了，茲以雨量、溫

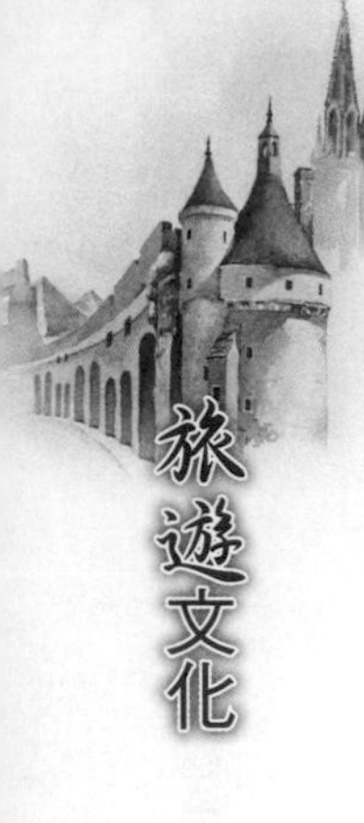

度、建材之差異分別加以說明：

1.雨量：房屋外表係由屋頂、牆壁、門窗所構成。一般而言，濕潤氣候區、屋頂多採傾斜式，乾燥地區多用平頂。

2.溫度：在氣溫高、濕度大，又有野獸侵襲的危險地帶，人們就會把地板架高，蓋在樹上或水上；在寒冷地方的房子，通常窗戶會用兩層或三層以防風寒，也可見到大暖爐和壁爐。

3.建材：房屋之建材亦影響房屋型式，如地中海東南部之圓屋頂，大多使用石材；尤其是義大利和希臘有許多大理石，所以自古即用石頭來建造房屋及神殿等；中國使用木材，大多為棟樑屋頂；方錐狀屋頂見於帳篷，至於磚土屋盛行於埃及與撒哈拉地方，因為高地無森林，僅能燒土成磚，且磚土房不怕雨又不怕熱，比木屋還堅固。

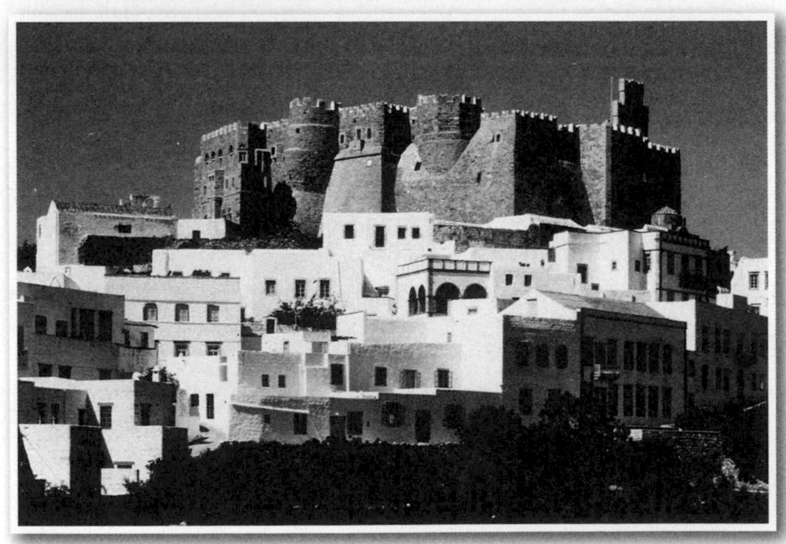

希臘多大理石，其房屋、神殿多用石頭建造

第二節　中國建築

一、中國的木構建築

中國的傳統建築以木結構為主，以特殊的框架，以及斗拱卡榫的接合方式構築出建築的特色。而早期作為祭典儀式之處的壇與廟，其中以壇和廟最具代表性。壇與廟在建築的形式上不同，壇是露祭之所，儀式是在露天舉行，是在平地上建平面圓形或方形的平臺，稱為壇；廟祭的場所在室內，有房屋建築，稱之為廟。

(一)天壇

天壇位於北京，為明清時期皇帝祭天之處。平面北牆呈圓形，南為方形，象徵天圓地方。共有兩重垣，垣內滿植柏樹，分兩組祭壇：雩祭的祈年殿和郊天的圜丘。祈年殿立於三層漢白玉須彌座臺基上，

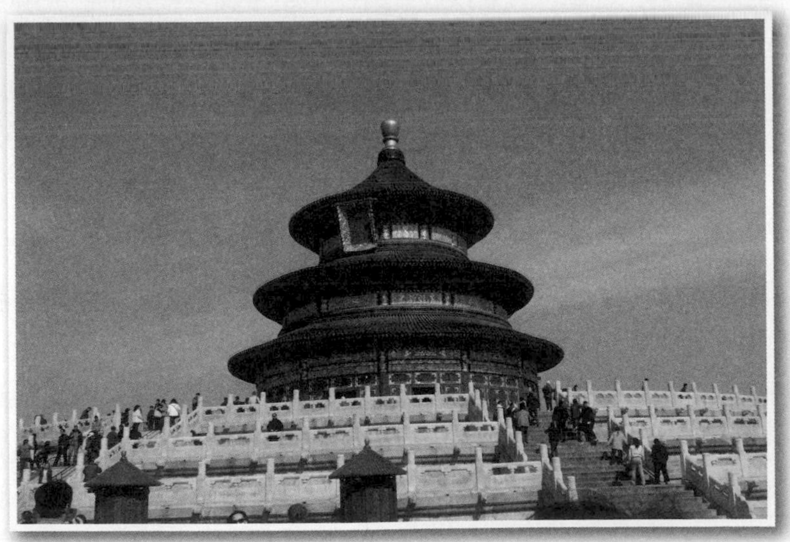

北京天壇為明清兩代皇帝每年祭天及祈豐年之處，主要的建築有祈年殿、皇穹宇和圜丘壇三大殿

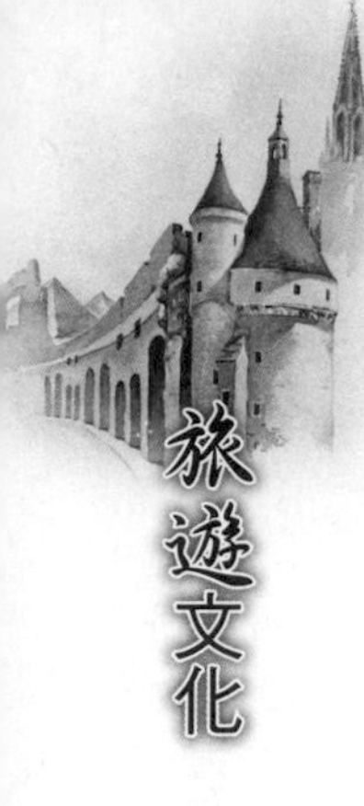

底層徑約90公尺，殿身高38公尺；平面正圓形，上為三重檐圓形攢尖頂；外檐柱12根，是古代最隆重的祭祀建築——明堂的建制：上為三重青色琉璃瓦檐，頂尖以鎏金寶頂結束，檐下彩繪金碧輝煌；圜丘是祭天之所，是祭祀中最高層級。天壇現存為乾隆用艾葉青（漢白玉最高級品種）鋪面砌石；重建的結果是壇三層，上層徑26公尺餘，底層徑55公尺。天為陽性，故一切尺寸、石料件數，均須陽（奇）數，而明代舊壇尺寸僅及現狀一半。

(二)太廟

太廟占地約165,000平方公尺，本身由高達9公尺的厚重牆垣圍繞，封閉性很強，南牆正中闢券門三道，用琉璃鑲貼，下為白石須彌座；入口處有小河，建五座小橋；再北為太廟戟門，五間單檐廡殿，屋頂平緩，翼角舒展，尚為明代規制。入戟門為廣庭，北上為太廟正殿，原有九間，清代改為十一間重檐廡殿，與太和殿同屬第一級。殿內列皇帝祖先牌位（神主），置龍椅上，代表生人；寢宮以北，用牆垣隔出一區為「祧廟」，用以放置與在位皇帝關係較遠的祖先神主；正殿前東西廡列功臣牌位，祭祀時用為陪祀。整個太廟建築群，基本為明嘉靖年間重建規模，為研究明代建築群整體組合造型處理的良好典型。

(三)孔廟

山東曲阜的孔廟為歷代皇帝祭孔之處，故其禮制為全國之冠。孔廟範圍屬長方形，南北600公尺，東西145公尺，全廟由南而北，以垣牆廊廡分為八進。前三進為引導部分，布置牌坊和欞星門，由欞星門至大中門，為孔廟前奏；大中門起始為孔廟本身，有長方平面的院牆，四角置角樓，近似宮禁制度。再進，為宏偉的奎文閣，建於明弘治17年，奎文閣後即為孔廟主體建築：大成門和大成殿一組。大成殿於明代重建，清雍正三年再建，遂成今狀。殿為重檐歇山九間，黃色琉璃色，僅次於最高級，相當於故宮保和殿的規制。實測尺寸為殿內地面至正脊上皮24.8公尺、面闊45.78公尺、進深24.89公尺。殿的外檐柱均用石料琢成，為明代遺物。正面一列十柱雕盤龍，其他檐柱八陵線刻雲龍。殿內為楠木柱，天花錯金裝龍；中央藻井蟠龍含珠，如太和殿形式。

二、中國古都

(一)北京

北京位於華北平原北端，東南和天津市相接，是一座有三千多年歷史、八百五十多年建都史的文化名城，歷史上共有五個王朝曾在此定都。除了是中國的政治、文化中心及中國北方的經濟中心，同時也是中國最大的陸空交通中樞。北京薈萃了近代的中華文化，擁有保存得最完整的帝王宮殿建築群，以及許多歷史古蹟、古寺古殿，園林建築，包括萬里長城、天安門廣場、故宮博物院、頤和園、十三陵、蘆溝橋、碧雲寺和周口店等。北京還有不少古官宦府第、四合院，以及

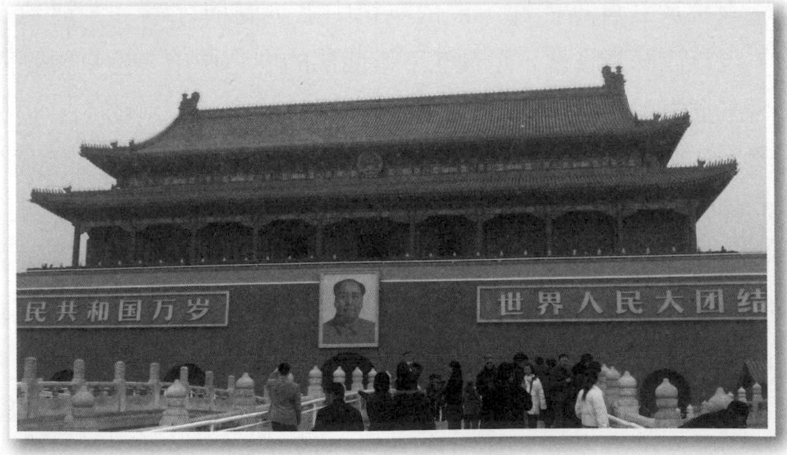

位於北京市中心的天安門廣場，是全世界最大的城市廣場，因位於明清故宮皇城的南門——天安門外而得名

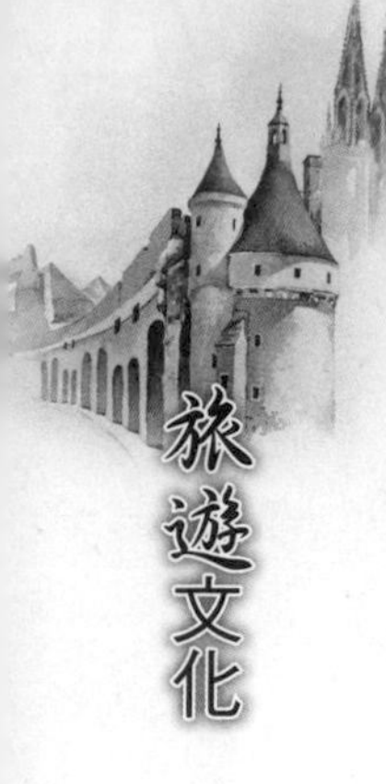

古街、胡同等，可說是中國傳統建築的總匯。元、明、清三代曾建都北京。全市共有六處世界襲產、兩處國家重點風景名勝區、一座國家歷史文化名城、一座中國歷史文化名村、九十九處全國重點文物保護單位（含長城和京杭大運河的北京段）、三百二十六處市級文物保護單位。

(二)西安

古都西安位於黃河流域的關中平原的中部，南依秦嶺，北臨渭河，是中華民族的重要發祥地，也是整個亞洲最重要的人類起源地和史前文化中心之一。歷史上先後有西周、秦、西漢、新莽、東漢、西晉、前趙、前秦、後秦、西魏、北周、隋、唐等十三個王朝在西安建都。西安是世界著名古都，境內共有重點文物保護單位三百一十四處，其中屬國家級和省級的有八十四處；出土文物十二萬餘件，西安是絲綢之路的起點。絲綢之路如今已成為溝通中外交往的交通大道，是一條文明之路、友誼之路、商貿之路和文化旅遊之路。

(三)南京

南京位於江蘇省西部，東依寧鎮山脈，簡稱「寧」，別名「金陵」，現為江蘇省省會，是長江下遊西部的中心城市。南京曾歷六朝興替，三國東吳定都於此，名為建業；之後的東晉、南朝（宋、齊、梁、陳）和南唐、明初與太平天國、中華民國皆建都南京，歷盡許多王朝的輪替；明初，南京以巍巍城垣顯示了泱泱大國之風；晚清，則成為近代中國第一個不平等條約的名字；抗日戰爭，日軍在這裡留下人類歷史上最野蠻、最血腥的一頁；是一座充滿著故事的古都，遊客來此自有一幕幕劇碼在腦海中閃過。

南宋建築古蹟的代表靈谷寺無量殿，是1381年從獨龍阜拆遷於此的一座建築，殿內全用大磚砌成，不用一木一樑，俗稱「無樑殿」。此殿高22公尺、寬53.8公尺、縱深37.85公尺，分作五楹，是中國現存最大的一座無樑殿。

(四)洛陽

洛陽位於河南省西部、黃河中游南岸，因處洛水之北，故稱洛陽。洛陽自夏朝開始即開始製造青銅器，盛於西周，洛陽夏文化遺址中，不僅出土有製作精美的青銅器，還發現有青銅作坊。從東周平王遷都洛陽之後，東漢、曹魏、西晉、北魏、隋、唐、後梁、後唐等都曾建都洛陽，共計九百三十四年，所以洛陽又有「九朝名都」之稱。曾有墨客騷人雲集，有「詩都」之稱，牡丹香氣四溢，有「花都」的美譽。建築古蹟代表：白馬寺、風穴寺。風穴寺景點星羅棋布，主要有八大景、七十二小景，寺內現存唐至清歷代古建築一百四十餘間。有譽為「中原第一鐘」的宋代大鐵鐘，重9,999斤，造型古樸，其聲渾厚；另有罕見的元代羅漢殿、金代中佛殿，歷代墓塔一百五十座，僅次於少林寺。

(五)開封

開封古稱汴梁、汴京，位於河南省東部黃河南岸，鄭州東約80公里，是沿歐亞大陸橋內陸雙向對外開放中心城市之一。戰國的魏，五代的後梁、後晉、後漢、後周及北宋、金，都相繼以此為國都，因此開封又有「七朝古都」之稱。建築古蹟代表有相國寺、清明上河園。相國寺殿內置一尊高約7公尺的木雕四面千手千眼觀音巨像。相傳為一棵銀杏所雕，全身貼金，精妙異常。寺內有一鐘亭，內懸巨大銅鐘一口，高約4公尺，重萬餘斤，為清乾隆年間鑄造。

(六)杭州

杭州位於浙江省北部，錢塘江下遊北岸，京杭大運河的南端，為浙江省省會，是全省政治、經濟、文化中心和交通樞紐。五代吳越和南宋兩代建都，歷時二百多年，是杭州發展史上的鼎盛時期。建築古

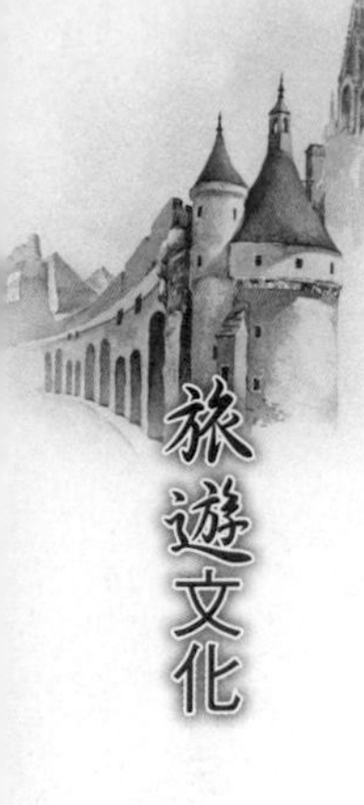

蹟代表有六和塔、靈隱寺。六和塔，塔身建於南宋紹興26年，外部木檐於光緒26年改建。今塔高59.89公尺，每層中心都有小室；磚構塔身的柱子和斗拱等均仿木構建築形式。四周廊子鋪有踏磴，可通頂層。每層廊子兩側都有門，內通小室，外通檐廊。塔內所有須彌座上，有磚雕神人、飛天、花卉、鳥獸等圖案，精緻生動。塔的飛檐翹角上掛有一百零四個大鐵鈴。

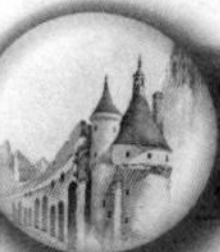

「宮殿之海」 紫禁城

紫禁城位於北京，原為明、清兩代的皇宮。明代十四個皇帝和清代十個皇帝，凡四百九十一年先後在此統治中國。

按照中國古代對太空星球的認識，謂有紫微星垣（即北極星），位於中天，是天帝所居，稱紫宮。後引其「紫微正中」之義，來象徵世上帝皇的居所。而且皇帝所居的宮殿屬禁地，戒備森嚴，因此明、清皇宮就有紫禁城之名。紫禁城宮殿是明成祖朱棣在位時興建的，由於深感北方元殘餘勢力的威脅，基於軍事上的考量與鞏固政局需要，於永樂4年（1406年）下詔遷都北京，永樂5年5月開始營建北京宮殿、壇廟與自己的陵寢（即長陵）。當時規劃有三大特點：

1. 明代北京宮殿是在元大都的基址上興建的。擬制規劃時的設計者不僅掌握元大都的基本情況，而且十分熟悉水系地理等環境條件，因此在營建新城時得以充分利用原有遺物，節省了很多工程量。
2. 明代的都城規劃吸取了歷代都城的優點，對元大都宮殿布局做了許多改動。明代北京規劃吸取了宋代汴京宮「前周橋南天街」的布局，把京城的南面城牆向南推，到現在正陽門的位置，從而使正陽門到紫禁城之間形成了一條筆直而漫長的中軸線。同時，在承天門外中軸線的兩側，布置千步廊與衙署，在承天門內東西朝房兩旁，布置了「左祖右社」的太廟和社稷。

3.將太后嬪妃的宮室都布置在紫禁城內，並沿紫禁城周圍挖了52公尺寬的護河，使紫禁城增加了一道防禦工事。從護城中挖出的土方多達萬立方公尺，運至宮後的御苑，堆成高達49公尺的萬歲山（今稱為景山）。

資料來源：整理修改自維基百科。

三、中國石窟

石窟寺是佛教建築的一種，在河畔山崖開鑿而成，許多石窟寺洞密集，而有千佛洞之稱。中國石窟的開鑿約始於西元3世紀，盛於第5至第8世紀，最晚則為16世紀。石窟所呈現的摩崖造像、雕塑、壁畫不僅可瞭解佛教東傳的歷史軌跡，更是藝術展現上無價的寶藏。

(一)大同雲崗石窟

雲崗石窟始建於北魏文成帝興安2年（453年）至孝文帝太和18年（494年），歷四十年完成，由當時的佛教高僧曇曜奉旨開鑿。整個石窟分為東、中、西三部分，東部的石窟多以造塔為主，故又稱塔洞；中部石窟皆分前後兩室，主佛居中，洞壁及洞頂布滿浮雕；西部石窟以中小窟和補刻的小龕為最多，修建的時代略晚，大多是北魏遷都洛陽後的作品。

石窟雕塑的各種宗教人物形象神態各異，在雕造技法上，繼承和發展了秦漢時期藝術的優良傳統，又吸收了犍陀羅藝術，創建出雲岡獨特的藝術風格。佛像的型態，神采動人，有的居中正坐，栩栩如生，或擊鼓或敲鐘、或手捧短笛或載歌載舞、或懷抱琵琶，面向遊

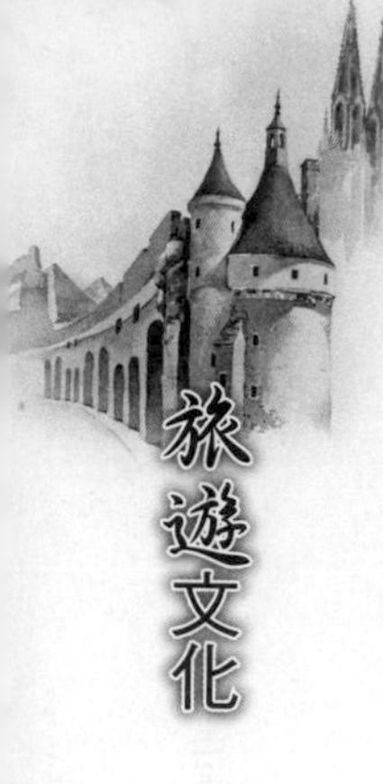

人。這些佛像，飛天（即石窟中的飛天女神），供養人（即出資或雕刻佛像者）面目、身上、衣紋上，留有古代人們的智慧成果。許多佛像與樂伎刻像，還明顯地流露著波斯色彩，融合印度犍陀羅藝術及波斯藝術的精華。

(二)洛陽龍門石窟

龍門石窟始開鑿於北魏孝文帝遷都洛陽（西元494年）前後，後來，歷經東西魏、齊、北周，到隋唐至宋等朝代又大規模營造達四百餘年之久。龍門石窟密布於伊水兩岸峭壁上，南北長達1公里，共有九萬七千餘尊佛像，一千三百多個石窟。現存窟龕二千三百四十五個，題記和碑刻三千六百多個，佛塔五十幾座，造像十萬餘尊。其中最大的佛像高達17.14公尺，最小僅只2釐米。賓陽洞是龍門石窟中著名的洞窟，前後花了二十四年才完成，是開鑿時間最長的一個洞窟。洞內有十一尊大佛像。主像釋迦牟尼，高鼻大眼、體態端祥，左右二邊有弟子、菩薩侍立，佛和菩薩面相清瘦，目大頸平，衣錦紋理周密刻劃，有明顯西域藝術痕跡。

奉先寺是龍門石窟中最大的一個石窟，長寬各30餘公尺。據碑文記載，洞中佛像明顯體現了唐代佛像藝術特點，面形豐肥、兩耳下垂，形態圓滿、安詳、溫存、親切，極為動人。

(三)甘肅麥積山石窟

建於後秦（384至417年），大興於北魏明元帝、太武帝時期。西魏文帝時，再修崖閣，重興寺宇。洞窟增至二百零九個，其中有從4世紀到19世紀以來的歷代精美石雕，泥塑七千多身，壁畫1,300多平方公尺。麥積山的洞窟很多為別具風格的崖閣，東崖泥塑大佛頭上15公尺高處的七佛閣，是中國典型的漢式崖閣建築，建在離地面50公尺以上的峭壁上，開鑿於公元6世紀中葉。麥積山石窟雖以泥塑為主，但也有一定數量的石雕和壁畫。麥積山高150餘公尺，龕窟大都開鑿於

20至30公尺乃至70到80公尺高的懸崖峭壁之間，其驚險陡峭居現存石窟之首。石窟由於歷代的增修，因此風格各有不同，北魏清逸、隋唐豐滿，呈現出造型藝術發展的鮮明軌跡，被譽為東方雕塑之宮。

麥積山石窟，大的高達15公尺多，小的僅20多釐米，體現了千年來各個時代塑像的特點，也反映了我國泥塑藝術發展和演變過程。塑像有兩大明顯特點：強烈的民族意識和世俗化的趨向。除早期作品外，從北魏塑像開始，差不多所有的佛像都是俯首下視的體態，都有和藹可親的面容，雖是天堂的神卻像世俗的人。從塑像的體形和服飾看，逐漸擺脫外來藝術的影響。

(四)敦煌莫高窟石窟

莫高窟位於敦煌市東南鳴沙山東麓的斷崖上。始建於東晉太和元年，建造了第一個石窟。消息傳開後，商旅紛紛差使在此修建石窟以求旅途平安。此種情況延續到元代，千年間不斷有人在敦煌開鑿石窟，據一些古書記載，石窟數量達千餘個。現存莫高窟就有七百多個，隨著日後考古工作的發掘，數字不斷增加，現存的四百九十二個洞窟中，塑像二千尊以上，其中最大者33公尺，最小者僅10釐米，且保存著十六國等時期的壁畫45,000多平方公尺，若把這些壁畫以1平方公尺橫向排列，長度可達5公里，是一座博大精美、無可比擬的歷史畫廊，所以人們喜歡把莫高窟比作牆壁上的圖書館。另外，莫高窟曾於1900年發現藏經洞，保存了4至11世紀的佛教經典、經濟文書、文學、科技、史地資料以及帛畫、紙畫、織染刺繡等文物五萬餘件。只可惜由於民國初年時的政局不穩與戰亂，敦煌莫高窟的文物被掠奪，四處散佚，目前許多重要的文物均被保存在世界各國的博物館；而為專研莫高窟的文物，亦有敦煌學專門學術的研究，並進行文物的保護。

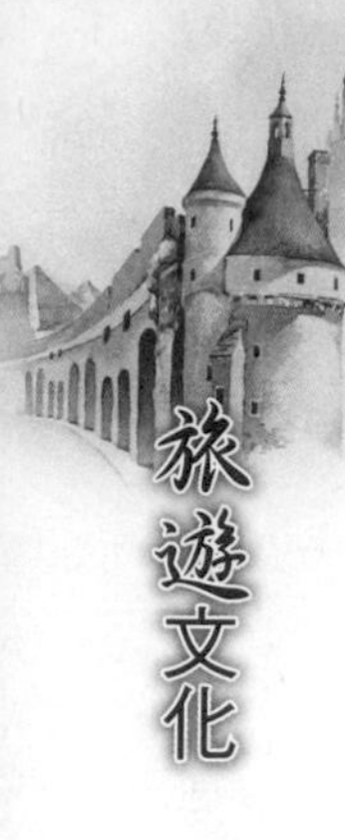

四、中國園林

中國園林大約可追溯到三千年以前，開始於封建社會經濟已相當發達的殷商時期，由於園林藝術是高度發展的藝術，所以只有當社會發展到一定階段時，才會產生供人遊憩享受的園林。

(一)南方與北方的比較

基本上中國的園林大致可分北方園林（皇家園林）與江南園林（私家園林）兩種。皇家園林面積較江南園林大，且集中於北京，其中尤以清代的皇家園林著稱，清代的皇家園林，繼承了宋、遼、明的優秀傳統基礎，大量汲取了江南園林意趣和造園技巧，既不失北方的豪壯氣概，又體現了江南水鄉的柔美氣氛，這種兼備了南北特點的清代皇家園林，使園林藝術開創新風格。江南私家園林則在有限的土地上，用人工營造出山水的真意。所以，造園者需要挖盡心思，更含蓄地去創造園林藝術意境。然而，皇家園林，是以真山真水，崇樓偉閣創造開闊和宏麗的景觀；最具代表性的有避暑山莊、頤和園等。

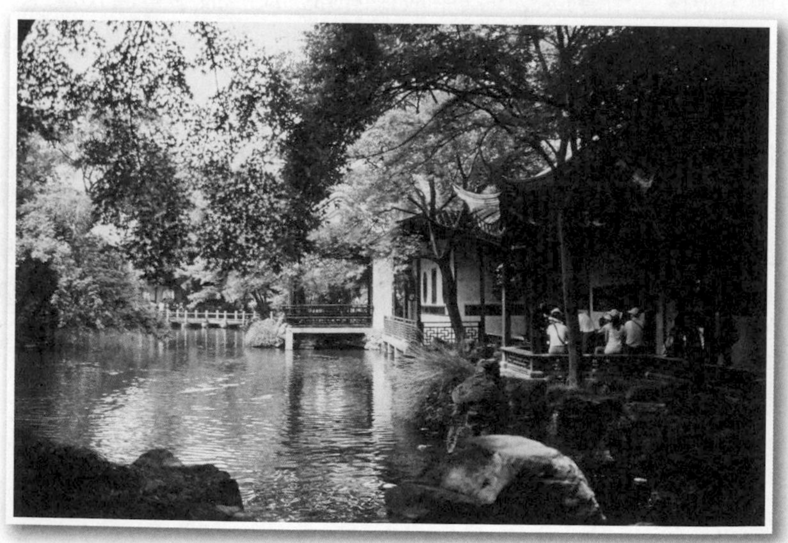

江南私家園林善於用人工營造出山水的意境

(二)代表性的建築物

■頤和園

頤和園為世界上最壯闊的皇家園林，位於北京西郊的西山腳下海淀一帶，從公元11世紀起，這裡就開始營建皇家園林，到八百年後清朝結束時，園林總面積達到了1,000多公頃，如此大面積的皇家園林可說是世間罕見。頤和園中的主體建築是萬壽山上的佛香閣。佛香閣建築在高21公尺的方形台基上；閣高40公尺，有八個面、三層樓、四重屋檐；閣內有八根巨大木柱，結構相當複雜，為古典建築精品。另外，迴廊和角亭建築也是園林的常用形式。頤和園的長廊長約728公尺，為世界長廊之最。廊上繪有圖畫一萬四千餘幅，均為傳統故事或花鳥魚蟲。此外，萬壽山頂的無樑殿，全用磚石砌成拱頂，沒有一根支撐物，技術水平極高。體現出的鑄造雕刻技術也是一流水平。中國園林藝術風格，無論從保存歷史文物，或發展優秀的傳統園林藝術來說，都是一份極寶貴的文化襲產。

■拙政園

拙政園位於蘇州，唐朝時是陸家舊宅，元時改為太宏寺，明時御史王獻臣利用此址闢地改建拙政園，是蘇州面積最大，也是明代最富江南特色的典型園林。面積62畝，園內有三十一景，風格富麗堂皇，而又洋溢著詩情畫意，是一座大觀園式的秀麗園林。總體布局以水池為中心，分東、中、西三部分，主要建築臨水而建，將建築以山石花木與水配合，突出「水」這一主題，充分表現「水鄉園林」的特色。東園「歸田園」，可說是整個園景的一個序幕，是明侍郎王心一所築；中園「拙政園」為全園精華所在，主建築為遠香堂，是蘇州園林中最典型的四面廳，室內沒有阻礙視線的柱子，長窗透空，環視四面景物，如同觀賞長幅畫卷。次要景點如見山樓、荷風四面亭、梧竹幽居、北寺塔等。由中部過「別有洞天門」即為西部，稱「補園」，也是以水池為中心，以三十六鴛鴦館和十八曼陀蘿花館為主體建築，

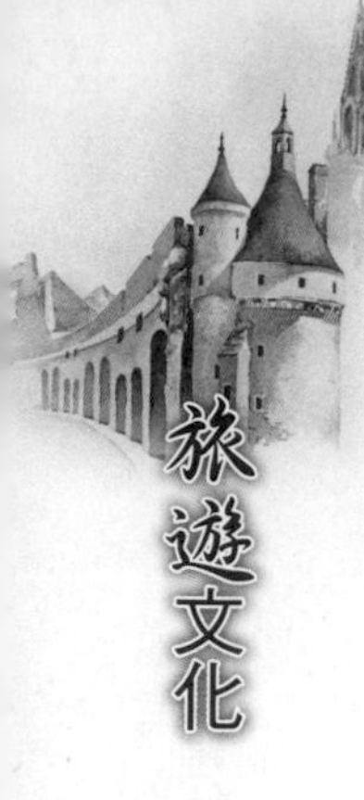

是當年園主宴賓和聽曲的地方，前者供夏日觀賞荷花和鴛鴦之用，後者供冬末春初欣賞山茶花（又稱曼陀蘿花）之用。沿西園與東園的界牆，設有波形廊，以柱列為基礎，貼水而築，稱波形長廊。其他景點尚有如與誰同座軒、宜兩亭、影亭等。

■網師園

網師園亦位於蘇州，是座私人宅園，東南部為宅院，西北部則為園林，東北部為閱覽書畫之所。園中央為一泓方形水池，池面有亭，名「月到風來」，取韓愈詩：「晚色將秋至，長風送月來」，造型嬌小玲瓏，建於水崖高處，不僅是園中四處皆可望到的對景，且四周的天光、山色、屋廊、樹影倒映池中，是一個極好的賞景所在。其他重要景點如「小山叢桂軒」，叢叢花木與疊石，其間多桂樹，寧靜安適，曲折有致，尤其金秋時節，山幽桂馥，香藏不散，更是別有一番情趣。庾信的〈枯樹賦〉：「小山則叢桂留人」正是小山叢桂軒的意境，蘊含著迎接款留賓客之意。「殿春簃」為網師園的一景，是月到風來亭和看松讀畫軒之間廊牆以西的園中別院，四周種有松、梅、榆、楓，隱於窗後，微陽淡抹，淺畫成圖。逗留院北屋中，不但無拘束之感，還可從東牆漏窗中，借得院東園林之景，幽雅自得。美國紐約大都會博物館曾據此為範本，建造中國式庭園，稱為「明軒」，更使「殿春簃」聞名於世。

五、中國特色建築

中國幅圓廣大，建築的樣式除受自然環境因素以及材料限制外；許多地方的建築也因風土民情、傳統思想或宗教影響而呈現不同的風貌。另外，由於部分城市在近代史上曾經淪為其他國家的殖民地，使建築風格上融有歐洲的風貌。因此，本文即介紹中國各地特色的建築，包括：西北高原的窯洞、特色建築的徽派與土樓、以及殖民建築——青島、哈爾濱、上海等地（少數民族的建築於下一段有專文探討）。

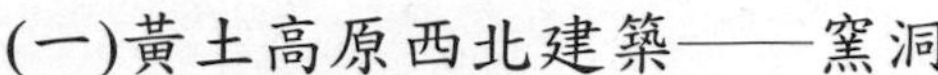
(一)黃土高原西北建築——窯洞

由於黃土高原氣候乾燥，雨量少，地形上黃土層堆積甚厚，有的高達2、3公尺；在重力作用壓迫下，土層之間的壓密度非常緊密，不易崩塌；所以當地居民以此為房屋建材。窯洞建築形式分成三種：

1. 靠山式（靠崖式）：又分成兩大類：在陡峭的石壁下鑿成的是石窯，在壁立的黃土層下鑿成的則稱土窯，窯洞一般作狹長狀，寬2至3公尺左右，深可達4至8公尺，高2至3公尺之間，一般只一室，但亦有挖一排窯洞而內可互通。
2. 下沉式（天井窯）：在平地挖一個長方形深坑，多做南北向以收陽光，是在深厚的山崗上開掘方形或長方形的天井院，從地面有隧道或臺階通往天井內。沿院子四面開鑿若干窯洞。
3. 獨立式（當地人稱之為「鼓窯」）：在院子的平地上用磚砌成窯，是普通的房屋與窯洞的混合體，是一種掩土的拱形房屋，有土墼、土坯拱成，也有的是磚拱、石拱的，這種無需靠山、靠崖能自身獨立，又兼具了窯洞的優點。

因應自然環境興建的窯洞建築有以下的特色，包括：室內維持溫度在攝氏10度到20度之間，溼度在30%到75%的範圍內；冬天，窯洞的氣溫比室外高13度左右，夏天則比室外低10度左右，非常適合人居住。同時，屋頂採取單面向院內流水的形式，幅度較大。一般家庭沒有床，置睡炕，利用黃土摻和麥筧在窯洞砌成平臺，平臺下有空洞，與灶相連取暖的，叫「寄生炕」（由炕眼直接燒柴草取暖稱為「火炕」），做飯時燒火，餘火流入炕中，一火兩用十分節約、方便。

窯洞可防火、防風、防空、防噪音、防泥流，又可節省土地，經濟省工的構屋，牆壁及房頂與大氣接觸量少，熱量傳導較慢，因此住起來冬暖夏涼，是因地制宜的完美建築形式。

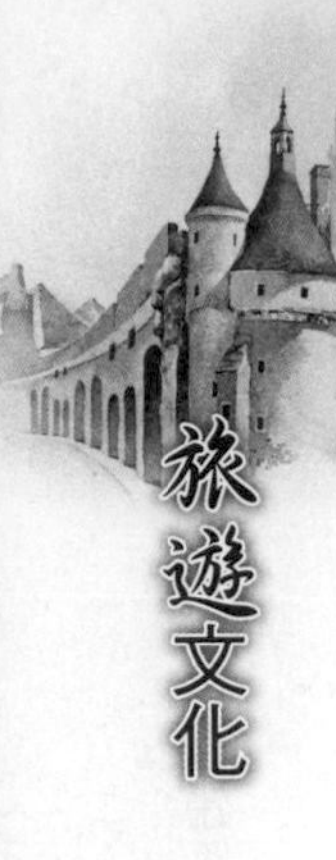

(二)徽派建築

徽派民居是指古徽州地區的民宅，主要位於皖南贛東北的山區、丘陵之中，包括安徽省歙縣、績溪縣、黟縣、黃山市等地區，由於地形高低不一，因此民居建築常沿著地面等高線排列在山腰、山腳、山麓，村鎮隨著地形和道路發展，形狀並不規則。徽派民居已有二千年以上歷史，秦、漢、魏晉時期的遺址早已無存；唐、宋、元代的舊跡雖無，但在明代建築中仍偶有發現；明、清民居則到處可見。

徽派建築特色為民居四周均有高牆圍起，並加築防火牆。白色外牆上除了大門之外，只開少數的小窗，窗子通常用水磨磚或黑色青石雕砌成各式各樣的漏窗。階梯式山牆高出屋面，有些牆頭有捲草、如意圖等。大門一般很講究，代表主人的地位等級，有的大門由正門與兩個邊門組成，並砌有門樓、門罩，極有氣魄。徽派民居一般均為大宅，以三合院或四合院最為普遍。明代民居一般是「五監式」結構，清代一般是「三監四合式」結構，大的有二進、三進、四進甚至更多，最大的達到「三十六個天井，七十二個檻窗，一百多個門庭」但每一進的結構都相同。房屋多為兩層或三層磚木結構，多為方形，布局緊湊，二樓裝潢多採「跑馬樓」形式，在柱子外側周圍裝有華美雕刻的木欄杆，欄杆上還設置帶有精美扶手的飛來椅，稱美人靠。徽派民居注重裝飾，門樓上的磚、石雕刻、窗扇、欄杆、欄板等處的木雕，漏窗、天井、石欄等處的石雕，還有彩畫等，都是出色的裝飾。

明清時期的徽派建築風格不一，明代的有淡雅的韻味，清代則有精美繁複的特色。近年中國將幾棟具代表性的民居遷建於潛口，定名「潛口明宅」，屬於全國重點文物保護單位，被譽為「明、清民居博物館」。

(三)土樓

福建土樓包括閩南土樓和一部分的客家土樓，主要分布地區以中

國福建西南山區，客家人和閩南人聚居的福建、江西、廣東三省交界地帶，通常是指閩西南獨有，約利用不加工的生土，夯築承重生土牆壁所構成的群居和防衛合一的大型樓房。福建土樓是世界大型民居形式，被稱為中國傳統民居的瑰寶。

土樓的起源，可追溯到唐朝陳元光戍兵漳州，58姓落戶閩南。閩南許多圓形山頭，至今還遺留古代兵寨的遺跡。圓形的山頭自然不宜築方形山寨，因此山寨遺跡多呈圓形。這些圓形山寨便是圓土樓的原型。最初的圓形兵寨只有一層，後來逐漸演變為民居，為了節省耕地，便向高發展，成為多層圓土樓。客家係由中原遷移到閩南，帶來中原的四合院形式，又因防衛需要，建立厚土牆，為五鳳樓和方土樓的來源。

由於圓形的土樓，可以用同樣長度的外牆，包圍著最大的公共庭院，在高層瞭望點的視野，比方樓寬闊，因此也被客家人紛紛採用。通常圓樓的底層為餐室、廚房，第二層為倉庫，三層樓以上的所在才為住家臥房。其中每一個小家庭或個人的房間都是獨立的，而以一圈圈的公用走廊聯繫各個房間。這些設計通常著重防禦功能。

根據學者的研究顯示，客家人遷移到福建之前，閩南的漳州已經有土樓，為對相關的名詞進行釐清與瞭解，學者們認為將閩南土樓稱為客家土樓並不正確，因此以福建土樓一詞概括閩南土樓和客家土樓。福建土樓不僅為中國國務院文物局訂為全國重點文物保護單位，2008年7月福建土樓四十六處也被正式列入世界文化襲產名錄，包括初溪土樓群、田螺坑土樓群、河坑土樓群、衍香樓、振福樓及懷遠樓和貴樓等等。

(四)青島殖民建築

青島，位於山東省，其獨特優美的地理環境、山海景觀融為一體的城市架構、氣勢浩大的城市建築布局，結合相得益彰的空間環境，以歐洲建築為主的異國風貌更構築了城市的建築風格。

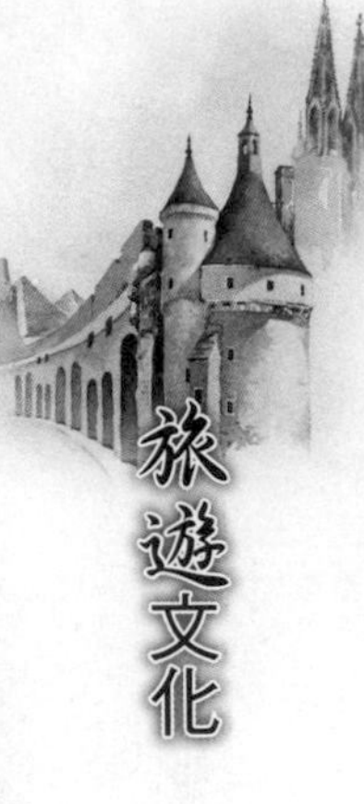

1897年德國入侵膠州灣，次年強迫清廷簽訂「中德膠澳租界條約」（1898，清光緒24年），開起了列強瓜分中國的危機，德國更取得長期霸占青島的殖民特權。1900年德國殖民當局制定青島第一次城市規劃——「市區擴張規劃」，並著手實施；1910年，德國人拆除遷移中國傳統建築，全數拋棄中國傳統人文因素，按照歐洲近代城市風貌，進行全新的城市建設。

德據時代的青島城市設計裡，提倡中世紀歐洲城市的自由活潑風格，與如畫的自然風光相結合的手法進行規劃；利用地形構劃城市空間，精心設計的街景建築物伴隨著起伏曲折的道路，產生了移步換景之效，是相當具創意性的設計。在建築風格方面，則以德意志民族的傳統性為主調，再加上受了19世紀初歐洲復古思潮和「新藝術運動」的影響，色彩紛呈、造型迥異。建築材料方面，採因地制宜、就地取材原則，故公共建築多用石料，如花崗岩、關綠岩、墨灰石岩等青島地區特有的石料資源，加上嚴格的建築工範，質量普遍優良。屋的設計不僅多樣化又具一致性，如採用紅瓦、黃牆、石基風格，屋頂富變化且屋瓦樣式多變。

1914年，日本人取代德人侵占青島，日占時期的建築講究經濟實用，室內高度與使用面積相對於德式建築明顯減少，這時期沒有大片外廊和露臺，多用鋼筋混凝土，建築質量明顯遜色。據統計，至1949年，青島市區擁有來自德、日、英、美、俄等二十多個國家的人士建造的各界外國式樣的建築就有二百九十九處，共一千多棟，其中德日建築占三分之一。豐富多采的青島建築，具象徵的展示青島的歷史，構成青島成長過程的生動紀錄，成為青島這座歷史文化名城的重要涵意與標誌。

(五)哈爾濱建築

由於城市較早國際化和多元化，以及優美的自然景觀，替哈爾濱賦予了浪漫的文化色彩。哈爾濱的地方文化以漢文化為基礎，融合

了滿文化及俄羅斯文化、猶太文化。哈爾濱的城市建築在中國各大城市中尤其別具風韻，被譽為「東方小巴黎」，是中國最美麗的城市之一，其深受俄羅斯和歐洲風格影響的建築及街市景觀聞名遐邇。不僅有林林總總的歐式建築，也有十分傳統的中國古典建築，1980年代以來，哈爾濱興建了若干現代建築，市內高樓林立，夜晚流光溢彩，使這個城市呈現出中西合璧，美侖美奐的建築風格。

中央大街身為哈爾濱主要的商業街之一，是20世紀早期繁忙國際商務活動的完美遺存。這條1.4公里的步行街，是歐洲建築風格博物館，包括文藝復興、巴洛克、折衷主義、新藝術運動等各式四大流派建築。

20世紀20年代，道外區是哈爾濱中國居民集居地，這種建築外觀以巴洛克建築風格為主體，融入中國傳統四合院的設計思想。建築多為兩層或多層，形成「雙層四合院」，即老哈爾濱人所說的「圈樓」。「圈樓」裡設有天橋、天井和回廊，院落外牆高，單面坡，以表達中國民居民俗中「肥水不流外人田」之意。在建築立面裝飾上，主體按巴洛克風格，但裝飾和雕花的紋樣多取材於中國傳統圖案，如蝙蝠、牡丹、如意和銅錢等中國民間文化元素，以表達福、祿、吉祥之意。

哈爾濱曾經有過大大小小共約五十餘座教堂，包括基督教、東正教、猶太教、伊斯蘭教等各種主流宗教，以及寺廟、道觀等本土宗教建築，是中國東北教堂最多的城市。後來受到文化大革命和大規模城市建設的破壞，現在保存下來的僅剩十幾座而已。其中世界上最大的木結構東正教堂，南崗喇嘛台廣場中央的哈爾濱聖．尼古拉教堂於1966年8月23日被紅衛兵拆毀。聖．索菲亞教堂是哈爾濱宗教建築的經典代表，1997年修復後成為哈爾濱建築藝術館，用以展示哈爾濱受多種文化影響下的建築藝術，並被列為全國重點文物保護單位。

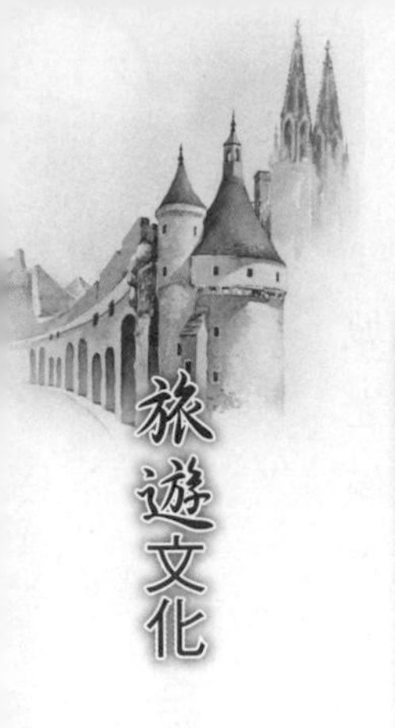

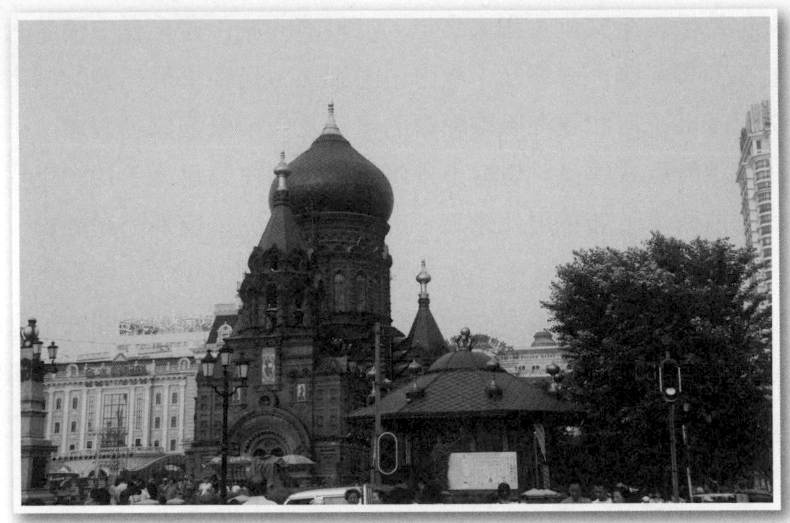

哈爾濱聖索菲亞大教堂

(六)上海市外灘

上海在現代化的進程中，隨著人口的激增和各階層的逐步分化，住宅建築起了極大的變化，傳統的住宅建築漸漸為新類型的住宅建築所取代，至20世紀30、40年代，新類型住宅建築已遍布市區，而早期上海由於開放為通商口岸，與世界各國接觸較早，因此有許多國家設立租界地，也形成多樣化的建築樣式，其中最著名的便是外灘。

上海外灘原指舊上海縣城至蘇州河南岸的黃浦江西岸的灘地，又名中山東一路，長約1.5公里，1945年該地段被闢為英租界，以後外國洋行、銀行等相繼在此建立。同時由於外國銀行大量進駐上海，上海遂成為中國金融中心，各銀行或財團為顯示自己的實力，便在外灘興建豪華大廈。外灘，東面西臨黃浦江，矗立哥特式、羅馬式、巴洛克式、中西合璧式等五十二幢風格各異的大樓。這些大樓建築格調統一，輪廓協調，給人以一種剛健、雄渾、莊嚴的氣勢。外灘建築風格，除沙遜大廈、百老匯大廈等為早期現代派外，大多屬於復古主義或折衷主義。如匯豐銀行是一座龐大的矩形建築，立面中心線對稱，

中部隆起半球形希臘式屋頂，明顯挑出主中心線，外牆採用巨大石塊結構，並橫線條處理，中部有貫穿二至四層的仿羅馬林斯雙柱支撐，並增加細部雕塑，整個建築在視覺上給人以粗獷、堅固、典雅、莊重的感受，同時又讓人產生資本雄厚、信用穩固的聯想。著名的上海總會建於1910年，是當時社交界的舞台，外觀橫、直線條三段式處理，富有韻律，二層與四層的中段增加了六根愛奧尼克柱頭，整幢大樓增加了立體感，大樓南北兩側對稱，頂端各設置了巴洛克式的風亭，建築窗戶形狀變化多端、細部雕刻細膩優美，因此整幢建築顯得典雅而活潑，富於藝術感。行走於濱江大道上，將可發現哥德式的尖頂、希臘式的穹窿、巴洛克式的廊柱、西班牙式的陽台，處處散發著濃郁的異國情調，別具一格。（吳光庭，1994）

■上海其他著名建築物

上海東方明珠廣播電視塔是上海旅遊新地標，塔高468公尺，集廣播電視、娛樂、遊覽於一體，263公尺高的上體觀光層和350公尺處的太空艙是遊客360度鳥瞰全市景色的最佳處所。267公尺處是亞洲最高的旋轉餐廳。底層的上海城市歷史發展陳列館，再現老上海的生活場景，濃縮了上海從開埠以來的歷史。

上海新天地是一個展現上海歷史文化風貌的都市旅遊景點。它坐落在市中心，淮海中路南側、黃陂南路和重慶路之間，總面積3萬平方公尺。以上海獨特的石庫門建築為基礎，將上海傳統的石庫門里弄與充滿現代感的新建築結合起來，集歷史、文化、旅遊、餐飲、商業、娛樂、住宅等於一體。它是領略上海歷史文化和現代生活形態的最佳場所。

金茂大廈是目前中國第一高樓，也是上海新的標誌性建築。它位於浦東新區陸家嘴金融貿易區，集商務、酒店、娛樂、觀光、購物於一體。大廈總建築面積29萬平方公尺，總高度420.5公尺，建築物地上八十八層、地下三層，第八十八層是迄今為止中國最高、最大的觀光廳，可以容納一千多名賓客，環顧四周，極目眺望，上海新貌盡收眼底。

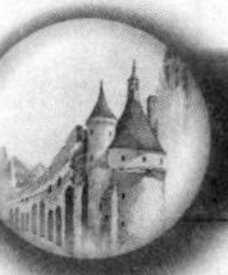

上海2010年世界博覽會

主　　題：城市，讓生活更美好

副 主 題：多元文化的融會　城市經濟的繁榮
城市科技的創新　城市社區的塑造
城市鄉村的互動

會　　徽：世博會的會徽以綠色為主基調，形似漢字「世」，又似三人合臂相擁，並與數位「2010」巧妙組合的圖形。表達了中國人民舉辦一屆屬於世界的、多元文化融合的博覽盛會的強烈願望。漢字「世」，形似三人合臂相擁的圖形，可抽象概括為「你、我、他」的全人類，也可喻為美滿幸福，相攜同樂的三口之家；表達了世博會「理解、溝通、歡聚、合作」的理念，體現了2010年上海世博會以人為本的積極追求。會徽以綠色為主色調，富有生命活力，增添了向上、升騰、明快的動感和意蘊，抒發了中國人民面向未來，追求可持續發展的創造激情。

舉辦日期：2010年5月1日至10月31日（共184天）
參展國家地區和國際組織：200個

參展人次：7,000萬人次（預估）

選　　址：在上海南浦大橋至盧浦大橋之間黃浦江濱水地區

目　　標：辦成一屆成功、精彩、難忘的世博會

官方網站：www.expo2010china.com

六、中國少數民族建築

中國有五十六個民族，除漢族外，分布以西南地區最多，尤其雲南省即擁有將近一半的少數民族。少數民族的聚落或建築，主要係受到地形、氣候、水文、材料、生活方式等因素影響，本節即針對西南地區、蒙古、新疆、西藏等特色民族建築加以介紹。

(一)西南地區建築

■白族——大理古城

大理古城是中國二十四個歷史文化名城之一，它面臨洱海，背靠蒼山。大理古城是明洪武15年（公元1382年）明軍攻占大理後修築的。城牆的外牆為磚，上列矩碟，下環城溝。城內至今仍保持著縱橫交錯、棋盤格局式的街道和雄偉壯觀的南北城樓，一條主街貫通南北古城門。明朝以來，這裡曾經是滇西政治、經濟、文化中心。街道兩旁青瓦屋面，民居、商店、作坊相聯，一派古樸風貌。典型的白族民

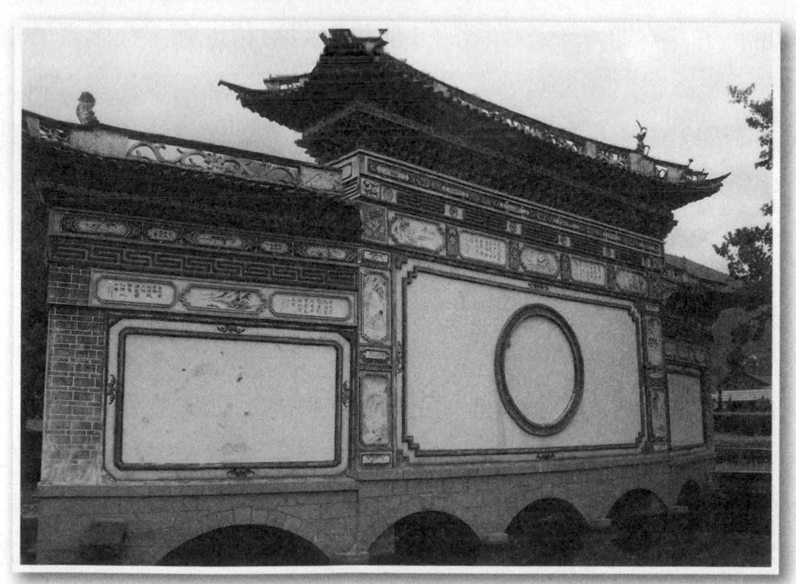

大理白族傳統建築——飛檐翹角，斗拱彩畫

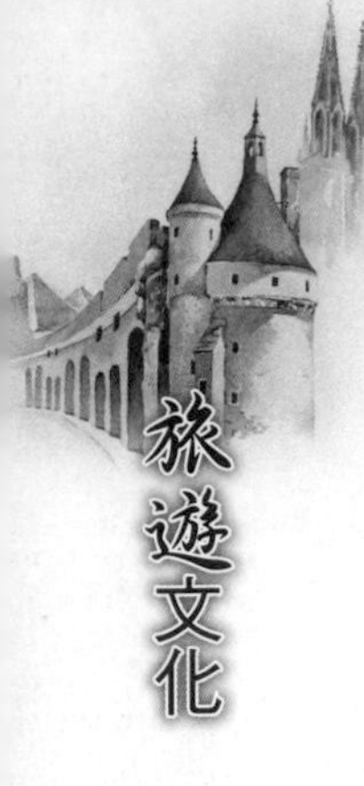

居一般為「三房一照壁」、「四合五天井」。所謂「三房一照壁」，即每戶院內均有一正房、兩廂房，正房對面是一面牆壁。白族民居十分注重門樓，飛檐翹角，斗拱彩畫，頗具特色。門窗、照壁多用劍川木雕以及大理石、彩繪和水墨畫裝飾，工藝精緻、清新典雅，在西南民居建築中堪稱一流。

■傣族——傣家竹樓

雲南西雙版納地區的傣族，由於盛產竹子，故日常生活皆與竹產生密切關係。西雙版納最吸引遊客注意的就是成片的竹林，以及掩影在竹林中一座座美麗別緻的竹樓。**傣家竹樓**的造型屬干欄式建築，它的房頂呈「人」字型，西雙版納地區屬熱帶雨林氣候，降雨量大，「人」字型房頂易於排水，不會造成積水的情況出現。一般傣家竹樓為上下兩層的高腳樓房，高腳是為了防止地面的潮氣，竹樓底層一般不住人，是飼養家禽家畜的地方。上層為人們居住的地方，是整個竹樓的中心，室內的布局很簡單，一般分為堂屋和臥室兩部分，堂屋設在木梯進門的地方，比較開闊，在正中央鋪著大的竹蓆，是招待來客、商談事宜的地方，在堂屋的外部設有陽臺和走廊，在陽臺的走廊上放著傣家人最喜愛的打水工具竹筒、水罐等，這裡也是傣家婦女做針線活的地方。整個竹樓非常寬敞，空間很大，也少遮擋物，通風條件極好，非常適宜於版納潮溼多雨的氣候條件。

■納西族——麗江古城

納西民居大多為土木結構，比較常見的形式有以下幾種：三坊一照壁、四合五天井、前後院、一進兩院等幾種形式。其中，三坊一照壁是麗江納西民居中最基本、最常見的民居形式。在結構上，一般正房一坊較高，方向朝南，面對照壁。主要供老人居住；東西廂略低，由下輩居住；天井供生活之用，多用磚石鋪成，種植花草美化。如有臨街的房屋，居民將它作為鋪面。此外，納西民居中最顯著的一個特點是，家家房前都有寬大的廈子（即外廊）。廈子是麗江納西族

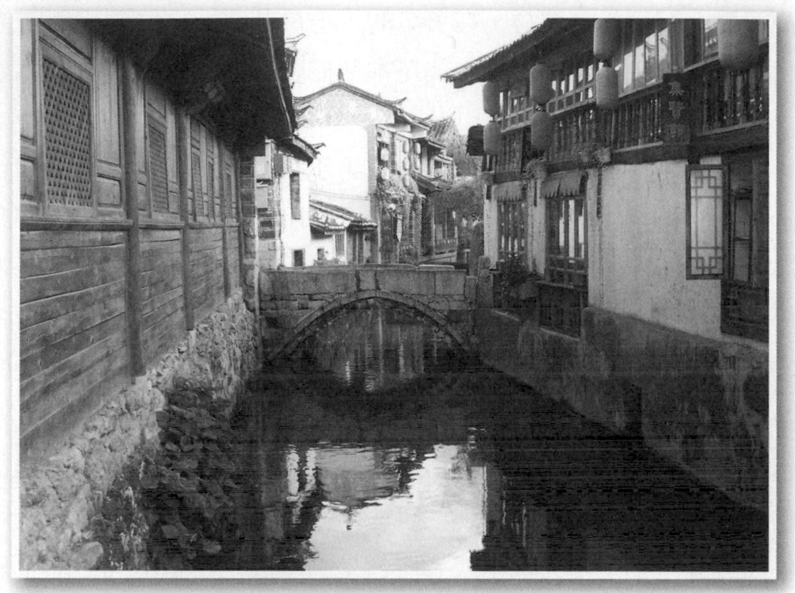

玉泉水自古城西北湍流而下，流經大研古城各街巷

民居最重要的組成之一，這與麗江的宜人氣候分不開。因而納西族人把一部分房間的功能，如吃飯、會客等搬到了廈子裡。在建築設計、建築風格及藝術等方面，大研古城的納西民居最具特色。古城地處麗江壩，選址北靠象山、景虹山，西靠獅子山，東西兩面開朗遼闊。城內，從象山山麓流出的玉泉水從古城的西北湍流至玉龍橋下，並由此分成西河、中河、東河三條支流，再分成無數股支流穿流於古城內各街巷。利用這種有利的自然條件，古城街道工整而不拘地自由布局，主街傍河，小巷臨渠，道路隨著水渠的曲直而延伸，房屋就著地勢的高低而組合。

■貴州少數民族

苗族吊腳樓依山而建，前半邊以木柱支撐，後半邊靠岩著地，樓屋用當地盛產的木材建成。木樓一般分為三層，上層儲穀，中層住人，下層圍棚立圈，堆放雜物和關牲畜。一層除臥室、廚房外，還有接待客人的中堂，中堂的前檐下裝有靠背欄干，形成一個陽臺，既可

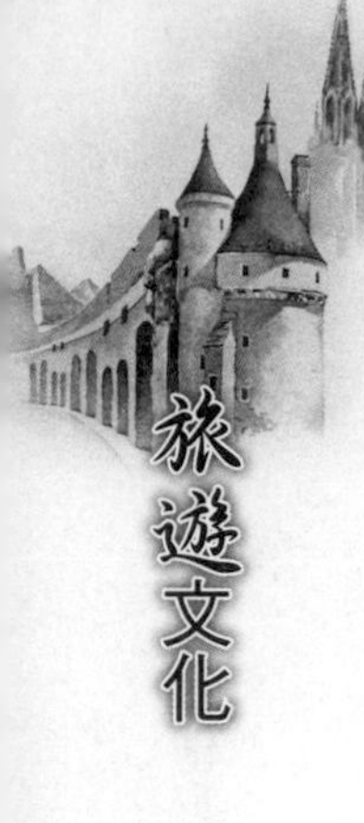

憑高遠眺，又可休息聚會。在著名的「千戶苗寨」——雷山縣西江，千百棟吊腳樓順山勢而展延，與花木共掩映，層層疊疊，無論遠看近看，都覺氣象萬千。

水族的吊腳樓也是一種傳統的民居建築，多採用木質的干欄式建築形式，材料為松、杉。分上下兩層，上層住人，下層餵養牲畜和堆放農具。房屋四周的檐柱到樓層處均伸出「挑手」，鋪上木板，安裝欄干作走廊。此外，還有一種特殊形式的「樓上樓」，即在干欄式房屋的基礎上，再裝點上一間樓房，頗似上海的「亭子間」。既是盛夏納涼、擺家具的地方，又是一個很好的貯藏室。

布依族的民居建築，亦為干欄式磚木結構，但居住在鎮寧扁擔山區的布依族則建造「石頭房」住居。其主要特點是，除了橫檁是用木頭外，其餘全都是用方塊石或者條石壘砌而成，房頂上面蓋的全是石板，連房屋的窗櫺也是用石頭雕花裝飾起來的。

侗寨的鼓樓、花橋都是公共建築。鼓樓是侗家房族的標誌，一般一個村寨有多少個房族就有多少座鼓樓，它是全族議事、集會、娛樂、休息的場所。鼓樓是杉木建造的塔形建築物，底為四方形，上面為多角形，樓層均為單數，其中最高的是從江縣的高千寨鼓樓，有十五層，整個建築不用一釘一鉚，全部用滑槽銜接。而建於溪河之上的花橋也是侗寨特有建築物，與鼓樓有異曲同工之妙，除了石砌墩以外，都是用杉或其他木材做建築材料。橋面的樓、廊、柱、枋，都不用釘鉚銜接。花橋既是便利行走的橋樑，又是供人避風躲雨的地方，所以又稱「風雨橋」。（東方網、新華網、央視國際—國家地理等，2009）

(二)蒙古包

蒙古人營造洞室，經常會沿洞壁用木頭、石頭砌到洞沿，上面搭一些橫木封頂就成了洞室。洞頂要留口，以供人出入及走煙、出氣、採光、通風之用，後來就發展成蒙古包的門和天窗。在狩獵採集

時代，蒙古族住在窩棚裡，這種圓形拱頂的隱蔽窩以樹幹為支柱，用樺樹皮覆蓋，製作簡單，便於遺棄。隨著人類文明的演進，由採集過渡到狩獵，又進展到畜牧業。進入畜牧社會，支架變成哈納，與上面提到的洞頂變成天窗結合在一起，成了蒙古包的雛形，也出現了毛氈帳，其形似天幕，用羊毛覆蓋。

蒙古包適合蒙古高原的自然環境。蒙古包頂上圓中有尖，中間寬大渾圓，下面可以算作「准圓」這種形式特點，使草原上的沙暴和風雪，受到蒙古包的緩衝後，會在後面適當的距離，形成一個新月形的緩坡堆積下來。這是因為蒙古包沒有菱角，光滑溜圓，呈流線型形狀。包頂是拱形的，承受力最強（如橋樑之拱形）形成一個強固的整體。大風來了，承受巨大的反作用力。上面的沙子流走了，下面的沙子在後面堆積起來。搭蓋堅固的蒙古包，可以經受冬春的十級大風。

蒙古語說看盤，叫看「努圖克」。努圖克的意思，即包括了蒙古包址，也包括營盤、草場、故鄉等意思。現在的看盤，主要是指長久居住的地方——冬營盤或定居點。選冬營地時，還要選像一個蒙古人鋪開袍襟端坐那樣的地形，後面是靠山，前面是一望無際的遼闊草

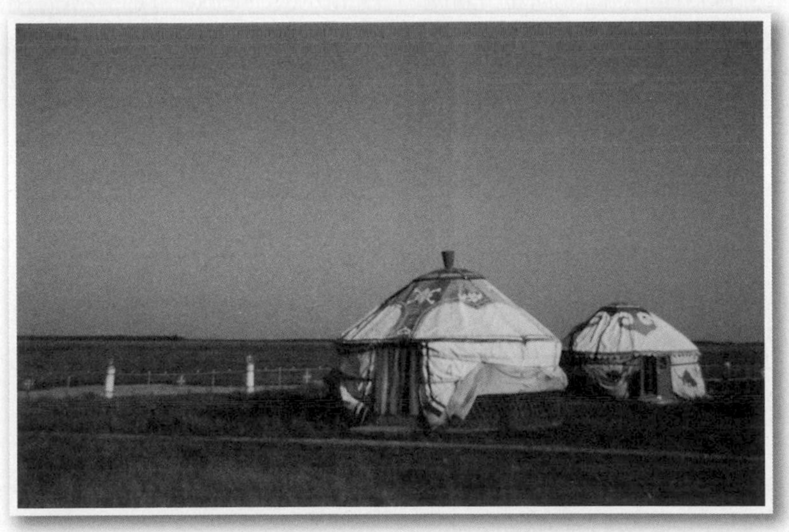

蒙古包

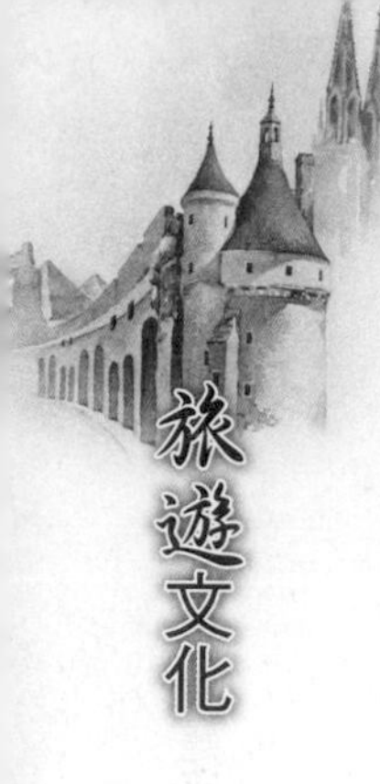

原。這樣的地方，照看牲畜方便，人住下向陽背風；選好草場以後，選包址的時候，如果馬在哪裡尿了，哪裡就最吉利，喇嘛也不用問，就在那裡建包。這與蒙古人尚武愛馬，視之為戰友、寶駒、希望的觀念有關。春天為冬夏之交的游牧，選址不太注意。向陽有草即可。夏營地要選擇沙蔥、柞檬、冷蒿、山蔥、野韭菜等辣草丰富的地方，適合遠望的高地。這種地方夏天空氣好，不怕洪水。秋營地選擇帶籽草豐富的地方，山谷或地勢低的地方軋盤。

蒙古包內陳設的根據，主要是繼承了老祖宗敬奉香火、神佛的傳說，同時也跟男女勞動的不同分工有關係。蒙古包的空間分三個圓圈，東西的擺布分八個座次。不僅八方都有安放東西的地方，正中還有安排香火（灶火）的地方，因此也可以說有九個座次。但是南面有門，不能放東西，如果不算座次的話，還是八個座次。有學者認為，香火（灶火）布局在座位正中，與古代的火崇拜有關。架木覆被以後，最先安放灶火（支火撐）。決定蒙古包的核心香火位置在哪一點時，按墜繩垂下來正對的地方，就是支放火撐的中心點。蒙古包的墊子有「氈包八墊」的說法。有四大主墊、四個三角墊子組成。靠牆擺放物品的八個位置：從正北開始，西北、西、西南方都放男人用的東西，相反的東北、東、東南半邊都放女人用的東西，這種安排與蒙古人男右女左的座次有直接關係。

(三)西藏建築

西藏民族居住在雪域高原，氣候寒冷、乾燥、風沙大。為了保暖避風沙，住宅地一般選擇在背風向陽處，門窗大都開向東南，樓房的西北面和底層不開窗，以避西北風。屋子一般選擇在離耕地較近且靠近水源、溫暖向陽、不易遭洪水災害之地。

建材利用雪域高原的土、木、石料，建造經濟堅固、實用美觀的住宅。有些地方採取砌石牆，有些採取濕泥築牆，有些則採用石、泥、木三者兼用，即下石、中泥、上木搭配。西藏房屋的屋頂大部分

皆為平頂，講究的使用「阿嘎土」（即膠泥土），用阿嘎打製過的地面或屋頂與現代的水泥一樣結實光滑。絕大部分房屋都是根據經驗選擇熟土覆蓋，房子蓋好後屋頂就可用來作為曬東西或打場的地方。在緯度較低一些地方，由於土質滲水嚴重，因此在那些地區的房屋都是採用人字型屋頂，材料多用石板，也有使用瓦片的。藏族的住宅，根據各地的自然條件、地形氣候、建築用料、經濟財力、社會地位等種種因素，決定著各地住宅的不同種類。

在西藏廣闊的區域，散布著形式多樣的民間居住建築，藏北的帳房、藏南部谷地的「碉樓」、雅魯藏布江流域林區的木構建築，以及阿里高原的窯洞均具有濃厚的民族特點和地區色彩。拉薩、日喀則、昌都等城鎮和其周圍村莊的土、石木結構的民居，俗稱「碉樓」。拉薩民居，一般為內院回廊形式，二層或三層，院內有水井，廁所設於院落的一角。城鎮周圍，多為手工業者、工匠、農民自建的獨院平房住宅。

寺院建築集合了藏族人民長期實踐和積累所創造的工程技術和文化藝術的精華。藏族寺院在選址、建築結構、材料裝飾等方面都獨具特色。寺院既是宗教活動中心，也是文化的傳播場所。布達拉宮是西藏最具代表的宗教建築，充分展現力求適應政教合一的制度、宗教和宮廷生活的需要，同時又烘托出神權、政權至高無上的形象與氣氛，1690年建設的布達拉宮紅宮，動用一千餘名工匠、五千五百名差役參加施工，工場、營地布置和人力高度有條不紊，充分表現出科學的施工組織計畫和強有力的施工組織能力。

托林寺迦薩殿和桑耶寺，則以建築形象描繪佛教世界形成模式——須彌山，表現出強烈的宗教宇宙觀。這種構思奇特的建築設計，達到了物質功能與精神功能的完整統一。工程技術方面，大昭寺的磚墻（7世紀）、桑耶寺（8世紀）、夏魯寺（11世紀）、羅布林卡（18世紀）精美的琉璃瓦；薩迦寺（11世紀）的大夯土墻、布達拉宮（17世紀）和扎什倫布寺（15世紀）大片石墻面砌築的曬佛臺；各大寺廟金

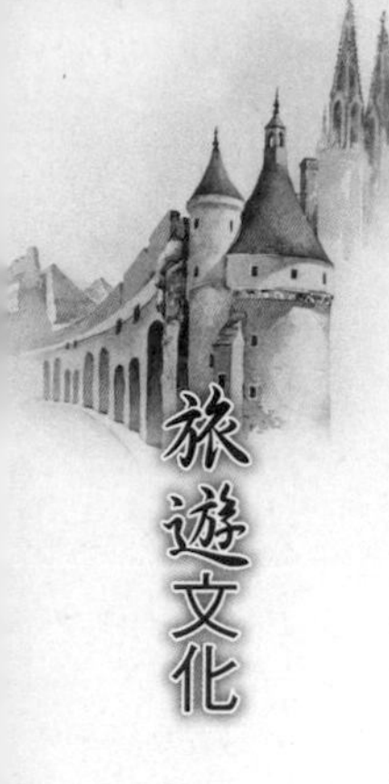

頂的製作，均展現出不同時期的建築技術。同時在建築施工方面，各大經堂佛殿的樑架立柱系統，都是事先在工場預製、編號、試裝，再運到現場組裝。金頂構架和銅皮都是經過精密計算過的，試裝後，刻上編號再運往現場裝配。

第三節　臺灣建築

一、臺灣聚落、古宅及日式官廳

臺灣自明鄭開台以來，歷經西荷等歐洲國家短時間占據，以及馬關條約後的日據時代。整體而言，臺灣的傳統建築仍是以中國閩南式的建築為主，而現存的許多官廳或公共建築，則為特殊的日式官廳歐式風格。

(一)聚落的分布

以濁水溪為界檢視平原面的臺灣農村聚落型態，可以看出南北兩地有極為顯著的差異。北部方面雖免不了有少數例外，但大致上是屬於散居型，而南部則以集居型（compact villages type）為多。

臺北盆地的農村聚落，雖因臺北市具商業性機能而明顯的傾向都會化，但盆地的東部顯然仍留存著散居型聚落；桃園臺地，就地形的類別而言，是屬於最普通的平原；其景觀特色為有無數的灌溉用埤散布，以及聚落為散居型；臺中盆地則可看到非常明顯的農村聚落散居型；而由大肚溪以南到濁水溪之間，也就是分散在彰化、鹿港、員林、北斗各街之間的農村聚落，密度稍高，以散居型的型態分布在集居型之間，尤其以員林街為中心的聚落更呈現出線狀排列（linear arrangement），與臺北盆地西部的蘆洲庄及新莊街東部的排列類似。上述這些聚落型應該將其視為是後面所述及的南部集合型與北部散居型的混合型，或是遷移型才對。

越過濁水溪南行，這些散居型的聚落逐漸在混合型中消失，各聚落十分集中，由斗六、嘉義、台南到高雄的一大片平原，呈現著集居型聚落，沒有例外。這種集居型聚落的農家，村街的特徵並不多見。而由於只是數十間農家聚集一處，彼此之間沒有固定的通路，因而稱之為「團村」。不管是住家的周圍，還是每一個部落的周圍，除了那些為了防止瘧疾而撤除的牆垣外，一定都有竹籬笆，不過其中也有不具牆垣的功用，只不過是散布在各處的竹叢。（陳惠卿譯，1933）

(二)臺灣古宅

臺灣的開發始於南部，所以清初的古宅都出現於台南一帶。中期之後以彰化、鹿港、新竹為盛，精美的廟宇及大宅都出現於中北部一帶。到了清末，台北府躍為省之重鎮，商人文士亦群集北部，帶起了北部的建築活動。鴉片戰爭以後的臺灣漸受外人注意，清廷乃加強鞏固防務，這時南北各出現了數座砲台。歷史的發展，社會的變遷都與建築有息息的相關，讓我們瞭解先人的創業過程與生活方式，還有當時的文化面貌、藝術風格、科技水準，以及社會內部的組織等都藉著建築物顯現出來。以古宅來分一般可以歸納成以下幾類：

■宅第

現存的臺灣古宅已經不多了，尤其日據時期以後，合院的水準已大不如前。其中比較具代表性的有霧峰林宅宮保第及景薰樓、潭子林宅摘星山莊、豐原呂宅。當然，在其它縣市也有一些代表作，如：台北縣板橋林宅三落舊大厝、桃園大溪月眉李宅、彰化永靖陳宅餘三館、彰化秀水陳宅益源大厝、彰化鹿港元昌行、南投竹山的林宅敦本堂、新竹關西客家古宅等；其中，潭子的摘星山莊和竹山的敦本堂是一般公認清代臺灣宅地建築的雙絕。

■庭園

臺灣的庭園建造依文獻記載，早在荷蘭人據臺時期就有庭園。清代中期各地詩社興起與園林之盛也有很大的關聯，最出名的就屬霧峰的萊園了。其它縣市如臺南的吳園、新竹的北郭園及潛園、板橋的林本源庭園也都是代表作。通常，大的庭園稱為園林，文人雅士尤尚園林生活之趣，可以在其中吟風弄月。它不但提供了休憩、養性、讀書、會友的功能，也是宴客及聽戲等活動的場所。

臺灣的庭園還有一個很有趣的特色，就是在建造假山時經常會模仿故鄉漳泉的景色，藉以表明不忘本的情懷。潭子的摘星山莊它的建材都是由福建運來，並聘請泉州師父建造，是一棟江南式的複合建築。摘星山莊，坐北朝南，為一四合院式大宅，東南邊有門樓，前院則有竹林和照鏡（水池），曾被譽為全省最具古樸之美的古蹟。無處不雕、無處不書、無處不畫是山莊的最大特色，精雕細琢，圖案繁複美麗。北部板橋的林家花園昔稱「林本源邸園」，創建於清咸豐年間，工匠建材多來自大陸，稱全臺之冠，其雖然是古式庭園，但與大陸的名園有許多的不同，反而受到南洋建築的影響，園內的建築為臺灣數一數二的建築。花木扶疏，間有數棟建築精巧、獨特的屋舍，如汲古書屋、方鑑齋、來青閣、開軒一笑、香玉及月波水榭等等，氣勢非凡，擁有非常悠久的歷史。（林本源園邸，2009）

(三)日式官廳

日式官廳式的建築大都分布在台北市，像總統府、臺灣大學校舍（1929）、台北火車站（1941）等等建築，1919年落成的臺灣總督府（今總統府）是巔峰時期的代表作品。日本現代化大量引進西方文明的方式，這種情形反映在建築風格上。在這殖民期間的長長五十年間，建築風格也隨著世界建築潮流而有轉移，大致可分為三個時期：式樣建築、過渡期建築和現代建築。目前現存於台北的建築則以式樣建築的數量最多。

日據時代建築在接受各種外來文化方面，採取一種完全開放的態度。因此常常看見在同一棟建築物中，交錯出現了各種不同建築風格的特色，也因為這樣，可以依據各建築部分的特色作為基礎進行分類：

1.屋頂特色：屋頂的特色其實是多樣的，而且殖民地政府常常有意無意將他們的威權心態反映其上，或是為凸顯建築正立面的位置，而拉高成尖塔或圓頂。

2.牆面特色：在牆面的外觀上常利用各種不同建材交錯使用，利用他們的特色及色彩，製造出各式各樣的花紋與裝飾。

3.窗戶特色：窗戶的最初功用在於增加室內採光及空氣流通作用，但在日據建築中，這些窗戶卻大大發揮了另外的作用，使得單調牆面變化出炫麗的光彩。

4.建材特色：使用建材的考量除了科技進步等考量因素外，不少設計師也會藉助建材的不同性質來表達他們所想要的感覺。

5.雕飾特色：雕飾主要應用在建築的正面，用來裝飾以及表達華麗風格等等作用。日據建築除了引用歐洲的實例外，有時也出現了臺灣本土以及南洋等等地區風味的雕飾。

二、臺灣寺廟

臺灣目前的廟宇多屬於大陸南方系統，在這系統之中裝飾藝術所展現的重點即在於精雕細琢的工夫。它是廟宇建築之中最精華的部分，能充分反映出廟宇本身所獨有的特色，寺廟的格局與主祀神的神格有很大的關聯。從最小的路邊土地公祠到鹿港龍山寺或北港朝天宮都會受風水、地形與經費多寡的影響而成為格局大小的主要因素。寺廟的空間是依照信徒祭拜的過程，以主祀神的位置為主軸，左右對稱配置，以實體的殿宇與虛體的廟埕相間。廟埕為各殿前鋪設石板的空地，此處可看到完整廟貌，是香客要入廟參拜前集合的場所，也是民

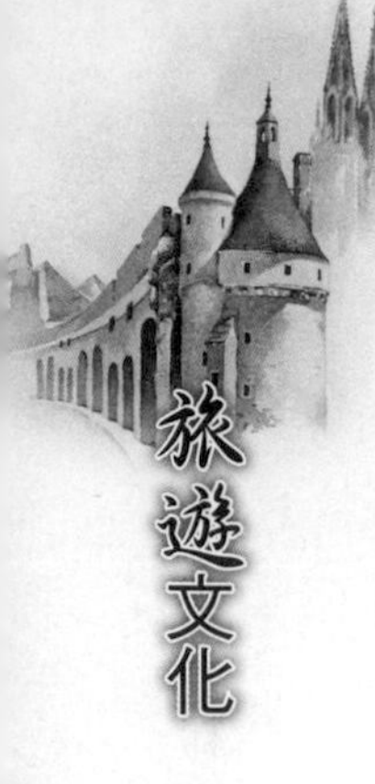

眾活動的場所。一般寺廟主體空間安排有前殿、正殿、後殿；另外附屬的空間則包括拜亭、金爐、鐘鼓樓等。（李乾朗，1989）

建築藝術上的展現主要包括脊飾（剪粘），顧名思義就是經過適當的剪裁再黏貼的作品，是中國南方特有的鑲嵌藝術工藝，同時也是非常重要的廟宇屋脊裝飾。剪粘的樣式有山巒樹林、花鳥蟲魚等；或是取材自中國神話或傳說，像是八仙過海、封神榜等人物，又或是民間傳說或歷史演義故事中的人物；而龍、鳳是廟宇內最常見的剪粘裝飾，又可以表現中國人趨吉避凶、祈望教化的價值觀。傳說中青龍有壓制火神祝融的功能，因此一般廟宇都會放置青龍的剪粘作品。（李乾朗，1986）

另外，門神繪於前殿的門板上，作為寺廟的守護者，具有趨吉避凶及威嚇的作用，而不同的主祀神祇搭配有不同的門神。寺廟的木雕常令人眼花撩亂，其實所有的木雕（吊筒、豎材、托木、斗拱、門簪、藻井、獅座、員光等）在結構上都是有功能的，也是匠師展現高度技巧的地方。斗拱位於屋頂與支柱之間，作用於建材的聯繫與樑身負荷力的分擔，廟宇的斗拱藝匠們將雕刻精美的人物、花鳥、走獸，巧妙的安插上去後，它就同時有了斗拱的機能與裝飾作用。廟宇正殿裡多有藻井，共有四角井、八角井、圓井及橢圓井四種。其構造原理是由許多小斗拱向中心逐層挑出，然後匯聚於最高點的複雜裝飾。龍柱亦為重要的藝術展現，早期的龍柱柱徑較小，雕工較樸拙，近期則比較繁麗。龍柱的圖案因時代而有所不同。（李乾朗、俞怡萍，2000）

第四節　日本建築

日本人非常專精於處理建築空間的不對稱性，以及建築物與自然之間的適當關係。這樣的特色，可在工整與自由的對照中發現。最古老的皇城，規劃上受到中國的影響，形成工整的格子狀；但城堡內

部或其周邊的小鎮，在外來的影響消退之後，卻呈現出有機的發展方式。甚至，不論在神社或住宅，當受到重視的主體部分，被精確地完成後，日本人天性中不拘謹和刻意簡潔的偏好，便在其他不受約束的部分，努力展現出它的多種面貌。（廣雅堂編輯部，1992）

一、日式建築的特色

如同其他的日本文化一般，日本建築擁有十分久遠的歷史。最早大量受到中國建築的影響，但隨後也漸漸發展出屬於日本的獨特風格。

日本並沒有任何史前建築的實體遺跡存在，而《古事記》、《日本書紀》等古老文獻幾乎沒有與建築有關的記載。考古的挖掘和研究工作結果顯示，當時的房子有著樹葉或泥土製成的屋頂，由中國傳來的稻米耕作讓居住社群的規模增加，而統治者家族住宅、稻米倉庫等大型的建築也在青森縣三內丸山遺跡（2世紀前）或佐賀縣吉野里遺跡（3世紀前）被發現。

(一)日本古代建築

日本古代建築的發展，若以佛教建築傳入日本的飛鳥時代算起，已歷經了一千多年的歷程，其間的發展和演變充滿了生氣和特色，其中又被劃分為三個階段（553至1183年）：

1.飛鳥時代：是日本建築真正成體系發展的開始，這一時期的建築雖然現今已不存在，然所謂飛鳥樣式的建築卻有留存，即世界上現存最古老的木構建築——法隆寺。

2.平安時代：是日本建築史上最具特色的時期之一，在8世紀後期至12世紀的四個世紀中，日本建築的發展經歷了一個重要的演變時期。簡而言之，即唐風向和風的演變，或說唐代建築的日本化。

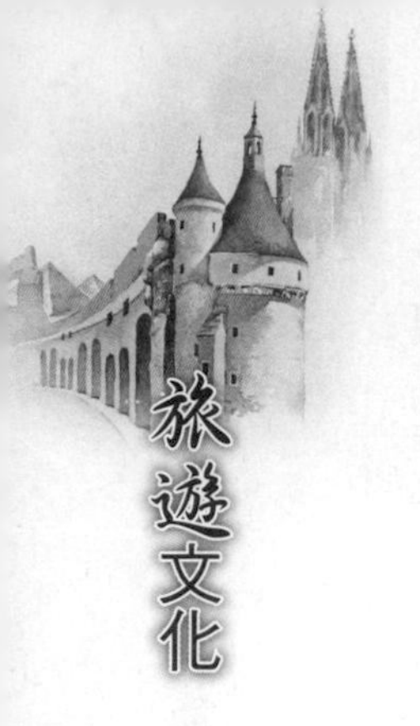

3.奈良時代：是日本古典建築的黃金時期，這一時期佛教寺院建築尤其興盛，其建築奠定了日本所謂和式建築體系的基礎，並且這一時期的寺院木構建築擁有相當數量留存至今。著名的代表有東大寺、西大寺、藥師寺、元興寺、興福寺、大安寺及唐招提寺。

位於奈良縣的法隆寺是日本目前既存的最早期建築，被認為是飛鳥時代建築的核心代表，同時也是世界上最古老的木造建築。法隆寺建造於7世紀，作為聖德太子的私人用寺廟，一共包含了四十一棟的獨立建築；其中最重要的是「金堂」以及「五重塔」，座落於被迴廊包圍的開放空間正中央。具有漢傳佛教色彩的金堂是一座兩層樓高的樑柱結構建築，屋頂為入母屋造（歇山頂）形式。

奈良的東大寺則是8世紀的寺廟代表建築。作為各令制國（日本古代的行政區劃）所有六十八所國分寺的總寺院，東大寺是日本漢傳佛教早期歷史中最具大規模的宗教建築。位於金堂中的盧舍那大佛約高達16.2公尺（53英尺），這尊佛像代表的佛教精神，就如同東大寺代表日本所有佛教寺院的中心，以及對於佛教傳播的貢獻。但僅有少部分的原始佛像被保存下來，目前的金堂和大佛像是在平安時代所重建的。

(二)禪宗式建築

鐮倉時代和室町時代（1184至1572年）。此時中國文化的傳入不但豐富了日本的宗教文化，更使日本的建築文化邁入一個新紀元。也使日本的各種藝術表現不論是建築、庭園、傳統茶道，甚至是能劇的表現都充斥著高度禪意，創造了一個寂靜且充滿冥想的空間，使人心更加的清澈、單純。

(三)生態設計

桃山時代和江戶時代（1573至1867年）強調整體的生態設計，

他們以敏銳的感官去探究空間的深層本質，進而轉換成建築空間的元素，以塌塌米、竹、石、紙、木等，簡單的構成要素，形塑「空、間、寂」的獨特的日本美學。本書從茶室、民家、山莊、旅館、武士住宅、田舍家等十二種典型的日本傳統建築形式，展現日本純粹與和諧的風格構成。

二、日本庭園

日本庭園（にほんていえん）是指日本傳統的庭園，又稱**和風庭園**。早期的日本人極為崇拜環境的現象（陽光、雨、海、土地、石頭、山），後期則注重自然的過程和形態。基本上，日本庭園深受宗教思想（佛教、道教）、象徵主義及中國庭園的影響，但其亦發展出屬於日本民族個性的庭園特色。

日本園林在平安朝（1192年）文化萌芽時代，開始仿中國唐代建造宮殿，並依周代靈囿興建禁苑，即所謂神泉苑，歷代賞花、觀魚、放鷹、閱射均在於此。苑中宮殿樓閣尤為宏麗，苑內有池，池畔樹木蔭幽，景色富麗，後毀於兵亂。到了室町時代（1336年），名苑頗多，如百花御所及金閣寺等一時稱盛。在金閣寺中的鏡湖，池中有三島，怪石嶙峋，珍奇可愛，池南蒼松紅葉，遍植櫻花，為現今京都名園之一。桃山時代（1603年），抄襲中國之舊風，興茶道、茶庭，寫山居閑趣。當時庭園有禁苑小御所，園中均有林泉，占地不大，前鑿池，池中有島，後築山，山間植樹，色蒼翠而增色，蒔花池畔，春遊更爽，浮舟水上，秋月益明。

日本庭園的特色包括：融合中國庭園理念加以改造、具象徵意義、具清新寧靜之特質、以寫意手法造景、以迴游式手法造景等；一般有三種形式：（賈子慶，2009）

1.平庭：一般在平坦的園地上表現出一個山谷地帶或原野的風景，用各種岩石、植物、石燈和溪流配置在一起，組成各種自

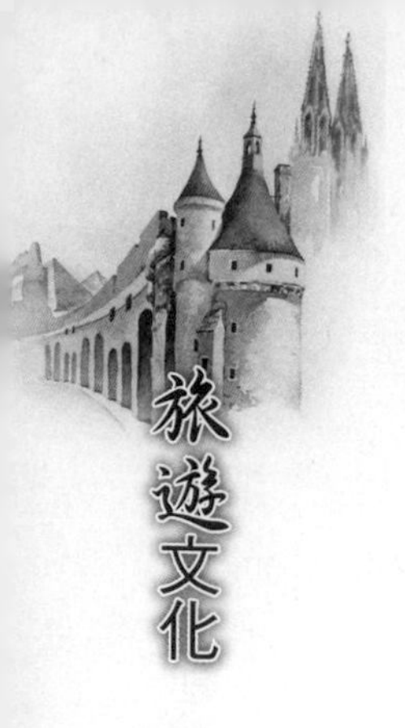

然景色。

2.築山庭：須有較大的規模，以表現開闊的河山，常利用自然地形加以人工美化，達到幽深豐富的景致。茶庭是15世紀出現的一種小庭。

3.茶庭：面積很小，可設在築山亭和平庭之中，四周竹籬圍起，有庭門通入其中，最主要的是茶議室，庭中植以常綠樹，忌用花木。步石是茶庭的特色，其布局變化無窮。茶庭有如我國園中之園，但空間的變化沒有我國園林那樣層次豐富。

日本的庭園，自古以來，歷奈良、平安至鎌倉朝代，皆以池泉庭園為主流，但是在室町末期，卻出現劃時代的改革——枯山水庭園。枯山水的發源，早在平安朝時代，然而其臻於圓熟之境，則在室町末期的東山時代。其中足利氏深受禪宗文化的影響，故每好蒐集趣味枯淡的北宗畫。以足利氏在政壇的地位及影響力之大，上行下效，故當時日本的畫家如周文、雲舟、如拙等，莫不以北宗水墨為主，而風會所趨，這種枯淡雄勁的藝術嗜好，遂成為社會一般的風尚。以池泉構成為原則的庭園設計，自然也受到時代潮流的影響，而有枯山水庭園的產生。

枯山水庭園既以北宋山水墨畫之山水圖為基本精神，故其表現力求雄渾蒼勁，如大仙院方丈東庭的枯山水便是一個典型例子。此庭所用庭石素材為青石，作者意圖表現北宗山水幽玄枯淡之趣味，由此可見。以大小形狀各異的青石，或直立、或倒置，縱橫羅列，構成蓬萊山水之畫面，間植樹木，更以白砂設泉流，而構架石橋，於是方丈之庭中，儼然一幅高山流水之圖呈現眼前，其創作之魄力，有更甚於水墨畫。所謂枯山水庭園，又稱石庭，取材以石為主。凡山巖水流，皆以石砂表現，故設山則重選石與布置，設水則用白砂，繪以水紋。京都白川附近盛產白砂，其質堅實而潔白，得天獨厚，故京都多名枯山水庭園。

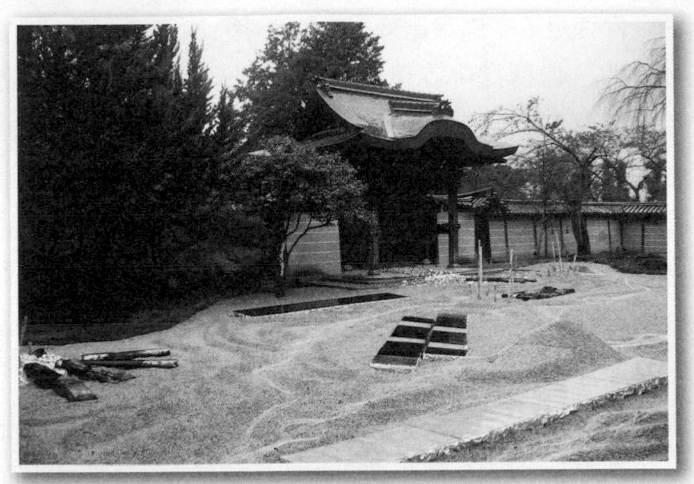
日式枯山水庭園

第五節　東南亞建築

東南亞地區由於早期受到中國傳統文化的影響，後來又受到歐洲國家殖民的影響；其建築風格除受自然環境因子影響，宗教與殖民文化的影響也很大。早期傳統部落中，無論是中南半島或印尼等地，因處熱帶，氣候濕熱，故傳統建築與中國西南民族有相似之處，均採杆欄式高角樓建築；在現代的都市中，則越南建築受法國影響、印尼建築受荷蘭影響，新加坡則因各式人種匯集，建築呈現多樣風貌，最特殊者則為泰國的佛寺建築，故本節僅針對泰國佛寺進行說明。

泰國佛寺建築

泰國的佛寺建築講究造型、色彩和裝飾，三萬多座大小佛寺多姿多彩，一般是屋頂尖陡的橫向多重檐式，而且幾乎無一例外地覆蓋著金黃、桔紅或翠綠色的琉璃瓦。被譽為泰國「三大國寶」的玉佛寺、

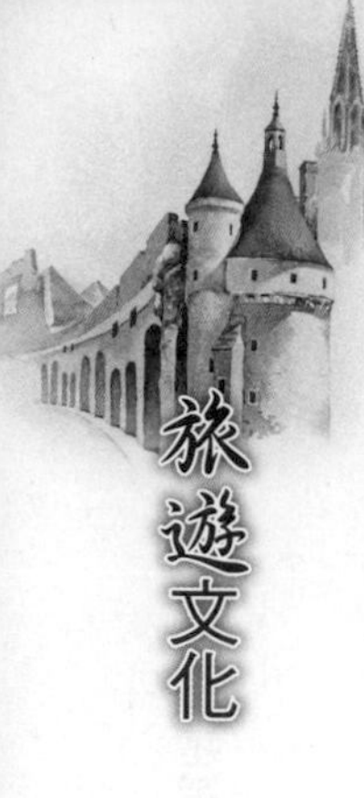

金佛寺和臥佛寺是眾多佛寺建築中的佼佼者。

玉佛寺是一處博採佛寺建築優點的建築，它的大城王朝式樣的高大佛塔、大理石小佛塔、無價的「珍珠之母」雕漆廟門、威嚴的銅猴和中國石雕人像，精緻的瓷片裝飾以及金色的雕漆飛檐和銅風鈴，無一不反映出泰國人民「寓敬意於沉靜之中」的高超宗教內涵。玉佛寺坐落在曼谷大皇宮內，與大皇宮渾然一體，庭院內護法諸神塑像威嚴肅穆，香煙繚繞，瀰漫著濃厚的宗教氣息。大殿位於庭院中央，呈長方形，高踞浮壇之上。魚脊形屋頂為三層重檐，三頭風角，用黑、黃色琉璃瓦作裝飾。屋檐四周下懸掛著串串花瓣形銅鈴，隨風擺，叮噹作響。玉佛寺原主體建築四周環繞四十根四角形巨柱，上面用五顏六色的八角形玻璃碎片，鑲嵌成瑰麗的連環稜形圖案，四周還鑲有一百一十二個金色大自在天神大鵬鳥的雕像。在玉佛寺浮壇的牆上及其四周的小矮花牆上，各嵌有一列繪有牡丹、蓮花和小鳥圖案的彩瓷。寺內殿央高達11公尺的鍍金祭壇的頂端是一個小神龕，供奉著高66公分、寬48公分著名的青色翡翠玉佛。

能與玉佛寺的聲名相媲美的泰國另一佛教藝術建築則是「巴帕通塔」。巴帕通塔周身呈黃褐色，在陽光照射下金光閃閃，塔高116公尺，僅螺旋狀的塔尖部分就有40公尺高，圓形的塔座，直徑為57公尺，塔的底是兩層巨大的平臺。遠遠望去高聳的巴帕通塔像一座倒置的巨鐘，在藍天白雲映襯下，頗為壯觀。這座大塔由三個大小不同的佛塔組成，一個套著一個，成為佛塔建築藝術史上的奇觀。在大塔坐落的第二層平臺上，有東西南北四座佛殿背靠大塔。東面的佛殿金碧輝煌，殿內有佛陀釋迦牟尼的金身，以菩提樹壁畫作為背景，四周有名家花數年時間繪成的龍王、隱士、鳥獸圖案，藝術價值非凡，西、南、北三座佛殿，建築也各具特色。（戴月芳主編，1991）

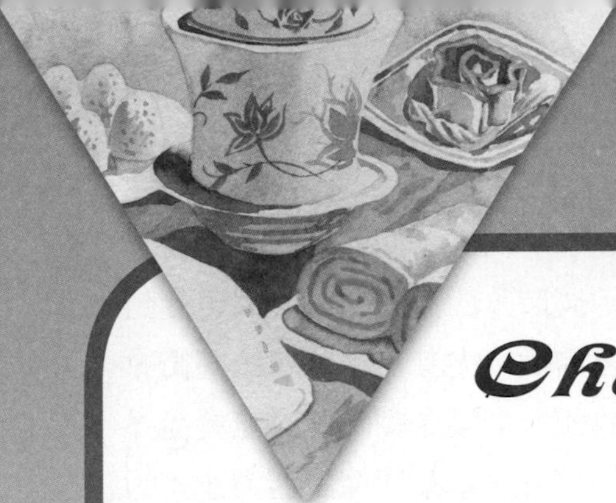

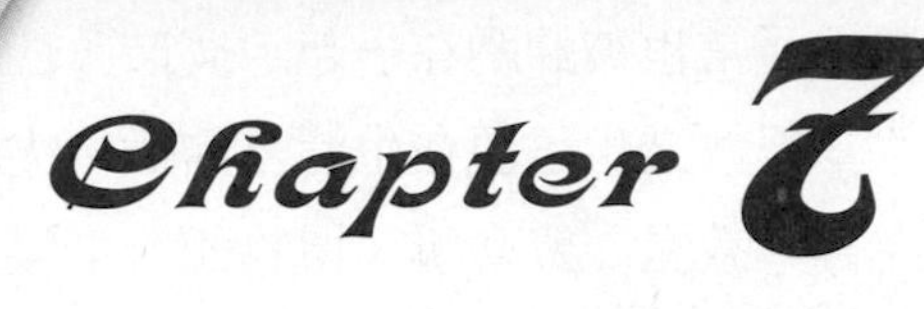

Chapter 7

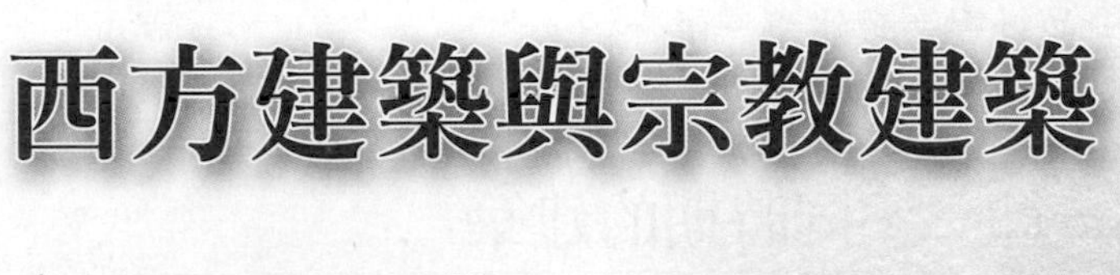

西方建築與宗教建築

- 不同時期的建築
- 各種建築風格
- 城堡與園林建築
- 公共建築
- 世界其他地區的建築
- 宗教建築

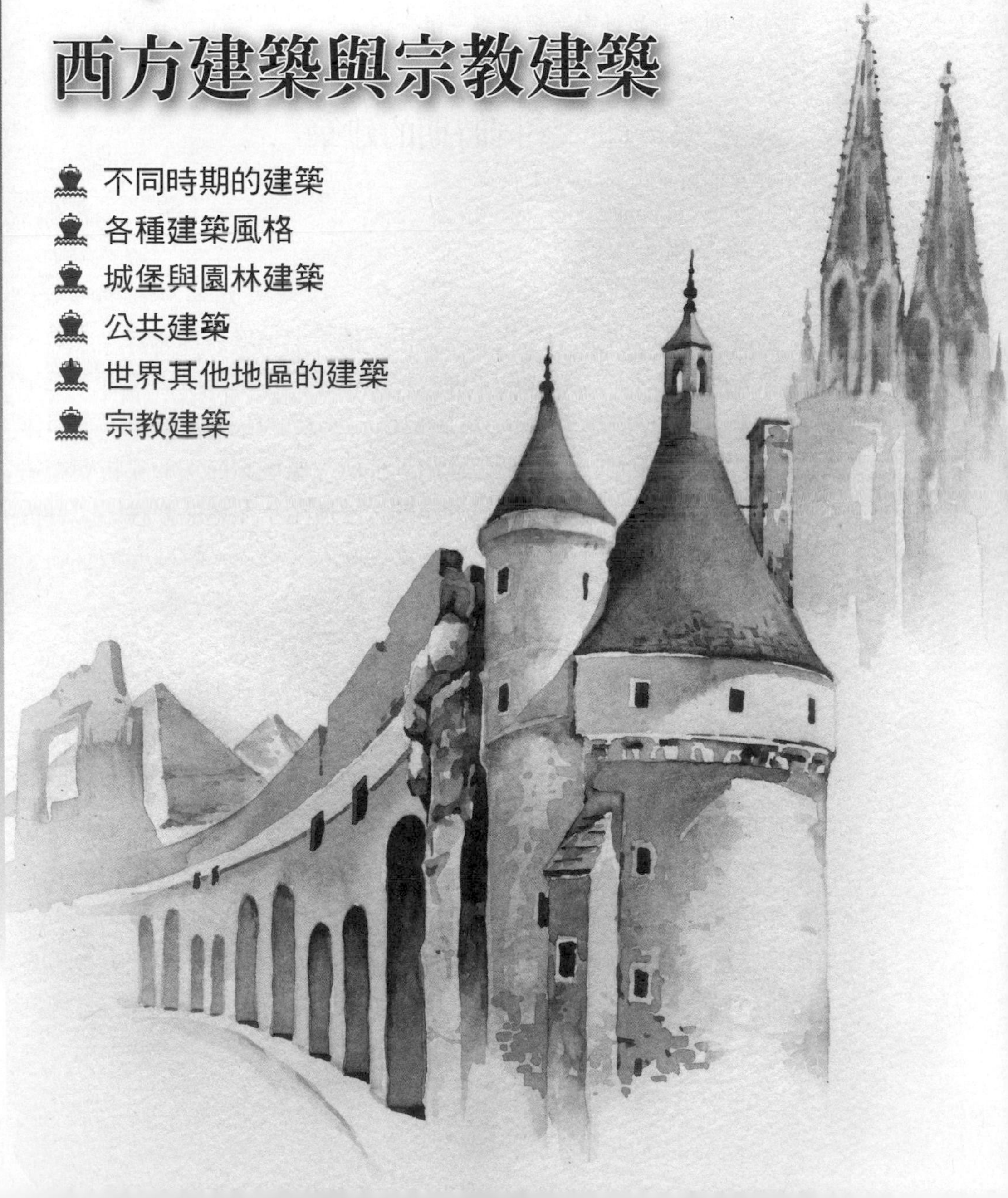

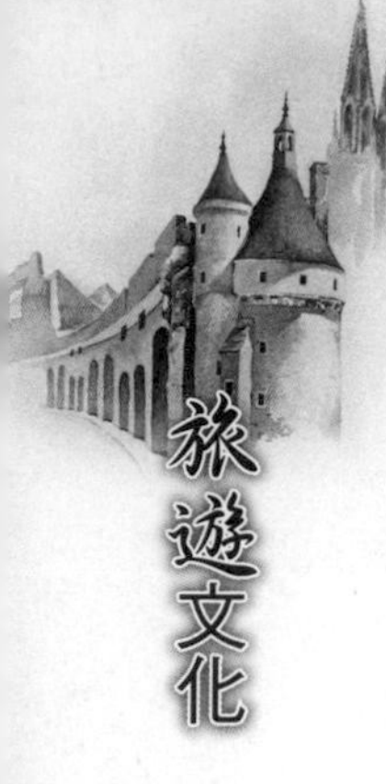

西方文明除了源於希臘、羅馬文明外，由於地緣關係，埃及及波斯文化的發展通常也被歸納在一起。同時，西方文明的發展更受到宗教的影響；基督教文化呈現在生活各層面，尤其西方的建築藝術，以公共建築而言，教堂、聚會所、博物館、廣場、劇院等，無論從外觀、雕飾、藝術創作等，皆與宗教密不可分。本章即探討西方建築的風格與內容，並針對宗教建築一併介紹。

第一節　不同時期的建築

一、埃及建築

古埃及的建築藝術在埃及文明中，稱得上是最具代表性，不管是巍峨壯麗的金字塔，或神廟，抑或是象徵帝王冥世的帝王之谷，三千餘年來，沒有任何一個文明可以相比。埃及的建築，凝結了美與雄壯、氣魄兩種精神。古埃及建築中，莊嚴、凝重與簡潔的獨特藝術造型，對以後的希臘以至全世界的建築，都產生了深遠的影響。（吳玉成譯，1996）

(一)金字塔

埃及建築的代表莫過於金字塔，最有名的是基沙（Giza）的金字塔群，矗立著古夫、海夫拉、孟卡拉三座世界上最雄偉、外觀上較完整的金字塔。古夫是最大的一座，占地超過500公畝，塔高146公尺，塔底的一邊230公尺，三角面斜度為50度，它的四面端端正正地朝向東、南、西、北，水平差距不超過2.5公分，這三座金字塔，在結構上都是精確的正方錐體。形式極其單純，塔體相當高聳，而在底部的祭祀廳堂和其他的附屬建築物則相對很小；另一項革新是所有廳堂和圍牆等附屬建築物，已不再模仿木柱的建築式，而採用了適合石製材料

特點的簡潔幾何形，方平正直，交接簡潔，和金字塔本身的風格完全統一，形成了紀念性建築物的典型風格。其工法細膩，即使運用現今的科技也無法複製出一座類似的金字塔。

金字塔的藝術構思，反映出古埃及自然和社會獨具的特色。由於當時的自然崇拜，埃及人建造了同時賦予象徵君權的紀念物。在埃及的自然環境裡，這些特徵便是宏大、單純，其藝術思維是直覺的、原始的。金字塔的強烈原始性，彷彿是經人工堆積的山岩，因此它們和尼羅河三角洲的風光十分協調，形成了壯闊的景觀。

(二)帝王之谷

距尼羅河不遠處是廣大的岩石山谷地帶，世人稱之為**帝王之谷**（Valley of King）或死亡之城（City of Dead），埃及新王朝自第十四王朝到二十王朝的帝王逝世後，都集中埋葬在這裡。這些帝王陵墓均散布在岩石山腳處，挖成洞穴建成，其中兩個最具代表性的陵墓是最大的塞堤一世陵墓，和保存得最完整的圖坦卡門之墓。

(三)神殿

如果說金字塔和陵墓是為帝王而造的紀念性建築物，**神殿**就象徵對神明的崇拜。卡納克阿蒙神殿位於尼羅河東岸，此神殿是世界最大神殿，另外路克索神殿規模也相當宏大。

二、波斯建築

波斯人和米提人的祖先是印歐語系民族，在西元前2000年中期出現在裏海附近。波斯和相鄰的美索不達米亞一直有接觸，從現有的遺址中可以發現蘇薩所出土的古文物最多，係因波斯歷史上最著名的君王大流士在這裡建造了漂亮的建築，而使得蘇薩成為波斯王朝主要的行政中心。

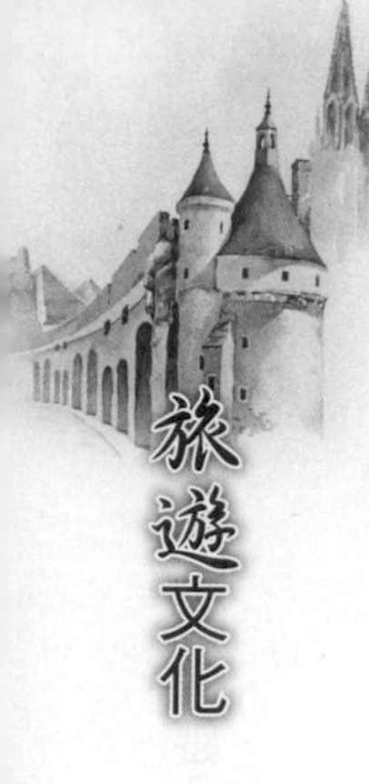

在所有波斯的王宮當中，大流士大帝在蘇薩所建的王宮最忠於巴比倫傳統，直接取材於控制著巴比倫北方入口的伊希塔門，光彩奪目的正面，以及沿著同一個城市大道邊緣的獅子列像，弓箭手橫列圖是蘇薩宮所有裝飾壁板中，最著名最完整也是最生動，這幅橫列圖以模製磚頭構成矽質磚土，上頭有著各種不同顏料釉藥，用來裝飾巴比倫中庭的，但是目前卻無法確定其位置，因為磚頭在古代時就解散了。

而在大流士一世，王宮西方中庭一個門口附近，發現了兩塊灰色石灰砂岩的方磚用來裝飾門檻或是門的過樑，在兩個帶子形成的外框中有一排兩個同心的圓圈在中央，十二片花瓣的圓形花飾環繞一個圓圈柱子，這些裝飾的風格是波斯建築中不可少的要素，波斯王宮的接見大廳遵守伊朗傳統，大多都是多柱式的，而且邊緣有兩排柱子的迴廊圍繞著，這些柱子十足的顯示出波斯藝術的混合主義，混合著埃及地中海東岸地區愛奧尼亞及美索不達米亞的影響。展出的這個柱底，形狀像倒置的鐘，受到埃及的影響，帶凹槽的裝飾非常簡單，在體積較小的式樣上常見到，當作圓柱基底的座盤之平滑部分，有伊蘭語、古波斯語及巴比倫語三種波斯帝國官方語言的刻字。

三、希臘建築

邁錫尼文明的建築精神傳入希臘，包括長方形的建築，裡外使用柱體、圓形柱和方柱頭，豎條紋飾和兩個豎條紋之間的方形牆面，都在希臘藝術的偉大成就中保存。但邁錫尼建築專注於宮殿和住宅，而古希臘建築幾乎完全是宗教性的。

最早的希臘神殿是木造或磚造，原因是當時社會貧窮，而當大理石成為神殿的正統建築材料後，其建築形式仍和使用木材的時期無異，殿宇的長方形本體、圓形柱體、主桁（屋樑上的橫木，音ㄏㄥˊ）之樑眉，桁端紋飾、人字屋頂，都遵守木造建築時之原始形式；甚至最初的愛奧尼式是螺旋形，顯然也是繪在木構物上的花樣，隨著希臘財富

的成長和旅行的增加，石料的使用也跟著增加，在西元6世紀前，石灰岩是最受歡迎的建築材料，接著開始使用大理石，原先僅用於裝飾部分，然後用於建築物的正面，最後整個神殿從基礎以迄頂瓦全部使用大理石。希臘建築發展三種柱飾：多麗克式、愛奧尼式，以及第4世紀的柯林斯式。因為神殿的內部是保留給神及其輔佐者使用，所有的崇拜都在殿外實施，因此三種柱式使得整體建築外觀更美觀動人。一般而言，希臘神殿裡的雕刻藝術，除了雕像和浮雕是繪畫外，神殿的全部或局部也可能繪畫，而隨著歲月的流逝，含有鉀鐵的物質損毀了神殿和神像顏色的光輝。

小亞細亞的希臘人吸收了東方人崇尚精緻裝飾的習慣，並將其表現於複雜精細的愛奧尼式柱頂線盤，並創立新穎而華麗的科林斯柱式。其中有位雕刻家由於發現蕨葉的形狀相當賞心悅目，於是以蕨葉的形狀夾雜螺旋形來裝飾所建造廟宇的愛奧尼式柱頭。這一時期內，整個希臘世界都在建造廟宇，而為了在雕像之精美及廟宇之恢宏上爭勝，各城邦幾乎為之破產。

希臘化時代是個大動亂的年代，所以一般藝術家和建築師，也隨著希臘文化的傳播而走遍天涯，在整個希臘化世界都留下他們精心傑作。同時，希臘化時代也是一個大興土木的時代，在整個希臘化世界都有希臘化城市的建立。根據古代文獻記述的構造形式，埃及王國托勒密二世的華麗天幕建築已被復原，可以看出希臘化時代的建築帶有濃厚的地方色彩。不過希臘化時代的建築形式，在本質上是承襲希臘古典時代的式樣，所不同的是多利克式似趨衰微，而愛奧尼式和科林斯式則極為盛行。例如近年在雅典所復原的阿塔羅斯二世的二層宮殿廊柱，就是上層採用愛奧尼式、下層採用科林斯式的混合建築。

希臘城邦的建築以神殿為主，主要的式樣有三種（**圖7-1**）：(1)多利克式——柱粗頭扁、凝重厚穩；(2)愛奧尼式——雕琢繁縟、華美輕盈；(3)科林斯式——幾何渦卷、纖巧華麗。此外還有一種「人像式」的建築，是由愛奧尼克式的柱子演變而成，其特點是柱子的中央

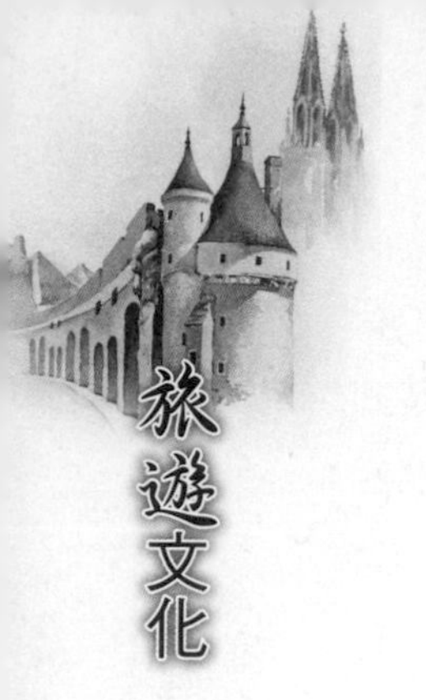

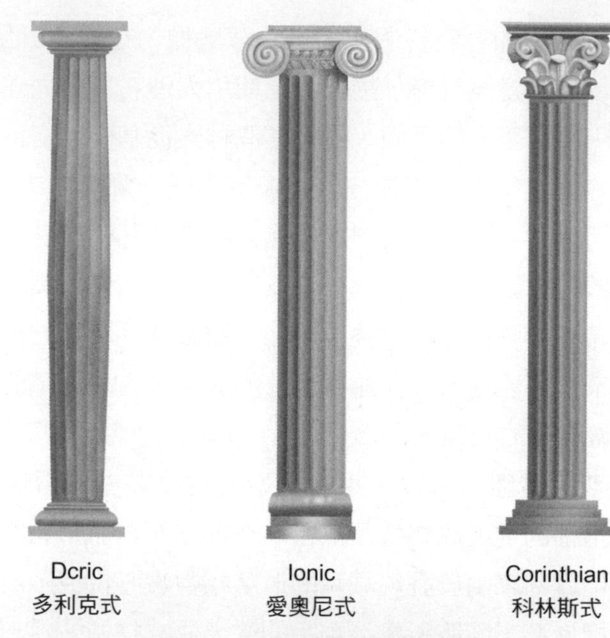

圖7-1　希臘神殿建築樣式

資料來源：揚智文化整理繪製。

雕成一個亭亭玉立的少女，女像的頭上頂著裝飾豔麗的柱頭，再上面還有一個蓮花瓣狀的雕刻。這種建築式樣雖然極其美觀，但是在古希臘卻很少採用。

古希臘建築有一極大特色，就是結構和裝飾精華，幾乎全部發揮在神殿上，因此所謂希臘建築，主要都是指神殿，所以一部古希臘建築史，就等於是一部希臘神殿建築史。因為古希臘人非常崇拜奧林帕斯諸神，於是就替祂們建築廣大的殿宇居住。希臘神殿的結構，最主要的部分是內殿，是供奉神像的殿堂，兩旁牆壁突出，前面有廣闊的廊廡，廊廡之前並列一排巨柱，看來令人有莊嚴肅穆之感。也有一些建築規模龐大的神殿，往往在殿外的兩旁再加兩排巨柱，如此一來則內殿四周都被廊柱環抱，置身其間又令人有清幽出塵之感。希臘城邦的建築形式後來的發展逐漸趨向繁縟，到了後期更在四周各建兩排巨柱，氣氛更加肅穆森嚴，會使朝拜者頓起虔誠之心。

古希臘的神殿建築

古希臘神殿建築是獨創的建築形式。神殿都是建築在三層的台基上，其高低比例顯得整齊美觀，屹立四周的石柱充滿無限生命力，所以古希臘的神殿建築是力與美的綜合表現。

■多利克式

所謂**多利克式**，其名稱的起源，從希臘三大部族之一的多利亞式族而來。他們的建築呈現「柱粗頭扁，凝重厚穩」，與其英勇慓悍的民族性有關。多利克式的柱形分兩種：第一種形式的柱子細而高，輪廓線是直的，能給人輕快優雅之感；第二種形式的柱子，是短而下粗上細，能給人雄渾壯麗之感。建造較小型的建築物，多採用第一種形式的柱子，最初這種柱子大半是木造的，即使用石材也要模仿木柱的形式。建造較大型的建築物，就多採用第二種形式的柱子，柱子的用材大部分都是石材。

多利克式建築圓柱的柱頂分為兩部分：一部分叫「卵形花邊」；另一部分叫「頂板」。卵形花邊顧名思義當然是圓形，而上邊的方形板就是頂板，頂板貼近屋樑，二者都雕刻得極為精巧。尤其是卵形花邊，是另由下而上形成蜿蜒曲線，十足顯示了希臘人的智慧和愛美心。至於在柱壁各稜線之間的平面，更裝飾有精巧玲瓏的浮雕，為希臘建築增添無限風情。例如巴特農神殿就有九十二根柱子上刻有浮雕，題材全是古希臘神話的英勇戰鬥事蹟，使粗笨凝重的多利克式建築增加了不少詩意。

■愛奧尼式

所謂**愛奧尼式**，其名稱的起源，則是從愛奧尼亞族而來。愛奧尼亞族性情高尚文雅，富於藝術天才，所以他們所形成的愛奧尼式建築，就以「雕琢繁縟，華美輕盈」為特色。愛奧尼式建築的演變經過相當複雜，最初是模仿埃及等亞非古國的樣式，然後才逐漸改造成愛

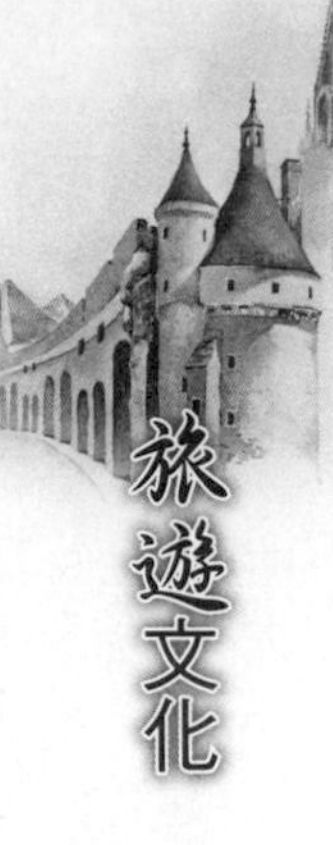

奧尼式的。這種由複雜而演變為單純的形式，更加接近希臘人心目中的理想美。

愛奧尼的神殿建築，臺基比多利克式的略高。但是最能代表愛奧尼建築特徵的，還是那些巍峨壯麗的石柱。這些石柱並非直接樹立在臺基上，而是建在形式新穎的特定基石上。這些式樣新穎的基石，是由幾個圓形巨石堆砌而成，圓形的邊緣有時成凹凸狀，基石的高度相當於柱長的十四分之一，所以看上去柱子比較狹細修長，通常柱身周圍刻有二十條稜線，稜線的凹凸深度比多利克式更大，不過柱子上端的稜線幾乎被磨成平板狀。而柱頭上端的形狀又宛如一個枕頭，兩側恰似浮雲狀的渦捲，枕形柱頭下面有很多雕刻精細的花紋，這和多利克式質樸單純的風格相較，顯然讓人有一種裝飾過盛之感。

愛奧尼式柱子的柱頂線盤，較多利克式的線盤稍低，而且額線的飾帶和飛簷也都比較小，有時甚至換上較自然的裝飾。愛奧尼克式柱頂線盤分為三排，頂上一排最大，而頂下一排最小，跟多利克式的渾然不分大不相同。

■科林斯式

科林斯式，據一般西洋建築史家推測，可能是青銅雕刻家卡利馬可斯所發明，因此才被定名為「科林斯式」。科林斯式的建築跟愛奧尼克式一樣，石柱也是建在特定基石上；所不同的是科林斯式石柱比愛奧尼式更華麗，柱高和柱身直徑的比例是十比一。科林斯式柱子的最大特徵，是柱子上面的柱頭上有一個鐘狀的四方形，下面有四個飛出的渦捲，每個渦捲各占一個角。這個形狀似鐘的東西，最初是用青銅雕製，後來才逐漸改成大理石，在鐘上施以「蕨葉形」的雕紋。所謂「蕨葉」是地中海沿岸一種野生植物，花紋美麗多姿，是希臘人很喜愛的一種裝飾式樣。

科林斯式和愛奧尼式柱兩相比較，前者比後者更令人有裝飾過盛之感。因為科林斯式建築雖然發明於西元前5世紀，但是盛行卻是後

來的希臘化時代和羅馬帝國時代。一個民族衰敗，其建築雕刻繪畫必將更奢華，此可說是文化史演進的普遍法則。希臘著明的神殿建築略舉下列三座：

1.雅典娜尼克神殿（Athena Nike）：位於雅典衛城西邊入口山坡上，又名「飛簷勝利女神殿」，大約落成於西元前445年左右，長8.27公尺，寬5.44公尺，規模小巧玲瓏，是大理石的愛奧尼式建築，大理石柱比巴特農神殿細，但是柱頭雕刻細膩，裝飾也極盡富麗堂皇之美，在神殿的西端，安排一間房子給雅典娜的處女祭司，稱其「童貞女之室」。

2.巴特農神殿（Parthenon）：位置在雅典衛城頂端中央偏北，呈東西平行走向，東西長60公尺，南北29公尺，總面積是1,740平方公尺，是供奉雅典守護神雅典娜的廟宇，建築材料使用彭泰利卡斯山的純白大理石，外部四周是多利克式的白色大理石柱，總共四十六根，四周的環境都布滿了藝術家巧奪天工的浮雕。

3.西修斯神殿（Theseum）：位於雅典衛城西北的小高崗上，是專為供奉「西修斯神」而建，據近代考古學家考證，這座神殿是專為供奉眾神而建的，也有別的學者說是為供奉火神黑非斯塔斯而建的。西修斯神殿是現存雅典衛城神殿中最完好的一座。

四、羅馬建築

羅馬建築表現出羅馬人堅實精神與帝國雄偉氣魄。羅馬，相傳遠在西元前1500年便有人定居，古城建在七個著名的山丘上，台伯河流經其間，西元前753年由羅慕洛建立古城，312年便建築埋在地底下的第一座水道，並闢建第一條連結義大利中部和南部的阿比亞古道，逐漸形成都市的雛形。現在的羅馬，對遺址進行發掘和保護不遺餘力。羅馬建築普遍使用大理石，凸顯龐大和炫耀的建築結構，同時將

對拱原理發揮得淋漓盡致，許許多多有名的教堂，利用一系列拱門承載耐震，並加大跨距和拉高樓高，宏偉流暢，令人歎為觀止，而曲線穹狀圓頂及瘦骨嶙峋、高聳入雲的飛扶壁，讓許多教堂內部的莊嚴肅穆、外形的崇高偉大，自然流露，突顯土木之美。羅馬式建築物都是拱門圓頂，宏偉堅固又很美觀，顯示帝國的力量與莊嚴。古代羅馬人對都市規劃的用心，早現端倪，西元前144年便引進外地水源，以供應羅馬城內的用水，由水道橋的遺跡尚留人間，可見一斑；一系列的建設，實已完成都市的藍圖。而許多著名的建築，如西斯汀禮拜堂、梵蒂岡博物館、聖彼得大教堂及大廣場、千泉宮（紅衣主教別墅）、萬神殿、許願池及西班牙台階、鬥獸場、忠烈祠、君士坦丁堡、凱旋門、古羅馬市集等，可謂各具特色，風華別具。

鬥獸場是公元72年建造，公元80年完成，計動用四萬俘虜興建，足可容納六萬觀眾。該建物建於巨大橢圓形地基上，地基厚為12米，寬51.5米，最長直徑188米，整個地基由岩石與混凝土砌成，龐大的地下構造，築設於尼祿湖泥土上，屬於浮筏式基礎，既可以緩衝巨大

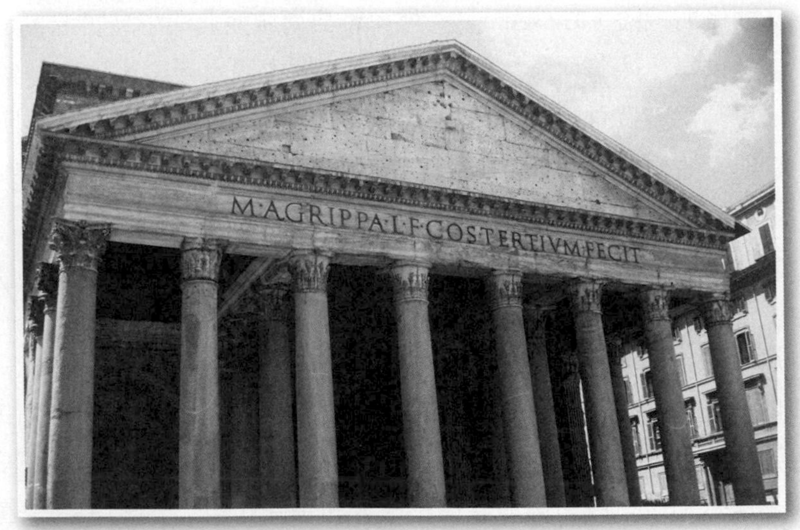

萬神殿（Pantheon）是唯一保存完整的羅馬帝國時期的建築物，其穹頂和經歷了十八個世紀的巨大青銅門非常著名，至今仍為世界之最

石柱所傳遞之重量和震顫，並使重量均勻分配於地盤上，故歷時兩千餘年，至今仍巍然立。文藝復興時期，該建物曾被拆除，許多大理石被偷作建造宮殿和教堂的材料，一連持續幾個世紀的破壞，直到19世紀，當時教皇才開始下令整修，已毀損部分大多以砌磚回補。

羅馬式的建築與前幾個世紀最顯著的不同是數量眾多且體積龐大，教堂中殿以圓拱頂取代以前的木樑，而外型也裝飾著建築性的設計，其中最多而又具創新設計的教堂大多在法國一帶，包括11世紀興建於法國波堤亞的格蘭第聖母院，其格局為厚重的拱門和第二層一排排裝飾雕刻的小拱門，都是羅馬式建築的特徵，而其複雜的外牆設計更成為後世模仿的對象。門的兩邊與上面拱型深凹進去的門楣，都有人物的浮雕。另外位於佛羅倫斯天主教堂對面的洗禮堂（Baptistery），是義大利最傑出的羅馬式建築，其簡單而雅緻的古典設計，為佛羅倫斯建立一種風格，指引著佛羅倫斯的建築理念。洗禮堂外型是八角的屋頂，每一面有三個拱型，東、南、北各有一個入口，而西面則是一個橢圓形的聖堂，建築的特色是以大理石切割成幾何形狀來裝飾外牆，這些簡單的橢圓形不僅勾劃出門、窗和牆面，同時也強調了建築的結構線條。

五、拜占庭建築

自西元5世紀到9世紀，西歐並未出現大規模建築的建設，進入了停頓的時期。填補此一空白發展的拜占庭帝國，因與東方世界通商而繁榮起來。拜占庭的建築是羅馬帝國與中東建築之間的融合發展。拜占庭原是古希臘與羅馬的殖民城市。其版圖以巴爾幹半島為中心，包括小亞細亞、地中海東岸和非洲北部。

拜占庭建築依國家發展可分為三個階段：

1.前期（4-6世紀）：即興盛時期，主要是按古羅馬城來建設君士坦丁堡。建築有城牆、城門宮殿、廣場、輸水道與蓄水池等。

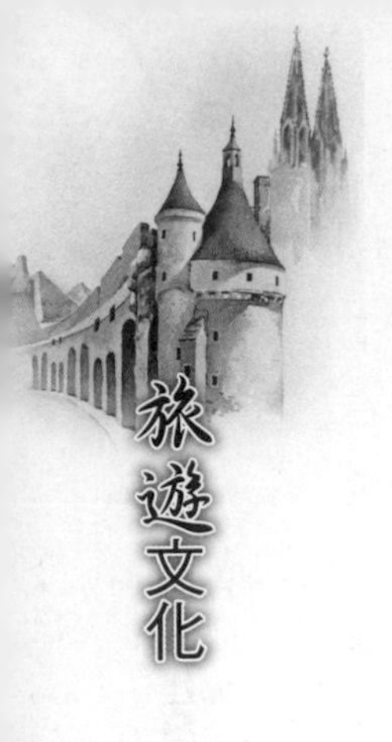

在6世紀出現了規模宏大的以一個穹隆為中心的聖索菲亞大教堂。

2.中期（7-12世紀）：由於外敵相繼入侵，國土縮小，建築減少，規模也大不如前。其特點是拜占庭地少而向高發展，中央大穹隆沒有了，改為幾個小穹隆群，並著重於裝飾，如威尼斯的聖馬可教堂。

3.後期（13-15世紀）：十字軍的數次東征使拜占庭帝國大受損失。這時建築不多，也沒什麼新創造，後來在土耳其入主後大多破損無存。

拜占庭建築的特色是融合古西亞的磚石拱券（建築物上築成弧形的地方）、古希臘的柱式和古羅馬的宏大規模的特色。特別是在拱、拱券、穹隆方面，小料厚縫的砌築方法時，它們形式靈活多樣。教堂格局大致有三種，包括巴西利卡式、集中式、十字形，此外彩色雲石琉璃磚鑲崁和彩色面磚裝飾建築也是其特色。拜占庭建築最光輝的代表是君士坦丁堡的聖索菲亞大教堂，其為東正教的中心教堂，是拜占庭帝國極盛時代的紀念碑。聖索菲亞教堂是集中式的，東西長77米，南北長71米，布局屬於以穹隆覆蓋的巴西利卡式。中央穹隆突出，四面體量相仿但有側重，前面有一個大院子，正南入口有二道門庭，末端有半圓神龕。中央大穹隆，直徑32.6米，穹頂離地54.8米，透過帆拱支承在四個大柱敦上。其橫推力由東西兩個半穹頂及南北各兩個大柱墩來平衡。內部空間豐富多變，穹隆之下與柱之間，大小空間前後上下相互滲透，穹隆底部密排著一圈四十個窗洞，光線射入時形成的幻影，使大穹隆顯得輕巧凌空。

除了聖索菲亞教堂，拜占庭沒有龐大的建築體，其他的規模都很小，穹頂直徑最大的也不超過6米。不過，這些教堂的外形有改進，穹頂逐漸飽滿起來，成為主體建築的中心，真正形成了垂直軸線，完成了集中式的構圖，形體遠比早期的開展、勻稱。在俄羅斯、羅馬尼

亞、保加利亞和塞爾維亞等東正教國家，都流行這種教堂。（崔征國譯，1989）

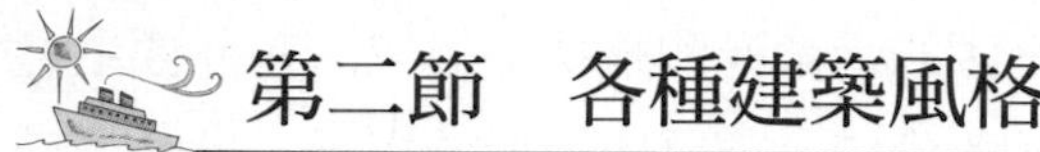

第二節　各種建築風格

一、古典建築的源頭——希臘建築

希臘建築代表著西方建築古典主義的源頭，可說是眾所皆知，但西方人對建築古典主義的認識，反而多半來自於承襲希臘建築的羅馬建築；其中主要原因之一是希臘從15世紀就被土耳其人所占領，在文化上失去了跟歐洲的聯繫，一直到1832年希臘正式獨立後，才重新成為歐洲文化世界的一員。不過在希臘獨立前，18世紀歐洲所掀起的考古熱潮，便率先揭開了西方建築古典主義源頭的奧秘，許多考古探險隊深入當時仍在陌生文化統治下的希臘，進行古蹟測繪，並將資料編印出版，提供了西方世界重新認識希臘建築，也帶動了當時歐洲的希臘建築樣式的復古風潮，甚至遠在大西洋彼岸的美國在獨立後，大力興建華盛頓特區政府機關時，包括國會與白宮也都是運用希臘建築復古的樣式，象徵美國邁向民主時代的發展。（吳謹嫣譯，2000）關於希臘建築的特色請詳前述。

二、哥德式建築

哥德式建築是11世紀下半葉起源於法國，13至15世紀流行於歐洲的一種建築風格，融合了希臘、羅馬、拜占庭、基督教等藝術，配合各民族的特性為基礎，演變而來的一種建築特色，是歐洲封建城市經濟為主導地位時期的建築。這時期的建築仍以教堂為主，但也反映在城市經濟特點的城市廣場、市政廳、行會、公會與關稅局等，同時市

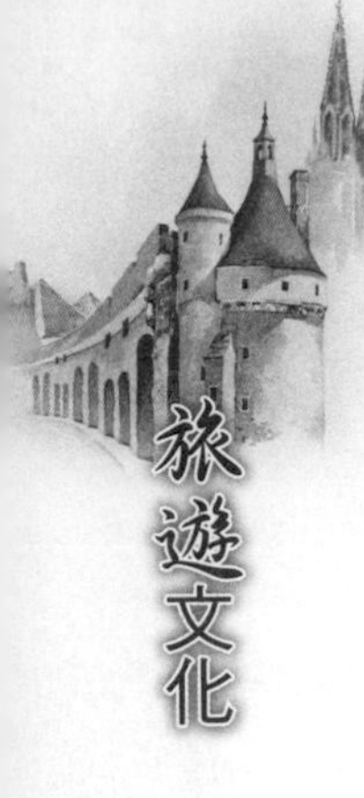

民住宅也有很大的發展，風格脫離了古羅馬的影響，以其高超的技術和藝術成就，在建築史上占有重要地位。

哥德式建築主要的典型特色：尖拱門、有稜筋的穹隆、飛扶壁及彩色玻璃窗。其結構體系由石頭的骨架券和飛扶壁組成，在外觀上呈現瘦高的骨架，通常可見高高的尖塔、頂部成尖形的拱門，以及布滿繁複雕刻的牆面；為了保持高挑的身材，牆壁不能太厚，於是出現大片大片的玻璃窗，由於主體建築支撐的力量有限，於是在牆壁外側發展出扶壁（buttress）和飛扶壁（flying buttress），以加強橫向支撐的力量。

至於建築的內部空間高曠、單純、統一。以各種方式營造崇高的視覺效果、挑高的設計，從地板到中央頂棚往往高達30、40公尺，如法國巴黎西北方的波維（Beauvais）大教堂高48公尺，幾乎到了高度

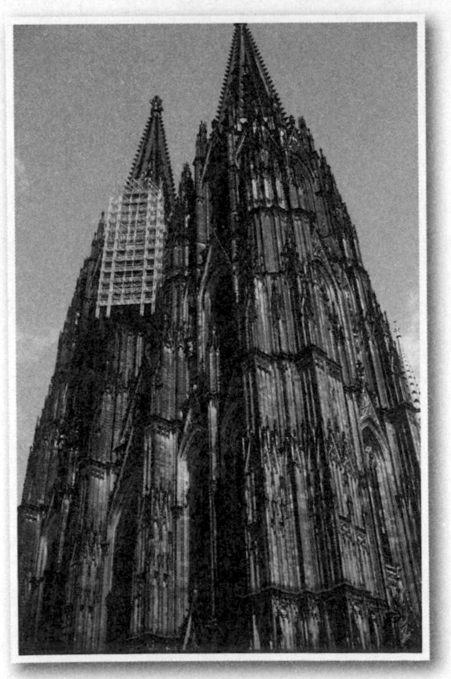

德國科隆大教堂始建於1248年，建築上著重在尖塔的高度向天空爬升，為哥德式建築的經典代表作

的極限，再高一點可能就垮了，它利用如人體肋骨般的肋稜以及與建築結構本身無關的裝飾性附柱，藏起厚重的樑柱，創造流暢的空間效果；教堂四周有容許陽光穿透的玻璃窗，增加了室內的明亮度。

哥德式建築以教堂、修道院最為普遍，後來西歐境內許多城堡、市政廳，甚至有錢人的宅邸，也紛紛採取哥德樣式，以展現巍峨、華麗與威嚴的氣勢。建於1137年的聖丹尼（St. Denis）教堂，被認為是最早的一座哥德式建築物。13世紀期間，從整個西歐延伸到義大利中部以北地區，哥德式建築蔚為風尚，直到15世紀義大利文藝復興勢力興起，才完全否定繁複的哥德式建築，哥德式建築也就逐漸式微。哥德式建築發展至後期，在不同國家呈現了不同的風格：西班牙專注於蕾絲花邊般精緻的石雕，極力展現靈動的生氣，例如巴塞隆納的聖家堂等；義大利則採用屏幕式的山墻構圖，在雕刻和裝飾上則有明顯的羅馬古典風格，如米蘭大教堂，而西恩納的市政廳更被公認是中世紀建築中最美麗的作品之一；德國著重在尖塔的高度向天空爬升，例如科隆大教堂（Cologne Cathedral）；英國強調整體端正垂直的線條，例如索爾斯堡大教堂、倫敦塔。由於哥德式建築整體外觀因為高聳的架勢、精緻的石雕、線條流暢的飛扶壁和色彩繽紛的玻璃窗，而顯得富麗堂皇，往往成為吸引現代人注目的觀光焦點。

三、巴洛克式建築

西方都市計畫發展由巴洛克時期開始，當時最醒目的建築物是教堂與宮殿。建築師認為建築物是根據許多要求塑造成形的一個獨立的總體，所以巴洛克建築通常看來就像一尊大型雕塑。文藝復興時期的建築，共同特點是正方形、圓形和十字形；而巴洛克建築的典型特徵是橢圓形、橄欖形，以及從複雜的幾何圖形中變化而來的更為複雜的圖形。用規則的波浪狀曲線和反曲線的形式賦予建築元素以動感的理念，是所有巴洛克藝術中最重要的特徵。

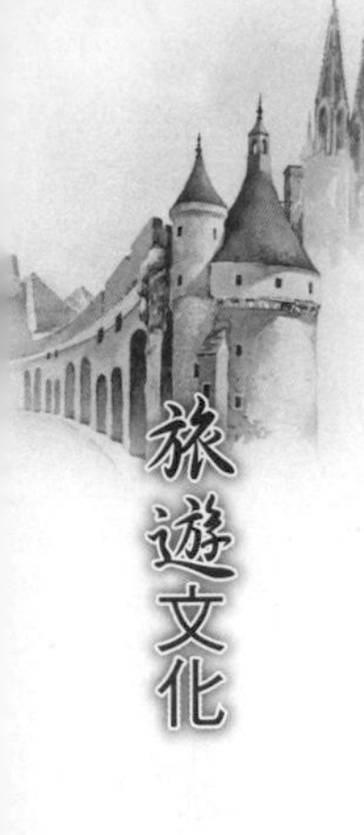

文藝復興時期建築是以簡單的、基本的比例和相互關係為基礎；而巴洛克建築不再崇尚那種含蓄的邏輯性，而是追求令人感到意外的、如戲劇般的效果。如米開朗基羅助手維紐拉和戴拉．伯達在1568至1584年間完成的羅馬耶穌教堂，被公認為是從樣式主義轉向巴洛克的代表作。這座教堂內部突出了主廳和中央圓頂，加強了中央大門的作用，以嚴密的結構和強烈的中心效果顯示新的特色。因此，耶穌教堂的內部和門面，後來都成為巴洛克建築的模式，又可稱為「前巴洛克風格」。

17世紀早期巴洛克建築代表是馬德諾，在1607至1615年完成米開蘭基羅未完成的羅馬梵諦岡「聖彼得教堂」（Basilica San Pietro），其用戲劇性的方式強調正門，由扁平的方柱變為半圓柱，再變為四分之三圓柱，使建築的立體塑形複雜多變，所設計凸出或深凹的門面，都使得教堂和前面廣場的空間能更進一步的連接。17世紀盛期最偉大的巴洛克建築大師是貝尼尼，以雕刻家聞名而兼精建築，在1624至1633年間完成置於聖彼得大教堂內的青銅華蓋，是一座高達29公尺的

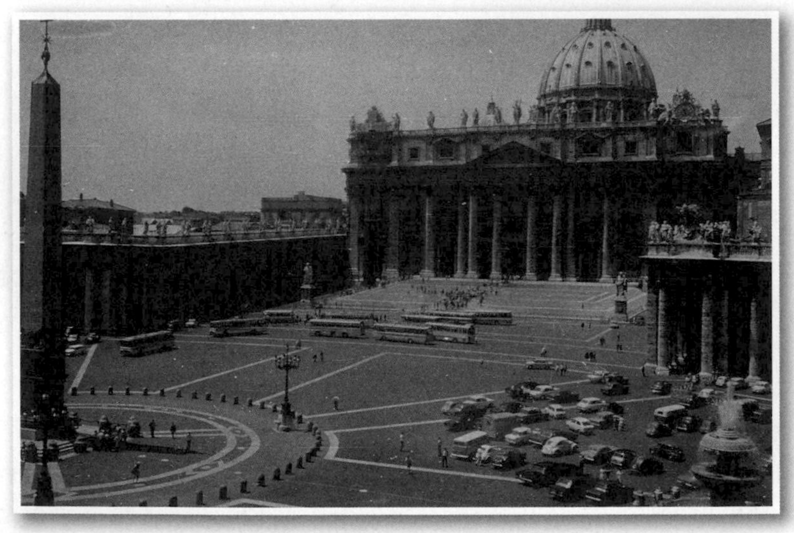

聖彼得教堂位於義大利拉齊奧大區羅馬省西北部的梵諦岡、聖彼得廣場旁，米開朗基羅所設計的圓形屋頂更成為梵諦岡的重要地標

巨型幕棚，以四根螺旋形雕花大柱支撐蓋頂，雄偉而又華麗，並為聖彼得大教堂設計了門前雙臂環拱形的廣場和柱廊，使它成為西方最美的廣場建築之一。

巴洛克另一位建築大師為波羅米尼，喜用多變的曲線和幾何形體的複雜交錯，從整體布局到細部安排，都能別出新裁；代表作如羅馬的四泉聖卡羅（S. Carlo）教堂（1665至1667年），被譽為巴洛克建築的典範。除羅馬地區外，義大利北部的杜林也有相當發展，瓜里尼建的「聖布小教堂」（1668至1694年）圓頂，表現天堂的穹窿，給人一種飄渺無盡永恆的幽思。西歐諸國的巴洛克建築，又結合各地的特點而各有所長，如英、法等國，帶有較嚴謹的色彩，例如巴黎凡爾賽宮（1669至1685年），德國南部則華麗輝煌達於極致，西班牙及其統治下的拉丁美洲也是巴洛克發展的重要地區。

巴洛克後期的大師則以加利萊為代表，其代表作為1732年的「拉特朗大殿」，表現出18世紀建築師和藝術家對教堂建築的不同風格。具代表的建築為在奧匈帝國時期的桑索希公園，公園內有以桑索希皇宮為首的六座宮殿、劇院、美術館等分散其中。桑索希宮內的腓特烈大帝的辦公室，以及他所敬愛的伏爾泰住過的房間等均值得參觀。往皇宮的道路，宮外的桑索希庭園令人印象深刻。庭園內的新皇宮建於1763至1761年，經六年的歲月始完成，屬巴洛克後期傑出作品之一。

巴洛克式建築以華麗、動感打造戲劇般的效果，表見出絕對的高貴與權力；因此文藝復興時期過後，許多建築為表示其華麗與權力性都採用巴洛克式建築方式，造成許多富豪望族、地方士紳，及市府建築都爭相模仿巴洛克式建築。（蔡毓芬譯，2000）

四、洛可可式建築

法國巴洛克建築的最後階段，通常稱為**洛可可式建築**，發端於路易十四（1643至1715年）時代晚期，流行於路易十五（1715至1774

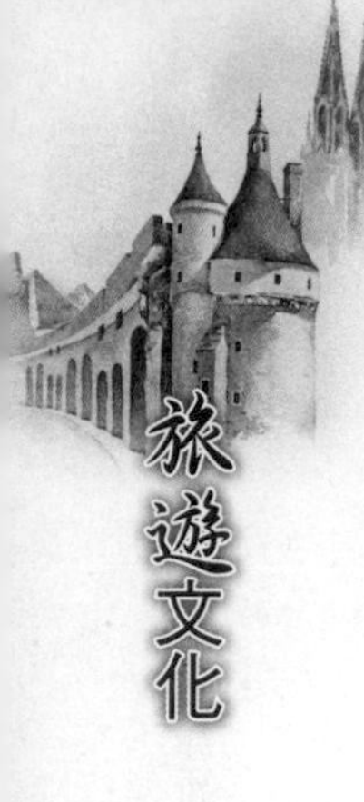

年）時代，風格纖巧，又稱路易十五式。這種風格第一次出現在古典主義者孟沙為路易十四所進行的設計中，隨後1699年勒波特將阿拉伯圖飾，應用到國王在馬爾利住宅的鏡框和門框上，這種風格便正式形成。1701年它出現在凡爾賽宮上，而極盛行為法王路易十五時期，其為迎合巴黎人新興資產階級，以纖細、輕挑、華麗、繁瑣為特點的沙龍藝術，也見於繪畫和文學之中，但主要見於建築中。洛可可在形成過程中還受到中國藝術的影響，特別是在庭園設計、室內設計、絲織品、瓷器、漆器等方面，由於當時法國藝術取得歐洲的中心地位，所以洛可可藝術的影響也遍及歐洲各國。

洛可可原意是「貝殼形」源於法語Rocaille；其建築風格是在精緻府邸代替了古典的宮殿和教堂，洛可可的建築一般不求排場，但仍講究使用者的舒適感。房間通常為圓形、橢圓形或圓角形，多用自然題材做曲線，如捲渦、貝殼、藤蔓、卷草以及其它不對稱的曲線；講求閃爍光澤的色調，例如多用青、黃及粉嫩色、漆金等，還用大量鏡子、帳幔、水晶燈等貴重家具做裝飾，處處顯得靈活、親切，表現出對古典主義尊嚴氣派和冷漠秩序的否定。洛可可建築滿足於有節奏的布局，自然的建材或加上一層簡單的色調，而內部裝潢則五彩繽紛形式多樣。最大特點是明顯帶有人生的享樂主義思想，不但富有蜿蜒而優雅的曲線美，還富有生命力，體現著人文自然和自由活動的追求。

洛可可建築的經典代表為凡爾賽宮內皇后的房間，可以看到自然花草的看起來對稱卻又不對稱的曲線，整個房間的色調和光澤，加上帳幔和水晶燈等貴重家具，乍看下還以為到了回教國家的皇宮。另外，18世紀威尼斯的撒捨雷多宮臥室可以見到房間的天花板和牆垣之間有許多造形可愛的小愛神，有的扛著天花板壁畫的鍍金框，有的捧著花環，圓形屋頂浮雕上頭還畫有羅馬神話中的黎明女神，這個房間陳述了巴洛克晚期的建築特色，洛可可的室內設計、雕刻和繪畫的結合以及象徵性的應用。慕尼黑阿梅林堡別墅的多鏡廳以及符茲堡宮的樓梯也是洛可可經典之作。（林秀姿，2002）

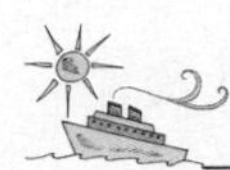

第三節　城堡與園林建築

一、歐洲城堡建築

自石器時代開始，人們便使用防禦工事和土木工程。在西元第9世紀以前，歐洲從未出現過真正的城堡。但由於要反抗維京人的入侵，加上分散封建政治勢力的形成，從公元第9世紀到15世紀之間，數以千計的城堡就遍布了歐洲。

第9世紀開始，勢力強大的部族就開始以城堡占據歐洲各個地區。早期的城堡設計和建造大多簡單，但卻慢慢發展為堅固的石材建築，其多屬於國王或國王的臣屬，但大部分是地方上的貴族為了維護自己的利益而建造。地方上的貴族提供了法律秩序和保護，使居民不受諸如維京人等劫掠者所侵擾；貴族建造城堡的目的，是為了防護，並提供一個由軍事武力所控制的安全基地。事實上，城堡的功能最初建造目的是作進攻用，作為專業士兵，尤其是騎士的基地，並控制四周的鄉間地區，而非以防禦為目的。當國王的中央權力衰落後，由城堡所構成的網絡以及它們所支援的軍事武力，反而在政治上提供了相對的穩定。

法國的普瓦都地區是最佳例子。在第9世紀維京人入侵前，那裡只有三個城堡；但到了第11世紀時，增加到三十九個。這種發展模式在歐洲其他地區都可見到。在火炮出現之前，城堡的防衛者比攻城占有更大的優勢，遍布的城堡和為了防衛而維持著大批士兵，不僅沒有帶來和平或互相防衛以對抗入侵者，反而助長了不斷發生的戰爭。

早期城堡的類型被稱作「土堆與板築」。**土堆**是以泥土築成的土堤，具有一定寬度和高度，一般約50英呎高。土堆上面可建築大型的木製箭塔，土堆下面以木板圍起，稱為**板築**，用來防護穀倉、家畜圍欄和用來居住的小屋。**土堆與板築**就像一個小島，被挖掘出來並被注

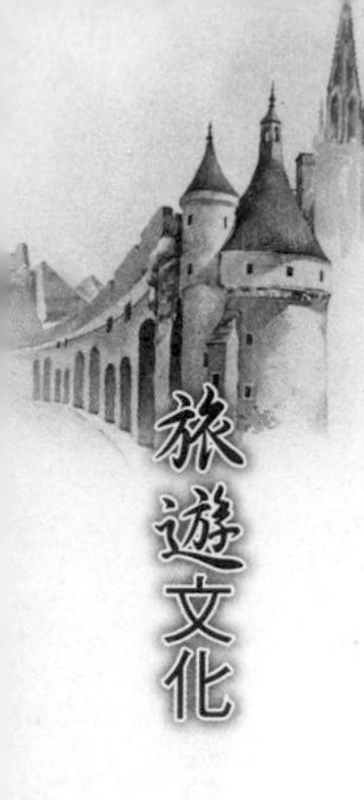

滿水的壕溝所圍繞，由一道橋樑和狹小陡峭的小徑來互相連接。在危險的時候，如果守不著板築的話，防衛的武力會撤退到箭塔裡面。11世紀開始，以石頭代替泥土和木材來建築城堡。建設在土堤上面的木製箭塔，改由大塊的石頭建造，後來發展為箭塔或要塞。一堵石牆會包圍舊的板築和要塞，並改由壕溝或護城河環繞，另外再設置吊橋和閘門來防護城堡唯一的城門。最著名的要塞型城堡，是由征服者威廉所建造的倫敦塔。它最初是一幢方形的建築，並被塗成白色以吸引注意，後來的國王們就以今天所看到的城牆和改良後的建築來加強它的規模。十字軍東征後，帶回新的防禦技術和攻城工程師，使城堡的設計得到改進。同心的城堡從中心點擴展，由兩堵或更多的環形城牆所包圍。

11世紀時，征服者威廉宣稱擁有英國所有的城堡，並從貴族的手上將其收回。到了13世紀，城堡的建造或強化須得到國王的同意，其目的就是為了廢除城堡，讓它們不能作為叛亂的依據。城堡被廢置後，有四分之一仍然為貴族所保存，其他則淪為廢墟。到了15世紀中期，由於王權的擴張，城堡開始出現衰落，財富的生產從農地轉到城市，防禦設施強化的城鎮反而變得更為重要。

早期的古堡幾乎都蕩然無存了，今天所見到的，主要是中世紀中晚期來的建築，大多是哥德式的，其次是文藝復興式的，再次是巴洛克式的。雖屢建屢修，但許多已淪為廢墟，它們帶著歷史的塵埃，訴說著悠悠歲月。而各種建築風格的古堡中，哥德式為最典型，造型高聳、峭拔、窗戶狹長，均有塔柱和塔尖，樣式不要求統一，如果同時有數個塔柱，則其中必有一個突出於眾塔之上；周圍有堅固的城牆，堡內較為陰暗，往往有一種陰森、恐怖、神秘的感覺；城堡成了歷代文藝作品常用的題材或背景。目前歐洲現存城堡中以法國與德國較多，且較為著名，茲列舉如下：

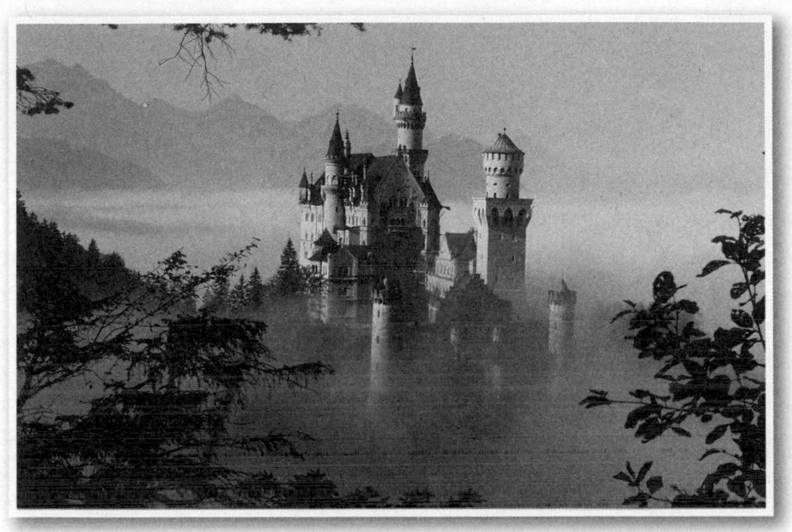

早期的古堡神秘而陰森，幾乎都蕩然無存了，現存城堡以法、德居多

(一)羅亞爾河城堡

位在巴黎西南邊230公里，為16世紀法國文藝復興起源地，羅亞爾河流域最重要的遺跡就是法國王權時代遺留下的豪華古堡，距離杜爾60公里的範圍內，散置數十座兼具歷史與建築價值的古堡，最有名的當推雪儂梭和香波堡，其他如翁布瓦茲、薇蕹德、亞勒依多堡，以及大、小城堡等均各有特色。

■雪儂梭堡

雪儂梭堡是跨越羅亞爾支流雪河與察爾河建造的文藝復興的城堡，富含文藝復興氣息。16世紀以來經過數位女性貴族的修建，使雪儂梭堡充滿浪漫優雅的氣氛，特別是水上城堡建築，以及分屬亨利二世皇后與情婦的兩個美麗花園，更為雪儂梭堡主人的愛情故事增添更多想像。被喻為漂浮在空氣及水面的雪儂梭堡，自1533年，亨利二世和凱薩琳梅迪奇結婚後就成為王室宮殿，之後亨利二世愛上情婦黛安娜把雪儂梭堡贈送給她，然而亨利二世駕崩之後，凱薩琳王后立即逐

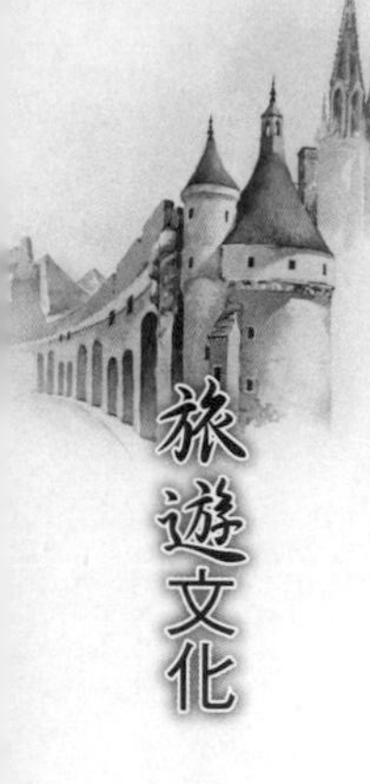

出黛安娜。在凱薩琳、黛安娜，以及之後歷任女主人的巧思之下，雪儂梭堡的外觀建築以及內部擺設都維持了法國王室的奢華古典。由連續圓拱支撐的義大利式長廊、豪華精緻擺設的臥房、路易十四沙龍、禮拜堂、凱薩琳之房、版畫陳列室、守衛廳，甚至於地下廚房等，都反應羅亞爾河王室的尊貴享受。

■香波城堡

位於羅亞爾河以東約60公里，具有王者風範的香波堡是羅亞爾河流域最大的城堡（房間有四百四十間），後來被法蘭斯瓦一世剷平重建。18世紀時流亡的波蘭國王曾經居住於此，1840年香波堡被列為古蹟。太陽王路易十四的臥房是香波堡尊貴奢華的代表，而隨處可見的蠑螈，是法蘭斯瓦一世的紋章圖案，分設在城堡中七百多處。交替旋轉式的大梯，據說是由達文西所設計，特色是上樓和下樓的人不會面對面相遇。此地也曾經是王侯貴族為在廣大森林中歡樂打獵建造的。香波堡有名的是螺旋式樓梯（上下之間有難得的設計）及無收的煙窗、柱頭、小塔裡有陽台地方，可以遠眺。一到傍晚，暉映香波堡城堡十分美觀。

■楓庭城堡

離巴黎市65公里，於12世紀落成，為路易七世的行宮，堡內的花園值得一遊。數百年來地位超然的楓庭堡，為路易十四構思的楓庭堡皇城，連貫毗鄰的皇宮和附近的森林，是昔日多位法國帝王的行宮。自中世紀開始，楓庭堡見證了三十四位君王的統治，在法國歷史上扮演著重要的角色。今日的楓庭堡及附近的森林區已被聯合國科教文組織列為「世界文化襲產」。

(二)隆傑城堡

文藝復興後，隨著騎士制度的衰落，古堡的功能發生變化，除一部分繼續作為軍事要塞外，其餘當作博物館或供貴族們當府邸。例

如18世紀末，德國黑森州地區的統治者威廉九世侯爵就在州府卡塞爾的山坡公園建造了一座典型的古堡。從外表看，它幾乎集中世紀哥德式古堡樣式之大成，但內部卻完全是居室的設施。古堡不僅是建築遺產，也是壯麗的文化景觀。19世紀德國浪漫派領袖施萊格爾曾驚嘆與讚賞：「一系列德意志古堡廢墟，將萊茵河沿岸裝飾得如此富麗堂皇，除了直接的自然感情外，還給了我們新的觀察良機：從原本是德國人對最險峻的山崖建築的習慣和愛好中，發現了如此美妙絕倫地發展成哥德式建築藝術的因素。」施萊格爾所描述的景觀，主要是萊茵河中流從平根到考普倫茨這一河段，那是一段峽谷，兩岸崇山峻嶺，河流蜿蜒多姿，堪稱萊茵河的「華彩河段」。兩旁險峻的山崖上一座座巍峨聳立的古堡，特別是古堡廢墟，個個爭奇鬥妍，成為大自然的絕妙點綴。

二、西方園林建築

西方園林建築，一般是指不包括主體建築的小型建築物，以及人造噴泉、花臺、裝飾雕塑、園燈、公共設施等。以西洋景觀設計來說源起於庭園設計，如埃及、巴比倫、羅馬等規劃的古庭園。中古世紀西班牙、羅馬、荷蘭、法國之庭園設計均表現出精緻的人工藝術，16世紀文藝復興時代為義大利庭園之黃金時代，其建築特色包含藝術品、雕刻及水景植栽。17世紀後期受巴洛克及洛可可風潮影響，許多庭園引入濃厚裝飾及人工雕刻風格，並花費大量人力與金錢堆砌出皇家豪氣，其中以法國凡爾賽花園最具代表性。

凡爾賽宮花園位於巴黎西南22公里，原為法王的獵莊，1661年路易十四進行擴建，到路易十五時期才完成，王宮包括宮殿、花園，宮殿南北總長約400米，中央部分供國王與王后起居與工作，南翼為王子、親王與王妃使用，北翼為王權辦公處，有教堂、劇院等等。宮前大花園自1667年起由勒諾特設計建造，面積6.7平方公里，縱軸長3公

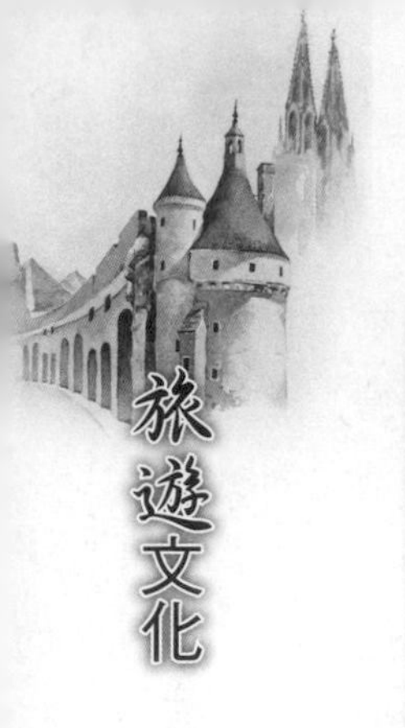

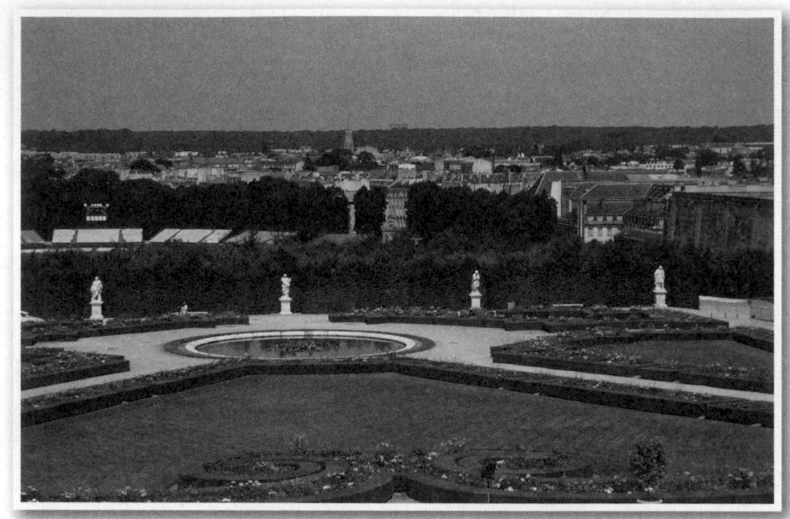

凡爾賽宮花園原有一千五百多座奔放的噴泉，現只剩三百多座

里。園內道路、樹木、水池、亭臺、花圃、噴泉等均呈幾何圖形，有主軸、次軸、對景等等，並點綴有各色雕像，成為法國古典園林的傑出代表。

凡爾賽宮花園，在法國大革命前有8,000公頃，現在只剩下815公頃。園中有幾座特大的季節性花圃，圖案多彩多姿，一年四季繁花似錦，宛如世外桃源。整座花園，以水盆、水床、噴泉、瀑布、運河為主軸，當時計有一千五百多座奔放的噴泉，現在只剩三百多座，堪稱是世界上最大的戶外古典雕塑園。每當噴泉水舞演出時，所有噴泉都隨著古典交響樂曲，飛舞躍動、水花四濺、氣勢磅礡、魅力無窮，就像一座詩情畫意的水花大劇場，這些賞心悅目的視覺美感，足以讓人流連忘返。（陳奇相著，1999）

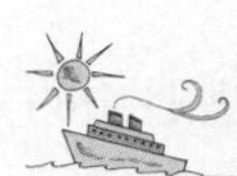

第四節　公共建築

一、歐洲廣場

廣場，一般指都市中無特定機能，且供市民使用的寬敞空間。歐洲各國的廣場，一直是各種活動的重要場所。古羅馬城市的中央廣場是討論國事的空間，是公民從事商務與政治的場所，古希臘的政治集會廣場阿戈拉和義大利羅馬集會廣場，構成古代都市政治、經濟、宗教活動的中心，也是國民行使權力的舞臺。阿戈拉廣場由許多與建築物相連的柱廊環抱形成四邊形，是世界聞名的古建築之一。古羅馬集會廣場雖一度廢棄，但從11世紀起，隨著商業的振興，城市的價值又逐漸恢復，廣場也得以復活。到了中世紀，羅馬市開始向外擴展，即是將古羅馬集會廣場舊址和當時的廣場巧妙地結合起來，使其獲得了新生。

歐洲一些自治市將具有宗教與軍事性質的廣場建在市中心，而將商業廣場、市集廣場設在城門外或城市與城堡之間的空地上。歐洲大的商業都市中，國民廣場上常常矗立著市政廳、公共大廈、主要商場和商業協會，同時也加入了大主教教堂和一般教堂，組成城市自治管理和重大公共文化活動中心。歐洲中世紀的廣場多位於交通閉塞的地方，以德國的慕尼黑和漢堡廣場為例，半圓形或"V"形帶有頂蓋的通道，連接著建築物底層的柱廊，加上象徵著國民獨立性的高聳的商行鐘樓和市政廳塔樓，成了城市公共生活的中樞。

文藝復興之前建立的荷蘭阿爾克馬爾市的瓦隆普蘭廣場、義大利威尼斯市的聖馬可廣場和皮亞茨達廣場，目前仍然保持著中世紀的風格和特點——既是商場，又是集市，還是教堂廣場和碼頭的一部分。文藝復興時期，廣場設計講究三度空間規律，即三一律。不僅廣場的大小、景色要配合，周圍建築物的形式、格調也要做到內外結合，虛

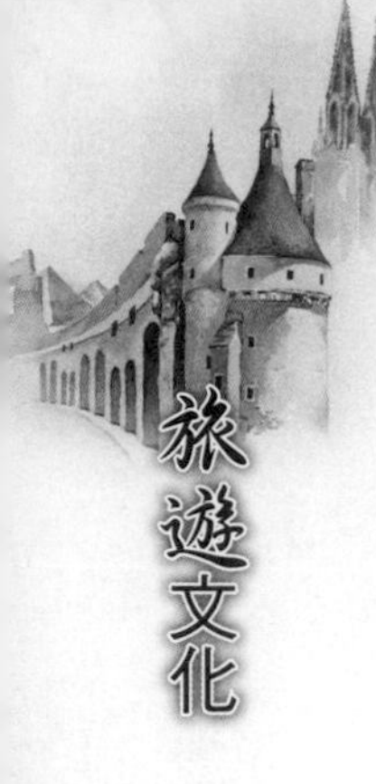

實相濟，還要按照王室和政治的需要，使廣場成為富有新政權隱喻的城市建築。這個時期的廣場設計，多為對稱型，這種建築在羅馬教皇的城市規劃中曾出現過，位於義大利佛羅倫斯的南各阿廣場即屬此例。

在法國啟蒙運動時期，廣場布置要求體現君權的建築思想，表達對君主專利政權的敬意。巴黎的孚日廣場，在亨利四世至路易十三時期被稱為皇家廣場，為1605至1612年建成的，展現亨利四世美化首都、便利交通的願望。而巴黎的勝利廣場和旺多姆廣場，則特別突出廣場中心的路易十四雕像。

19世紀時將中世紀城市和文藝復興時期城市融合在同一結構中，並將皇家廣場和國民廣場合為一體的，包括位於巴黎塞納河畔杜伊勒利公園西北端的協和廣場、葡萄牙里斯本的商業廣場和丹麥哥本哈根的阿馬林堡廣場等，都是啟蒙運動時期城市規劃中完美結構的代表。當工業革命席捲歐洲時，廣場的傳統作用逐漸改變。像巴黎的星式廣場，是東西軸線上的重要地點，改變巴黎地區網狀交通的作用，與帝國時代建造的凱旋門有同樣的紀念意義。20世紀初，側重交通便利的考慮，廣場作為社會活動的場所，從建築群中分離了出來。歐洲人設計的廣場為「人性廣場」，讓廣場與百姓的生活緊密結合在一起，成為日常生活的一部分。現在歐洲各國對城市廣場的重要作用又有了新的喻意，力求匠心獨具地設計一個有著特殊意義的廣場，增加城市的光彩。（王維潔，1999）

二、歐洲劇院

歐洲在表演藝術方面，以歌劇起源最早，且隨著文化的傳播而遍布歐洲各地。不僅是王公貴族娛樂的活動，也發展成一般平民皆能欣賞接觸的活動。歐洲的劇院發展可源自希臘時期，以大規模的戶外公共空間作為表演場所，演進至今日，世界上最著名的劇院仍然以歐洲最多，包括巴黎歌劇院與米蘭歌劇院等，本單元僅介紹幾個歐洲重要的劇院。

(一)希臘雅典

■古希臘雅典露天劇場

雅典（Athens）衛城（Acropolis）入口南側的阿迪庫斯音樂廳（Odeon of Herodes Atticus）建於羅馬時代，為可容納六千多人的戶外劇場，目前夏季仍有表演在此舉行。三層式的建築結構，直徑38公尺，為半圓型的劇場，在任何一點都能聽清楚舞臺上演員的臺詞及音樂席的表演。

(二)法國

■羅馬圓形劇場

羅馬圓形劇場（Amphitheatre Romain）是普羅旺斯地區保留得最完整的羅馬式遺蹟之一。二樓的拱門是多立克（Doric）式。劇場內最多可容納二萬多人觀看，攀上最高樓層可以俯瞰整個亞爾勒的市容。

■巴黎歌劇院

法國巴黎歌劇院（Opera de Paris）被認為是世界上最重要的劇院之一，許多著名聲樂家和指揮家都在此演出，歌劇院在1989年遷往巴士底（Bastilla）。

(三)義大利

■瑪西摩劇院

瑪西摩劇院（Teatro Massimo）位於西西里島（Sicilia），原本是座希臘神殿，建於1875至1897年之間，外觀正面是古典式的建築，為歐洲第二大的室內劇場（僅次於巴黎歌劇院）。內部裝潢幾乎全部採用木材，音響效果非常好；另外，西西里地方美術館與瑪西摩劇院隔

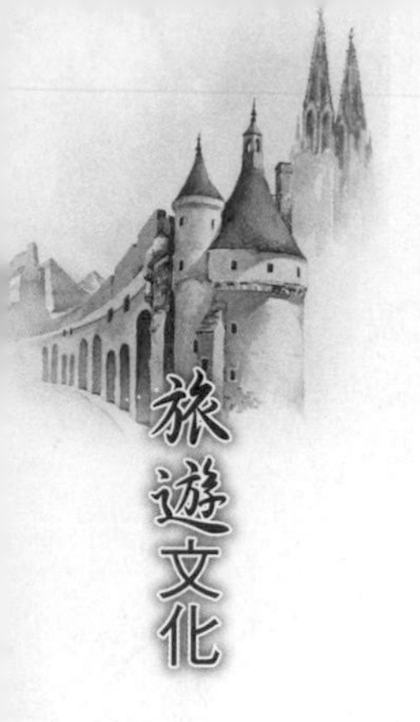

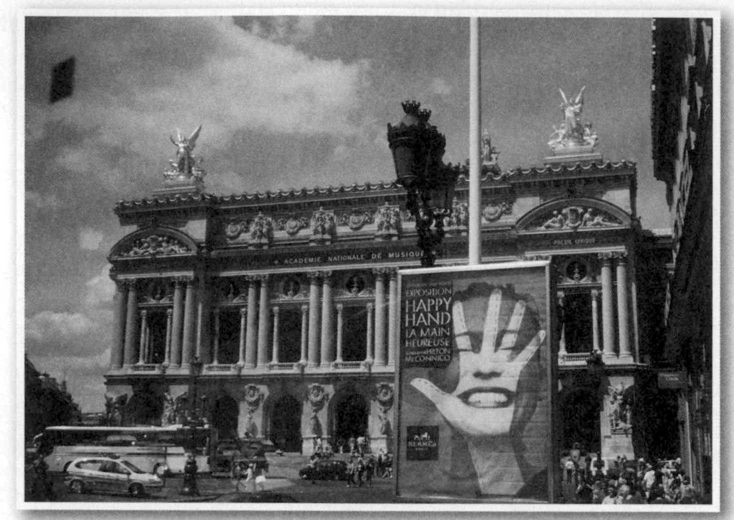

世界上最重要的歌劇院——巴黎歌劇院

著馬克達街相對。

■聖卡羅歌劇院

拿坡里（Napoli）聖卡羅歌劇院（Teatro San Carlo）建於1737年，由法國波旁王朝查理王所蓋，不僅是義大利最大的一座歌劇院，也是舉世聞名的重量級歌劇院。劇院的正面及大廳內部尚保留完整原貌，尤其是內部全以繡了金線圖案的紅色天鵝絨作裝飾，極盡華麗精緻。聖卡羅歌劇院向以絕佳的音響效果及豪華設備聞名於世，有表演時不對外開放，但沒有表演時可參加歌劇院的導覽行程入內參觀。

■斯卡拉歌劇院

斯卡拉歌劇院（Teatro alla Scala）位於米蘭，是世界著名的歌劇院，建於1778年，二次大戰時遭到嚴重破壞，後在1946年重建，現在是世界上第二大的歌劇院。劇院旁邊有一所博物館，旅客可以見到從前在劇院演出的服裝、道具等。

(四)奧地利——維也納

■ 宮廷劇院（Burgtheater）

維也納（Vienna）號稱音樂與戲劇的聖殿，其劇院分布在維也納各地，其中最著名的就是城堡劇院。據說，城堡劇院的德語是最標準的，有許多世界級的演員在此擔任演出，而能夠晉身於城堡劇院演出就是對其藝術表現最高的評價了。城堡劇院原是特瑞莎女皇於1741年所建，原址在聖米歇爾廣場，1888年後改建為現在的義大利文藝復興式建築，並躋身為環城大道的其中。城堡劇院位於市政廳的正對面，入口的上方雕塑是「太陽神阿波羅與悲劇中的繆斯」，進入大廳後，向左邊走是休息區，兩旁掛著著名的演員畫像，接著可以看到一道舖上大紅地毯的華麗階梯，右轉上走就是劇院大廳，劇院大廳的前方有克林姆的壁畫。

■ 國立歌劇院

國立歌劇院（Opera House or Staasoper）是全世界公認第一流的歌劇院，全世界最著名的作曲家、指揮家、演奏家、歌唱家、舞蹈家，無不以在國家歌劇院表演為畢生的榮幸。每年有將近三百場演出，包括古典歌劇中的所有劇目，最了不起的是節目沒有一天是重複的。新文藝復興風格的國立歌劇院，是改建後的環城大道上第一個完成的建築，1869年5月25日首場演出是莫札特的《唐喬凡尼》（*Don Giovanni*）從此揭開炫麗的音樂聖殿時代。（MOOK自遊自在旅遊網，2009）

(五)捷克——布拉格

■ 國家木偶劇院

木偶劇是布拉格（Prague）最有名的藝文表演之一，其中歷史悠久、最受歡迎的劇碼，就是莫札特歌劇《唐喬凡尼》，此歌劇的全球

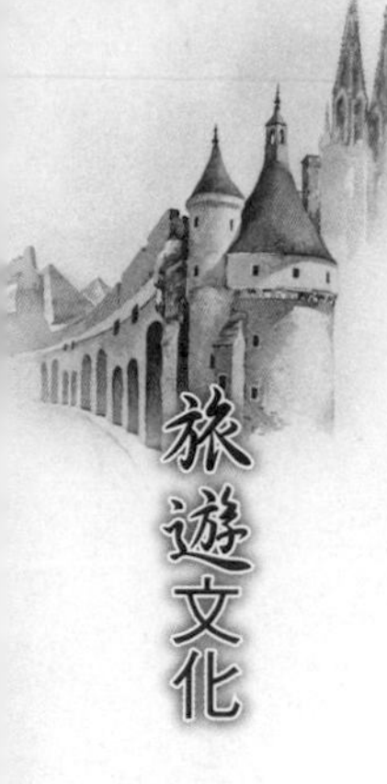

首映地點就是在布拉格，從1787年一直延續到現在的木偶劇，二百年來的熱度可見一斑。木偶劇無論是戲服、舞台、布景設計，都不比真正的歌劇遜色。1991年，《唐喬凡尼》木偶劇首度在國家木偶劇院（National Marionette Theater）演出，至今已經演出將近二千場，可說是莫札特與布拉格的最佳代表作。

三、歐洲大學城

歐洲自第7、第8世紀間，就有醫學和法律學校，而從第9、10世紀間，教會學校興起。這些學校只教授單一學科（醫學、法律或神學）。「大學」（拉丁文為universitas）則是一個「通識教育」（拉丁文studium generale）機構，包含上述三個專業學科和作為基礎的哲學。歐洲的大學不但有悠久的傳統，而且除了極少數之外，一個城市只有一所綜合大學，且大學沒有校園而與城市融為一體。歐洲的大學，無法與其城市分開，大學裡人才輩出，城市中文化鼎盛，兩者互為因果，大學的生活就是大學城的生活。歐洲第一所大學於1088年成立於義大利波隆那，由於其學生大多為成熟的神職人員或來自世俗的統治階層，因此大學成立之初，係由學生選舉校長和決定教授之聘任（學生治校）。而巴黎大學成立於12世紀，與波隆那大學相反，巴黎大學一開始就是由教授治校，其歷史源遠流長，人才輩出，如今在巴黎有好幾個校區，但以「佐爾本」（Sorbonne）最為知名。歐洲著名的大學城略舉四個：

(一)海德堡（伯爵的城堡）

伯爵Konrad von Staufen（1156-1195）將海德堡訂為萊茵．法爾茲的首府。1225年，萊茵．法爾茲歸Wittelsbach王室所有。伯爵於奈卡河南岸的山上建了城堡。Ruprecht一世於1386年創建了海德堡大學。1556年，Ottheinrich伯爵使海德堡大學成為新教大學。16世紀下

半葉，在菲特烈三世的主導下，海德堡學風鼎盛，大學具有濃厚的喀爾文主義風格。17世紀接二連三的戰爭使城市和大學均大幅衰退。18世紀時，天主教的「反宗教改革」使海德堡大學的新教風格逐漸式微。城堡於1689及1693的戰爭中毀於法國人之手，如今只剩廢墟，但仍是觀光聖地。1803年，海德堡歸巴登大公國後，展開了復興，大學深受新人文主義及浪漫主義的影響。著名學者黑格爾、化學家Robert Bunsen、韋伯、雅思培等均曾於此研究。所遺留下來歷史建築、韋伯故居、哲學家之路均為重要的觀光景點。目前學校建築主要分為老大學和新大學，前者建於1712年，後者建於1930至1932年。由於歷史悠久，校風活潑，文化氣息濃厚，為各國青年嚮往的理想學府。幾百年來，這裡造就了相當多的人才，海德堡當地居民，每六人中就有一人是海德堡大學畢業生，否則就是目前仍就讀於海德堡大學。目前有學生三萬名，稱得上是一所很大的學校。海德堡大學的廣場是旅遊海德堡的重要地標。

(二)符爾茲堡（主教的宮殿與教堂）

1201年，符爾茲堡主教Konrad von Querfurt在萊茵河邊的山上建了一座碉堡，即符爾茲堡主教的住所，他一直住到城內的主教宮完成。1402年，主教 Johann von Egloffstein首建符爾茲堡大學，卻在幾年後關閉。1582年，主教Julius Echter von Mespelbrunn再建大學，並於1591年興建完成了大學建築（今天稱為「老大學」）。Julius主教重建符爾茲堡大學，是要使其成為對抗新教的天主教堡壘，學校只接受天主教學者和學生，這使得符爾茲堡大學長期籠罩在保守的氣氛中。1720年，主教Johann Philipp Franz von Schönborn開始修建主教宮，於1745年完工。如今符爾茲堡主教宮是德國保留最完整的巴洛克式宮殿。原先符爾茲堡的統治者是符爾茲堡主教，一直到1814年，符爾茲堡歸入巴伐利亞王國後，大學才完全開放，從此符爾茲堡獲得了新的活力，研究和教學大為進步，19世紀其醫科尤為著名。1895年，該校物理學教授

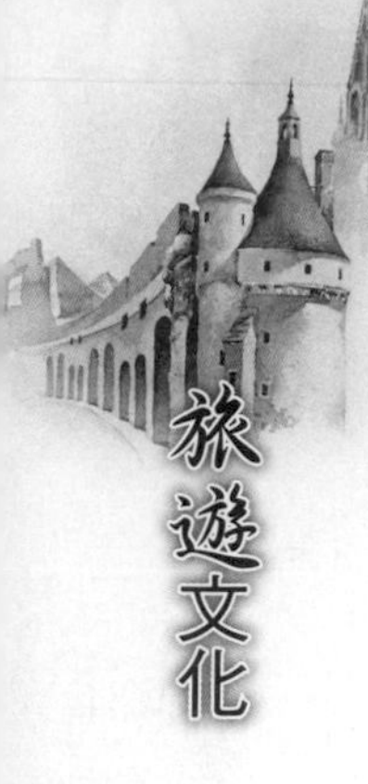

侖琴發現了X光，當時稱其為「一種新的光線」，標識了新精神所帶來的最高研究成果。

(三)英國劍橋

國王學院King's College由亨利十六世於1441年建立，是劍橋（Cambridge）最著名的學院，主要入口是雄偉的19世紀哥德式門樓，但僅部分區域在特定期間對外開放，學院內的國王禮拜堂（King's College chapel）是被公認為是劍橋的榮耀與全歐最出色的哥德式建築，前後耗費將近七十年才完成，禮拜堂的儀式對外公開，其唱詩班據說是全國最優秀的，每年的聖誕節，此地的歌聲都會傳播至世界各地。另一個著名的學院為皇后學院（Queen College），學院後面有一座跨在康河之上，連接皇后學院兩部分的「數學橋」（Mathematical Bridge），非常著名，這座建於1749年的木橋，係以數學原理建造，完全不用一根螺絲跟鐵釘卻堅固無比，故以此命名。

聖約翰學院（St. John's College）為劍橋的第二大學院，建於1511年，1831年興建新校舍時，為連結新舊兩校舍而修築了一座仿自威尼斯的嘆息橋（Bridge of Sighs），如今吸引了無數遊客前來參觀，沿著本學院的參觀路線，經過正門，前庭禮拜堂，最後可來到康河河畔。

(四)牛津

基督教堂學院創立於西元1525年，是牛津（Oxford）大學最大的學院，近代二百年內就有十多位首相曾就讀於此，這裡的參觀重點包括古色古香的迴廊、禮拜堂，以及被暱稱為「大湯姆」（Great Tom）的大鐘，每晚持續鳴響101下。響101下的典故是此校創校之初，共有101位學生，大鐘每晚自九點零五分起都會為這些學生報時，持續鳴鐘101響。麥頓學院（Merton College）於1264年創立，是牛津大學的第一個學院，中世紀就在科學研究領域享有盛名，本學院有創建於1370年代的圖書館，是英格蘭首棟文藝復興時期的圖書館，其藏書及

內部裝潢都值得一看。

四、歐洲博物館

歐洲地區的博物館非常有名，在早期許多博物館並非作為藝術典藏或珍藏使用，而是有其他的用途，如原來為王宮、貴族的宅第，甚至是巴黎的奧塞美術館原為車站，後來才改建為美術館；而隨著文藝復興對於人文藝術的重視，歐洲成為全球博物館的重鎮。甚至有許多東方文物由於歷史事件，許多重要的文物也都收藏在歐洲的博物館。以下列舉被稱為歐洲十大博物館的簡介，並就最重要的大英博物館與法國的博物館做較深入的說明。

(一)歐洲著名的十大博物館

■大英博物館

位於英國倫敦的大英博物館，是世界第一所「政府」博物館，同時也是收藏貴重文化珍寶最為豐富的博物館之一。館藏包括歐洲的中世紀美術，希臘、羅馬、埃及、西亞、東方等的古代美術，以及由人類學觀點為依據所收集的古代雕像、工藝品、古代貨幣與紀念章、古代版畫及素描、抄本與版本等，而館藏中保存了數量可觀的11世紀中國的敦煌文物，是研究敦煌學的重鎮。（下單元有較完整介紹）

■倫敦國家畫廊

英國的倫敦國家畫廊，雖是以民間收藏和捐贈為基礎的美術館，卻以典藏世界各國傑出的藝術品，而獲得「世界的畫廊」之美譽。重要館藏包括米開朗基羅的版畫「埋葬基督」、達芬奇的「聖母子、聖安娜和聖約翰」，以及林布蘭、魯本斯、凡·萊登、哥雅、安格爾等等頗負盛名的畫家之傑作。除此之外，引發藝術新風潮的印象派畫家馬奈、雷諾爾、塞尚等人的作品也在館藏之列。

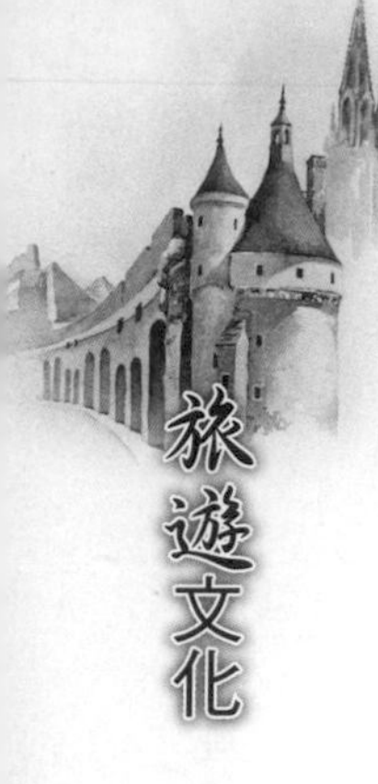

■**羅浮宮博物館**

位於法國巴黎的羅浮宮博物館，是世界規模最大的皇宮建築暨國家博物館之一。除了建造於13世紀初的博物館建築群本身就是偉大的藝術傑作外，博物館自18世紀成立以來，更以質精量的館藏，吸引無數的民眾前來參觀。而由華裔建築師貝律銘設計的玻璃金字塔入口設計，原先引發許多爭論，但事後證實了其與原主體結構並不衝突，甚而襯托出空間的明亮度與美感。羅浮宮博物館中著名的收藏品有「勝利女神雕像」、「米羅的維納斯」、達文西的「蒙娜．麗莎的微笑」等。（下單元有較完整介紹）

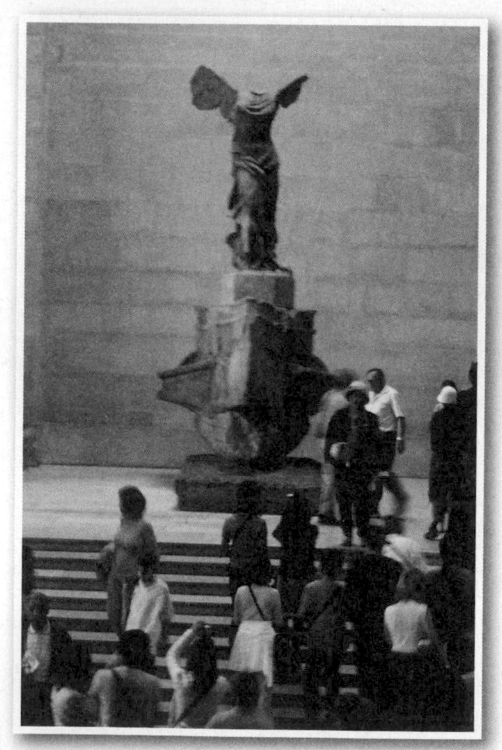

圖為羅浮宮博物館著名的收藏——三寶之一的「勝利女神雕像」

■梵諦岡博物館

梵諦岡博物館是由部分梵諦岡宮殿建築群構成，包含了數個館藏部門，著名的西斯汀禮拜堂、保林禮拜堂等。古老的建築、細緻的雕塑和風格特殊的壁畫，不斷地向世人宣告這裡曾有過的藝術成就。梵諦岡博物館中典藏著名的雕塑作品「勞孔群像」、米開朗基羅的拱頂壁畫「創世紀」等等，以及拉斐爾、達文西、波提切利等文藝復興時期大師的鉅作，值得細細品味。

■烏菲茲美術館

位於義大利佛羅倫斯的烏菲茲美術館，以典藏大量義大利文藝復興時期繪畫而聞名於世。文藝復興為沉寂一段時期的歐洲文化注入新生命力，烏菲茲美術館原為科西摩一世公爵的政府辦公室，後被梅迪奇家族用來展示家族收藏品。有文藝復興「花城」美稱的佛羅倫斯，在當時不論經濟和藝術都有極高的成就。烏菲茲美術館重要館藏包括波提切利的「維納斯的誕生」、「春」，以及達文西的「天使報喜」、米開朗基羅的「聖家族」等等，均為最著名畫家的代表作，使這座美術館堪稱義大利美術的花園。

■慕尼黑古代美術館

德國的慕尼黑古代美術館，以珍藏歐洲北方畫派的藝術作品而聞名於世。慕尼黑是德國的藝術中心地，古代美館將歐洲各國精選大師名作齊集一堂，往往讓參觀者目不暇給。著名的典藏作品有杜勒的「四使徒」、魯本斯的「劫奪路西帕斯的女兒」等名作，以及提香、拉斐爾、林布蘭、范・戴克等不同時代重要藝術家的創作。

■阿姆斯特丹國家博物館

荷蘭的阿姆斯特丹國家博物館，以收藏荷蘭著名畫家極盛時期的畫作為主。荷蘭畫作在歐洲美術領域中，曾獨樹一格，畫家們不但在藝術的境界裡精益求精，還為後世開創新路，包括風景畫、靜物畫

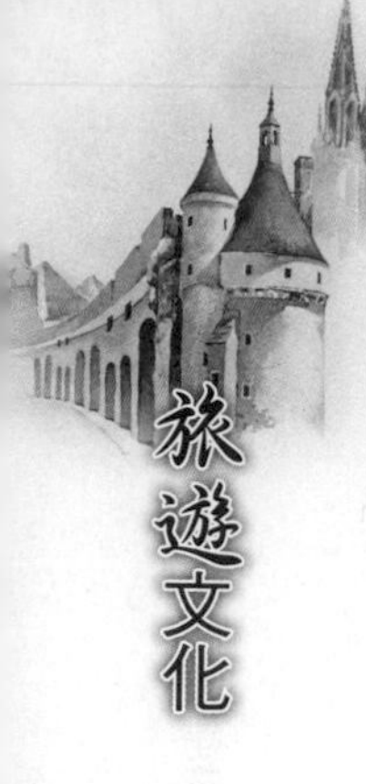

等。阿姆斯特丹國家博物館裡著名的館藏包括林布蘭的「夜巡」、維梅爾的「燒飯女傭」等等。除了荷蘭美術之外，還有一些來自世界的藝術精品。

■維也納藝術史美術館

奧地利的維也納藝術史美術館，以哈布斯堡家族歷代所收藏的藝術精品為基礎，尤以魯道夫二世的收藏最為世人所稱道，質與量都有極高的聲譽。美術館中著名的收藏包括拉斐爾的「草原的聖母」、提香的「吉普賽的聖母」等等。另外，維也納藝術史美術館在布勒哲爾、杜勒、林布蘭等歐洲北方畫派的收藏上，更為其他美術館所稱羨。

■普拉多美術館

西班牙馬德里的普拉多美術館，除了擁有豐富的西班牙畫派作品之外，更以網羅中世紀以來歐洲各時代傑出的作品而著稱，將西方各國精選的大師名作齊集一堂。西班牙人曾自豪的說：「想要充分瞭解提香、波希、魯本斯，就必須到西班牙來；想要給予西班牙繪畫正確的評價，只需留在普拉多。」美術館中典藏有魯本斯的「三美神」、委拉斯貴茲的「瑪格麗特公主」等繪畫精品，是世界首屈一指的藝術寶庫。

■埃及博物館

位於開羅的埃及博物館，為研究古埃及美術不容錯過的寶庫，有世界藝術起源的美稱，同時還被譽為人類傑出造型美的評選依據。古埃及美術以其特徵鮮明的體制，和充滿神秘、知性的美感，在世界藝術史上占有重要的地位，並且對後世美術有一定的影響力。埃及博物館中收藏了非常豐富的古代埃及諸神、諸王的圖像，以及大量的壁畫、棺木和圖坦卡門王的遺物等，館藏充滿了地域性的藝術色彩。

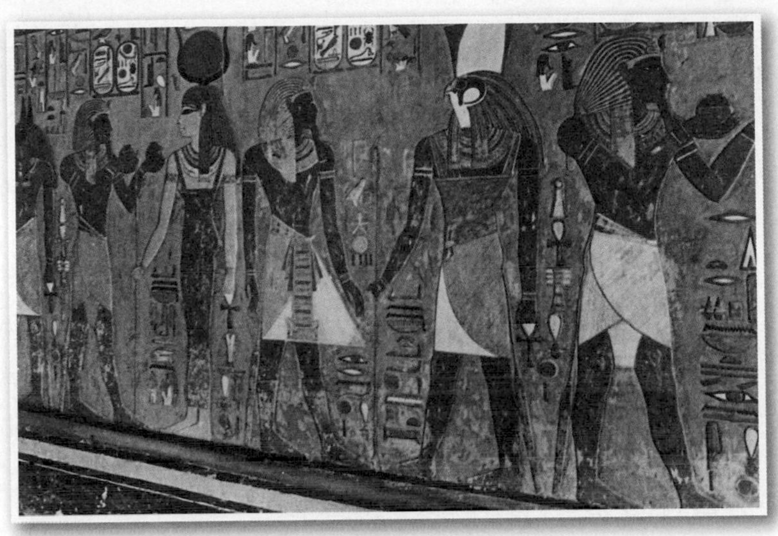

埃及博物館中的壁畫等館藏，是世界藝術史中的瑰寶

(二)大英博物館

大英博物館為世界上最早開放的國家博物館，館中總共有九大部門，分別為硬幣與記念章、埃及古物、希臘羅馬古物、中世紀及後期古物、東方古物、史前及羅馬不列顛古物、印刷與圖畫、西亞古物及人種部門，超過一百個展示廳。以收藏古羅馬遺蹟、古希臘雕像和埃及木乃伊而聞名，大英博物館是人類文化襲產的寶庫，是世界是最大、最著名的博物館。

大英博物館是採取四十四根愛奧尼亞式擎天大理石柱所支撐的希臘式建築，創立於1753年，現今的大英博物館是1848年由建築師羅伯·史馬克設計建造而成，從設計至完成共花費二十八年，主要建構以希臘式的古典建築為藍本，在正面佇立著愛奧尼亞式的石柱，而山型牆壁上的浮雕則是出自於威斯瑪考特的手筆，名為「文明的進步」，具體的表現出古典希臘雕刻的美感。

在進入館內之後，左邊是從埃及、西亞、希臘、羅馬所出土的巨大紀念碑。一樓右側是格蘭維爾圖書館和皇家圖書館，1973年脫離

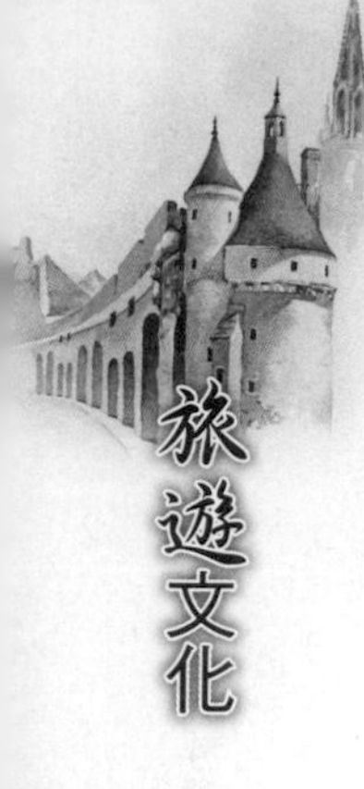

大英博物館，獨立成為大英圖書館（British Library）。博物館的正中央是個圓型大閱覽室，高達45公尺，可容納各類書籍共達一百三十萬本。博物館北側是愛德華七世藝廊，在進口處有兩隻獅子造型。大英博物館在三樓展示著東方的繪畫和素描，二樓的天花板是用玻璃鑲製而成，室內洋溢著溫和的自然光線，而最受歡迎的就是二樓的木乃伊室，除此之外在展示室還有由東方、埃及、希臘、羅馬運來的工藝品，在這裡收集了中世紀以來，文藝復興時期與近代工藝無數的寶飾、工藝品、陶瓷器、鐘錶等各式各樣傑作，經過特別設計的照明，使那些精品像從黑暗中浮現，令人讚歎不已。（呂清夫編譯，1996）

(三)法國博物館

羅浮宮位於塞納河畔，館藏品可追溯至16世紀的法蘭斯瓦一世，大都以義大利畫作較多，有達文西「蒙娜麗莎」、卡拉瓦喬、米開朗基羅、霍爾班等。路易十四統治時羅浮宮只有二百件收藏，但是在當時有許多人捐畫以抵債，因此藏品增加不少。法國大革命之後於1793年首次對大眾開放展示，至今典藏品仍不斷增加，展出作品分為希臘、羅馬古物、東方古物、埃及古物、中古世紀與文藝復興的雕塑、素描及裝飾器物等六大類。而羅浮宮是在亨利四世統治期間規劃設計的，經過多年的擴建、改建，在歷史演變之餘，隨之跟著也改變，現今的羅浮宮，在拿破崙庭院下方開闢的廣大地下空間是提供龐大的接待區域，而館外的廣場也有世界著名的建築物，那就是由華裔建築師貝律銘設計的玻璃金字塔，早已成為羅浮宮的代表。

奧賽美術館位於法國巴黎市中心，前身是1900年的奧塞火車站，隔著塞納河可直接眺望羅浮宮、皇宮與收藏莫內的蓮花系列作品而聞名於世的橘園美術館，是19世紀晚期法國藝術品的寶庫與象徵，融合了文藝復興和古典傳統風格的學院式石拱門。奧塞美術館從羅浮宮接收了大量19世紀早期的畫作，同時也從印象主義博物館接領了許多印象派大師的作品，而有「西洋繪畫藝術殿堂」之美名。館內整體的空

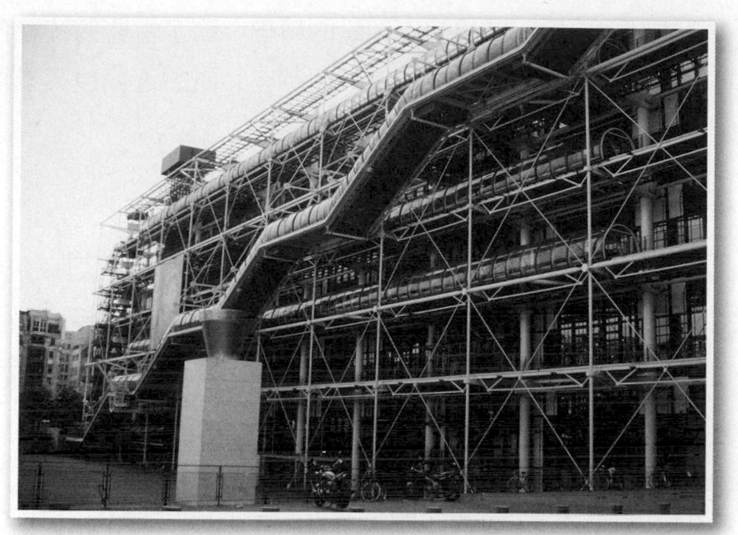

龐畢度藝術中心將鋼管、結構都暴露在外，充滿了後現代藝術風貌，是法國巴黎的三大美術館之一

間規劃，正如莫內在「聖拉札火車站」中描繪的一樣，各地的遊客從四面八方湧入館內，享受視覺的饗宴。

龐畢度藝術中心是法國巴黎的三大美術館之一，僅次於羅浮宮、奧塞美術館，充滿後現代的建築風格。鋼管、結構都暴露在外的建物，本身就是一件藝術結晶，展現出20世紀現代藝術風貌。整個建築物不是從地基一層層建起，而是以鋼鐵將整棟中心建築吊起的未用到水泥，利用空間面積為考量，天花板與牆壁都可移動，使展覽活動空間動態化，館藏以布萊克、畢卡索、超現實主義畫家達利、野獸派畫家馬諦斯等人作品為重點。建築是古今中外最大、最具有時間與歷史記憶的藝術表現形式，龐畢度藝術中心是以龐畢度總統而命名的。

五、歐洲其他著名建築

歐洲建築，脫離不了政治、脫離不了宗教，也脫離不了社會文化。藉由建築設計，建築家們表達了對生命的看法，脫離宗教的角度

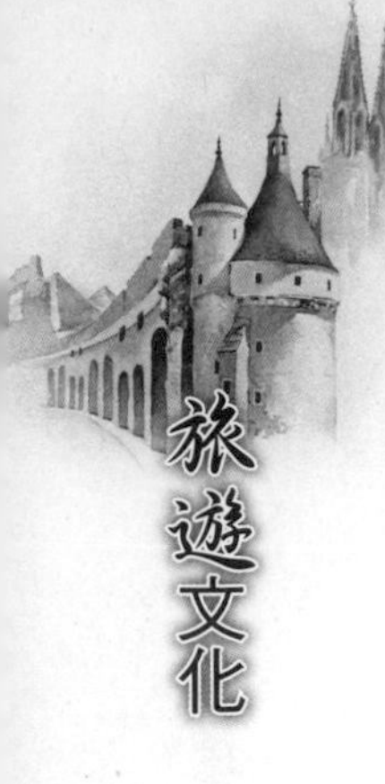

立場，建築仍表現出一種信仰與期盼的精神。除了古典傳統的各式風格建築物與公共空間外，歐洲亦有幾個遊客必訪的近代建築景點，茲列舉如下：

(一)倫敦塔

倫敦塔是由十三座大小堡壘共同構築成的超級要塞，在九百年歷史中曾為城堡、王宮、監獄、博物館、軍械庫、文件保管處、獸欄及寶庫，也因此自然產生了許多懸疑的歷史典故。16世紀前，英王曾將此地當成宮殿，後來又變成囚禁政敵的監牢，但不管是宮殿、監牢，都是從「安全」的角度考量。其中最悠久，也最龐大的白塔，工程從1078到1098年費了二十年的時間，是當時不列顛的最大建築物。該塔在威廉時代成為皇室財富與權勢的象徵，並隱含著皇室主宰全國的意義；一直到16世紀宮廷遷往較舒適的威斯敏斯特，才變成了皇冠寶石的儲藏庫和倫敦最可怕的監獄與行刑處。哥德式外觀的倫敦塔橋於1894年完工，是倫敦泰晤士河上的著名地標，採用先進的鋼骨架構建築，遇有大船通過或特殊場合十塔橋橋面會升起，可達40公尺高、60公尺寬。1976年前塔橋的起降還是以蒸汽為動力，現今已改為電動。

(二)凡爾賽宮

法國絕對君權最重要的紀念物是凡爾賽宮，不僅是君主的宮殿，也是國家的中心。當時，凡爾賽宮是歐洲最大的王宮，位於巴黎西南的凡爾賽城，原為法王的狩獵場所，1661年路易十四進行擴建，到路易十五時期才完成，王宮包括宮殿、花園與放射型大道三部分。宮殿南北總長約400米，中央部分供國王與王后起居與工作，南翼為王子、親王與王妃之用，北翼為王權辦公處，並有教堂、劇院等等。建築風格屬古典主義。立面為縱、橫三段處理，上面點綴有許多裝飾與雕像，內部裝修極盡奢侈豪華。居中的國王接待廳，即著名的鏡廊，長73米、寬10米，上面的角形拱頂高13米，是富有創造性的大廳。廳

內側牆上鑲有十七面大鏡子，與對面的法國式落地窗和從窗戶引入的花園景色相映成輝，亦為一次大戰凡爾賽合約簽訂處。宮前大花園自1667年起由勒諾特設計建造，面積6.7平方公里，縱軸長3公里。園內道路、樹木、水池、亭臺、花圃、噴泉等均呈幾何形，有它的主軸、次軸、對景等等，並點綴有各色雕像，成為法國古典園林的傑出代表。凡爾賽城中三條放射狀大道事實上只有一條通往巴黎，但在觀感上使凡爾賽宮有如是整個巴黎，甚至是整個法國的集中點。其反映了當時法王意欲以此來象徵法國的中央集權與絕對君權的意圖，其設計規模與風格與宏大氣派，在後來亦為許多歐洲王公所羨慕，並爭相模仿。

(三)凱旋門

凱旋門位於巴黎著名的香榭里舍大道上，為巴黎重要的交通匯集點，並串聯街道旁重要的公共建築。興建目的原為紀念拿破崙帝國的勝利事跡，規模遠超過羅馬的君士坦丁凱旋門。該建築於1806年奠下基石後，1815年拿破崙失勢，工程停滯，直到1836年才完成了這座高50公尺的雄偉拱門，拿破崙遺體及軍隊也終於在1840年通過凱旋門。此建築的每一面牆上都有巨幅浮雕，該門四大柱腳上有分別象徵出征、凱旋、抵抗、和平的四組雕塑，更上層還刻有拿破崙時代重要戰績的六大塊浮雕，以面向香榭里舍的「志願軍出征曲」（Departure of the Volunteers）的浮雕最為生動細膩（現名「馬賽曲」），描繪了1792年義勇軍出征的狀況。除此之外每年10月12日拿破崙生日當天，太陽會不偏不倚的從凱旋門正中下墜，最令人嘆為觀止的。凱旋門地處寬闊的戴高樂廣場，十二條大道由此向四面八方延伸，其交通之繁重可想而知；目前在凱旋門中尚有世界大戰中殉職戰士的紀念碑。

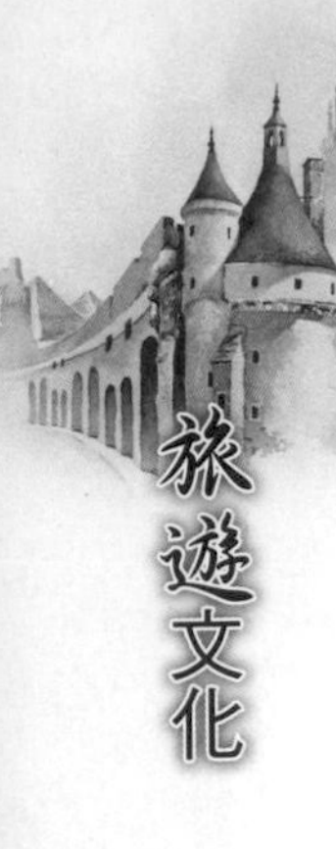

(四)艾菲爾鐵塔

艾菲爾鐵塔當初為紀念1889年萬國博覽會而興建，鐵塔高320公尺，建築材料包括鋼鐵700噸、250萬枚絞釘，階梯數有1,652階，設計師是古斯塔夫．艾菲爾，建築設計最著名的是防範強風吹襲的對稱鋼筋設計，兼具實用與美感考量。當時的知識分子排斥、鄙視這座鐵塔，然而鐵塔在開工之後的兩年內逐漸成形，一般民眾也逐漸喜愛它，自1887到1931年紐約帝國大廈落成前，它保持了四十五年的世界最高建築之地位，目前也是法國最具代表性的建築物。

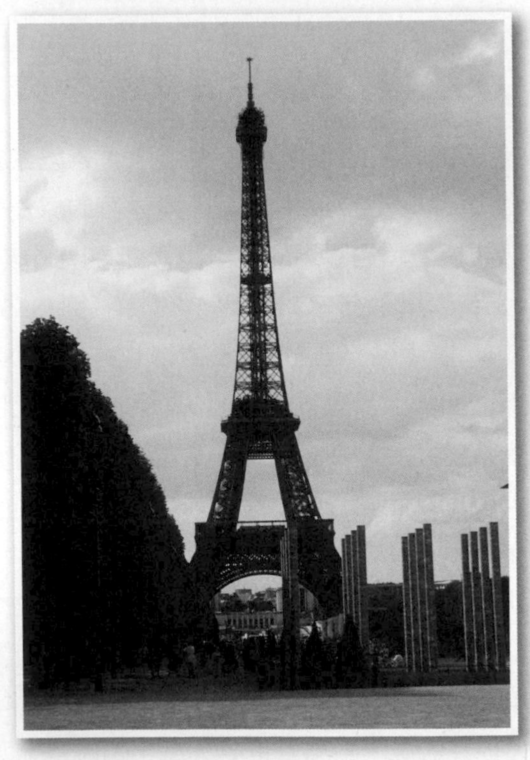

艾菲爾鐵塔於1889年由古斯塔夫．艾菲爾興建，塔高320公尺，1,625級階梯

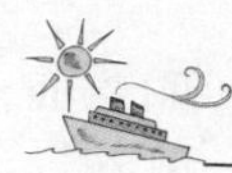

第五節　世界其他地區的建築

一、俄式建築

莫斯科之美，可以傳統的建築藝術為主，影響這些建築最為重要的莫過於兩件大事，一是希臘正教的傳入、一是共產黨的治國。融合希臘正教和傳統民間習俗的東正教，左右了俄羅斯人民的一切，東正教教堂成為俄羅斯最重要的文化財產，最有名的便是各地的「聖母升天大教堂」。其中以位在札格爾斯克的教堂為最大，莫斯科克里姆林宮裡的教堂為次。

(一)克里姆林宮

克里姆林宮建於1147年，至今已有近九百年的歷史，建在莫斯科河與亞烏楚河及其支流的交匯處，宮牆沿河而起。克里姆林宮城牆的上端有鋸齒形的雉堞（雉堞意指城牆上的凹凸矮牆），宮城四周共有十七個大小不同、形狀各異的角樓，全用紫紅顏色彩繪而成，此外紅牆的東門外是紅場，北面入口處有革命歷史博物館也是紫紅色，因此克里姆林宮也稱為紫宮。克里姆林宮位於莫斯科的中心，為一座包含博物館、宮殿、教堂及政府機關的建築，總面積26公頃，圍繞四周的城牆長達2公里。內有二十座塔樓，其中較重要的五座的塔頂分別鑲嵌以紅寶石的星星。宮中最高的建築物是伊凡大帝鐘樓，是在1505至1508年間興建完成，1600年時沙皇波里斯、戈爾諾夫曾下令將原有的60公尺加高到81公尺，自此以後鐘樓一直是俄國境內最高的建築物。鐘樓下放置號稱世界第一的「鐘王」及「砲王」。

進入克里姆林宮後，可以看見一棟巨型建築物，其外觀完全採用鋼和玻璃帷幕結構，它是建於1961年的克里姆林宮國會大廈；大廣場的中央聳立的白色大教堂，就是著名的馬賓斯基大教堂，它的歷史和

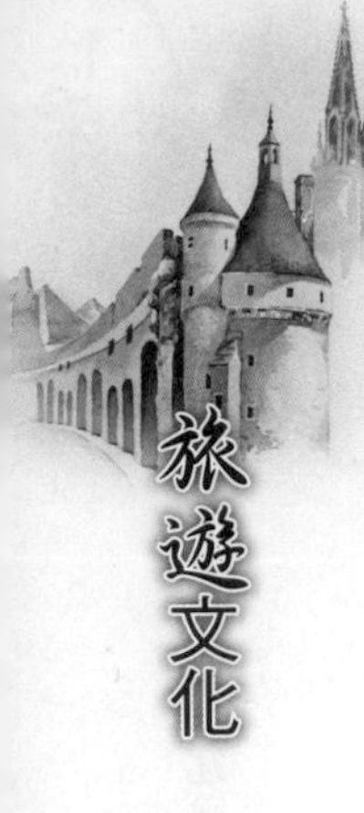

克里姆林宮的圍牆一樣久遠，當時是舉行沙皇和大主教封爵、加冕儀式和結婚的場所。教堂內部有著名的14世紀的三聖一體聖像，以及11至12世紀完成的弗拉基米爾聖母像，自15世紀以來，這座教堂更是莫斯科主教和俄羅斯東正教的大主教安息之地。克里姆林宮這座綠頂白牆的建築物是昔日沙皇的宮殿，也是目前政府舉行公眾儀式及接待外賓的場所，殿內有七百多個廳堂，又有各自不同的風格。1720年彼得大帝將武器庫改為博物館，收藏歷代諸皇的寶物、工藝品及戰利品。

(二)聖巴索大教堂

聖巴索大教堂是俄羅斯最具代表性的經典建築，坐落於紅場西南，教堂是1555到1561年所建，底座與部分裝飾則以白色大石來完成，整座教堂是由九座禮拜堂組合而成，上方洋蔥式圓頂造型各異，色彩艷麗的聖巴索教堂，是俄羅斯教堂的代表象徵，教堂八座柱狀的小禮拜堂造型都不相同，各以聖徒來命名，環繞著中央最高的聖母昇天塔。直到偉大伊凡鐘樓蓋起之前，這座教堂也是俄羅斯最美的建築之一，目前教堂已改為博物館。

二、愛斯基摩冰屋

愛斯基摩人的冰屋是利用暖空氣不下溢的原理來保持室溫，度過寒冬的，常年住在雪屋的極地愛斯基摩人，由於沒有木材、泥土、草及稈子，他們只能就地取材，用雪塊建造房屋。建造圓頂雪屋需要一定的技術，必須求力學上的穩定，外形要求也頗為嚴格。建造雪屋所用的雪塊質地要均勻、軟硬度要合適，先用工具探試雪層中有無冰層和空氣，最合適的是選擇風吹積而成的雪塊。雪塊的大小視雪屋大小而定，屋子越大雪塊切得越大。

建構者先估算起始圈的大小，用三塊相連的雪塊砌出一個坡度，作為螺旋形雪牆的起頭。每一塊雪磚呈立方體，但作為裡層的一面有

一定的弧度，形成圓弧狀，每塊雪磚要做到精確吻合，使雪屋堅固而不至於倒塌。建造的過程中，建造者是在裡頭砌牆，當砌到二層或三層磚時，在一邊要開一個供建築期間臨時用的出入口。一般是砌到四五圈，突然向裡面增加傾斜度，開始封頂，並按照頂孔的大小仔細切出最後一塊磚。然後建造者需用雙手按照頂孔的形狀切至吻合。這時人已完全被封在雪屋裡面。裡面的人再將臨時出入孔砌上，填補雪塊間的縫隙，然後在底部挖出一個門。挖門要選擇在不影響基礎雪磚的地方。屋頂上要開一個通氣孔，以免屋內過熱使雪磚融化。

建好雪屋後，把睡覺的地方墊高，方法是把一邊的雪堆到睡覺的地方，再鋪上獸皮等物。愛斯基摩人通常要在入口外挖一個雪下通道。這個通道從兩方面保持室溫：第一，由於通道在雪下，因而風、冷空氣不能直接進入屋內；第二，由於採用地道入口，暖空氣向上聚集在屋內，人睡覺的地方就暖和多了。愛斯基摩人常常半赤裸地睡在圓頂雪屋內，室內溫度由他們的體溫或點燃煮食用的小油燈來維持在約16℃以上。屋子頂部必須保持開著一個孔，以供通風而不使內壁融化。

傳統愛斯基摩人要花上幾年的時間觀察練習，才能掌握蓋雪屋的技術。關鍵的技術在於如何將雪一塊塊擺成圓圈，呈螺旋上升，而不用任何輔助材料。砌到最上面時，必須突然增大上升的傾斜度。為了穩定，兩塊磚要切得非常合適，相互吻合，到了最頂上，傾斜度接近水平，然後補上最後一塊雪磚，這需要熟練的技巧，而一個能幹的建造者要在一小時內能建好供三、四人居住的雪屋。（中國科普博覽，2009）

三、美國印地安原住民

美國綠方山國家公園為保存古印地安人傳統最完整的遺址。早期的原住民從簡單的採集打獵到複雜的部落文化，一直到兩千年前原

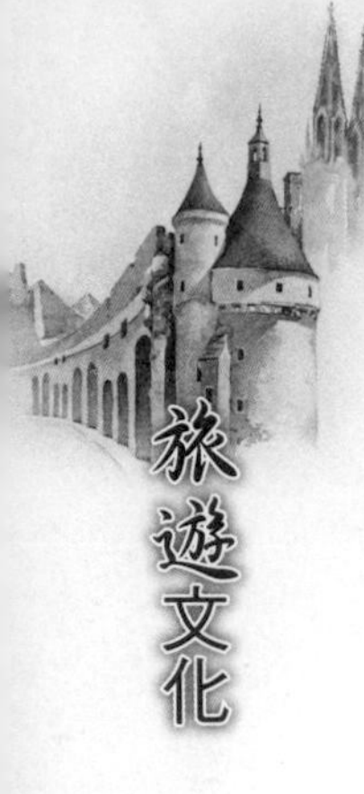

住民才開始學習耕種，土地轉型為穩定的農牧生活，成為現今古印地安人的遠祖，西元550年建造半穴居，西元750至1100年間從半穴居變為成排的石屋，從自己自足散居生活轉為部落生活，考古學家推測13世紀時部落文化達顛峰，人口數可能有五千人之多，民眾更依賴農作物的收成，水源來自岩縫滲出來的泉水。根據遺留至今的樹幹年輪推斷，在1276至1299年間，此地因為發生乾旱，農作物歉收，人口數超過土地負荷量，在食物短缺情況下社會日趨崩解，6至13世紀綠方山曾經璀璨一時的古印地安文化，經七百年間的世代承傳後於13世紀結束前畫下句點。

約在西元前750年印地安原住民部落開始在地面搭築房舍，除了使用木柱泥土等材料，並發展到用石磚造屋，還用土與水攪和成膠泥穩固石牆，形成部落雛型。住屋面向南方或西南方，房舍多呈L型、或U型、或E型，而原本在地面下的長橢圓形穴室，漸變為圓形的議事廳。旗瓦作為從事聚會活動的場所，宗教儀式的中心，屋頂以粗木與細枝搭建，鋪設泥土混合物形成平坦的社區中庭，屋頂中央有一方形開口，置放木梯作為出口，內牆有六根壁柱支撐屋頂結構，側牆底部有一通氣孔，屋內有圓形火灶中間隔著一道短牆，空氣從通氣孔進入促使屋內空氣流通。1075年加寬牆壁厚度開始建造樓房與塔臺，但塔臺真正的功用據推測應與守望防禦或宗教儀式有關，並有發現類似儲水塘與灌溉渠道的遺跡，顯示出懂得調節水資源來改善農作收穫。在此發現的建築型態略可區分如下：

1.懸岩宮殿：利用天然的危崖凹壁地形，傍岩而築的部落社區，是就地取材的砂岩石塊鋪上膠泥穩固石牆。
2.陽台屋：位於懸崖下方緊貼著岩壁而建成，要進入參觀相當不易，需貼著近乎垂直的岩壁攀爬進10尺高的木梯。
3.縱樹屋：房門為矩形或T形，開口設計很小，以達到保暖禦寒的功效。

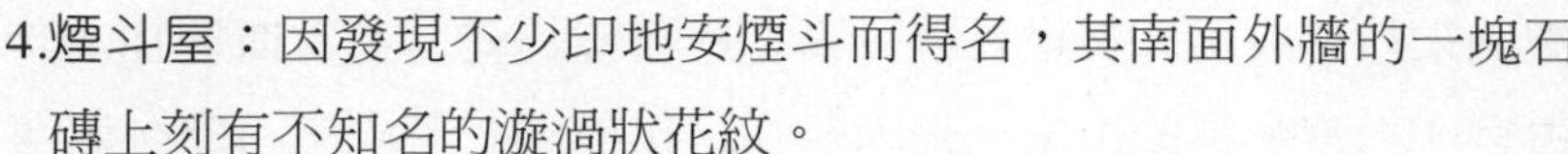

4.煙斗屋：因發現不少印地安煙斗而得名，其南面外牆的一塊石磚上刻有不知名的漩渦狀花紋。

5.遠景屋：垂直建造的牆壁使得房舍能相鄰搭建起來。

6.太陽殿：是未完成的建築工程遺址，外牆呈D形，隔間也不尋常，據推斷非一般住屋；此遺址所用塊塊磚石均被加以刻磨，大小一致顯得十分整齊，研判或許與宗教有關。

7.火殿：中間是一個圓形火柱，兩側有長方凹槽，據推斷應是古部落住民的舞祭廣場。

8.橡樹屋：有厚層的砂岩蓋頂典型的崖窟遺址。

9.方塔屋：為高26公尺四層方形塔樓，是目前發現遺址中最高的建築物。（大地瑰寶，2000）

四、美國著名建築

(一)自由女神

紐約市是美國的商業金融中心，也是美國最大的城市，也是每個來美國的觀光客心目中的主要地點。自由女神是法國於1886年贈送給美國，不僅是紐約的象徵同時也是美國及自由世界的象徵。自由神像重45萬磅、高46米、底座高45米，是當時世界上最高的紀念性建築，全名為「自由女神銅像國家紀念碑」，正式名稱是「照耀世界的自由女神」，整座銅像以120萬噸鋼鐵為骨架、80噸銅片為外皮、30萬尺鐵釘裝配固定在支架上，整體設計由建築師約維雷勃杜克，和以建造巴黎艾菲爾鐵塔聞名世界的法國工程師艾菲爾設計製作的。

(二)白宮

白宮是在1792年由美國第一任總統華盛頓決定地點，公開招募設計，由出生愛爾蘭的詹姆士．霍班的設計圖獲得採納。但是，華盛頓

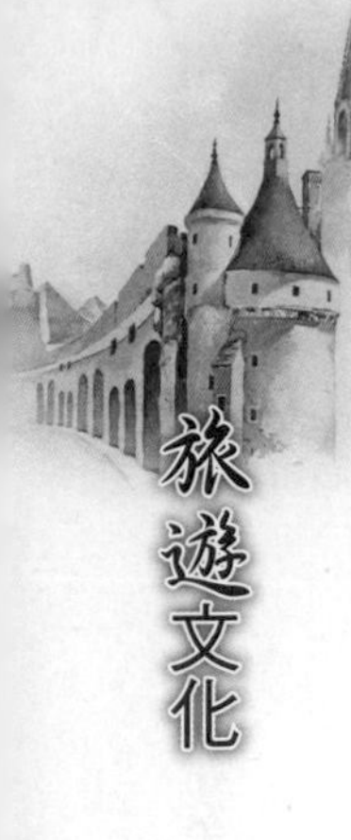

總統未待完成，即與世長辭。第二任總統約翰．亞當斯於1800年定居白宮。白宮名稱的由來，是因為1814年美國對英國戰爭時，將英軍燒焚的宮邸未燒毀的部分，在外壁上塗以白漆而得名。一般對外公開的部分，唯有一樓的東側，包括白宮舉行正式集會所使用的大廳，一般參觀者由東側的East Ex-ecutive Ave.進入，西側的總統辦公室，及二、三樓的總統家族住所，均不能參觀。可供參觀的部分有：

1.東房：白宮最大的房間，以白色及金色為基色調，為氣氛莊嚴的沙龍，是總統接見一般人及舞會的場所。
2.綠房：依據壁紙的顏色而命名，是間氣氛高雅的房間，供招待賓客之用。
3.藍房：白宮建築中最為珍奇的部分。是間呈橢圓形的優雅房間。供招待賓客之用。壁上懸掛著建國初期八位總統的肖像畫。
4.紅房：布置成19世紀的客廳，受歷代第一夫婦喜愛。
5.餐室：白宮的第二大房間，供作正式的午餐及晚餐會之用，一次可坐一百四十人一起用餐，暖爐上有林肯總統的畫像。

(三)金門大橋

金門大橋坐落於舊金山的北邊，連接舊金山與Marin County。在大霧、強風、岩石和巨浪包圍下，建造大橋曾被認為是不可能的任務。而現在這座紅色大橋橫跨青山碧水間，不僅是舊金山的代表建築，也成為各國觀光客的觀光景點之一。舊金山是世界第二長單孔橋，是由Strauss Josephs B.所設計，在1870年建造、1937年完工，造價約3,300萬，它不僅能承受21英尺（水平）及10英尺（垂直）幅度的搖晃，亦能在一口氣承載滿滿六線道車道的各式大小車輛，以及站滿了行人步道的人群之後屹立於狂風而不搖。金門大橋主要為大眾交通運輸、渡口及公車等服務，從而減少交通堵塞，金門大橋不僅是舊金山主要觀光景點還是舊金山的主要幹道。

五、中南美金字塔

三千年前，秘魯中部安地斯山區出現了查文文化（Chavin），成為秘魯日後其他文化的基礎，而衍生的文化均使用大石建築，製造精美的金器，亦不約而同崇拜美洲虎。在秘魯和玻利維亞邊境、的的喀喀湖（Lago Titicaca）的附近，約在公元5至10世紀出現了蒂瓦納庫帝國（Tiahuanaco / Tiwanaku），對以後的印加文明（Inca）有很大影響。同一時間，秘魯北部和南部分別出現了莫奇卡文明（Mochica）和納斯卡文明（Nazca）。莫奇卡人建有金字塔，陶器製造技術發達。納斯卡人則似乎擅長保存物品的技術，他們的印染紡織品很優秀，染料能保持千年不退，但更有名的是他們的祖先在地上遺下的巨型線條圖案（Nazca Lines）。

昌昌城址位於秘魯，為奇穆帝國的首都，於1986年列入世界文化襲產名錄。15世紀時達到鼎盛，不久便被印加人征服。這裡是西班牙人到來前美洲最大的城市，城堡內劃分為九個宮殿，顯示出政治和社會方面嚴格的等級制度。昌昌，奇穆語為「太陽」，城址分為十座自成一體的「城堡」，布局反映一種嚴謹的政治、社會觀念。昌昌城址占地廣闊，占地約36平方公里，中心地帶6.5平方公里，包括十個長方形的城堡。每個城堡平均長約400米、寬約200米，四周有高9至12米的圍牆，牆基厚3米。城堡北面有一狹小入口，堡內以高牆分為北、中、南三部分：北入口處為一略呈方形的大院，兩側是廚房和一些小院落，南側有許多土坯房屋，有的牆上有淺浮雕的鳥、魚、漩渦紋、格子紋等圖案；中部近入口處為一小院，周圍有些小院落和小房間，及一個巨大的陵墓；南部主要是蓄水池。這些城堡應為統治者及其隨從的生活區，一般居民住在城堡之外。（世界自然和文化遺產—中國網，北京大學　晁華山）

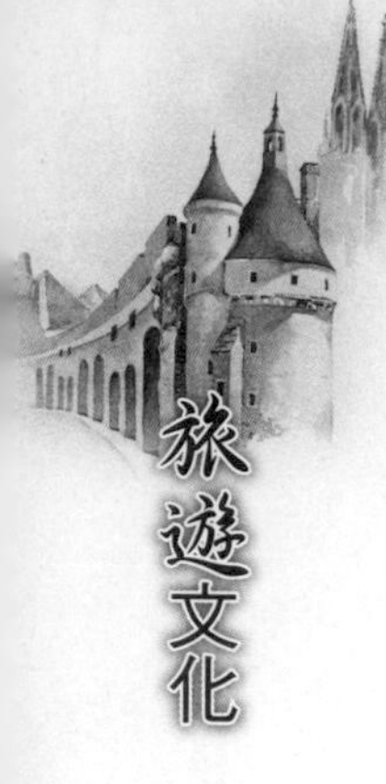

墨西哥和中美洲古文明（大約三千年至四千五百年前），出現了目前已知的最古老的美洲文明之一——奧爾梅克文明（Olmec）。他們的社會制度、神廟建築、美洲虎（jaguar）崇拜、玉器製作、象形文字、數字系統、天文曆法、對大咬鵑鳥（quetzal）羽毛的熱愛、「即時死亡制」的球賽，以及宗教神話，都被以後的中美洲文明沿襲下去。奧爾梅克文明之後，為人所熟悉的馬雅文明（Maya）約在公元前500年開始出現，公元100至900年間為馬雅文明的黃金期，文明版圖含括今日的墨西哥東部和中美洲地區。馬雅人在天文、曆法、數學、藝術等多方面都有著高度的文明，後來被歐洲人譽為「美洲的希臘」。墨西哥中部則在與馬雅文明同期出現了薩波特克文明（Zapotec），之後則在公元前100年左右於墨西哥城北面出現了迪奧狄華肯文明（Teotihuacan），惜在公元7世紀前後他們卻不知何故突然消失了，留下今日宏偉的城市建築遺跡。在521年西班牙人征服墨西哥前的約三百年間，阿茲特克帝國（Aztec）統治著墨西哥中部和北部地區，他們自稱為Mexica，亦即今日墨西哥的前身。

六、非洲傳統部落

(一)祖魯族

祖魯族人的居住地通常蓋在水邊，有燃料、有牧草的東方斜坡地上。蜂巢狀的茅草住屋圍成一圈，中心是畜欄。茅屋以小樹幹搭成框架，上覆茅草。門口低矮，進門後只能用手和膝爬行。他們用土罐置於火上燒飯，晚上睡草蓆，白天則將草席捲收起來。

(二)柏柏人

現今居住在突尼西亞的柏柏人多半已阿拉伯化，但是在東南地區瑪特瑪它（Matmata）的柏柏人，卻始終採取穴居的生活方式。從

高處俯看柏柏人的住屋，發現這種窯洞式住宅都是從內院向山壁挖鑿而成的，其中有些洞穴的圓筒形屋頂，甚至高達4公尺以上。窯洞的洞口一律粉刷成雪白色，裡面雖然沒有設置通風井，卻也顯得明亮開朗。雖然這種住屋會因豪雨造成土質鬆軟，使得屋內變得潮濕而且寒冷，但是窯洞內卻不會淹水，因為每家內院都挖掘有隱藏式水坑來容納雨水。

(三)多貢族

多貢族位於西非尼日河西岸，其神話中的安瑪神是萬物之源安瑪投擲土塊，首先創造了太陽、月亮和星星。接下來向北投擲土塊，土塊平攤開來，正好形成人形，這便是大地之母。於是長有八個器官的精靈誕生了，成為萬物的始祖。多貢族村落很奇特。他們首先修建男人集會用的集會所。村子整體呈人形，居於頭部的都是男人集會所，南端的兩座廟宇代表腳，東西兩端各有一間代表手的圓屋，長老居住的村落中心代表胸部。它的南面是密集的房屋，居住著村民。

多貢族人的住宅都是尖頂泥屋，構造也呈人形。廚房是頭部，有兩個採光，排氣孔代表眼睛，臥室在腹部，右邊的倉庫是男人，左邊的倉庫是女人。床代表大地，平屋頂代表天空。大門在腳部，門上裝飾著代表神和祖先的雕刻。

(四)阿散蒂傳統建築

阿散蒂傳統建築（Asante Traditional Buildings），位於迦納（Ghana）阿散蒂地區（Ashanti Region），首府庫馬西（Kumasi）是迦納第二大城市。阿散蒂文明在18世紀時達到全盛。傳統建築遍布阿比利姆、阿貝蒂菲、阿德維納斯、阿可可安堡、阿薩瓦西、阿塞內馬索、波維阿塞、貝薩塞、達克瓦、奧波門格等地。現存的土、木、草結構的房屋，是19世紀初當地人就地取材，用傳統方式建造的。這些房屋曾是神廟、居民、地方長官的住宅。建築極有特色，中央是一座

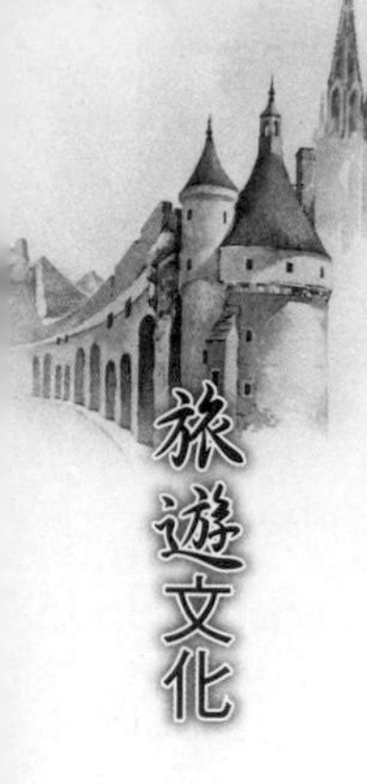

長方形的露天院落，四周是四塊略高於露天院落的平地。這四塊平地都帶著遮頂，兩塊是祭祀時歌手和鼓樂手的臺子。房屋都有陶土坏建成，表面還經過防水處理，屋頂用茅草覆蓋。這些奇異的建築物與土著的宗教信仰有緊密聯繫。阿散蒂傳統建築內用於裝飾牆面的傳統繪畫非常著名，大多數作品用象徵性的圖案表現民間格言、諺語的內容。1980年，聯合國教科文組織將阿散蒂的傳統建築列為文化襲產。

(五)阿伊特本哈杜村

阿伊特本哈杜村（Ksar of Ait-Ben-Haddou），指一組由高牆圍起來的土製建築，為一處典型的前撒哈拉居民集居區，位於摩洛哥（Morocco）的瓦爾札特（世界襲產列表，2010）。建於8世紀，由六座被稱為「卡斯巴斯」的建築群組成（最古老的「卡斯巴斯」建於7世紀）。「卡斯巴斯」是10世紀之前這裡非常盛行的建築樣式，建築風格獨特：住宅建成城壘式，糧倉建成城堡式。這種建築不僅經久實用，而且在磚的使用和裝飾技巧上，都達到相當高的水準。先把泥土和到混合灌進木模，再放在陽光下曬乾成磚。木模有兩個槽，一次可製兩塊磚胚。建土牆時，先挖基溝，再鋪上石料，然後填土實。露頭高牆非常的厚實，牆體用一種特殊的方式築壘。1987年，聯合國教科文組織將阿伊特本哈杜村列為世界文化襲產。

七、大洋洲傳統部落

大洋洲包括了印尼的巴布亞地區、巴布亞新幾內亞、澳大利亞、紐西蘭及南太平洋的島國。巴布亞新幾內亞是唯一與別國有陸地疆界的大洋洲國家，與亞洲國家的印尼接壤。大洋洲共有三十四個政治體，除了澳洲、紐西蘭、巴布亞新幾內亞、印尼大洋洲部分，幾乎全為分布在太平洋中的島嶼。許多地區為獨立的國家，但仍有許多國家為美國、法國、紐西蘭、澳洲與智利的屬地。在建築上，島國的屬性

相近，因此在此僅以最具代表的夏威夷加以介紹。

夏威夷地理位置屬大洋洲地區，為熱帶氣候國家。島上住著不同的多種族人：夏威夷當地的原住民、日本人、薩摩亞人、中國人、韓國人等，是個多民族聚集的國家。在經過長達十幾年的改變，原本單純的血緣演變成了多種族的族群，也使現有的夏威夷族人都是多民族的後裔了。最早發現夏威夷的種族，是在夏威夷島生活好幾世紀的馬圭斯人（西元500至800間），直到大溪地的玻里尼西亞人，來到這處他們稱為夏威夷納（火山之意）的地方，把原有的馬奎斯人趕走，而導致現在所謂的夏威夷人，成為大溪地玻里尼西亞人的後代。夏威夷島上到處充滿著熱情的人文及風情，雖然現在的夏威夷已漸漸被西化但不難發現原有的古文化及習俗，還是能在夏威夷島上發現他們的祖先所生活的方式及禁忌。

古玻里尼西亞人的生活是簡單不複雜的，他們有一套嚴謹的制度，如有人民違法卡普（當地的法律）的規定，常見的處罰為用石頭丟擊、用木棒毆打，嚴重者也以活埋、活活燒死或以活人當祭品供奉給諸神，方式都極為殘忍。較常見的規範是女人不能吃豬肉、不能與男人共桌共食，由此可見古玻里尼西亞人的生活方式，這也是他們維持族群的精神及方法。夏威夷對於宗教非常敬仰，不論是家中或戶外都會祭拜大大小小的神明，但大部分則以露天神廟所供奉為多。當地神廟的建築也很特別，完全是以天然的大樹皮去搭成他們會使用的神塔，而所有的石像及木像也是當地人民以雕刻方式雕刻而成。其它建築如房屋、神廟、避難所等，都是以石頭或木石去搭建而蓋成的建築。

夏威夷所表現出來的建築方式，大多是以木頭去支撐，用樹皮來作為遮蔽的外觀，而在每根樹幹、石塊上，也會刻有他們民族的相關圖騰，代表著保護及各自的宗教寓意。夏威夷著重於用石塊來堆砌成房屋，也很會善用天然的物品，尤其是樹皮更為廣泛，當地所供奉的神明有一半也以稻草及羽毛編織而成，也會把石塊做成一個大廢坑用

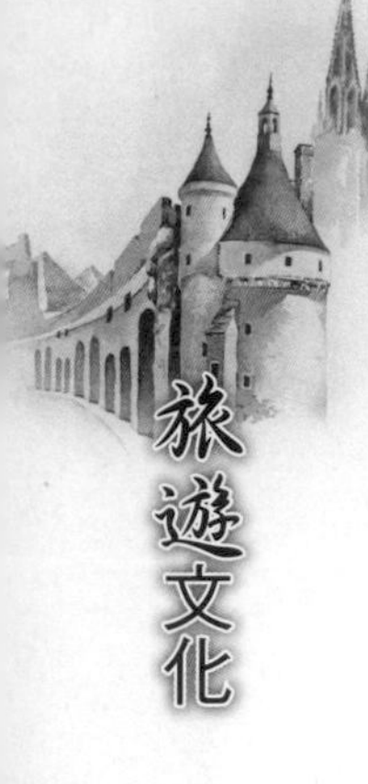

來容納祭祀的屍體或動物。在他們眼中因為他們長期靠海為生，所以對他們來說所行駛的獨木舟上會刻上相關圖騰，在船頭也會供奉蜥蜴女神（基哈娃亞內）用以保護及威嚇敵人。夏威夷文化包含了優美的詩歌，他們的詩歌都是有重大意義的，所有生活上、歷史上，包括每天所發生的事物他們都會以詩歌方式記載下來，把這些事績加以表達及歌頌。（discovery頻道集團，2009）

雪梨歌劇院

雪梨歌劇院位於澳洲雪梨港，特有的帆造型，加上雪梨港灣大橋，與周圍景物相映成趣；是20世紀最具特色的建築之一，世界著名表演藝術中心，也是雪梨市的標誌性建築。

該歌劇院於1973年正式落成，設計者為丹麥設計師約恩·烏松（Jørn Utzon）。歌劇院主要由兩個主廳、一些小型劇院、演出廳以及其他附屬設施組成。兩個大廳均位於比較大的帆型結構內，小演出廳則位於底部的基座內。其中最大的主廳是音樂廳，可容納大約二千五百人。設計者原先將這裡建造成為歌劇院，但是後來設計變動了，甚至已經完工的歌劇舞台被推倒重建。音樂廳內有一個大風琴，是由羅納德·沙普（Ronald Sharp）於1969至1979年製造的，它被認為是全世界最大的機械木鏈桿風琴，由一萬零五百根風管組成。主廳中較小的為歌劇院，由於當初是將較大的主廳設計為歌劇院，小廳被認為不太適合做大型的歌劇演出，舞臺相對較小，而且給樂隊的空間也不便於大型樂隊演奏。其他附屬設施則包括戲劇院、影院以及攝影室。2007年6月28日被聯合國教科文組織評為世界文化襲產。

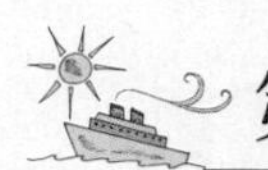

第六節　宗教建築

一、佛教廟宇建築

佛教的建築，起源於佛世時，應眾生之需要而有竹林精舍、祇園精舍、鹿母講堂等寺院之興建。到了中國，伴隨佛教的傳入，因為迦葉摩騰、竺法蘭至中原譯經弘法，啟發東漢明帝的信心，創設洛陽白馬寺，開啟了中國佛教寺院的建築。寺院也是集建築、雕塑、繪畫、書法於一身的綜合美術館。中國現存的早期宮室、住宅極為稀少，宮殿式佛殿卻反映出當時結構、裝修、構造等方面的發展狀況。唐朝是中國藝術的黃金時期，以五台山佛光寺為例，佛光寺是現今僅存的唐朝木構建築，唐朝主要的藝術表現，全集粹於殿內，使該寺成為中國獨特的寶藏。

在佛教建築中，塔是有著特定形式和風格的東方傳統建築，是供奉或收藏佛舍利（佛骨）、佛像、佛經、僧人遺體等的高聳型點式建築，又稱「佛塔」、「寶塔」。現存的塔可分二類：一是印度式的，但也帶有中國特色；二是採取中國原有樓閣形式，以平面正方形和八角形居多，一般為七至九層。結構有木塔、磚塔、磚木塔、石塔、銅塔、鐵塔和琉璃磚塔等。中國佛塔的建築，起源甚早，現存的上海龍華寺塔和蘇州報恩寺塔，相傳都是三國時代創建而經後人重修的。原來印度的佛塔是覆缽狀的圓墳形，上飾竿和傘，後發展成相輪（在塔頂豎一根金屬剎，用七重或九重鐵環套在剎身）。古印度有名寺塔不少，如著名的菩提伽耶（全球共四個佛陀生前傳教的聖地，菩提伽耶的大菩提寺是其中之一）、那爛陀遺址，規模極為宏大。東南亞諸國均有同類建築。柬埔寨的吳哥寺窟、緬甸的仰光大金塔、印度尼西亞的婆羅浮屠、阿富汗的巴米揚崖壁大佛像，都是聞名於世界的佛教建築。

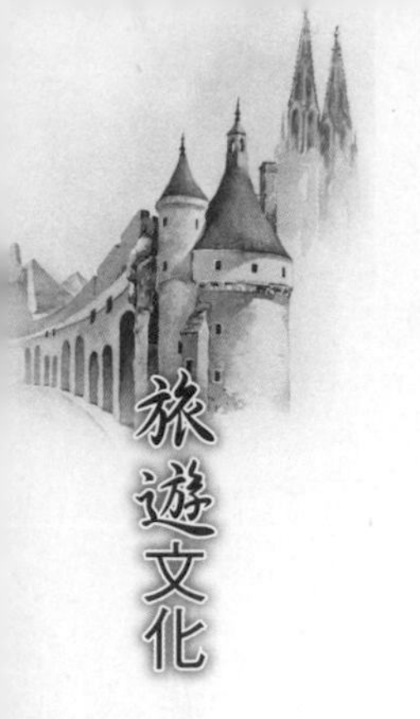

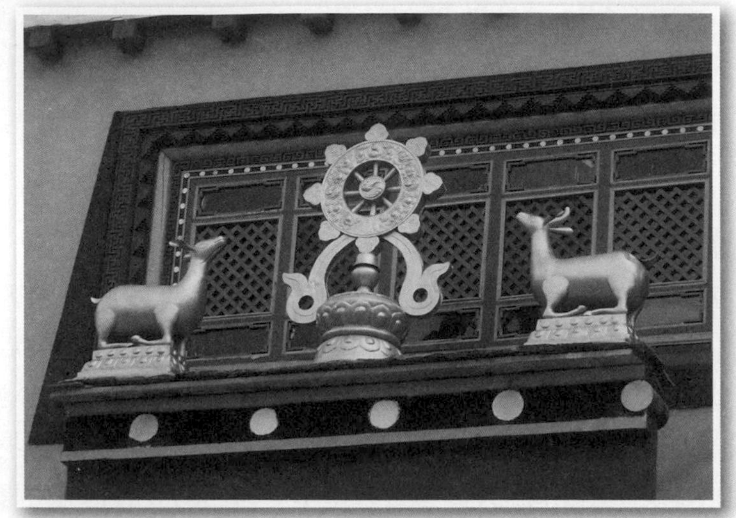
圖為藏傳佛教建築雕刻

最古老的佛教建築為石窟寺，係根據古印度佛教造型藝術，結合中國傳統的形式建築。中國的佛教石窟為數甚多，其中敦煌、雲岡、龍門尤為著名。藏傳佛教是中國佛教中一個獨特的宗教系統，因此而形成了頗具特色的藏傳佛教建築體系。**藏傳佛教建築**，利用空間的闔合明暗來烘托宗教的神秘氣氛，利用大尺度的建築形體來體現神的威嚴；同時運用均衡、對比、對稱、象徵，以及壁畫、造像等藝術手法來加強建築藝術效果。西藏的佛寺建築，有龐大的建築群體現了藏族古建築藝術鮮明特色和漢藏文化融合的風格。北京的雍和宮、拉薩的布達拉宮，承德的外八廟等是這種建築的典型。日本的東本願寺、朝鮮的佛國寺也都採用木結構的殿堂形式，雄偉壯麗，是世界知名的古剎。

(一)婆羅浮屠

婆羅浮屠是根據印度的窣堵波而來，試圖在整體上造就一個立體的曼荼羅。整個建築全用石塊砌成，約用了二百萬塊石頭，塔基邊長112米，臺基上有面積依次遞減的五層方形臺，邊長分別為89、

82、69、61米，各邊都有數層曲折；方形臺上又有依次遞減的三層圓形臺，直徑分別為51、38、26米；頂端為一座巨大的鐘形窣堵波；從地面至塔尖，原通高約42米，現通高31.5米；方形臺的各層，在主壁和欄杆間共有四個寬約2米的迴廊。迴廊兩壁上為連續的浮雕，共長3,200米，畫面二千五百幅。浮雕內容，第一迴廊主壁為佛傳圖、本生圖、譬喻說法圖；第二迴廊主壁為華嚴經的入法界品中的善財童子歷參圖；第三迴廊是其延續；第四迴廊尚未明瞭，可能為華嚴經的普賢菩薩行願贊等。在臺基掩蓋的方形層基部也有浮雕，約一百六十幅。這些浮雕將佛經的演變和世俗人物與熱帶花草、鳥獸結合起來，玲瓏剔透，有石刻史詩之稱。（漢珍數位圖書，2009）

(二)吳哥窟

吳哥窟（又稱吳哥寺）位於柬埔寨西北部。原始的名字是"Vrah Vishnulok"，意思為**毗濕奴的神殿**。中國古籍稱為「桑香佛舍」。它是吳哥古蹟中，保存得最完好的廟宇，以建築宏偉與浮雕細緻聞名於世，也是世界上最大的廟宇。1992年，聯合國將吳哥古蹟列入世界文化遺產，此後吳哥窟成為柬埔寨旅遊勝地。

吳哥窟源起於西元802年，吳哥王朝國王蘇耶跋摩二世希望在平地興建一座規模宏偉的石窟寺廟，作為吳哥王朝的國都和國寺。因此舉全國之力，並花了大約三十五年建造。吳哥窟的整體布局，從空中可以一目了然，一道明亮如鏡的長方形護城河，圍繞一個長方形的滿是鬱鬱蔥蔥樹木的綠洲，綠洲有一道寺廟圍牆環繞，綠洲正中的建築為吳哥窟寺的印度教式的須彌山金字壇。

吳哥窟坐東朝西。一道東西向的長堤橫穿護城河，直通寺廟圍牆西大門。過西大門，又一條較長的道路，穿過翠綠的草地，直達寺廟的西大門。在金字塔式的寺廟的最高層，矗立著五座寶塔，其中四個寶塔較小，排四隅，一個大寶塔巍然矗立正中，與印度金剛寶座式塔布局相似，但五塔的間距寬闊，寶塔與寶塔之間連接迴廊，此外，須

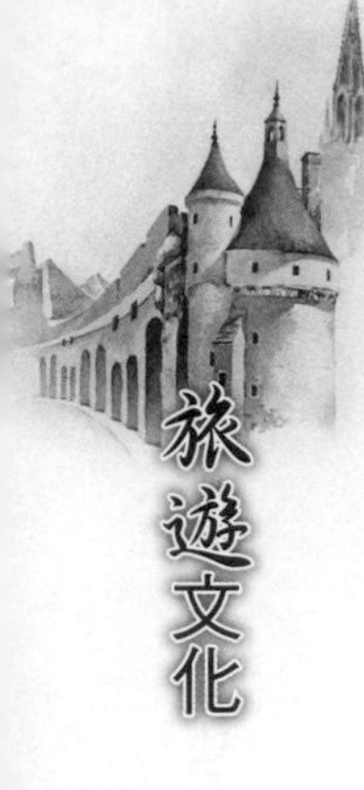

彌山金剛壇的每一層都有迴廊環繞，為吳哥窟建築的特色。

吳哥窟基本上是壘石建築，古時祭祀建築用石建造；王宮則是木結構，鑲嵌金窗，宮殿頂部覆以鉛瓦和土瓦；民居則是覆蓋茅草的竹編房屋；但是宮殿和民居現已無遺存。吳哥窟主要是長方石塊層層堆壘，偶有工字形咬合，絕大多數不用粘合劑。大部分建材是砂岩方磚，紅土則用於外牆和隱閉的結構。紅土石是岩石經過熱帶炎熱氣候長時間風化，以致岩石中的可溶性礦物質流失，殘留不溶於水的氧化鐵和石英等礦物質而形成的多孔紅棕色岩石。

1992年，聯合國將其列為世界文化襲產，但由於其毀損嚴重，也將它列入瀕危世界文化襲產名單；經過世界各國古跡維修專家們的努力，聯合國在2004年7月4日決定，將吳哥窟古蹟從瀕危世界文化襲產名單除名。

二、印度教建築

在19世紀之前，建築寺廟通常是由王室或是富人主持或贊助興建。贊助人捐贈寺廟金錢、珠寶、物品和土地等，所以香火鼎盛的寺廟永遠都擁有充裕的財源，而較差的地區就沒有寺廟。直到現代寺廟的獻金被用於支持慈善機構，所以部分印度境內的寺廟都出錢為南亞以外的印度教徒建築寺廟。

印度教寺廟建築充滿地方色彩，但可分為南、北兩種型式。在兩種建築風格中，印度教寺廟的格局均與宇宙和神的軀體有關。**南印度寺廟建築的風格**，是主廟設在寬闊的庭院中間，四面有牆壁與外界區隔開，並有四個門上有塔樓。塔樓通常為階梯狀，每一層均以神像裝飾，這些塔樓有的非常宏偉。較大型的印度寺廟有如一座小城，信徒穿過大門，走進內院即可在中央神壇祭祀主神或女神，四周則可見到數個祭祀諸神的小祠。**北印度教寺廟建築的風格**，最普遍的特色就是圓錐形屋頂，早期的寺廟僅有一圓頂，突起於中央神像之上。後來，

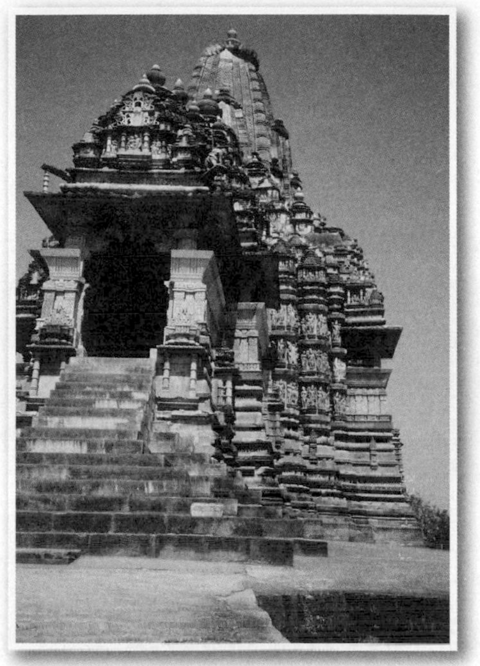

坎達里雅默赫代奧神廟於昌德王朝（9-12世紀）時建造，為印度教建築中最具代表性的典範

整個寺廟為圓頂所覆蓋，寺廟再擴大以使祭壇前有區域供信徒聚集。

南印度與北印度寺院的共通點，是寺院內壁的裝飾，均以印度教諸神的雕刻代替壁畫。印度中部卡傑拉霍的坎達里雅默赫代奧神廟，是鼎盛時期昌德王朝（9-12世紀）所建造的神廟群中最具代表性的典範。這座神廟是標準的印度教建築，以宇宙、神為構思所建造。古占婆王朝在東南亞文化歷史中，扮演關鍵的角色。根據記載，自公元4世紀末第一座木造廟宇建成開始，經歷代帝王不斷修葺或加建，九百年間廟宇和塔式建築數目已增至超過七十座。受印度北部的笈多王朝影響，美山廟宇群引入了印度教建築特色，加上其獨有文化色彩，活現了當年的文化融和盛況。（楊玫寧譯，1999）

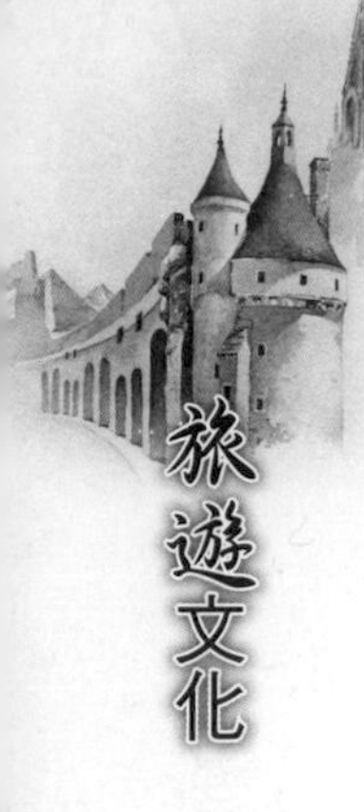

三、伊斯蘭教建築

(一)清真寺

公元7世紀初，穆罕默德在阿拉伯創立了伊斯蘭教，伊斯蘭教由阿拉伯的民族宗教發展成為世界三大宗教之一。伊斯教和中國封建制度相結合，在宗教建築方面，大量吸收了中國的東西，在國外絕大多數伊斯蘭教的寺廟建築和新疆的某些清真寺建築，均採取阿拉伯或中亞的風格，大殿上均有圓頂建築，有的還單獨建有尖塔，中國內地大部分著名的清真寺則不同，大多採納以中國傳統的殿宇式四合院為主的建築樣式。

伊斯蘭教建築以穹隆狀屋頂為其主特色，屋頂上通常有一彎新月，以下為中世紀的回教建築特徵：(1)建築物上裝飾抽象圖案、葉狀花紋、可蘭經文字、鐘乳石式柱；(2)回教清真寺：祈禱廳——供信眾集體祈禱的圓蓋頂場所；(3)封閉式且有拱頂圍繞的中庭，是一大特徵；(4)壁龕：在寺內，裝飾華麗，稱為米哈拉布（Mihrab），用途是指示聖城麥加的方向；(5)宣禮塔：蓋在寺旁的塔形建築，是宣禮員告知信徒禱告時刻的地方。

新疆維吾爾等民族清真寺及中國內地都有很大的不同。那裡的清真寺，無論其大小都非常注意門樓的裝飾，大門周圍或用油彩寫滿阿拉伯經文，或用磚砌成尖拱壁龕狀圖案，極為華麗。門樓高大，兩側各建一座圓形尖塔，與大門相連，顯得雄偉壯觀。這兩座尖塔，不僅是大門的陪襯，而且作為邦克樓，是召喚教民來寺禮拜的理想建築。

新疆寺尖塔一般平面為圓形，塔身下部大，逐層縮小，頂建一磚砌圓亭，亭頂作穹窿式，頂尖為一彎新月，阿拉伯風味極濃。

(二)奧瑪清真寺（聖石廟）

奧瑪清真寺，又稱岩石頂，是西元前687年第二聖殿被毀損後由

穆斯林所建。這座金色圓頂的美麗建築，堪稱是耶路撒冷的地標，觀光客不論從任何角度遠眺，皆能看見奧瑪清真寺閃爍的光芒。清真寺呈八角形，每邊21公尺長，圓頂是真金箔貼成，頂上有新月形標誌柱子。大理石砌建的牆壁，以馬賽克彩磁貼成阿拉伯圖案裝飾，牆上方還有馬賽克磁磚裝飾之可蘭經文字。寺內圓頂壁柱皆由馬賽克磁磚和彩色玻璃裝飾而成，顯得富麗優美。圓頂下方柵欄內的白色岩丘，據說是亞伯拉罕將其子以撒獻祭予上帝，以及先和穆罕默德由天使加百列引領升天之處。石丘下比雷－阿爾瓦洞穴，即為靈魂之井，傳說是世界地球的中心。奧瑪清真寺被視為繼麥加和麥地那之後另一偉大伊斯蘭教聖地。（余桂元，1994）

(三)泰姬瑪哈陵

泰姬瑪哈陵，位於北部的阿格拉邦，是莫臥兒王朝第5代皇帝沙賈罕為了紀念他已故皇后姬蔓．芭奴而建立的陵墓。1633年，由當時極負盛名的建築師拉何利設計，以德里的胡馬雍陵為藍圖，動員二萬名來自世界各地的工匠、書法家，融合中亞、波斯和印度本土風格，花了二十二年的時間，完成了這座偉大的純白大理石藝術建築。泰姬瑪哈陵建物高250英呎，占地約17萬平方公尺，南北長580米、寬305米，有前庭、正門、蒙兀兒花園、陵墓主體、清真寺。花園中間是一個大理石水池，水池盡頭則是陵墓，內有兩座空的石棺，棺木一大一小，沙賈汗王及皇后葬於空棺處地下的土窖內。陵墓主殿四角都有圓柱形高塔一座，每座塔均向外傾斜12度。墓室中央有一塊大理石的紀念碑。站在陵墓旁邊迴廊中央的石塊上，可以感受到強烈的迴音，令人迷濛不已。後方草坪為當時宮殿的葡萄園。主體建築外觀以最高級純白大理石打造，內外鑲嵌美麗的寶石（水晶、翡翠、孔雀石），陵墓的每一面都有33米高的拱門，陵前水池中的倒影，看起來好像有兩座泰姬瑪哈陵。1657年沙賈罕的兒子奧朗則布（Aurangzeb）篡位，沙賈罕被囚禁於阿格拉堡，阿格拉城堡是由紅色砂岩建造，又稱「紅

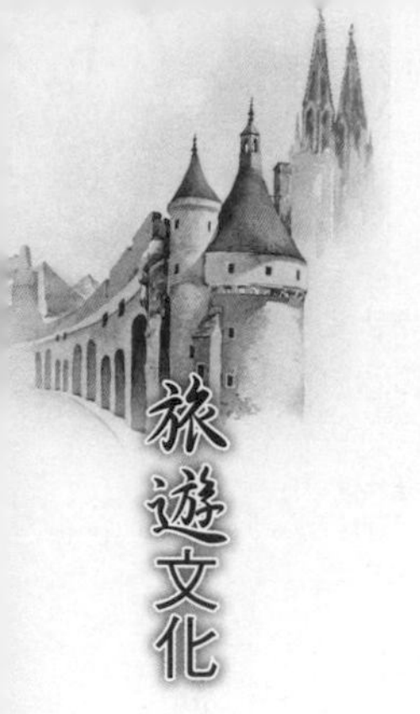

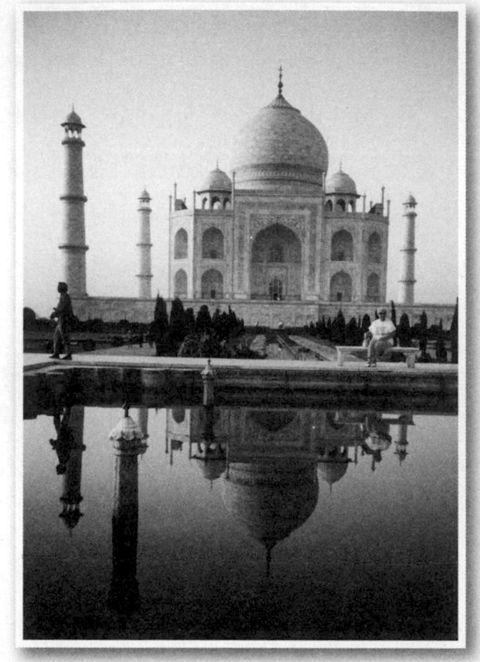

泰姬瑪哈陵為莫臥兒王朝沙賈罕皇為已故的愛妻姬蔓·芭奴而建

堡」，城堡四圍有護城河，長達2.5公里，牆高20餘米。1983年泰姬瑪哈陵被列入世界襲產名單，紅堡亦於2007年列入世界文化襲產。2004年是泰姬瑪哈陵建成三百五十週年，印度政府定為「泰姬瑪哈陵國際年」。

四、教會建築

基督教與天主教是西方主要的宗教，而對於其他宗教的信徒而言，對於這二個宗教較無法明顯的區別，在建築的呈現上亦是如此。整體而言，基督教以尖頂建築為主，屋頂有十字架標誌。羅馬式教堂是基督教成為羅馬帝國的國教以後，一些大教堂普遍採用的建築式樣，它是仿照古羅馬長方形會堂式樣及早期基督教「巴西利卡」

（basilica）教堂形式的建築。巴西利卡原意為大教堂、王者之廳，全名為basilica domus（打丁文），為長方形的大廳，內有兩排柱子分隔的長廊，中廊較寬稱中廳，兩側窄稱側廊。大廳東西向，西端有一半圓形拱頂，下有半圓形聖壇，前為祭壇，是傳教士主持儀式地方。後來，拱頂建在東端，教堂門開在西端。高聳的聖壇代表耶穌被釘十字架的骷髏地的山丘，放在東邊以免每次禱念耶穌受難時要重新改換方向。隨著宗教儀式日趨複雜，在祭壇前擴大南北的橫向空間，其高度與寬度都與正廳對應，因此形成一個十字形平面，橫向短、豎向長，交點靠近東端。這叫做拉丁十字架，以象徵耶穌釘死的十字架，加強了宗教的意義。

天主教建築之代表十字架常常在上下左右四端都有花邊，基督教的十字架比較多是正正的十字架。天主教的比較常有歌德式建築（屋頂高高尖尖），基督教有些也是。天主教常有彩繪玻璃，基督教比較少。天主教的彩繪玻璃上頭有聖母馬利亞，基督教比較少。天主教常有雕像在園子裡，基督教幾乎沒有。而哥德式樣被公認是天主教建築之代表，鑲嵌的彩繪玻璃以及尖拱，更是最常見到的裝飾。

(一)聖彼得大教堂

聖彼得大教堂（St Peter's Basilica）最初是由布拉曼特（Donato Bramante）設計，他在設計圖賦予羅馬的偉大建築——萬神殿新的解釋，實現他所得意的中央堂形式的最大規模。聖彼得大教堂曾由米開朗基羅根據布拉曼特的設計再加以設計，其後由D．馮塔納修正圓頂的垂直高度，並由馬得納之手作成巴西利卡式，且加上繪畫性的正面。廣場正面的橢圓形柱廊則由伯尼尼（巴洛克時期世界上最著名的雕刻家與建築師）予以完成，形成了我們今天所見的巴洛克式全貌。伯尼尼（Gianlorenzo Bernini, 1958-？）進而在大教堂內部致力於創作主祭壇、禮拜堂、壁面墓碑、裝飾雕刻等等，特別是華蓋部分，此設計誠為綜合建築與雕刻的優秀作品，它位於中央圓頂下方的交叉部，

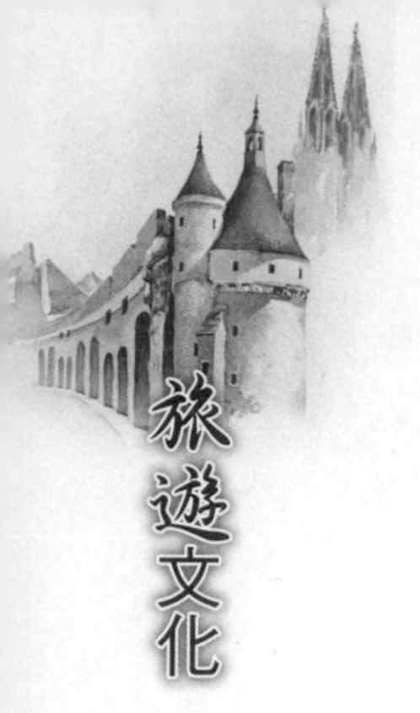

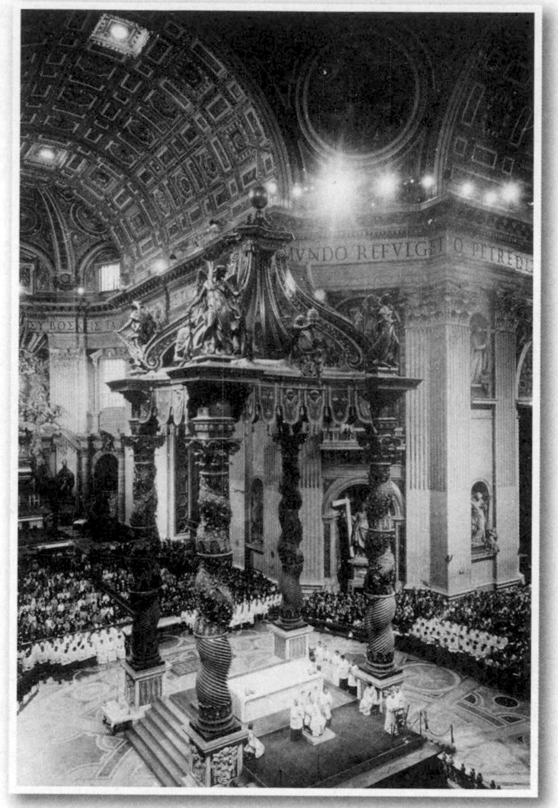

聖彼得大教堂的內部由著名的雕刻師兼建築師伯尼尼所設計，是相當優秀的作品

其發黑的扭轉柱（螺旋柱，spiral column）與周圍的白色大理石柱構成戲劇性的對比。這個華蓋位於聖彼得墳墓的上方，作為永恆的紀念，但是它的形式打破了過去教堂的傳統形態，引起了無數的模倣者，不僅在義大利國內，在歐洲各國亦可看到這種例子。

(二)聖母院

聖母院的興建工程始於1163年，卻直到1345年才完工，因此它的風格混合了羅馬式與哥德式的特色。從此以後，聖母院便蒙受了污染之害、政治之影響，也經歷許多美學趨勢與宗教的變遷。如路易十五

聲稱彩繪玻璃已過時，故將大部分的圓花窗換成透明玻璃（後來又重新換回彩色玻璃）；法國大革命時反教權主義推翻了無數雕像，而尖塔也於1787年被截斷；但是，19世紀時的建築師維優雷．勒．杜克在整修時獲得充分自由，於是做了徹底的改造，在石材推砌的幽暗內部包含了許多祈禱室、墓穴、雕像，以及保存聖母院中珍寶的聖器收藏室。爬上高塔可眺望極遠，並可就近欣賞它那極其誇張的拱柱。

(三)米蘭大教堂

義大利人視教堂為心靈的殿堂，在每一個城市的發展過程中，教堂的中心區即為「歷史中心區」。米蘭大教堂（Duomo di Milano）位於米蘭市中心的中央，所有政治、文化、宗教、金融的重鎮，都以教堂為核心向四面八方伸展開來。教堂始建於14世紀，以純白的大理石砌成，當時米蘭受家族統治，其後的幾個世紀，法國人、日耳曼人一一先後占領過米蘭，所以教堂內外的修建擴增，亦揉合了許多不同時期的風格。在教堂內正前方巨大石雕，多數完成於15世紀，是教堂

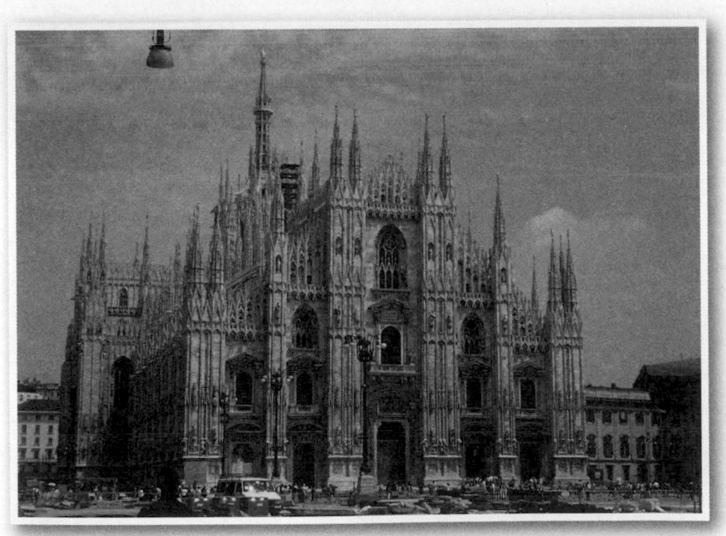

米蘭大教堂建於14世紀，以純白的大理石砌成，為米蘭人心目中重要的精神堡壘

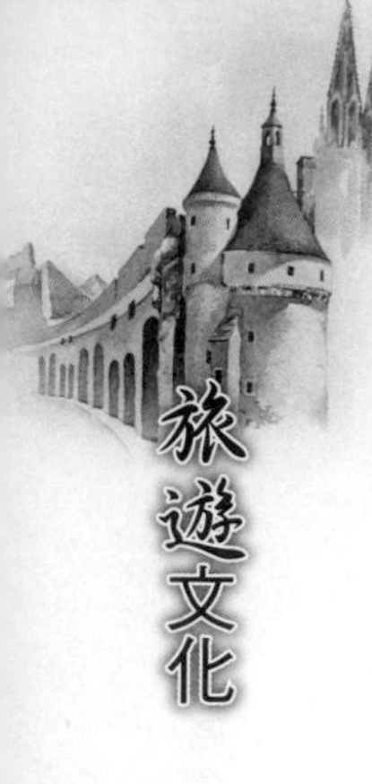

之外雕像最精采的部分。正面的大堂高度62.2公尺，大小雕像大約有三千四百尊，包括九十六個怪物像。米蘭大教堂已成為居民從事重要活動的根據地，為米蘭人心目中重要的精神堡壘。

(四)科隆大教堂

科隆大教堂（Cologne Cathedral）位於德國北方科隆市，居萊因河左岸，興建於1248至1880年。在12至13世紀年間，科隆大教堂是在同類型的大教堂中，可謂起步相當晚的，當巴黎聖母院及沙特大教堂都完成獻堂時，科隆大教堂才正準備動工，且進度非常緩慢，但是仍然是面積最大的一座。這座大教堂的基本結構仿製法國北部的亞眠大教堂（人稱「石頭上的百科全書」），整體結構平面看像十字型，左右兩側突出部分為翼廊，尾端有一座環型殿，正面左右上方分別聳立了兩座高大的斜塔，狹長的窗戶，除了飛扶壁，拱架下的牆壁也十分特殊。好在歷任建築師們不斷繼承前人的經驗，使得科隆教堂在所有不同類型的教堂建築中，算是最複雜的之一。

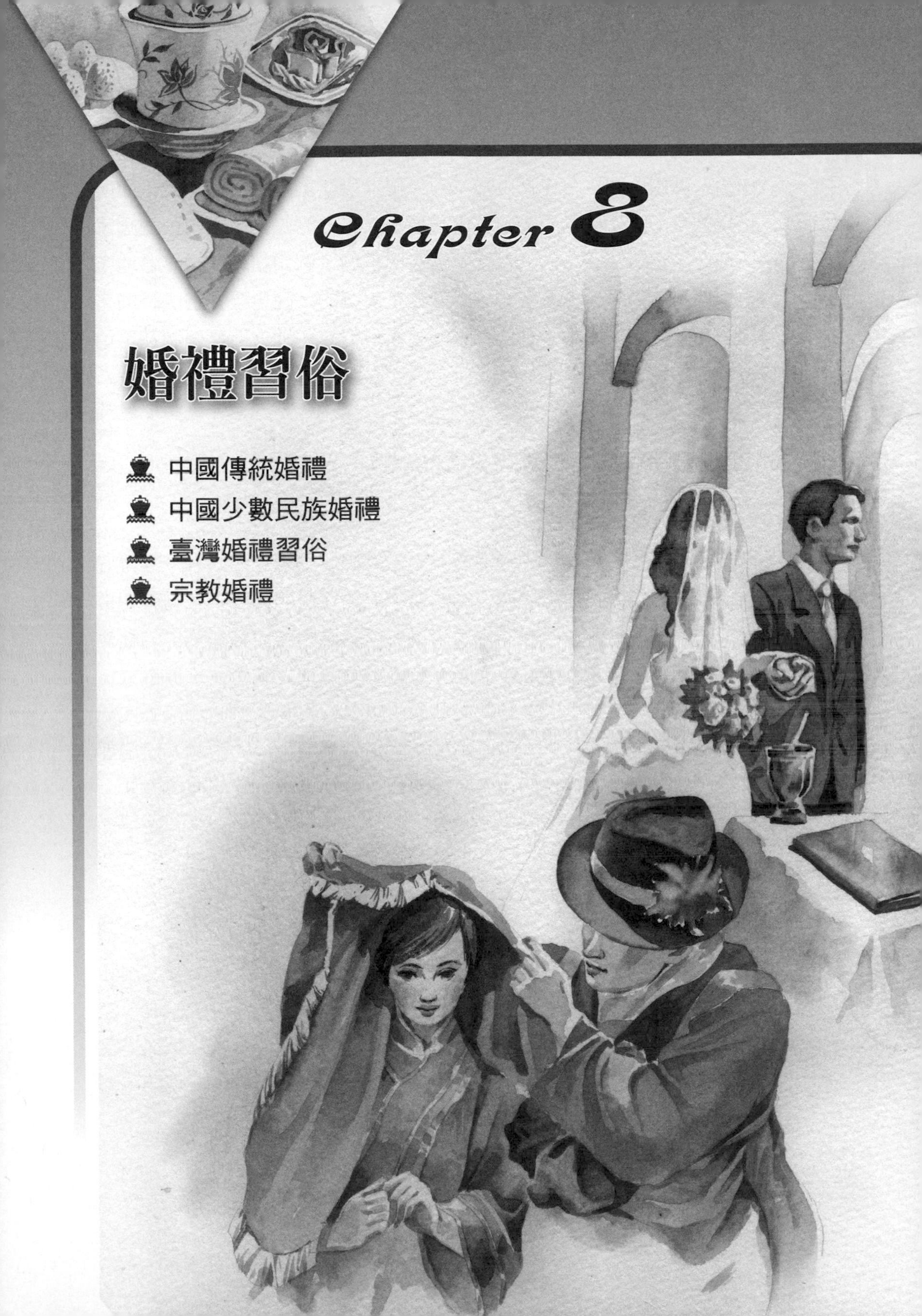

Chapter 8

婚禮習俗

- 中國傳統婚禮
- 中國少數民族婚禮
- 臺灣婚禮習俗
- 宗教婚禮

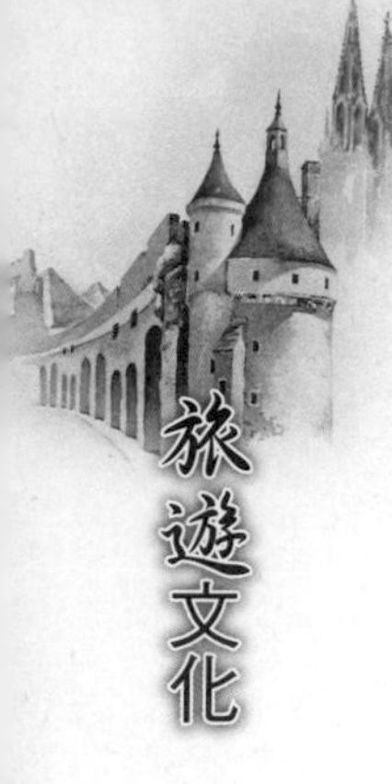

人的一生當中主要可分成幾個不同的階段，其中最重要的包括出生、結婚、死亡等三個階段。而每個階段在不同的民族與文化中所呈現的是迥然不同的現象。不僅是東西文化上的差異，在同一個國家或地區，也可能因宗教、傳統、禮俗而不同。例如結婚在世界各地多數地區是值得歡慶的，但也有的地方是哀傷的，因為要告別成長的家庭；在多數國家婚姻是自由意志的表達，但有些地方卻是強制甚至搶奪的。

第一節　中國傳統婚禮

中國傳統婚禮係以中國漢族為主，其源於周禮，因此有一套傳統的禮俗與制度，然而隨著時代的演變，無論在服飾或儀式上均有相當程度的改變，漸漸以西式為主，簡單方便為原則。而且在繁忙的社會中，人們對於婚姻的觀念也不同，有些對婚禮抱持著僅為一種儀式，並不會太介意；有些人則抱持著夢想，以各種特殊的方式或儀式完成人生大事。當然有許多人以不婚或結束婚姻作為生活的選擇，這些都是現代人必須予以尊重的情況。以下介紹中國漢族婚禮的擇偶方式、婚禮程序與情況。

一、擇偶方式

漢族早期多為**封閉式擇偶**。這種擇偶方式大都發生在家長制和買賣婚姻的形態之下。由於漢族家庭是以血緣關係為紐帶所組成，家長享有至高無上的權力，子女無權過問自己的婚姻大事，要聽從「父母之命，媒妁之言」；另外，在傳統的婚姻習俗中又特別重視門第觀念，家長為子女擇偶，講究的是「門當戶對」。

二、婚禮程序

漢族古代講究「六禮」。「六禮」之俗由來已久，其名目見於《儀．士昏禮》。「六禮」是中國古代婚姻成立的手續，包括六個程序：

1.納采：即擇配，提親的意思。
2.問名：俗稱「討八字」，就是討回女方的出生年月日和時辰，請命理師推算。男女八字相合，才可定親。
3.納吉：即正式提親。男女透過一定的儀式告訴女家。
4.納徵：送聘禮。送過聘禮之後，婚姻才算正式成立。
5.請期：就是議定婚期，用口頭或書面形式通知女方，徵求女方同意。
6.親迎：就是指男家派人或新郎親自迎娶新娘。

另外，在中國少數民族的婚禮程序大體上和漢族「六禮」差不多。

三、婚禮情況

婚禮本身的意義在於祝賀和透過舉行儀禮的方式向族人和社會宣布婚姻的成立，以便得到社會承認和監督。中國各民族的婚禮豐富多彩，大致可分為兩部分內容：(1)在女方家舉行的儀式；和(2)在男方家舉行的儀式。

在農業社會時，漢族民間結婚日子多選擇在秋冬季節。結婚前一天，女方家要派人前往男方家送嫁妝，嫁妝多為家具、衣服等日用品。結婚當天，男女兩家張燈結綵，宴請賓客。新郎由親人陪同，乘轎（原用花車，至宋代為花轎所取代）前往女家迎娶新娘。

新娘的髮式改梳成婦人型，戴上「蓋頭」，大都是紅布（此俗始

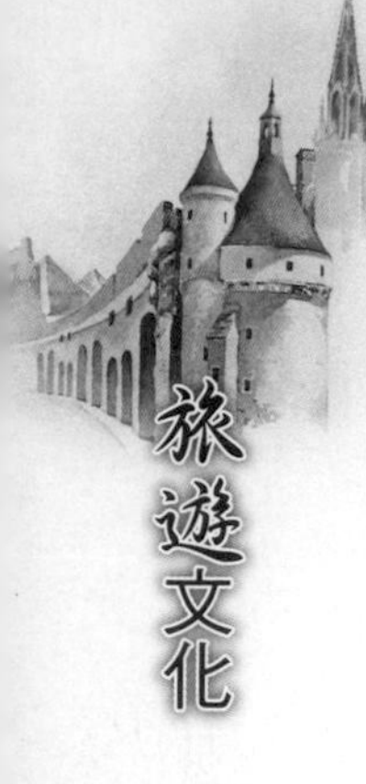

於漢魏之際）。新娘上轎前和到男家下轎後都要撒穀豆（此俗源自兩宋時代），據說可以趕走青羊、烏鴉、青牛等三煞神，以避邪免災。

漢族有哭嫁的習俗，出閣時，新娘大都要啼哭，上轎時不能足踏紅塵，由其父兄或抱或背送進花轎，而新娘在進男家門時，所經過的地上也要鋪席子或紅毯。進門之後，舉行拜堂儀式：拜天地、拜高堂、新婚夫婦交拜。拜完天地後，新婚夫婦牽「同心結」進入洞房。新婚夫婦進入洞房前，由男方親屬長輩婦女中選一吉祥人，將棗、栗子、花生等撒向寢帳，邊撒邊吟唱「撒帳歌」、「摸個棗」，領個小（即男孩）；撒個栗、領個妮（即女孩）；一把栗子、一把棗，小的跟著大的跑；以上所述具皆取其吉祥之意。之後，新人進入洞房，新婚夫婦各執一匏酒共飲之，以其味苦，用以象徵夫婦合二為一，並含有讓新婚夫婦同甘共苦之意。

新婚之夜，各地還有鬧房（此禮俗始於漢代）和聽房的習俗。結婚第二天，新娘拜見本家長輩；第三天，新郎與新娘同去女家，日落之前，新郎與新娘一起返回夫家。

第二節　中國少數民族婚禮

本節介紹滿、蒙古、藏、苗等族的婚禮情況。

一、擇偶方式

中國少數民族的擇偶方式稱為**開放式擇偶**。指凡已達到成婚年齡的男女青年，可以自由地選擇配偶。民間的節日集會、婚喪禮儀等場合，均為青年男女提供了談情說愛，選擇配偶的機會。有些民族還有其他一些求偶方式，如布依族的趕表、侗族的行歌坐月、傣族的丟花包等：

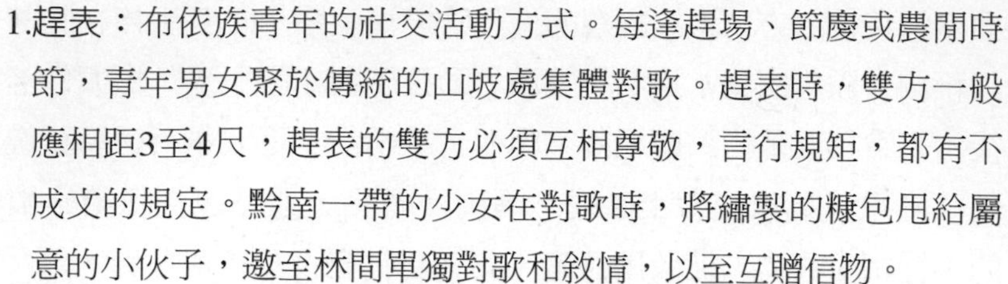

1.趕表：布依族青年的社交活動方式。每逢趕場、節慶或農閒時節，青年男女聚於傳統的山坡處集體對歌。趕表時，雙方一般應相距3至4尺，趕表的雙方必須互相尊敬，言行規矩，都有不成文的規定。黔南一帶的少女在對歌時，將繡製的糠包甩給屬意的小伙子，邀至林間單獨對歌和敘情，以至互贈信物。

2.行歌坐月：侗族男女青年社交活動的統稱。婚前男女社交公開，戀愛自由，常於夜間圍坐火塘，女的唱歌，男的用琵琶和牛腿琴伴奏。在不同地區又分別稱為「玩山」、「走寨」。農閒時，外村來的青年跟屋內結伴紡線和做針線的姑娘們，邊彈邊唱，相互對歌訴情。

3.丟包：傣族青年男女在潑水節期間進行的社交活動。布包多菱形，用花布條拼製而成。包內滿盛棉籽，四角與中心綴五條花穗子。屆時未婚男女在廣場上各站一排，相距20米，相互拋接棉籽包，接不到小包的人，必須向對方獻一束鮮花，並且可向對方講幾句心裡話，借此機會傳達情意。

二、訂婚儀式

訂婚，標誌著婚約的正式成立。舊式訂婚，多由男方送些金銀手飾、綢緞布料及茶酒食品等禮物，女方家則於收到男家的禮物後，要送嫁妝和陪奩。

(一)蒙族

蒙古西部、新疆、青海、甘肅等地的西部蒙古族，其訂婚儀式相當隆重。吉日那天，說親人帶上哈達（藏語kha btags的音譯，絲或絹製成的長條型絲布，有白、黃、藍等色，傳統上多為白色，藏人在初次見面時會獻上哈達為禮，用來表示恭敬與吉祥之意）、銀飾、火石、膠、白糖、茶葉和乾果等物，來到女家；女家則由父親或其他長輩出

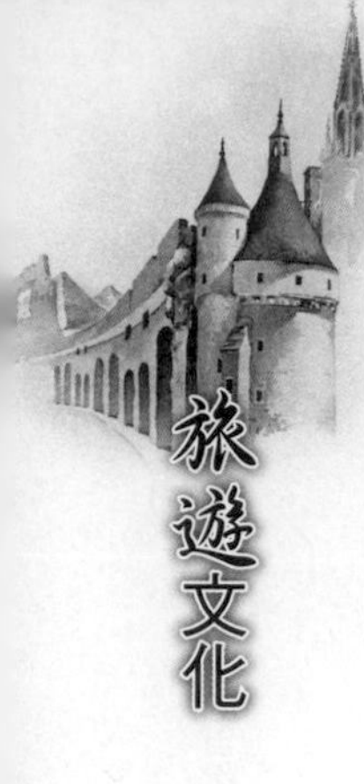

面盛情接待男方來人。提親的人將哈達塗上膠水，雙手捧在胸前，口誦祝詞，願親家間永遠和好美滿，願孩子們如膠似漆，白頭偕老；然後，賓客相互敬酒，慶祝兩家聯姻。結婚前夕還要舉行送聘禮儀式，儀式隆重，男家要帶上哈達、酒肉及禮品，禮品包括送給姑娘的首飾、鞋帽、衣物、梳妝用品等。女家要有客人及長輩在場。男女兩家還要唱祝詞，敬酒歡慶。收聘禮後，姑娘便在父母帶領下，到各位親戚家中做婚前的告別，親戚給予姑娘祝福並贈送各種禮品。

(二)回族

回族的訂婚日期多選在主麻日（回教稱一個星期為主麻，每個星期五集聚做禮拜的日子稱之為「主麻日」）。男家的長輩、媒人及阿訇（即阿洪，回族裡掌理教務、講授經典的人）帶著茯苓茶、衣服、化妝品及食品等禮物，前往女家訂婚。訂婚儀式由阿訇主持，阿訇先唸一段《古蘭經》表示祝福，然後將男女的經名填寫在乜帖（音Niyah，為穆斯林用語，原意為「心願」、「舉意」，指從內心發出或口頭表達的意願）上，並與媒人在帖上畫押，作為訂婚憑證。女家要把男家送來的茯苓茶分送給親朋好友，還要回贈禮物給未來的女婿，一般是姑娘親手縫製的帽子、衣服、腰帶和鞋襪等。

(三)藏族

藏族的訂婚儀式是由媒人帶著男方身上經常佩帶的一件東西，送到女方家中，與女方身上佩戴的一件東西互換之後，便結束了訂婚手續，手續上簡單許多。

三、婚禮儀式

(一)滿族

滿族自古以來不興早婚，也不計較聘禮多寡。

滿族男女成婚主要是經過「問門戶」、「小定」、「放定」、「問話」、「過禮」和「完婚」等幾個程序。結婚前一天，未婚婿要給岳父、岳母送豬肋條，以表謝意，女家贈「妝奩嫁資」，並派人將嫁妝送到男家；同時新娘在伴娘的陪同下，坐車來到男方家附近預先借好的住處下榻，俗稱「打下墅」（又稱打下處）。

滿族是夜婚制度，這是很少見的婚禮儀式，結婚當天男女雙方皆在夜間行動。女方用篷車送親，男方用彩車接親。兩車途中相遇，新娘盛裝後，由哥哥或族兄抱到彩車上，這種儀式叫「插車」。新娘到了男方家門外時，新郎要彎弓搭箭，向未揭蓋頭的新娘虛射三箭，之後新娘在伴娘的攙扶下，走下車來，腳踩紅毯，來到院中神桌前，同新娘一起拜天地（俗稱「拜北斗」），拜完天地後，新郎守在帳篷外繞帳篷走三圈，問一次是否留宿，直到新娘說留宿，新郎才可走進帳篷。

滿族男女結婚，要在院裡搭帳篷，同時在正屋內設置洞房。進洞房時，一對新人要舉行爭坐被上的儀式，先坐到花被上的，以後即主持家政。然後新郎新娘要喝交杯酒，還要吃半生不熟的餃子。第二天的早晨，新婚夫婦要祭祖、拜見家中之人及宗族中的長輩，三天之後，新郎陪同新娘回到女方家中。

(二)蒙族

蒙古族東部與西部的婚俗不盡相同。西部蒙古族婚禮多在萬物萌生的初春季節舉行，結婚那天，新郎背負弓箭，腰掛短刀，騎馬與迎親隊伍奔向女家，約在夜幕降臨時來到女方家。此時女方家的客人排成扇形人牆，抵擋迎親隊伍。雙方開始對歌，女方祝詞家（一種專門在婚禮上擔當唱歌角色的半職業性的婚禮祝詞家）會提問，由男方的祝詞家回答，直到女方家滿意為止。一直到對歌結束後，新郎獻上禮物，女方便請迎親隊伍進入蒙古包。

酒宴將散之時，新郎會和伴娘來到新娘房間，由姑娘們端來煮熟

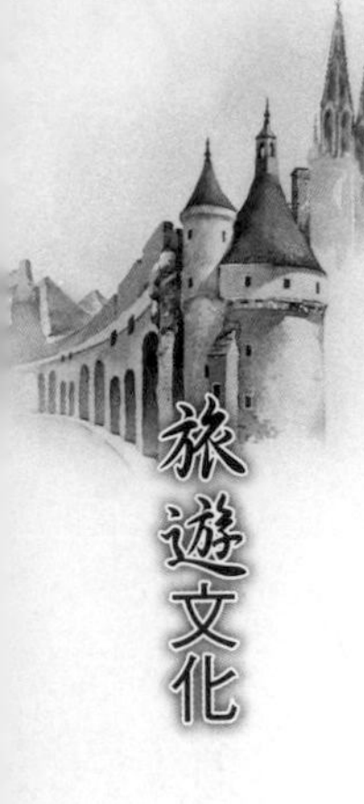

的羊頸骨，讓新人當眾分食。在新娘即將離家之時，姑娘們解下各自的圍腰帶，連在一起，與新娘拴在一起，意指企圖留住新娘，之後新郎和伴郎文武並用，將新娘「搶」出蒙古包。

破曉之時，新娘向親人告別，送行的人們唱起送嫁歌，太陽升起時，迎親隊伍和送親隊伍啟程回到新郎家，在司儀的主持下兩人捧著羊肩胛骨，交拜天地，新娘拜見公婆後，在新房前點燃的兩堆火前，要拉住新郎遞過來的鞭梢，從兩堆火中間走過去，用以寓示建立一興旺的家庭，男女雙方愛情堅貞不渝。

(三)藏族

婚禮當天新郎盛裝打扮，在親友的陪同下，騎馬前往岳父家，女方家則備盛宴款待；新娘從天明一直到迎親隊伍來時，應一直哭唱抒情長歌《娥妮香》（中國西南各民族的古詩歌之一，用於婚喪禮儀、宗教祭祀等）。新娘於拜別過父母後，手握十雙嶄新的筷子，每向外走幾步，便向後丟一雙，有些會將最後一雙置入新人的馬鞍，用以象徵男女兩家興旺，不愁吃穿。而男方在迎親歸來途中，路上行人會站立路旁祝賀，新娘會將糖果撒向路旁，在新娘到來前，尚必須在離家不遠的路旁設立迎親路席。

新娘一抵男方家，下馬後在門前的火堆繞上三圈，才走進帳蓬，古俗認為，走過火堆的新娘從此就會變成為家中的正式成員，並在進門後，由一位吉祥人用柏枝蘸清水灑向新人，祝福新婚吉祥。

男方接親的女眷要向新娘獻上一桶牛奶，象徵畜牧興旺，婆婆則贈給新娘一把鑰匙，表示交出財政大權。結婚儀式在帳篷裡舉行，新人並排蹲坐在毛毯上，賀喜的賓客向新婚夫婦祝賀，並將潔白的哈達獻給新人。此外，新娘須獻給婆婆「九毛救拉」（一種手工縫製的棉長袍），為新娘出嫁前所製作，用以表示對長輩的尊敬和體貼。

當老人們吃過酒時，青年人便跳起了優美的舞蹈。新郎新娘靜置酒後，隨即加入舞蹈行列，將婚禮舞會帶入高潮。

(四)苗族

苗族主要聚居在中國的貴州、雲南、湖南等省，由於歷史上的長期隔離，形成了與眾不同的婚禮習俗。

四川、雲南一帶的苗鄉，青年男女透過山歌私約婚期後，都只告知父母和好友。結婚那天的夜裡，新郎會與幾個好友打扮後，悄悄地溜出山寨，前往約定的地點迎接新娘。如果姑娘有誠意，就會在伴娘們的陪同下前來赴約。此時新郎的好友們，燃起篝火，伴郎和伴娘們則邊歌邊舞，將新人圍在中間，祝福一對新人幸福結合。篝火將盡，新郎、新娘回到男家村寨，新娘進門，男方家燃放鞭炮慶賀。

湘西苗族的婚禮大多在農曆的8月底、9月初的金秋時節舉行，且女方在出嫁前，母親會請伴娘陪女兒唱一夜的《哭嫁歌》。當新娘到達時，迎親隊伍吹起嗩吶、燃放鞭炮，新郎在門口燃起吉祥之火，迎接新人；進門後，主婚人會獻一碗甜酒給新郎、新娘，婚禮的高潮則是對歌鬧夜。新婚之夜，新郎、新娘要陪伴客人們對歌到天亮。天亮後，新娘要去井邊挑水，此後便成為男家的人。

黔東一帶苗家的婚禮一般在1、2月的月夜舉行。傍晚時分，新郎與伴郎們一起來到新娘村寨的馬郎坡。馬郎坡是村寨附近山坡上專供青年自由社交的坡地。新郎新娘互對山歌，表明自己真誠的心。晚飯後，新娘告別父母與新郎走出村寨，回到寨子時已是深夜。新娘由婆婆領進布置好的房間，由中年婦女來品評新娘的刺繡技能，讚美新娘的衣著華麗。

在十三天的新婚假期中，按規矩新娘只是寨子裡的一位貴賓，新娘與寨上的姑娘須一起繡花、一起就寢，新郎則要到鄰居好友家中睡覺，等到嫁期滿了之後，新郎在家中招待來賓，新娘由寨上德高望重、能歌善飲的老人和新郎的好友陪同新娘回到娘家，新娘家舉行酒會，熱情款待客人。之後，新娘持續留在娘家，等待農忙到來時，男家請回新娘，至此一對新人才正式開始夫妻生活。

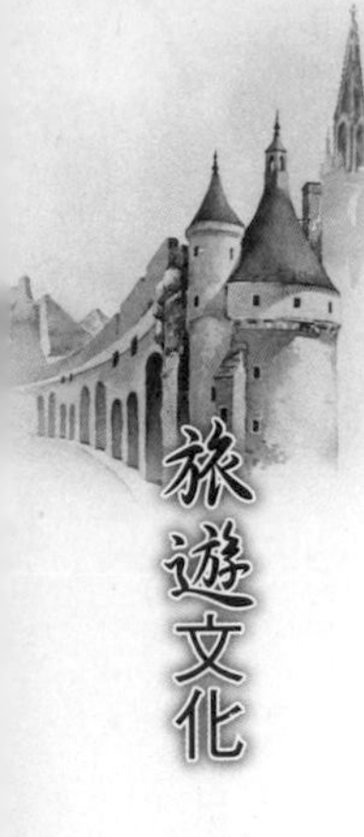

第三節　臺灣婚禮習俗

中國的婚禮習俗十分繁瑣，無論是結婚或是訂婚，都有許多規定；一般來說，民間訂婚的習俗較偏向女方，而結婚的習俗則偏向男方。臺灣方面，則由於多為閩粵移民或是1949年中國各省隨政府播遷來台，因此在許多婚禮的習俗與中國大陸方面絕大部分相似。

由於各地習俗不同，所以男方家人在訂婚前，媒人陪同前往女方家共商聘禮、喜餅等細節，達成再擇吉日下聘。訂婚不具法律效力，但對結婚雙方而言，卻有著歸屬感和心理的保障，新人能在訂婚期間彼此建立共識後，才踏上紅毯的那一端。茲整理如下：

一、傳統結婚習俗

臺灣的傳統婚禮以《周禮》為依歸，有下列六禮：

1.納采：婚儀之首，預娶女方時，會先請媒人致意於女父，今稱為提親。
2.問名：男方探問女方之姓名及出生年月日，今稱合八字。
3.納吉：問名若屬吉兆，則媒人致薄禮相告，今稱小定。
4.納徵：送定金、囍餅、飾物，作為下聘定盟禮物，今稱大定。
5.請期：俗稱送頭日，男方委請擇日師擇定良辰吉日，請媒人徵求女方意見，故又稱乞日。
6.親迎：婚期確定，迎親隊伍赴女方家迎娶新娘拜堂完婚。

二、訂婚禮俗

男方在訂婚當天早上須祭拜祖先，請祖先保佑婚姻美滿，另男方陪同的人數應湊成雙數，男方行聘禮品亦應以二、六、十二個紅木

盒裝，由媒人陪同男方的雙親及親友前往女方家，並由男方年長的親朋擔任押官，來的人數以六、十、十二人為佳，應避免有二、四、八人，而納聘車隊一般為六輛車。男方車隊攜帶六件禮或是十二件禮燃炮出發，可另備排炮若干，於過橋時或遇其他迎娶車隊燃放，到達女方家約100公尺前燃炮通知，女方家亦燃炮回應。

媒人先下車，準新郎最後。納采人員搬聘禮進女方陳列，女方給予納采人員紅包回禮。媒人介紹雙方親友，先男方、後女方，男方中準新郎最後介紹（此時準新娘未出現）。女方請一位德高望重的長輩在列祖神祇前點香，男方親友依長幼順序入座，準新郎居末。媒人點交大、小聘禮單等予女方，女方上香助禱新人幸福。

準新娘在媒人陪同下捧甜茶，向男方親友敬茶，媒人在一旁介紹。甜茶飲畢，新娘收茶杯，男方親友以紅包、茶杯一起置放於茶盤上。女方準備高椅給新娘坐，墊著小凳（新娘臉朝客廳大門，朝外而坐，若是招贅，則朝內而坐）。新郎取出繫有紅線的金戒指或銅戒指，套在新娘右手中指上，象徵永結同心，新郎則套在左手中指上。準新郎給準新娘紅包禮。隨後陪同媒人，新人一一向對方家屬長輩改稱呼，之後再度祭祖，告知婚事完成。

女方燃炮，雙方家長互相道賀結成親家，並分送禮餅，端出湯圓或點心招待男方客人。儀式完成後，女方於家中設宴款待男方親友。酒宴結束後，女方回禮給男方，聘禮中的福圓、閹雞等屬於男方福分的應退回，另外女方贈與男方六件或十二件禮。男方回家後祭祖告知完成納采之禮。

(一)男女方需備之禮品

■男方應備禮品

男方應備禮品也就是擺在俗稱「辦盤」木盒上的禮品，這些送到女方家的六件禮及其他有：

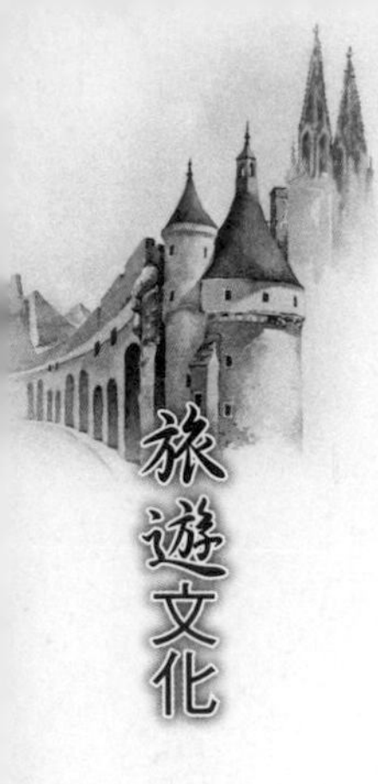

1.大餅：漢餅。

2.盒仔餅：以西餅為主。

3.米香餅。

4.排香、龍鳳燭、龍毯燭、祖紙。

5.二斗米、砂糖、福圓（龍眼乾、桂圓）。

6.聘金、金器首飾、女方布料衣物：聘金應為雙數且用紅包裹住包好，首飾由婆婆選定，新娘於結婚當天全部戴上。

7.四色糖：冬瓜糖、糖果、冰糖、桔糖。

8.豬（全豬、半豬或豬腿）：女方將此禮分贈女方親友。

9.麵線（喻千里姻緣一線牽）。

10.米酒一罈。

11.閹雞、鴨母。

12.其他：罐頭、禮品、喜花等。

其他禮品還有媒人禮、饋贈女方的禮品（如衣料、皮包、皮鞋……）、酒席禮（壓桌禮）。

■女方應備禮品

女方應備之禮品有：

1.禮品。

2.甜湯、點心。

3.酒席。

4.贈與新郎的六或十二件禮，如手錶、對筆和西裝等。

5.媒人禮。

6.木炭：代表感情彌堅、越來越旺。

7.麥或穀：象徵衣食無缺。

8.黑砂糖：象徵男方不會為難新娘，嘴甜。

9.緣線或鉛線。

10.肚圍：圍巾折成肚兜狀，內置紅包手帕，祝新郎事業順利。

11.蓮蕉花和芋葉：代表多子多孫。

(二)訂婚紅包禮

1.相見禮：新郎贈與開車門的小孩。

2.吃甜茶：新郎為親朋好友準備，於新娘奉茶時贈與。

3.舅仔禮：新郎贈與準新娘未婚的弟妹。

4.端臉盆禮：贈與端臉盆給來賓洗手的幼童。

5.點燭禮：送給舅舅點燭祭祖織禮。

6.拔面禮：送給新娘的化妝禮。

7.酒席禮：俗稱「壓桌禮」，男方給女方支付辦宴席的費用。

8.媒人禮。

三、婚禮儀式

(一)結婚前的準備

1.請擇日師選定結婚日期後，決定「安床」的日期時辰，安床時將床置於正位，床位忌與桌櫃、衣櫃尖角相對。安床的意義為祝福新人早生貴子，新人結婚當晚會請一位男童（屬龍）在床上翻轉，俗稱翻舖、翻床，作為早生貴子的象徵。安床後不能空床，也不能單人獨睡。

2.家裡打掃過後，物品備齊，在床頭、門柱、梳妝檯、衣櫃等貼上紅聯紙與吉祥字。

3.男方家在婚禮前一天要祭拜天地、祖先。

(二)結婚當天的流程

迎娶出發前，男方應祭拜祖先神明。將轎斗圓、豬腿、雞魚等物用紅木盒盛裝置於車內，新郎分發紅包給接嫁人員之後持捧花上車。

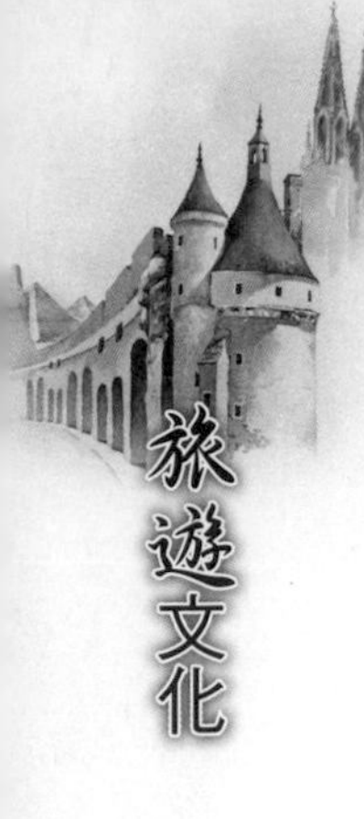

迎親車隊車輛以雙數為宜，若遇過橋或另一迎親隊伍則放排炮。新郎媒人及親朋應六人或十人以上雙數之人數。

新娘在男方未抵達前與姐妹家人一起吃飯，道別祝福。迎親車隊到達新娘家前鳴炮通知，女方也鳴炮回應，至女方家後，一男童持盛滿橘子的茶盤恭候新郎，稱為拜轎。媒人偕同主婚人清點禮品、紅包。女方備妥湯圓、甜茶，給予新郎和迎娶賓客食用。新郎捧花前往新娘所待之房間，此時新娘的姐妹或是女性朋友要攔住新郎阻擾，女方提出條件要新郎答應，通過考驗才准予見新娘。新郎給予新娘捧花後，兩人行三鞠躬禮，新娘母親將新娘頭紗放下。

新娘由媒人或好命的婦人（無身孕在身）挽出，新郎新娘男左女右面向神明，新娘父親或是長輩點燃香，新人祭拜神明與祖先後，接著三鞠躬行禮拜別父母，在祝福下上禮車。作為新娘陪嫁禮的女伴也一同搭乘禮車。由牽新娘婦人牽新娘，頭上以竹篩或黑傘遮蓋，護新娘入車（意當日新娘神最大，不與天公學爭大）。新娘拿兩把扇子，扇子各包上紅包，車開動時，新娘丟下一把扇子，（意丟掉少女習性，準備做好婦人）由新娘的兄弟拾起，帶走一把扇子（意丟掉不好的習性，把好的帶去）。新娘母親待禮車開動後，即潑一碗水（意希望女兒出嫁後不要太想娘家，心中不要太心酸，且意味嫁出去的女兒如潑出去的水）。新娘車後懸掛畫有太極、八卦之米篩，另準備青竹（代表貞節）或是連根帶葉的甘蔗（表示福氣、健康）繫豬肉與紅包在禮車前用來驅邪避兇。車頂同樣懸綁連根帶葉的甘蔗或青竹，根上掛上蘿蔔，以示有頭有尾。

禮車沿路燃炮，到達男方家雙方鳴炮呼應。一男童捧兩顆橘子到新娘手上，新娘輕摸橘子，贈紅包禮，橘子留至晚上新娘親手剝，可招來長壽。新娘下車由好命婦人持米篩或黑傘遮蔽，引導新娘踩瓦片、過火爐，以驅邪、乞求、興旺生子，進大廳前亦不能踩門檻（代表門面），要跨過。家中長輩以敬茶儀式，介紹家人給新娘認識。一拜天地、二拜高堂、夫妻相拜，送入洞房。入洞房後，米篩放在床

上，新人同坐在墊有新郎長褲的椅子上（表示兩人從此一心），掀新娘的頭紗飲交杯酒，然後同食新娘圓（黑棗、桂圓、花生、蓮子等物的甜湯），象徵早生貴子。結婚後，新婚夫妻第一次回娘家，娘家派新娘的兄長或弟弟去接新人，也宴請親朋好友，稱歸寧宴。

(三)傳統婚禮的禁忌

1.安床時將床置於正位，床位忌與桌櫃、衣櫃尖角相對。

2.新娘衣服忌諱有口袋，以免帶走娘家財運。

3.歸寧當天，新婚夫婦需在當天趕回夫家，不能在娘家過夜。

4.結婚當天，新床不准任何人接近，直到晚上就寢前；此外，新娘不可碰到床邊。

5.生肖屬虎者，不得觀禮，因不吉利。

6.結婚之日，新娘出門時，姑媳嫂嫂不能相送，「姑」代表孤鸞，「嫂」與「掃」同音，都不吉利。

7.新娘離開娘家時要哭得越厲害越好，不哭會犯忌。

(四)現代婚禮的形式

由於時代變遷，男女婚姻關係的演進，傳統婚禮的特性有所改變，有的不適合現代生活的理當予以淘汰，有的應該保留下來而賦予新的形式。目前結婚型式，有依古禮祭拜祖先迎娶者、也有在餐館舉行婚禮者、或法院公證結婚、集團結婚、教堂結婚，甚至以車、船、登山、跳傘方式結婚者。既中又西、半新半舊是今日社會婚儀的特色。

舉行婚禮應以莊重祥和為重，應具有世俗的莊嚴性。婚禮不宜鋪張浪費，要簡單，不要浪費時間、金錢和人力。男女雙方基於權利、地位、平等的基礎上結合，男女雙方應有平等的地位。婚姻是男女當事人的終身大事，應以當事人為重心。婚姻係基於愛情而結合，不一定是為了求子嗣而結婚。男女雙方重視愛情，相互扶持，相愛一生。

對父母、長輩的尊敬與感恩是為人子女與晚輩應有的表現，在婚禮中，當人生進入另一個階段時，特別要注重尊長的儀節。

婚姻禮俗的外形上雖然有各種形式的改變，但婚俗的內涵：「孝」的精神、「恕」的精神，以及重視「人倫」的精神，不但要將之保存在現代的婚俗之中，而且更應發揚光大。儘管古時和現代婚姻的儀式和禮節都各有不同。但是，結婚是對所愛的伴侶的一種承諾，可說是履行愛的途徑，好讓周遭的人，包括家人、親人和朋友一同感染新人找到所愛的喜悅。

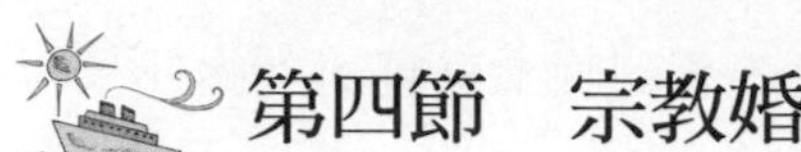

第四節　宗教婚禮

一、佛教婚禮

佛化婚禮，在佛教的三藏典籍中，找不到明確的根據。因此，佛教並不強調佛化婚禮的重要性，凡是公開的婚姻，都會受到佛教的認可。佛化婚禮，在佛化家庭的建設上來說是有必要的，至少佛化婚禮的舉行，已經證明男女雙方都是三寶的弟子，自從結婚之後，他們所組成的家庭，也必是佛化的家庭。所謂佛化家庭，是指信奉三寶並且實踐佛法的家庭，至少那是一個修持五戒十善的家庭，一個和樂慈愛的家庭。所以，凡是正信的佛教徒，應該舉行佛化婚禮，並且鼓勵親友們舉行佛化婚禮。

因為佛化婚禮在佛典中沒有明確的根據，對於婚禮的儀節，迄今尚沒有統一的規定。不過，主要的儀節，應該是皈依三寶及宣誓相敬相愛，在三寶的光照之下，結為夫婦，以愛情相助，以道情相勉。根據比丘戒的規定，出家人不得做婚姻的介紹人。但是，並沒有說出家人是否可以作證婚人。若以解脫道的觀點衡量，出家人最好不做證婚人。若以菩薩道的觀點衡量，為了佛化社會的理由，出家菩薩為人證

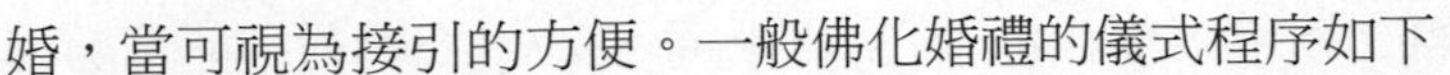

婚，當可視為接引的方便。一般佛化婚禮的儀式程序如下：

1.婚禮開始，全體來賓入坐。
2.新郎、新娘下跪於證婚法師前，儀式準備開始。
3.親屬及來賓全體起立並合掌，佛前唱爐香讚。
4.證婚法師上香，新郎、新娘隨後上香，唱香讚時，隨證婚法師拜佛問訊。
5.新人受禮，合掌恭聽證婚法師開示。
6.證婚法師為新人宣讀結婚證書。
7.新郎、新娘面對面站立，新郎替新娘揭開面紗，交拜三鞠躬。
8.新郎、新娘交換信物。
9.全體來賓起立，證婚法師為新人佛化及祝福。
10.簽署結婚證書，新郎、新娘用印。
11.證婚法師、主婚人及介紹人用印。
12.新郎、新娘各向證婚法師一鞠躬答謝，並上香敬佛。
13.介紹人及來賓致詞，主婚人致謝詞。
14.新郎、新娘依順序向證婚法師、介紹人、來賓及主婚人一一鞠躬謝禮。
15.唱佛化婚禮祝福歌。
16.禮成，可拍照留念，且一般會備有素餐招待來賓，或備有晚宴款待賓客共沐喜氣。

佛教是泰國的國教，因此在泰國的傳統婚禮中，充滿了濃厚的佛教氣息，莊嚴肅穆卻又不失熱鬧的氣息，每年吸引了上千對新人前來泰國參加傳統婚禮，成為泰國觀光產業的另一項特色。泰國的婚禮文化，同樣得先挑個良辰吉時，為婚姻找個好采頭。結婚當天，新郎必須親自到新娘家迎親，帶著聘禮、抬著拱門與香蕉葉、甘蔗，沿路唱歌跳舞。在婚禮過程中，必須要由僧人或是雙方長輩為新郎、新娘戴上「雙喜紗圈」；雙喜紗圈又稱為吉祥紗圈，是由一條白紗頭尾紮成

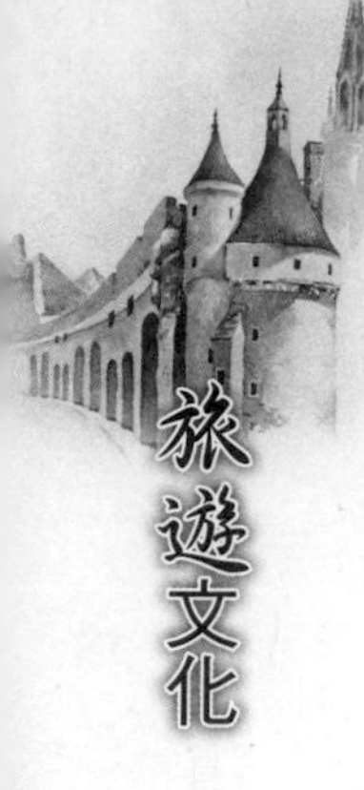

紗圈，並且綁上水鈴，戴在新人的頭上，而這些紗圈絕對不能用剪刀剪斷，在灑水禮結束之後，才由長輩解開。在雙喜紗圈儀式之後，還要舉行灑水禮；新郎、新娘雙手合掌，手裡捧著鴨蛋與糯米，其中鴨蛋代表早生貴子，糯米則象徵生活富足。兩人雙手合掌的下方還放有接法水的花盆；在戴完雙喜紗圈之後，僧人會將「法螺水」灑在新人的手中，祝福新人白頭偕老，而隨後參加婚禮的客人也會依序為新人灑水祝福。儀式最後，長輩會為新郎與新娘取下雙喜紗圈，結束灑水儀式，婚禮也告一段落。

二、伊斯蘭教婚禮

信仰為伊斯蘭教家庭制度的基礎，也是組成家族的系統。穆斯林不准與非穆斯林結婚。夫妻雙方應該同負生活與道德之責，共同參與履行代為者的任務。所以婚姻不僅是性的關係，更是基本的宗教與社會制度。所以伊斯蘭教婚姻的指導原則是敗德的婦女嫁給敗德的男子，敗德的男子娶敗德的婦女，善良的婦女嫁給善良的男子，善良的男子娶善良的婦女。

伊斯蘭教限制多妻，一般人雖然最多可以有四妻的規定。但是附有嚴格的條件，就是精神及物質上、待遇上絕對平等的。伊斯蘭教裡所謂的妻是有別於妾的身分而言，也就是說大妻為妻、第二、三、四位仍然是妻，在法律上的地位完全一樣，否則仍以一妻為限，而有條件的再娶為例外。

伊斯蘭教結婚無特別儀式規定，原則上需公開舉行，使社會人士皆知。儀式由法官負責主持，宣讀古蘭經、聖訓。請新婚夫婦信主、純潔，彼此親愛忠實及負社會責任。在證人之前，男方向女方表示願娶，女方向男方表示願嫁，然後婚姻契約成立。婚姻成立新婦即移入新郎家中，從此開始生命之新頁。婚禮完成後，男方款宴親友，其實際目的在使親友周遭參加慶祝儀式，除應簡單樸素外，可與大家共同歡慶。

伊斯蘭教的婚姻為民事契約，男女雙方需具備訂定契約的能力。依伊斯蘭教規定：

1.須成年。

2.完全基於個人自由決定。

3.男女當事人雙方同意。

4.公開宣布婚姻契約。

就伊斯蘭教法而言，一方提婚，他方接受，雙方可以直接進行，或經由法定代理人進行，傳統的伊斯蘭教婚姻，要經由代表取得女方同意，婚書上至少有兩位證人。（盧瑞珠譯，1999）

三、基督教、天主教婚禮

(一)西方婚禮習俗

西方由於宗教禮俗，大多數的人都選擇在教堂裡完成終身大事，依照習俗準新人婚前應三日不見。待嫁新娘與姐妹團慶祝，準新娘的閨中女友於婚前一星期待於準新娘家中，舉行慶祝會及送禮恭賀。新郎在婚前一晚為名正言順的放縱夜。若新娘依照傳統，在結婚當日穿戴下列的吉祥物品，她的婚姻會更幸福美滿：(1)舊的東西，如母親傳下來之婚紗、頭飾或首飾代表承受美好的一切；(2)新的東西，如朋友送的禮物，象徵新的生活；(3)借來的東西，如向富裕親友借來金器放在鞋內象徵來財運；(4)藍色的東西，如新娘的襯圈或是花束的絲帶用藍色，意味著新娘的純潔及貞節；(5)穿白色婚紗，白色是西方喜慶的顏色亦代表純潔的形象。

■新娘拋花球

新娘拋花球是希望將來婚姻的幸福與未婚之女士分享，誰接到就

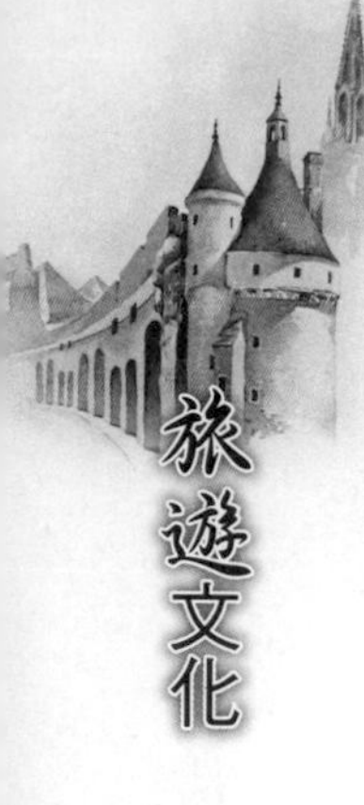

象徵她快要成為下一位新娘。新娘子拋花球一定要有人接，花球因太小力或太大力導致落空跌在地上，又沒有人即時拾起，那就不妙了，因為這會令場面尷尬，而且是不好的兆頭。最保險的方法就是先內定好伴娘接花球。花球一定不可以拋散，因「散」即分散或分離的意思，所以最好是拋小巧圓形的花球。

■新郎拋襪圈

司儀召集未婚男士於檯前，新郎拉起新娘的婚紗然後替她除下箍在腿上的襪圈，之後背著眾人將襪圈拋出，誰接到象徵那人好事近了，會是下一位新郎。西方很流行藍色的襪圈，西方婚俗有一個傳統就是婚禮上一定不可缺少一些藍色的東西，其他流行顏色有香檳金、米白、純白，或鮮紅、火辣紅等富含性感寓意的顏色。在西方拋襪圈是很性感，拋得越高越好玩。婚禮儀式完結後觀禮嘉賓將五彩紙撒向新人表示祝福。新郎抱新娘入新屋，並將她輕放在新床上。（應立國，1999）

(二)基督教、天主教婚禮

如果新人為基督徒或天主教時，可採用教堂觀禮的方式，由牧師或神父證婚，於莊嚴的宗教儀式下體會婚姻的神聖使命，在聖歌中完成人生大事，若新人本身是教徒或有對教堂熟識者，在借用教堂時，通常能得到優先登記權。其儀式程序如下：

新郎、新娘一起進入會場，由花童、捧戒指兒童、拿蠟燭兒童前導進入會場。接著，禱告祈求上帝賜福今日的婚禮。新郎、新娘願意在神、人面前表明他們願意共結連理的心願。面對不同的信仰、文化，藉著這個禱告也表示對新郎、新娘不同文化的尊重。新人準備三根白色的蠟燭與蠟燭台，中間那根蠟燭稱為「婚姻之燭」，這根蠟燭比旁邊兩根「家庭之燭」大些。閱讀經文常由家人、親戚、朋友或教會會友擔綱，最後一段經文則由牧師誦讀。

在婚禮中針對會眾及新娘新郎宣講的信息，通常由主禮牧師擔

綱。雙方主婚人及親戚、朋友給予這對新人祝福。婚約問答是婚禮中幾個關鍵程序之一，通常這樣的問答也被視為是婚姻誓約或承諾的一部分。所用的是「我願意 」，因為這提醒新人，在建立婚姻生活時，「願意」是一個重要的關鍵。接著，新人彼此牽著手，面對面站立，交換戒指；戒指是圓的，代表沒有結束的永恆，它的材質是黃金做成的，代表純淨、聖潔的。當彼此交換戒指時，我們祈禱，你們的愛也是如此天長地久、純淨以及聖潔。願神藉著這個婚姻的記號，賜福你們的婚姻。婚禮宣告完成時，牧師會要求新郎親吻新娘，然後當兩位新人仍在面對面站立時，就為他們祝福，這時候新娘、新郎彼此握手，主禮牧師將手按在他們握著的雙手之上，為他們祝福。

點燃蠟燭，第一部分是點燃家庭之燭，第二部分點燃中間的婚姻之燭。呈獻主婚人花朵或禮物，此時新人會希望能獻花給他們敬愛的母親、祖母或其他的朋友，通常這個禮物對接受的人是一項驚奇，是事先未告知的。進行禱告儀式，這裡的禱告不只是為新人禱告，也為雙方家人及觀禮的會眾禱告。結婚證書簽章通常在布置禮堂時會準備一張放置結婚證書的簽章桌或小講桌。新娘新郎、介紹人、主婚人及證婚人依次來到前面簽章。介紹新人及新人退場，牧師向會眾介紹這一對新婚夫婦並回以熱烈的掌聲後，婚禮殿樂響起，此時新郎、新娘一起走出禮堂，男女儐相跟隨在後，家屬及其他參與典禮人員隨之退場。（基督教教育小站，2009）

四、印度教婚禮

印度人的婚禮是社會地位的代表，也是一生中最重大的儀式。印度青年到了適婚年齡，都會由父母代為尋找社會階級、語言、區域、背景相同，以及星相可以配合的對象。

印度婚禮儀式相當繁瑣，結婚之前，雙方家長會透過充當媒人的祭司討論嫁妝事宜，女方必須答應男方提出的嫁妝數量後，雙方才選定黃道吉日，開始籌備婚禮。婚禮前一天，新娘必須根據傳統化妝方式，開始抹油、沐浴、更衣、梳頭、畫眼線、抹唇砂，並且在腳上塗以紅色、在額頭點紅色蒂卡、在下巴點黑痣，接著還要用植物染料在手腳上繪飾漢那圖案，然後灑香水、配戴首飾和髮飾，最後是把牙齒染黑、嚼檳榔、擦口紅，才算大功告成。婚禮當天，新郎官騎著一匹白馬浩浩蕩蕩地來到新娘家，這時女方家裡已經架起火壇，雙方親友在祭司唸誦的吉祥真言中，繞行火壇祝禱。之後新娘在女伴的簇擁下走到火壇前面，由祭司將新娘的紗麗和新郎的圍巾繫在一起，代表婚姻長長久久。印度婚禮的晚宴是在新娘家裡進行，一對新人坐在婚宴中接受親友的祝福。婚禮當天晚上新郎在新娘家過夜，翌日才將新娘迎娶回家。

印度的年輕人喜歡送芳香的茉莉花給心愛的人，以示「愛慕」，而姑娘們更將這美好無比的禮物插於髮上，表示「不變的愛」，所以人們也將茉莉花稱為「愛之花」。茉莉的花朵小巧可愛，花香怡人，是印度婚禮中不可或缺的花，同時也是葬儀中的花飾。

印度的冬天是結婚的旺季。印度的冬天，要算是一年之中，氣候最宜人的季節，這時候新德里的街上會出現許多巨大的帳篷。這些帳篷的內部，裝潢得十分豪華，為臨時的結婚禮堂。帳篷的外觀，有的看起來像是豪華宮殿，或是知名的建築物。走進帳篷裡，會對富麗堂皇的擺設大為吃驚。籌辦婚禮的業者向政府租借土地，搭建大型的結婚禮堂，並提供五星級飯店所沒有的豪華排場及服務。一個晚上的費用，大約在台幣25萬到150萬之間。近年來印度隨著經濟的自由化，從90年代開始，每年的經濟成長率，都維持在5%，因此越來越多人有能力舉辦盛大的婚禮。在印度，婚禮的所有費用由新娘的父親支付，當然女兒的婚禮也就自然成為父親炫耀財力的最佳舞臺。（王樹英，1995）

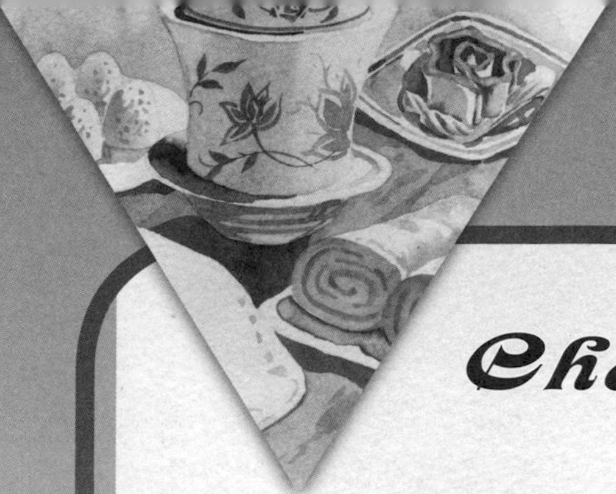

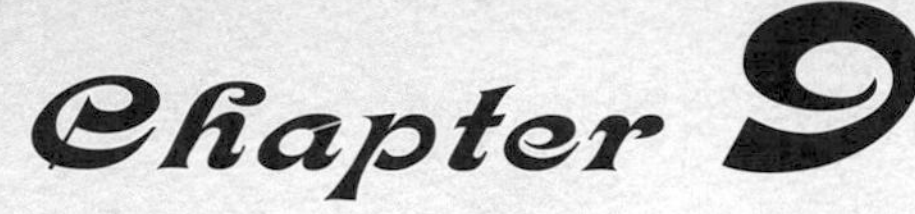

喪葬習俗

- 中國陪葬制度
- 中國奇特葬禮——懸棺
- 中國少數民族葬禮
- 臺灣葬禮儀式
- 臺灣原住民族葬禮
- 宗教葬禮
- 世界其他各地的特殊葬禮

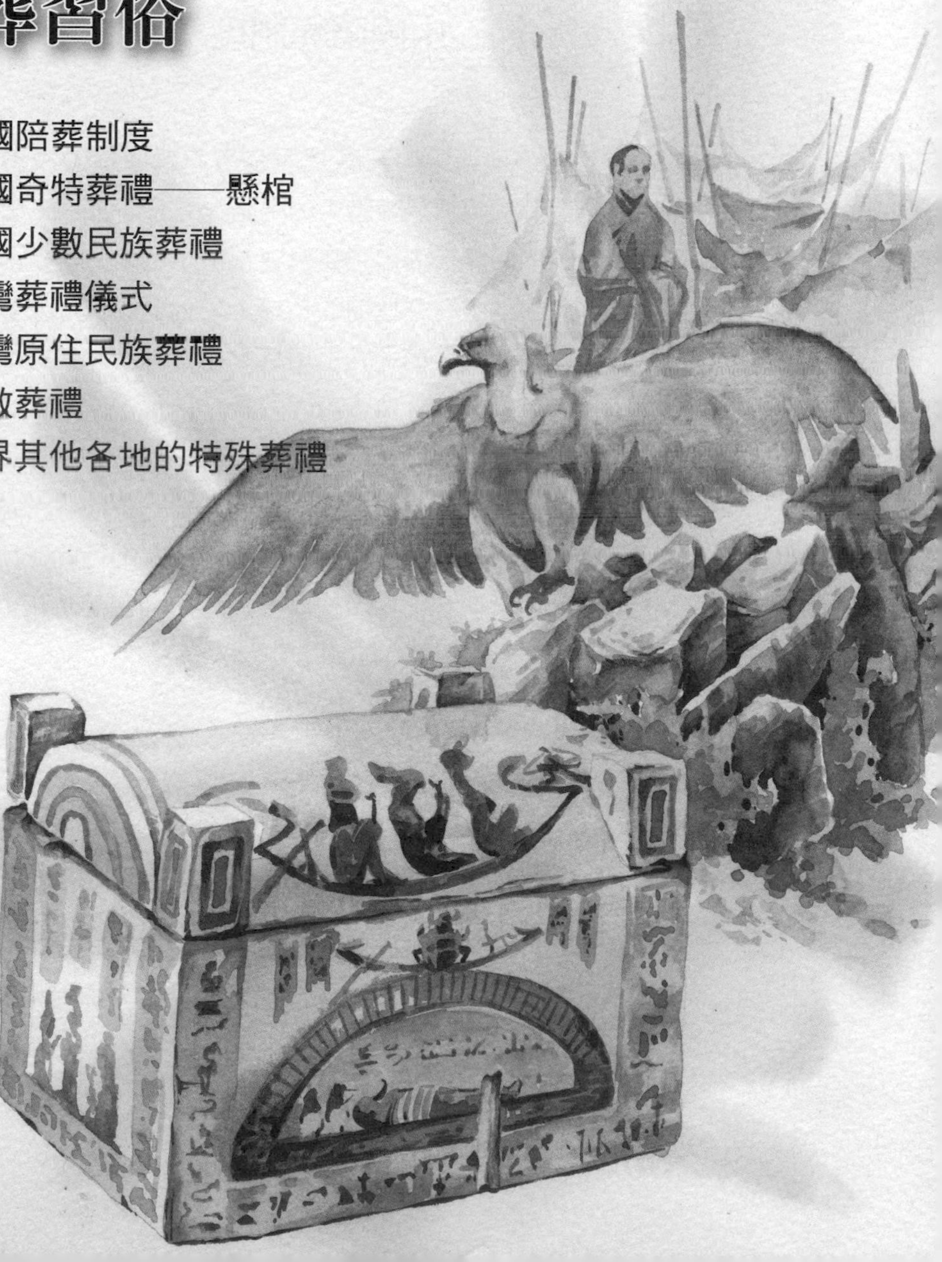

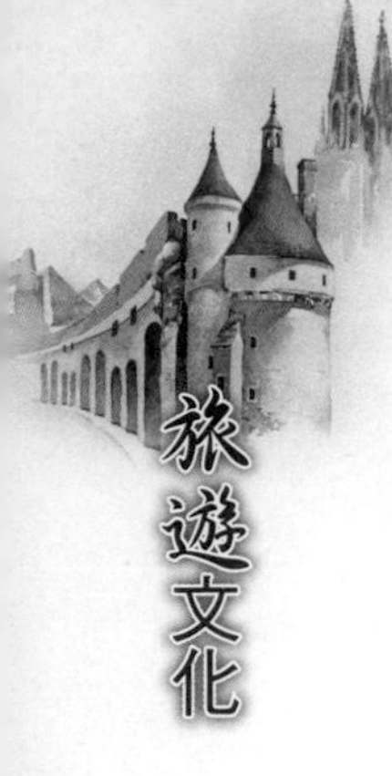

人的一生當中必會面臨出生與死亡，而這二大生命現象在不同的民族與文化中所呈現的是迥然不同的現象，如多數國家以悲傷肅穆的態度來面對喪禮，而墨西哥有些地方卻是以嘉年華的方式來歡度。因此，喪葬的習俗不僅會因文化上的差異，在同一個國家或地區，也有可能因宗教、傳統、禮俗而有所不同，本章介紹各地區的喪葬習俗。

第一節　中國陪葬制度

在人生各項儀禮中，葬禮是內容最複雜多樣的。不僅是對死者一生的總結與評價，透過喪禮中的弔唁、入殮等儀式，表達對死者的評價與追念，同時歷代還用法律對喪制做了嚴格的規定，舉凡斂衣的稱數、銘旌（喪禮中在靈柩前的長旛）、棺柩的尺寸，喪車的規格裝飾、抬柩人數、儀杖規模，乃至墳墓大小形制等一切細節，都依死者生前的地位、等級、身分做了不同的規定。另一方面，葬禮又是對死者進入信仰中另一世界所表示的各種祝福。葬禮的各種追思儀式，在佛教傳入中國後，漢族喪禮中普遍加入「齋七」內容，都是圍繞著鬼靈信仰和從「鬼靈」轉入「祖靈」的信仰儀式進行的。所以說，葬禮是由人間的社會習俗和信仰習俗融合在一起。每個時代依風俗習慣背景之不同，彰顯出禮與俗亦不同。

一、俑

中國古代殉葬用的木偶稱為「俑」，如「陶俑」、「兵馬俑」。《孟子．梁惠王上》：「始作俑者，其無後乎？」雖然有不同的解釋，但是關於俑是替代活人陪葬的說法，則沒有太大的異議。用仿造的人像造型來代替活人陪葬，俑自然成為中國人像造型一個重要的起源。

商代安陽小屯村發掘的王陵，殉葬人數多至數百人，一直到春秋中期，活人殉葬的紀錄還見於史冊，大致可以推測到春秋時代，中國以俑代替活人從葬的習慣已經普遍起來。在中國，葬禮以漢族為代表係從古代周禮演變而來，先秦的一些文獻記載了周代貴族喪禮的詳細情況。中國古代有「生有所養，死有所葬」的原則。俑，是古代用來陪葬的塑像，主要是陶瓷、泥土或木質做成人的形象。奴隸制時代，流行以活人殉葬；後來，社會進步了，便改用人形的代替物，於是出現了俑；以俑殉葬是用人殉葬的進化。從東周開始，墓葬漸漸流行起來。俑的形象是對當時各種人物的摹仿，如奴僕、舞樂、士兵、儀仗等，在俑的旁邊常常附有鞍馬、車輛、庖廚用具和家畜等。秦始皇兵馬俑是俑的第一個高峰。

漢俑沒有秦俑那樣大的體積和規模，但數量大、分布廣、內容豐富、材質多樣，進而展現了俑的新境界，陶俑有男有女、有坐有立、有唱有舞，有庖廚俑、背孩子俑，穿短衣或打赤膊的，還有大腹便便的擊鼓說書俑。不同地區的俑有不同的藝術風格和情趣。漢代中晚期的車馬俑也很有特點：造型拙樸、氣宇軒昂，如甘肅武威市的木製車馬俑，簡括而有情趣。車馬俑進入墓葬，可能表現墓主對過去征戰生活的懷戀，以及對生前豪華生活的炫耀。漢代普遍流行著「視死如生」的喪葬觀念，盛行著「事死如生」的埋葬習俗。不僅在墓室形制和結構上極力模仿現世生活中的住宅，而且隨葬品包括了食、衣、住、行各方面的物品和器具，應有盡有。

魏晉南北朝時，出現了披鎧掛甲的騎兵俑，手執旗、戟等列隊的武士俑、文吏俑等。魏晉時期，隨著佛教藝術的傳入，外域的式樣、技術及工匠藝術也流入中原。這時期除陶俑外，還出現了青瓷俑和白瓷俑。唐代出現了三彩俑，大唐盛世俑也進入輝煌的時期；除鎮墓俑、車馬出行儀衛俑外，還有家內奴婢樂隊俑；女俑的數量很大，也頗具特色，盛唐時期的女俑，面相圓如滿月、眉細如柳、鳳目櫻唇、額貼花鈿，髮髻的式樣很多，體態豐腴、上衣窄、袒露胸部，披帛搭

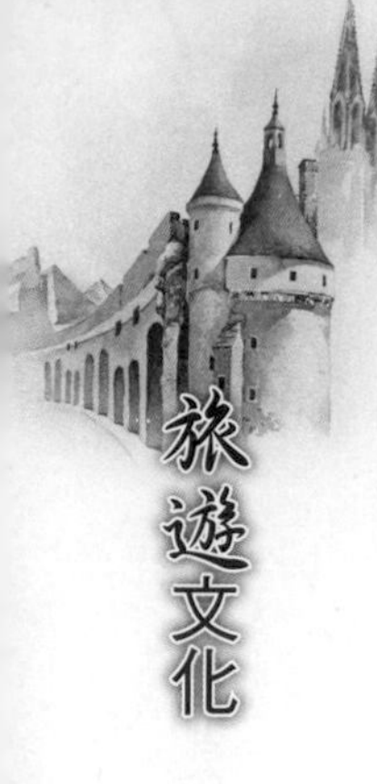

於肩上，長裙曳地，神情端莊，予人安閒舒適的感覺。最令人注目的是樂舞俑，從婀娜多姿的舞蹈中，使人聯想到輝煌的唐宮樂舞，呈現大唐帝國歌舞昇平的繁榮景象。然而唐俑也隨著大唐帝國的國勢，從光芒四射、色彩繽紛的興盛期之後漸漸衰退。宋代之後，以俑殉葬的習俗衰落而絕滅，自此俑永遠成了歷史遺存。（熊傳薪，1999）

二、秦始皇兵馬俑

秦始皇陵位於陝西省潼縣城東5公里處，南靠驪山，北臨渭水。嬴政（即後來的秦始皇）13歲繼承王位起，就開始為自己營造陵墓，歷時三十六年建成，耗費甚鉅，創歷代統治者重死厚葬之先驅。現存陵塚高76米，陵園布置仿秦都咸陽，分內外兩城，內城周長2.5公里，外城周長6.3公里。陵塚位於內城西南，坐西面東，放置棺槨和隨葬器物，為秦始皇陵建築群的核心，目前尚未發掘。秦皇陵墓總面積達50平方公里，包括現在的秦兵馬俑和秦始皇陵。按照中國原始宗教觀念，天為「陽」，地為「陰」，死後的靈魂並非翱翔在飄渺遙遠的天際，而是生活在地下的另一空間，並依然需要生前的種種享受，所以它的主體建築不在地表。同時，秦始皇更把「君權神授」的政治觀念推向了極端。（三秦神韻，2009）

兵馬俑採用陶俑作為陪葬品，因而得名。陶俑真人大小，由工匠逐一加工燒製，全部為手工勞動，沒有使用模具。所以陶俑各有容貌，體態各不相同。所有陶俑的製作均按照秦軍編制，包括各級軍官、各兵種、戰車馬匹；在形狀加工好之後，陶俑著色燒製，最後再加上真實的兵器、裝備；各個加工完成後，按照秦軍作戰部署分兵種、級別，逐一安置位置。因此，我們看到的兵馬俑，是秦軍的精確複製。由於陶俑的原形可能是真實的秦軍將士，有部分研究者嘗試透過他們的容貌瞭解秦代的風土人情。秦兵俑初發現時，衣著、武器的顏色十分鮮豔，歷經兩千年威武不減，惜出土後，受空氣氧化影響，數分鐘內即漸漸剝落消失，只剩下現在我們看到的陶土色。

第二節　中國奇特葬禮——懸棺

懸棺就是將棺木一頭放在洞穴裡面，一頭懸在洞穴外面；還有**崖棺**就是放在懸崖陡壁的崖縫中，崖縫的空隙上呈一字排開，排了一大排。葬址一般選擇在臨江面水的高崖絕壁上，棺木被放置在距離水面數十至數百米的天然或人工開鑿的洞穴中，有些則是直接放在懸空的木樁上面。一些專家認為，古代少數民族採用這類葬俗，是因為此地缺少深厚的土層下葬，眾多的溪流和雨水會使地下的棺木受侵蝕，所以懸棺葬俗延續千年而不衰，加上過去認為人死後埋的地點愈高，表示後世子孫愈懂孝道，因而往往會選擇高的地點，另也有人以懸棺位置高低來表示官位大小。

懸棺分布的地區目前以三峽地區最多，再來就是閩越交界處，在江南各省也有發現，但文獻上仍以長江三峽記載最多。東部地區墓葬較西部晚，與古代百越人的遷移有關。根據現代科技運用碳14斷代測試，三峽地區懸棺距今約二千三百年左右。懸棺中最著名的為四川宜賓市珙縣，其位於宜賓市珙縣麻塘壩，面積130平方公里，因其懸棺的類型齊全、數量較多、保存較好，被列為全國重點文物保護單位。

懸棺葬是僰人的一種特殊葬俗，僰人是中國古代的一個少數民族。現存最集中的地方是珙縣洛表鄉的麻塘壩和曹營鄉的蘇麻灣兩處，懸岩峭壁上還放著二百多具棺材。麻塘壩亦稱僰人人溝，距珙縣城60公里，南北狹長，東西兩側奇峰挺拔，峭壁上現存有懸棺一百六十多具，距地面一般高約25至50米左右，有棺材鋪、獅子岩、九盞燈、豬圈門、磨盤山、硝洞、鄧家岩、三眼洞、瑪瑙坡等主要景點。蘇麻灣距麻塘壩10多公里，在陡峭的石灰岩壁上分布著四十八具懸棺，可順水泛舟觀懸棺。麻塘壩和蘇麻灣兩處懸棺的制式相同，其

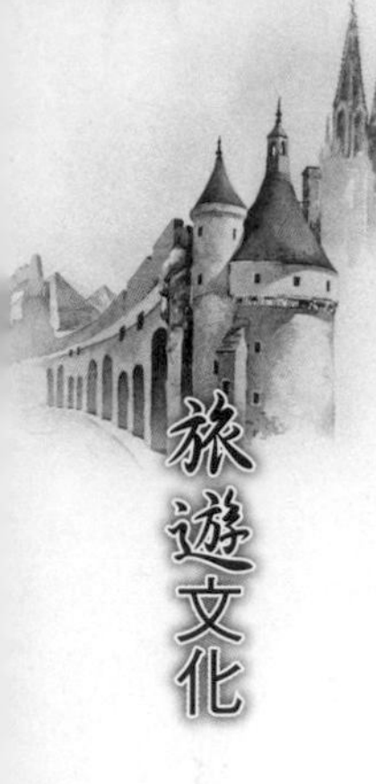

懸置方式有三種：一是在峭壁凹入可避風處，鑿孔插樁，架棺於上；二是鑿岩為穴，置棺於內；三是利用岩壁天然縫隙或洞穴，置棺於內。棺內的殉葬物品，係明代製作的生活用品。置懸棺的岩壁上有許多紅色彩繪壁畫，內容豐富、線條粗獷、構圖簡練、形象逼真，具有濃郁的民族藝術風格。懸棺離地面高度一般在25至50米之間，高的可達100米。至於棘人為何採用懸棺安葬死者，又是如何將沉重的棺材安置到懸崖上去的，至今仍是個有待解開的謎。

安置懸棺的方法普遍猜測使用吊裝的方法，即是由山頂透過絞架與繩索把懸棺下放到恰當的位置，納入懸崖縫隙中，在南亞部分少數民族仍採用這種方法安葬死者。數千年前時代並沒有結實的尼龍繩，甚至連秦漢時期麻繩都還沒有出現，所以戰國時期的懸棺幾乎沒有記載。而亦有人猜測可能修築了棧道，可是三峽的棧道都是秦漢以後的產物，在鐵器尚未出現的戰國時期，此說法亦被否定。目前，仍可在福建各地山區找到古代懸棺或骨甕窟，一般推測是祖先從中原避難，南遷閩、粵，交待子孫在太平之日，將遺骸帶回中原埋葬，以達落葉歸根的願望，事實上中原漢人根本沒有二次葬的習俗。

第三節　中國少數民族葬禮

一、藏族葬禮

藏族喪葬與宗教關係密切，遠古認為無須祭典，不需留屍，因為「死後升天」。天藏也有其因，在佛教中「布施」是信徒的標誌之一，布施的多少表示信徒對佛的虔誠程度，也直接關係信徒未來能否得到超脫。布施中有一種是捨身，在中原地區，隋朝之前已有這種風俗。由於佛教影響，藏人認為身體不過是靈魂寄宿的軀殼，動物吃了人的屍體後就不會傷害其他生命，等於拯救了其他生命、功德無量。

因此西藏的葬俗由原來的土葬習俗轉為天葬。西藏通行的葬儀方式有五種，選擇何種葬法是根據死者生前的社會地位、經濟條件，以及死亡原因來決定。（西藏之頁-認識西藏，2009）

(一)塔葬

只限於達賴、班禪和熱布齊（大活佛）。**塔葬**的方法是將遺體用香料和各種防腐藥物塗抹後，置於靈塔內供信徒禮拜，通常稱肉身靈塔。黃教創始人宗喀巴的屍體，就是經脫水和各種藥物、香料處理後安放在甘丹寺的靈塔中的。達賴、班禪的屍體也採取這種葬法，在塔身包裹金皮或銀皮，並鑲以各種珍寶，這種塔叫做「色爾東」，即「黃金靈骨塔」，布達拉宮內就保存有這種靈骨塔。

(二)火葬

火葬只限於活佛和大喇嘛使用，指將遺體置於柴堆上，火化後將骨灰撒在江河或大地，也有將骨灰保留，放入靈塔內以供祭祀。俗人中，西藏大貴族亦施行火葬，且認為是最好的葬法。

(三)水葬

在甘孜藏族自治州的某些地區施行水葬。**水葬**時將屍體以石塊緊綁，在一固定地點投入江河之中，也有的先將屍體剁成數塊後再投入江河之內，在阿垻州卓克基一帶，凡水葬者先將屍體裝入木箱或麻袋內，然後投江。水葬者各地看法不同，西藏農區多認為水葬卑賤，只有乞丐、瘋子、赤貧或患傳染病者才去水葬，在阿垻州卓克基一帶，兒童死後一律水葬，普通僧人也有用水葬者，過去無論水葬或土葬都需先經喇嘛唸經再進行。

(四)土葬

土葬一般用於傳染病、兇殺、械鬥、自殺及罪犯等非自然因素死

亡者，不用棺木而直接埋入土裡，寓有絕根滅種，不讓轉世之意。但在今日的西藏則改變了認識，以為這是最壞的葬法，一般患惡性傳染病或夏季死的人才土葬，其目的是：一為防止傳病；二怕違犯「夏季法」而得罪神靈。這說明了在西藏對於土葬的認識變化很大。土葬之俗延至今日仍有之，主要分布在甘孜和阿壩兩自治州的部分農區，葬時除了少數以棺葬外，其餘多將屍體置於木箱內掩埋即可。歷史上西藏流行土葬，但從佛教傳入西藏後，西藏的葬俗就發生了變化，其中最流行的就是所謂的天葬。

(五)天葬

所謂的天葬（鳥葬）就是佛教思想影響下產生的葬俗，其涵義是將自己的屍體施捨給動物，這是西藏最普遍的葬儀。天葬有天葬臺，各地有各地的固定地點。藏人死後，先用白布將屍體包裹起來停屍數日，放在屋內一角，然後請喇嘛前來唸經超渡，擇定日期送葬，使死者的靈魂能早點離開肉體，投胎轉世。大約三至五天之後，便挑個良辰吉日出殯。停屍到出殯的這一段時間，死者的家屬不得吵鬧喧嘩，談天、嘻笑或洗臉，並必須在家門口懸掛一個圍有白色哈達的紅色陶土罐，土罐內放進食物以供死者的靈魂使用。出殯當天，親友先將屍體的衣物脫掉，用白色氆氌（音ㄆㄨˇ ㄌㄨ，西藏及中國西北地區所產的一種手工羊毛織品）包裹起來，然後背著屍體沿地上畫著的白線走到大門，交給天葬人員，或請朋友運至天葬地點。

由於人們懼怕死者的靈魂還會留在家中，出殯時會有許多禁忌，例如屍體離開大門後，必須將停屍的土塊丟到外面；家人為死者送行只能送到村口，不得跟到天葬臺，到天葬臺途中，背屍體的人不能回頭看或停止腳步；天葬師在天葬後的兩天內不能拜訪喪家等等。在天葬臺附近的寺廟院外，喇嘛們做完最後的誦經法事後，由各地專門「背屍人」或稱「助殯人」，將屍體送到天葬臺。到達天葬臺後，天葬師將屍體放在臺上，這時司葬者先煨桑（一種用松柏枝燃起的煙霧，是藏族祭拜天地諸神的儀式）供神，燒起火堆、冒起濃煙，遠處的禿鷹見到濃煙就會立刻飛過來，聚集於附近的山巒等處。天葬師隨即將屍體衣服剝去，以利刃由背、腹、……。切成一塊塊，按著一定的解剖程序將屍體一一肢解，使肉骨剝離，骨頭用石頭砸破並拌以糌粑（青稞麵），繼之天葬師吹起海螺或仰天長嘯，聚集在附近的禿鷹聞聲而至，爭先吞食屍體，飽餐一頓後才會離去。若有吃剩的屍體，必須燒成灰燼撒在山坡上，才能使死者升天。（國家地理頻道，2009）

二、蒙古民族葬禮

舊時蒙古族的平民百姓，特別是牧區的貧苦人民，其葬禮是比較簡單的。人死前，全家人以至親友都守在身邊，死後，全家舉哀，通常不設靈堂、不擺供獻、不穿孝服、不燒紙、不用音樂，請喇嘛念經。死者沒有文字遺囑，僅口頭囑咐牲畜等遺給何人，及遺骨送至何處。倘若死於暴病而沒有遺言，其子向呼圖克圖（活佛）求問死之遺志，以便遵守按照蒙古民族的傳統習慣，家中如長輩死了，忌諱說死了，應說老了，以示尊敬。蒙古族的喪葬禮儀，經過元、明、清各朝代的七百多年中，有許多變化，加之各地自然、經濟、文化條件不同，喪葬禮儀也不一樣，一般分石葬、深葬、野葬、火葬、土葬。

(一)石葬

馬長壽（1962）的《北狄與匈奴》一書根據出土文物認定，蒙古草原牧民早期埋葬死屍的方式就是墓葬。到部落和部落聯盟時期，約公元前7至2世紀之際，蒙古各地廣泛地採用了石墓的形式。所謂石墓，就是把石板側埋於地上，成一四方形的圍垣，然後把死者和殉葬物安置其中，最後掩埋起來成為墳墓。書中尚提及從出土文物看，蒙古各地石墓中發掘出來的殉葬品，並未發現數量及價值上有很大差異，說明了當時社會內部還未發生顯著的財產分配不均的現象，這種

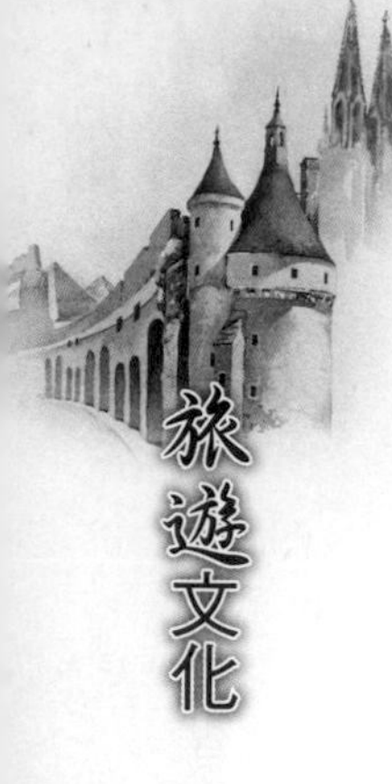

葬法是匈奴和其他北方民族在公元前的喪葬方式。載喀喇沁發現的古墓，也曾見過16至18世紀的石墓。清未乃至解放前，科爾沁右翼前旗（烏蘭浩特）一帶仍保留著少數的石墓葬俗。

(二)深葬

13世紀蒙古社會急劇變化，《元史》卷七十七《祭祀志六》載：「凡宮車晏駕，棺用香楠木，中分為二，刳肖人形，其廣狹長短，僅足容身而已，殮用貂皮襖，皮帽，其靴襪、繫腰、盒缽，俱用白粉皮為之。殉以金壺瓶二、盞一、碗碟、筯各一，殉迄，用黃金為箍四條以束之。」其葬法，在《黑韃事略》：「其墓無塚，以馬踐蹂，使如平地」，及葉子奇《草木子》卷之在下《雜制篇》載：「送至……寢地深埋之，國制不起墳壟，葬畢，以萬馬蹂之使平，殺駱駝子其上，以千騎守之，來歲春草即生，則移帳散去，彌望平衍，人莫知也。欲祭時，則以所殺駱駝之母為導，視其躑躅悲鳴之處，則知葬所矣。」所以從成吉思汗開始，直到元末的脫歡帖木娖，至今都未發現他們的墓跡。成吉思汗認為英明在世，不留其骨，意味著人生在世使其神，用盡力，死後就無需再留什麼了。

(三)野葬

蒙古的喪葬習俗，經過元、北元（明）、清各個朝代，又有了許多變化。特別是喇嘛教傳入後，在草原牧區出現了野葬。**野葬**是人死了以後，給死者穿上新衣服、新靴，用白布纏身，把屍體放在勒勒車上（也有的不用勒勒車，而用馬或駱駝馱），用鞭抽打牲畜，把車趕向固定的野葬地，不用人駕馭，讓牠作意奔走，任意顛簸。死屍乾在哪裡也無人管。直到第三天才沿車轍去找屍體。找到屍體後，如果屍體已經被野禽、野獸吃掉，就認為已經升上了天堂。要是禽獸沒吃，就要請喇嘛來念經，給他贖罪。這種地野葬法不留墓跡。有的野葬略有不同。就是裝屍體的車要有人駕馭，到了野葬地讓車子任意顛簸，屍體在哪裡落地，哪裡就是吉祥的葬地。馬上用土塊、石塊把屍體圍起來。第三天與前述方法一樣，去看屍體，如被禽獸吃了，就高興地把屍骨、遺物掩埋起來；如沒被吃，就要請喇嘛唸經。

(四)火葬

薩滿教和喇嘛寺廟影響的地方，出現了火葬的習俗，但火葬並不普遍。只有孤獨老人、未婚青年、傳染病患者死後才要火葬，或生前留有遺囑的則要遵囑火化。火葬的葬法是：喪禮過後，將死者與棺木一同火化，有的把骨灰撒於山、河（郭爾羅斯人，認為松花江流入大海，是死者的極樂世界，所以多撒於此水），也有的富人、貴族把骨灰送到五台山埋葬。火葬，除骨灰撒於山、河者外，均留墓跡；火化時不能用自己家的木、柴，要募集百家木作為火化燃料。

(五)土葬

清代以來的蒙古民族，主要還是土葬。土葬的葬法是選擇好墓地後，掘穴，中等以上人家還在穴中砌磚或石。從郭爾羅斯開挖的古墓葬，有的墓穴全部用大青磨磚對縫砌成，穴內有屍床。蒙古民族王公葬法甚為講究。死者要用布帛把屍體裹嚴納入棺內，在王府置三年或七年，謂之停柩期間，疊石造屋，藏棺其中，謂之陵。並設守陵戶常住陵旁。守陵戶的多少，根據王公貴族的品位有定例，如親王為十戶；郡王八戶，固倫公主與郡王一樣；貝勒、貝子為六戶，和碩公主與貝勒、貝子相同；鎮國公、輔國公為四戶；輔國公以下的官員及沒有功勞者，皆不得有守陵戶。郭爾羅斯王爺、協理皆稱墓地為「衙門」。奴隸、牧民及過往行人誤入「衙門」，一旦被抓獲，就要受到嚴厲的懲處。

(六)孩兒葬

孩兒葬有兩個特點：其一，別的葬禮不能由女性直接操持，惟

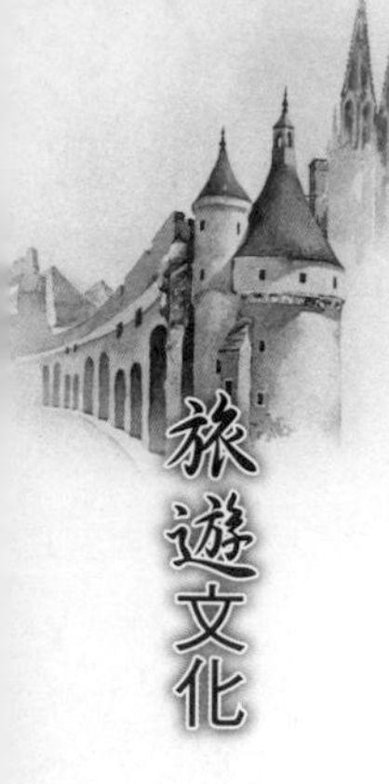

孩兒葬少了女性不行；其二，沒有鬼魂一說。孩子死了，沒有那麼多繁禮縟節，母親找塊新白布，闊針大腳地縫個口袋，把死孩裝進去，背到大道中央或三叉路口，連口袋扔下走了。路人看見，便把口袋托起，走到近處一個向陽背風的地方，揪起口袋底子一抖，就把孩子抖出來。有些人家，口袋裡還放著孩子心愛的玩具、好吃的東西或碗筷等等，路人把這些東西隨便揣上一件，帶回家去。孩子沒過十二，靈魂還沒有長全，不能成鬼，自己也找不到轉生的人家，所以需要一個「指路人」。第一個碰見孩子把他從口袋裡倒出來的人，就是孩子的指路人；至於拿走其中一件物品的則是，玩耍是孩子的天性，誰要把他的玩具拿走，他就寸步不離地跟著回家去，孩子的靈魂會跟著指路人回到家裡，托生為他的孩子。因此牧區有些缺子少孫的人家，往往伸長耳朵打聽誰家把孩子扔在什麼地方，好去做個「指路人」。最高興的自然是轉回來再成為自己的孩子。如果過了三天，孩子還赤條條的躺在那裡，說明孩子的靈魂還沒被領走，這時父母會千方百計再把他領回來。父親的做法是解下套馬杆的套索，一邊拖在地上往家走，一邊喊著孩子的名字，靈魂就跟著地上的痕跡回來了。母親的做法就溫柔得多，將奶水擠在孩子的臉上、身上和跟前的草地上，再拖著背過孩子的背帶，一邊走一邊叫：「我的孩子回我家，來世再轉媽媽娃，呼瑞呼瑞呼瑞！」孩子嗅到乳香和自己充滿奶腥味的背帶，自然就跟回家了。

三、西南民族葬禮

在歷史上西南民族大多普遍採用火葬，後來受漢族影響，先後改成土葬，只有川滇大小的彝族、雲南永寧的納西族及部分的祜族和普米族還保留火葬習俗。土族（分布在青海省東部河湟流域的少數民族）、裕固族（聚居於甘肅西部的少數民族）、蒙古、藏族、傣族等民族，則因宗教信仰的原因，也或多或少的採用火葬。西南各民族的

葬禮習俗概述如下：

彝族採用火葬有兩種說法：一說「死」是鬼魂作祟所致，焚屍不但能將滯留在亡者身上的魔鬼燒死，也能讓死者去找祖先，如同火化一樣簡單；另一說則是說彝族的祖先是老虎，火葬能讓死者還原成老虎，重返祖先的故里。彝族的焚屍場，在離村不遠的荒野或山坡上。火化後，或就地掩埋骨灰、或裝入陶罐裡、或灑在竹林裡。要讓往生者安生，還要在其死後數日、數月乃至數年，由兒女請畢摩（巫師）選定吉日，到火葬地點作靈牌，帶回家供奉，讓死者的靈魂從此得到寄託。

同樣是火葬，土族的又別是一番光景。首先，土、火兼用的土族，對於死亡有自己的獨特見解。他們認為，「精肚兒來」的人，就該「精肚兒去」。所以，無論男女老少，一旦去世，即刻扒光衣物，趁身體未僵硬，使其成母腹中胎兒的蹲坐狀，雙手合掌，兩拇指撐著下巴。入殮時，用繩子在每一骨結處綰一個結，通常七至十三個結。再給遺體套上一個斗篷式的葬服，下圍布裙，然後裝入靈轎。靈轎是人死後用木板製作，大小能裝一個人。火葬時，把靈轎砸碎與屍同化。燒後三天，撿骨灰於木匣或陶罐內，暫時掩埋，待來年清明再移到祖墳，以後清明每年掃墓一次。

停屍期間，圍繞屍棺，跳舞唱歌，或稱「娛屍」、「鬧屍」，是西南少數民族中普遍流行的風俗。苗族、土家族、傣族、彝族、壯族、納西族、瑤族、哈尼族、景頗族、水族都很盛行。少數民族，治喪各有濃厚的民族傳統色彩。其中，布依族的「轉場」與彝族的「轉呵」頗引人注目。凡成年人正常死亡均用木棺土葬。入殮、埋葬禮儀和當地漢人差不多，但超渡死者升天的儀式「砍戛」很有民族特色。客人祭奠完，便開始「轉場」。轉場是砍戛最熱鬧的場面。西南少數民族歷史上，有一個顯著特點，那就是許多少數民族都經歷過頻繁遷徙的苦難歷程，往邊區和深山密林深入。有些會根據祖譜記載或口頭傳授，順著祖先遷徙路線，將屍體送往祖宗發源地去安葬，並逐漸形

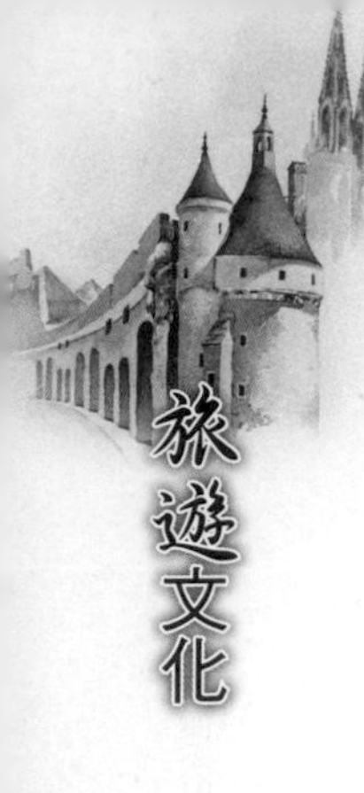

成風情各異的反本還源喪俗。（嚴汝嫻著，1996）

第四節　臺灣葬禮儀式

臺灣目前所進行的葬禮儀式，通常會依照往生者的遺囑、宗教信仰或者是家屬的意願等進行。同時，由於宗教上的差異，除了西方的宗教葬禮儀式外，最常見的為臺灣傳統道教信仰結合佛教禮俗所進行的儀式。至於葬禮的方式，隨著土地飽合難尋，火葬已成為最主要的方式，再將骨灰請進佛堂或寺廟供奉。近些年，政府及部分宗教團體亦倡導以海葬或樹葬的方式進行。同時，由於臺灣先民，不分閩客，大都由大陸遷移過來的，也有想歸葬大陸的心態，所以有撿骨的風俗。茲將往生後的儀式禮俗及禁忌說明如後：

一、儀式禮俗

(一)入館、停柩及安靈

將往生者遺體運至殯儀館停放，或冷藏冰存，或等待檢警單位相驗，以便後續之入殮、洗身、換穿、化妝、告別式。往生者遺體由家屬，或委託醫院、救護單位、葬儀代辦單位，接運至殯儀館辦理臨時停放，入冰櫃冷藏。無論土葬或火化，停柩於自宅或殯儀館均可。設置簡便靈堂供親友拈香。若作七在寺院裡，並立有亡者牌位，則家中不一定會安設靈堂。往生二十四小時後，淨身入殮，助念圓滿後，遺體送至殯儀館，二十四小時後，淨身入殮，停棺於殯儀館（家屬準備亡者衣物自行換穿或由館內工作人員處理），或停棺於自宅（家屬準備亡者衣物自行換穿或請工作人員協助）。

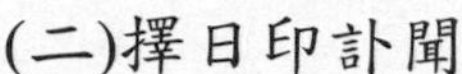

(二)擇日印訃聞

自古以來喪葬擇日，多依道教習俗方式，擇日只求不要有日沖、時沖之忌諱，令陽上心安，亡者安詳，現行皆參考採用民間常用之通書擇日。亦可依家屬之生辰，擇一吉日，排定告別儀式，訂告別式禮堂及申請火化。印訃聞即告知親友，報喪之意。

(三)作七、超薦

人往生後，在下一生的業報尚未現前的過渡時期（指中陰身），家眷在七七四十九日以內應該吃素念佛，淨守五戒，廣修眾善令亡者仗三寶慈悲加被，安詳自在，超生淨土。作七之俗源自佛經，據《中陰經》：「中陰眾生壽命七日。」，而《瑜伽師地論》亦云：「又此中有，若未得生緣，及七日住；有得生緣，即不決定；若極七日未得生緣，死而復生，極七日住。如是輾轉未得生緣，乃至七七日住，自此已後，決得生緣。」

(四)告別式（出殯日）

布置莊嚴之會場，準備所須之各項服務及物品，提供親友前來拈香吊祭之用。若遺體冷藏於殯儀館者，前一日家屬準備亡者衣服，待淨身後更換，並將親友送來之輓聯送達以便布置會場。告別式當天並自行將牌位遺像請到會場。在自宅者則於前一日搭外棚及布置會場。而法會的程序為：(1)移靈；(2)家祭；(3)公祭；(4)超薦功德；(5)圓滿起靈；(6)火化；(7)進塔安厝（如**表9-1**）。骨灰安厝之處，目前都以塔稱之，以合法之墓園或者安厝於寺院所設之合法塔位，對亡者最有幫助。土葬者則購置一法基地安葬，使遺體自然腐壞或由群蟲唼囓食，通常至少六年以上始得重拾骨頭，易罐裝之。

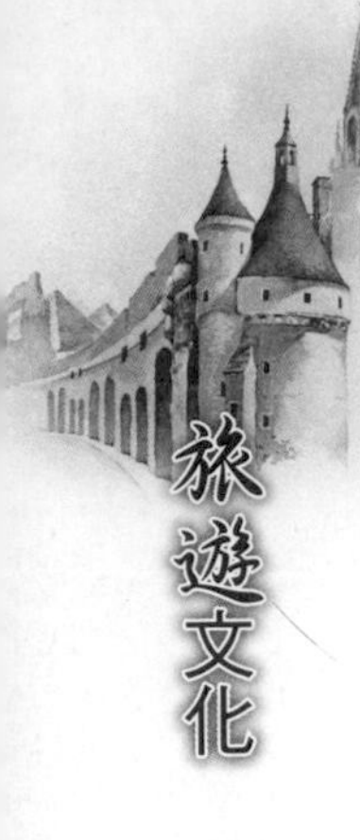

表9-1　生命禮儀公司之法會流程

入殮、封棺、移柩
1.服務人員帶領家屬完成禮儀流程 2.入殮人員與相關服務人員協助將遺體安置於棺柩中 3.依據習俗舉行封棺儀式 4.依據擇日時間將棺柩移至禮廳，準備典禮之進行
靈堂布置
1.依據家屬需求完成禮廳之整體布置，包括牌樓、燈光、靈堂、花籃、輓聯、花圈、祭品等硬體之布置 2.與司儀或相關人員協調具體之典禮進行程序
出殯儀式
1.依據排定之程序，進行家祭與公祭典禮，包括禮俗之祭拜、辭生、12碗、封釘等儀式 2.服務人員協助安排參加典禮親友之座位，提供茶水服務，並解決可能之突發狀況
火化
禮車接運靈柩至火葬場，進行火葬儀式
安葬
禮車接運靈柩至墓地，進行安葬儀式
封罐、安奉進塔
1.服務人員協助家屬於約定時間至火葬場撿骨 2.服務人員陪同家屬至靈骨安奉之處，並隨時提供諮詢服務
後續關懷服務
1.於相關節日、百日、對年、三年、合爐、忌日，通知及提醒家屬 2.隨時提供免費諮詢服務

資料來源：作者整理修改自萬安生命事業機構。網址：www.wonann.com.tw。

二、禁忌

1.忌碰觸靈桌上的油燈：靈桌上油燈燃油俗稱剩油，傳說若碰觸到之後，將全身痛楚。

2.忌守喪期間夫妻同房：這項與於服喪期間，孝子孫們不得修剪面容與頭髮同樣的道理，以代表思念、不行歡樂之意。

3.忌壽衣準備不周：壽衣至少五件，多至十三件，但須奇數，不能用偶數，因喪事只可單不可雙，以避免不吉，此由孝女負

擔。

4.忌下葬後屍骨未化：若七年後開棺撿骨，發現骨骸成木乃伊，俗稱陰屍，或骨骸上有未腐掉的肉，則對子孫不利，要用火化掉，或是把骨骸上的肉削掉，才可入金。

5.忌參加喪禮的人，與亡者生辰八字或生肖相剋：因「子午相沖，金木相剋」的道理，如果亡者是子年出生的，那麼不論亡者的親朋或好友，凡是午年出生的人，都不能參加送葬儀式。此外，孕婦、嬰兒，也禁忌送葬，恐怕沾染到不祥之氣。

6.忌入殮時啼哭，將眼淚滴在亡者身上：舉行入殮儀式時，亡者的親友應當保持冷靜。此時忌諱有人啼哭，否則會使亡者不忍離去，其魂魄將無法升天，而滯留喪宅。若因啼哭而不小心將眼淚滴在亡者身上，將使得亡者留戀人間，不得轉世超生。

7.忌日光照射到死者：為了防日、月光照射到屍身上，因此古人設置帷堂，俗稱「吊九條」，即以一全匹白布，用竹竿架吊起，彎九次後將屍床圍起來，目的在隔開內外，同時須將門扉關一扇。

8.忌守喪期間剪髮、剃鬍鬚：根據民間的習俗，在家有喪事期間，其親人不能剪髮及剃鬍鬚。一般人認為這是為了表示極度哀傷悲痛，以致於無法顧及修飾邊幅。而其另外的用意，則是為了避邪，以不修邊幅的模樣，使自己跟平常看起來不一樣，讓亡靈鬼魂認不出來，以免受到侵擾。

9.忌靈桌上的香火終斷：靈前桌上定要點燃一盞小油燈或燭，俗稱靈前火，通宵達旦，不能熄滅。同時，還點一種較長的干香，這香不豎插，而橫壓在桌前向外，意思是指點一條路讓亡靈直走到陰間去，更多的喪家點盤形香，這種香叫「塔香」。當香燒到快完時，就要立即新點一根，連接不斷。

10.忌撿骨時入金位置不正確：撿骨後入金（將骸骨放進骨灰甕中）時，以臺灣而言，大多數是採坐姿，跟胎兒在母親子宮裡類似，但差別在於頭是抬直，手、腳個別不交插，雙手肘成垂

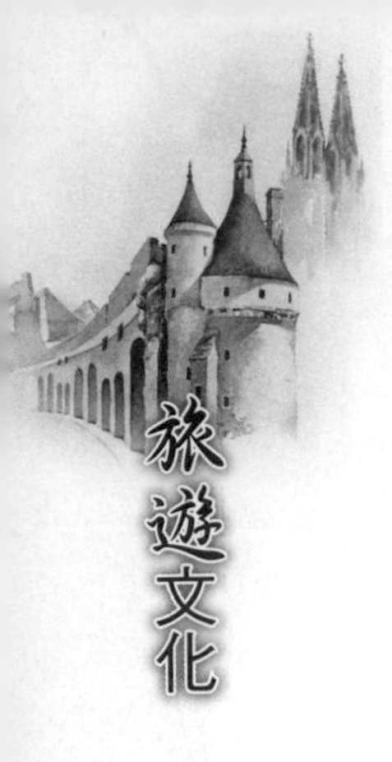

直，至雙腿之間，不能遮掩臉部，在裝攞過程中必須用木炭加以固定。

11.忌下棺後再開棺：下棺後再開棺是很不吉利的事，也會破壞死者家族的風水，因為開棺時很難避免不碰撞到棺木，而一旦碰撞到，就會影響該陰宅（墓穴）的龍脈，嚴重的話會影響子孫後代。

12.忌帶孝者觀看建廟、婚嫁，或接觸產婦及嬰兒：因一般人認為帶孝者身上帶有不祥之氣，所以凡是與神事及喜慶有關的場合，如建廟、安灶，或是婚禮、喜宴，都應避免參加。否則在帶孝者的凶氣感染之下，將導致建廟不靈，或新婚夫妻感情不睦。而若帶孝者接觸到產婦或嬰兒，將致使產婦難產，以及嬰兒夭折等不幸的事發生。

13.忌守舖時貓跳上屍體：死後至納棺（入殮）期間，喪主等人侍服死者鋪側，稱為「守鋪」。但是因為貓屬虎性，據說當貓跳上屍體，屍體會為之嚇跳（即站立起來），甚至抱住旁邊的生人，或跟著人氣跑，稱為「驚貓」。

14.忌死者去世八小時內移動：佛教界人士認為，死者去世八小時之內，因八識未完全脫離形體，即神識尚未完全脫離，仍可感受痛苦，子孫不可移動其形體，尤其不可立即將亡者放入冰庫中，否則將現亡者墮入寒冰地獄。因亡者仍能感寒冷，然口不能言，箇中苦楚，不言而喻，益增亡者痛苦，而起瞋恨。也不可立即施打防腐劑，恐至屍骨不化，使亡者淪為守屍鬼，所以不可不慎。（學習加油站＿知識酷，2009）

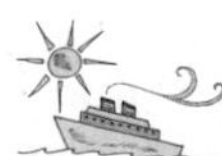

第五節　臺灣原住民族葬禮

臺灣的原住民目前已分成十三族，雖然分布在全島各處，但其對

於葬禮習俗，有許多共同處，包括原住民對於死亡通常會分為善終與惡死二種，在喪禮處理與習俗並不同。而且許多原住民族會將遺體以豎放或橫放置於家中，並不葬於屋外，視祖先為善靈；另外，對於陪葬物有所規定，遺體放置的面向亦有所考量；然而也有較特殊者，如達悟族。本節將臺灣主要原住民族的葬俗說明列舉如下。

一、泰雅族

泰雅族的死亡分為善終及惡死兩類：凡在家中有親屬陪伴而死亡者為善終；在野外露天死亡或被害，以及自殺、難產等皆屬惡死。泰雅人在死者斷氣後，近親需立即為之梳髮、洗面、換穿盛裝、著胸衣、戴首飾、耳飾、臂飾後，用一塊布舖在地上，將屍體從上移至地上，屈其手足於胸前做蹲距狀，然後用布條把屍體包起來，用帶緊縛。由男性近親在死者斷氣之床下掘一圓穴，深約5、6尺，足可豎放屍體，屍體的面多朝向河岸。然後將死者的蕃刀、煙斗等陪葬於墓穴內，然後蓋一石板，覆土於其上整平。

喪家在喪葬後半月或一個月後，邀請曾參加喪葬之親戚，至其家飲酒，主喪人及死者的配偶持酒赴野外，呼亡靈作祭，並送亡靈赴靈界。送靈後即表示一切回復正常。若有惡死者，通常在發現死亡之處就地掩埋。喪葬完畢後，請巫師作祭以驅除惡靈。〔達西烏拉彎・畢馬（田哲益），2001〕

二、賽夏族

賽夏族人認為衰老疾病死者為善終，橫死與戰死者為惡死。橫死者須就地掩埋，堆石於掩埋處以示禁忌。善死者在彌留之際，家人便須將之移至地上，因為死在床上是為惡死。垂死者置於地上後，家人為之洗浴，斷氣後為之易盛裝，然後將死者扶起來，兩腿曲於胸前，

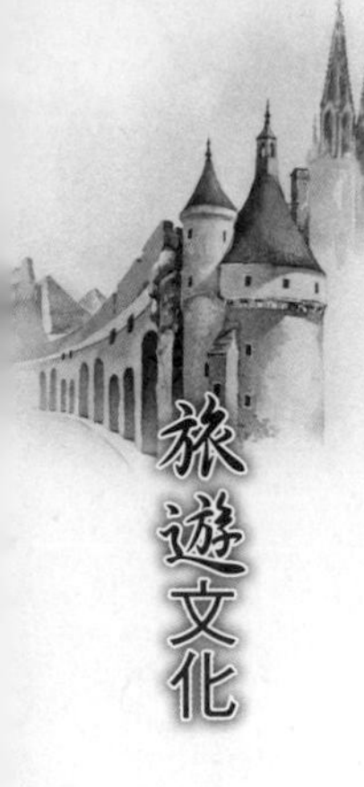

以布包起來。家中女子煮新飯，將數粒飯塞於死者口中以為辭食，男子則出外尋覓埋葬地。男子們在野外適當處，掘深3、4尺橫穴，將屍體抬至墓旁後，由最近親屬背向墓穴，以左足蹴屍入穴。屍身入穴後以面向東為吉，面向上或向西為凶。屍身伸直橫臥穴中，以包屍體的布覆蓋之。將鹽巴灑在屍上，再覆以茅草，再覆蓋泥土，最後用短竿插於墓之四周，再以石塊圍砌即可。埋葬時同一氏族的人必須參加，死者生前的遺物，除武器外一律陪葬。埋葬第三日，家人蒸糯米飯，殺雞持往墓側祭亡魂，然後家人全體食分，翌日出獵，獵獲歸來共食後，即解除喪服。

三、布農族

布農族人認為死亡有善死、惡死。凡病死於家中為善死，死於非命則為惡死。善死者死後，家人將屍體移置地上，扶成坐姿，使股肱曲於前胸處，用藤帶或布袋縛之。於室內掘墓穴，深約4尺、直徑3尺，周圍以石板為壁，下葬時男性面向東，女性面向西。上面蓋以石板，之後填入泥土。惡死者，僅由首先發現者就地掩埋。布農族人的埋葬方式是行坐葬，所以埋葬屍體，先要用麻線將屍體綑綁起來，若為男人，麻布新舊均可，若為女人，則必須用新的麻布。以麻布裹屍，男女亦有所不同。若為女性，則屈其下肢，雙手平放於膝上，於胸、膝之處各用麻繩綑好；若為男性，也屈其下肢，但右臂壓於左臂之上，二掌平貼胸部而手指插入脅下，也用繩縛好；下肢的屈法為膝部聳起，腳跟緊貼臀部。〔達西烏拉彎・畢馬（田哲益），1992〕

四、鄒族

鄒族死亡分善死及惡死兩種。善終者在彌留狀態時，須從床上移至房子中央的月桃席上並易盛裝。待其氣絕後，行曲肢葬，由同族男

子挖掘墳墓，將屍體用番布包裹後埋葬，穴上蓋石板，掩土踏實，行屋內葬。

五、魯凱族

魯凱族的喪事處理和埋葬方式，都是依善死或惡死而各不相同。惡死者在處理程序上附帶有諸多禁忌，如於部落野外意外傷亡者，同部落之人需於獲知消息後立即由近親就地埋葬；夭折而亡者，由父母隨即埋葬；孕婦難產而亡者，則被視為是大凶事，由父母或配偶處理，至於所留衣物及治喪者所著衣物，均應遠棄。一般喪葬的處理方式是由近親為其易盛裝，採用曲肢葬，且在室內埋葬，揭開屋內地下石板就地掘墓而埋。

六、排灣族

排灣族人認為人死後靈魂變成死靈。死靈有善惡兩種：善死者為善靈，可歸大武山靈鄉成為祖靈；橫死、惡死者之靈魂變成惡靈，徘徊在死去之地而成為幽靈，向路過之人作祟，幼兒夭死者之靈返回太陽處，以便再次投生。告別祭係個人依順序摸觸死者之右肩，並對死者致惜別之意。排灣族傳統上對惡死者行室外葬，其餘多行室內葬。埋葬完畢回到喪家，凡參加喪事者需以預置的三盆水，以手潑水灑在喪家門口地上，口中祝告亡靈勿再回家，勿使家人生病。

七、卑南族

卑南族有人往生時，由同族男性在室內掘墓穴。掘成時由長老以琉璃珠三顆拋入穴內，然後置屍穴內，頭向西，面向上，死者的衣服、飾物也放在墓中，男性置腰刀一把，女性置鋤一把。埋葬後翌

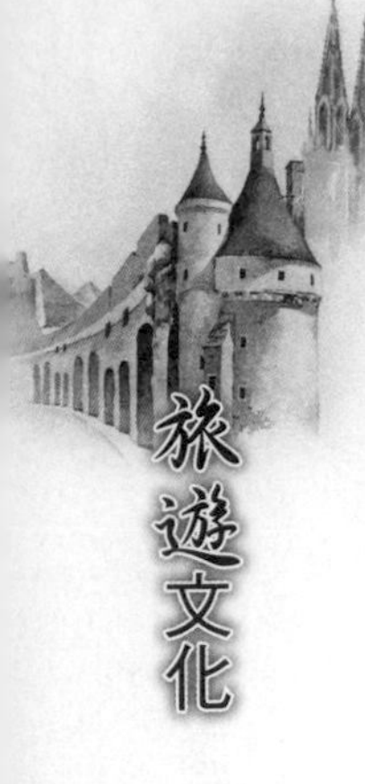

日，喪家請女巫來家改火，棄舊火於室外，用火石打火，點燃薪火；棄舊水，用竹筒汲取新水，表示重新開始新生活，除穢淨身，稻田間做祭以恢復田間工作。第五天，喪家之男性集體赴山中出獵。別靈的儀式則是喪家由女巫陪同，帶檳榔實、料珠等到祖家前作祭。此後即恢復正常生活。

八、阿美族

阿美族病人臨終時，需由家人洗淨身體，易服裝。埋葬須於死亡當日或次日舉行，行室外葬，裝殮完畢，通知親友來參加葬禮。墳墓常在住屋北側。下葬後覆土於墓，以卵石排成圓形記號，時日一久，泥土下陷，不得修理，來往踐踏也不禁止。埋葬完成後，當日舉行送靈祭儀，由巫師主持，葬禮完成後，喪家以鐵器一件，以鐵釘為象徵物，贈送每一助葬者作為答謝。送靈的第二日，巫師為助葬的全體親屬除穢。當晚由巫師用陶罐將亡靈請回，迎到房屋中央，用芭蕉葉穰祓，以糕、酒、檳榔供奉祭祀，族人皆參加。回靈禮第二天需出漁禮，也就是同族壯丁相率去捕魚打獵，老年者隨後前往。待有漁獲，便在河邊將魚分兩堆，一堆在河岸生火煮熟共食，一堆帶回喪家，由喪家煮魚答謝親友。此時親族各以穀草點火，攜帶葬禮時所接受的謝禮和鐵器歸去，葬禮全部告終。

九、達悟族

達悟族善死者臨終時，死者家屬及近親都會趕來。男人們到時，頭戴藤帽，身穿背甲，右手按著劍，左手執木槍，全身武裝，如上陣作戰狀，這是為了防禦死靈攻擊。他們集合於喪家內，辦理喪事。停殮只能在白天埋葬，將死者雙手掩至面部，下顎碰到膝蓋，用麻布包裹，並綑以細繩，成為球形，放在屋中。自成殮至出殯之間，需由死

者的家屬或參加喪禮的親屬一人至數人，輪流至屋頂上面「告別死靈」，這是該族喪禮中最嚴肅的場面。話別儀式完後，即可出殯。出殯時，由男親屬背屍。背屍時是把繩子掛在頭上，向墓地走。送葬的近親男子們也一起，讓背屍者行走在行列中間。進入墓地，留一人看守屍體，餘人找尋一適當的埋葬地，然後以掘棒掘深約等於一人身深的東西向寬長的墓穴，然後把綑屍之繩解開，再把屍體放置倌內，頭朝東，身體右側靠地，臉向北，不可向著太陽。將屍體放好，即蓋上兩端側板及上面頂板。

驅靈穰邪的儀式（即告別死靈的儀式），喪家的家人一到家就放聲大哭；這天用餐前後，仍須舉行向死靈告別的儀式。第三天，一起舉行第三次告別死靈儀式。第三次告別式做完，大家帶著水槍或魚網去海邊捕螃蟹或魚，當天烹煮。至此，幾天的喪事算是全部結束。

第六節　宗教葬禮

一、佛教

自古以來，佛教的喪葬並無固定的制度。但是在中國，有關死者的彌留，命終後的沐浴、更衣、設靈位、伴靈、納棺、出葬、埋葬、做七，乃至百日等，大致都有它固定的儀式。依據「淨土法門」，在彌留時宜有善知識——不論是在家或出家的修行者——為亡者說法、誦經、念佛，稱為助念，一直到命終十二小時之後，移動遺體，為之沐浴、更衣，並繼續以助念代替伴靈。而且每舉行一項儀式，都用佛法開示亡者，令其皈命佛國淨土。

佛教徒對於遺體的處理，只有坐龕、坐缸，和火葬、土葬不同。遺體坐龕採坐龕火化，只有封龕及舉火的儀式；如果遺體坐缸，則有封缸土葬的儀式；如果遺體臥棺，則有封棺的儀式，封棺以後，有土

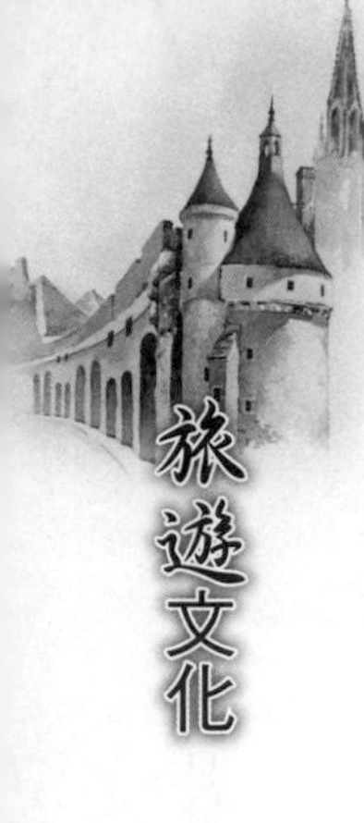

葬及火葬兩種；若係火葬，將骨灰罈置於寺院或墓場的塔中，也有將骨灰罈埋於地下墓中。不論是火葬或土葬，所有儀式，均以唸佛、誦經、迴向為主。至親過世，飲泣哀傷乃人之常情，世俗以哭泣表示亡者的哀榮，佛教徒當以佛事代替。（聖嚴法師著，1988）

中國一般民間生活中，並沒有做佛事的觀念。通常只是在親友或眷屬亡故之後，才想要為他們做一點補償、救濟性的佛事，稱為超度、薦亡，而且是邀請專業的僧侶、尼師來為亡者誦經、禮懺。做佛事必須具備虔誠、恭敬、肅穆、莊嚴的條件，最好是亡者的家屬、親友親自持誦、禮拜佛經、懺儀、聖號。必要時，禮請僧眾作為導師，指導、帶領佛事。為亡者做佛事，最好是在過世之後，七七四十九天之內。依佛禮，通常人在死後，若有重大的惡業，直接下墮三塗；若有眾多的善業，便可立即生天；若修淨業，即可往生淨土。否則的話，在四十九天之內，等待因緣成熟，隨緣、隨業轉生。在未轉生之前，為其超度，便能轉惡業的力量為善業的基礎，可超生天界，乃至往生淨土。如果已墮三塗，依親友眷屬做佛事的功德力量，也能減少亡者的痛苦，改善三塗的環境。如果已升天界，也能增進亡者在天上所享的福樂。如果已至淨土，也能使其蓮品高昇。即使是在四十九天之後，當然還是可以做佛事，同樣可使亡者得到超度與救濟的力量。

目前佛教葬儀，除了司禮者，主體應該是出家的法師為亡者誦經。參與的大眾，均應人手一冊佛經跟著持誦。持誦的內容，最好是簡短的經文及偈頌，例如「心經」、「往生咒」、「讚佛偈」、佛號、「迴向偈」等，然後由法師介紹亡者的生平及其為善、利人、學佛等的功德，並做簡短的開示：一則度化亡者超生淨土佛國，同時安慰、啟發亡者的家屬、親友。

佛教的葬儀宜力求簡單、隆重，且特別不允許在喪葬期間，以殺生的葷腥招待親友，更不可以酒肉葷腥來祭祀亡者。靈前則以香花、蔬果、素食供養，花籃、花圈、輓幛亦當適可而止。如果親友致送奠儀，除了由於家屬貧苦而留著喪葬費用及生活所需外，最好悉數移做

供奉三寶、弘法利生及公益慈善等的用途，將此功德迴向亡者，超生離苦，蓮品高昇。

二、伊斯蘭教

伊斯蘭教具有傳統的靈魂觀念。以一般人的靈魂而言，是在其身體受造之後，靈魂才受造；然而靈魂雖是受造的，卻也是永恆的。人死之時，靈魂和身體分開；然而在復活之時，靈魂和身體將重新復和在一起。無論是生是死，靈魂有時會和其他靈魂相會。人死之時，靈魂會離開身體，但很快就會和身體再會合。善良的靈魂可以和其他的靈魂相會，惡靈則會受到拷問。這是因為人死後，靈魂短暫離開身體之時，將會受兩位死亡天使之詰問，這些惡靈因此將受苦，而善靈則享受福氣。

伊斯蘭教徒認為，亞當和夏娃及其後代並沒有被毀滅，或送去受永久的懲罰，而是獲得了緩刑的對待，以期透過生命的延展復歸於阿拉。他們認為死亡是通向復活日和最後審判過程中，某種特殊的階段。在聖訊哈地斯（Ahadith）裡，兩個天使蒙卡和納克（Munkar and Nakir）降臨以審訊死者，問道：「你崇拜的是誰？誰是你的先知？」此時被問者若回答是阿拉和穆罕默德，就可在此階段安息直至審判日的再來；反之則在此階段就先被天使懲罰，或是去看審判後將受的折磨。伊斯蘭教是一個以行為決定救贖的宗教，其評價尺度包括行為，以及促使一個行為完成的意圖和目的。立即的悔改會得到阿拉饒恕，但繼續犯罪，一直等到死之前才悔改是無法得到寬恕的。（伊斯蘭之光網站，2009）

伊斯蘭教沒有救贖的觀念，若是此人生前所作的功德，例如慈善事業、散發《可蘭經》等，在死後繼續產生影響；或是有敬虔的後代，可為其祈禱以求阿拉的寬恕。對回教徒而言，去樂園或接受火刑，事實上仍是去阿拉所創造的另一個世界。在《可蘭經》中提到，

伺候阿拉，為阿拉而死的殉道者，將可免除在墳墓中被天使審問的階段。此外堅忍的精神也是被表揚的，例如當某人的三個兒子死亡，這人若表現堅忍的態度，便可以得到與殉道者同等的報償。回教徒相信復活的可能性，他們解釋阿拉可以藉著繼續的創造，重新創造出那已死去的人。

喪葬儀式有嚴格規定，死者屍體必須清洗並盡快下葬，死者的臉要朝向麥加，下葬的時刻並未限制，但要在八小時內下葬。死者的屍體必須被敬重，因為屍體將在審判日重現，穆罕默德認為回教徒可以在死者將死時候哭，但死亡降臨時則不許痛哭，因為這會打擾死者，但事實上，痛哭仍是許多回教徒的習慣。伊斯蘭教的葬禮儀式與其他宗教不同。一位教徒歸真（逝世）後，通常被迅速送往清真寺或墳場裡的遺體停放處。稍後，教親（最好是其至親）便以清水將遺體洗滌乾淨，用白布將其從頭到腳包裹妥當，然後舉行讚禮，完成後即進行土葬。儀式簡單肅穆，大多在下午舉行，歷時數十分鐘。由死者逝世至入土為安，各種事項及宗教儀式都由教親處理。回教的葬禮特色如下：

1.無靈堂、遺照、喪樂、香燭之設。喪家家屬亦無任何特別服飾，女性親友須由頭至腳遮蓋起來，只面部及兩手外露。
2.參加葬禮的男女親友，不論信奉什麼宗教，都需要穿著端莊的服飾。
3.無跪拜、鞠躬、大殮、家屬回禮等儀式。
4.吊唁者可直接與家屬交談致意。
5.遺體並無任何化妝。吊唁者如欲瞻仰遺容，可在遺體包裹前請家屬陪同前往，但不宜嚎啕大哭。
6.在整個葬禮過程中，當教親進行各種宗教儀式時，非教徒毋需跟隨，保持靜默肅立即可。
7.遺體直接土葬無棺木，擔架為輸送用。

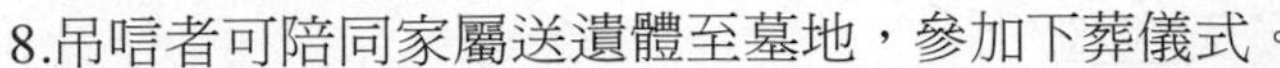

8.吊唁者可陪同家屬送遺體至墓地，參加下葬儀式。

9.葬禮結束後即可自行散去。通常家屬會在墳場正門口站立，與吊唁者握手表示謝意。（呂一中網路文章，2009）

三、印度教

宗教在印度雅利安人生活中占有十分重要的地位，印度文化從早期即以超自然為中心而發展，印度的吠陀文化可以說是一種宗教文化，吠陀教是後人對當時宗教的稱呼，因為宗教儀式和大量敬神頌神的詩歌都記錄在吠陀本集中，這個時期的宗教又可同吠陀後期的宗教一起稱為「婆羅門教」。

包括尼泊爾在內的印度教，人死以後都是火葬。當死亡來臨時，天未亮家人便把死者用竹片板抬到河邊。傳統上，死者都是由活著的家人送到河邊的河壇（ghat）火葬場，現在，死者的家人有時會把遺體安置在計程車後座，再運送到河邊的火葬場。有時，送葬的行列會以樂師為前導，演奏低緩的樂音，伴著死者到河壇。在河畔的河壇上，死者的兒子們提著一盞油燈，繞行父母的遺體三次。油燈後來被置放於死者身上，當僧侶點燃葬柴堆時，死者的親屬刮淨頭髮，並在河中沐浴，象徵齋戒洗罪，之後將骨灰撒在河中，死者的亡靈則由僧侶引導至閻魔（Yama，死神）府，與神界合一。露天的火葬場，一堆堆熊熊火焰，燒得斷腿殘肢，屍臭薰人，而旁邊還有一具具死屍，僅用紅紅黃黃的布包著綁在竹竿或樹幹臨時做的擔架上，被視為最不潔之物。至於有權勢或是王公貴族「高階級」的人，為了家族或死者的榮耀，自古就有「殉夫」的習俗；殉葬的人，有的還只有十幾歲（印度人早婚，男二十歲；女十四歲都已屆婚齡）；同時在印度亦有用紙摺成，注油點燃的水燈，放在河中、隨水飄流（與中國的放河燈完全一樣）。（李希聖，1995）

四、基督教及天主教

基督教的傳統葬禮形式通常在教堂舉行；葬禮前，靈柩要放在教堂中由親友們輪流守靈。據學者們分析，守靈習俗是由古時人們心理上的因素所導致：一是死者親屬始終抱著死者會重新甦醒的幻想；二是他們曾在死者生前盡心竭力地加以看護，雖然這種看護現在已不需要，但他們仍不忍輕易放棄自己的責任。天長日久，守靈便成為對死者表示尊敬的習慣。基督教的墓園中，一般墓地的東、南、西三面密密麻麻地排滿了墓碑，而北面墓碑卻寥寥無幾。其原因是北面通常是埋葬犯人、兇手或自殺者的地方，據稱基督教教堂聖壇北面是宣讀福音的所在，福音的主旨是讓人懺悔，因此便進一步認為北面是為埋葬一些需要拯救的罪人而設置的。

傳統習俗在死者胸前放上十字架，或把他的手交叉放在胸前，然後朝向東方埋葬，即腳在東、頭在西。據說這是早期「拜日說」的反應。埋葬幼年死者的方式與埋葬成年死者不同。在古羅馬時，人們把夭折的孩子埋在自家的屋簷下，認為這樣可以使孩子靈魂得到安寧，現在仍然有人按照傳統觀念把死去的幼兒，或尚未受洗禮孩子的屍體放在某個成年婦女的棺材裡埋葬。基督徒相信耶穌的死亡與復活，人可以透過對主的信仰來改變人與死亡的關係。沒有信仰的死亡是上帝的罪罰，有信仰的死亡則是永生的開始。因此，為了保持此生生命的完整，基督宗教在葬法上採取「土葬」的方式。

由於基督教教義的關係，基督徒並不畏懼死亡。他們認為每個人都會從死亡中復活，僅是軀體的毀壞，之後必定會再相見，而且是在神早已預備好的天家之中；因此基督徒為亡者所舉行的追思禮拜或是安息禮拜，是用一種莊嚴且安祥的心情去面對，死亡對他們而言是一個全新，甚至比現在這一世更好的開始，但人的情感總是不捨的，基督徒在哭泣抒發情感之後，會以更盼望、更喜樂的去面對現實。

基督教的葬禮儀式有：(1)安息（告別）禮拜，所謂禮拜就是在出

殯那一天舉行的告別儀式，通常會選擇大家都有空的時間（基督徒不會挑日子，因為他們認為每一天都是好日子），告別儀式可在教會或是殯儀館中舉行；(2)入殮禮拜，牧師會帶著家屬進到冰庫，在對死者驗明正身確認之後帶著亡者進入禮堂，算是移靈的程序之一，過程中會唱詩歌禱告。接著，移靈至禮堂，此時教友們會將會場布置得莊嚴且美麗，甚至比婚禮更加完美，讓眾人可以在一個氣氛幽雅的環境中追思亡者，將棺木放置在禮堂中間，在追思禮拜完成之後，最後就是瞻仰儀容，讓大家看看亡者的最後一面。儀式結束後，則進行入殮儀式，將棺木運至規劃好的地點，由教父或牧師主持儀式，典禮隆重肅穆。

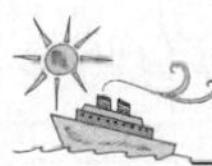

第七節　世界其他各地的特殊葬禮

一、埃及

木乃伊和金字塔無疑是古埃及文明最重要的象徵，而這兩者都和古埃人對來生的觀點有密切的關係。事實上，在古埃及文明留下來的所有記錄中，「死後的生命」都是重要的主題。古埃及人對來世生命的信仰和相關的墓葬習俗，在距今六千多年前就已經在上埃及的巴達遺址中出現。其神話結構和禮儀在古王國時期逐漸發展完備，一直到基督教傳入埃及之前都沒有太大的變化。對古埃及人來說，死亡只是生命的中斷，而不是結束。人死後會進入另一個比今生更為美好的永恆生命，至少對菁英分子而言是如此。

埃及人認為人死後仍然生存，所以他們會用一些防腐的方法以使屍體不腐爛。他們認為人死後會到天國，因此在生時就已經準備死後的各種生活所需物品。在墓室中往往會發現很多陪葬品，大部分是生活中所需的用品，除了衣食用品之外，甚至就連船隻也會成

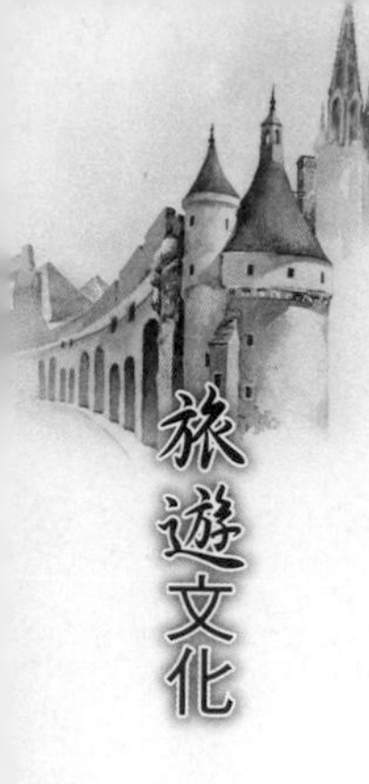

為陪葬品，以備死後的生活。因為埃及人認為人死只是卡和巴（均指靈魂，據古書記載古埃及人認為靈魂有三重）暫時離開肉體，待奧塞里斯（Osiris）審判後，卡及巴便會回到肉體。另外，他們亦會製造很多人型象叫作「烏什布萊」（ouchebtis）或「夏烏阿布萊」（shaouabtis），也可作「稱身俑」，按照古埃及的信仰，人死後到冥間，冥王要讓人做苦工，這些陶像可以當作替身。當木乃伊有破損時，卡和巴也可以棲息。在早期，埃及人埋葬死人的方法是在耕地邊緣沙土上挖一個洞，將屍體屈摺成縮腿抱膝的胎兒姿勢埋進去。在乾旱的黃沙中，屍體的水分被抽掉，細菌不能生長，故死時屍體便不會腐爛。不過，在第一王朝時，便出現了較奢華的埋葬方式，他們開始將屍體放進木棺內並下葬在墓室中，但由於墓室濕氣重，所以屍體便會因此而腐爛，嚴重影響到埃及人的葬禮意義。埃及人之所以會將屍體保存是因為他們相信人死後仍然生存，只是以另一種方式生存著，如果屍體腐爛那人便會得不到永生，因此木乃伊的作法便由此而生。

古埃及人認為若人死後，靈體不滅，肉體就會活過來。最重要的是三個靈，他們是「卡」（Ka）、「巴」（Ba）、及「厄」（Akh）。「卡」常以高舉雙臂的圖像出現，是與人一起成形，也就等於那人；「巴」通常用人首鳥身表示，是指該人的特徵及本性，可以變作其他形狀，離開墳墓，在第二世界遨遊，也可以回到現在，「厄」是長有羽冠的朱鷺，是死者不滅的部分，與活人的世界不相繫。在古埃及人最後期採用的語言科普語中，將厄作「魂」。古埃及人相信人有兩個靈體：「卡」在人出生的時候同時形成；人死後，「卡」到另一個世界去，「巴」和肉身留在世上。人死的時候，「巴」離開肉身，人就不能言語、不能行動。肉身下葬後，「巴」白天離開墓穴，晚上回來進入肉身，起來享用陪葬的食物。所以陪葬品和肉身的保存非常重要，如果「巴」餓死了，或者身腐壞了，「卡」在另一個世界也不能活下法。人得到永生之後，「卡」、「巴」和肉身結合成為不朽的生命形式，稱為「厄」。

木乃伊的製作程序，首先在腹部的左下角切開，將內臟（胃、肺、肝及腸）取出，心臟仍留在屍體內，再將內臟放進一套四件的瓶子（卡諾皮克罐，Canopic Jars）裡。接著，利用勾子從鼻孔將腦袋取出。屍體會利用碳酸鈉晶體脫水，將屍體放進碳酸鈉中四十天後（脫水的程度會因人而異，一般有錢人的程序會較貧困者為長及仔細），便可拿出來塞進一些亞麻布、谷糠、碎布等物料，接著在屍體上抹上油膏，再淋上樹脂，最後用布條包裹，布條可達448碼。之後將屍體放進人形棺內，完成整個過程，讓死者邁向永生之路。

棺槨不只是為了保護木乃伊，也是墓室的縮影，或用以作為死者的替身。棺木也是古埃及葬儀中非常重要的一環，不但保護木乃伊的完好，而且保護死者亡靈在前往朝拜奧塞利斯旅途中，一路平安。在王朝前時期（大約五千年以前），埃及人在沙漠中挖掘淺坑，埋葬他們的親人。當時並沒有棺木，以屈身側臥方式直接埋葬。在王朝後時期，出現了以泥磚做牆壁、木柱做屋頂的墓葬，並使用草蓆、柳條籃子保護屍體，偶爾也有簡單的木棺、陶棺。進入古王國時期，身體伸直的下葬方式和較長的棺木逐漸普遍。長方形的木棺，從古王國時期初到中王國時期末，在上流社會中非常普遍。棺木的一側畫著雙眼，好讓死者看到賜予生命力的太陽每天從東方昇起。棺木上雕刻著死者的名字、職位，還有向阿奴比斯（Anubis）和歐西里斯（Osiris）祈禱的經文。「棺木文」的主題不外乎是亡者會在神明的庇護下得到永生。人形棺到了新王國時期更為普遍，而且通常是套棺。人形棺的出現使得棺木由墓室的象徵轉為亡者本身的象徵。它的宗教意義或許是萬一木乃伊腐朽了，人形棺可以作為亡者的代表。新王國時期的貴族、高官像古王國時期一樣，有時將木棺放在石棺內。但石棺的形制漸漸由傳統的方形棺轉為人形棺。一般人也可能有外棺，但多半是木頭的。棺木的形制和彩繪的風格以及木乃伊的裝飾，從新王國時期到羅馬統治時期經歷多次改變。到了公元第4世紀以後，傳統埃及的喪葬信仰由於基督教及回教先後傳入埃及而漸漸消失。

二、中南美洲地區

中南美洲地區分布有許多原住民族，雖然多數地區經過殖民的過程，以信奉天主教為主，其葬禮儀式亦以西式為主，但仍有部分的民族維持傳統的葬儀，茲列舉如下：

(一)阿根廷

葬禮方式為土葬。主要有馬卡族、馬塔可族：

1.馬卡族：相信拍打或踐踏遺體後，才能除去惡靈，亡靈才可昇天，住在天國。

2.馬塔可族：相信死者在另一世界和這世界一樣生存著，因此遺體要與生活環境中不可或缺的水一起埋葬。

另外，其餘當地族群亦有一些習俗，如除非是死者的遺言或家屬提出申請，否則不能火葬。小孩死亡時，不能哭泣，因為小孩死了會成為天使，若周圍的人哭泣流淚，就會使天使之翼折斷而無法抵達天國。在墓地上有大理石豎立的靈寢，以及非常豪華的靈廟型家族墓，有的幾乎大到可以住人。一般家屬會在忌日掃墓，或在教會舉行彌撒，每年11月2日天主教的萬靈祭前後，會攜帶鮮花掃墓。父母親的掃墓則不限定於這些日子，也有很多人在「父親節」及「母親節」掃墓。墓地與墓石的高度規定為80公分。

(二)波利維亞

波利維亞的葬禮方式為土葬。主要的部族有西利奧諾族、高原地帶的千帕亞族、西方低地地帶的幽愧族等：

1.西利奧諾族：從遺體處理到埋葬都要慎重進行，否則死靈會作祟。

2.千帕亞族：由於害怕亡靈作祟，故會慎重舉行守夜與喪禮儀式。遺體埋葬於土堆中，在入口處供上供物，待遺骨風化後，把遺骨收納在骨塚中，尤其在死後三年內，認為亡靈會加害生者，而舉行追悼儀式。

3.幽愧族：相信死靈會從口出來，因此危篤時，要向口吹氣息或讓死者飲痰，燒掉死者所有物品。墓地上不刻死者名字，也忌諱說出死者的名字。

另外，其餘非洲移民的族群，男性在墓地要用雙手圍成一個圓圈，跳傳統的非洲舞蹈。

(三)巴西

巴西的葬禮方式為土葬、火葬。主要的部族有庫拉保族、庫利那族、亞馬遜河口北部的帕利庫爾族、特雷納族、斯亞族等：

1.庫拉保族：人死後埋葬於村子西方的墓地。死後一、二個星期，會帶著供物獻給死靈，因為他們相信所有生物都有靈魂且會再生。

2.庫利那族：人死亡時，找來祭司把靈魂引導至地下世界，靈魂會轉移到捕獲的豬隻身上，烹煮豬隻和與會者一起食用，死靈就會變為新生命復活。魔女的靈魂不會引導至地下世界，也不會再生。

3.帕利庫爾族：遺體頭部朝東埋葬，祭司遺體則要朝西。相信亡靈壽命與生前壽命一樣，留在冥界相同的時間後，就會昇天。

4.特雷納族：將遺體的頭部朝西埋葬，認為亡靈會到死者之國旅行，要燃燒死者的家或更換入口的門，使死者不再回來。

5.斯亞族：喪家為死者塗抹裝飾，近親者號哭。死靈會去東方樹上並昇天。服喪期間避免一切喜慶事宜。喪禮當天，全體出動集合於廣場，塗抹全身，唱歌跳舞。

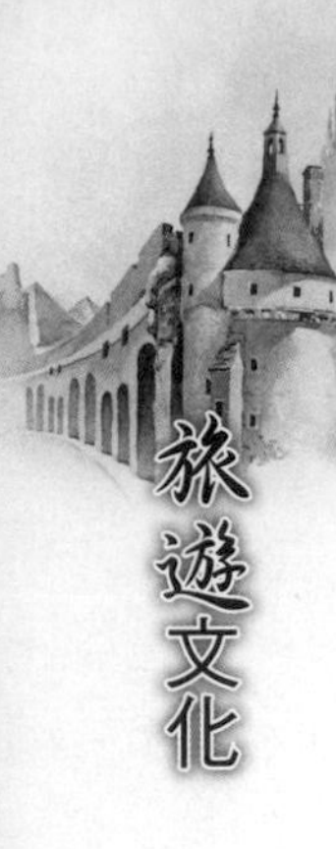

(四)哥倫比亞

哥倫比亞的葬禮方式為土葬、火葬。主要的部族有亞馬遜河上游的庫貝奧族、關比諾族、山岳地帶的喜瓦羅族、亞馬遜上游的卡利保那族、亞馬遜河上游的馬庫那族、潰庫爾族、內陸的奧塔巴羅族、幽庫納族、潰巴族等：（李毓昭譯，2000）

1.庫貝奧族：相信故靈會成為祖靈而守護家族，因而遺體與死者日用品一起埋葬在喪家地板下。

2.關比諾族：人死亡後，進行掃除污穢的儀式。在死亡地方找來祭司，並招待與會者，供給酒或菸葉，同時用香煙淨化。

3.喜瓦羅族：把遺體放在特別建的墓屋中，供應飲食二年，死靈就會轉生為動物或鳥。小孩遺骨收納在骨灰罈中。

4.卡利保那族：相信死靈會危害生者，所以非常害怕死靈，人死後，要燒毀喪家。男性與女性死後世界有別，如同在世一樣，維持相同的生活。

5.馬庫那族：相信死靈會暫時昇天或下地，然後留在先祖墓中。埋葬於長形墓屋中。由祭司燃燒蜂蜜油，除靈魂。

6.潰庫爾族：用吊床包裹遺體，從喪家運至村子廣場，埋葬在圓筒形的墓地中。死靈會昇天，並過著幸福的生活。

7.奧塔巴羅族：遺體與副葬品一起埋葬。接受洗禮小孩的靈魂會直接到天國去。每年11月2日全靈節，人們帶著鮮花和供物掃墓。

8.幽庫納族：相信死亡勢必有死因在作祟。喪禮時，燒掉死者所有物，並用吊床包裹遺體頭部，朝東埋葬，死後一年舉行儀式除喪。

9.潰巴族：遺體火葬，靈魂才得以昇天。相信靈魂會成為夜空中的銀河，經過一段時間後，成為新生命，回到這世上。

Chapter 10

音樂舞蹈戲劇

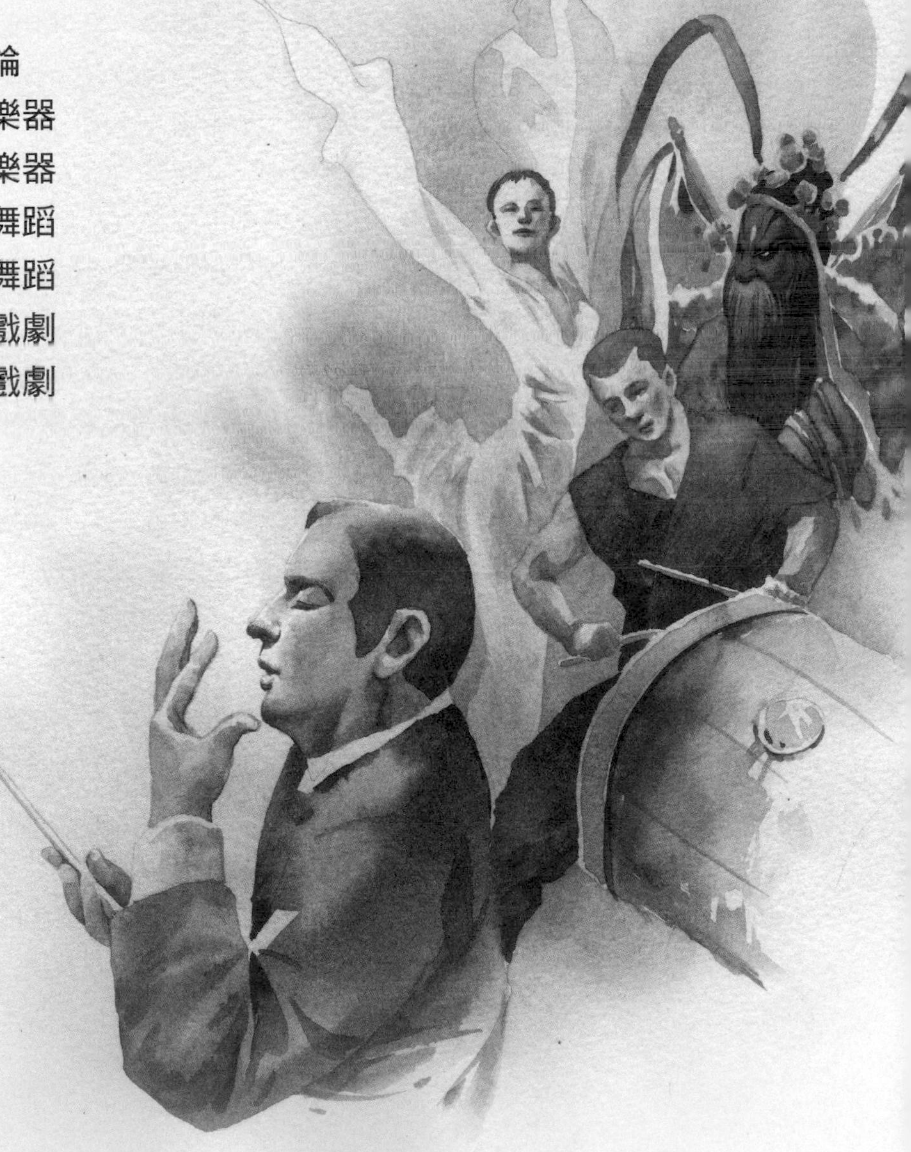

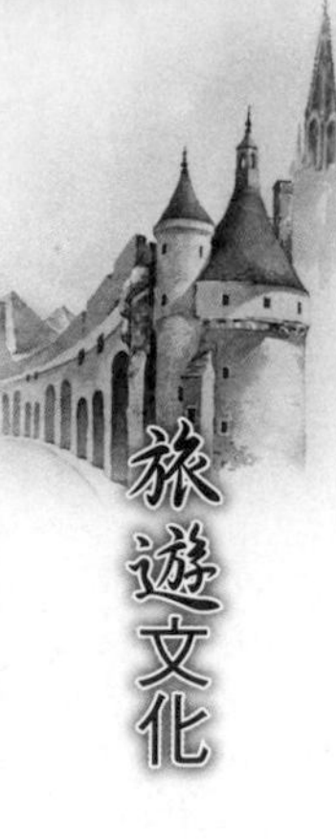

第一節　概　論

音樂，廣義而言，可以指任何一種令人愉快、審慎的或其他什麼方式排列起來的聲音。音樂的定義仍存在著爭議，但通常可以解釋為一系列對於有聲、無聲具有時間性的組織，並含有不同音階的節奏、旋律及和聲。在所有的藝術類型中，音樂是最抽象的藝術，其為一種聲音符號，表達人的所思所想，是人們思想的表現。音樂是有目的的、有內涵的，其中隱含了作者的生活體驗、思想情懷，可以帶給人美的享受和表達人的情感。同時，音樂也是社會行為的一種形式，透過音樂人們可以互相交流情感和生活體驗。中國的音樂一直較偏好和諧的五聲音階，在五聲中發展音樂，同時將中心放在追求旋律、節奏變化，輕視和聲的作用。而西方音樂則是從古希臘的五聲音階，逐漸發展到七聲音階，直到十二平均律；從單聲部發展到運用和聲。中國的音樂在追求各自的旋律，西方的音樂則以和聲為主。

舞蹈在中國古代，總是單稱「舞」、或單稱「蹈」、或稱「踴」，至近代才合稱為「舞蹈」，歐美稱舞蹈為dance，是身體伸張之意。舞和蹈在人體的動作上有著根本的不同，**舞**是手部的動作，**蹈**是足部動作，舞蹈與人類可以說是相生的，與人類生活文化密切結合；如希臘哲學家柏拉圖對舞蹈的定義即「舞蹈是以手勢講話的藝術」。根據參與的性質，舞蹈可分為「實用舞蹈」與「表演舞蹈」兩大類；每大類下，再根據「時間」分為傳統與流行，再分兩類，合計四類；然後可再往下細分。

在戲劇的發展上，中國源於各地民俗不同，產生了許多饒富地方特色的風格，而代表中國傳統的國劇（又稱平劇或京劇）經歷了一段時間，融合了各地方戲曲的音樂、歌唱、舞蹈、武術、特技、美術等藝術的精華部分，成為一項能充分表現中華傳統文化的綜合藝術，其表現生動活潑，以歷史典故傳說等教人明辨是非善惡，除藝術展現外

也有教育的意涵。**歌劇**是西方舞臺的表演藝術，簡單而言，就是主要或完全以歌唱和音樂來交代與表達劇情的戲劇，也就是用唱出來而不是說出來的戲劇。歌劇首先出現在17世紀的義大利，源自古希臘戲劇的劇場音樂。歌劇的演出和戲劇的所需一樣，都要憑藉劇場的典型元素，如背景、戲服以及表演等。一般而言，與其他戲劇不同的是，歌劇演出更看重歌唱和歌手的傳統聲樂技巧等音樂元素。

以上三種藝術型態可以獨自成為一個系統，但仍是以音樂為核心。舞蹈通常是伴隨著樂曲的旋律而擺動；中國的戲曲或西方的歌劇更可發現其為音樂、舞蹈、文學、繪畫等整體藝術的展現。

第二節　東方樂器

一、中國樂器的種類與發展

《周禮·春官》中把樂器分為金、石、土、革、絲、木、匏、竹八類，稱「八音」，也是最早的樂器分類法之一。金音包括編鐘、特鐘、鐃；石音包括編磬、特磬；土音包括塤，音ㄒㄩㄣ，用陶土燒製的一種吹奏樂器；革音包括鼓；絲音包括古琴、古瑟；木音包括柷、敔；匏音包括笙、竽；竹音包括簫、笛、管、篪等。編鐘、磬這兩種樂器所發出的音響清脆明亮，被稱為「金石之聲」，是官方認可的「最高雅的聲音」。現在所說的絲竹就是絲音和竹音的簡稱。古代樂器主要有塤、缶（音ㄈㄡˇ，一種陶瓷樂器）、筑（一種弦樂器，形狀似琴）、排簫、箜篌、箏、古琴、瑟等，樂曲一般緩慢悠揚，主要是為了適合宮廷生活或宗教的需要。到漢朝和唐朝以後，中國透過西域和國外交流頻繁，西方伊斯蘭教世界和印度的音樂及樂器大量流入，笛子、篳篥（一種管樂器）、琵琶、胡琴等樂器大量為中國音樂採納，並加以改良發展，逐漸取代中國原有的本土樂器。除了古琴一直

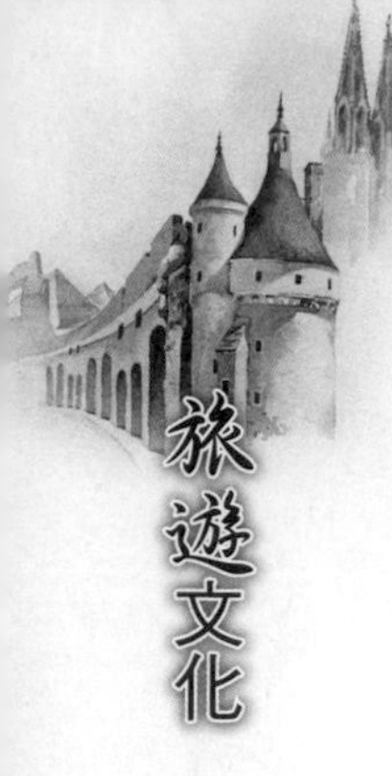

被文人寵愛，得以流傳，且被列為聯合國口述及無形人類襲產外，中國目前國樂中常使用的樂器均為源自國外而加以改良。近年來，中國的音樂工作者致力於發掘、改良古代樂器，塤、箏、排簫等樂器重新發揮研究，但較少納入民族樂隊的合奏曲目。樂器依其發音的方式，可分為吹管、彈撥、擦弦和敲擊四種。以下以各類常見者加以介紹：

(一)吹管樂器

笛子是源自中國的吹管樂器，由笛管的側面吹奏。笛子最大的特徵之一就是它的笛膜，笛膜是固定在某個笛孔之上的，當吹奏時，笛膜便會振動而產生旋律。笛子同時為獨奏和樂團合奏時的重要樂器，常常在國樂團中扮演重要角色：

1.曲笛：主要用在崑曲伴奏，技巧多顫、疊、打、贈，曲子較優揚婉約。

2.梆笛：主要用在梆子戲伴奏，技巧多吐、滑、歷、剁，曲子較高亢激昂。通常以竹子和象牙製成。

3.笙：是我國古老的簧管樂器，為古代八音樂器之一。匏即是

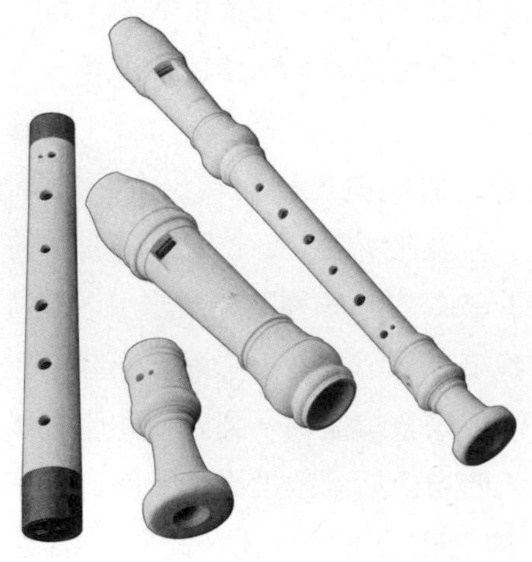

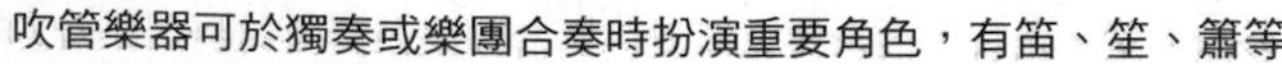
吹管樂器可於獨奏或樂團合奏時扮演重要角色，有笛、笙、簫等

笙，從史料記載，殷代甲骨文中就有關於「和」的記載（小笙稱和），可見笙的歷史距今至少有三千年以上，笙有十七根竹管參差相對排列於笙座，持笙又名捧笙，由於外觀形狀像鳳翼，故有曰鳳笙，也有說其聲似鳳，故也稱鳳鳴，發展上可分南、北兩派。

4.簫：吹奏樂器，也叫洞簫、單管、豎吹；漢代陶俑和北魏的雲崗石窟雕刻中，已有簫的形象，古代簫多為竹製，也有玉製或瓷製的；現代為竹製，管長約長80公釐，下端利用竹節封口，在封口處開半橢圓形狀，管身開六個按音孔（前五後一），下端背面有出音孔，其音量較小，常用於獨奏、琴簫合奏或傳統絲竹演奏。洞簫為比較短粗的那一種，1尺8吋長，日本人沿用唐代稱呼，稱之為「尺八」。除了原有的七孔外再加上二個半音孔，常用在與古琴合奏，稱琴蕭。

5.嗩吶：據考證至少存在一千七百多年的歷史，最早的文獻記載於新疆千佛山的壁畫，相當於兩晉時期。嗩吶桿下端喇叭形狀的叫做銅碗，用以擴音和美化音色。嗩吶在中國流行很廣，民間稱謂不一，有的以形制的大小分別稱為大、中、小嗩吶；有的以嗩吶桿用材不同，將銅桿嗩吶稱為銅笛，錫桿嗩吶稱為錫笛；另外還有梨花、海笛、吉子等名稱。藏、苗、蒙古、朝鮮等族也有各自形制的嗩吶。吹奏嗩吶有多種技法，如滑音、吐音、氣拱音、氣頂音、循環換氣（長時間吹氣不斷）等。

(二)彈撥樂器

1.琵琶：初名批把，到漢代定型為四弦十二品位，為用手指彈撥的樂器。唐、宋以來不斷改進，發展成今天的形制：半梨型音箱，以薄桐木板蒙面，琴頸向後彎曲，琴桿與琴面上設四相九至十三品，四弦，按四、五度關係定音，演奏時用五指叉甲彈奏。表現技法上逐漸發展和豐富，成為既能獨奏、又能伴奏和

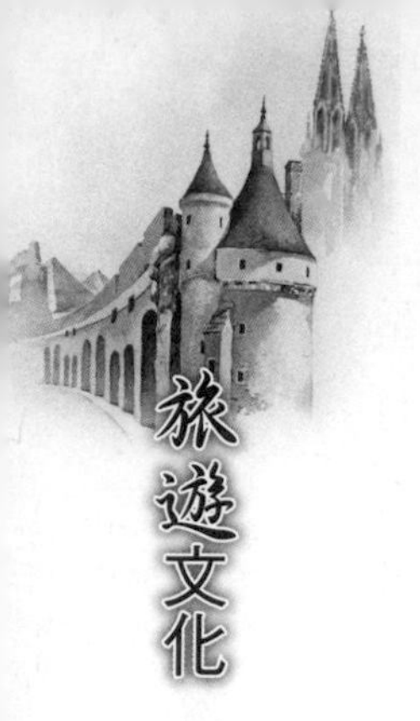

合奏，為重要的民族樂器，「琵琶」亦成為這種樂器的專有名稱。現代的琵琶由絲弦改為尼龍纏鋼絲弦，品位增加到二十三至二十五個，可奏十二個半音，可轉十二個調，使樂器的音域、音量大大擴展，音色更加清脆明亮，從而提高琵琶的表現力。

2.柳琴：流行於江蘇、山東、安徽一帶的民間彈弦樂器，因其形狀似柳葉，故而得名，又名「柳葉琴」、「金剛腿」、「土琵琶」。用拔子彈奏，可演奏和音或和弦。

3.阮咸：一種撥奏弦鳴樂器，漢代琵琶演變而來，阮咸造型屬唐代，故極具漢族色彩，其聲雅亮，清淳宏厚，可以用指彈也可以用撥彈，古稱「秦琵琶」，東晉「竹林七賢」中的阮咸善於彈奏此種樂器，於唐時名之為「阮咸」，沿用迄今。阮咸演奏上方便省力，技法上可融入大量的琵琶、古琴、柳琴等技巧，表現力極其豐富，適用於各種形式的民族管弦樂團，用之獨奏、協奏、伴奏、重奏皆能勝任，在戲曲或曲藝的小樂隊中使用更顯其鮮明的民族特色。且分為大阮、中阮、小阮、低阮四種形制。小阮、中阮音色圓潤柔和，大阮和低阮音色低沉豐厚。

4.揚琴：俗名蝴蝶琴。堅木為箱，上覆桐板，板上有四或五長橋，橋上架以金屬絃，每音二絃或三絃不等，以竹片敲之發聲，其音鏗鏘猶如鋼琴，此樂器約於明朝由中東傳入中國。現代國樂團裡亦占極重要地位。音色美而悠揚，可以打出和聲，能合奏、齊奏、伴奏及獨奏。揚琴的音色變化，主要是透過技術動作的各種層次對比來表現。

5.琴竹：是揚琴的主要附件，揚琴之能發音，全靠琴竹擊弦振動。揚琴聲音大小除了揚琴本身共鳴之外，琴竹擊弦之輕重也有關係。揚琴音色的柔美、圓潤。琴竹的好壞，對演奏揚琴的音色，有決定性的關係。

6.古箏：是一種古老的樂器，現經改良，由十三、十六弦不等而發展到二十一至二十五弦，性能大為提高，深受人們喜歡。被用來作為獨奏、重奏、合奏，以及多種戲曲、曲藝和舞蹈等的伴奏。

(三)擦弦樂器

擦弦類樂器包括二胡、高胡、中胡、大胡、低胡等，其他還有為配合地方戲曲或一些較獨特風格的曲子，尚有京胡、板胡、梆胡、墜胡、大廣弦、馬頭琴等。南胡即二胡，如西洋樂的小提琴，也是中國音樂推廣中最受人們接受並歡迎的樂器。

1.二胡：又名南胡，最普遍的中國擦弦樂器，也是國樂器中最困難、表現力也最強的樂器。大量被用在戲曲伴奏，像京劇、越劇、淮劇、崑曲、湖南花鼓戲、黃梅戲等等，近代自從國樂大師劉天華改革二胡，統一二胡定弦，又寫了十大名曲之後，二胡逐漸成為獨奏樂器而登上舞臺。

2.中胡：比二胡低四度到五度，琴筒比二胡大些，音色渾厚低沉，多用於樂團的中音部分或伴奏，其構造和二胡幾乎沒什麼差別，中胡的獨奏曲很少。

3.板胡：和其他的胡琴有很大不同，沒有琴筒，音箱是由椰子做成，正面以桐木板蒙面，分為高音板胡、中音板胡和低音板胡。板胡的聲音尖而高，音量奇大，指距很小，拉的時候手指全都擠在一起，尤其到了高音部分，指距更小，故音高便不容易抓準。

4.革胡：由於國樂團裡沒有低音樂器，因而模仿大提琴造出革胡這一樂器。指板、琴橋、弓子、定弦等等，都和大提琴一模一樣；革胡曾經是國樂團裡唯一的低音樂器，但現在已漸漸被淘汰，原因是革胡的琴橋在共鳴箱的側面而不是正面，共鳴效果

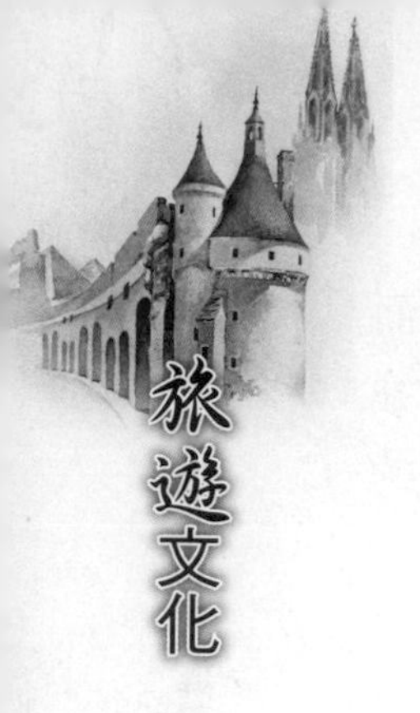

不好，而且革胡的琴皮是由蟒蛇皮所製成。

5.高胡：又名粵胡，是為了粵劇伴奏由二胡改造而成的高音胡琴，是廣東音樂的主要樂器。高胡聲音高亢清亮，傳統的高胡在琴馬底下沒有墊布，也沒有琴托，現代的高胡經過改良之後，已經有了琴托，演奏的方法也和二胡一樣，它可以做出比二胡更細膩的效果。

6.京胡：乾隆末年，隨著京戲的形成，從胡琴的基礎上改良而成，可以說是京劇伴奏音樂的靈魂，音量非常大，一般京劇伴奏樂團通常會有兩把京胡；京胡的琴筒由竹筒製成，聲音清脆響亮，既尖又高，也因為京胡音色奇特，除了京劇伴奏以外，並沒有什麼獨奏曲。

7.馬頭琴：是深受蒙古族喜愛的古老樂器，馬頭琴是因琴桿上端雕刻馬頭而得名。其深沉悠揚的旋律，寬廣優美的音色，不僅在蒙古族傳統樂器中獨占鰲頭，且能充分的釋放情感。馬頭琴經過近代藝術家的改革與創新，它的表現力得到了豐富和提高。琴聲純美甘潤、低音深沉、中音明亮、泛音清麗、旋律悠揚，無論是旋律強的樂曲，還是輕快活潑的節奏，都可以在馬頭琴上充分展現。2003年11月7日，「馬頭琴」被列入聯合國第一批非物質文化襲產名錄。

(四)敲擊樂器

鼓類樂器種類繁多，各具特色，演奏方法也不盡相同，有豐富的表現力，除用以合奏或伴奏外，某些樂器中還作為獨奏樂器使用。大致可分為大鼓、小鼓、板鼓、定音缸鼓（現多以定音鼓代替）及排鼓。

1.大鼓：也叫大堂鼓，為較大型的鼓，一般鼓面直徑在1尺半以上。由木製的圓桶上下蒙以兩塊面積相等的牛皮而成。一般擺

在四腳的木架上演奏，演變時用兩根木槌敲擊鼓面發音，音色低沉而厚實。

2.小鼓：又名小堂鼓、戰鼓、高音鼓等，形制與大鼓相似，鼓面直徑約6、7寸，發音堅實而有彈性。

3.定音缸鼓：為可定音大鼓，係依據缸鼓（花盆鼓）改良而成。樂隊中經常以兩個或三個為一組，兩個一組的多定為主音及屬音，三個一組的則增加下屬音、上屬音或下中音等其他音。

4.排鼓：將數個（一般為四個或更多）大小不同的定音鼓組合起來，一起進行演奏。

5.鈸：又名銅鈸或鑔，鈸是體振樂器，鈸身為一塊圓形的響板，以中央突出的半圓形為固定點，向四邊振動發音，其種類有十多種，樂隊中常用的為小鈸、中鈸、水鈸、大鈸等。大鈸邊緣微微向後翻起，直徑在24公分以上，演奏時足以驚心動魄，獨奏時卻有凋零虛空之感。民間鑼鼓樂隊中使用的大鈸則有50公分左右，重達3公斤以上。中鈸又叫鐃鈸，發音響亮銳利，外圍直徑普遍為24公分。小鈸，直徑約4寸，發音清脆爽朗，與小鑼配合使用，可表現喜悅輕巧的情緒。

6.鑼：是中國使用最廣泛的打擊樂器之一，隨著長期的流傳和改進，使鑼成為具有豐富表現力的樂器。鑼的種類有很多，有的鑼具固定音高，有的鑼擊後音升高，有的鑼擊後音降低。鑼是體振樂器，結構簡單，鑼身呈圓形弧面，通常四周有邊框，用鎚敲擊中央部分的振動發聲。分為京鑼、小京鑼、大鑼、雲鑼。（台北市成功高中國樂社，2009）

二、中國音樂的發展

中國音樂的起始時期，約距今六千七百年至七千餘年的新石器時代，古先民可能已經可以燒製陶塤，挖製骨哨。遠古的音樂文化，

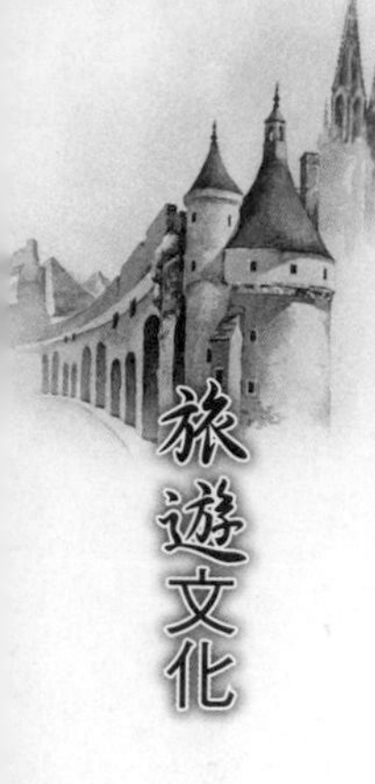

根據古代文獻記載具有歌、舞、樂互相結合的特點。當時，人們所歌詠的內容，諸如「敬天常」、「奮五穀」、「總禽獸之極」反映了先民們對農業、畜牧業以及天地自然規律的認識。這些歌、舞、樂互為一體的原始樂舞還與原始氏族的圖騰崇拜相聯繫。例如黃帝氏族曾以雲為圖騰，他的樂舞就叫做《雲門》。河南舞陽縣賈湖遺址的骨笛，溯源於公元前6000年左右，是全世界最古老的吹奏樂器。其中的一支七孔骨笛保存得非常完整，發現仍能用該骨笛演奏音樂，發出七聲音階。但中國古代基本上只使用五聲音階。

中國古代「詩歌」是不分的，即文學和音樂是緊密相聯繫的。現存最早的漢語詩歌總集《詩經》中的詩篇當時都是配有曲調，為大眾口頭傳唱。這個傳統一直延續下去，比如漢代的官方詩歌集成，就叫《漢樂府》，唐詩、宋詞當時也都能歌唱。中國古代的「士大夫」階層認為，一個有修養的人應該精通「琴棋書畫」，所謂的「琴」就是流傳至今的古琴。不過古琴只限於士大夫獨自欣賞，不能對公眾演出。古琴音量較小，也是唯一地位較高的樂器。中國古代的音樂理論發展較慢，在「正史」中地位不高，沒能留下更多的書面資料。但音樂和文學一樣，是古代知識分子階層的必具學養，在古代中國人的日常生活中無疑有著重要地位；民間則更是充滿了多彩的旋律。

從古典文獻記載，夏、商兩代的樂舞已經漸漸脫離原始氏族樂舞，為氏族共有的特點。從內容上看，它們漸漸離開了原始的圖騰崇拜，轉而為對征服自然的人歌頌。據史料記載，在夏代已經有用鱷魚皮蒙製的鼉鼓。商代已經發現有木腔蟒皮鼓和雙鳥饕餮紋銅鼓，以及製作精良的石磬。青銅時代影響所及，商代還出現了編鐘、編鐃樂器，多為三枚一組。各類打擊樂器的出現，體現了樂器史上打擊樂器發展在前的特點。西周時期宮廷首先建立了完備的禮樂制度。在宴饗娛樂中不同地位的官員規定有不同的舞隊的編製。總結前歷代史詩性質的典章樂舞，可以看到所謂「六代樂舞」，即黃帝時的《雲門》、堯時的《咸池》、舜時的《韶》、禹時的《大夏》、商時的《大

頀》、周時的《大武》。周代還有採風制度，收集民歌，以觀風俗、察民情，因此保留下了大量的民歌，經春秋時孔子的刪定，創作了中國第一部詩歌總集——《詩經》，收有自西周初到春秋中葉五百多年的入樂詩歌，一共三百零五篇。周代音樂文化高度發達的成就，1978年湖北隨縣出土的戰國曾侯乙墓葬中的古樂器便是重要標誌。這裡出土的八種一百二十四件樂器，按照周代的「八音」樂器分類法（金、石、絲、竹、匏、土、革、木）幾乎各類樂器應有盡有。在周代，十二律的理論已經確立，五聲階名（宮、商、角、徵、羽）也已經確立，這時人們已經知道五聲或七聲音階中以宮音為主，宮音位置改變就叫旋宮，這樣就可以達到轉調的效果。

秦漢時開始出現「樂府」。它繼承了周代對採風制度，搜集、整理改變民間音樂，也集中了大量樂工在宴饗、郊祀、朝賀等場合演奏。這些用做演唱的歌詞，被稱為樂府詩。樂府，後來又被引申為泛指各種入樂或不入樂的歌詞，甚至一些戲曲也稱之為樂府。漢代主要的歌曲形式是相和歌，同時在西北邊疆興起了鼓吹樂。以不同編製的吹管樂器和打擊樂器構成多種鼓吹形式，如橫吹、騎吹、黃門鼓吹等等。漢代律學上的成就是將八度音程劃為六十律。這種理論體現了律學思維的精微性。從理論上達到了五十三平均律的效果。同時漢代以來，隨著絲綢之路的暢通，西域諸國的歌曲開始傳入內地。

隋唐兩代，政權統一，特別是唐代，政治穩定，不斷吸收他方文化，加上魏晉已經孕育著各族音樂文化融合基礎，終於萌發了以歌舞音樂為主要標誌的音樂藝術全面發展。唐代宮廷宴饗的音樂，稱作「燕樂」。隋、唐時期的七步樂、九部樂就屬於燕樂。它們分別是各族以及部分外國的民間音樂，其中龜茲樂、西涼樂更為重要。唐代歌舞大曲是燕樂中獨樹一幟。它繼承了相和大曲的傳統，融會了九部樂中各族音樂的精華，見於《教坊錄》著錄的唐大曲曲名共有四十六個，其中著名的皇帝音樂家唐玄宗所作《霓裳羽衣舞》兼有清雅的法曲風格，為世所稱道。唐代音樂文化的繁榮還表現為有一系列音樂教

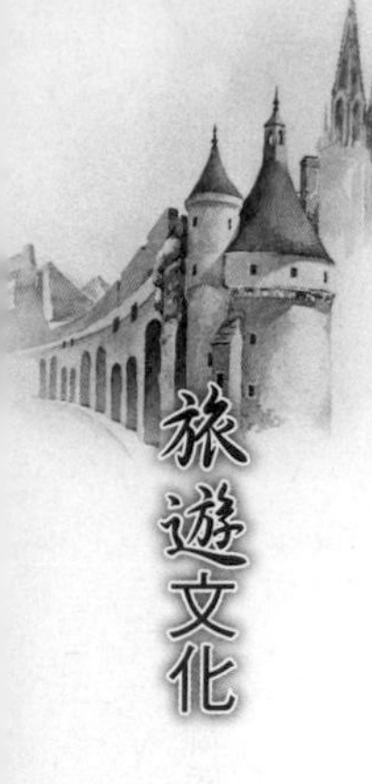

育的機構，如教坊、梨園、大樂署、鼓吹署。

宋、金、元時期音樂文化的發展，以市民音樂的興起為主，隨著都市商品經濟的繁榮，適應市民階層文化生活的遊藝場「瓦舍」、「勾欄」應運而生。在「瓦舍」、「勾欄」中人們可以聽到叫聲、小唱、唱賺等藝術歌曲的演唱；也可以看到說唱類音樂種類，如崖詞、陶真、鼓子詞、諸宮調，以及雜劇、院本的表演。承隋唐曲子詞發展，宋代詞調音樂獲得了空前的發展。這種長短句的歌唱文學體裁可以分為引、慢、近、拍、令等等詞牌形式。在填詞的手法上已經有了「攤破」、「減字」、「偷聲」等。宋代的古琴音樂以郭楚望的代表作《瀟湘水雲》開古琴流派之先河。作品表現了作者愛戀祖國山河的盎然意趣。

到了元代，民族樂器三弦的出現值得注意。在樂學理論上，宋代出現了燕樂音階的記載。同時，早期的工尺譜式也在張炎《詞源》和沈括的《夢溪筆談》中出現。宋代還是中國戲曲趨於成熟的時代，最具代表意義的是南宋時南戲的出現。戲曲藝術在元代出現了以元雜劇為代表的高峰。元雜劇的興盛最初在北方，漸次向南方發展與南方戲曲發生交融。代表性的元雜劇作家有關漢卿、馬致遠、鄭光祖、白樸。隨著元代戲曲藝術的發展，出現了最早的總結戲曲演唱理論的專著，即燕南之庵的《唱論》，而周德清的《中原音韻》則是北曲最早的韻書，他把北方語言分為十九個韻，並且把字調分為陰平、陽平、上聲、去聲四種。對後世音韻學研究以及戲曲說唱音樂的發展，均有很大的影響。

由於明清社會市民階層日益壯大，音樂文化的發展更具有世俗化的特點，明代的民間小曲內容豐富，雖然良莠不齊，但其影響深廣。明清時期說唱音樂異彩紛呈。其中南方的彈詞、北方的鼓詞，以及牌子曲、琴書、道情類的說唱曲種更為重要，南方秀麗的彈詞以蘇州彈詞影響最大。北方的鼓詞以山東大鼓、冀中的京韻大鼓、西河大鼓、木板大鼓較為重要。而牌子曲類的說唱有單弦、河南大調曲子等；琴

書類說唱有山東琴書、四川揚琴等；道情類說唱有浙江道情、陝西道情、湖北漁鼓等。少數民族也出現了一些說唱曲，如蒙古說書、白族的大本曲。明末清初，北方以陝西西秦腔為代表的梆子腔發展迅速，晚清由西皮和二黃兩種基本曲調構成的皮黃腔，在北京初步形成，由此產生了影響遍及全國的京劇。19世紀末，中國被迫開放南方沿海，開始接觸西方音樂和樂器，廣東音樂首當其衝，首先吸收西方和聲方法，創造了新樂器揚琴和木琴，發展了樂隊合奏的音樂，至今廣東音樂仍然有其獨特的魅力，是中西結合比較成功的典範。

三、中國的民族音樂

狹義上的中國民族音樂指的是漢族音樂，簡稱「民樂」。中國的少數民族音樂卻有著更多的樣式和內容，如藏族音樂、蒙古族音樂、壯族音樂等。

1.藏族音樂：藏族是個能歌善舞的民族，其歌曲旋律優美遼闊、婉轉動聽。藏族音樂大體上可以分為佛教音樂和民間音樂。佛教音樂中最著名的是喇嘛唱的無詞歌頌曲調。藏族民歌高亢嘹亮，聽起來就有高原藍天遼闊的氣象，曲調悠揚，但也是以五聲為主。歌舞形式有「果諧」、「果卓」（鍋莊）等。藏族音樂的一些元素被漢族和西方音樂所吸收。有一些漢族歌曲作者模仿藏族音樂的特點創作了一些諸如《逛新城》、《青藏高原》一類的歌曲。正規戲劇方面，現在已經挖掘整理演出了藏族傳統歌劇《格薩爾王》。

2.滿族音樂：中國的東北和北京等地是滿族的聚居地。滿族最有名的民間樂器是源自清朝的八角鼓。滿族的搖籃曲《悠悠扎》等作品很著名，經常被用現代的漢語翻唱。

3.蒙古族音樂：蒙古族民歌分「長調民歌」和「短調民歌」。「長調」有許多無意義的諧音字拉長唱腔，有草原空闊的風

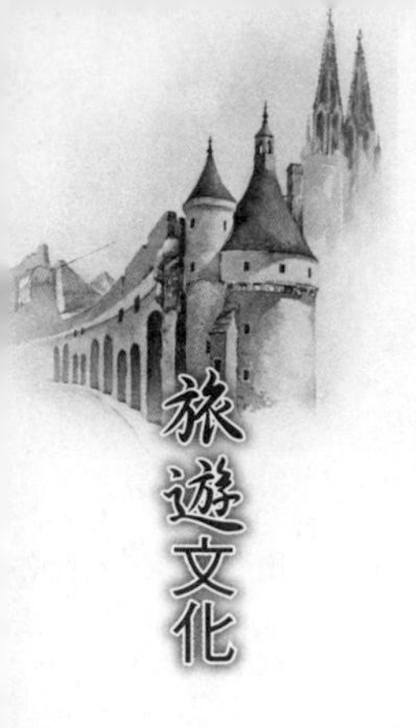

格。最有特色的樂器是馬頭琴，是一種拉弦樂器，因琴柱上一般都雕刻一個馬頭裝飾而命名。

4.壯族音樂：廣西是壯族聚居區民歌的故鄉，男女青年經常對歌，有人甚至說壯族一生唱歌的時間比說話的時間長。壯族民歌基本和漢族音樂風格相似，以五聲音階為主。歌詞有明顯的對仗格式，內容則以象徵、比喻等手法表述，以生活中的交流為主，有時歌詞也引用中國古典故事和典故。壯族音樂可以在電影音樂劇《劉三姐》中一窺其妙。

5.傣族音樂：傣族音樂和南亞地區緬甸、泰國的音樂風格類似，曲調婉轉柔美，典型的樂器是葫蘆絲和象腳鼓，葫蘆絲獨特的音色一演奏就是傣族的音樂風格。

6.納西古樂：為雲南麗江納西族老人間演奏的音樂，據說是從明朝時中原地區傳入的，由於當地原來交通不便，和外界交往不多，使得傳統古樂得以流傳下來，現在只有一批老人樂隊可以演奏，正在培養接班人，是中國14世紀音樂的活化石，受到音樂界的廣泛關注。

7.侗族音樂：侗族「大歌」是中國唯一採用和聲的民歌系統，基本為女聲無伴奏合唱，由各聲部嗓音的和聲配合，非常和諧，曾在國際引起轟動，並多次獲獎。

8.維吾爾族音樂：維吾爾族音樂基本是中亞音樂風格，非常注重節奏，用手鼓可以打出多達幾十種不同的節奏，樂器主要是都它爾和熱瓦甫，最大的是冬不拉。維吾爾族的傳統音樂《十二木卡姆》包羅萬象，是許多民間音樂的源頭。

9.塔吉克族音樂：塔吉克族音樂和漢族音樂有較大的區別，善於運用半音，旋律婉轉多變，如同山鷹高鳴，最典型的是作曲家雷振邦為電影《冰山上的來客》配的歌曲，完全運用了塔吉克民歌的旋律。

10.朝鮮族音樂：朝鮮族音樂和朝鮮、韓國的音樂基本相同，主要樂器有長鼓和伽倻琴，伽倻琴類似中國古代的箏，比現代的箏小，彈法也不一樣，是放到盤坐的膝蓋上彈。音樂旋律有其獨特的風格。

四、亞洲其他國家樂器

(一)日本傳統樂器

日本的主要樂器，大多源自於中國，但經過日本化以後，具有日本的特殊風格。日本在近代，主要是以封建制度貴族與武士階級為社會的主要階層，但到了19世紀，這樣的制度階層逐漸瓦解，倚靠商業和手工業生存的資產階級，逐漸成為社會的中堅分子，在音樂生活中也逐漸贏得了較強的地位，除了封建貴族社會的音樂文化以外，資產階級的音樂文化業已日益重要起來，特別是三味線，成了德川晚期的代表性樂器。

三味線傳於中國的三弦，在日本，大多用於民間的通俗音樂，作為獨唱的伴奏樂器，16世紀從琉球島傳入，與中國三弦不同處為共鳴箱使用貓皮或狗皮而不是蛇皮，演奏的時候使用撥子，由於三味線具有強而有力的表達能力，是戲劇音樂主要的樂器，不論是木偶劇、歌舞伎都有使用，三味線在18和19世紀時成為藝妓的典型樂器，藝妓用三味線伴奏其短小的藝術歌曲——稱為短歌kouta。

所有日本國民都分成各種階層和階級，每一個階層和階級各自有自己的音樂。例如貴族喜歡古典的宮廷音樂——雅樂Gagaku；武士階級喜好能劇；一般市民喜愛三味線樂曲；而農民、漁民、船夫有自己特有的音樂類別。

尺八（Shakuhachi），是竹子所做成豎吹的管樂器，也就是中國的洞簫，尺八曾經是拖缽和尚使用的樂器，此外無主的武士——浪人，也曾經使用它，在日本西化以後，尺八音樂吸收了一些西方風格，其中道雄宮城所寫的《春之海》，是為箏和尺八所寫的傑作。箏

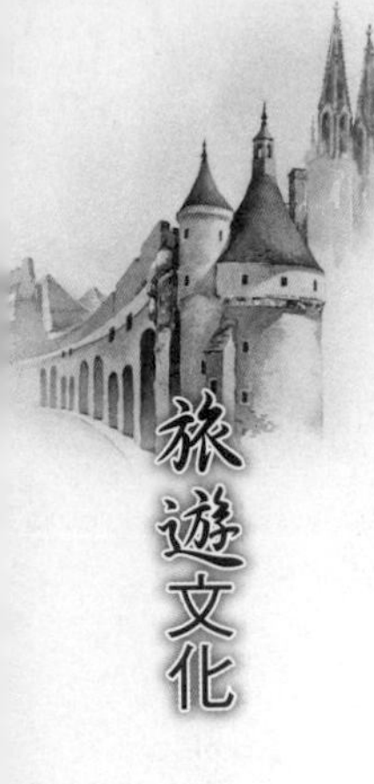

（koto），同樣是源自於中國的樂器，長1.8公尺十三條琴弦，早期用在雅樂之中，但從17世紀開始，koto也用在獨奏的音樂中，18世紀起，對於三味線接合成為最重要的室內樂形式，箏曲即是為箏所寫的音樂，成為19世紀各種不同編制的室內音樂最重要的題材，通常分為許多段dan，大致上是一種輪六曲式。Koto是十三弦的日本古箏，它除了是實際的樂器外，也是樂器材料文化的一個指標性器物。

(二)韓國傳統樂器

韓國傳統樂器是指具有朝鮮民族的傳統樂器，包括玄鶴琴、伽倻琴、笛、長鼓、鼓等樂器演奏的韓國古典音樂。同其他民族一樣，這種音樂始於古代祭天神時演奏的儀式音樂。國樂可分為宮廷內的國樂和上階層的祭祀國樂，包括在慶祝宴會上演奏的Aa-ak（ceremonial music），以及民謠、農樂等老百姓音樂；由於韓國歷史不斷遭受外來侵略與抗爭，因此在音樂上多少有著怨恨的情緒：（koreatips.net，2009）

1. 伽倻琴：是用梧桐樹和十二條弦製作的樂器。由於音色又輕又美，故也被稱為女性樂器。多用於歌曲節奏，並作為獨奏樂器。演奏方法是左手按弦、右手彈弦發聲。
2. 玄鶴琴：是5世紀前在高麗出現的韓國固有的代表樂器，主要是用梧桐樹和堅硬的栗子為材料做的，演奏方法主要是時而向上挑弦、時而向下壓弦，由於琴音幽靜，過去被大多有學問的書生所崇尚。
3. 長鼓：是腰部很細的木桶，兩邊扣皮的樂器，左皮厚而音低、右皮薄而音高，主要用於農樂與巫術音樂。
4. 竹笛：是用竹製作的樂器，最早出現於三國時代，它是一種可以發出多種音色，靠蘆葦內外皮震動而演奏的樂器。
5. 呱噠板兒：是把六個板子用鹿皮穿在一起做成的樂器，一般只

在樂曲開始與結束時彈奏。

6.編鐘：是掛上十六個折成字模樣的浮石製作的樂器，厚度越厚音越高，聲越清音越高，是高麗時代從中國傳來的樂器。朝鮮（15世紀）世宗年間被發現開始製作編鐘。

7.鑼：是用碎布纏上槌把，敲擊發出雄偉溫和的音色的一種樂器。小鑼則是一種鐵片樂器，樣子很像鑼，但比鑼更小，用結木球的槌打擊發聲。在農樂（farmer's festival music）中在前頭敲著小鑼指揮全隊的人（lead player）使用音色高聲音大的，另外一個人則使用音色溫和聲音小的。

8.奚鑼：是用竹和絲線做的樂器，聲音小而溫和，與小提琴的聲音相似，據說是在高麗時代（918至1392年）從宋朝傳入的。

第三節　西方樂器

在原始時代，正式樂器尚未發明前，人們會利用隨手可得的物品，敲擊發出聲音，主要使用於典禮儀式。隨著文明的演進，各種現代樂器的前身漸漸出現。西方樂器主要包括弦樂器、管樂器、打擊樂器以及鍵盤樂器，茲說明如下：

一、西方的傳統樂器

(一)弦樂器

阿拉伯人在10或11世紀將一種叫做拉巴琴的擦弦樂器傳入歐洲，由於其聲音與人聲一般綿延，於是絃樂器很快就大為流行。行吟樂人彈著外形似梨的雷貝琴，拉著四弦琴或提琴，王公貴族組織提琴手樂隊來伴舞，並為他們的旅途提供背景音樂。文藝復興時，樂器家族開始分成我們今日所知的形式。就擦絃樂器而言，有兩個主要分支：小

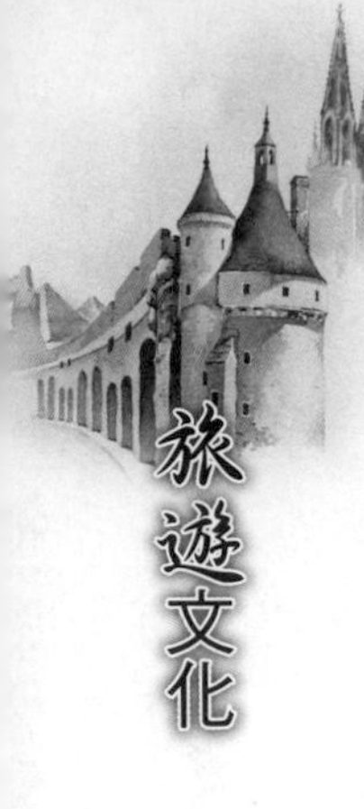

提琴和古提琴。雖然名稱非常相似，但構造卻迥然不同。小提琴以臉頰夾著音箱，指板向外伸出。古提琴則相反，指版朝上立直著，和大提琴一樣。

無論是哪一種琴，都是用弓摩擦弦使其發出聲音，聲音在鳴響中，不斷地使弦產生振動，所以可以隨心所欲的發出長音或短音。而且即使在拉同一個音的時候，也可以使那個音變強或變弱，表現出豐富的感情。同時，在發出聲音的時候，因為弦和弓一直處於接觸狀態，所以會含有雜音，呈現帶有憂鬱的音色。弦樂器因表現幅度寬闊，又能和各種其他聲音融合在一起，所以是一種適合於大合奏的樂器。

弦樂器是管弦樂團的主幹。弦樂器的音域寬廣，從最低的低音大提琴到拔尖的小提琴，幾乎含括了聽力所及的範圍。各種弦樂器的聲響互相交融，形成綿延的音響背景，在一般的管弦樂團中，弦樂部人數遠超過其他部分：上百人的越團裡有三分之二是弦樂手。

弦樂器有其他樂器比不上的地方，它們是最像人聲的樂器，隨著說話和唱歌的抑揚頓挫而形成，它們能表達熱情或歡欣，能歎息也能絮絮私語。小提琴手和大提琴手可以藉著運弓的方式，透露出攻擊或溫馴、炫燿或謙抑。在弦樂器上，一個音幾乎可以無限延長，音量可大可小，同時藉著左手手指的振動，弦樂手能使聲音豐富而鮮活。

1.小提琴是最具代表性的擦弦樂器，全長約60公分，音色優美而纖細，是管弦樂團中非常重要的樂器，常扮演主旋律角色。由四條弦組成，定音分別為GDAE，係由弓磨擦振動琴上的弦發出聲音。琴弓約長75公分，是以馬尾製成的弓毛緊繫著木質的弓桿的兩端，一支琴弓所需的毛數，大約在一百三十條至二百五十條之間，演奏家透過不同演奏技巧的運用來表現豐富的音色。

2.中提琴全長約66公分，四弦各比小提琴低完全五度調音，音色

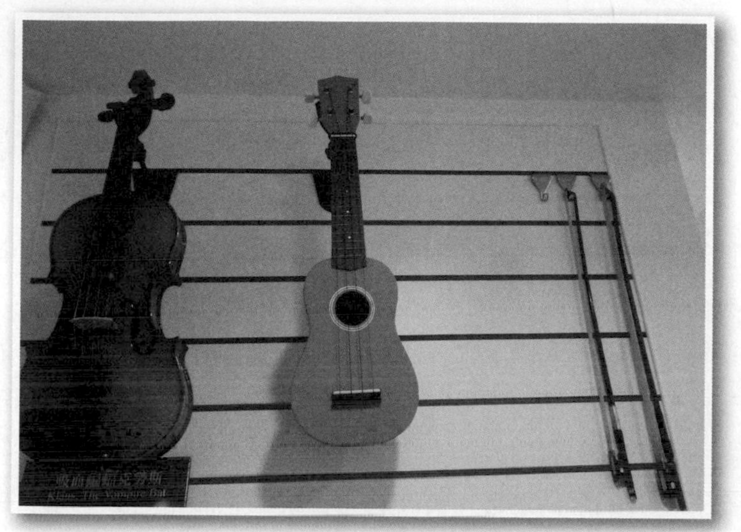

小提琴為最具代表性的擦弦樂器，全長約60公分

雅靜。在17世紀，中提琴只是用來陪襯及加重低音部或填補和聲而已，直到18世紀後才慢慢開始被當作獨奏樂器使用。其四弦定音分別為CGDA，演奏技巧與小提琴相同，由於其音域較低，左手在指板上的音距活動要比較大。

3.大提琴長約小提琴的兩倍，全長約120公分，演奏時夾於兩腿之間，下端用腳棒支撐。調律比中提琴低一個八度，四弦定音分別為CGDA，琴弓約長73公分。大提琴擁有廣潤的音域，音質雄厚且圓潤，因為它的音域與人聲接近，因此特別容易被接受。大提琴雖早在16世紀就出現，卻都只是擔任低音伴奏的角色，一直到巴洛克時代的後期，才真正確立了獨奏樂器的地位。

4.低音大提琴是提琴家族中最低音也是最大的樂器，全長約200公分，演奏者必須站立拉奏，四弦定音分別為EADG，音色莊重而低沉，琴弓約長68至70公分。演奏技術由於受到樂器構造的限制比起其它弓弦樂器較顯不靈活。

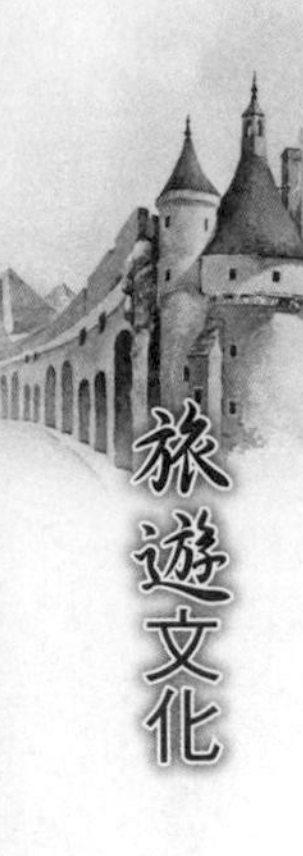

(二)木管樂器

管樂器依材質可概分為木管、銅管。管樂器間差異很大，從短笛的尖聲呼嘯，到低音管的低生咕噥都有，木管樂器可以是抒情、平靜的，也可以是瘋狂的。在音域上，長笛和雙簧管大致相當，而單簧管、低音管分別和中提琴、大提琴相似。構造上，長笛和單簧管是圓柱體，而單簧管和低音管是圓錐體，所以也比較昂貴。

銅管樂器是管弦樂團的榮耀。樂器的外表燦爛輝煌：伸縮號閃閃發光的喇叭口，高聚在舞台上發出的聲音直逼聽眾；法國號繚繞優雅，其柔和的旋律與原潤的光芒相呼應；華麗的小號緊湊而幹練，能隱約泛著衝鋒陷陣的迴響；矮胖的低音號雄壯而帶喜感。銅管樂器是一條金屬管，一端是杯狀的吹嘴，另一端是外張的喇叭口。當吹奏者吹氣時，管內的氣柱以某一頻率震動。所有銅管樂器的問題是，為了要轉換調性，管長必須變長或縮短。而除了伸縮號之外，所有的銅管樂器都藉著活塞來轉換調性，活塞讓氣流通過長短不一的管子而改變管長。

管樂器的發音方法可分成三類：第一種為氣流直接吹入吹孔，使管柱振動而發音，像長笛、短笛；第二種為氣流透過雙簧吹入，使管柱發音，如雙簧管、英國管、低音管等；第三種則是氣流透過單簧使管柱發音，如單簧管、低音單簧管等。木管樂器的音色非常豐富且優美，都有半音鍵，可以演奏音階、半音階與跳進音程。以下介紹幾種最常見的管樂器：

1.長笛：儘管長笛構造複雜，為古希臘傳說中牧童吹奏的樂器。長笛也為現代爵士樂所接受，是藉著吹氣過吹嘴吹奏，其低音渾厚，高音清越。

2.短笛：短笛是長笛的同類樂器，形制與長笛雷同，發音管比長笛短而細，發音比長笛高八度。在樂隊中，短笛一般由第一或第二長笛演奏家兼奏。短笛是管弦樂團和管樂隊中的最高音吹

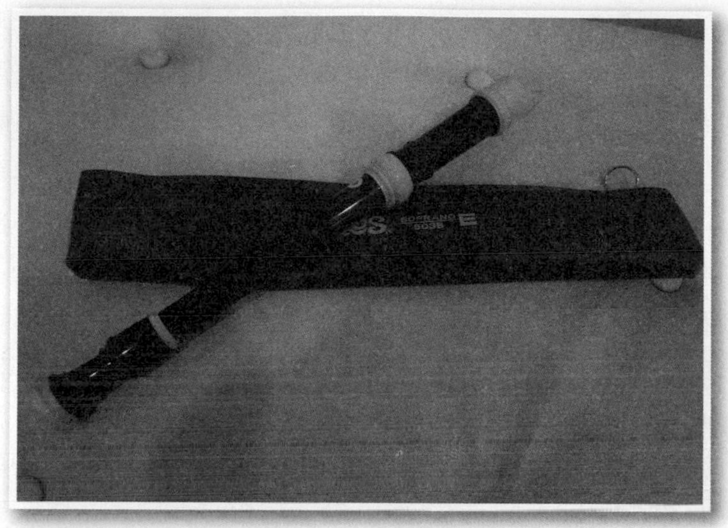

吹管樂器的一種——高音直笛

奏樂器，音色響亮、清脆，很有色彩。適宜於演奏各種抒情的或華彩性的樂曲。在樂隊中，短笛的中、高音區音響穿透力很強，運用得當可使整個樂隊的音響生輝；另外，短笛較少用泛音。

3.雙簧管：雙簧管可用來獨奏，發音個性強而有穿透力，與其他樂器合奏和弦時，容易顯得突出，使用要謹慎。雙簧管因吸氣與呼氣不易平衡，宜避免造成演奏者呼吸紊亂。雙簧管是管弦樂團、管樂隊以及木管重奏組成樂器，音色具人聲美，它的低音區及靠近低音區的中音區發音，於樂隊中與其他樂器的聲音能較好地相融合；雙簧管適於演奏抒情的樂曲。使用得當，演奏活潑的、華彩性的樂曲亦很有特色。

4.單簧管：單簧管低音區共鳴較大，音低沉，給人一種緊張的感覺，很有特色；中音區明亮、優美；高音區展現響亮、尖銳，難弱奏；極高音時雜音增多，音準難掌握，故少用。在演奏技巧上單簧管的音域較寬，可以自如地演奏音階、半音階、音程的跳動，也可以自如地演奏和弦的分解音型和裝飾音。

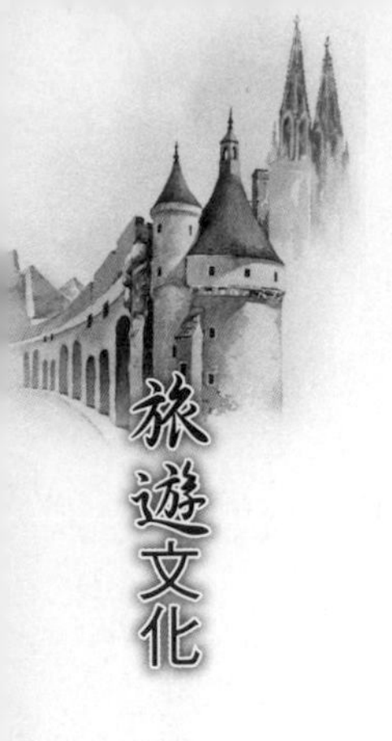

5.低音單簧管：低音單簧管是降B調樂器，發音比單簧管低八度。在管弦樂團中，降B調低音單簧管一般由第2或第3單簧管演奏者兼奏，故為方便演奏者用高音譜表記譜。低音區音色最有特色，發音低沉，給人一種緊張的感覺；中音區音色接近B調單簧管的低音區，明亮、個性不強；高音區音乾澀，且雜音增強，發音不易準，故極少用。

6.低音號：低音號是管樂隊的低音樂器，在大型管弦樂團中也有配置低音號。低音號的發音管粗而長，發音較其他樂器稍遲鈍，故較少演奏獨奏曲，在演奏中，低音號應適時提前發音，以便與其他樂器的發音相一致。在吹奏樂器中，大號的耗氣量最大，不宜連續吹奏強型的、長時值的音符。

7.小低音號：低音號主要在管樂隊中使用，其作用與次中音號差不多。在樂隊中，小低音號經常重複吹奏其他低音樂器聲部，以加強樂隊的低音。小低音號的號嘴較小，不宜於反覆吹奏高音區，否則會因嘴唇疲勞而出現跑音現象。小低音號的發音管較粗，音響不夠清晰，不宜演奏華彩樂段。

8.法國號：法國號起源於18世紀的英國，其發展更源於德國，和法國並沒有很深的淵源。Horn這個字在英文中是「獸角」的意思，而在巴洛克時代後期的樂譜中也還稱之為獵號，因起源於打獵時用的信號樂器。今天，由於樂器本身不斷地發展，再加上法國號音色和音質的特殊之處，已在管樂世界中扮演著相當重要的角色。現在較常用的法國號依調性可分為F調、降B調及雙調三種。在合奏方面，法國號雖然在銅管家族中缺乏震人心魄的效果，但由於其音質獨樹一幟，因此在許多曲子中都能負擔起獨奏的大任。另外值得一提的是，法國號和其他樂器都能結合得很好，再加上合奏時其中音部持續飽滿的和聲，使得法國號成為連接銅管和木管的橋樑。

9.小號：沒有明顯的音區區別，大致可分為：(1)低音區：發音較粗，不純。極低音音色沙啞，音不易吹準；(2)中音區：明亮、雄壯，弱奏時圓潤；(3)高音區：響亮；(4)極高音靠嘴唇控制音高，一般演奏者難以奏出，在合奏中很少使用。另外，在演奏技巧方面，小號可自如地吹奏八度內各種音程的跳動，可以自如地演奏音階、半音階以及分解和弦。小號的音色具有強烈的號角色彩，聽起來可使人產生振奮的感覺。

10.長號：長號又稱伸縮號，是管弦樂團和管樂隊的組成樂器。長號強奏時宏亮、輝煌，弱奏時相當圓潤柔和。在作為獨奏或重奏樂器使用時，可以演奏號角性或抒情的音調，亦可演奏技巧較為複雜的樂段。長號的音色能同其他樂器的音色融合在一起，其滑音很有特色，運用得當時，可以作為特殊效果使用，如模仿飛機聲、警報聲等，可以為樂隊增添色彩。（吳家恆譯，1997）

(三)打擊樂器

打擊樂器，又名敲擊樂器，是一種以打、搖動、摩擦、刮等方式產生效果的樂器族群。打擊樂器可能是最古老的樂器。有些打擊樂器不僅能產生節奏，還能有旋律和合聲的效果。大多數打擊樂器有一個確定的音，甚至連鼓的音也是確定的。但一般來說打擊樂器的分類是看一個樂器是否有一個確定的音高。定音鼓、木琴和鋼片琴等都有一定的音高，而小鼓、大鼓、三角等一般沒有確定的音高。但也有些打擊樂手在錄唱片或演奏特別的作品前會確定他們的鼓的音高。西方的鑼一般沒有確定的音高，吊鈸也有確定音高的，但很少見。

在大部分的管絃樂曲完成的時代，打擊樂器並未受到重視，最普遍使用為定音鼓，用途僅為增強樂曲氣勢。再來是小鼓、大鼓、爵士鼓、鈸、木琴等。不過後來樂曲逐漸走向多樣化，打擊樂器豐富的節奏性因此得到善用。在20世紀初期管樂開始發展，各式各樣的打擊樂器慢慢被研發改良，作曲家得以利用多樣的音響效果使樂曲更加有變化。

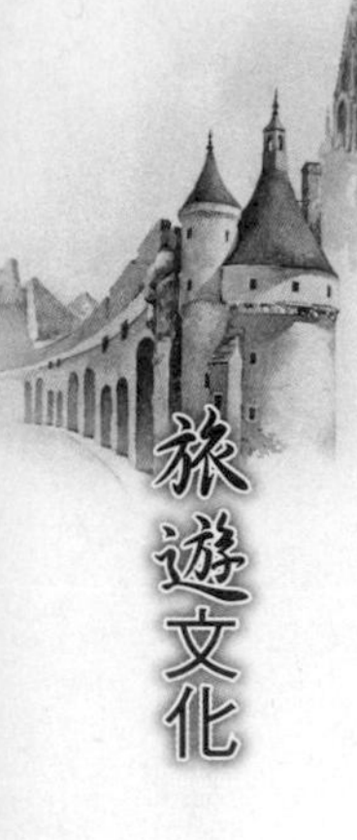

(四)鍵盤樂器

鍵盤樂器是有排列如鋼琴鍵盤的琴鍵之樂器總稱。這些樂器上每個琴鍵都有固定的音高，因此皆可以用以演奏任何符合其音域範圍內的樂曲。琴鍵下常有共鳴管或其他可供共鳴之裝置。演奏家在使用鍵盤樂器時並非直接打擊樂器的弦產生震盪，而是使用琴鍵，透過樂器內的機械構造或電子元件來產生聲音。一般琴鍵是黑色和白色的，排列在鍵盤上。少數例外有手搖風琴、手風琴等，在這些琴上也有按鈕。鍵盤樂器的優點在於大多數鍵盤樂器可以同時多聲部演奏，能演奏多個音的和弦，且音域相對比較寬闊。缺點則是在於音樂家無法直接控制發音器，而且大多數鍵盤樂器的音高是固定的，演奏家無法更改它們，因此對演奏有一定的限制，比如無法產生滑音。

二、西方音樂的發展

(一)希羅時期

西元前3200年至西元400年發掘的考古史料中，殘存下來的樂譜還不到十件，但是從殘存下來的雕塑等諸多文化襲產，可以看出曾經存在過的輝煌成就，古希臘大哲學家都曾對音樂進行過討論與研究，這被後人視為西方音樂之源。西元前12世紀至前8世紀荷馬時期的兩部史詩，反映了古希臘的音樂文化。史詩本身既是文學作品又是音樂作品，它由職業彈唱藝人「阿埃德」用一種叫基薩拉的樂器伴奏吟唱。西元前776年，古代奧林匹克運動會開始舉行，在比賽時常伴有音樂，後來產生了音樂比賽。同時，斯巴達把音樂作為國事活動與教育的重要手段，使音樂得到了進一步的發展。西元前146年後，古羅馬征服希臘後，它的文化主要受益於希臘，同時又吸收了敘利亞、巴比倫、埃及等國的文明成果，也因此音樂得以流傳更廣泛。（古希臘羅馬時期的音樂-維基百科，2009）

(二)中世紀時期

中世紀的音樂活動受到基督教影響很大，音樂多以宗教儀式或歌唱頌歌為主，以功能為重，歌詞多是採自聖經。特色是旋律高低起伏變化小，缺乏和聲基礎，表現樸實。對中世紀音樂貢獻最大的是米蘭主教安布羅斯和教皇格里高利一世。西元390年左右，安布羅斯推行對聖歌的雙聲合唱，引入和聲，並准許俗人參與演唱，是教會音樂得以發展和普及的主要功臣。590年至604年在位的教皇格里高利一世，編出一套用於莊嚴禮拜的曲目，並用法律形式規定在祈禱儀式中必須有音樂，形成一整套格里高利聖詠，成為宗教創作的典範，後來又發展出記譜法，雖然尚沒有小節線和五線譜，但使用高低位置記譜的方法，為五線譜的發明提供了基礎，這種記譜法只有四行線，每行前面有三個菱形譜號，結尾有一個菱形譜號提示下一行音高，基本是五線譜的雛形，但不能表示節奏。

(三)文藝復興時期

文藝復興時期（1450至1600年）在中世紀「新藝術」的基礎上，更加追求人性的解放與對人的內心情感的抒發與表達。這時的音樂家在人文主義思潮的推動下，對複調音樂進行了發展和變革，聲樂與器樂逐漸分離而獨立發展。這一時期五線譜已得到完善，印刷術也運用到曲譜上，這都使音樂的傳播更加便利和廣泛；此時幾個較有影響力的樂派有：

1.尼德蘭樂派：創作內容多為彌散曲與經文歌等宗教音樂，也有世俗音樂。代表人物有迪費、若斯坎、汴舒阿、奧凱格姆等。

2.威尼斯樂派：其特點是音響氣勢寬廣宏大、對比效果鮮明。創作內容有銅管樂與弦樂的重奏曲、管風琴的前奏曲、幻想曲與托卡塔等。代表人物有維拉特、A. 加布里埃利等。

3.羅馬樂派：專門創作服務於宗教作品的樂派，以無伴奏合唱的

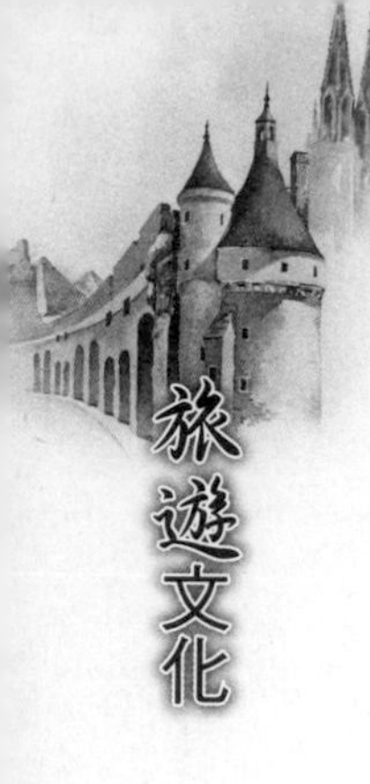

形式為主。代表人物有帕萊斯特里納、G. M. 納尼諾、F. 索里亞諾等。

巴洛克最初是建築領域的術語，後逐漸用於藝術和音樂領域。巴洛克音樂指歐洲在文藝復興之後，古典主義音樂形成之前所流行的音樂類型，延續期間約從1600年到1750年之間的一百五十年。17、18世紀宮廷樂師所寫的音樂作品，絕大部分是為上流社會的社交所需而做，為了炫耀貴族的權勢以及財富，音樂的特點是極盡奢華，加入大量裝飾性的音符。節奏強烈、短促而律動，旋律精緻。當時富有的貴族大多都擁有專屬的樂團，以便在宮廷中娛樂賓客，變化多樣又音樂寬廣的樂器曲就廣受青睞。樂器曲崛起後，音樂的創意更有了發揮空間，音樂家開始發展出不同的樂曲類型，包括組曲（Suite）、奏鳴曲（Sonata）、協奏曲（Concerto）、賦格曲（Fugue）、羅曼尼斯卡（Romanesca）。（楊沛仁著，2001）

(四)古典主義時期

古典主義音樂指的是1730至1820年這一段時間的歐洲主流音樂，又稱維也納古典樂派，三位最著名的作曲家是海頓、莫札特和貝多芬。古典主義音樂承續著洛克音樂的發展，是歐洲音樂史上重要的一種音樂風格年代。這個時代出現了多樂章的交響曲、獨奏協奏曲、絃樂四重奏、多樂章奏鳴曲等體裁。而奏鳴曲式和輪旋曲式成為古典時期和浪漫時期最常見的曲式，影響之深遠直至20世紀。樂團編制比巴洛克時期增大，樂團由指揮帶領逐漸變成一種常規。隨著法國大革命對社會造成的衝擊，作曲家的生計也受到影響，由最初依賴宮廷、教會供養轉變為獨立的經營者。現代鋼琴在古典時期出現，逐漸取代了大鍵琴的地位。

(五)浪漫主義音樂時期

浪漫主義主要用於描述1830至1900年間的音樂創作。浪漫主義音樂是古典主義音樂（維也納古典樂派）的延續和發展。浪漫主義音樂比起維也納古典樂派的音樂，更注重感情和形象的表現，相對來說看輕形式和結構方面的考慮。浪漫主義音樂往往富於想像力，因為音樂創作本身，就是想像力的一種表現，而浪漫主義恰恰是想像力的最佳體現。貝多芬是古典主義音樂的集大成者和終結者，也是浪漫主義音樂的先行人，浪漫主義音樂拋棄了古典音樂以旋律為主的統一性，強調多樣性，發展和聲的作用，對人物性格的特殊品質進行刻畫，更多地運用轉調手法和半音。浪漫主義歌劇的代表是韋伯，音樂的代表是舒伯特。浪漫主義音樂體現了影響廣泛和民族分化的傾向，代表者包括義大利的羅西尼、匈牙利的李斯特、波蘭的蕭邦和俄羅斯的柴可夫斯基。浪漫主義音樂在瓦格納和布拉姆斯時代逐漸走入歷史。

(六)現代音樂時期

現代音樂，也稱現代古典主義音樂（20th century classical music），是指自1900年起繼承歐洲古典音樂的一個音樂紀元，音樂門派繁多，風格多樣。在此之前，現代音樂有兩大源流：古斯塔夫．馬勒與理察．史特勞斯的後浪漫樂派，和德布西的印象樂派。當時古典音樂也和爵士樂相互影響，有些音樂家能同時在兩個領域作曲。現代音樂一個極重要的特點是開始有了所謂傳統及前衛的分別，它們的音樂原則在一方占極其重要性者，在另一方往往不是那麼重要或不被接受。隨著時間演進，前衛的概念已經逐漸的被接受，兩個領域彼此之間的分野不再那麼壁壘分明，並且出人意表的，這些開拓性的技巧常常被流行音樂所引用。

20世紀的經濟和社會型態對音樂也有重大的影響力，世界在工業化時代有逐漸進步的科技設備，有著全新的社會活動意義，20世紀流

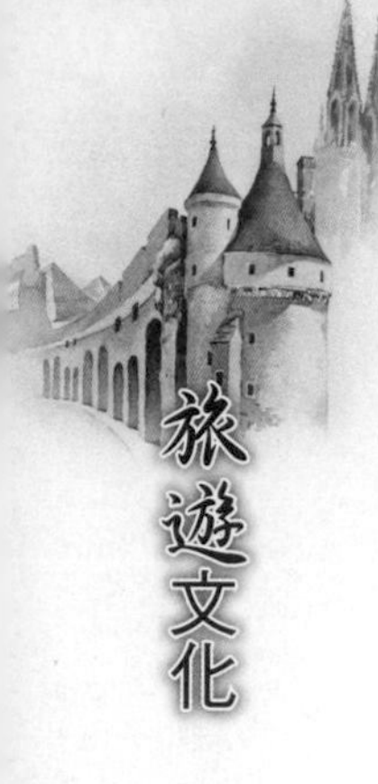

行的各式音樂運動，包括新古典主義、序列主義、實驗主義、概念主義（conceptualism）都可以追溯至此概念。

(七)流行音樂時期

流行音樂泛指易於被大眾所接受和喜歡的音樂風格。流行音樂常常有著商業化的運作。和流行音樂形成對比的音樂形式是古典音樂和民族音樂。流行音樂大部分都是可組合的，通常都是詩句、合唱或重複。類型略可分為：藍調、鄉村音樂、輕音樂、電子音樂、爵士樂、拉丁音樂、現代民俗音樂、新世紀音樂、Rap音樂（饒舌）、雷鬼樂、節奏藍調、搖滾樂等。

三、西方著名的音樂家

(一)巴哈

約翰·塞巴斯蒂安·巴哈（Johann Sebastian Bach, 1685-1750），為巴洛克時期的德國重要作曲家，傑出的管風琴、小提琴、大鍵琴演奏家。普遍被認為是音樂史上最重要的作曲家之一，並被尊稱為西方音樂之父，也是西方文化史上最重要的人物之一。

巴哈出生於德國中部圖林根州小城艾森納赫的一個音樂世家，是一位著名的宮廷樂長，在德國萊比錫聖湯瑪斯教堂（St. Thomas' Church）擔任唱詩班的指揮長達二十七年。他的作品大都和宗教有關，如唱合詩歌（antiphon）彌撒曲和清唱劇等。儘管他的音樂並沒有開創新風格，但創作使用了豐富的德國的音樂風格和嫻熟的複調技巧，他的音樂集成了巴洛克音樂風格的精華。巴哈的成就是一直到浪漫主義時代，作曲家舒曼在萊比錫的圖書館中發現了巴哈的《受難曲》，並且由作曲家孟德爾頌在音樂會上演奏，才震驚音樂界。此後孟德爾頌對他的作品進行了發掘、整理和推廣，經過幾代音樂家的共

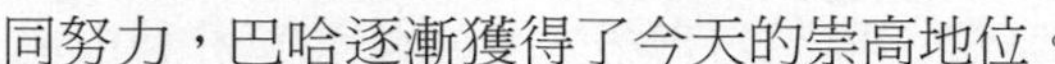

同努力，巴哈逐漸獲得了今天的崇高地位。

(二)約瑟夫・海頓

約瑟夫・海頓（Joseph Haydn, 1732-1809），為奧地利音樂家，繼巴哈之後的偉大作曲家，古典主義音樂的傑出代表，被譽稱為交響樂之父。海頓出生於奧地利和匈牙利邊境的一個小村莊羅勞，出身於貧窮家庭，二十七歲時受聘擔任匈牙利艾斯台爾哈奇親王的樂長，任職長達三十年之久，他一生寫作了一百零四首交響曲，兩部清唱劇《創世紀》和《四季》，同時也寫作了大量的絃樂四重奏、鋼琴奏鳴曲，以及一些歌劇、輕歌劇、十二部彌撒曲和聲樂作品。海頓是器樂主調的創始人，將傳統對位法的獨立聲部完全同化了，將主題發展自行展開，其音樂幽默、明快，含有宗教式的超脫，將奏鳴曲式從鋼琴發展到弦樂重奏上。後期他訪問英國，接受牛津大學授予的音樂博士頭銜，受到了韓德爾的影響，也受莫札特的影響，產生旋律優美的抒情色彩，出現類似巴洛克的風格。他用弦樂四重奏代替鋼琴，用管弦樂代替管風琴，創造了兩種新型的和聲演奏形式。他與莫札特、貝多芬同為維也納古典樂派的傑出代表。

(三)路德維希・范・貝多芬

路德維希・范・貝多芬（Ludwig van Beethoven, 1770-1827），集古典主義之大成、開浪漫主義之先河的德意志古典音樂作曲家，也是一位演奏家和指揮家。他一共創作了九首編號交響曲、三十五首鋼琴奏鳴曲（後三十二首帶有編號）、十部小提琴奏鳴曲、十六首絃樂四重奏、一部歌劇、二部彌撒、一部清唱劇與三部康塔塔，另外還有大量室內樂、抒情曲（lieder）與舞曲。這些作品對音樂發展有著深遠影響。

貝多芬最著名的作品包括《第三交響曲》（英雄）、《第五交響曲》（命運）、《第六交響曲》（田園）、《第九交響曲》、《悲愴

奏鳴曲》和《月光奏鳴曲》等等。早期的音樂，受海頓和莫札特的古典主義風格影響很大，到了中後期，作品越發表現出他強烈的個人風格，貝多芬甚至藉音樂表白自己的理想和訴求。貝多芬將古典主義音樂在形式方面做到了極限，創作風格的發展約可分為三階段：

1.早期：1804、1805年前，為對古典主義傳統的依賴期。

2.中期：1805到1814年，為貝多芬創作的鼎盛時期，大部分有名的作品都誕生在這一時期。

3.後期：1819年之後的貝多芬，顯示出了獨特的晚期創作風格——自省而神秘。

(四)沃爾夫岡·阿瑪迪斯·莫札特

沃爾夫岡·阿瑪迪斯·莫札特（Wolfgang Amadeus Mozart, 175-1791），出生於神聖羅馬帝國時期的薩爾茲堡，是歐洲最偉大的古典主義音樂作曲家之一。三十五歲英年早逝的莫札特，留下的重要作品總括當時所有的音樂類型。根據當代的考證顯示，在鋼琴和小提琴相關的創作，他無疑是一個天份極高的藝術家，譜出的協奏曲、交響曲、奏鳴曲、小夜曲等等成為後來古典音樂的主要形式，他同時也是歌劇方面的專家，他的成就迄今不朽。

莫札特的父親是薩爾斯堡大主教教廷交響樂隊的演奏員和作曲家，他在三歲時便展現出音樂奇特的才能，不僅具備絕對音準，更有超出常人的記憶力，五歲時更請求父親教授大鍵琴，隨後亦涉獵小提琴、管風琴和樂曲創作。六歲已譜出三首小步舞曲和一曲快板。1762年至1773年間，莫札特隨父母經常在歐洲做演出旅行。1767年，十一歲的他寫出了第一部歌劇《阿波羅與希亞欽杜斯》，並由薩爾斯堡大學附屬高級中學的學生們演出這齣拉丁喜劇。返回奧地利後，定期往返維也納，並於1768年夏天寫出另外兩部歌劇，名為《牧羊人與牧羊女》與《善意的謊言》，當時莫札特年僅十二歲。隔年便受大主教提名為樂團首席。在其一生中並非一直順利，其間包括工作、家庭與感情方面都受到挫折。1782年，神聖羅馬帝國皇帝約瑟夫二世要求他完成一部歌劇，這便是後來的《後宮誘逃》。1784年，莫札特加入共濟會，並迅速地晉升為會長。在生命最後幾年間，莫札特身體欠佳，儘管有不少酬金豐沛的成就，卻越加陷入拮据的窘境。1791年莫札特所創作的《魔笛》相當成功，這也是莫札特最後一齣歌劇。同年瓦爾塞根伯爵要求他創作一首《安魂曲》，莫札特在疾病交錯下，於12月辭世，留下未完成的《安魂曲》，後來這首曲子由他的學生完成。

(五)弗朗茨·舒伯特

弗朗茨·舒伯特（Franz Seraphicus Peter Schubert, 1797-1828）為奧地利作曲家，早期浪漫主義音樂的代表人物，被認為是古典主義音樂的最後一位巨匠。舒伯特在短短三十一年的生命中，創作了六百多首歌曲，十八部歌劇、歌唱劇和配劇音樂，十部交響曲，十九首絃樂四重奏，二十二首鋼琴奏鳴曲，四首小提琴奏鳴曲以及許多其他作品。他的歌曲中既有抒情曲、敍事曲、充滿戰鬥性的愛國歌曲，也有源於民間音樂的歌曲，其中重要的有《魔王》、《鱒魚》、《美麗的磨坊少女》、《野玫瑰》、《流浪者》（兩首）等，主要歌曲匯有三部歌曲集：《美麗的磨坊少女》、《冬之旅》和《天鵝之歌》。他的交響曲中較重要的有第四、第五、第八、第九交響曲，其中第八交響曲是一部浪漫主義抒情交響曲，因只寫了兩個樂章而被稱為《未完成交響曲》，第九交響曲氣勢磅礴，充滿英勇豪邁的氣概，被稱為《偉大交響曲》。舒伯特以抒情的旋律聞名，而且總是能夠自然流露、渾然天成。

第四節　東方舞蹈

一、中國舞蹈

中國古籍中記載了不少樂舞的起源傳說，僅在《呂氏春秋．仲夏記．古樂》一篇中，就有這樣幾則：

1.古帝顓頊在登上帝位的時候，聽到四面八方熙熙鏘鏘的風聲很好聽，就命令部下「飛龍」仿傚風聲創作了「樂」，又令一人率先做樂工，它就躺在地上，用尾巴敲打自己的肚子，發出嚶嚶的聲音。顓頊把這個樂舞叫做「承雲」，用來祭祀天帝。

2.堯立為帝的時候，命「質」創作樂舞，「質」模倣山林溪谷的天籟音響製作了樂歌。又用麋鹿的皮蒙在土罐上做成鼓敲打起來，還重擊輕打石刀石斧，模倣天帝玉磬的聲音，於是百獸都跳起舞來了。

這些神話都是古人記錄的當時傳說，並非史實。傳說中有一些共同點值得我們注意，譬如原始樂舞是模倣天地自然創造出來的、作樂都和祭祀有關聯。

中國的舞蹈概可分為宮廷舞蹈與地方舞蹈。中國宮廷舞是伴隨著古代宮廷的出現而形成、確立和發展的，在中華璀璨的文化史上留下了絢麗多彩的篇章；而地方舞則與民間生活、宗教傳說等有密切關係。

(一)宮廷舞蹈

■商周時期

殷商尊鬼神，凡祭祀等「禮」舉行時要伴以歌舞。商人用音樂與神鬼對話，將歌唱給神鬼聽。樂舞成為人們進獻、侍奉、娛樂神鬼、

人神溝通的重要手段。有時商王還親自舞蹈，比如殷墟甲骨文中就記載了商王為祭神而表演的舞蹈《羽舞》。

西周王室制定了一整套詳細的禮樂制度，標誌著中國宮廷舞的正式確立。「禮」指祭祀、朝饗等儀式，「樂」指伴隨「禮」進行的樂舞。周代的禮樂制度有兩條基本內容：一是規定等級；二是規定伴隨禮的樂舞基本是雅樂。在周雅樂中，器樂、舞蹈、歌唱往往分別進行，並不完全合在一起，舞蹈由與笛相似的管和歌唱配合，歌唱由彈奏樂器瑟或簧管樂器笙伴奏，器樂即所謂「金奏」，是鐘、鼓、磬的合奏。西周時的宮廷舞在殷商樂舞的基礎上，在「以德配天」的觀念下，將宮廷舞向禮儀性發展，而弱化了它的娛樂功能。舞蹈主體是雅樂舞，其特徵為肅穆、崇高。

春秋戰國時期，隨著周王室權力的衰落，曾經建立起來的禮樂制度也開始崩潰。一些諸侯開始越禮使用樂舞，從此，民間俗樂舞開始進入宮廷，並逐漸與之融合。此外，這時的宮廷舞的娛樂功能加強，舞蹈更加輕盈、飄逸、柔媚，使其更具美感，為後世宮廷舞蹈的發展奠定了基礎。

■秦漢時期

秦朝設立了管理俗樂舞的機構「樂府」，但正式形成是在西漢武帝時期。樂府中的樂舞，種類繁多，有郊祭樂舞、兵法樂舞、朝賀宴樂等；在風格上，有江南、淮南、西南等不同地區和民族的樂舞；在形式上，有器樂演奏、吟誦歌唱、舞蹈倡優（又稱「俳優」）等表演。

兩漢皇帝十分推崇俗樂舞，比如西漢武帝就用俗樂舞招待來京朝拜的四夷賓客。而隨著四夷賓客的來京，少數民族舞蹈也逐漸匯聚京都。四夷的舞蹈形式是：「東夷之樂執矛舞，西南夷之樂執羽舞，西夷之樂執戟舞，北夷之樂執干舞（兵舞）。」此外，西域的舞蹈也在貴族中開始流行。這些少數民族舞蹈的流入並與中國宮廷中的俗樂舞交融。漢朝的俗樂舞有文舞和武舞：文舞則有長袖折腰舞、掌上舞、

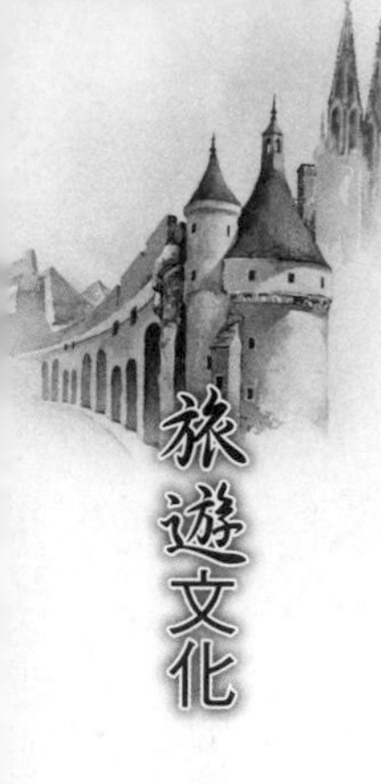

盤鼓舞等，主要特點就是輕盈飄逸，有著非常高難度的技巧；武舞大氣，舞姿剛健、氣勢勇猛，具有非常強的感染力和衝擊力，比如劍舞、棍舞、刀舞、干舞、戚舞；二者最終在中國宮廷舞中占據了重要的位置。

■魏晉南北朝時期

魏晉南北朝時期宮廷舞的主流是清商樂舞和胡舞。清商樂舞是漢民族傳統民間樂舞。魏時設置了清商署；西晉時，清商樂在宮廷中廣為發展；東晉在江南建都後，江南的吳歌、荊楚的西聲都濫觴於清商樂。清商樂舞的主要特點是清麗飄逸、典雅高遠、閒適舒緩，而且舞蹈抒情。「胡舞」主要指西北少數民族的舞蹈。漢時，胡舞就已經進入長安；三國時期，胡舞在中原地區得到了更為廣泛的傳播；南北朝時期，西北地區的「天竺樂」、「龜茲樂」、「疏勒樂」、「安國樂」、「高麗樂」、「康國樂」、「高昌樂」等都陸續傳入中原，並受到了北朝宮廷的接納。胡舞的特點是粗獷豪放、剛勁質樸。《天竺樂》是印度傳來的樂舞，帶有濃郁的印度風格和宗教色彩；《龜茲樂》是來自新疆龜茲一帶的樂舞，既具有新疆少數民族的舞蹈特點，又具有佛教色彩。由於魏晉南北朝時期大部分皇帝崇佛信道，因此部分宮廷舞蹈具有宗教色彩。

■唐朝時期

唐代宮廷舞除了九部伎、十部伎、坐部伎、立部伎之外，還有「健舞」和「軟舞」之分。健舞即武舞，軟舞則指文舞；據統計，唐代健舞有十一個，軟舞有十三個：

1.健舞：代表性的舞蹈是《劍器舞》、《胡旋舞》、《胡騰舞》、《柘枝舞》。《劍器舞》動作健美，氣勢磅礴，具有武術的特點；《胡旋舞》源自於西域的康居國，據說這種舞蹈節拍鮮明、奔騰歡快，而且多旋轉蹬踏，故名胡旋，胡旋舞的伴奏樂器以鼓為主，傳入中原後，成為當時最受人們喜愛的舞蹈之一；《胡騰舞》完全是男性舞蹈，它體現了男子豪放、粗獷的性格；《柘枝舞》特徵是矯捷婀娜、變化豐富、腰柔體輕、熱烈明快，後來還出現了專門的柘枝舞伎。

2.軟舞：代表性的舞蹈有《綠腰舞》和《春鶯囀》。樂曲《綠腰》出來後，流傳很廣，白居易《楊柳枝》云：「《六么》、《水調》家家唱。」後被配以舞蹈，為女子獨舞，以舞袖為主要特徵。《春鶯囀》的「囀」的意思是美妙的歌聲。

唐朝樂舞在中華文化史上留下了最為絢麗多姿的一頁。

■元朝時期

元朝是蒙古民族建立的政權，其宮廷舞蹈除了具有濃郁的本民族特點外，還融入、吸收了宋代宮廷大曲歌舞的形式，形成了自己的特色。

元代宮廷樂舞的特徵首先表現在濃烈的宗教色彩，既有佛家的，也有道家的，反映了元代各種宗教兼容的情況。元代還有一個著名的贊佛樂舞《十六天魔舞》。舞蹈講述的是十六位天魔以菩薩的容貌出現，迷惑世人，後來被佛陀降伏的故事。據說看了此舞的人，內心都會受到非常大的震撼。其次，元代宮廷樂舞的特徵還表現在具有濃郁的民族風格，許多隊舞中的表演都體現了蒙古族奔放、豪邁、昂揚、粗獷的風格。

■明清時期

明代宮廷舞蹈亦分雅樂舞蹈和宴樂舞蹈，惜少有作品傳世。明代雅樂舞蹈採用「文舞」和「武舞」兩類，用於祭祀等。宴樂舞蹈也無特殊之處，著重於禮儀性和典禮性。不過，明代宮廷舞蹈繼續沿襲柔媚典雅的漢民族舞蹈的傳統。在明代的一些刻本插圖中，可以看到許多舞者曼妙的舞姿形象，明代的宮廷舞蹈，沒有唐代舞蹈的大氣、包

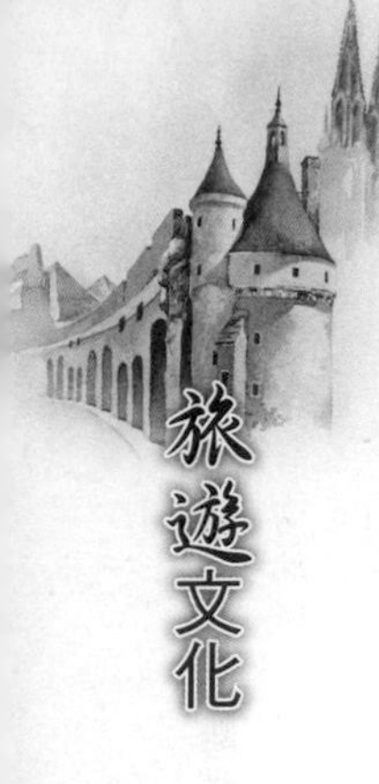

容和多元化，它的特點是程式化、禮儀性，直到隨著滿清帝國的建立而有了新的特點。

清朝是由少數民族建立的王朝，宮廷舞蹈除因襲前朝之外，還融入了滿族和其他少數民族的特色。《清史稿．樂志》記載，清代宮廷舞有二：用於祀神者曰佾舞，用於宴饗者曰隊舞。凡佾舞武用干戚，文用羽籥。干戚曰武功之舞，羽籥曰文德之舞，祭祀初獻以武舞，亞獻終獻以文舞，惟先師廟、文昌廟初獻、亞獻、終獻皆以文舞焉。清代宴樂共分九類，都是少數民族的舞蹈，有隊舞樂、瓦爾喀部樂、朝鮮樂、蒙古樂、回部樂、番子樂、廓爾喀部樂、緬甸國樂、安南國樂。乾隆時期，是清朝宮廷樂舞的興盛時期。樂舞分「外朝」和「內廷」兩種。外朝樂舞包括祭祀、朝會、宴饗和儀仗；內廷樂舞只要包括娛樂性、祭祀和朝會舞蹈。直到清光緒時期，宮中仍然保留著宴享樂舞的慣例。隨著西方文化的傳入，西方樂舞也開始出現在中國宮廷。清朝中晚期，清宮廷出現了第一支西洋樂隊，但是西式舞蹈卻未被清宮廷接受。

(二)中國各民族的舞蹈

中國少數民族有許多關於舞蹈的傳說。景頗族著名的節日祭祀歌舞「目腦縱」，傳說是古代地面沒有歌舞，只有天上才有。據說有一年太陽邀請百鳥到天上作客，參加天上舉行慶典，百鳥學會了唱歌跳舞，回到地上以後，公推學得最好的孔雀帶頭，聚在一起跳舞，正好被景頗族的祖先臘貢扎夫妻看見了，便偷偷默記下來，傳給了世人，從此人間才有了舞蹈。「目腦縱」既是歌舞的節日，也作為祭祀民族祖先的日子流傳下來。壯族的銅鼓，傳說是老祖宗布洛陀最早依照天上星辰的樣子做的。苗族的蘆笙，有一種傳說是照著鴨子的模樣做的。侗族也有傳說，過去侗家沒有歌唱、沒有舞跳，後來到天上討來歌舞，但在回人間的路上，不慎掉進了龍潭，多虧一隻水獺幫忙，下龍潭幫他們取了回來，侗家才有了歌舞，才有了「踩歌堂」這個節日。古老的東巴舞譜《祭什羅法儀跳的規程》中，記下的第一個舞蹈是《舞的起源》，經文上說：「很古的時候，在人類生長的豐饒遼闊的大地上，三百六十個東巴還不會跳舞。這時，米利達吉海（傳說是人類最早見到的海）長出一株葉細如髮的樹苗，叫赫依巴達樹。樹梢上棲息著大鵬、獅子、飛龍三個勝利神。跳舞的方法和本領首先是由它們三個從住在米利達吉海的金色神蛙那裡學來的。至於金色神蛙呢？據傳它的舞蹈本領是從住在十八層天上的盤珠薩美女神（納西族傳說中智慧美麗的歌舞女神）那裡學來的。三百六十個東巴跳的舞蹈最初就是來源於這裡。」類似的傳說相當多而有趣。

■面具舞（儺舞）

面具舞歷史悠久，遠古時已有戴假面的舞蹈。為驅鬼逐疫舉行的「儺」，（或稱「大儺」）禮，跳的舞蹈我們叫「儺舞」，是從周代一直流傳至今的面具舞。面具舞和儺戲，不僅在中原漢族地區流行，也在西藏、內蒙、湖南、貴州等兄弟民族中流傳，如晉人庾亮家伎編的《文康伎》；起源於北齊盛行於唐代的歌舞戲《蘭陵王》；宋代詼諧有趣的《耍大頭》等都是面具舞，但卻不是儺舞。明清之際民間流行的面具舞很多，當然最多的還是儺舞。

■秧歌

秧歌起源於農業勞動生活，是在插秧、收割等勞動的過程中產生而發展起來的，清代一些有關於「秧歌」的記載充分證實了這一點，清代道光5年（1825年）編印的《晃州廳志》說：「歲，農人連秧步於田中，疾徐前卻，頗以為戲。」這說明在插秧時，不但擊鼓歌唱，並且還配合音樂的節奏，時快、時慢、前進、後退地「舞」起來了。插秧時擊鼓唱秧歌的風俗不但清代湖南流行，就連廣東一帶也相當流行。

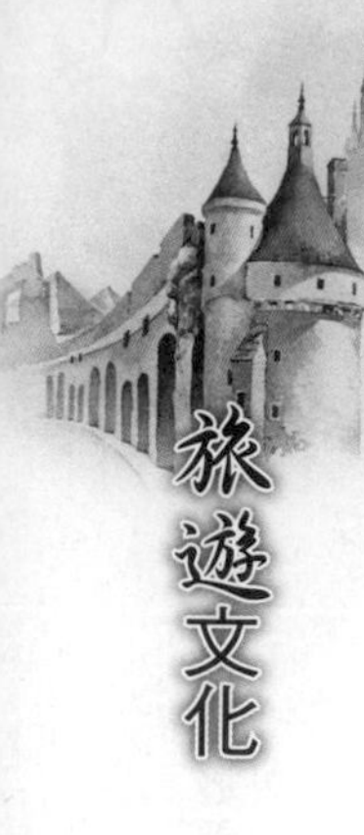

■涼傘舞、回回舞、花板舞

明人姚旅在《露書》中提到，在山西洪洞曾見到多種民間舞蹈，如手執小涼傘，隨音樂節奏而舞的「涼傘舞」；舞而不唱的「回回舞」；手執檀板，舞起來如「飛花著身」的「花板舞」等。山西本是個民間舞蹈十分豐富的地方，明人筆記中提到的這些舞蹈形式，至今仍能在當地的民間舞蹈中找到它們的蹤跡。

■藤牌舞

藤牌舞又稱為盾牌舞，至今流傳在福建、浙江一帶。民間傳說，此舞蹈是由戚繼光傳下來的，它與周代的「干舞」，原始時代的「干戚舞」不無淵源關係。應該說「盾牌舞」是一種歷史十分悠久的舞蹈。古老的雲南滄源崖畫有執干而舞的人物形象；「杵樂」至今在雲南瓦族，臺灣高山族均有遺存。

■孔雀舞

四百多年前，居住在雲南邊疆的民族在各族文化交流中創造了「孔雀舞」這一優美舞蹈形式。這種舞蹈的創造，取自於他們生活的亞熱帶地區，孔雀經常出沒，且民族酷愛這種美麗溫良的鳥。當地風俗，不願獵殺孔雀可能與古老的圖騰崇拜有關。廣西貴縣羅泊灣漢墓，和西林縣馱漢墓出土的銅鼓，面上整齊、精緻的刻鑄了一群頭戴羽飾、張臂或插腰而舞的舞者。

■蘆笙舞

明人梁佐在《丹鉛總錄》中提到，他在西南苗族地區曾見到過蘆笙。由明人楊慎編撰，清人胡蔚訂正的南昭野史，記載了居住在雲南的苗族服飾風俗：頭梳髮髻，戴耳環，沒有結婚的人用樹皮縵額或頭插羽毛；女子戴布冠，套頭衣，筒裙上挑五彩花紋。分布在我國廣東、廣西、湖南等地的瑤族，都有相同的風俗和舞蹈傳統，長期以來一直保存，直到今天，〈長鼓舞〉仍是瑤族人民最喜愛且最具代表性的民間舞。（王克芬著，1991）

二、印度舞蹈

印度表演藝術和境內的民族與語言分布一樣，種類繁多。印度的舞蹈與印度教關係緊密，哲學、神話、習俗、雕刻等，均成為舞蹈的要素。從遺留下來的雕刻顯示，音樂和舞蹈乃是由神明親自傳給世人，舞蹈一向在印度教儀式中扮演著重要功能，舞者的天賦來自於神的恩惠，在舞蹈中他們表達對神的敬愛，甚至以女子對男人的戀慕比喻人與神的關係。依照傳統慣例，舞者在某位神明的儀式中獻出第一支舞，在精神層次上，舞者從而成為神的新娘。

在傳統古典舞蹈中，「婆羅達納天」（Bharata Natyam）是較廣為人知的一支。這種舞蹈起源於印度南方泰米爾地區（Tamil），原來是一種廟堂祭儀的舞蹈。以往這種舞蹈因地區不同而名稱相異，現在被稱為「婆羅達納天」的舞蹈體系。一般人對於印度印象多會驚訝於文化融合矛盾與對立的能力，如尋常百姓可能蓬頭垢面、衣不蔽體，卻無損他們追求精神滿足的虔誠態度；一方面有採取極簡主義生活型態的苦修教徒，另一方面印度的平面藝術與廟宇中存有風格濃艷的諸神偶像。印度人從不為信仰中的物質主義擔憂，相反地，他們認為物質是達成精神圓滿的必經手段，而兼具身體力度與精神圓融的舞蹈，則是他們對這種哲學態度的最佳實踐。印度各地特色舞蹈說明如後：

■卡塔克舞

卡塔克舞是印度北部地區的古典舞蹈，可稱為印度古典舞之鼻祖。觀看卡塔克舞時，令人想到西班牙的佛朗明哥舞，據說是當年印度的吉普賽人將卡塔克舞帶往歐洲，雜以歐洲人之優雅和阿拉伯人之感傷。兩種舞蹈皆以雙手揚腕和雙足踢踏見長，只是佛朗明哥舞加進了響板以加強節奏，又以鈴鼓代替了腳鈴。卡塔克舞給人的感覺是熱情奔放，且有一股無比自信的力量，舞者始終面帶笑容，讓人一看就是一個喜樂的民族。卡塔克舞同樣也有伴唱，但主舞者偶爾插入道白，詼諧幽默，令人忍俊不禁。

■婆羅達納天

「婆羅達納天」的舞蹈體系可約略分為詮釋或表現性舞蹈，以及純粹或抽象性舞蹈。前者通常基於一段經文或敘事，不論長短，舞蹈的成功關鍵繫於舞者是否能巧妙詮釋出經典的內涵。後者則捨棄傳達意義的意圖，而力求透過舞蹈表現出一種純然的歡愉。在技巧上，「婆羅達納天」有其自成一格的肢體語彙，現存約有十種具名的身體姿勢，從舞者選擇的身體姿勢，舞蹈的風格立即可見，手部的動作則多半配合整個身體姿勢成為對稱的形體。

婆羅達納天的美學基礎可在許多雕刻遺跡中找到線索。舞者通常採用特定的手指動作，以求表意或純為裝飾。此外，足部踩踏的動作與頻繁的旋轉都是「婆羅達納天」常見的舞蹈語彙。就像大部分亞洲的古典舞蹈體系，「婆羅達納天」是一門綜合性的表演藝術，搭配了具有固定形式的音樂與衣飾符碼，而成為一種整體性的表演藝術。舞者通常裝扮得十分繁複且艷麗，形式華麗的鑲金邊紗麗（saree），閃亮的綠、黃、紫紅是常見的顏色，加上全身上下的珠寶鮮花，穿戴這些繁複服飾的舞者，仍然必須靈巧地舞動，這是一種挑戰，但也證明舞者的技巧。

■班格達舞

班格達舞流行在「普賈」的農業州，在所有的慶典裡，特別是在「春祭」這個豐收節，大家都會跳這支舞，在這一天，農夫們忙著把農作物搬上馬車，運往市場，在賣得好價錢後，大家紛紛歡樂起舞。

■科里舞

科里舞代表漁業社會的精神。科里是印度馬哈拉斯特拉靠海省份的典型漁業城市，舞蹈是在描述一群婦女在祈求海神，希望海神保佑丈夫有好的收穫，並平安歸來。最後，舞者更表演一段科里的傳統婚禮儀式，及新郎迎接新娘的過程。

■露賽竹竿舞

露賽竹竿舞跟臺灣原住民的服飾和舞蹈極為相似，這支舞流行於北印的納高藍省的原住民部落裡，當地的居民常以捕捉孔雀為生。該舞主要是在描述男人在捕捉孔雀時，婦女們期待慶祝豐收的成果，但其中有個婦女突然被惡靈附身，其他人趕緊請出巫師驅走邪靈。當驅魔成功後，舞者歡欣鼓舞地慶祝著，非常熱鬧。（章云，2002）

三、東南亞地區舞蹈

舞蹈是人類最古老的文化現象之一，在語言還沒被發明之前，人類都是用肢體來溝通。東南亞的舞蹈，藉著模擬動物的動作、手勢、姿態、表情等方法來傳達所想要表達的意思。隨著人類文明的發展，語言產生了，而後為了讓大家紓解壓力，舞蹈、戲劇、音樂等活動便相繼產生。東南亞又以泰國的舞蹈最具特色，茲介紹如下：

泰國傳統舞蹈分古典舞和民族舞兩種，古典舞是一種十分複雜而微妙的藝術，每個舞步動作都有特殊含義，訴說一個婆羅門教的故事，情節十分曲折。古典舞是泰國舞蹈藝術精華，約三百多年的歷史，源於印度南部「卡達卡利」宗教舞蹈，同時又受中國皮影戲的影響。古典舞又有「宮內」與「宮外」之別。宮內舞比較嚴肅古板，與之相對應的宮外舞則比較活潑自由、詼諧有趣。跳舞少女們所穿的服裝，以著名的泰國絲製成，再配上閃閃生光的金片。她們所戴的帽子，是寺廟風格的寶塔型金冠，充滿宗教氣息。泰國古典舞經常在宗教活動、紀念典禮中出現，表演者在演出時完全赤腳，無論一舉手或一投足，都是緩慢而富有韻律，婀娜多姿，嫵媚動人。舞蹈者擅長以手和手指表達意思，譬如兩手交叉於胸前表示愛意，雙手摩擦頸部代表憤怒，左掌伸平貼於胸口表示內心的喜悅，食指指向地面表示兇惡。整個舞蹈動中帶靜，靜中有動，尤其是女演員，動作傳情，眼睛傳神，蘊藏無盡的神韻。泰國的戲劇和舞蹈密不可分，民間戲劇藝術

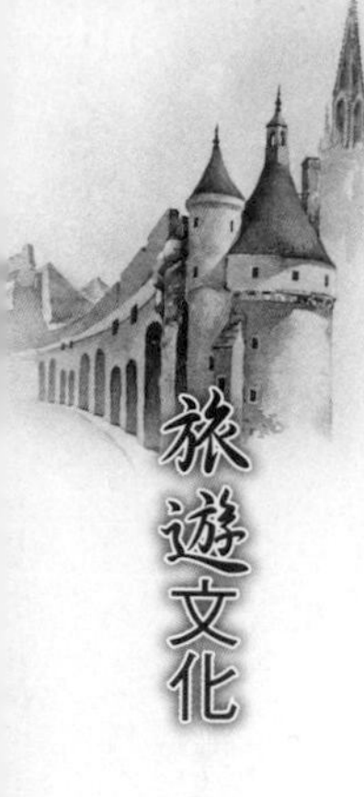

起源於民間慶典和宗教儀式，茲列舉較特殊者：

(一)指甲舞

指甲舞流行於泰國北部，多在歡迎外賓和傳統宋干節等民族節日時演出，姑娘們頭戴尖頂金冠，身穿金絲耀眼的服裝，除拇指外，每個手指上都戴上又長又尖的指套（這是一種有8釐米長的假長指甲），在音樂的伴奏下，輕移蓮步，擺動纖指，顯得異常美妙優雅。該舞蹈節奏較慢，顯得古典優雅。泰國的舞蹈除靠舞姿和眉目表現劇情以外，演員手指的動作也能表達豐富的涵義和複雜的心理狀態。伴奏的樂器有鼓、笛、鑼、胡琴等，表演者皆為少女。

(二)孔劇（Khon）——面具舞

孔劇（面具舞）源於印度寺廟的典禮和舞蹈，是泰國民族古典舞劇，距今已有四百多年的歷史。由於多數演員戴面具表演，所以也稱為假面舞劇。舞蹈中的每一個舞步都有特定的涵義，並透過特定的音樂、步法、行進和笑容來加強其表現手法。舞臺上的演員們都戴著面具，不能說話，因此將由與木管樂器、銅鑼和鼓樂隊坐在一起的合唱團透過歌唱和誦讀來敘述情節。

孔劇專演古典文學名著《拉瑪堅》。演員多男演員，角色分四種：男主角、女主角、羅剎（魔鬼）和神猴。面具色澤鮮豔，角色不同，顏色也各異，與中國京劇臉譜很相似，大致分為王子面具、猴子面具和羅剎面具三類。演員用手勢和六十八式舞姿來表現劇中人物的行為舉止與思想感情，故又稱啞劇。

孔劇體現了泰國舞蹈藝術注重造型美的基本特點，要求演員具有較高的舞蹈和武打技巧。在形式上它融舞蹈、音樂、詩歌、繪畫、武術和皮影藝術於一爐，是泰國最高級的舞劇藝術。（網持數碼有限公司，2009）

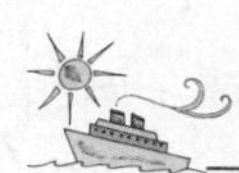

第五節　西方舞蹈

舞蹈的分類可分為實用舞蹈與表演舞蹈。實用舞蹈是以健身、怡情、表現為目的，往往參與者即舞者；表演舞蹈則以表演或欣賞為目的，參與者分為演出者及觀眾。但是現在並不做如此嚴謹區分，也可以依地區、目的、場合而作不同的區分。如傳統的舞蹈包括：宗教舞蹈、西洋古代宮廷舞、古典芭蕾舞等；而民族性的舞蹈則包括：西班牙弗朗明哥舞、夏威夷草裙舞、阿拉伯肚皮舞等；至於其他的舞蹈在現在社會上，多以社交聯誼為目的，或者是展現出某一世代或某一群組的特點或特色。以聯誼為目的的主要為社交舞，如土風舞、國際民俗舞蹈、現代芭蕾舞、國際標準交誼舞、華爾茲、維也納華爾茲、探戈、狐步、快步舞、拉丁舞、森巴、倫巴、恰恰、爵士舞等。至於屬於表現個人或族群特質的則如踢踏舞、牛仔舞、街舞、霹靂舞、電流舞等。本節先介紹古埃及的舞蹈，接著再探索其他特色的舞蹈。

一、古埃及的舞蹈

古埃及是政教合一的國家，所有的儀式都離不開舞蹈，舞蹈是體現宗教教義的重要手段，在早期的祭祀神的舞蹈，多有模仿性動作，下埃及人崇拜蛇，在祭蛇盛典中，人們常用身體中段的動作，模擬蛇蜿蜒遊動的型態，成為揉胯動作的原型；而在葬禮時所跳舞蹈，則是痛喪親友悲傷的真情流露，又出於再生觀念的需要，亦是給予死者的一種榮耀。埃及的宗教舞蹈有一種固定的風格，這點可以從遺留下來的文獻中證實，且這些舞蹈皆具端莊高雅的特色，例如埃及人有一個動作是圍繞祭壇、廟宇或一目的物環繞走步的舞姿，這可能是模仿天體運行、祭太陽神儀式而有此動作；又例如在宗教舞蹈畫面中常見手腕向上舉的動作，這動作的象徵性即為以物供奉，向上蒼呼喚之意。

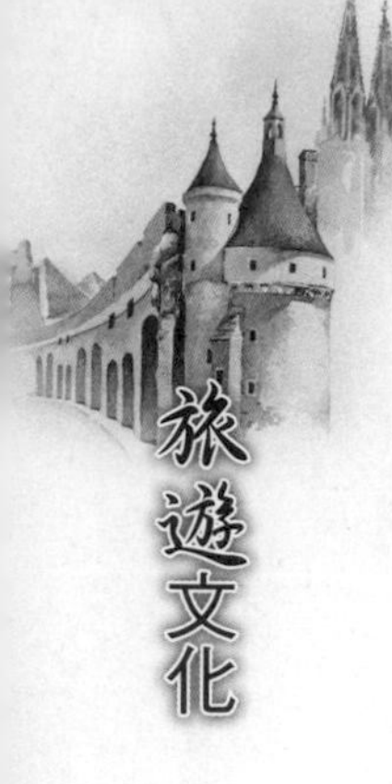

古埃及屬於娛樂方面的舞蹈，可以從許多古墓壁畫中瞭解。例如第十八王朝的陵墓內的一幅作品：兩名女舞者裸體繫胯巾、做合掌捏指、身子向前俯，這是前者的動作，而在後者則臀部翹起並擊掌，古埃及人會在舞蹈內加上各種特技表演，反映國力強盛、歌舞昇華的宴樂風彩，並有另些流行的舞蹈，像侏儒舞、技術舞、棍舞等，這些就像時下所流行的國際標準舞和街舞。（文化頻道-中華網，2009）

二、民族特色的舞蹈

(一)踢踏舞

用腳擊打地面的節奏性舞蹈，即**踢踏舞**，一種源於愛爾蘭和蘭開夏的木鞋舞。它的基本技巧是用腳跟、腳掌、半腳掌、腳尖擊打地面發出響聲，以豐富而複雜的節奏變化取悅觀眾。表演時需要在舞鞋的前掌部分加裝金屬片，使擊地的響聲清脆悅耳。踢踏舞在美國始於19世紀，白人穿上特製的踢踏舞鞋，將黑人舞者的踢踏舞動作轉換到表演舞蹈。踢踏舞擴展到最高峰及最受歡迎的時期是在1930年代的好萊塢音樂電影。踢踏舞充分表現了愛爾蘭人的個性，機智、幽默、樂觀、迷人、想像力豐富，這可從他們的音樂和舞蹈中表現出來。舞者身體挺直、高傲，手自然下垂，注重向下及足步動作。大致可分為鄉村舞和表演舞（愛爾蘭節奏）二種舞型。鄉村舞和蘇格蘭舞蹈相似，但較不相規則，舞步簡單，充滿活潑、歡愉感，而成為社交舞型。表演舞則是一種簡捷、快速的在地上打出節奏的表演舞。另一種分法，可分成三種：連索（Reels）、捷格（Jigs）和木笛（Hornpipes）。連索是一種行列舞，用一般拖步或滑步較多；捷格和木笛則特別注重腳跟和鞋底的踏步動作，美國踢踏舞可能及源於此。

美式的踢踏舞是在鬆弛身體，而英式則在強調快樂活潑的行式。無論是何種形式的踢踏舞，最重要的是踢踏舞者們的即興表演，以及舞者本身的技巧與實力。此外，在一些國家的活動中，也有著踢踏舞的表演，像是荷蘭的「夏季藝術季」、維也納的「國際舞蹈節」等。

(二)佛朗明哥舞

佛朗明哥（Flamenco），是一種源於西班牙南部安達盧西亞地區的藝術形式，包括歌曲、音樂和舞蹈。佛朗明哥的形成深受安達魯西亞地區摩爾人和猶太人的影響，還吸收了大量吉普賽人的藝術元素。當代著名的佛朗明哥舞蹈家大多是吉普賽人。佛朗明哥舞現已經成為西班牙舞蹈甚至西班牙文化的代表，音樂有五十種，每種有自己的節奏模式，為一種即興舞蹈，沒有固定的動作，全靠舞者和演唱、伴奏的人與觀眾之間的情緒互動。

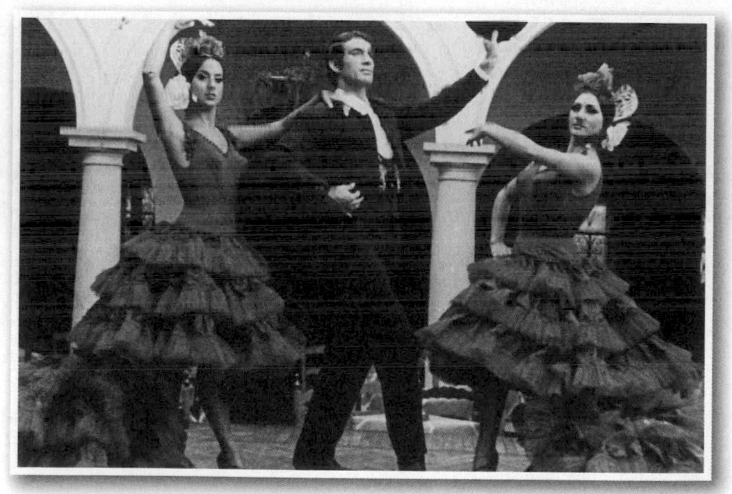

佛朗明哥舞蹈家大多是吉普賽人，表演藝術形式包括歌曲、音樂和舞蹈

(三)肚皮舞

肚皮舞是一種帶有阿拉伯風情的舞蹈形式，起源於中東地區，並在巴基斯坦、印度、伊朗等其他受阿拉伯文化影響的地區，普遍發展。19世紀末傳入歐美地區，至今已遍布世界各地，成為一種知名的

國際性舞蹈。肚皮舞是女性的舞蹈，其特色是舞者隨著變化萬千的快速節奏擺動臀部和腹部，舞姿優美，變化多端，而且多彰顯阿拉伯風情，以神秘著稱。近些年，肚皮舞也作為一種深受女士喜愛的減肥方式，在世界各地廣為流行著。「肚皮舞」一般是美國和東亞一些國家的說法，歐洲一般稱其為「東方舞」。無論是以上何種觀點，肚皮舞確實已經在中東有著悠久的歷史，在中東以外地區，肚皮舞也曾經廣為流傳，18世紀至19世紀歐洲的浪漫主義運動中，肚皮舞被很多東方學者用來描述土耳其帝國一夫多妻制度的閨房生活，給肚皮舞帶來了很大發展。

三、社交舞

國際標準舞，源起於英國倫敦，1924年由英國發起並聯合歐美舞蹈界人士，在廣泛研究傳統宮廷舞、交誼舞及拉丁美洲國家各式土風舞的基礎上，對此進行了規範與分類，並於1925年正式頒布了華爾茲、探戈、狐步、快步四種舞步，總稱摩登舞。同時，將這些舞蹈在西歐推廣並進行了比賽，繼而又推廣到全世界，受到了許多國家的歡迎和喜愛。隨著此種舞蹈在世界各地的不斷推廣，自身也得到了發展，摩登舞中又增加了維也納華爾茲。1960年，非洲和南美一些國家的民間舞蹈經過了規範，又增加了拉丁舞的比賽，而拉丁舞又有五種舞：倫巴、恰恰、森巴、捷舞、鬥牛舞。因此，目前國際社交舞被分為摩登舞和拉丁舞兩類。

摩登舞除了探戈外，大都源於歐洲大陸，它的音樂時而激情昂揚，時而纏綿性感，動作細膩嚴謹，穿著十分講究，體現歐洲國家男士的紳士風度和女士們的嬌媚。男士需身著燕尾服、白領結；女士則以飄逸、艷麗長裙，表現出華貴、美麗、高雅之美態。拉丁舞除鬥牛舞外，大都源於美洲各國，音樂熱情洋溢、奔放，具節奏感。以淋漓盡致的腳法律動引導，自由流暢，展現女性優美線條、動人入情、生

動活潑、熱情奔放，充分表達了青春歡樂的氣息；男士展現剛強、氣勢軒昂、威武雄壯的個性美。國際標準交誼舞不但可調適現代人忙碌的生活，舒暢身心，並且有良好的社交功能。

(一)探戈

探戈舞可說是摩登舞家族中的異類，無論握持、音樂性格、移動、舞步等，都無法與其他摩登舞相融合。根據史料記載，1900年探戈即在巴黎出現，由於其舞姿怪異，受到教會的反對，不久即消聲匿跡。1910至1914年間，因阿根廷的舞蹈教師在美國推廣，逐漸受到注意而開始流行。美國式探戈，較優雅嬌媚，動作輕柔，具有紳士風度，但後來逐漸沒落。英國式探戈，自始至終都保持著它的神秘色彩。音樂抑揚頓挫、剛強有力、令人熱血沸騰，舞步則畸形怪異，例如搖頭頓足、欲進還退，雄糾糾氣昂昂，舞蹈風格充滿豪邁精神，即為現今之標準式探戈。

(二)華爾茲

華爾茲起源於17世紀德國鄉間，具有優美柔和的特質，也是歷史悠久，最受人喜愛的舞蹈。現今的華爾茲是融合瑞士、奧地利等地的土風舞特性，並將音樂的速度放慢而成。旋轉是華爾茲的精髓所在，甚至可以說是華爾茲的生命。改良過的華爾茲約在第一次世界大戰後由英國傳出，由於舞姿優美，加上三拍子的音樂動人，抒情中帶有些許的浪漫與哀怨氣息，因此極受歡迎。

(三)狐步

狐步的起源已不可考，一般認為20世紀即在美國大為流行，舞步相當具有美國風，充滿悠閒、輕鬆、流暢及優美的特性。比賽中的狐步舞與上述略有不同，雖然音樂同樣恬靜柔美，行雲流水舞風依舊，然因競技所延伸出的一些高難度動作，已經與美式簡單輕鬆的狐步舞

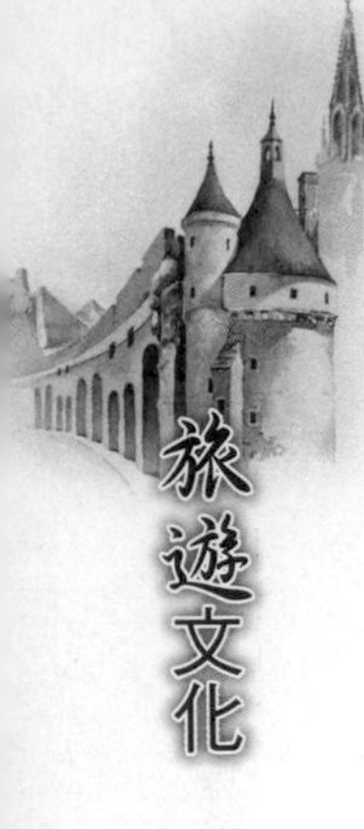

背道而馳。一般選手皆以為狐步最難拿捏，要詮釋出狐步舞的流暢特性，須有深厚的基礎才行。

(四)快四步

快四步為摩登舞中較快的一種舞蹈，動作伶俐、輕快。由於快四步的音樂節奏較快，一般人誤以為舞動時必須跟著節奏快步的滿場飛舞，其實能充分掌握好音樂的節奏，快慢有序，這樣反而更能把快四步的魅力展現的恰到好處。因跳快四步時絕不可急著一味的向前衝，否則將會有失控的情形發生，反而不能把快四步輕快活潑的舞步充分表現。

(五)圓舞曲

維也納華爾茲是社交舞中歷史最悠久的舞，又稱為圓舞曲或宮廷舞，本身具有歡愉及自由氣氛，所以在正式宴會中是最受歡迎的舞。維也納華爾茲的舞步不多，多半以快速的左右旋轉動作交替繞著舞場飛舞，或加入原左右旋轉動作，舞者裙擺飛揚，婀娜多姿。

(六)森巴

森巴起源於巴西的里約，1929年傳入美國，森巴是非洲和南美洲的綜合產物，最早的時候是用吉他演奏的，節拍也較緩慢，帶有小夜曲式的情調，並兼富熱情活潑的氣氛，後來英國舞蹈家專程赴里約去觀察，並搜集森巴舞的種種，回國後加以整理，並訂定步伐名稱及統一的跳法，而成現今的森巴舞。它是屬於移動性的舞，須繞著舞池轉。

(七)恰恰

恰恰起源於中美洲的墨西哥、古巴等地，原是曼波舞（mambo）的變形，但今日恰恰要比曼波舞來得更為流行和歡迎；主要是因為舞姿活潑、步法俐落，給人一種清新的感覺。

(八)倫巴

倫巴源於古巴，所以又稱為古巴倫巴。約四、五百年前非洲黑人被送至美洲淪為奴隸，在遠離家園，受到不平等的待遇，加以思鄉情切，因而有了哀傷的民歌出現，這種悲傷的音樂受當地氣候影響，演變成懶散的音樂風。身在古巴的非洲人隨著這種音樂起舞，藉以抒發心中鬱悶的情緒，而形成了倫巴舞。今日的倫巴已除去了悲傷的氣氛，但催眠式的演奏氣氛依然很濃，使得倫巴更受觀迎。（臺灣社交網站，2009）

(九)鬥牛舞

鬥牛舞原本為西班牙之進行曲，音樂雄壯威武，舞蹈風格陽剛十足。鬥牛舞是因活動而演變出來的舞蹈，在鬥牛競技場的軍管樂隊，演奏進行曲，因此西班牙所謂的鬥牛舞音樂，形成鬥牛舞的靈感。同樣也因為這種音樂激發著鬥牛者的腳步。總之，鬥牛舞本身就是鬥牛戰的一種表現，男舞者的角色可比擬為鬥牛士，女舞者則代表用以吸引公牛注意的紅斗蓬。

四、現代舞

現代舞起源於19世紀末、20世紀初，是一種注重自然、自由美，創造性的舞蹈。啟蒙者伊莎多拉．鄧肯，反對古典芭蕾僵硬、刻板、形式化，而不自然的技巧，認為人體本來就是自然、自由的、美的，為什麼要違反人體自然的法則，穿上硬鞋與束縛身體的衣裙，她的舞蹈藝術，啟始於童年充滿了音樂與詩歌的家庭生活，以及對自然界各種運動的觀察，如大海的波浪、風中雲的行動、樹葉搖曳等。鄧肯認為自然動作是舞蹈最佳方式，也是身心有效的活動教育，主張經由人體的走、跑、跳躍、旋轉等來做自然運動與表現。鄧肯為20世紀的舞

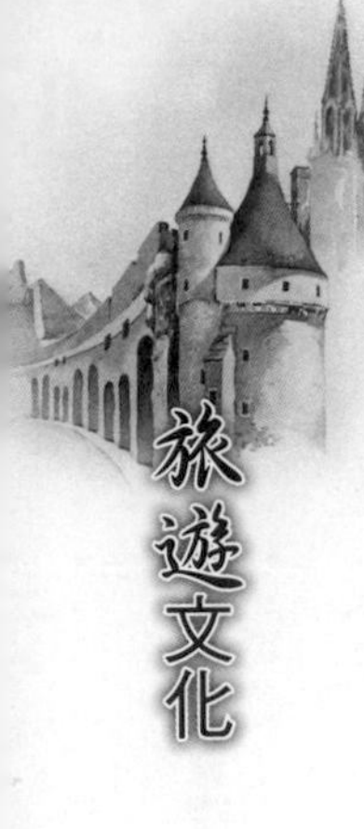

蹈開創了一條嶄新的道路，以獨特的見解來研究舞蹈的動作。她認為舞蹈應該是和諧簡單，能跟一切美的事物相調而富有韻律。

20世紀的晚期，打開美國現代舞新紀元是瑪莎．葛蘭姆（Martha Graham），被譽為是20世紀中對舞蹈貢獻最多的大師。對瑪莎而言，舞蹈是「深具美意的動作」，她要動作飽含內在意義，她的舞作旨在喚起人們對生活的覺醒，深入人性精神層面，而不是模仿日常生硬的動作。她拋去傳統的老套，認為任何依附舊有形式的美學條規必須毫不猶疑的拋棄。她企圖從一切束縛中解脫出來：「削去裝飾性的僵化的技巧和風格；追求新觀念、新價值而以新形式來表現。」舞蹈對她而言，是一種「內在情感的經驗」，內在的世界更能使她產生一種不可言喻的喜悅。瑪莎強調呼吸，她的收縮與放鬆技巧就是根據呼吸的自然節奏，經過半世紀的努力，瑪莎編出將近一百八十部作品，留下一套堅實的技巧。

出自瑪莎門下第三代的模斯．康寧漢（Merce Cunningham, 1919-2009）認為，舞者所關心的應該只是純粹的動作、速度、空間、線條。他不喜歡瑪莎那種文學性、心理分析的舞蹈，模斯認為動作就是動作，舞就是舞；舞蹈既來自於動作，就不要有情節或感情的結構，被喻為「20世紀最偉大的編舞家」。60年代後現代以崔莎．布朗（Trisha Brown）為代表，在觀念上，他們認為一切都可嘗試，沒有任何禁忌，這種實驗性的觀念，使後現代舞蹈獲得更大的自由，有效拓寬創作資源的利用，為後現代舞的觀念、方法和技術的更新提供了更多的方向。

80年代到90年代的後現代思潮表現更是隨心所欲，他們只在乎一件事就是用自己的方式，去表達對世界、對時代的看法。另外，他們表演的方式早已走出劇場：走向街頭、廣場、草地、公園、森林、美術館、博物館等公共場所。

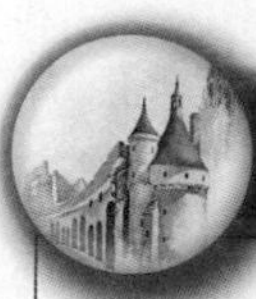

經典芭蕾舞劇

■《天鵝湖》

故事講述一位美麗的蘭妮公主和她的侍女，受到巫師羅特巴的詛咒，把她們變成天鵝。一天，英俊的齊格夫和他的隨從到森林打獵，來到一個湖邊，看到湖面有許多雪白的天鵝在戲水，不久，湖面上的天鵝，變成美麗的少女，其中一位便是蘭妮公主，公主把她受詛咒的事告訴王子，她們白天變成天鵝，到了晚上才能變回人身，王子十分同情她的遭遇，問公主怎麼做才能解開魔咒，公主回答說只要王子向她求婚，魔咒便會解開。王子很高興的說願取公主為妻，說會在選妃晚典禮會上在所有人面前向公主求婚。在選妃舞典禮中，有來自國內最美麗的女孩，但在王子心目中沒一個比蘭妮公主美麗，典禮快要結束，蘭妮公主還未到，忽然，一位高貴美麗的公主從宮門外跑進來，王子便在大家面前宣布和公主結婚，女王也答應了，王子和公主雙雙起舞。

宮門入口忽然傳來女孩的聲音說：王子，她是羅特巴的女兒，我才是蘭妮公主呀！假蘭妮公主搖身一變，變回邪惡的模樣，但知道已經晚了，蘭妮公主永遠不能恢愎人形，傷心地對王子說：忘了我吧，天鵝湖才是我的家。流著眼淚回天鵝湖去，公主完全絕望的跑向山崖，縱身往下跳，王子和侍女們追來也來不及了，王子站在山崖不動，忽然往山崖一跳，也掉進山崖下的天鵝湖裡。

到了白天侍女們沒變回天鵝，便高興地說：一定是王子和公主救了我們，高興之餘，她們在水中看到王子和公主出現，他們沒有死， 原來是王子對蘭妮公主的愛感動了上天，不但將魔咒解除，還把他們從水中救出來。

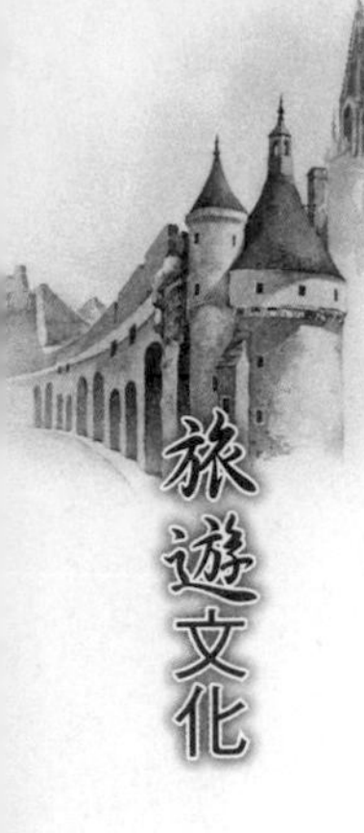

■《胡桃鉗》

《胡桃鉗》講述的是小嘉麗在夢中的有趣經歷：

在聖誕舞會中，小嘉麗獲贈一個胡桃夾子玩具，舞會結束後，她進入甜蜜的夢鄉。在夢中小嘉麗和胡桃夾子王子聯手合作，打敗了大老鼠兵團。胡桃夾子王子為多謝小嘉麗，便邀請她前往雪之國和糖梅國，展開奇幻之旅。胡桃夾子王子首先帶小嘉麗到雪之國一起欣賞雪花。在糖梅國，糖梅仙子安排了一連串的節目歡迎小嘉麗和胡桃夾子王子，節目包括西班牙舞、阿拉伯咖啡舞、中國茶舞、俄羅斯舞、笛子舞和花之華爾茲。最後小嘉麗從夢中醒來，原來這一切只是一個夢。

■《睡美人》

《睡美人》舞劇首演於1890年聖彼德堡，一百多年來一直是世界各舞團必備的舞蹈演出，是柴可夫斯基音樂與芭蕾舞劇最高境界的呈現。

故事內容是關於奧羅娜（Aurora）公主一出生就遭到黑巫婆的嫉妒，被她狠毒的下了可怕的咒語，在她十八歲生日當天奧羅娜會被紡錘刺死。在奧羅娜公主十八歲生日的當天，雖然有了三位仙女極力幫忙，卻仍無法擺脫咒術的發生，奧羅娜公主自此長眠不醒，後來由對公主產生情愫的菲利浦（Phillip）王子為愛劈荊斬棘，克服萬難打敗黑巫婆，才用真愛破除了魔咒。

資料來源：整理修改自維基百科。

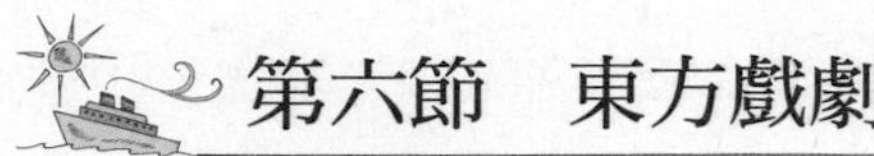

第六節　東方戲劇

一、中國傳統戲劇

國劇，最早名為京戲，北伐成功以後，民國統一，政府將北京復稱為北平。故此，又將京戲改稱為平劇。中國京劇是中國的「國粹」，已有二百年歷史，經歷了一段很久的時間，融合了各地地方戲曲的音樂、歌唱、舞蹈、武術、特技、美術等藝術的精華部分，成為一項能充分表現中華傳統文化的綜合藝術；戲劇的主題明朗，表現生動活潑，是值得欣賞的精緻藝術。

國劇的特色在於「寫意」、「誇張」，及其故事的自由性和片段性，不靠道具、不依賴布景的寫意表演，用顯著的誇張手法，劇情自由發展，有完整的一面也可片段的單獨演出。這種特色的形成，最大的原因就是國劇的編排不僅是在表演故事和歷史，也是表現唱作歌舞的綜合藝術。京劇劇目以中國歷代的神話故事、歷史大事件、帝王將相、才子佳人為主。京劇服飾雍容華貴、富麗堂皇、高貴典雅、色彩鮮明，大多為手工刺繡，採用中華民族的傳統圖案，有獨立的審美價值，有很高的實用性和可觀賞性，堪稱一絕。京劇人物臉譜，多姿多采，性格鮮明、形象突出，為世人所稱道。

演員在舞臺上的表現，不論舉手投足、張口談話，都得依下列四項規矩：「唱」（唱腔）、「念」（念白）、「作」（做工）、「打」（武打）。國劇除了演員的唱腔表現之外，樂器對於調節舞臺節奏、渲染氣氛，也扮演著十分重要的角色。國劇中伴奏部分俗稱「場面」，分為文場和武場：(1)文場使用的樂器有京胡、月琴、三絃、阮絃、笛、嗩吶等，主要是擔任唱腔的伴奏和過場音樂的演奏；(2)武場通常使用不同類型的鼓、板、大鑼、小鑼、鐃鈸等敲擊樂器構成主體，主要在配合身段表演與表現人物的情緒，和烘托戲劇的氣氛。

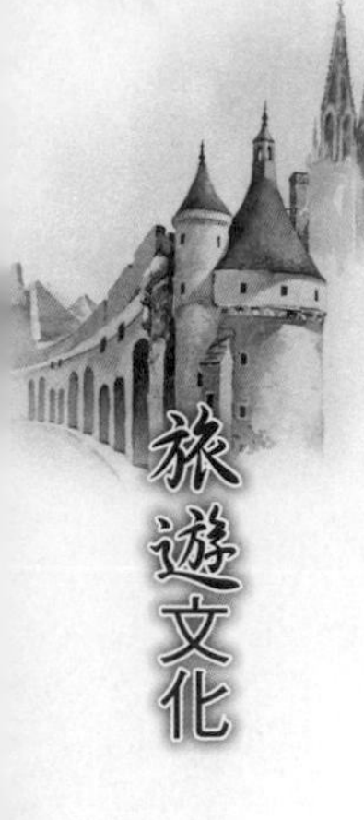

國劇的角色可分為生（男人）、旦（女人）、淨（男人）、丑（男、女人皆有）四大行當。人物有忠奸之分、美醜之分、善惡之分，各個形象鮮明、栩栩如生：

1.生：分為老生、小生、武生三類。老生分為唱工老生、做工老生、文武老生；小生分為官士、窮士、巾生、雉尾生；武生分為長靠和短打兩門。

2.旦：分為老旦、青衣、花旦、武旦、刀馬旦等。

3.淨：又稱花臉，分為銅錘、架子兩類，銅錘重唱工，架子重做表。

4.丑：又稱小花臉，分為文丑與武丑。

二、中國地方戲曲

中國戲曲的起源可以上溯到原始時代的歌舞，原始時代沒有戲曲，但是卻已存在歌舞，除了帶有相當濃厚的儀式性和宗教色彩外，也表現了當時群眾的思想、感情與願望，衍生出來的就是中國民間歌舞和民間表演藝術。表演藝術還有一種發展趨勢，就是表演故事的趨勢，這對於後來戲曲的形成也提供了便利的條件。還有一種值得注意的，就是各種藝術走向結合的趨勢，這種發展在促使戲曲形成為綜合性的藝術劇方面起了很大的作用。而後隨著生活水準文明化，戲曲就不再依靠宮廷貴族謀生，開始直接向普通觀眾賣藝，慢慢演變成地方戲曲。

(一)川劇

川劇歷史悠久，保存了不少傳統劇目和豐富的樂曲與精湛的表演藝術，它是四川、雲南、貴州等西南省分的民間藝術。在戲曲聲腔上，川劇是由高腔、昆腔、胡琴腔、弱腔等四大聲腔加一種民間燈戲組成的。這五個種類除燈戲外，都是從明朝末年到清朝中葉，先後由

外省的戲班傳入四川。為了區別於在四川流行的京劇、漢劇等其他外來的劇種，這種統一演出的戲曲形式便稱為「川戲」，後改稱「川劇」。川劇的行當總的方面分為生、旦、淨、末、丑、雜等六大類。川劇的劇目十分豐富，早有「唐三千，宋八百，數不完的三列國」之說。川劇表演具有深厚的現實主義傳統，同時又運用大量的藝術誇張手法，表演真實、細膩、優美動人。

(二)豫劇

豫劇又名河南梆子戲，是河南省最重要的地方戲曲劇種。它流行於河南、河北、山東、山西、湖北、寧夏、青海、新疆等十幾個省區，是中國最有影響力的戲曲之一。梆子戲的聲腔叫梆子腔，開始於明朝16世紀左右，發源地在陝西同州，陝西的古名叫秦，因此這個戲種又名秦腔。秦腔至今還活躍在中國的大西北一帶，為了區別其他各省的梆子戲，而將它叫做陝西梆子戲。秦腔節奏鮮明，音調高亢活潑、低回婉轉，語言純正、感情豐富，鄉土氣息濃郁。在長達二百五十年的發展過程中，流派紛呈，日趨完善。梆子戲的得名是因為它是用兩根硬木製作的短棒，原為古時打更用的，在戲曲上，互擊發音，以按節拍，可以烘托氣氛。一些有成就的藝術家突破了地域局限，形成了以常香玉、陳素真、崔蘭田、馬金鳳、閻立品等為代表的五大藝術流派。

(三)崑劇

崑劇又稱崑曲，是中國古老的戲曲劇種之一。早在元末明初，在江蘇崑山一帶已有一種稱為「崑山腔」的南方聲腔流行；明嘉靖年間（1522至1567年），有太倉魏良輔等人，以原崑山腔為基礎，吸收海鹽、弋陽、餘姚等南曲聲腔的長處，並吸收北曲曲牌，豐富唱腔及旋律製成一種新聲腔，是為崑曲，當時也稱之為「水磨腔」。崑曲原以清唱為主，後來梁伯龍（辰魚）選用新聲腔編寫《浣紗記》等劇於舞臺演出，崑曲便迅速風行於全國。明末清初為崑曲全盛時期，曾獨占我國戲曲鰲頭近二百年之久。清中葉後，花部（清人李斗《揚州畫舫錄》將崑曲稱為雅部，而將京腔、秦腔、梆子腔、二簧調等稱之為花部，以示崑曲之優雅）興起，徽班晉京，漸漸形成通俗而多姿的京劇，漸漸取代崑劇成為全國最流行的劇種，崑曲走向式微，然而崑曲在近幾年又引起大家重視，目前亦被列為聯合國教科文組織無形文化襲產。（全球華文網，2009）

(四)越劇

越劇是新劇種，可塑性強，能夠吸收話劇的藝術效果；在服裝跟道具上的刻意求工、求實，就是受到了話劇的影響。然而，最能表現話劇精神的莫過於舞臺設計的寫實化。越劇在每一場表演中，布景的變化和配合情形實為其它劇種所難比美，在角色的扮演上也留有其它劇種的影子，例如小生取法崑曲、小旦學習川劇。越劇的小生重瀟灑閒雅，舉手投足間流露出濃厚的書卷氣。雖然取法崑曲，但是仍然保留了地方戲原始的新鮮活潑。

(五)梨園戲

梨園戲是福建省地方劇種，有大梨園和小梨園之分，與弋陽腔（起源於江西省戈陽縣的一種戲劇唱腔）有一定的關係。梨園戲流行於福建省閩南方言地區和臺灣省、東南亞華僑居住地區。

(六)黃梅戲

黃梅戲早期叫黃梅調，已有二百多年歷史。源於湖北黃梅一帶的採茶歌，形成於安徽、湖北、江西相鄰地區的民間歌舞，吸收古老戲曲戈陽腔等特色，以安徽安慶地區為中心發展而成。黃梅戲長於抒情，善於刻畫人物性格，富有濃郁的民間鄉土風味，不僅在國內家喻戶曉，也深受國際友人的歡迎，被譽為「中國的鄉村音樂」，早期由

凌波所主演的《梁山伯與祝英台》的劇目更是轟動全臺，使全臺人民為之瘋狂。

(七)高甲戲

高甲戲為福建省地方戲曲劇種，分布於閩南閩中地區、臺灣和東南亞華僑集居地，始於明末清初。初時每逢迎神賽會，因常演宋江故事而被稱為「宋江戲」，後又與和興戲搭班，被統稱為高甲戲。音樂來自南音和民歌，曲調古樸繚繞。在中國眾多戲曲中，高甲戲以丑角稱絕，風格明快奔放、幽默詼諧，被盛讚為「以丑為美」的藝術。

(八)評劇

評劇，流行於華北、東北一帶的劇種，曾是除京劇之外中國第二大戲曲劇種，起源於河北東部灤縣、昌黎一帶的曲藝——「對口蓮花落」，俗稱「蹦蹦」，清末民初吸收京劇、梆子表演藝術發展而成，後又形成「唐山落子」、「奉天落子」等，流傳甚廣。評劇曲調流暢自然，通俗易懂，富有表現力。50、60年代在整理傳統劇目和表現現代生活方面成績顯著。尤以小白玉霜、新鳳霞、韓少云等藝術家的表演影響頗大，令觀眾難以忘懷。

三、臺灣傳統戲曲

臺灣傳統戲曲主要分為地方大戲與偶戲兩大類：(1)地方大戲：包括南管戲、北管戲、歌仔戲與客家戲；(2)偶戲：包括皮影戲、傀儡戲與布袋戲。

(一)大戲方面

■南管戲

南管戲即梨園戲（或稱七子戲），基本上是以演奏南管音樂扮演

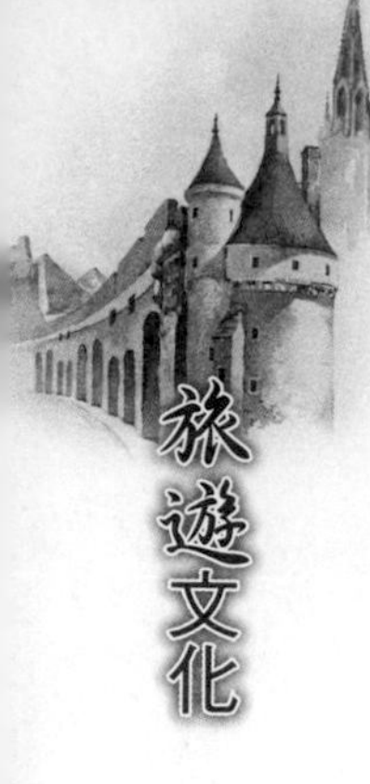

的戲劇，它是清代中葉之前臺灣最流行的戲，其記錄最早見於康熙36年浙江人郁永河在他的〈竹枝詞〉中提到：「肩披鬢髮耳垂璫，粉面紅唇似女郎，馬祖宮前鑼鼓鬧，侏離唱出下南腔」，描寫台南梨園戲演出的情形。在當時七子戲流行於台南、鹿港，此兩地分別為泉州人所建立的移民。但隨著環境的改變，現今臺灣多以演奏南管音樂的子弟團為主，其樂器分為上四管（即琵琶、洞簫、三絃、二絃）及下四管（響盞、四塊、叫鑼、雙鐘），參加的子弟多以「御前清客」自居。

■北管戲

北管戲是臺灣民間最廣為流行的戲曲，其內容十分豐富。主要可分為西皮與福路兩大系統，兩者的差異在於：(1)福路系統（又稱舊路）是以椰胡（或稱殼子絃）為主奏樂器，其社團以「社」為團名，信奉西秦王爺；(2)西皮系統（又稱新路）以京胡（或稱吊鬼子）為主奏樂器，社團以「堂」為團名，信奉田都元帥。在口白方面，除了丑角道白以方言表演外，其餘皆以「官話」做演唱及唸白。而曲調上則是使用板腔體，以七字句或十字句為主，演唱時小旦、小生會用「咿」，老生會用「啊」做襯字或襯音，增加其音樂性。此兩大系統壁壘分明，在早期還發生過大規模的分類械鬥。

■歌仔戲

歌仔戲約於1920年流行於臺灣各地，其發展與亂彈、京劇等劇種關係十分密切，如1923年閩班及上海京班的留臺，其班底就曾指導歌仔戲班的武戲；1925年向福州京班學習機關效果、布景，吸收平劇鑼鼓、身段與服裝，及學亂彈戲的鑼鼓點與音樂。爾後的日治時期日本政府進行所謂的「皇民化運動」，亦使歌仔戲為了適應當時情況而發展出新劇或日本武士劇。臺灣光復後，歌仔戲經歷了最燦爛的階段，光全臺登記有案的就有四百餘團，而歌仔戲也在此時為了順應不同觀眾的要求，發展出不同表演型態的表演，如歌仔戲電影、廣播歌仔戲、落地掃的賣藥仔團等。隨著時代的改變，歌仔戲開始結合現代劇

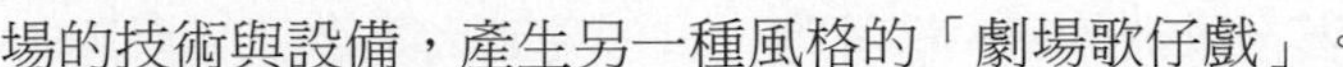

場的技術與設備，產生另一種風格的「劇場歌仔戲」。

■客家戲

客家戲源自於傳統的三腳採茶戲，其劇情以「張三郎賣茶」或稱「賣茶郎故事」為主，即以一個賣茶郎的故事為主線，衍生出其他相關的情節。而三腳採茶戲的特色在於「三腳」，即三個演員，主要是一丑、二旦。在臺灣，客家戲流行的範圍主要在北部桃、竹、苗客族聚集的聚落，現今看到的客家戲已非往常的三角採茶戲，所見的客家大戲，大都為新編的劇目，用客家語言演唱傳統客家曲調，如「老山歌」、「山歌子」、「平板」等所呈現的戲劇。（曾永義著，1996）

(二)偶戲方面

■傀儡戲

傀儡戲是中國歷史上最早出現具有表演娛樂價值的劇種，根據文獻考證和出土文物資料顯示，至遲在春秋戰國時代就已經出現偶戲的表演。古代葬禮中用以殉葬的「俑」與傀儡戲有直接而深遠的關係，至東漢時代，傀儡戲已經是宮廷中重要的娛樂表演項目。經過魏晉、隋、唐的發展，宋代傀儡戲已經發展到了極興盛的階段，在表演內容、型式上都極精湛，不但出現了各種不同類型的傀儡戲，如懸絲傀儡戲、水傀儡、杖頭傀儡、肉傀儡等，也演出了具有故事情節的傀儡戲，更出現許多聞名的傀儡戲藝人和有著專門的音樂。

■皮影戲

皮影戲是中國傳統的古老藝術，與布袋戲和傀儡戲並稱為三大偶戲，也是結合戲劇、音樂（伴奏及演唱）、文學（劇本）、工藝（雕刻）、美術（造型及敷彩）等各種技藝的綜合藝術。皮影戲的淵源，根據記載可追溯至二千多年前漢武帝與李夫人的故事，然而它的興盛卻是在宋朝以後，從北宋至今至少已經存在有一千多年的歷史。皮影戲從中國北方向外傳播，不僅遍布於大陸各地，也曾經隨著蒙古西征

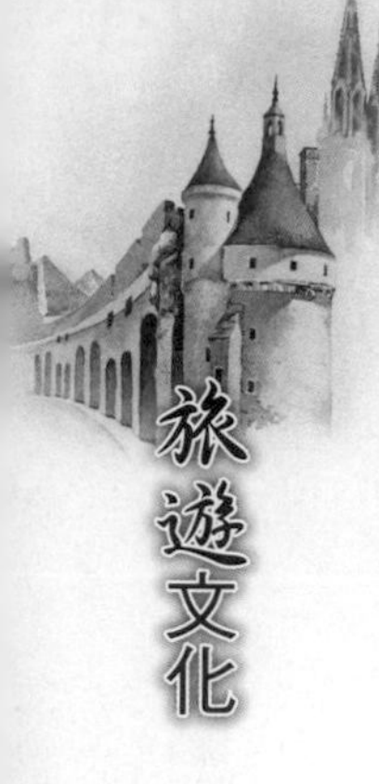

傳到中亞各國，甚至歐洲的德、法等地，普遍受到大眾歡迎。臺灣的皮影戲主要是從閩南的漳州及粵東的潮州傳來，但兩者的形式相同，屬同一個系統，都用潮調音樂及唱腔。若從現存的文物加以推測，大約是在明末清初時，先從廣東潮州傳到福建南部，再經由當時的移民傳入臺灣的南部。

■布袋戲

布袋戲又稱掌中戲，因形狀如同布袋，且以手掌操弄而名之。布袋戲據研判可能源自於傀儡戲，形成於明末清初，是臺灣民間最普遍的偶戲劇種。根據民間傳說，布袋戲創始於明末落第書生梁炳麟或孫巧仁，據傳落第秀才因懷才不遇，遂編演戲劇嘲諷朝政，為避免惹禍上身，而以木偶代言。另一說為落第書生流落街頭以說書為生，因顧及顏面不願拋頭露面，故而隔著布簾講古，又以垂簾說故事過於單調，於是操弄木偶敘事。其中最普遍的傳說則為明末泉州書生梁炳麟，因屢試不中，一年應試之前與友人至九鯉湖，祈求仙祖托夢預卜吉凶，夜裡夢見一白髮老翁於其手掌題「功名歸掌上」，梁生自喜今科必中而欣然赴試，不料依舊是名落孫山，梁生落寞返鄉途中夜宿客棧，見隔壁房客以懸絲操控傀儡戲偶，但以線操作不夠生動，梁生靈機一動，乃以手掌撐偶操弄，往後巡迴演出並漸受歡迎而揚名各地，至此梁生才瞭解仙祖題示「功名歸掌上」之意。

臺灣布袋戲傳自福建漳州、泉州與廣東潮州。早期布袋戲依後場音樂，又分南管、北管及潮調布袋戲三種。而後也應用京戲、歌仔戲、日本、西洋音樂。（財團法人施合鄭民俗文化基金會，1987）

四、亞洲偶戲

木偶劇的歷史源遠流長，最早可溯及兩千年前歐亞洲地區擔任祭祀的巫師臉上所劃的彩紋，其後依文化進程逐步轉由人偶替代，並逐

漸在鄉野，甚至宗廟間成為敬神祭祖的表演項目，在當時宗教的功能大於娛樂的效果。木偶劇在數百年前由亞洲傳入歐洲，加以改良並很快普及成為民俗娛樂的要項。時至今日，不論在亞洲或歐洲，偶劇已蛻變為精緻文化的一環，其表現方式複雜，並基於地域特性而各展現其獨特性格。

日本在近代，主要是以封建制度貴族與武士階級為社會主要階層，但到了19世紀，這樣的階層制度逐漸瓦解，倚靠商業和手工業生存的資產階級，逐漸成為社會的中堅階層，同時在音樂生活中也逐漸取得較重要的地位，除了封建貴族社會的音樂文化以外，資產階級的音樂文化業已日益重要起來，到了明治維新時代，終於形成今天日本音樂的面貌。江戶時期，三味線和戲劇聯繫在一起成為木偶劇、歌舞伎及藝妓歌唱代表性的樂器。

對東南亞的人民而言，木偶戲象徵著童年、歡樂與傳統文化。越南獨具特色的水上木偶戲隨著觀光業的興盛，而被視為國寶展現於觀光客的面前，一齣齣扣人心弦的劇目，以獨特的表演方式展現其與眾不同的魅力，是遊客暢遊越南的首選節目。水上木偶戲，是越南最具特色的傳統民間舞臺戲，也是世界上獨一無二的木偶戲，其特殊之處在於木偶戲於水池面上演出，表演者必須長時間浸泡於水中，利用強勁的臂力及純熟的控繩技巧，讓玩偶生靈活現的演出各項傳說故事，動靜合宜的神態令人拍案叫絕。

第七節　西方戲劇

一、歌劇的起源

戲劇是人類文明發展的產物，隨著歷史的演變，加入許多時代性的元素之後，戲劇的形式更加多元化，音樂劇即是其中一例。歌劇

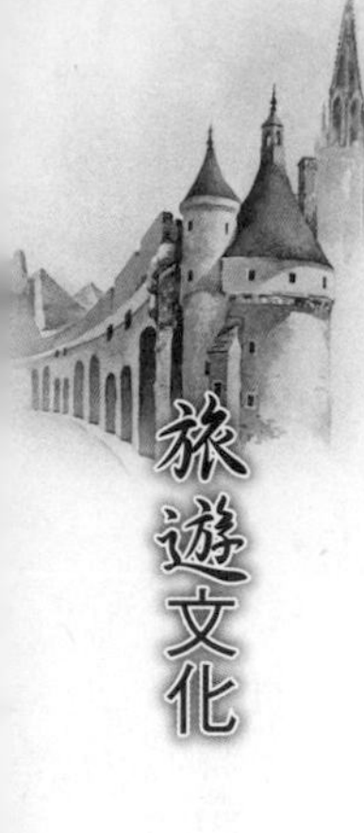

的根源，可追溯至希臘悲劇，以及10世紀左右起在歐洲演出的「儀式劇」。《聖誕節故事》、舊約聖經的《但以理故事》等「儀式劇」，是由獨唱、合唱與單純的器樂伴奏所構成。這些戲劇從1200年代起到1300年代發展成「奇蹟劇」，廣布歐洲各地，不久後在誕生歌劇的義大利也以「神聖劇」之名演出，此為歌劇與神劇的祖先。這些戲劇都在教會中產生，直到1400年代左右才走出教堂在外演出。

(一)文藝復興時期

文藝復興時期人們嚮往古希臘的文化，因此希臘悲劇自然而然受到注意。佛羅倫斯有一位愛好藝術的貴族叫巴爾第（Bardi），常邀請一些有同樣抱負的文人到家裡聚會，並且取了一個名字叫「同好會」（camerata）。他們研究著如何復興古希臘悲劇，於是有人創作劇本、有人翻譯希臘悲劇唱詩隊的歌詞，而作曲家便根據歌詞及想像創作音樂。就這樣，他們創作了一些以希臘悲劇為範本的「劇」。

不久，蒙台・威爾第（Claudio Monteverdi, 1567-1643）也加入了同好會，於是他根據古希臘神話創作了音樂史上被認為的第一部歌劇《奧菲歐》（*La Favola d'Orfeo*, 1607），這一年是1607年。這部歌劇具備了今天歌劇所應具備的條件，包括序曲、宣敘調（recitative）及詠嘆調。之後，這種形式的歌劇在義大利各地風行起來，特別是在威尼斯，因為當時繁華的威尼斯，迅速建立了六十多座歌劇院，也使得欣賞歌劇成為當時威尼斯人主要的休閒活動與方式。接著，歌劇也散播到各個地方，在義大利南方的拿波里，出現了幾位才華洋溢的作曲家，他們的作品中，宣敘調和詠嘆調是一組的同時，序曲也呈快—慢—快三段結構，這就是典型的義大利歌劇序曲。至此，義大利歌劇可說是在完成階段了。

(二)義大利的發展

在佛羅倫斯誕生的歌劇後來擴及到義大利全國，18世紀歌劇中

心移轉至拿坡里，並出現史卡拉第（Alesandro Scarlatti, 1660-1725）與裴高雷西（Giovanni Battista Pergolesi, 1710-1736）等作曲家，義大利雖貴為歌劇大本營，且擁有帕西耶洛（Giovanni Paisiello, 1740-1816）、奇瑪羅薩（Domenico Cimarosa, 1749-1801）、及凱魯畢尼（Luigi Cherubini, 1760-1842）等名家。但真正擁有音樂史桂冠人選，卻是葛路克（Christoph Willibald Gluck, 1714-1787）與莫札特兩位德、奧國籍的作曲家頭上，直至羅西尼的出現。羅西尼（Gioachino Rossini, 1792-1868）作品之形式、風格與戲劇間的張力，以及悠揚的歌唱魅力，自早期的獨幕輕歌劇（Farsa）到最後的歌劇《威廉泰爾》為止，所有喜劇作品中，皆承襲一脈相通的特點。在義大利歌劇中，創作眾多且有「歌劇貝多芬」之稱的是威爾第（Giuseppe Verdi, 1813-1901），其早期作品《那不果》（*Nabucco*, 1842），因迎合祖國統一的氣運而大獲全勝，讓威爾第成為義大利歌劇的代名詞。每部作品亦可窺見其「成長」階段的原貌，其間的變化令人折服，另外有關戲劇與音樂的統一與融合更是功不可沒。

19至20世紀，開始步入「現實主義」，由馬士康尼（Pietro Mascagni, 1863-1945）的《鄉村騎士》（1890）主領並席捲全國，另有雷昂卡伐洛（Ruggero Leoncavallo, 1857-1919）的《丑角》（1892），及喬大諾（Umberto Giordano, 1867-1948）的《安德烈・謝尼耶》（1896）等，皆為此派的代表作。擁有「後威爾第」頭銜的普契尼（Giacomo Puccini, 1858-1924），遊走在現實與自然主義之間，創作了許多饒富人情味的成品，自《馬儂・雷庫斯》（1893）、《波希米亞人》（1896）、《托絲卡》（1900）、《蝴蝶夫人》（1904）至《杜蘭朵》（1926，未完作品），大有駕凌威爾第之勢。「現實主義」第二代作曲家，另有贊多尼（Riccardo Zandonai, 1883-1944）、蒙特梅濟（Italo Montemezzi, 1875-1952）等。爾後，義大利歌劇便步向衰退，除了沃夫費拉利（Ermanno Wolf-Ferrari, 1876-1948）與梅諾第（Giancarlo Menotti, b.1911），便顯少有作曲家展現。

(三)法國的發展

17世紀在義大利風行的歌劇，也流傳進入歐洲其他各國，佛羅倫斯出身的盧利（J. B. Lully），結合芭蕾與歌劇的模式帶給法國極大的影響。18世紀，拉摩（J. P. Rameau）作品《佐羅亞斯特》（1749），他提出許多音樂與戲劇的問題，開啟法國樂壇「盧利派」與「拉摩派」的抒情與悲劇之爭，爾後又歷經喜歌劇之爭、歌劇改革等。19世紀，凱魯碧尼（Cherubini）出現於此動盪的局面，並開啟19世紀之門。19世紀即為大歌劇與喜歌劇時代。大歌劇，是使用音樂話劇（melodrama）風格的題材，動用音樂、舞蹈與美術所有藝術作成的大型豪華歌劇。

二、音樂劇

音樂劇（musical comedy，簡稱musical），最早發源於歐洲，由多種音樂形式慢慢演變而成，可追溯到19世紀中期至20世紀初期的輕歌劇。輕歌劇和歌劇比較起來較為平易近人，其題材幾乎都是喜劇，內容詼諧幽默，以幾種較為簡單的形式盛行，而且風格變得更為輕快，在當時十分受到大眾歡迎。

40年代的音樂劇風格大多遵循「輕歌劇」的傳統，這類音樂劇具有數種形式，劇本所占的地位，相形之下往往都比音樂還來得重要，而舞蹈充其量只是演員表現「特殊才藝」的附加表演。50年代是音樂劇最興盛的時期，許多劇作家開始選取歐洲古典文學名著作為素材，為音樂劇風格注入新血，同時也加入流行音樂，舞蹈不再是附加演出，而成為音樂劇重要的一部分，百老匯具有精良的戲劇製作傳統，這種背景有助於美國歌舞劇在新大陸及世界各地吸引大批觀眾。百老匯歌舞劇走向大眾風格，而且很少應用歌劇的聲樂技巧，為音樂劇舞臺增添一種美國式的表演領域。

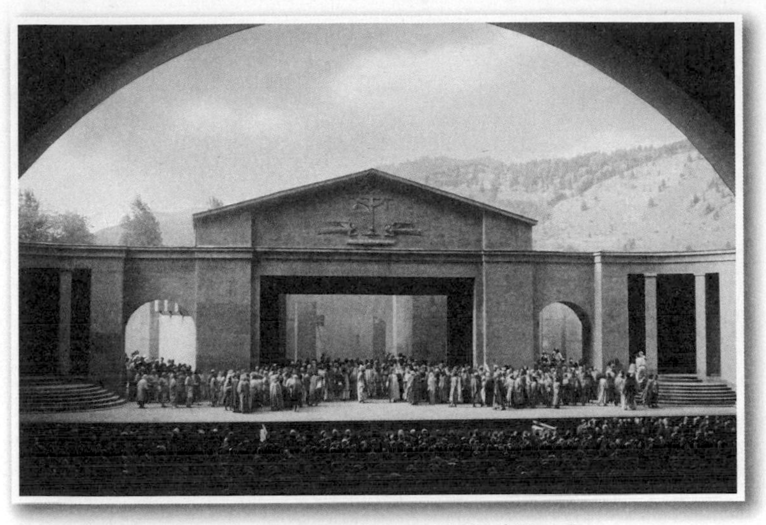

音樂劇最早發源於歐洲，係由多種音樂形式慢慢演變而成

三、西方的偶戲

捷克的木偶劇始於17世紀，是歷史悠久的民俗傳統；這種演出通常以絲線拉住木偶表演，甚至製作與真人一樣大的木偶和演員一同演出，兩種演出都相當有趣。因為上演這種「音樂木偶劇」時，音樂演奏和一般音樂會大同小異，但氣氛比普通音樂會生動活潑得多，也較能跳脫語言的隔閡。即使不買票上劇院看戲，也常有機會在街上看到玩耍木偶的街頭藝人表演。人多時走一趟查理士橋，就會看到街頭藝人手中耍弄著木棍底下的木偶，靈巧活現如同臺灣布袋戲一般；有的藝人當場配合木偶清唱一曲歌劇，有的藝人則會播放原本錄好的音效。不論以何種型態表演，藝人和木偶的服飾造型，以及配合的布景、音樂都不馬虎，相當有特色。

Chapter 11

繪畫與文學

- 中國繪畫
- 中國書法藝術
- 西方繪畫
- 中國文學
- 西方文學

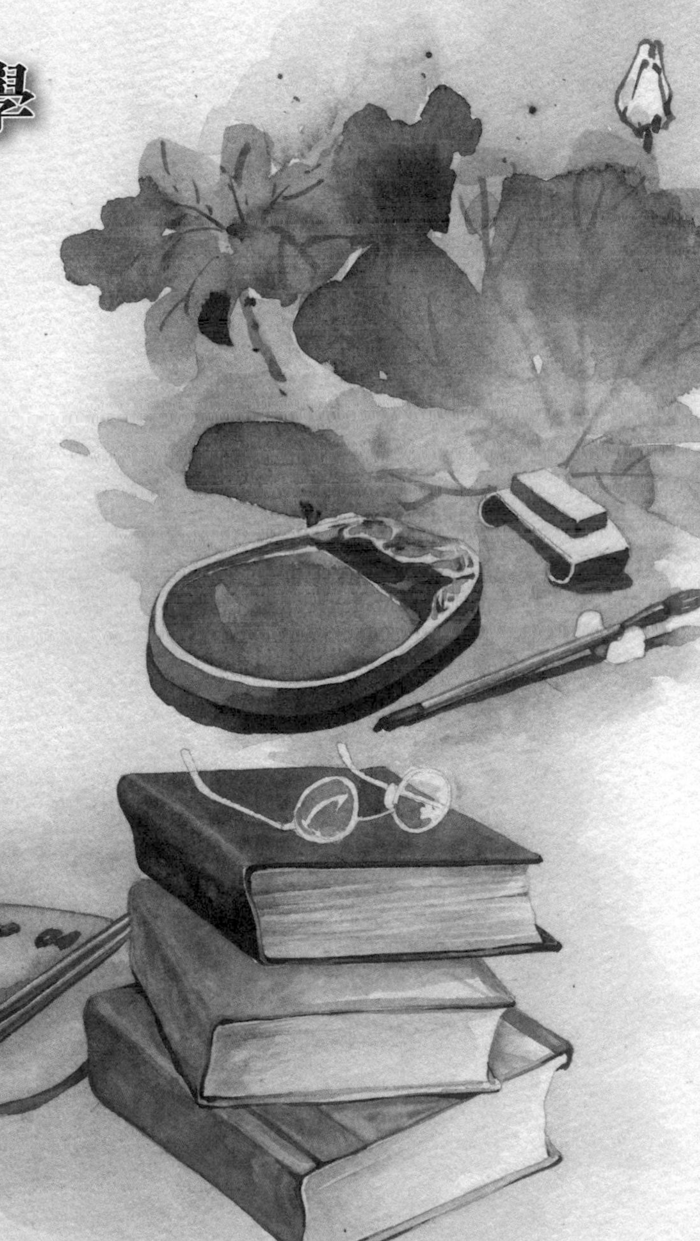

第一節　中國繪畫

一、中國繪畫發展

國畫主要是用毛筆、軟筆或手指，用墨在帛或宣紙上作畫的傳統繪畫形式。宋朝以前繪圖在絹帛上，材料昂貴，因此題材多以王宮貴族肖像或生活記錄為主，直至宋元後，紙材改良，推廣及士大夫，文人畫興起，讓國畫題材技法更多元，在畫作上題詩，為書畫同源之始。明朝之後，繪畫推廣到大眾，成為百姓生活的一部分，風俗畫因此產生。清末，西風東漸，繪畫材料多元，加入了西畫元素，朝多方面發展。國畫重在神似不重形似，強調觀察總結，不強調現場臨摹，重視意境不重視場景。傳統的中國畫，依南朝謝赫的古畫品錄評論：

1.講究「氣韻生動」，不拘泥物體外表相似，而強調抒發作者的主觀情趣。
2.講究筆墨神韻，筆法要求平、圓、留、重、變；墨法要求墨分七色：濃、淡、破、潑、漬、焦、宿。
3.不講究焦點透視，講究「骨法用筆」，不強調環境對於物體光色變化的影響。
4.講究空白的布置和物體的「氣勢」。

(一)史前時代——漢朝時期

在新石器時代仰韶文化中，可以找到中國美術的早期形式，這種形式一直延續到西元前6世紀。紅山文化時期（史前時期，距今6500至5000年），就已經有玉雕的龍形及其他佩飾作品出土，從半坡遺址中可以發現，仰韶時期已經有陶藝存在。早期陶瓷製品沒有圖案，但是有滾花，很多畫是以對稱形式展開的魚或者人的面部的圖案。新石器時代的彩陶，從幾何紋飾進展到動植物圖紋，其中以仰韶文化和馬家窯文化（西元前3300至2050年）的彩陶紋樣最為豐富生動。除彩陶之外，具有獨立審美價值的人像、動物陶塑也同時出現。

商、周和春秋時期以青銅器作為此時期的美術成就。中國目前已經發現最早的繪畫為長沙楚墓出土的帛畫「龍鳳仕女圖」，以及戰國時期的「御龍圖」。漢時畫跡今已幾乎無存，最完整的為馬王堆漢墓出土的帛畫，描繪了墓主人的地上和地下生活。山東肥城孝堂祠、嘉祥武梁祠石刻尚存，可窺見漢時古拙有力的繪畫風格。戰國、秦漢，以秦始皇陵兵馬俑和霍去病墓石刻為代表，雕塑藝術成就卓著。繪畫品類繁多，帛畫、壁畫、畫像石、畫像磚，異彩紛呈。此時的字體以篆隸風格形成中國書法藝術。

(二)魏晉南北朝時期

佛教西元1世紀進入中國。到8世紀，在藝術領域已經展現了卓著的效應，尤其在大型宗教塑像方面。魏晉南北朝，佛教藝術興起，敦煌石窟、雲崗石窟、龍門石窟等相繼開鑿，大量的壁畫和泥塑，在描繪宗教內容的同時，反映著現實的生活；民間畫工大量湧現。東晉顧愷之的「女史箴圖」（現存摹本）是早期人物畫的代表作，該畫用筆緊勁連綿，形神兼備，內容是宣傳女性的德行修養。

(三)隋唐時期

隋唐「君子之於學，百工之於藝，自三代歷漢，至唐而備矣」，尤以繪畫、雕塑成就輝煌。唐代周昉、張萱的仕女畫標誌著人物畫的進一步成熟，山水畫則擺脫作為人物畫背景的附屬地位，而成為一個獨立的主題；隋代展子虔的設色山水「遊春圖」，是迄今為止世界上第一幅以風景為主題的繪畫；李思訓的金碧山水、王維的水墨山水、王洽的潑墨山水，已經形成了中國畫山水畫的北派和南派的雛形。唐代薛稷的鶴、邊鸞的孔雀、刁光胤的花竹，也說明花鳥畫開始興起。隋唐雕塑最引人注目的當推陵墓雕刻。昭陵石刻中以描繪李世民生前

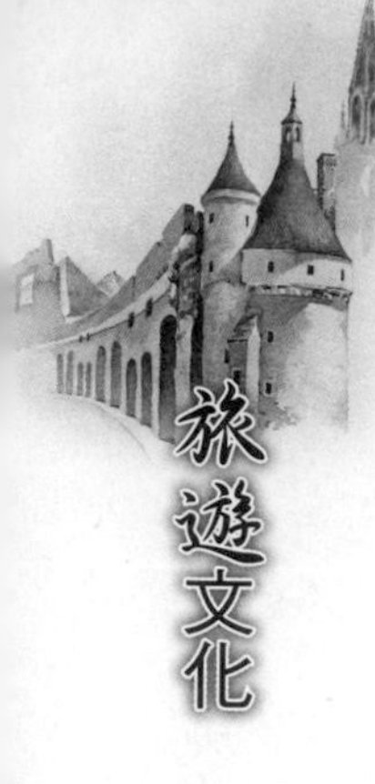

所騎六匹戰馬的浮雕像（習稱「昭陵六駿」）雕工精細，形體準確，造型生動，是中國雕塑史上的傑作。

(四)五代兩宋時期

「清明上河圖」局部描繪了清明時節，北宋京城汴梁及汴河兩岸繁華熱鬧的景象和自然風光。五代、兩宋是中國繪畫藝術的鼎盛期。隨著畫院的設立，宮廷繪畫呈現興旺活躍的景象，後世文人畫通常將繪畫傳統回溯至此時。新的繪畫內容，如民俗畫也開始出現，如北宋張擇端的「清明上河圖」，以長卷式構圖，生動地描繪汴京（今開封）的繁華景象，如實地展示了當時的社會生活風貌。北宋李成的平遠畫風、范寬的崇山峻嶺、郭熙的巨嶂高壁、米芾、米友仁父子的雲山墨戲，使北宋山水畫呈現高度成熟的狀態。到了南宋，取而代之的是大量留白的繪畫方式，在畫面上注重剪裁、大片留白渲染，呈現空氣感，被稱作是詩意山水，反映了山水畫的不斷變革和發展。

花鳥畫在此時也有著長足的進步。五代徐熙的汀花野竹、黃筌的奇花異鳥分別具有野逸和富貴兩種不同的風格。到了北宋，花鳥畫從對稱的裝飾性轉變為寫實生動，強調擬真。到了宋徽宗主政，刻意經營畫院，仿效科舉考試納才，增加畫院的待遇，成為宋代繪畫的高峰，其院體花鳥畫，強調精細寫實，栩栩如生。南宋梁楷、法常的花鳥畫成為水墨寫意之先河，文同的墨竹則可說是最早沒骨花鳥的傑作。

(五)遼金西夏

遼、金、西夏是中國北方民族所建立的國家，在藝術表現上傳世的藝術品不多，然而透過近年不斷出土的重要墓葬，如遼慶陵、陳國公主墓、葉茂台遼墓等，幫助我們對遼代美術有更多瞭解。遼代美術在某種程度上，比宋代美術繼承更多唐代美術的風格，兼具契丹北方古樸渾厚的氣質。

金代遼而起，由於金朝接收北宋首都汴京，並改為南京，故推測大量北宋內府收藏品進入了金的宮廷，大幅提高金代皇室的文化與藝術素養。最為著名的皇帝為金章宗，不僅其書法刻意模仿宋徽宗的瘦金體，甚至學習宣和年間的內府收藏機制，其收藏印是後代鑑別古畫的一個重要的根據。

(六)元代

元代雖未逾百年，但在中國繪畫發展史上，有舉足輕重的地位。山水畫方面，由於蒙古朝廷輕視漢人，多所貶抑，漢人不願出仕異族朝廷者，多避居山林，其中不乏有以書畫交誼。此時的繪畫脫離宮廷氣氛，文人畫獲得了突出的發展。文人畫多取材山水、花鳥，藉以抒發「性靈」和個人抱負。此類畫家以「元四家」，即黃公望、吳鎮、倪瓚、王蒙為代表，並開啟後來中國山水畫的主流。

(七)明代

明代初期，宮廷畫家師承南宋院體風格，稱之為「浙派」（代表畫家為戴進和吳偉），雖然被晚明董其昌等人貶抑，但是影響範圍擴及日本朝鮮等地，並透過民間畫師傳承下來，今日臺灣地區廟宇壁畫仍是浙派的延續。另一方面，文人官僚以元四大家為學習對象，出現後來成為文人畫傳統的「吳派」（代表畫家是沈周、文徵明、唐寅、仇英）與浙派，為明代畫壇的兩大主要派別。由於晚明崇尚吳派而貶低浙派，致使吳派在中國傳統繪畫中成為山水畫的主流，影響力一直持續到民國初年。

(八)清代

清代延續晚明尊崇吳派的傳統，稱其畫風為「正統畫派」。然而民間出現一種嶄新的畫風，構圖大膽，別開生面，以前朝遺民八大山人及石濤最為人所知。清代中葉江南地區富裕，揚州一帶出現以賣

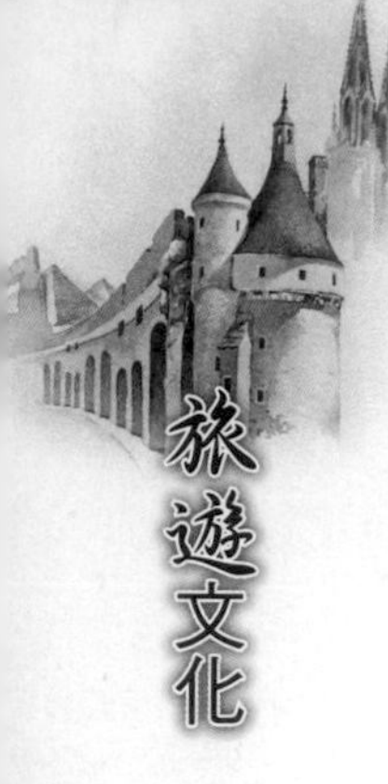

畫為生計的文人畫家，書畫不落俗套，奇特新穎，後來學者將其中重要的八位稱之為揚州八怪。清代亦為西方繪畫進入的時期，最著名的就是乾隆時期任職於宮廷的郎世寧，中國當時唯一對外口岸廣州，出現專門替歐洲商人以油畫作畫的畫工，此為西方繪畫進入中國民間之始。晚清上海闢做通商口岸，由於地處輻輳，成為重要港口，也帶動油畫的需求與發展，中國畫家逐漸學會透視法等西洋繪畫方式，並使用進口顏料作畫，影響傳統繪畫的風貌。清末上海取代揚州為商業中心，職業畫家也從揚州轉移到上海，出現了海派風格，可謂中國傳統繪畫的最後一脈。民初高劍父兄弟吸收日本畫的西洋式畫風，開創出嶺南畫派。兩者均代表了中西結合的新畫風，為中國畫的發展做出了有益的嘗試。

(九)民國以後

民國美術大體延續清末發展，但是西化潮流因政治變動而加速，中國開始有畫家留學西方，與歐洲繪畫直接接觸，如徐悲鴻、林風眠等人。新式繪畫學校的建立也帶動中國繪畫西化的發展。相較之下，傳統中國繪畫則因為知識分子的抨擊而趨於衰微，如康有為對中國繪畫的強烈批評。不過，相較於歐洲已經開始從印象派之後有新一波的繪畫革命，中國對於西洋繪畫的理解，仍強調古典寫實的訓練。另一方面，透過共產黨引入的木刻版畫，也是民國之後所出現的新風格，同樣影響了中共建國之後的美術發展。

二、中國近代著名畫家

(一)張大千

張大千（1899-1983），本名張正權，後改名張爰、張蝯，小名季，號季爰，別署大千居士，下里巴人，齋名大風堂，中國、臺灣著

名畫家，祖籍廣東省番禺縣，生於清朝四川省內江，逝世於台北。因其詩、書、畫與溥心畬齊名，兩人並稱為「南張北溥」。二十多歲便蓄著一把大鬍子，成為張大千日後的特有標誌。曾與齊白石、徐悲鴻、黃賓虹、溥儒等國內各名家及外國大師畢卡索交遊切磋。父張懷忠，早年從事教育後從政，再改鹽業。母曾友貞，是當時知名的女畫家。

(二)溥心畬

溥心畬（1896-1963），愛新覺羅氏，譜序溥，光緒皇帝賜名儒，字心畬，出生於中國北京市恭王府，是清道光六子恭親王奕訢之子載瀅的次子，因其詩、書、畫與張大千齊名，故後人將兩人並稱為「南張北溥」。溥心畬幼年於恭王府學文，在大內培養「琴棋書畫詩酒花」的美學造詣，性格內向而好學。長大後進入政治學堂，再留學德國，前後有八年；於柏林大學，研究天文和生物，取得博士學位。學成歸國，以學者身分治理經學，閒暇則從事藝術創作，為一全能書畫家。1949年，溥心畬先遷居至舟山島，再隨中華民國中央政府遷居台北市臨沂街，於國立臺灣師範大學執教，亦自家開班授徒，同時赴亞洲各國講學。多幅精品典藏於國立台北故宮博物院與國立歷史博物館。

(三)齊白石

齊白石於同治3年（1864-1957）出生於湖南省長沙府湘潭縣（今湖南省湘潭縣），自幼體弱多病。由於家族以務農為生，祖父齊萬秉於齊白石二歲起教授寫字。於六歲時於蒙館學習，半年後輟學，輟學後，協助家中農務工作。十四歲起做木匠，學習雕花木工。後來兼學習繪畫，並拜蕭薌陔為師。二十五歲起拜名士胡沁園、陳少蕃等為師，由胡沁園替之取名為璜，號瀕生，因家中靠近白石鋪，取別號為白石山人。學習詩、書、畫、篆刻，並開始兼以賣畫為生。三十二歲

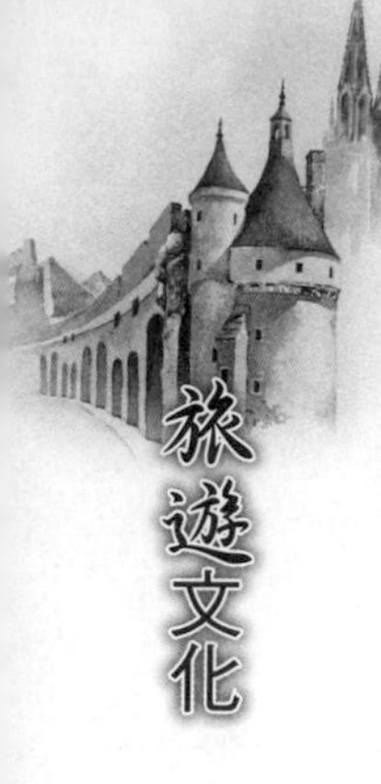

時對刻印產生濃厚興趣，開始向名家學習刻印。三十五歲時拜學者王湘綺為師。四十歲時，受朋友影響，開始周遊天下，以後到南北各地遊歷，飽覽名山大川，使他開闊了眼界，師法大自然，充實了作品「造化」內容。1917年起決定於北京發展，以賣畫刻印為生，並結識了名家陳師曾，受陳師曾影響，創造出自成一家的畫畫風格，亦即紅花墨葉的大膽風格，以原本不協調的純紅色和深墨黑用在一起，形成畫面鮮明的對比，表現了畫面上清新、樸實的感覺，實現了「衰年變法」。並學習徐渭潑墨豪放、淋漓盡致，與石濤作品筆法簡略、意境深遠，在學習石濤、朱耷、徐渭的基礎上，吸收吳昌碩的技法，終於自成一家。1949年，中華人民共和國成立，齊白石因是木匠出身，加上在抗戰時期，不屈的精神，受到中共表揚。並被聘為中國美術學院名譽教授。1957年出任北京中國畫院名譽院長，同年9月16日在北京逝世。享年九十三歲。

(四)徐悲鴻

徐悲鴻（1895-1953），為中國美術家、美術教育家，也是中國現代美術的奠基者，江蘇宜興屺亭鎮人。徐悲鴻自幼隨父徐達章習詩文書畫，1912年在宜興女子初級師範等學校任圖畫教員，1915年在上海從事插圖和廣告繪畫。1917年留學日本學習美術。回國後任北京大學畫法研究會導師。1919年赴法國留學，1923年入巴黎國立美術學校，學習油畫、素描，並遊歷西歐諸國觀摹研究西方美術，1927年回國，先後任上海南國藝術學院美術系主任、北京大學藝術學院院長。1929年移居南京，於國立中央大學（1949年更名為南京大學，1962年在台復校）任教。1933年起在世界各地舉辦中國美術展覽和個人畫展，之後重返南京，擔任中央大學藝術系教授兼系主任。1946年任國立北平藝術專科學校校長，1950年任中央美術學院院長，並曾任中華全國美術工作者協會主席。徐悲鴻受西畫訓練，最擅長畫馬，栩栩如生。

(五)劉海粟

劉海粟（1896-1994），名槃，字季芳，號海翁。擅長中國畫和油畫，並且是著名藝術教育家。祖籍安徽省鳳陽，出生於江蘇省常州市。1912年與烏始光、張聿光在上海創立中國第一所現代美術學校「上海圖畫美術院」（後改名為上海美術專科學校，簡稱上海美專）。在中國首先使用裸體模特教學，引起爭議。1918年在北京大學任教，舉辦個人畫展，並創辦《美術》雜誌。1931年在法國巴黎舉行個人繪畫展。1943年回國復任上海美專校長。1952年任華東藝術專科學校校長、南京藝術學院院長。1979年由中國美術家協會舉辦「劉海粟美術作品展覽」。1994年8月7日逝世於上海。

(六)郎世寧

郎世寧出生於義大利米蘭的聖馬塞蘭諾（San Marcellino），青年時期隨卡洛科納拉（Carlo Conara）學習繪畫與建築，並在1707年左右加入了熱那亞耶穌會。剛開始只為義大利的教堂畫壁畫，1714年居住在葡萄牙里斯本及科英布拉。幾年後對中國產生了相當大的興趣，1715年前往中國。期間曾於澳門學習中文，並以「郎世寧」作為漢名。

郎世寧一生大半待在中國，歷侍康熙、雍正、乾隆三朝，計約有五十餘年。1715年到中國時，被康熙帝以藝術家身分召進宮中，曾協助圓明園的規劃設計，他引進西方文藝復興時期開創的明暗寫實畫法，並改用膠狀顏料在宣紙上作畫，也就是今日的膠彩畫作法，後來與中國學者年希堯一起出版了一本《視學》，是中國第一部透視學專著。1757年，乾隆帝曾為郎世寧舉辦七十歲大壽，證明他在宮中頗受禮遇及恩寵。晚年亦為乾隆帝及其妃留下不少的肖像。最後郎世寧於1766年在中國去世，官至三品再追賜封為侍郎銜，享年七十八歲。

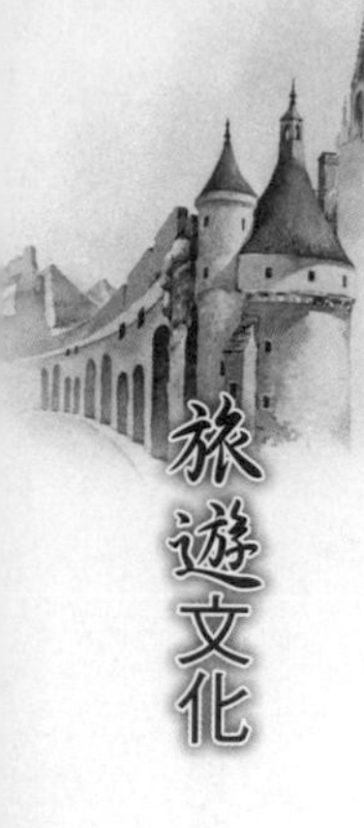

(七)林風眠

林風眠18歲的時候赴上海，後留學法國，畢業於法國國立高等美術學院，1925年冬回國，任北平藝術專門學校校長。1928年創辦杭州國立藝術學院（中國美術學院前身），出任校長兼教授。後因其現代自由繪畫觀點和當時政治形勢相悖，漸漸退出中國近代美術教育主流，影響式微。此後更名「風眠」，據傳取「風中長眠」之意。回歸畫家本位，開始創作屬於自己獨立意識的繪畫。靜物、風景、仕女、戲曲人物成了他的風格中的著名作品。中華人民共和國成立後，曾任中國美術家協會上海分會副主席。1977年獲准出國探親，兩年後隱居香港，繼續創作。1991年8月12日於香港逝世。當今聞名世界的大師級畫家趙無極、朱德群、吳冠中等都是他的學生。

三、臺灣近代著名畫家

(一)郭柏川

郭柏川，台南人，台北師範大學畢後留日。1982年三度應考進入東京美術學校西洋畫科，跟從岡田三郎助習畫。三十三歲畢業後繼續留日創作與研究。1937年由東京赴北平任教於北平師範大學和北平藝專。郭柏川自我要求嚴謹，繪畫風格著重構圖，色彩渾厚、飽和，筆觸精準，喜歡以靜物、蔬果、人物女體、風景等作為創作題材。

(二)廖繼春

廖繼春，豐原人，台北師範大學畢業。早年受野獸派畫家馬諦斯色彩影響，1933至1935年間，與梅原三郎於台南寫生，深受色彩變化啟示，充分表現臺灣南國色彩。粹取歐美抽象繪畫精華，參融東方傳統色彩，成功開創繪畫風格之另一高峰，堪稱臺灣第一代西洋畫家中最具現代畫繪畫觀念者。作品有「芭蕉之庭」、「自畫像」、「林中夜息」等。

(三)李梅樹

李梅樹，師範大學畢業。一生創作寫實風格尤擅群像人物畫，表現寫實清麗之古典風格，晚年並結合西方照相寫實，在日據時期的畫家中風格獨特，作品「麗日」、「黃昏」均可見其實體描繪與空間處理之功力，同時也反映臺灣早期清苦生活至經濟繁榮的不同風情。

(四)藍蔭鼎

藍蔭鼎，宜蘭羅東人，六歲進入私塾習畫，公學畢業，受教於石川欽一郎門下，致力推廣臺灣文化藝術，自修英、法語，勤於吸收新知，作品風格係水墨畫與水彩畫之中西融合表現，描寫臺灣鄉村景物，深具時空動態特色。1971年獲歐洲藝術討論學會與美國藝術討論學會合選為世界十大水彩畫家，作品有「養鴨人家」、「綠蔭」等。

(五)洪瑞麟

洪瑞麟，台北大稻程人，關注中下層民眾生活，以礦工勞動者的表現最為感動，將人生苦難昇華為藝術的悲憫情懷，以數千計的形式出現，有助西方素描的簡易和東方中國水墨的流動，同時也嘗試以油畫將這些勞動者留下莊嚴不朽的形象。1980年赴美定居並至歐洲各地旅遊寫生，於美國加州創作一系列高明度大塊面海油畫，主要作品有「日本平民窟」、「曠工宅內」等。

(六)陳進

陳進，新竹香山人，十九歲考進東京女子美術學院，是臺灣第一位赴日學習美術的女性畫家，作品入選台展、府展、日本第賞，為國內膠彩畫界的指標性人物，時與林玉山、郭雪湖被譽為「台展三少年」，其膠彩畫一舉震驚畫壇。1974年後畫風優雅細緻、洋溢女性清

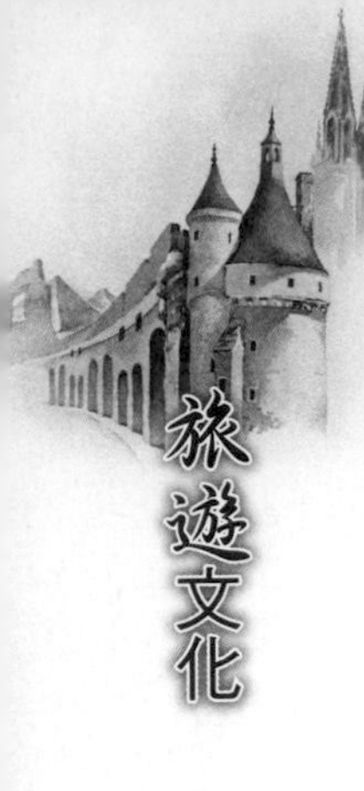

秀的氣質畫面的技術特質，能自然掌握時代性，繪畫題材以人物、風景及花卉為主，作品除表現優雅、寧靜的細膩特質外，更見深蘊的觀察與描寫功夫，作品有「合奏」、「閒」等。

(七)楊三郎

楊三郎，台北人，十七歲離家赴日，崇尚自然之美，堅持華麗之外的寧靜。在日本習得外光派畫風（自然寫實的描繪），後又結合其留法所學的西洋美術（後印象主義），受柯洛（Corot）、莫內（Monet）的影響，逐漸發展出自我的風格。歸國後致力於戶外寫生，體驗自然，筆觸漸趨豪邁而色彩日益洗鍊，作品充滿律動之氣勢，畫風呈現樂觀進取的明朗性質，作品有「婦人像」、「卡門」等。

(八)顏水龍

顏水龍，台南人，除了繪畫本身的造詣之外，對於臺灣的美術教育、工藝美術的推動，都有相當程度不可磨滅的貢獻。顏水龍一生勤奮、執著，早年留學日本、法國。回台後，於1933年和陳澄波、廖繼春、李梅樹、楊三郎、李石樵等人創立了「台陽美術協會」。1936年起，顏水龍在藝術方面的興趣開始轉向於工藝美術，直到七十四歲時，才見到他再度舉行油畫個展。1950年起，以臺灣原住民為題材的創作是一大特色，其後又以一系列臺灣風景為主，反應出他人文關懷的一面。關於原住民繪畫他多半用多層次平塗的筆觸、概念性的畫法來畫出皮膚部分，而衣飾則鮮麗多變化。從他的畫作中，可見到質樸與堅毅的原住民特質與臺灣文化的純淨。

第二節　中國書法藝術

漢字書體發展過程從歷代書體的演變中可以看出字體基本上是朝著規範、簡約及美觀的方向發展。由於漢字結構複雜，筆畫繁多，人們為了書寫便捷，於是不斷改進書體，化繁為簡，避難就易。篆書、隸書、草書、楷書和行書的相繼出現，正好反映了漢字進行不同程度的簡化，以方便人們使用。因此，由繁至簡是漢字發展的主要趨勢。以下即介紹主要的體例。

一、大篆書體

大篆是籀文、金文、各諸侯國使用的文字及石鼓文字的總稱。它們各自創造，沒有整體規劃，因此有不同的形狀，但由於以象形為主，也就大同小異。「大盂鼎銘」是西周康王時的器銘，於清道光年間在陝西眉縣禮村出土，可說是西周金文的代表作之一。文字結構嚴謹，安排妥貼，筆畫深沉、含蓄、凝練、渾厚、圓潤、飽滿，這種神韻為後世書法家提供了追求的方向。「散氏盤銘」為西周厲王時器銘，清乾隆（1736至1795年）初年陝西鳳翔縣出土，是傳世之重器，風格特殊，其字蕭散有致、疏密相間，其筆畫遲緩恬靜、坦然大方、妙出逸趣。西周晚期，大篆已經完全成熟，古文字筆畫、結構大致上已經規範化。「石鼓文字」是最規範的大篆，為金文規範化到最後的結果，其字已規整完備，無論在用筆、結字、格局、布白上都已定型。大篆的書體甚多，觀賞起來，雖然存字不多，但所給人的感受差別極大，這正是書法藝術的特點。

二、篆書

篆書通常包括商代甲骨文、周代金文、戰國篆書和秦代小篆。

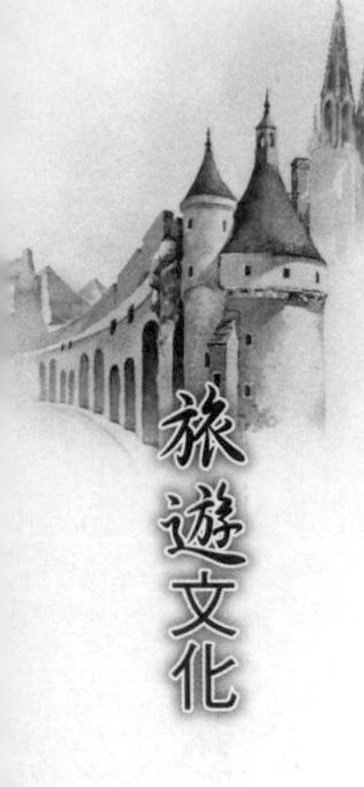

小篆是秦始皇統一中國後，經過整理規範後推行全國的文字。戰國篆書亦稱六國文字，除銅器銘文外、有簡牘書、帛書、載書、石刻、陶文、璽文等，這時也出現新體字，如有濃重裝飾趣味的鳥篆、粗頭細尾的蝌蚪文。最能代表這時書法藝術水準的是體勢方整、筆畫圓活、雄渾古樸的石鼓文。小篆是在大篆（籀文）基礎上發展簡化而成。其結體圓長、筆畫粗細勻稱、藏頭護尾、不露鋒芒。代表作有秦李斯所書「泰山刻石」、「瑯琊臺刻石」。小篆自漢代以後失去通行價值，但仍為歷代書法家所喜歡書寫。

三、隸書

隸書，又名佐書、史書，起源於戰國，盛行於漢代。隸書打破篆書曲屈圓轉的形體結構，變縱勢為橫勢，成寬扁狀，左右舒展，筆畫講求波折，橫畫為蠶頭燕尾形狀，是一種具有濃重裝飾趣味的字體。隸書藝術以兩漢成就最高，今遺存不少此一時期的碑刻和簡牘書作品。歷代隸書名家有唐代史惟則、伊秉綬、陳鴻壽等。

四、草書

草書的起源亦如行書或其他書體，無法確指始於何時。為了發揮速寫功能，較為省略草率，自然不能工整，草草寫成，顧名思義而為草書。但此種草書，僅能說是古篆（當時使用的字體）的草蒿，真正草書的開始則始自漢初，其演變過程自應是先章草，後今草，再又有「狂草」等三種字體。「章草」是「隸書」速寫而成，故源出於隸，其雖較「隸書」簡約，但仍略帶波磔，若從漢初木簡書跡，可見初期的「章草」，實際上就是應急的粗率「隸書」變體。到了東漢的張芝，章草字體，才臻成熟，至魏晉而登峰造極。「章草」傳世的法帖，雖傳刻至今，但法度端凝，體勢堅勁，有獨立自強之特質，仍足供為後人臨摹研究的最佳資料。「今草」即現今所通行的草書，通稱為草書，傳說為後漢張芝（伯英）所創始。「今草」與「章草」不同之處：章草字字獨之，係速寫隸書而成，而「今草」則省去「章草」的波磔，上下牽連，是速寫「章草」而成的。姿態之美，變化多端，今草到了王獻之，可說是已經發揮得淋漓盡致，張旭、懷素雖都出自二草，但皆能擺脫魏晉傳統的草法，創出新面目，於今草體格之外，益加狂肆，將今草進入更新的境界——以狂草著名於世。「狂草」，一方面是由於所書時的疾速與詭奇，一方面是書寫者所表現出來的顛狂態度而得。本來草書是表現個人的性靈、氣度、學養與創造新的意境，但狂草的詭奇疾速、姿意縱橫、用筆之活，於意境更多所啟發，草著心物一如、神而化之，但也脫離了實用意義，只能當作一種高度的美學藝術。

五、楷書

楷書又稱「正楷」、「真書」或「正書」。在漢末出現，魏晉時已趨於完備，後在隋唐已成為普遍通行的字體；唐以後，歷代皇帝都規定以楷書作為官府文書和科舉文章的正式字體。因為它字體端正，筆畫平直而清楚，至今仍被認定是標準的字體。

六、行書

行書是介乎楷書和草書之間的字體，筆畫比楷書簡易，又不像草書難以辨認，因此分為「行楷」（較為端正，接近楷書）與「行草」（較為放縱，接近草書）。行書出現在東漢晚年，筆畫分明又靈活自然，沒有規定的寫法，能夠寫得流暢而清晰，較其他字體實用。行書可以用四個字來總結：牽、連、簡、變；牽就是利用一個字收筆時的末端與下一個字的前端連接起來；連就是一個字中的幾筆連成一筆書

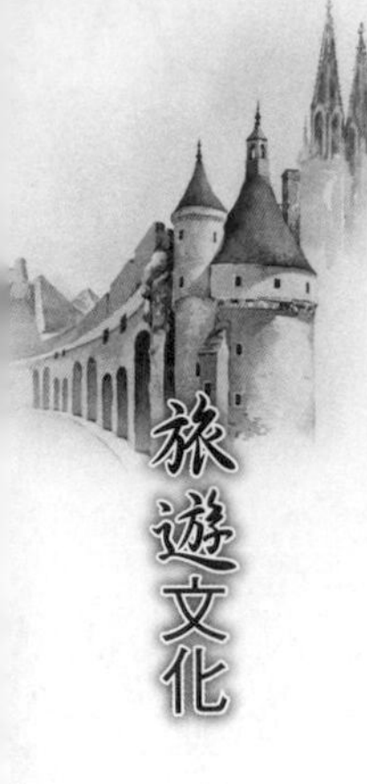

寫；簡就是簡化一些筆畫；變就是把偏旁、筆順和字的楷書字形都改變。

第三節　西方繪畫

西方最早的美術作品產生於舊石器時代晚期，即距今三萬到一萬多年之間。最著名的是在法國南部和西班牙北部地區等幾十處洞窟中所發現的壁畫，其中尤以法國的拉斯科洞窟壁畫和西班牙的阿爾塔米拉洞窟壁畫最為人所知。所繪形象皆為動物，手法寫實、形象生動；土著會把動物塗繪在岩石上，或在節慶中扮成動物，模仿動物，跳著莊嚴的舞蹈，以祈能以法力捕獲牠們，具有儀式上和巫術作用。而迄今所發現的原始雕刻大多為小型動物雕刻，少數為人像雕刻，人像雕刻以裸體女性的生理特點為主，突出表現女性的乳房、臀部、腹部、大腿等，體現原始人對於母性和生殖的崇拜意識。在奧地利維也納附近的維倫多夫出土的女性雕像被稱為「維倫多夫的維納斯」（Venus of Willendorf），是其中最著名的代表作。

一、西方繪畫發展

(一)古代（西元前4000年至西元476年）的繪畫藝術

西方習慣把新石器末期到中世紀稱為古代，具體來說就是指西元前4000年（文字的出現）到西元476年（西羅馬帝國滅亡）。主要包括美索不達米亞、埃及、希臘和羅馬時期的美術。如美索不達米亞的雕塑，如巴比倫王國的「漢摩拉比法典」浮雕；亞述王國那些表現戰爭和狩獵的緊張場面，手法極為寫實、充滿激烈動態的浮雕；古埃及的金字塔建築，人像雕刻和神秘威嚴的獅身人面像；古希臘的自由民主創造了具有民主思想的建築、雕刻和繪畫作品，其中留存於世的許

多優雅的雕刻形象，如「擲鐵餅者」、「米洛斯的維納斯」等，尤其具有無窮的魅力。古羅馬美術承繼古希臘的傳統，但羅馬人的美術更傾向實用主義。規模巨大的科洛西姆競技場和萬神廟是古羅馬建築的傑出代表。而曾被維蘇威火山灰掩埋達一千七百多年的龐貝壁畫，則展示了古羅馬繪畫的獨特面貌。

(二)中世紀的繪畫藝術（西元476至1453年）

北方民族入侵，歐洲地區分別為不同的部族所統治，因此在這段時期所遺留下來的作品並不多。由於此時被西羅馬帝國的基督教所同化，所以中世紀藝術也就是基督教藝術，呈現的作品均為為宗教所作，雕刻、繪畫等等均是。

(三)文藝復興時期的繪畫藝術（14至16世紀）

14世紀時，新興中產階級視中世紀文化為黑暗倒退，希臘、羅馬古典文化為光明的典範，力圖復興古典文化，遂產生「文藝復興」一詞，作為新文化的美稱。14至16世紀歐洲文藝復興美術以堅持現實主義方法和體現人文主義思想為宗旨，在追溯古希臘羅馬藝術的精神下，創造了最符合現實人性的嶄新藝術。

義大利的達文西、米開朗基羅和拉斐爾是文藝復興美術的畫壇三大巨匠。達文西既是藝術家又是科學家，其作品「最後的晚餐」、「蒙娜麗莎」等皆被譽為世界名畫之首。米開朗基羅則在雕刻、繪畫和建築各方面都留下了最能代表鼎盛期文藝復興藝術水準的典範之作。他塑造的人物形象，雄偉健壯，氣魄渾宏。拉斐爾則以其塑造的秀美典雅的聖母形象最為成功。他的聖母像寓崇高於平凡，被譽為美和善的化身，最充分地體現了人文主義的理想。

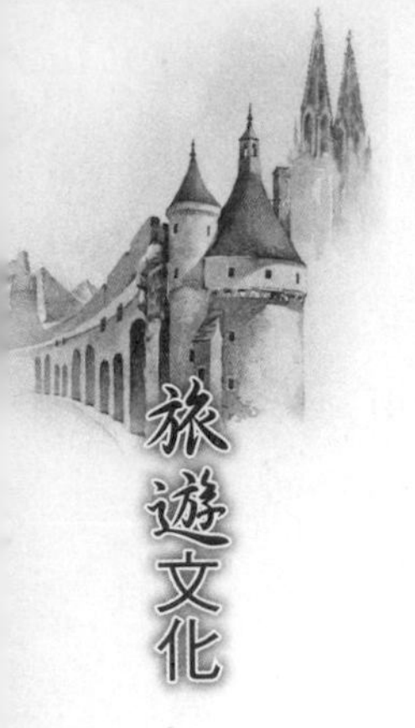

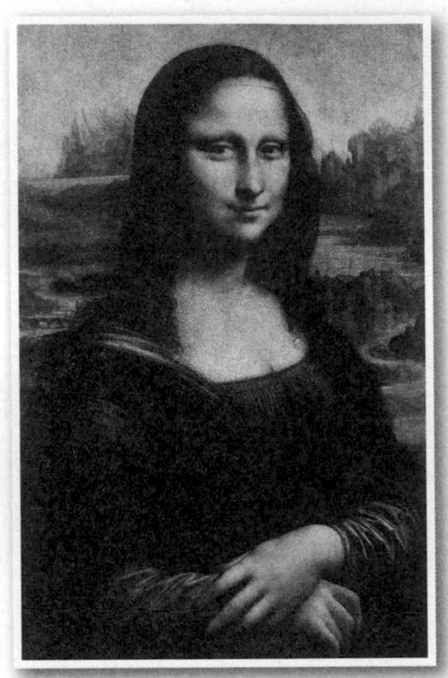

達文西名作「蒙娜麗莎的微笑」——世界名畫之首

畫壇三大巨匠

曾有美術史學家說：「如果把達文西的藝術比作『不可知的海底深處』，米開朗基羅的作品就是『高山崇峻的峰頂』，拉斐爾的畫則是『廣闊開展的平原』。」這句話扼要說出三傑的特點，也道出他們之所以為畫壇局擘之因。

■達文西

達文西（Leonado Da Vinbci, 1452-1519）是一位畫家、雕塑家、建築師、工程師及佛羅倫斯派的科學家，亦是文藝復興時代中最有原創力的天才。他最重要的成就在於科學和藝術作品之間的結合。

達文西於1452年在義大利出生。十七歲時，在佛羅倫斯向畫家維洛吉歐（Andra del Verrocchio）學畫，而在早期，他的天賦就光芒四射。達文西一生曾任不同職務，1495至1499 年，他在Isabella d' Este法院當任建築的工作；1502至1503年他在軍隊裡擔任工程師。四年後，他離開了義大利回米蘭，在義大利依然有未完成的工作，但在米蘭他又和法國人聯繫，而法國便和義大利要求讓達文西在米蘭停留更久的時間。

1507年，達文西回到了佛羅倫斯處理他父親的遺產。之後的幾年，他又回到米蘭。在這幾年間，達文西花大部分時間在科學上的研究和工程計畫，例如Adda河流運河的工程。1512年達文西離開了米蘭，在羅馬他結識了米開朗基羅和拉斐爾。這三個人之後成為文藝復興時代藝術的代表人物。1519年5月2日達文西逝世，葬在Amboise Filrentino修道院。

■拉斐爾

1483年，拉斐爾（Santi Raphael, 1483-1520）出生於中義大利高原的烏爾比（Urbino）。他出身於藝術世家，父親為烏爾比諾公爵宮廷中專畫徽章的畫工。拉斐爾在幼年時期就對繪畫產生了濃厚的興趣。十六歲時，拉斐爾投入當時的畫家斐路吉諾（Perugino）門下學畫。拉斐爾一系列最讓人喜愛的聖母圖也在此時期出現，那時他還不滿二十歲。

1508年，拉斐爾應羅馬教皇朱利斯二世（Pope Julius II）的召喚，來到羅馬負責裝飾梵蒂岡宮剛完成的四個新廳的壁畫。教皇看了拉斐爾的作品，當場取消了其他藝術家的合同，讓拉斐爾繼續在宮中裝飾其他的大廳。自此拉菲爾的聲名大噪，有些作品他只設計草圖及監督。1513年，教皇朱利斯二世去世，利奧十世（Leo X）就位，對拉斐爾更是重用與信任，一些重要的建築及壁畫，非拉斐

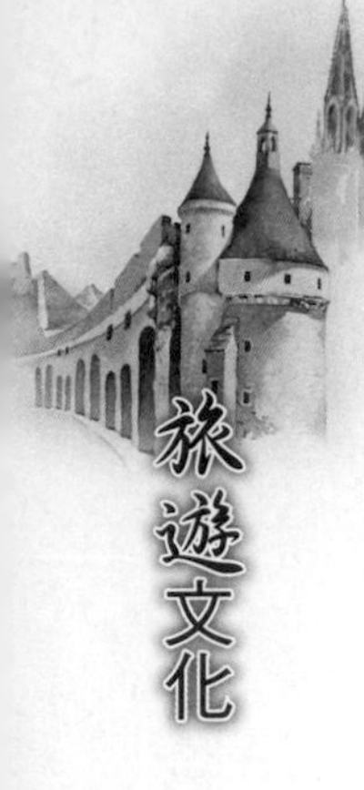

爾不作，1514年拉斐爾更被委託管理羅馬出土古文物的大任。過多繁重的工作壓垮了拉斐爾的身體，令他的身體一天比一天虛弱。1520年4月6日，一代畫家拉斐爾去世了，得年僅三十七歲。

■米開朗基羅

米開朗基羅（Buonarroti Michelangelo, 1475-1564）是頂尖的大理石像雕塑家，他認為藝術不是科學，而是「人的製作」，唯有將立體的實物從羈絆中「解放」出來，才能得到滿足。

米開朗基羅生於1475年的義大利。1490年，米開朗基羅進入羅倫佐・麥迪奇創辦的美術學校，受到最先進的人文主義思想的薰陶。1496至1501年，米開朗基羅為許多教會工作。1504年，米開朗基羅完成眾所周知的大衛像。1505年，教皇尤利希斯二世（Julius II召米開朗基羅為自己建造陵寢，他花了半年多時間採石後，開始建造工程，甚至為此負債；後來，米開朗基羅敵手認為他只會雕刻，不會畫畫，便慫恿教皇命米開朗基羅在西斯汀禮拜堂（Cappella Sistina）天井繪畫。米開朗基羅在四年內完成西斯汀禮拜堂的天井畫「創世紀」。1541年米開朗基羅完成西斯汀教堂的祭壇畫「最後的審判」，描繪的是世界末日來臨。其後米開朗基羅雕了三座哀悼基督雕像，於1564年逝世，享年八十九歲。

資料來源：整理修改自維基百科。

(四)17世紀的繪畫藝術

17世紀在歐洲出現了巴洛克美術，發源於義大利，之後風靡全歐洲。其特點是追求激情和運動感的表現，強調華麗絢爛的裝飾性。這一風格體現在繪畫、雕塑和建築等各個美術門類中。魯本斯（Peter Paul Rubens, 1577-1640）是巴洛克繪畫的代表人物，他熱情奔放、絢麗多彩的繪畫對西方繪畫具有持久的影響。同時代的現實主義大師，

如荷蘭的林布蘭（Rembrandt, 1606-1669）、西班牙的迪亞哥·委拉斯蓋茲（Diego Velázquez, 1599-1660）等，也在一定程度上具有巴洛克的特色。

(五)18世紀的繪畫藝術

18世紀洛可可風格在法國興起，隨後傳至歐洲其他國家。洛可可美術的特點是追求華麗纖巧和精緻。代表畫家有法國的華托（Jean Watteau, 1684-1721）、布歇（Boucher, 1703-1770）和弗拉戈納爾（Fragnard, 1732-1806）。隨著1789年法國資產階級革命，美術家們又一次重振了古希臘羅馬的英雄主義精神，開展了一場新古典主義藝術運動。其代表畫家是法國的大衛（Jacques-Louis David, 1684-1721）和安格爾（Jean-Auguste-Dominique Ingres, 1780-1867）。浪漫主義（romanticism）隨著新古典主義的衰落而興起。法國的熱里科（Theodore Gericault, 1791-1824）的「梅杜莎之筏」（La Zattera Della Medusa）被視為浪漫主義繪畫的開山之作，而浪漫主義最具代表性的是德拉克洛瓦（Ferdinand Victor Eugene Delacroix, 1798-1863），其繪畫色彩強烈，用筆奔放，充滿強烈激情，代表作有「希阿島的屠殺」和「自由領導著人們」等。法國呂德的「馬賽曲」和卡爾波的「舞蹈」都是傑出的浪漫主義雕塑作品。

(六)19世紀的繪畫藝術

19世紀中期是現實主義美術蓬勃興旺的時期。法國畫家庫爾貝（Gustave Courbet, 1819-1877）是現實主義的倡導者，他的代表作「奧南的葬禮」堪稱繪畫中的「人間喜劇」，而「採石工人」則深刻揭示了社會的矛盾，表現了畫者對勞動人民的同情。勤勞樸實的農民畫家米勒（Jean François Millet, 1814-1875），以淳厚真摯的感情，歌頌了辛勤勞作的農民。政治諷刺畫家杜米埃（Honoré Daumier, 1808-1879）則創作了大量形象誇張的石版畫和油畫。德國女版畫家柯勒惠芝（Käthe Kollwitz, 1867-1945），以社會民主主義思想和鮮明的個人風格，創作了反映工人運動和農民革命的系列銅版畫和石版畫。法國雕塑大師羅丹的作品也具有一定現實主義特性。19世紀後期在法國產生了印象派。此派繪畫以創新的姿態出現，反對當時古典學院派的藝術觀念和法則，受到現代光學和色彩學的啟示，注重在繪畫中表現光的效果。代表畫家有馬奈、莫內、雷諾瓦、德加、畢沙羅等。繼印象派之後還出現了新印象派（代表畫家是修拉和西涅克）和後印象派（代表畫家是塞尚、梵谷和高更）；值得注意的是，後印象派與印象派在藝術主張並不相同。

(七)20世紀以來的繪畫藝術

20世紀以來，現代美術呈現出流派迭起，1905年誕生的以馬蒂斯（Henri Matisse, 1869-1954）為代表的野獸派繪畫，強調形的單純化和平面化，追求畫面的裝飾性。1908年崛起以布拉克（Georges Braque, 1882-1963）和畢卡索（Pablo Picasso, 1881-1973）為代表的立體派繪畫則繼承了塞尚的造形法則，將自然物象分解成幾何塊面，從而從根本上掙脫傳統繪畫的視覺規律和空間概念。1909年義大利出現未來主義美術運動，此派畫家熱衷於利用立體主義分解物體的方法，表現物體活動和運動的感覺。抽象主義的美術作品約於1910年前後產生，代表畫家有俄羅斯畫家康定斯基（Wasily Kandinsky, 1866-1944）和荷蘭畫家蒙德里安（Piet Mondrian, 1872-1944），而兩人又分別代表著抒情抽象和幾何抽象兩個方向。

第一次世界大戰期間產生達達主義思潮，此派藝術家不僅反對戰爭、反對權威、反對傳統，而且否定藝術自身，否定一切。隨著達達主義運動消退，在此基礎上出現了超現實主義藝術思潮。此派畫家以柏格森的直覺主義，佛洛依德的精神分析學和夢幻心理學為理論基礎，展現無意識和潛意識世界。其繪畫往往把具體的細節描寫與虛構的意境結合在一起，表現夢境和幻覺的景象。代表畫家有恩斯特、雷

內．馬格利特、夏卡爾、達利、胡安．米羅等。20世紀50年代初萌發於英國、50年代中期鼎盛於美國的波普藝術，繼承了達達主義精神，作品中大量利用廢棄物、商品招貼、電影廣告和各種報刊圖片拼貼組合，故又有新達達主義的稱號。代表人物有美國畫家約翰斯、勞生柏、安迪．沃荷等。

而70年代興起的超寫實主義運動，其主要特徵是利用攝影成果，進行客觀的複製和逼真的描繪。代表畫家有克洛斯、佩爾斯坦，雕塑家中，以安德列、漢森最為著名。除上述之外，可以歸入現代藝術範疇的還有偶發藝術、大地藝術等，其中許多藝術活動已經超出了美術的範圍。

二、西方畫派介紹

(一)佛羅倫斯畫派

13世紀初，身在拜占庭帝國中的藝術家及學者，由於受到了東方土耳其人的騷擾，紛紛帶著貴重的希臘文獻及藝術品，從君士坦丁堡向西亡命至義大利，並定居在繁榮的義大利半島的各商港中，其中包括了西恩那城（Siena）及佛羅倫斯城（Florence）。來到西恩那城的拜占庭藝術家依舊從事著藝術工作，但受到義大利半島的自由氣息的影響，他們作品的新興風格與中世紀的傳統精神已大不相同，同時揭開了文藝復興時期繪畫的序幕。那些開風氣之先的西恩那畫家，便稱之為「西恩那派」。但西恩那派沒維持多久就被中義大利的大都市佛羅倫斯城（Florence）所取代了。

佛羅倫斯派的畫家有：開風氣之先的契馬布耶（Cimabue）、喬托（Di Bondene Giotto）、抒情派的安基利科（Fra Angelico）；寫實派的馬薩其奧（Masaccio）、波提切利（Sandro Botticelli）；及文藝復興時期畫壇三大巨匠：「最後的晚餐」達文西（Leonardo Da Vinci）、「最後的審判」米開朗基羅（Buonarroti Michelangelo）、瀟

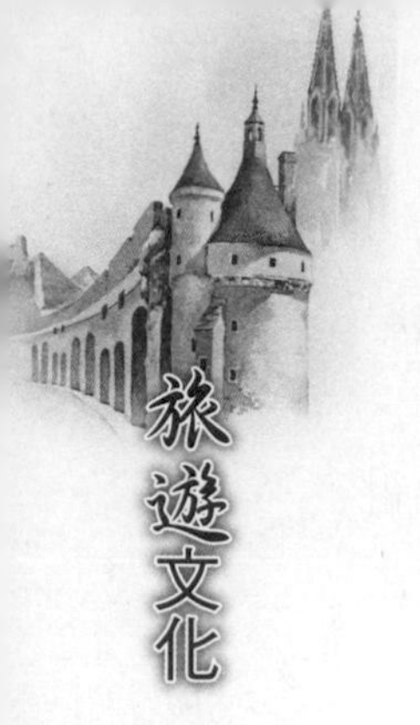

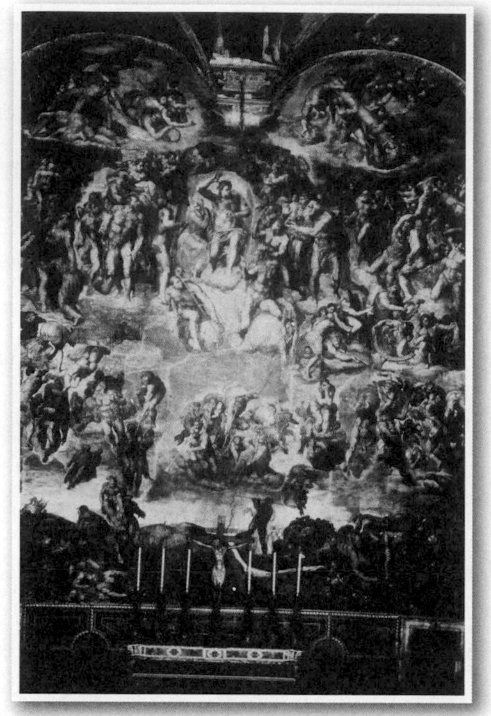

米開朗基羅舉世聞名的創作——「最後的審判」

灑俊帥的才子拉斐爾（Santi Raphael）。

(二)巴比松畫派

巴比松派（Barbizon school），是巴比松畫派的簡稱，為1830到1840年代，在法國興起的鄉村風景畫派，因此畫派的主要畫家都住在巴黎南郊楓丹白露森林附近的巴比松村，1840年後這些畫家的作品被合稱為「巴比松畫派」。

巴比松派的主要畫家是強調科學風景畫法的西奧多．盧梭、柯洛、讓—弗朗索瓦．米勒和查理—法蘭斯瓦．杜比尼；其中，盧梭和米勒一生都在巴比松村終老。巴比松派是法國浪漫主義畫派轉向寫實與現代主義的一個起點。過去，法國藝術界對風景畫的評價都很低，認為畫風景畫的畫家是比較不引人注目，也不值得注意的，但巴比松畫派的作品使世人被鄉村中的優雅感動，同時也因當時巴黎和歐洲都飽受戰亂，人心趨向於隱居，所以巴比松畫派成功的為風景畫打下很好的基礎，也替後來1860年開展的印象派奠定了相當好的基礎。

(三)印象派

印象派（impressionism）產生於19世紀60年代的法國。1874年莫內創作的題為「印象・日出」的油畫，遭到學院派的攻擊，評論家們戲稱這些畫家們是「印象派」，印象派由此而得名。

印象派強調人對外界物體的光和影的感覺與印象，在創作技法上反對因循守舊，主張藝術的革新。繪畫技巧上對光和色進行探討，研究出用外光描寫對象的方法，並認識到色彩的變化是由光色造成的，色彩是隨著觀察位置，受光狀態的不同和環境的影響而發生變化。同時印象派著重於描繪自然的霎那景象，使一瞬成為永恆，並將這種科學原理運用到繪畫中。印象派追求光的描寫，把畫架從室內搬到戶外，在野外作畫，因此稱為「外光派」。一般來說這樣的畫派屬於早期的印象派。印象派脫離了以往藝術形式對歷史和宗教的依賴，藝術家們大膽地拋棄了傳統的創作觀念和程式，而將關注的焦點轉移到了純粹的視覺感受形式上，作品的內容和主題變得不再那麼重要。

印象派畫家代表有：馬奈、莫內、雷諾瓦、德加、畢沙羅、西斯萊等。

(四)新印象派與後印象派

繼印象派之後還出現了新印象派（代表畫家是修拉和西涅克）和後印象派（代表畫家是塞尚、梵谷和高更）。而實際上後印象派與印象派在藝術主張並不相同，甚至完全相反。其中，梵谷（Vincent van Gogh, 1853-1890）的繪畫著力於表現自己強烈的情感，色彩明亮，線條奔放；高更（Paul Gauguin, 1848-1903）的畫多具有象徵性的寓意和

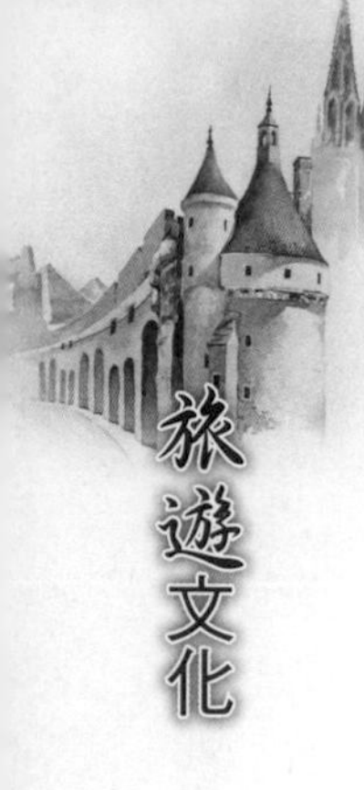

裝飾性的線條和色彩；塞尚（Paul Cezanne, 1839-1906）的繪畫則追求幾何性的形體結構，也因而被尊稱為「現代藝術之父」。

(五)象徵主義

象徵主義（symbolism）為約1885至1910年間，歐洲文學和視覺藝術領域一場頗有影響的運動。象徵主義摒棄客觀性，偏愛主觀性，背棄對現實的直接再現，偏愛現實的多方面的綜合，旨在透過強而有力的象徵來暗示各種思想。象徵主義把宗教神秘主義與反正常和色情的興趣結合起來，把對所謂「原始性」的興趣與複雜微妙的頹廢崇拜結合在一起。

與這場運動有關的藝術家是：法國的奧迪隆·雷東（Odilon Redon）、居斯塔夫·莫羅（Gustave Moreau）、皮耶·皮維斯·德·夏凡納（Pierre Puvis de Chavannes）、費南德·柯諾夫（Fernand Khnopff）、荷蘭的揚·托羅普（Jan toorop）等。

象徵主義者認為，藝術應用間接的方式來表現更絕對的真理，因此他們用極其隱喻化和暗示性的手法創作，賦予一些畫面或物體象徵意義。

(六)野獸派

野獸派（fauvism）是20世紀最早出現的新藝術象徵主義的畫派。特點是色彩使用狂野和強烈的視覺衝擊力，常給人不合常理的感覺。法國象徵主義畫家摩洛（Gustave Moreau, 1826-1898）鼓勵他的學生們要根據自己的想像力去作畫，馬蒂斯就是他的得意弟子。野獸派的領袖馬蒂斯和安德列·德朗（André Derain, 1880-1954）都是摩洛的學生，吸收非洲、玻里尼西亞和中、南美洲的原始藝術表現手段，以大膽的構圖模式將朱紅、翠綠、天藍等不和諧顏色揉合在一起，使色彩達到一種新的烈度。野獸派將梵谷和高更的畫法更推向極端，用生硬的線條和大膽的色彩表達自己強烈的感受，顏色變成畫面的主題，不再講究透視和明暗關係。

(七)新藝術運動

新藝術運動（art nouveau）開始於1880年代，並於1890至1910年達到頂峰。新藝術運動的名字源於薩穆爾．賓（Samuel Bing）在巴黎開設的名為「新藝術之家」（La Maison Art Nouveau）的商店，他在那裡陳列的都是依這種風格所設計的產品。在當時新藝術運動只是被簡單地稱為現代風格，另一方面，由許多小團體的互相聚集，稍微改良了當時矯飾的流行風格，形成20世紀現代主義的前奏。這種風格最重要的特性就是充滿活力、波浪形和流動的線條。像是使傳統的裝飾充滿活力，表現形式也像是從植物生長出來。新藝術運動在建築風格和室內設計方面，透過設計師的挑選和某些洛可可風格中萃取的元素（例如火焰和貝殼的紋理），代替從歷史衍生和維多利亞風格的根本結構或寫實自然主義的裝飾。

新藝術運動主張運用高度自然元素，使用其作為創作靈感和擴充「自然」元素的資源，例如海藻、草、昆蟲。新藝術運動發展的最高峰是1900年在巴黎舉行的世界博覽會，現代風格在各方面都獲得了成功。在此後十年，新風格因為在量產中迅速普及，導致新藝術運動在大約1907年以後就開始被忽視。

(八)波普藝術

普普藝術（pop art）又稱波普藝術，是探討通俗文化與藝術間關連的藝術運動。普普藝術試圖推翻抽象表現藝術並轉向符號、商標等具象的大眾文化主題。普普藝術這個字目前已知是1956年英國的藝術評論家羅倫斯．艾偉（Laurence Alloway）所提出的。簡單來說，普普藝術是當今較底層藝術市場的前身。普普藝術家大量複製印刷的藝術品造成了相當多評論。早期某些波普藝術家力爭博物館典藏或贊助的機會，並使用很多廉價顏料創作，作品不久之後就無法保存，連帶也

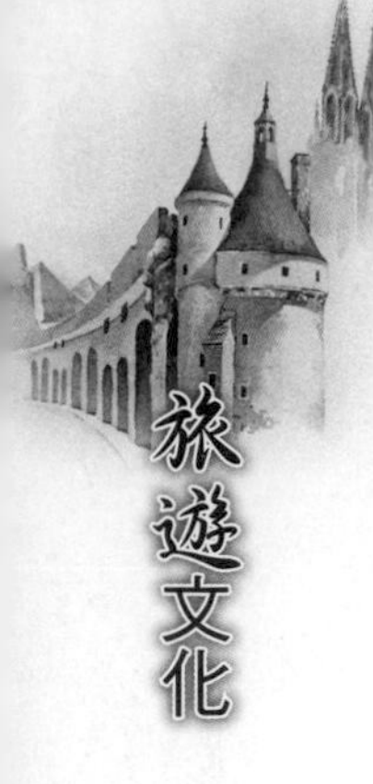

引起一些爭議。1960年代，普普藝術的影響力量開始在英國和美國流傳，造就了許多當代的藝術家。後期的普普藝術幾乎都在探討美國的大眾文化，特殊的地方在於它對於流行時尚有相當特別而且長久的影響力。不少服裝設計、平面設計師都直接或間接的從普普藝術中取得靈感。

第四節　中國文學

中國文學起源於商朝的甲骨文，當時應為文史筮不分家，在卜筮紀錄民間歌謠、地方史事傳說時，就隨之漸漸形成了千古文章。如商代的卜辭和咒文便開始會為文字增添潤飾，如用排比、對偶等句式。

一、中國文學發展

(一)春秋戰國時期

西周，中國文學的代表是易經的出現。《易經》為一本可用於占卜，以八卦及六十四卦為本推測命理的方法。《詩經》本被稱為「詩」，在西漢獨尊儒術之後被尊稱為《詩經》。現存《詩經》由305首詩所組成，其中分為「風」、「雅」、「頌」三類；「風」是當時十幾個地區的民歌、「雅」又分為「大雅」、「小雅」，是周代貴族所作的樂章、「頌」則是祭祀時用的樂曲。從漢朝起儒家將其奉為經典，因此稱為《詩經》。《詩經》作品所涉及的地域，主要是黃河流域，西起山西和甘肅的一部分，北到河北省西南，東到山東，南到江漢流域。

另外「六義」則指「風、雅、頌，賦、比、興」。「風、雅、頌」是按音樂的不同對《詩經》的分類，「賦、比、興」是《詩經》的表現手法。

早期最有影響力的詩歌選集是《楚辭》，為被歸為半傳說色彩的屈原（前340年至前278年）及其追隨者宋玉（西元前4世紀）所作。《楚辭》中的詩歌較為抒情浪漫，有別於北方傳統的《詩經》。漢代由《楚辭》衍生出賦的形式，但最早使用「賦」這一名稱的是荀子。《楚辭》收錄中國戰國時期楚地詩歌的詩集，是僅次於《詩經》的中國歷史上的第二部詩歌作品集。《楚辭》打破了《詩經》四字一句的死板格式，採取三言至八言參差不齊的句式，篇幅和容量可根據需要而任意擴充，這樣的特點，容納而且催生了更精彩細膩的藝術技巧，諸如比喻、象徵、托物起興等表達手法，都得到更大的發展。

《孫子》，又稱《孫子兵法》、《孫武兵法》和《吳孫子兵法》，是中國古代的兵書，作者為春秋末年的齊國人孫武（字長卿）。一般認為，《孫子兵法》成書於專諸刺吳王僚之後至闔閭三年孫武見吳王之間，亦即西元前515至前512年，全書十三篇，是孫武贈送給吳王的見面禮。孫子書中所撰各篇不僅為後世軍事家奉為圭臬，亦為治國者必讀之經典書。

(二)漢朝時期

漢朝代表文體為賦，最具代表者為建安七子。建安七子，首見於曹丕的《典論．論文》，是指東漢末年漢獻帝年間的七位文學家：孔融、陳琳、王粲、徐幹、阮瑀、應瑒、劉楨。其與「三曹」往往被視為是秦漢時期文學成就的代表。曹丕常常與建安七子「行則連輿，止則接席」，孔融被曹操殺後，曹丕仍以重金向天下廣徵孔融的文章。「建安七子」與「三曹」構成建安作家的主力，對詩、賦、散文的發展，都曾有過貢獻。劉勰《文心雕龍．才略》提到：「仲宣溢才，捷而能密，文多兼善，辭少瑕累，摘其詩賦，則七子之冠冕乎。」王粲的哀思最能表現在作品上，其代表就是「七哀詩」與「登樓賦」，最能代表建安文學的精神。而魏晉詩歌則以曹操的《龜雖壽》（四言詩）、曹丕《燕歌行》（七言詩）、曹植《贈白馬王彪》（五言

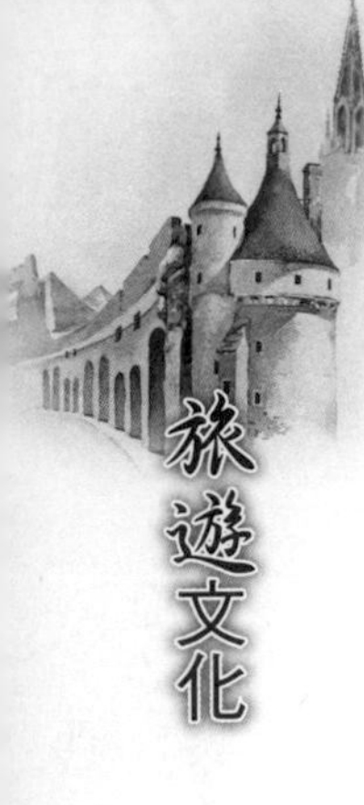

詩）、陶淵明的田園詩最著名。

(三)唐代時期

近體詩在唐代達到頂峰。其形式為律詩與絕句，盛唐二位最著名的詩人為李白（701-762）和杜甫（712-770）。李白以浪漫主義的詩歌著稱；杜甫則被視為具有強烈的社會關懷的儒士。李白被稱「詩仙」、杜甫被稱「詩聖」、王維被稱「詩佛」。律詩，指近體詩中要求平仄、押韻最嚴格的詩項。按每句字數多少可分為五言、七言，按篇幅長短又可分為普通律詩和排律。絕句，又稱截句、斷句、絕詩，四句一首，短小精萃。它是唐朝流行起來的一種詩歌體裁，屬於近體詩的一種形式。絕句一詞最早在南朝的齊、梁時代就已出現。

絕句分為律絕和古絕。律絕興起於律詩以後，古絕則遠在律詩出現以前就有。絕句按字數又可分為五絕、六絕和七絕。中唐詩歌變得極為寫實帶社會批判，並產生更洗練的手法。其中最著名的代表即白居易（772-846），他以淺白文字入詩，寫出許多膾炙人口，流行於庶民社會的詩歌。同時代其他著名詩人還有李賀、小李杜（李商隱及杜牧）等。

(四)宋代時期

宋朝文學主要涵蓋詞、詩、散文、話本小說、戲曲劇本等等，其中詞的創作成就最高，詩、散文次之，話本小說又次之。宋朝的文學作品在北宋初期繼承了晚唐風格，用詞浮艷，常作為唱和酬答之用。當時的各種文體，互相影響，題材眾多，並受到儒、釋、道的影響，文壇有長足的發展。話本小說與戲曲就在這個時期興起。南宋偏安江南後，文人多以作品抒發愛國情懷。可是南宋末期出現因循風氣，結束了宋朝文學的發展道路。

隨著宋朝重文抑武，國家長期處於積弱的地位。思想上呈現出儒、釋、道三家合流的趨向，宋詞在題材、手法、風格經歷了一個轉型

的過程。北宋前期，主要詞人有晏殊父子、歐陽修、范仲淹、柳永等人。其中，晏殊、歐陽修帶領著第二次古文運動，掃除深奧難明的辭彙，以自然流暢語言來創作，說理暢達。范仲淹突破了晏、歐風格，豪放悲壯，柳永則自創新調，以長調慢詞代替小令，加入草根格調。

北宋中期，最主要的詞人是蘇軾。他以詩為詞，打破了詞體題材的局限，在婉約詞家之外另立豪放一派。北宋後期，主要詞人有秦觀、黃庭堅、賀鑄、周邦彥等。周邦彥被推崇為「集大成者」，因為他注重音律，風格淳雅，章法縝密，用詞精麗，造就了後來的格律詞派。

南宋前期的詞人當面對國難的時候，內容多為慷慨悲壯、沉鬱蒼涼。詞壇中比較突出的是女詞人李清照，其詞化俗為雅，清婉疏淡，語言功力甚深，風格自然清新。南宋中期，主要詞人則有辛棄疾、陳亮、劉過、姜夔等。辛棄疾開創了愛國詞派，以散文為詞，突破了詞體，以報國與失意為主調；時而沉鬱、時而明快，但仍以豪放為主，成為稼軒體。

在散文方面，著名唐宋八大家中，宋代占了六位，包括歐陽修、蘇洵、蘇軾、蘇轍、王安石、曾鞏。他們各有風格，構成了宋朝散文的繁榮景象。其特色在於內容寫實，大部分是論政與論道的作品，當中帶有憂患意識，風格平易自然，多以古論今，是結合實用與藝術的作品。

(五)元朝時期

廣義的曲指秦漢以來可加入音樂的樂曲，通常多指宋朝以來的南曲和北曲，與詞的體式相近，但一般在字數定格外可加襯字，較為自由，並多使用口語。分為戲曲（或稱劇曲，包括雜劇、傳奇等）與散曲兩類，元明以來甚為流行；故後世有元曲之稱。雜劇的戲劇形式是由故事情節、曲詞、賓白、科介等幾部分組成。科介是演出提示，規定表演動作和舞臺效果，賓白就是說白，曲詞是歌唱部分。元雜劇劇本一般由四折組成，「折」是音樂的單元，一套樂曲伴唱一折，也

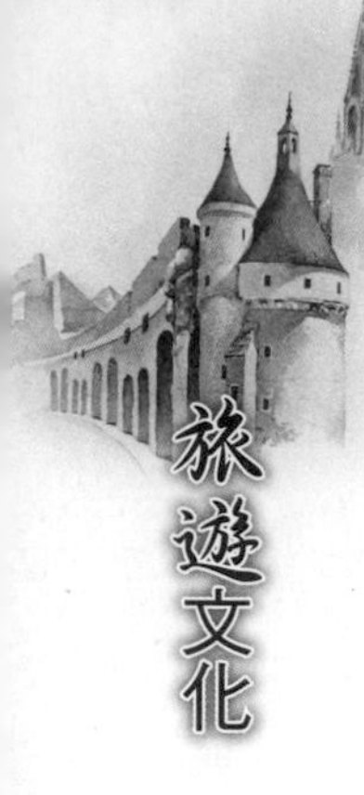

是劇情的大段落。在四折之外，還可以有楔子。楔子相當於序幕，但也像過場戲，放在折與折之間，散曲是可配樂演唱的歌曲形式。根據《青樓集》的記載，元散曲的歌唱有多種形式，像表演唱、舞蹈伴唱、樂器伴唱等。元散曲主要有小令和套數（又叫散套、套曲）兩種形式。小令原是民間的小調，文人的小令多半較典雅，民間的小令語言俚俗。小令以描寫為主，比起唐宋詩詞通俗生動，另具有一番獨特風格與精神。元曲四大家，即元朝四位著名的散曲作家：關漢卿、馬致遠、鄭光祖、白樸。

(六)明清時期章回小說

中國白話小說代表為章回小說，從元代開始有具體形式，到了明清成為小說主流，元代有《水滸傳》，明代有吳承恩《西遊記》、蘭陵笑笑生《金瓶梅》、羅貫中《三國演義》（《三國演義》比較特殊，其內容文體為文言文的章回小說）等，清代前期有曹雪芹《紅樓夢》、吳敬梓《儒林外史》等。晚期由於清朝受列強入侵，小說逐漸出現諷刺時政的內容，此類小說被稱為「譴責小說」，如李伯元《官場現形記》、曾樸《孽海花》、劉鶚《老殘遊記》等書，皆為滿清晚期之諷刺小說之代表。雖然明清小說文體以章回小說為主，但依舊有非章回小說的小說作品出現，如明代的馮夢龍《三言》（《喻世明言》、《警世通言》、《醒世恆言》）、凌濛初《二拍》（即《初刻拍案驚奇》與《二刻拍案驚奇》）等白話短篇小說集；又清代蒲松齡所著之《聊齋誌異》以文言寫成，內容體制近似於唐代傳奇。

二、中國經典文學

中國的文學創作在每個時期均有特殊的作品，如影響中國哲學思想最深遠的儒家學說，《論語》、《孟子》、《大學》、《中庸》等；而其他學派的思想亦在不同層面影響中國文化的發展，例如《易

經》之於人們的日常生活、道家《老子》學說的清談在許多朝代成為顯學、《孫子兵法》之於軍事、法家學說之於政治等等。同時，《三字經》、《百家姓》等歷來為幼兒學習之啟蒙教材。至於唐詩、宋詞、元曲等也留下許許多多各種文體著名的作品，反應出作者所處的社會背景與環境等。至於近代的小說，則以《紅樓夢》、《水滸傳》、《三國演義》和《西遊記》為最經典的文學，介紹如下。

(一)《紅樓夢》

《紅樓夢》，原稱《石頭記》，由曹雪芹所撰寫，為中國古典長篇章回小說四大名著中，唯一成書於清朝中葉者。書內提及的書名還有《情僧錄》、《風月寶鑒》、《金陵十二釵》，乾隆49年（1784年）夢覺主人序本題為《紅樓夢》，自第一次活字印刷，《紅樓夢》便取代《石頭記》而成為通行的書名。長久以來，一般認為前八十回為曹雪芹所作，後四十回由高鶚所補。《紅樓夢》是章回體古典長篇小說，每個章回雖然彼此獨立，卻又各有相關，有學者指出《紅樓夢》所採用的是一種全然不同於西方小說的結構方式，作者採用許多小事件堆疊成為一個大事件的「浪潮式」架構，以數個大主軸穿插眾多小故事而成。在小說中還包含著詩、詞、曲、賦、偈、酒令、笑話、謎語、題匾、八股文等各種不同文體的創作與批評。乃至有命理卜辭、脈案藥方、訟狀塘報等。涉及的文字題材，包羅萬象，蔚為大觀。在小說中，每個人物均有明顯的個性刻劃，充分反映出作者對於人物的觀察細膩，而人與人間的相處，也就成為此曠世鉅作成功的因素，除了人物性格的刻劃，關於場景環境的描述，反應在日常生活的食衣住行點點滴滴等，也使之如同敦煌石窟一樣形成專門研究的學派——紅學，這在文學史上極為罕見，因此《紅樓夢》被評為中國最具文學成就的古典小說及章回小說的巔峰之作。

《紅樓夢》由於傳世版本多，加上欣賞角度與動機的不同，因此學者們對於《紅樓夢》的作者與內容，有許多不同的看法，其中大致

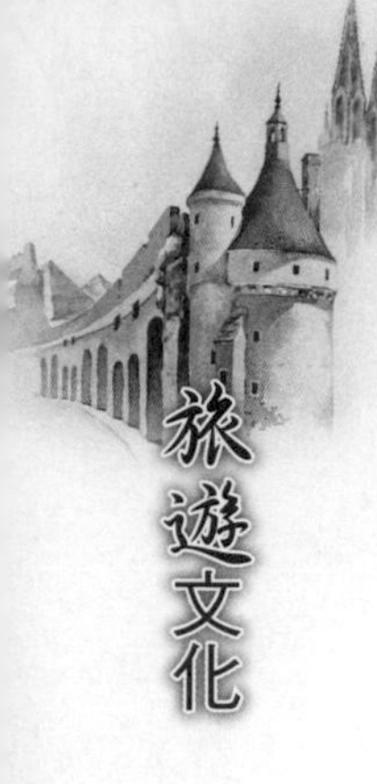

可分為文學批評派、索隱派、自傳派等數派。**文學批評派**以王國維為主，王國維引入叔本華的哲學思想，以西方的視角審視《紅樓夢》；**索隱派**以蔡元培等人為主，主張《紅樓夢》作者以暗喻的方式，書寫清廷宮闈中事，也有主張書中內容與清朝歷史暗合者；**自傳派**以胡適等人為主，主張《紅樓夢》為曹雪芹之自傳，以曹家興衰為背景。

(二)《水滸傳》

《水滸傳》的故事最初起源於北宋宣和年間，由施耐庵撰寫，從南宋開始就成為民間口頭文學的主要題材。到了明朝初年，根據《大宋宣和遺事》和《東都事略》等史籍中，有關宋朝宋江等三十六人起義造反的記載基礎上，再進行創作。故事描寫了梁山一百零八條好漢，將各自不同的故事，從他們一個個被逼上梁山、逐漸壯大、起義造反到最後接受招安的過程。水滸中的一百零八將傳說是三十六個天罡星和七十二個地煞星轉世，他們講究忠和義，愛打抱不平、劫富濟貧，不滿貪官污吏，最後集結梁山，與腐化的朝廷抗爭。小說成功地塑造了宋江、林沖、李逵、魯智深、武松等人物的鮮明形象，也向讀者展示了宋代的政治與社會狀況。

(三)《三國演義》

《三國演義》，是一本長篇歷史小說，由羅貫中所撰寫，可以說是中國古代長篇章回小說的開山之作，作者一般被認為是明朝的羅貫中。小說以東漢末年為歷史背景，以劉關張三兄弟、諸葛亮、東漢、曹魏、蜀漢及東吳六大路線為中心，講述東漢末年黃巾起義至魏、蜀、吳三國鼎立，到西晉統一為終結。小說通篇精巧敘述謀略，雖與史實多有出入，仍譽之「中國謀略全書」。《三國演義》描寫的是從東漢末年到西晉初年之間近一百年的歷史，反映了三國時代的政治軍事鬥爭以及社會矛盾的滲透與轉化。在對三國的態度上，尊劉反曹鄙吳是民間的主要傾向，表現出明顯的擁劉反曹傾向，以劉備集團作為

描寫的中心，隱含著人民對漢族復興的希望和皇室正統思想。書中亦刻畫了近二百個人物形象，其中最為成功的有諸葛亮、曹操、關羽、劉備等人。諸葛亮是作者心目中「賢相」的化身，有「鞠躬盡瘁，死而後已」的高風亮節，及經世濟民再造太平盛世的雄心壯志，而且作者還賦予他呼風喚雨、神機妙算的奇異本領。曹操則被塑造成一位「寧教我負天下人，不教天下人負我」的奸雄，既有雄才大略，又殘暴奸詐，是一個政治野心家和陰謀家。關羽「威猛剛毅」、「義重如山」，但主要以個人恩怨為前提。劉備則被塑造成為仁民愛物、禮賢下士、知人善任的仁君典型。

(四)《西遊記》

《西遊記》是一部中國古典神魔小說，由吳承恩撰寫，書中講述唐朝玄奘法師西天取經的故事，表現了懲惡揚善的古老主題。《西遊記》成書於16世紀明朝中葉，自問世以來在中國及世界各地廣為流傳，被翻譯成多種語言。在中國，乃至亞洲部分地區《西遊記》家喻戶曉，其中孫悟空、唐僧、豬八戒、沙僧等人物和〈大鬧天宮〉、〈三打白骨精〉、〈火焰山〉等故事尤其為人熟悉。關於《西遊記》的作者，舊時傳說是元朝的全真教道人丘處機，現在則一般認為是明朝的吳承恩。劇情描寫唐朝僧人玄奘從涼州偷渡出關，隻身赴印度學習佛教教義。經過十六年，在644年回國，並向唐太宗寫信報告了情況。唐太宗下詔讓他口述西行見聞，他的弟子由此寫出《大唐西域記》。在玄奘逝世後，他的兩名弟子慧立、彥悰將玄奘的生平以及西行經歷又編纂成一本《大慈恩寺三藏法師傳》，為了弘揚師傅的功績，在書中進行了一些神化玄奘的描寫，這被認為是《西遊記》神話故事的開端。此後取經故事在社會流傳，神異的色彩越來越濃厚。《西遊記》系統地反映了中國釋、道、儒三教合流的思想體系，將道教的天上、地獄和海洋的神仙體系與佛教的西天揉合在一起。《西遊記》提出「皇帝輪流作，明年到我家」的大膽言論。同時這本書中神

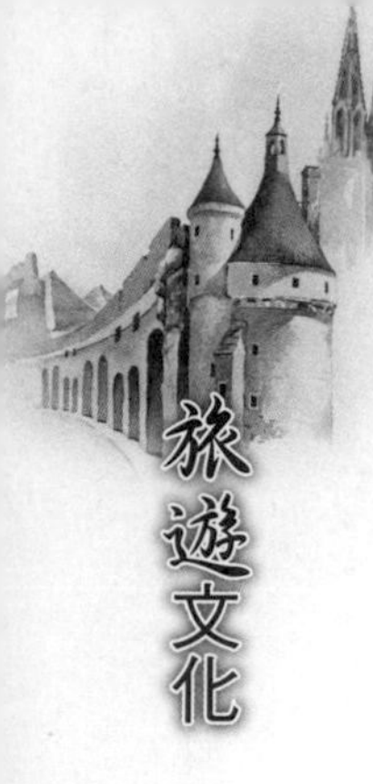

仙體系的描繪正是作者當時生活的明朝政治社會的縮影。

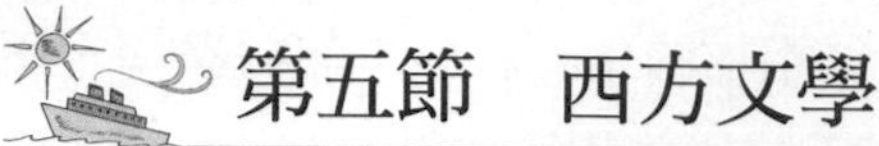

第五節　西方文學

最早知道的文學作品是西元前2700年一篇蘇美人的《吉爾伽美什史詩》（*Epic of Gilgamesh*），文中描述英雄主義、友誼、損失及追逐永生。希臘文學表現了古希臘人對宇宙、自然與人生的理解與思考方式，其中蘊涵著較為原始的精神、心理、情感和文化的內容。外部世界神秘莫測、大自然不可駕馭、人生變幻無常，全都體現在文學中，命運對人具有絕對的控制性和不可改變性，人必須服從命運的安排，但人又可以在命定的範圍內發揮最大的才幹與潛能，隨心所欲的去做自己的事。《荷馬史詩》是西方文學史上最早的正式書面文學作品。史詩包括兩部，分別是《伊利亞特》（*Iliad*）和《奧德賽》（*Odyssey*），相傳作者是大致生活於西元前10世紀至8世紀之間的盲人詩人荷馬（Homer），不過目前的觀點是《荷馬史詩》是包括荷馬在內的許多人集體創作並修改過的。《荷馬史詩》的主題是歌頌希臘民族的光榮史跡，讚美勇敢、正義、無私、勤勞等善良品質，肯定人與生活的價值。但史詩也具有濃厚的宿命論色彩，人與人之間的鬥爭常常是神與神之間鬥爭的縮影。但史詩對戰爭本身很少做正義與否的價值判斷，超越了狹隘的民族主義。

一、西方文學發展

古羅馬文學的發展大致經歷了三個階段，即共和時代、黃金時代和白銀時代。「共和時代」是一個政治概念，而「黃金時代」和「白銀時代」則是兩個主要根據拉丁語言的發展特徵定性的名稱。儘管以羅馬為首都的西羅馬帝國覆滅於476年，學術界通常仍習慣於將2世紀

中期（130-150）作為古羅馬文學的終點。2世紀中期以後的拉丁語文學被定義為「後古典拉丁文學」，這一時期的拉丁語文學已經開始向中世紀基督教文學過渡，不屬於傳統意義上的古羅馬文學。

一般認為，中世紀是指從西元450年左右羅馬帝國衰亡到15世紀文藝復興之間約一千年的時間，其思想文化主要特徵是天主教會的勢力強大，基督教神學影響到包括文學、藝術、音樂在內的一切藝術形式。中世紀盛期的歐洲已擺脫外來侵略。一方面，天主教會成為歐洲統治力量，以拉丁語寫出的宗教文學是中世紀文學的主流。基督教文學融合了歐洲本土文化和希伯來文化，為西方文學的發展帶來了東方元素。另一方面，透過十字軍東征，對外貿易恢復了，商業和貿易的復興導致城鎮及市民階層的誕生，具有近代文學雛形的市民文學跟著形成，而教會文學和世俗文學雖然彼此抵觸，但卻共同構成了整個中世紀文學發展的格局。中世紀文學的發展依社會變遷的軌跡可以分為三個階段：從羅馬帝國衰亡至西元1000年為早期，是基督教的先哲們確立教會文學規範的年代；1000年至1300年為興盛期，市民文學開始崛起，英雄史詩大量出現；從1300年至15世紀是衰落期，以義大利文藝復興的出現為終結。

文藝復興時期各地的作家都開始使用自己的方言進行文學創作，帶動了大眾文學，替各種語言注入大量文學作品，包括小說、詩、散文、民謠和戲劇等。在義大利，文藝復興前期出現了「文壇三傑」。但丁．亞利基利（Dante Alighieri, 1265-1321）一生寫下了許多學術著作和詩歌，其中著名的是《新生》（*La Vita Nuova*）和《神曲》（*La Divina Commedia*）。佩脫拉克（Francesco Petrarca, 1303-1374）是人文主義的鼻祖，被譽為「人文主義之父」，他第一個發出復興古典文化的號召，提出以「人學」反對「神學」。佩脫拉克創作了許多優美的詩篇，代表作是抒情十四行詩詩集《歌集》（*Song Book*）。薄伽丘（Giovanni Boccaccio, 1313-1375）是義大利民族文學的奠基者，短篇小說集《十日談》是他的代表作。在法國，文藝復興運動明顯地形

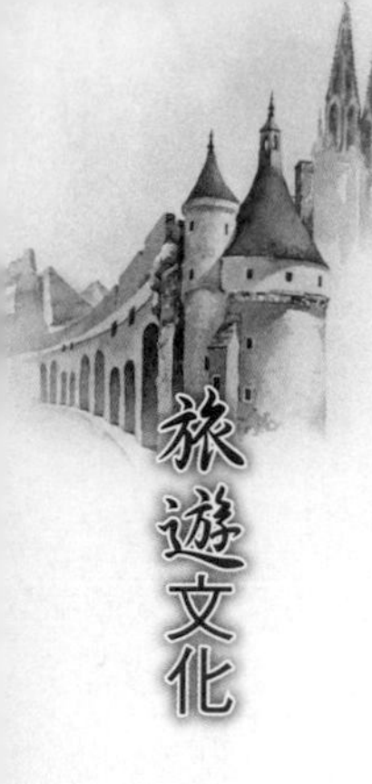

成兩派，一是以「七星詩社」為代表的貴族派，二是以拉伯雷為代表的民主派。在英國，代表人物有托馬斯·莫爾和威廉·莎士比亞。托馬斯·莫爾（Thomas More, 1478-1535）是著名的人文主義思想家，也是空想社會主義的奠基人。1516年他用拉丁文寫成的《烏托邦》是空想社會主義的第一部作品。莎士比亞是天才的戲劇家和詩人，他同荷馬、但丁、歌德一起，被譽為歐洲劃時代的四大作家。他的作品結構完整、情節生動、語言豐富精煉、人物個性突出，代表歐洲文藝復興文學的最高成就，對歐洲現實主義文學的發展有深遠的影響。在西班牙，最傑出的代表人物是米格爾·德·塞凡提斯和維加。塞凡提斯（Miguel de Cervantes Saavedra, 1547-1616）是現實主義作家、戲劇家和詩人，他創作了大量的詩歌、戲劇和小說，其中以長篇諷刺小說《唐吉訶德》最著名，它對歐洲文學的發展產生了重大影響。

啟蒙文學是指盛行於18世紀歐洲啟蒙運動時期的文學。從縱向上看，啟蒙文學選擇性繼承17世紀法國古典主義文學的某些特性，但也具備了近代文學的諸多元素，起到了承上啟下的重要作用。儘管沒有形成統一的綱領，各國發展的狀況也存在著差距，但仍取得了相當輝煌的成就。歐洲諸國中以法國成就最高，英國和德國次之，在俄國和義大利等國也有相應的發展。同時，古典主義文學在18世紀初期勢力強大，代表人物如亞歷山大·蒲柏（Alexander Pope, 1688-1744）在文壇上一直處於執牛耳的地位。由於英國較早確立了開明的君主立憲政體，因此英國的啟蒙文學並不具有強烈的政治或批判色彩，而是以溫和的方式宣揚資產階級價值觀，以宣揚海外殖民、清教徒精神為主。

18世紀的英國文學通常被稱作「奧古斯都文學」，在形式上通常比較正統，內容也比法國、德國文學輕鬆詼諧。丹尼爾·笛福（Daniel Dafoe, 1660-1731）是英國小說的開創者之一，他的代表作《魯濱遜漂流記》和《辛格頓船長》膾炙人口，透過描寫社會中下層出身的青年航海冒險的故事，宣揚海外殖民思想。愛爾蘭人喬納森·斯威夫特（Jonathan Swift, 1667-1745）則比笛福激進得多，他的《格

列佛遊記》享譽世界。

孟德斯鳩和伏爾泰是法國18世紀上半期啟蒙文學的代表作家。孟德斯鳩的理論著作《論法的精神》把法制提高到國家政治生活的首位，並詳細論證三權分立學說，成為關於國家學說的世界名著。伏爾泰（F. M. A. de Voltaire, 1694-1778）是法國啟蒙運動中最具領袖威望的作家，他宣導文藝係為社會改良和宣傳啟蒙思想服務，但強調應該遵守古典主義規則。

浪漫主義文學產生於18世紀末，在19世紀上半葉達到繁榮時期，是西方近代文學最重要的思潮之一。在縱向上，浪漫主義文學是對文藝復興時期人本主義理念的繼承和發揚，也是對僵化的法國古典主義的抗議；在橫向上，浪漫主義文學和隨後出現的現實主義共同構成西方近代文學的兩大體系，造就19世紀西方文學盛極一時的繁榮局面，對後來的現代主義和後現代主義文學產生了深遠的影響。

現實主義文學又稱寫實主義文學，是西方現代文學中一重要且主要的流派，興盛於19世紀下半葉，為對19世紀上半葉興盛的浪漫主義文學的批判反動和推翻，作品創作的焦點，鎖定那些生活在平民社會下的大眾，關心社會政治經濟制度等因素對人民所造成的種種壓迫和影響，描寫的是一個當下大時代的變動，而不再是浪漫主義式個人內心情感的自我世界。

19世紀下半葉的法國產生自然主義文學流派，19世紀末和20世紀初傳至歐美和世界各國。自然主義文學是西方現實主義文學發展到極致蛻變的產物，也是生物學、遺傳學等科學理論影響文學創作的結果。自然主義思潮持續的時間並不長，成就基本只局限於文學領域。

不同的歷史時期有著不同特色的文學。早期作品經常帶著宗教或教誨的目的。說教的規範文學從此誕生。同時，理性時代造就了民族主義史詩與哲學短文。浪漫主義強調通俗的文學及情感的投入，慢慢被尋求真實的現實主義與自然主義文學所取代。到了20世紀，象徵主義抬頭，出現探索角色的描述和發展。

二、西方經典文學與作品

(一)希臘羅馬神話

希臘神話即口頭或文字上一切有關古希臘人的神、英雄、自然和宇宙歷史的神話。今日所知的希臘神話或傳說大多來自於古希臘文學，包括如《荷馬史詩》中的《伊利亞德》和《奧德賽》、赫西俄德（Hesiod）的《工作與時日》和《神譜》、奧維德（Ovid）的《變形記》等經典作品。神話談到諸神與世界的起源、諸神如何爭奪最高地位，及最後由宙斯勝利的鬪爭、諸神的愛情與爭吵、神的冒險與力量對凡世的影響，包括與暴風或季節等自然現象和崇拜地點與儀式的關係。希臘神話和傳說中最有名的故事有特洛伊戰爭、奧德修斯的遊歷、伊阿宋（Easun）尋找金羊毛、海格力斯（Hercules）的功績、忒修斯（Theseus）的冒險和俄狄浦斯（或譯伊底帕斯，Oedipus）的悲劇。

像古希臘神話這樣的羅馬神話實際上並不存在，一直到羅馬共和國末期，羅馬的詩人才開始模仿希臘神話編寫自己的神話，羅馬人沒有傳統的、像希臘神話中那樣的神之間的鬥爭之類的傳說。羅馬人傳統具有的是發展非常完善的儀式、祭司和一群互相關連的神，一套豐富的、關於羅馬的誕生和發展的傳說，在這些傳說中，人起著主要作用，神有時插手。這說明羅馬人對神的理解與希臘人不一樣。因此古羅馬的「神話」不是故事，而是神與神，以及神與人之間錯綜複雜的關係。羅馬初期的宗教後來被增加了許多有時甚至彼此矛盾的新內容，尤其是吸收了希臘神話的很多部分。隨著版圖擴增，也增加了埃及神話中的部分內容。今天我們對羅馬神話的知識不是來自當時的記載，而是來自於後來一些試圖將那些古老的傳統保留下來的學者的描述。

(二)《神曲》

《神曲》，是義大利詩人但丁的長詩。寫於1307至1321年，全詩

為三部分《地獄》、《煉獄》、《天堂》，譴責教會的統治，但仍然未擺脫基督教神學的觀點。每部三十三篇，最前面增加一篇序詩，一共一百篇。詩句是三行一段，各篇長短大致相等，每部也基本相等。但丁以第一人稱記述自己三十五歲時（人生的中途）誤入一座黑暗的森林（象徵罪惡），在一座小山腳下，有三隻猛獸攔住去路，一隻母狼（象徵貪慾）、一隻獅子（象徵野心）、一隻豹（象徵逸樂），又有一種說法是說它們分別象徵教宗、法國國王和佛羅倫斯人。他在呼救時出現了古羅馬詩人維吉爾的靈魂，對他說：「你不能戰勝這三隻野獸，我指示你另外一條路徑。」帶領他穿過地獄、煉獄，然後把他交給當年但丁單相思暗戀的情人貝亞德的靈魂，帶他遊歷天堂，一直到見到上帝。

在他描述的世界裡，地獄是一個大漏斗，中心在耶路撒冷，從上到下逐漸縮小，越向下所控制的靈魂罪惡越深重，直到地心，是魔王撒旦掌握漏斗頂端，另一面是煉獄。煉獄如同一座高山，在耶路撒冷相對的地球另一面海中，靈魂在這裡懺悔洗滌罪惡，山分七層代表七原罪，每上升一層就會消除一種罪過，直到山頂就可以升入天堂。天堂分為九層，越往上的靈魂越高尚，直到越過九重天，才是真正的天堂，是聖母和所有得救的靈魂所在，經聖母允許，才能一窺聖三位一體的上帝。

在經過地獄、煉獄、天堂的一路上，但丁和所遇到的有名的靈魂交談，包括歷史上好的壞的許多著名人物，他將自己欽佩和厭惡的人物分別納入各個部位，將教宗甚至他痛恨的一些佛羅倫斯人全打入地獄。有些詳細情況《聖經》中並沒有記載，是他自己發明的，但也符合邏輯。其中也包括許多他對神學問題的見解，系統地闡述了他對世界的看法。

(三)「莎士比亞」文學

威廉·莎士比亞（William Shakespeare, 1564-1616），被許多人認

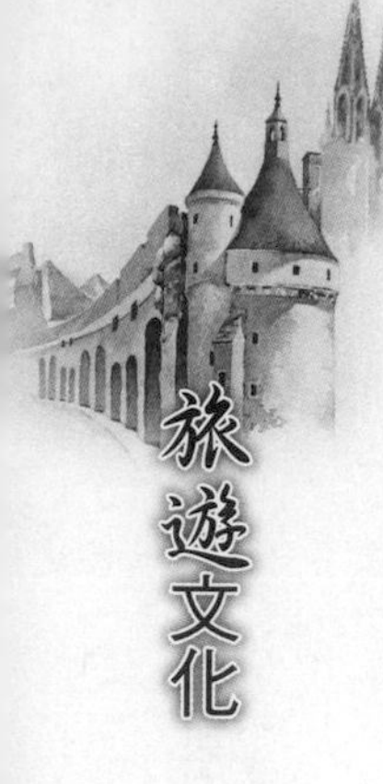

為是英國文學史和戲劇史上最傑出的詩人和劇作家，也是西方文藝史上最傑出的作家，全世界卓越的劇作家。他被譽為英國的民族詩人和吟遊詩人，其流傳下來的作品包括三十八部劇本、一百五十四首十四行詩、兩首長敘事詩和其他詩作。他的劇本被翻譯成所有主要使用的語言，而表演次數遠遠超過其他任何劇作家。1585到1592年期間莎士比亞在倫敦開始成功的職業生涯，他不僅是演員、劇作家，還是宮內大臣劇團的合夥人之一，1613年左右，莎士比亞退休回到雅芳河畔斯特拉特福，三年後逝世。有關莎士比亞私人生活的記錄流傳下來很少，關於他的性傾向、宗教信仰，以及他的著作是否出自他人之手都依然是謎。

1590到1613年是莎士比亞的創作高峰期。他的早期劇本主要是喜劇和歷史劇，在16世紀末期達到了深度和藝術性的高峰。接下來1608年他主要創作悲劇，包括《哈姆雷特》、《李爾王》和《馬克白》，被認為是英語的最佳範例。在他人生最後階段，開始創作悲喜劇，又稱為傳奇劇，並與其他劇作家合作。在他在世的時候，他的很多作品就以多種版本出版，質量和準確性參差不齊。1623年，他所在劇團兩位同事出版了《第一對開本》，除兩部作品外，目前已經被認可的莎士比亞作品均收錄其中。莎士比亞在世時，被尊稱為詩人和劇作家，直到19世紀他的聲望廣為肯定。20世紀，他的作品常常被新學術運動改編，並重新發現價值，直至今日他的作品依舊廣受歡迎，在全球以不同文化和政治形式演出與詮釋。

(四)《馬可波羅遊記》

《馬可波羅遊記》，又稱《東方見聞錄》，為記錄威尼斯人馬可波羅的東方旅行著作，由馬可波羅在1298到1299年熱那亞監獄中口述，魯斯蒂謙（Rustichello da Pisa）記錄完成。全書共分四卷，每卷分章，每章敘述一地的情況或一件史事，共有二百二十九章。遊記第一卷敘述在前往中國的路上所經過的中東和中亞；第二卷敘述中國和

忽必烈；第三卷敘述東方的沿海地區：日本、印度、斯里蘭卡、東南亞，以及非洲東岸；最後，第四卷記敘最近在蒙古和俄國等國之間的戰爭。《馬可波羅遊記書》中記述的國家、城市的地名達一百多個，且包括山川地形、物產、氣候、商賈貿易、居民、宗教信仰、風俗習慣等，該書在中古時代的地理學史、亞洲歷史、中西交通史，和中義關係史諸方面，都有著重要的歷史價值。

(五)《唐吉訶德傳》

《唐吉訶德傳》（*Don Quijote de la Mancha*）是西班牙作家，塞凡提斯於1605和1615年分兩部分出版的反騎士小說。故事背景是早期沒有騎士的年代，主角唐吉訶德幻想自己是個騎士，因而作出的種種匪夷所思的行徑，主角最終從夢幻中甦醒過來。這部書對當時流行的騎士小說是一個反諷。唐吉訶德這個人物成為世界聞名的形象，經常用來比喻敢於衝擊社會不合理現象的人，敢於堅持自己觀點到底的人，或不自量力的人、脫離現實的人。

(六)《浮士德》

《浮士德》（*Faust*）是世界級文豪歌德（Jaohann Wolfgang von Goethe, 1749-1832）的代表作之一。歌德從創作到完成，延續了將近六十年之久，本書也是歌德一生文學思想與藝術探索的結晶。全書分上、下兩部，以象徵的手法表現主角幾個階段的矛盾與追求，除了是浮士德個人靈魂蛻變的發展史，也暗喻了一個時代精神的發展史，為悲劇型詩劇的集大成鉅著。

浮士德是德國傳說中一位著名人物，可能是巫師或占星師，傳說他將靈魂出賣給魔鬼，以換取知識。爾後有許多文學、音樂、歌劇或電影以這個故事為藍本加以改編，如歌德的《浮士德 I》與《浮士德II》、白遼士（Berlioz, 1803-1869，法國作曲家）的《浮士德的天譴》，及文藝復興時期英國劇作家克里斯多福．馬洛（Christopher

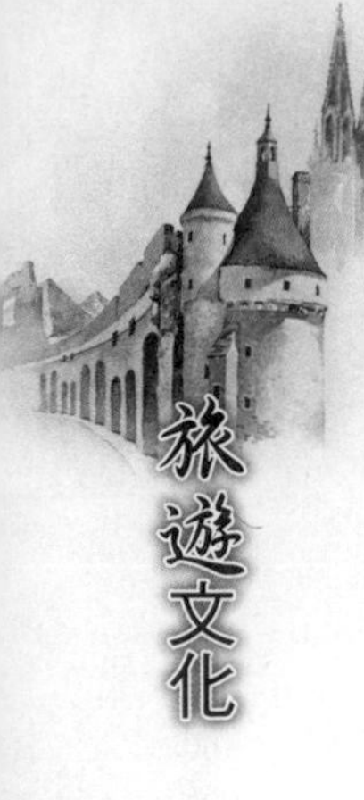

Marlowe, 1564-1593）的《浮士德博士的悲劇》（*The Tragical History of Doctor Faustus*）。

(七)《國富論》

《國富論》（*The Wealth of Nations*）是蘇格蘭經濟學家、哲學家亞當·斯密的經濟學專著。於1776年第一次出版，全書包括兩卷共五部，在第一部的序言中，亞當·斯密對全書進行了概括描述，他認為國民財富的產生主要取決於兩個因素：一是勞動力的技術、技巧和判斷力；二是勞動力和總人口的比例，在這兩個因素中，第一個因素起決定性作用。

一般認為這部著作是現代經濟學的開山之作，後來的經濟學家基本是沿著他的方法分析經濟發展規律的。這部著作也奠定了資本主義自由經濟的理論基礎，第一次提出了「市場經濟會由『無形之手』自行調節」的理論。

(八)《物種起源》

《物種起源》（*The Origin of Species*），全名《物競天擇，適者生存之物種起源論》，是達爾文論述生物演化的重要著作，出版於1859年。該書是19世紀最具爭議的著作，在該書中，達爾文首次提出了演化論的觀點。達爾文在1830年代前往中南美考察積累資料時，試圖證明物種的演化是透過自然選擇（天擇）和人工選擇（人擇）的方式實現的。

在當時，教會和科學界普遍都接受創造論，相信上帝一次就創造出所有的生物，而每個物種的設計都非常完美，同時上帝也賦予每種生物各自的角色。達爾文在書中提出兩個理論：第一，他認為所有的動植物都是由較早期、較原始的形式演變而來；其次，他認為生物演化是透過自然選擇而來。

自然選擇包括以下重點：所有物種都有大量繁殖後代的情形；

環境因素會影響個體的存活，並非族群中的每個個體都可存活達到成體；個體與個體之間存在著不同程度的差異，較適應環境的個體存活機會較高，延續後代機會較大。個體的特徵可以遺傳給下一代。經過長時間後，物種會往適應環境較佳的形態方向改變。

三、諾貝爾文學獎

諾貝爾（Alfred Bernhard Nobel, 1833-1896）為瑞典的化學家，他因發明烈性炸藥而成為巨富，於1896年去世，留下遺囑要求變賣他的財產設立一個基金，以利息作為獎金頒發給在物理、化學、醫學、和平事業以及文學等方面做出傑出貢獻的人物。其中文學獎由瑞典文學院負責頒發。不過剛開始的時候，瑞典文學院對設立獎金的提議做出了十分謹慎的反應。首屆諾貝爾文學獎於1901年頒發。

享有諾貝爾文學獎獲獎候選人推薦權的人員為：

1.瑞典學院和其他在體制與目的方面與它相似的學院、研究所和學會的成員。

2.大學和大學學院的文學和語言學教授。

3.以前得過諾貝爾文學獎金的人。

4.在本國文學創作界有代表性的那些作家協會的主席。

諾貝爾獎從1901年開始至今，共一百零九屆，除一次世界大戰和二次世界大戰共六年未頒發外，每年均頒發文學家，若以發表的語文統計，得獎比例為：英語（二十七次，25.47%）、法語（十三次，12.26%）、德語（十二次，11.32%）、西班牙語（十次，9.43%）最多；華語則僅於2000年由華裔法籍作家高行健以《靈山》一書獲得。

茲將2000年之後獲選的作家及作品、獲獎原因羅列如**表11-1**：

表11-1　2000年以後諾貝爾文學獎得獎作品一覽表

年代	得獎者	作品	得獎原因
2000	高行健 華裔法籍劇作家、小說家	《靈山》	作品的普遍價值、刻骨銘心的洞察力和語言的豐富機智，為中文小說和藝術戲劇開闢了新的道路
2001	維・蘇・奈波爾 印度裔英國作家	《大河灣》 （*A Bend in the River*）	將極具洞察力的敘述與不為世俗左右的探索融為一體，是驅策我們從扭曲的歷史中探尋真實的動力
2002	伊姆雷・凱爾泰斯 （Imre Kertesz） 匈牙利作家	《非關命運》 （*Sorstalanság*）	將脆弱的個人在對抗強大的野蠻強權時的痛苦經歷予以深刻的刻畫，以及作品獨特的自傳體文學風格
2003	庫切 南非作家	《恥》 （*Disgrace*）	精準地刻畫了眾多假面具下的人性本質
2004	艾爾弗雷德・耶利內克 奧地利小說家、劇作家兼詩人	《鋼琴教師》 （*Die Klavierspielerin*）	作品用超凡的語言，以及在小說中表現出的音樂動感，描示了社會的荒謬事情
2005	哈洛・品特 英國劇作家兼導演	《生日派對》 （*The Birthday Party*） 《看門人》 （*The Caretaker*） 《回鄉》 （*The Homecoming*）	他的作品揭示了日常絮談中的危機，強行打開了壓迫的封閉房間
2006	奧罕・帕穆克 土耳其小說家	《我的名字叫紅》 （*Benim Adim Kirmizi*）	在追求故鄉憂鬱靈魂的旅程中，發現了文明衝突與交流的全新象徵
2007	多麗絲・萊辛 英國小說家	《金色筆記》 （*The Golden Notebook*）	以懷疑主義、激情和想像力審視一個分裂的文明，她登上了這方面女性體驗的史詩巔峰
2008	讓-馬里・古斯塔夫・勒克萊齊奧 法國小說家	《戰爭》 （*War*）	標誌文學新開端的作家，作品有詩意的創新，感性的癡迷，對文明主宰下的人性上下求索
2009	赫塔・穆勒 德國小說家、詩人	《風中綠李》	以詩的凝煉、散文的率直，描繪流離失所者的處境

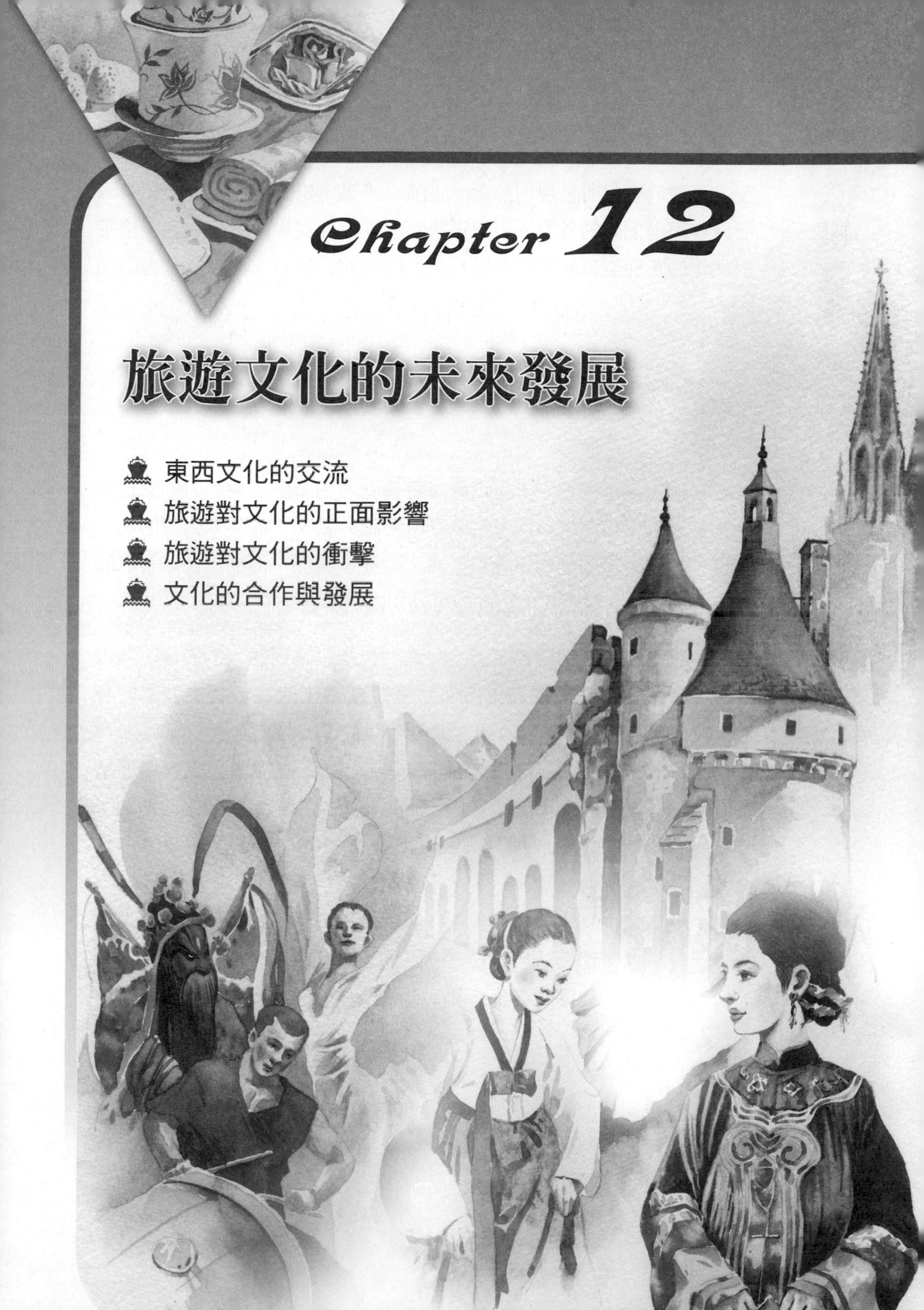

Chapter 12

旅遊文化的未來發展

- 東西文化的交流
- 旅遊對文化的正面影響
- 旅遊對文化的衝擊
- 文化的合作與發展

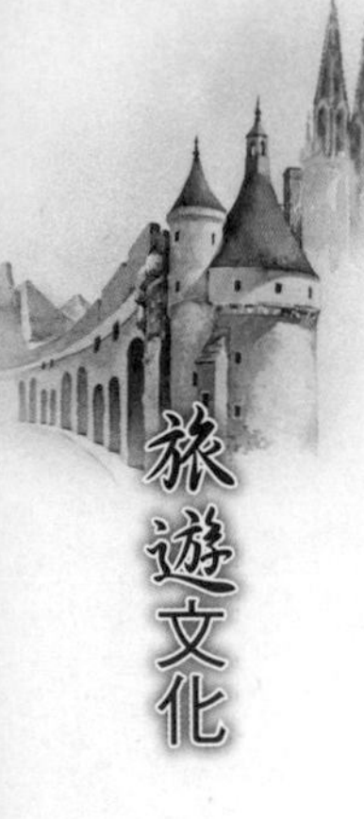

由上述總論中，可以瞭解世界各文明與文化的起源、分布與現況；而對於文化所呈現的飲食、服飾、建築、婚喪喜慶、藝術文學等層面亦可由個論的各章節中探知端倪。本章即從東西文化交流、旅遊對文化的正面與負面影響，以及文化旅遊的發展三方面作為本書的結語。

第一節　東西文化的交流

在歷史演進過程中，可以發現隨著交通的進展，東西方的文化交流其實起源很早。依目前考古學界所考證的結果，最早期人類的起源來自東非，慢慢的延伸擴展到亞洲、歐洲及美洲。而歷史上最著名的東西文化交流，就歷史的記載約可分為幾個階段：

1. 中國的漢代與羅馬帝國的交流：包括張騫通西域的過程，開啟了東西交通的通路，不僅物質特產的交流，也藉由彼此的互通，文化間的流傳亦迅速開展，開啟了絲路之旅。
2. 中國的宋明之際，由於絲路所經之處路途遙遠，氣候環境嚴峻；加上船舶的發展迅速，航海的技術相對進步，因此開闢了海上絲路之旅；明代鄭和下西洋，所經之處甚至遠達非洲東岸。
3. 西方自從16世紀歐洲各國在航海技術發展下積極開拓海外殖民地，其中葡萄牙獲得現在巴西部分，其餘中、南美地區則為西班牙勢力範圍。接著荷蘭、英、法亦對外擴展，英、法在北美建立殖民地，荷蘭往東方發展。此一發展亦直接開拓了東西方的文化交流。
4. 19世紀初西方經歷了美國與法國兩大革命，同時間中國的清朝則採取閉關政策；外觀上雖似交流停滯，但隨著西方的武力擴

張，迫使中國打開門戶，也使得西方文化再度衝擊東方文化。

5. 鑑於西方工業革命後，無論就科技發展或哲學思潮，皆對東方國家產生模仿學習，無論是中國的百日維新或日本的明治維新，大批的留學生交流，造成政治或學術層面的互動。而美國新大陸的開發，吸引了許多華人遠渡重洋冒險開闢，或自非洲引進勞力，此期亦為文化交流的重要時期。
6. 20世紀由於歷經了兩次的世界大戰，陸、海、空交通工具不斷隨著科技發展而進步，旅遊觀念得以提升，時間縮短了、空間縮小了，更使得東西文化間的交流迅速開展。

當然，在文化交流中，宗教亦扮演重要的角色；從早期的西方基督教文化與東方的伊斯蘭教文化間所存在的衝突，包括十字軍東征與羅馬西征；而後來無論是西方的傳教士或東方的僧侶，亦將宗教文化傳至世界各地。

第二節　旅遊對文化的正面影響

觀光旅遊，不僅是純粹的經濟活動，更包含了政治活動、文化交流、商業貿易、學術討論……等多方面的內容。如同世界觀光組織1980年在「馬尼拉宣言」中所指出：「觀光的經濟利益，無論如何實際或重大，均非構成國家決定促進此一活動的單一標準」。此一聲明傳達了觀光旅遊發展不能僅談及經濟利益，而是需要追求社會文化利益，由世界觀光組織歷年來的大會宣導口號中，同時也能瞭解觀光與社會文化間的關係。如1980年提出，「旅遊為保存文化襲產、為和平及相互瞭解做貢獻」；1984年提出，「旅遊為國際諒解、和平與合作服務」；1985年提出，「開展青年旅遊、文化和歷史襲產，為和平與友誼服務」……等，均可明白觀光旅遊的發展亦在促進人類互相的認

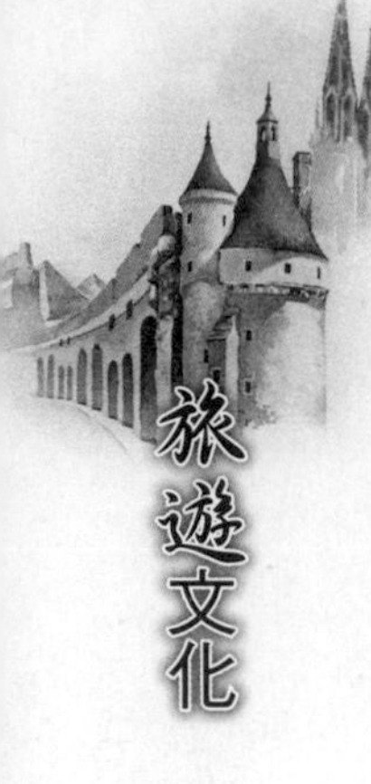

識與瞭解。以下即說明旅遊在文化層面所帶來的正面影響：

(一)加強人們相互的瞭解與往來

觀光旅遊是各國人民之間友好交往活動的主要形式，不僅有助於增進各國人民之間的相互瞭解，而且有助於兩國或雙方關係的建立與加強。其成效往往為正式外交所難以達成的。許多觀光客藉由旅遊活動去瞭解另一個地方不同的文化、政治、經濟制度、民族風俗習慣……等；而且這種關係是相互影響的。人們透過觀光活動與形式，縮短了社會各階層以及種族間的距離，使人們消除了偏見。隨著旅遊次數的增多、理解的加深，從而產生了感情與友誼。例如，政府開放國人前往大陸進行文化、體育交流活動，不僅有助於推動雙方人民在不同政治體制下的相互瞭解，消弭歷史的仇恨，增進彼此的認識，也可以藉由觀光旅遊活動，將台灣的經驗傳授給大陸地區，謀求彼此間的共識；國人也可以經由前往大陸瞭解所謂的「中國式社會主義」，進而深思兩岸未來的發展。

(二)開擴視野、增長自己的見聞

觀光旅遊是一種特殊的生活方式。包含著陶冶性情、愉悅精神的功能。人們擺脫日常生活緊張的情緒和煩惱，與大自然接觸，與陌生人交往，沉浸在歡樂、輕鬆與健康的氣氛中。根據統計，經常旅遊者的健康情況較不常旅遊者為好。因為生活環境適度的變化，較之一成不變的生活，更使人們的精神感到舒適與輕鬆。旅遊可以擴大人們的視野，是人類求知的一條途徑，是人們瞭解大自然，洞察社會、探索奧秘的領域。旅遊地區居民的生活習慣、風俗人情、服飾、民間藝術，都是社會文化的特殊內容，會使觀光客突破本身原先的文化思考模式，提高鑑賞藝術的水準，培養高尚的情操，而在培養個人個性的過程中也有相當的影響。透過觀光旅遊，使觀光客體驗社會、認識現實，培養自己面對問題、解決問題的能力，對於未來面對困難或挑戰

時，可以有較強的解決能力。

旅遊可以探索傳統文化。目前許多國家所推動的活動，亦儘量配合民俗文化的傳統活動，如2002年國家旅遊局推出的「中國民間藝術遊」是繼2001年「中國體育健身遊」之後，又一項新的旅遊主題年活動，目的是為了讓世界各國更進一步領略中國民間藝術的獨特景觀，感受中國多姿多彩的民俗風情，展現中國民間文化藝術的風采，豐富和拓展中國的旅遊產品。如五彩繽紛的中國民間戲曲藝術；新奇有趣的民間工藝品；蔚為大觀的中國石窟、岩畫、雕塑奇觀；精湛別緻的民間園林及建築藝術；風情各異的中國民間藝術之鄉；歡樂祥和的中國民間宗教藝術；名聞遐邇的中國民間藝術節日；自然、古樸的中國民間特色城鎮村落。而國內自推出周休二日後，許多鄰近市郊的民俗文化行程，亦多為民眾所熱愛，如三峽、鶯歌陶瓷遊、三義木雕、大溪老街和草嶺古道遊等等。

(三)促進民族文化的保護和發展

現代旅遊的發展依賴於社會文化的支持，文化生活是旅遊活動的重要內容，觀光客需求的旅遊資源、旅遊設施、旅遊服務等，都是具有民族文化意義的層面。無論是自然資源或人文資源，都是一個地區民族所傳承下來的遺產。自然風光中經常會有許多歷史上的傳聞或軼事，如一談到廬山，大家所認識的除了它的自然美景外，自然會想到當初曾經召開廬山會議；另外，蘆溝橋更是改寫了中國的歷史。人文資源，如古都、陵墓、古建築、風土人情之所以吸引遊客，都是因為表現了一個民族的古老文化和悠久歷史。 觀光活動的發展，使眾多的觀光客加深了對民族文化的瞭解，提高了保護歷史文物的自覺性，也促使政府相關部門採取保護、開發與利用……等措施。同時對於文化的價值也再度引起各階層的重視；動員社會上各界力量維護、保存或延續文化傳統，甚至國際組織亦會考量其重要性，而給予資金或技術上的協助。如中國大陸萬里長城的修建、西元500年中美洲最大城市

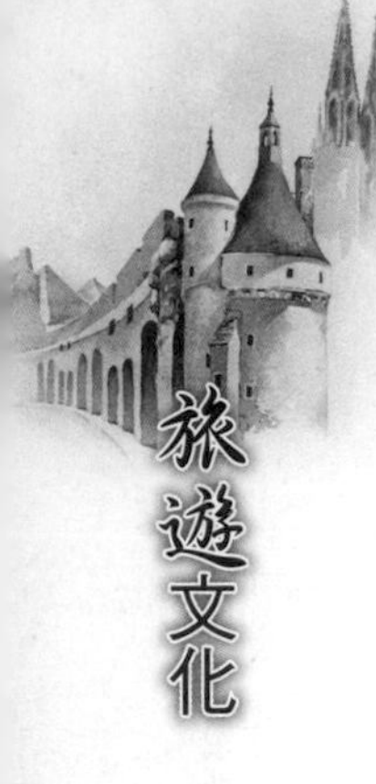

墨西哥的提奧迪華肯、代表日本文化氣質的古城京都等等，都是由聯合國教科文組織積極展開拯救、維修和重建的工作。 除了有形的古蹟外，在觀光客的感染下，許多政府也對於藝術品、傳統藝術等加以重視與保存，或者以各種不同的型式，如舉辦節慶和利用現代科技創造主題樂園等方式來展現。例如日本一年三百六十五天幾乎在全國各地均有不同的傳統祭典儀式，目前更是成為了招攬觀光客的重點；我國每年元宵節的燈會活動與中華民藝華會，也是透過大型活動來展現民俗技藝，並吸引觀光客。

(四)推動科技交流、加速人類文明進程

旅遊活動與科技文化的交流是密不可分的。古代無論是張騫出使西域，或是義大利傳教士利瑪竇來中國，都帶來東西兩方文化與科技的交流及發展。目前世界各地的旅遊活動中，也有不少是科學家、發明家或學有專精的專家，藉由觀光旅遊的活動，透過參觀科學館、博物館、大學研究機構等，與專家互相研究、共同探討、廣泛蒐集訊息，以達到科技學術交流的目的。如中國大陸許多傳統或先進的科技成果，像地震預報、針灸麻醉、中華氣功、中國武術等等，引起國外許多到訪者的興趣，有些人更是為研究相關領域而專門前往，回國後予以廣為流傳。 由此可見，開展科學文化交流是作為全球性旅遊活動的一項重要內容，不僅促進人類科學技術的發展，更推動人類物質文明建設的進程。

第三節　旅遊對文化的衝擊

文化為吸引觀光客主要的因素之一，人們藉由不同文化之間的交流，達到相互瞭解與互動的目標。當然，對於開發程度較落後的地區，由於文化的演進較慢，所受到的衝擊很大，因而不當的觀光開發

活動將造成這些區域文化方面的衝擊。以下分三個方面加以說明。

(一)文化價值觀的轉變

外來的價值和意識型態，為當地居民所接受時，將對其生活與行為造成影響，甚至改變其文化的價值與傳統。例如，在印尼婆羅洲許多原始的部落，其原住民原先的自然的生活型態係以打獵採集為生，居住在茅草屋中，婦女以母乳哺育孩童。但漸漸的在文明社會入侵後，經濟的交易方式傳入其中，採集燕窩不再是以自己食用為主，而是為謀求更高經濟價值的利益，且大量的採集；婦女的哺育方式也由奶粉代替，使得傳統的文化價值與生活方式產生非常大的丕變。這種影響與對觀光業的依賴程度成正比，依賴愈大的地區所受的影響也愈深。

(二)文化價值的商品化

為了吸引大眾觀光客，滿足其消費需求，而使藝術、典禮、儀式、音樂和傳統等，變成可銷售的產品，常造成當地居民的尊嚴與文化未能受到尊重，同時為因應觀光客大量的需求，許多當地的手工藝品不得不假借機械大量生產，降低藝品的價值與水準。而原先傳統的典禮、儀式本來是非常有意義的，但為吸引觀光客而變得毫無意義。以印尼巴里島為例，一向被視為國家介入觀光產業並保存原住民文化的巴里島，目前面臨嚴厲的批判與檢討：原有多元化的地方文化色彩，在政府的干預及規劃下，已失去各地方特有的風格，而逐漸形成一些區域性的單一色彩，為了服務觀光市場的簡化需求，剩下的僅為文化表層，原有的特質及其深層結構已產生非常大的變動。又以我國花蓮、台東一帶的阿美族豐年祭為例，目前是吸引觀光客前往遊覽的特殊慶典活動，然而經由地方人士及長老的訪談，卻發現在東海岸每個部落慶祝的目的、名稱與方式不一。有些地方是祈求當地族人團結、身體健康、青年人勇敢、敬老、不忘本，日據時代稱為月見祭，

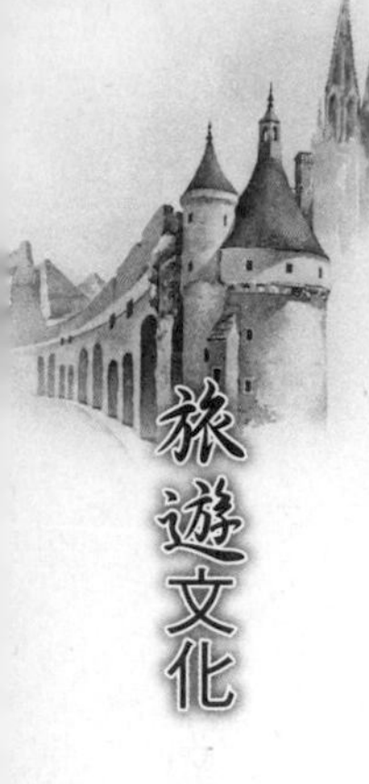

光復後改稱豐年祭。吉安東昌部落的米祭，則是割稻後請地方巫師巫婆來家戶祭拜，沒有舞蹈也不穿古裝等等。而像水璉阿美族在1960年以前的馬拉立基特（現稱豐年祭）其儀式則長達十五天，並且對於參與的人員，整個儀式的流程均有嚴格的規定。演變至今，整個儀式過程經過觀光商品的包裝後，失去各部落的特色，而幾乎以舞蹈、歡樂、迎賓為主，甚至還舉辦聯合豐年祭……。

(三)不當管理加速文化資產的毀損

文化所涵蓋的層面相當廣，除有形的古蹟、遺址、宗教活動外，也包括美術、音樂、文學等藝術層面。對於文物應視其特色加以整理分類保存，如對於古蹟維修、保存需運用科學的方法，以原材、原貌、原精神作為整建的原則；而對於流傳於民間的藝術需做有系統及詳實的整理，而非敷衍了事；繪畫、陶瓷等藝術品的珍藏也需有專業的人才加以鑑識、保存，及須設置博物館加以典藏為宜。國外的博物館對於相關的管理均有著非常完善的規劃，無論就展覽空間的規劃、動線的安排、旅客人數及行為的規範，均有妥善的安排與規劃，並做好保全的工作。我國在此方面有待提升，以近幾年在國立歷史博物館所展示的秦兵馬俑和美索不達米亞特展為例，每天湧進大量的遊客欣賞，在擁擠的情況下卻難以體驗藝術之美。又若缺乏經營管理人員或計畫，開放觀光反而會加速文化資源的毀損與破壞。

第四節　文化的合作與發展

世界各國為讓文化襲產能有更積極的效用，成為城市觀光資源的一部分，因此文化襲產經營管理便成為不可或缺的必要手段。事實上，已經有越來越多的國家把文化襲產的經營管理提升到文化襲產策略的最上位計畫，而不是過去以保存修護為主的策略。如果只是將文

化襲產修護而缺乏經營管理，往往形成一處無用且沒有生機的歷史軀殼，這對於某些地處偏遠的遺跡類文化襲產或許可行，但對於位處城鎮或市郊的文化襲產卻不是最佳的結果。這些城鎮或市郊的文化襲產應該能夠與居民互動，甚至成為文化觀光與歷史教育的場所。為了達成此目標，適當的經營管理絕對是必要的。（丘如華，2002；傅朝卿，2003）

因此文化襲產觀光主要所面臨的課題，主要包括：

1.適當之經營管理組織：要讓文化襲產發揮特質，進而展現其與城市觀光最大的互動關係，適當的經營管理組織是不可或缺的條件。如日本的文化財體系雖無統一的單位負責管理，但是卻井然有序；歐洲許多國家的文化襲產經營管理體系也並不完全依賴政府體制來執行，而是在法令的規範與保障下，允許成立特別的組織來負責，因此其經營管理的彈性與活力是與台灣完全不同。而世界襲產在推動觀光事宜時，經常是由這些專門組織來處理；還有，由世界襲產使用單位自行來管理的案例亦是方法之一。

2.文化襲產維護管理的技術與觀念：世界上先進國家對於其文化資產維護之層級有許多種，其中比較普遍應用的分別是：衰敗的防治（prevent deterioration），或稱間接維護（indirect conservation）；原物保存（preservation）、強固（consolidation），或稱直接維護（direction conservation）、復原（restoration）、複製（reproduction）、重建（reconstruction）或移築（relocation）；以及可適性再利用（adaptive reuse）。這些層級，各有其特色，而世界文化襲產保存與維護也大致依此層級，不過一項重要的原則是——「介入愈少愈好」。（徐明福，2003；薛琴，2004）

3.企業行銷的經營觀念：以歐洲為例，許多文化襲產經營管理組

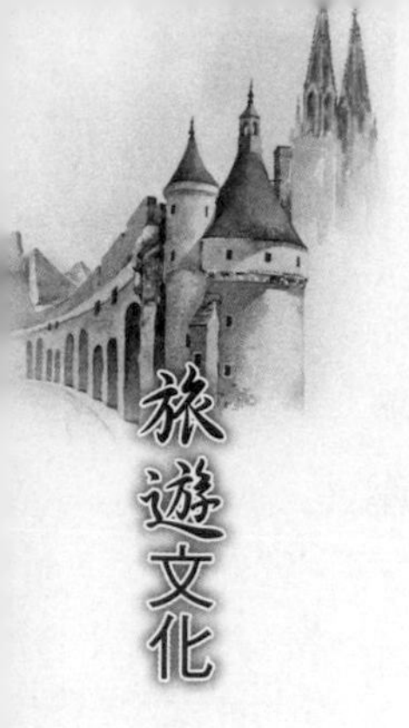

織都設有會員制，會員繳交一定數額的年費便可免費參觀該組織所經營的古蹟，這種方式一方面可以為組織累積資金；另一方面也可以鼓勵民眾多參與古蹟活動。另一個方式是將古蹟的經營管理，納入觀光事業的系統之中，這也是歐洲國家極力推廣的事。

4.創意美觀的識別系統：文化襲產是一個城鎮聚落中彰顯其歷史文化最重要的元素之一，然而存在於城市中的古蹟，如何可以讓人很清楚的找到位置，進而入內參觀瞭解其歷史內涵及建築特色，則必須藉由所謂的識別系統來達成。文化襲產識別系統如果設計得宜，不但會使整個城市的古蹟形成一個整體性的網路，更會成為城市的特色，使文化襲產相得益彰。

5.細心規範的導覽系統：文化資產的重要性，不僅是歷史上的，也是教育上的。世界文化襲產起初是由聯合國教科文組織來負責推動，事實上也闡明了其教育性的內涵。每一個國家的文化襲產其實都是世界公民認識世界歷史與文明的重要素材，因此透過所謂的教育導覽可以把世界襲產的各種面向的知識與資訊，傳達給前來參訪的人。到歐洲文化襲產參觀，另一項令人讚嘆的是導覽系統，其在教育導覽的型式方面，讓世界文化襲產藉由某種形式，將其內涵傳達給所有想要瞭解它的人。

6.妥適的維護與新舊共融的再利用：除了傳統的維護外，開發國家對於文化襲產有比較積極態度，其利用實體可以被視為是對傳統博物館式建築保存方式的一種反省，因為生命本身在成長過程中就會不斷的改變，如果將文化襲產建築視為一生命體，自然不該視新添加物之出現為壞事，而是如何避免加入新的東西後使原來的面貌盡失。（李乾朗，2004）

因為文化襲產觀光綜合了很多複雜體驗的條件，在觀光旅遊的市場是屬於較晚被觀光客覺知並獲得青睞的區塊。Zeppal與Hall

（1992）指出，歐洲對於文化資產觀光的經營越來越重視，最主要有兩個因素：一是社會的條件、另一是整體社會的經濟因素。成熟的社會條件包括居民對於古蹟（文化襲產）的覺醒意識（awareness）及文化的民主化（democratization），因為經濟條件的成熟代表了個人擁有越多自由可支配的時間及移動能力（mobility）。

一般而言，對於文化襲產觀光有興趣的遊客皆屬高收入、高教育者，亦即是社經地位較高的群體（Jensen-Verbeke, 1988）。另外，在觀光學術的範疇，亦有人注意到這類觀光的興起與全球化過程有關（Boniface & lower, 1993）。特別當世界各觀光景點的周遭基本服務配套（如住宿交通）越來越趨向國際標準化的同時，各觀光景點將更加倚賴地方文化的特色，並且刻意去經營，以突顯和其它景點的不同之處，塑造吸引更多的觀光客的條件。

聯合國教科文組織（UNESCO）目前在全球各地指定了眾多的文化襲產標的，最原先的出發點是有鑑於世界各國對自己境內文化襲產的重視程度不一，致有些文化襲產正在快速地流失當中，聯合國透過這個認定的機制，或多或少地讓全球對於人類共同的文化襲產有監督與管理的力量，以達到保護的目的。

永續旅遊（sustainable tourism）的概念是近幾十年才慢慢演化出來的，回顧過去的觀光發展史，有些國家一開始只求衝出觀光客的數量，而忽略了這個層面的問題，導致外部性問題惡化，而必須用更多的成本予以解決。國際文化觀光憲章對於觀光和文化襲產之互動關係有如下的深入闡述：「……國內與國際觀光持續成為文化交流的媒介之一，對於過去歷史存留之物，現代生活與其它的社會提供了一種個人經驗。……觀光可以獲取遺產經營時之經濟特質，同時利用這些特質，藉由產生資金，教育社區與影響政策以獲得維護。……自然與文化資產、多樣性與生活文化是觀光最主要的吸引力。過度或經營不善的觀光，及與發展相關的（不良）觀光可能會對遺產實質的本質、整體性與重大特色造成威脅……」（傅朝卿，2002）。

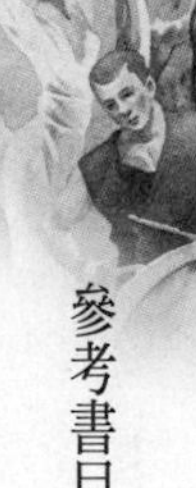

參考書目

一、中文部分

Discovery頻道集團。檢索自：www.discovery.com，檢索日期：2009年10月5日。

koreatips.net。檢索自：http://www.koreatips.net/，檢索日期：2009年5月30日。

MOOK自由自在旅遊網（2009）。檢索自：http://mook.com.tw/index/，檢索日期：2009年5月20日。

MOOK自遊自在旅遊網。檢索自：www.travel.mook.com.tw，檢索日期：2009年10月5日。

三民編輯部編（1900）。《樂器》。台北：三民書局，人類文明小百科系列7。

三秦神韻。檢索自：http://big5.huaxia.com/zjsx/c.html，檢索日期：2009年5月30日。

上閣屋海鮮日本料理（2009）。自信の味。檢索自：http://www.jogoya.com.tw/dining.php，檢索日期：2009年5月10日。

于長江（1998）。《融合與變遷——北京地方飲食文化的發展》。台北：中國飲食文化基金會第六屆中國飲食文化學術研討會論文集。

中國科普博覽。檢索自：http://www.kepu.com.cn/big5/civilization/architecture/europe/erp105.html，檢索日期：2009年10月5日。

中國科普博覽。檢索自：www.kepu.com.cn，檢索日期：2009年10月5日。

中華人民共和國國家旅遊局（2006）。「中國世界襲產介紹」。檢索自：www.cnta.gov.cn，檢索日期：2006年12月10日。

卞志武、楊茵、周梅生等人攝影（2003）。《中國的世界文化與自然遺產》。台北：閣林出版社。

戶外生活編輯部大陸旅遊製作群（1993）。《大陸最佳去處全集12——陝西、寧夏》。台北：戶外生活圖書。

文化頻道-中華網。檢索自：http://culture.china.com/，檢索日期：2009年5月30日。

木甬著（1990）。《攝影文化名人肖像》。浙江：浙江攝影出版社。

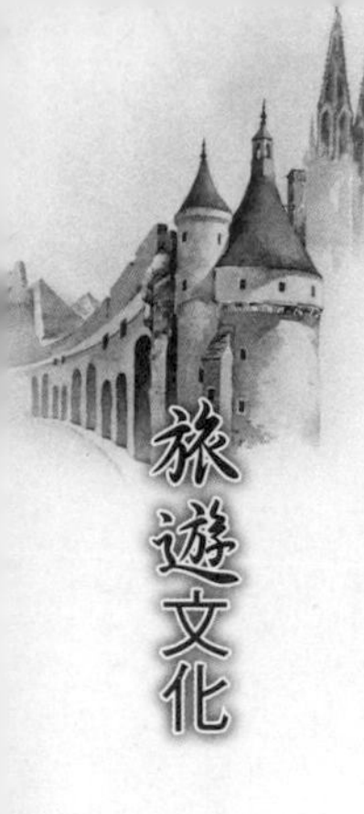

王子輝、聶鳳喬（1999）。《食史篇》。上海：文化，中國食經系列。

王宇清（1994）。《中國服裝史綱》。台北：國立歷史博物館。

王克芬（1991）。《中國舞蹈發展史》。台北：南天書局。

王其鈞（1993）。《中國傳統民居建築》。台北：南天書局。

王筑生（1998）。《昆明民族交流與飲食文化的變遷》。台北：中國飲食文化基金會第六屆中國飲食文化學術研討會論文集。

王瑤芬（2001）。〈人類學與飲食文化〉，《中國飲食文化基金會會訊》。第7卷，第4期。

王瑤琴等（2000）。《自遊自在——印度》。台北：墨刻。

王維潔（1999）。《南歐廣場探索》。台北：田園城市。

王樹英（1995）。《宗教與印度社會》。北京：中國華僑出版社。

古希臘羅馬時期的音樂-維基百科，自由的百科全書。檢索自：http://zh.wikipedia.org/w/index.php?title=%E5%8F%A4%E5%B8%8C%E8%87%98%E7%BE%85%E9%A6%AC%E6%99%82%E6%9C%9F%E7%9A%84%E9%9F%B3%E6%A8%82&variant=zh-cn，檢索日期：2009年5月30日。

台北市成功高中，國樂社。檢索自：http://203.64.138.6/index.html，檢索日期：2009年5月30日。

台北斯坦編譯（1992）。《日本傳統建築》。台北：台北斯坦。

台南市【教育網路中心】。檢索自：http://www.tn.edu.tw/，檢索日期：2009年5月30日。

台灣社交網站。檢索自：http://www.taconet.com.tw/kslai/，檢索日期：2009年5月30日。

台灣咁仔店-咁仔店新聞。檢索自：http://www.taiwan123.com.tw/main.asp，檢索日期：2009年5月30日。

四川省中國旅行社。西部之旅。檢索自：http://www.chinawesttour.net/，檢索日期：2009年10月20日。

央視國際-國家地理。檢索自：http://www.jiajinshan.com/，檢索日期：2009年10月5日。

田芳明編著（1988）。《交際舞基本舞步》。台北：武陵。

伊斯蘭之光 中國最早的伊斯蘭教宗教信仰網站。檢索自：http://old.norislam.com/html/index.html，檢索日期：2009年5月30日。

全球華文網。檢索自：http://edu.ocac.gov.tw/，檢索日期：2009年5月30日。

朱亭佳（2004）。《辦桌產業策略發展之研究》。台北：銘傳大學觀光研究所碩士論文。

江武昌（1990）。《台灣的傀儡戲》。台北：台原。

江武昌撰（1992）。〈台閩傀儡戲新探之考略與比較〉，《藝術評論》。台北：藝術評論。

江武昌撰（1993）。〈台、閩偶戲藝術的衍變關係〉，《表演藝術》。台北：表演藝術雜誌。

江柏煒文。金門縣紀錄片文化協會・文化副刊。檢索自：http://www.film.km.edu.tw/kinmen/kinmen_biology05.htm，檢索日期：2010年5月17日。

江碧貞撰（2000）。〈肚兜〉，《世界地理雜誌》。台北：世界地理雜誌，第213期。

江藍生、謝繩武（2002），《2001-2002：中國文化產業發展報告》。北京：社會科學文獻出版社。

行政院文建會（2003）。「2003文建會文化論壇系列實錄——世界遺產」。檢索自：http://www.cca.org.tw，檢索日期：2006年12月10日。

行政院文建會（2003）。「2003文建會世界遺產研習營」（成果實錄）。檢索自：http://www.cca.org.tw，檢索日期：2006年12月10日。

行政院文建會（2003）。「世界遺產Q and A——世界遺產基礎知識」。檢索自：http://www.cca.org.tw，檢索日期：2006年12月10日。

行政院文建會（2003）。「2002文建會文化論壇系列實錄——世界遺產」。檢索自：http://www.cca.org.tw，檢索日期：2006年12月11日。

行政院文建會（2006）。「文化資產保存法」。檢索自：http://www.cca.org.tw，檢索日期：2006年12月18日。

行政院文建會（2006）。「世界遺產網站介紹」。檢索自：http://www.cca.org.tw，檢索日期：2006年12月10日。

行政院文建會（2006）。「台灣的世界遺產潛力地介紹」。檢索自：http://www.cca.org.tw，檢索日期：2006年12月11日。

行政院文建會（2009）。「世界遺產列表」，行政院文化建設委員會文化資產總管理處籌備處。檢索自：http://twh.hach.gov.tw/WorldList.action?regionid=6，檢索日期：2009年10月5日。

西藏之頁-認識西藏。檢索自：http://www.xizang-zhiye.org/b5/tibet/xizang/siwang.html，檢索日期：2009年5月30日。

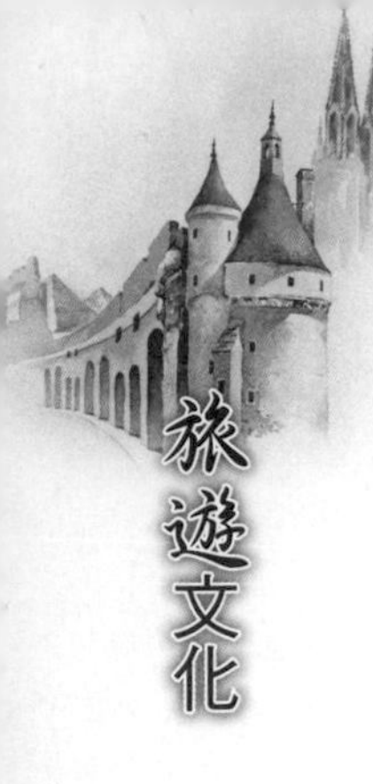

何心怡譯（1999），尼爾．史蒂文生著。《世界建築名作》。台北：遠流。

何學林（2002）。《中國世界文化與自然遺產》。南京，江蘇人民出版社。

佘桂元（1994）。《中國的著名寺廟宮觀與教堂》。台北：台灣商務。

吳玉成譯（1996），Stanley Abercrombie著。《建築之藝術觀》。台北：胡氏圖書、建築情報季刊。

吳光庭（1994）。《城市風格與建築形式》。台北：藝術家。

吳家恆譯（1997），凱斯．史班斯（Keith Spence）著。《音樂百匯1：繽紛多彩的樂器世界》。台北：智庫文化。

吳澤義（1998）。《文藝復興繪畫》。台北：藝術圖書。

吳謹嫣譯（2000），克里斯多福．泰德格著。《古希臘：古典建築的形成》。台北：貓頭鷹。

吳麗蘭（1978）。《台灣宜蘭地區懸絲傀儡戲研究》。台北：中國文化學院藝術研究所碩士論文。

呂一中撰。〈世界諸宗教的靈魂觀以及對死亡問題之探討〉。檢索自：http://www.m-ccc.org/m-christn/flwup/Soul.html，檢索日期：2009年5月30日。

呂清夫編譯（1996）。《大英博物館》。台北：光復書局。

宋錦秀（1986）。《蘭陽地區傀儡戲祭煞功能——一個宗教人類學的研究》。台北：台灣大學人類學研究所碩士論文。

李亦園（1999）。《文化的圖像（上）文化發展的人類學探討》。台北：允晨。

李希聖（1995）。《尼印行腳》。台北：正中書局。

李信賢（2000）。《家庭湖南菜套餐》。台北：台視文化。

李乾朗（1986）。《台灣建築史》。台北：雄獅圖書五版三刷。

李乾朗（1989）。《艋舺龍山寺》。台北：雄獅圖書，一版五刷。

李乾朗、俞怡萍（2000）。《古蹟入門》。台北：遠流，四版二刷。

李惠珍、連惠幸譯（1998），Sister Wendy Beckett著。《繪畫的故事》。台北：台灣麥克。

李毓昭譯（2000）。《世界之民族——世界100個奇風異俗導覽》。台中：晨星。

李銘輝（2000）。《觀光地理》。台北：揚智。

李銘輝、郭建興（2002）。《觀光遊憩資源規劃》。台北：揚智。

京兆尹餐廳（2009）。台北美食，台北餐廳，點心，素食。檢索自：http://

www.kingjoin.com.tw/kingjoin.asp，檢索日期：2009年5月10日。

周汛、高春明（1987）。《中華服飾五千年》。台北：美工圖書社。

周維權（1991）。《中國古典園林史》。台北：明文書局。

尚會鵬（1998）。《印度文化史》。台北：亞太圖書。

東方網。旅遊頻道，東方旅遊。檢索自：http://finance.eastday.com/，檢索日期：2009年10月5日。

林本源園邸。檢索自：http://www.nocsh.tpc.edu.tw/LINFAMILY/index.htm，檢索日期：2009年10月5日。

林秀姿（2002）。《歐洲建築的眼波》。台北：三民。

林茂賢（2001）。《台灣傳統戲曲》。台北：國立台灣藝術教育館。

林慧雯（2003）。《推展文化觀光策略之研究——以阿罩霧地區在開發為例》。台中：朝陽科技大學建築與都市設計研究所未出版碩士論文。

林樑（1997）。《圖解流行交際舞》。台南：信宏發行。

林國煌（1992）。〈人與食的親密關係〉，《大明報．A2版》。1992年，11月21日報導。

邱坤良（1983）。《現代社會的民俗曲藝》。台北：遠流。

雨云譯（1997），E. H. Gombrich著。《藝術的故事》。台北：聯經。

非常作家--李乾朗。檢索自：http://www.ylib.com/author/lan/lan_m.htm，檢索日期：2009年10月5日。

南瀛古蹟之旅—南鯤鯓代天府。檢索自：http://temple.tnc.edu.tw，檢索日期：2009年10月5日。

施淑青（1985）。〈懸絲傀儡戲〉，《台上台下》。台北：時報。

胡允桓（2003）。《世界遺產之旅1：皇宮御苑》。台北：風景文化。

范世平、吳武忠（2004）。《中國大陸觀光旅遊總論》。台北：揚智。

香港旅遊發展局（2009）。香港的美食，香港旅遊發展局。檢索自：http://www.discoverhongkong.com/tc/dining/restaurant-guide.html，檢索日期：2009年5月20日。

孫克勤（2007）。《世界旅遊文化》。北京：北京大學。

徐國士、黃文卿、游登良等（1997）。《國家公園概論》。台北：明文書局。

晁華山，北京大學。「秘魯，昌昌城址」，世界自然和文化遺產_中國網。檢索自：www.discovery.com，檢索日期：2009年10月5日。

泰國旅遊指南。檢索自：http://www.modernthailand.com/chinese/travel/，檢索日

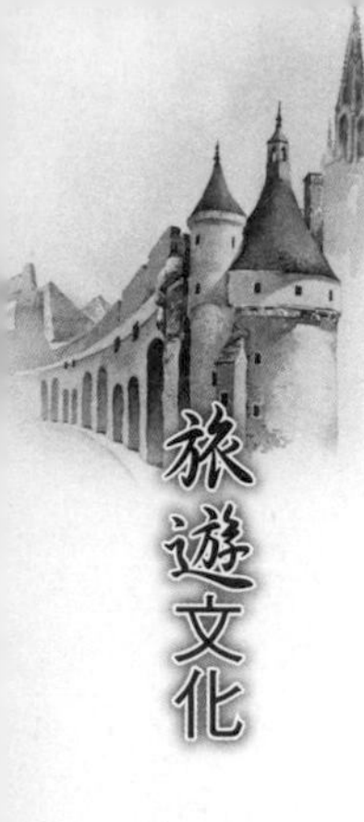

期：2009年10月5日。

財團法人施合鄭民俗文化基金會（1987）。《民俗曲藝——台灣的傀儡戲》第23、24合期。台北：財團法人施合鄭民俗文化基金會。

馬長壽（1962）。《北狄與匈奴》。北京：三聯書店。

高祖寧（2000）。《嗑名牌》。台北：圓神。

健康諮詢e通網（2009）。健康諮詢e通網-2。檢索自：http://www.webrush.net/lien-2/m_200908，檢索日期：2009年12月20日。

國家地理頻道。檢索自：http://www.ngc.com.tw/，檢索日期：2009年5月30日。

基隆市立安樂高級中學。檢索自：http://210.240.3.1/，檢索日期：2009年10月5日。

基督教教育小站。檢索自：www.christianeducation.net，檢索日期：2009年11月1日。

崔征國譯（1989）。《圖解西洋建築故事》。台北：詹氏書局。

張捷夫（1995）。《中國喪葬史》。台北：文津，中國文化史叢書。

張靜慧主編（1999）。《千載帝都——西安》台北：大地地理。

張鏡湖（1987）。《世界農業的起源》。中國文化大學農學院研究報告第一號，台北：中國文化大學農學院。

教育部數位教學資源入口網，學習加油站_知識酷。檢索自：http://content.edu.tw/，檢索日期：2009年5月30日。

莊修田（1978）。《現代畫家素描選》。台北：藝術圖書。

許石丹（1987）。《認識中國園林》。台北：丹青圖書。

郭震唐（1986）。《放眼中國(3)神州中原》。台北：錦繡。

陳文苑（2004）。《臺灣歷史建築物永續發展策略之研究——以地震災區歷史建築物為例》。彰化：國立彰化師範大學商業教育學系行政管理碩士班未出版碩士論文。

陳奇相（1999）。《花都探花：巴黎花園之美》。台北：大地地理雜誌。

陳惠卿譯（1933），富田芳郎原著。《臺灣地學記事》第4卷第2期，頁11-14；第4卷第3期，頁18-24。

陳嘉南（1998）。《尼泊爾》。台北：台灣英文雜誌。

陶佛（2001）。《中國「世界遺產」的可持續旅遊發展研究》。北京：中國旅遊出版社。

陶佛（2001）。《中國「世界遺產」的可持續旅遊發展研究》。北京：中國旅

遊出版社。

章云（2002）。〈觀印度舞蹈有感（五洲茶亭）〉，《人民日報》。2002年04月26日第十一版報導。檢索自：http://www.people.com.cn/GB/paper464/6068/604698.html，檢索日期：2009年5月30日。

傅朝卿譯（2002）。〈國際文化觀光憲章——國際歷史保存及古蹟維護〉。國立文化資產保存研究中心籌備處及台灣建築與文化資產出版社。

彭德成（2003）。《中國旅遊景區治理模式》。北京：中國旅遊出版社。

智慧藏百科網。檢索自：www.wordpedia.com，檢索日期：2009年5月30日。

曾永義（1996），陳正之攝影。《台灣傳統戲曲》。台北：東華。

曾喜城（1999）。《台灣客家文化研究》。台北：國立中央圖書館台灣分館印行。

華梅（1995）。《人類服飾文化學》。天津：天津人民出版社。

華曉玫（2001）。〈台灣衣飾文化縱談之六〉，《民生報》。2001年6月22日報導。

馮作民譯（1993），何恭上主編。《西洋繪畫史》。台北；藝術圖書。

黃台香主編（1988）。《博覽中國：中國之旅(7)西北》。台北；中國百科。

黃仲正（1991）。〈自由自在——匈牙利之旅〉，《知性之旅系列——歐洲文化之旅》。台北：墨刻出版。

黃能馥、陳娟娟（1999）。《中華歷代服飾藝術》。出版：中國旅遊。

新華網。新華網—傳播中國 報導世界。檢索自：http://big5.xinhuanet.com/，檢索日期：2009年10月5日。

新華網貴州頻道，民族風情。檢索自：http://big5.xinhuanet.com/gate/big5/www.gz.xinhuanet.com/，檢索日期：2009年10月5日。

楊沛仁（2001）。《音樂史與欣賞》。台北：美樂。

楊明賢（2009）。《觀光學概論》。台北：揚智，第三版。

楊玫寧譯（1999），西貝兒．夏塔克（Cybelle Shattuck）著。《印度教的世界》。台北：貓頭鷹。

楊惠君譯（2001），派屈克．納特金斯著。《建築的故事》。台北：木馬文化。

聖嚴法師（1988）。《學佛群疑》。台北：東初。

葉立誠（2001）。《台灣服裝史》。台北：商鼎文化。

葉仲芸（2008）譯，奈良法子著。《世界遺產亞洲篇》。台北：博碩文化。

賈子慶（2009）。資料擷取並引用自賈子慶老師的景觀設計概論授課大綱，崑山科技大學空間設計系。

達西烏拉彎．畢馬（田哲益）（2001）。《台灣原住民——泰雅族》。台北：台原。

達西烏拉灣．畢馬（田哲益）（1992）。《台灣布農族的生命祭儀》。台北：台原。

廖世璋（2002）。〈台北市文化發展現狀與趨勢研究報告〉，文化、觀光、都市行銷研討會。台北：台北市政府文化局。

廖慧萍（2003）。《公有閒置空間利用利用評估模式之研究》。台中：朝陽科技大學建築及都市計畫研究所未出版碩士論文。

漢珍數位圖書。「臺灣研究系列」。檢索自：www.tbmc.com.tw/，檢索日期：2009年10月5日。

熊傳薪（1999）。《漢朝、漢族、漢文化》。台北：藝術家。

網持數碼有限公司。檢索自：http://www.samarts.com/webspt/about.php?page=webspt，檢索日期：2009年5月30日。

維基百科（2009）。福建土樓。檢索自：http://zh.wikipedia.org/w/index.php?title=%E5%9C%9F%E6%A8%93&variant=zh-tw#_note-0，檢索日期：2009年10月20日。

趙綺芳撰。新舞臺，更多關於庫瑪文。檢索自：http://www.novelhall.org.tw/main.asp，檢索日期：2009年5月30日。

劉廷祖（1990）。《世界商旅指南——美洲篇》。台北：中華民國對外貿易發展協會。

劉紅嬰、王建民（2003）。《世界遺產概論》。北京，中國旅遊出版社。

劉家玲編（2001）。《自然保護區現代管理概論》。北京，中國林業出版社。

廣雅堂編輯部（1992）。《日本深度旅遊》。台北：廣雅堂。

潘谷西等編（1979）。《中國建築史》。台北：六合。

蔡佩雯（2001）。《部落產業發展策略之研究——以嘉義阿里山鄉山美村為例》。台中：朝陽科技大學建築與都市設計研究所未出版碩士論文。

蔡毓芬譯（1999），Kenneth Frampton著。《現代建築史：一部批評性的歷史》。台北：地景。

蔡毓芬譯（2000），彼德．莫瑞著。《義大利文藝復興建築》。台北：地景。

蔡瑞麟、林世昀（2002）。《Espresso義大利咖啡實驗室》。台北：商智文化。

鄭玉歆、鄭易生（2003）。《自然文化遺產管理——中外理論與實踐》。北京：社會科學文獻出版社。

盧淑芬（1999）。《新流行世紀》。台北：晨星。

盧瑞珠譯（1999），Elias J. Jamal著。《伊斯蘭教的世界》。台北：貓頭鷹。

蕭默（1994）。《中國建築史》。台北：文津。

錦繡文化大地瑰寶系列（2000）。《大地瑰寶叢書》。台北：錦繡。

應立國（1999）。《西方婚禮》。天津：天津人民美術。

戴月芳主編（1991）。《國家與人民》東南亞（I）。台北：錦繡。

羅小未、蔡琬英編著（1996）。《世界建築歷史圖說》。台北：台北斯坦。

譚旦冏（1973）。《中華藝術史綱》。台北：光復書局。

嚴汝嫻（1996）。《中國少數民族婚喪風俗》。北京：商務印書館，中國文化史知識叢書。

蘇新益、史自文、蔣恒等編（2003）。《中國的世界與文化遺產》。台北：京中玉國際股份有限公司出版。

二、外文部分

A. L. Kroeber & C. Kluckhohn (1952), *Culture: A Critical Review of Concepts and Definition*, Harvard University Press.

AHC and TCA (1999). *Draft Heritage Tourism Guideline*. Australian Heritage Commission and Tourism Council of Australian, Canberra.

Anne, D. (1996). Developing sustainable Tourism for World Heritage Sites. *Annual of Tourism Research*, 23(2), 479-492

Ashworth, Gregory and Tunbridge, J. E. (2000). *The Tourist-Historic City: Retrospect ad Prospect of Managing the Heritage City*. Pergamon, New York.

Bell, D. (1997). *The Historic Scotland Guide to Iinternational Conservation Charters*. The Stationary Office, Edinburgh.

Blij, H. J. & Murphy, B. (2003). *Human Geography* (7 Ed.). New York: Wiley & Sons, Inc.

Boniface, P. and Fowler, P. (1993). *Heritage and Tourism in "the Global Village."* Routledge, London.

Boniface, Priscilla (1998). Tourism Culture. *Annals of Tourism Research*

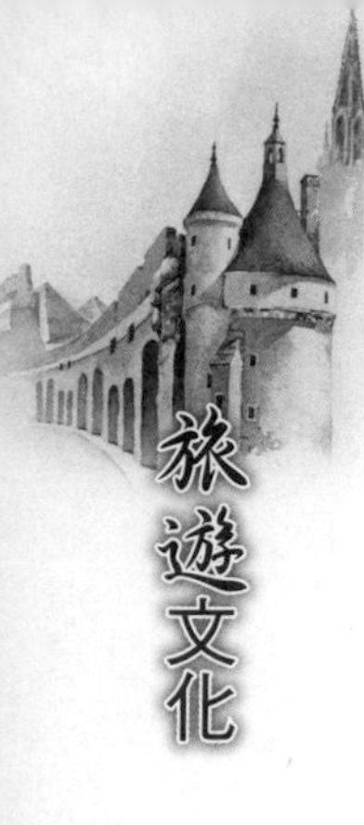

25(3):746-749.

Brooks, Graham (2000). ICOMOS Tourism Charter. *Paper Given at UNESCO Bhaktapur Workshop*, April.

Craig Clunas (1997). *Art in China*. USA: Oxford University Press.

Du Cros, Hilary (2000). *Planning for Sustainable Cultural Heritage Tourism in Hong Kong*. Unpublished Report to Lord Wilson Heritage Trust, Hong Kong.

Edward Burnett Taylor (1871). *Primitive Culture*, London: John Murray.

Engelhardt, Richard A. (2002). Heritage for the Future: The Challenge of Preserving the Historic Environment in the Rapidly Modernizing Context of Asia - An Introduction to UNESCO EAP Programme

Erlet, C. (1995). Environment Contradictions in Sustainable Tourism. *The Geographical Journal*, 161(1), 21-28.

Franca Bedin (1987). *Wie erkenne ich chinesische Kunst?: Architektur, Skulptur, Malerei*. Antiquariat im Pankow Park Lydia Wägner.

Gerhard Pommeranz-Liedtke (1954). *Chinesisches Kunstschaffen - Gegenwart und Tradition*. Berlin.

Gloria Mascarelli, Robert Mascarelli (2003). *The Ceramics of China: 5000 BC to 1900 AD*. Schiffer Publishing.

Helwig Schmidt-Glintzer (1999). Geschichte der Chinesischen Literatur. C. H. Beck.

ICOMOS (2000). Cultural Tourism International ICOMOS, available at http://www.international.icomos.org/icomos/em_tourism.htm

IUCN (2001). IUCN Report on the State of Conservation of Natural and Mixed Sites Inscribed on the World Heritage List and the List of World Heritage in Danger.

James C. Y. Watt (2004). *China: Dawn of A Golden Age (200-750 AD)*. Metropolitan Museum of Art.

Jessica Rawson, John Williams, and David Gowers (2002). *Chinese Jade from the Neolithic to the Qing*. Art Media Resources, Ltd.

Mary Tregear (1997). *Chinese Art*. Thames & Hudson.

Bob Mckercher, Hilary du Cros (2002): *Cultural Tourism: the Partnership Between Tourism and Cultural Heritage Management*, Haworth Press, NY.

Michael Sullivan (2000). *The Arts of China*. University of California Press.

Orbasli, Aylin (2000). *Tourists in Historic Towns*. E&FN Spon, London.

Palmer, Catherine (1999). Tourism and symbols of identity cities. *Tourism Management*, 8: 20-22.

Pedersen, A., (2002). *Managing Tourism at World Heritage Sites*. UN World Heritage Center.

Peter Charles Sturman (2004). *Mi Fu: Style and the Art of Calligraphy in Northern Song China*. Studio Bookshop.

Renée Violet (1986). *Einführung in die Kunst Chinas*. Antiquariat im Pankow Park Lydia Wägner.

Yang, Nie Chongzeung, Lang Shaojun, Richarfd M. Barnhart, James Cahill, and Xin (2000). *Three Thousand Years of Chinese Painting*. Yale University Press.

Richards, G. (1994), *Cultural Tourism in Europe, in Progress in Tourism, Recreation, and Hospitality Management*. Vol (5). NY: Wiley. pp.99-115

Stephen Little (2000). *Taoism and the Arts of China*. University of California Press.

UNESCO LEAP Online: http://www.unescobkk.org/leaponline/index.shtml. 2006.12.15

UNESCO LEAP Online: http://www.unescobkk.org/leaponline/index.shtml.

UNESCO NORAD Online: http://www.unescobkk.org/culture/norad-tourism/workshop/index.html. 2006.10.15

UNESCO NORAD Online: http://www.unescobkk.org/culture/norad-tourism/workshop/index.html

UNESCO World Heritage Center (2003). Revision of the "Operational Guidelines for the Implementation of the World Heritage Convention" with 9 Annex.

UNESCO World Heritage Center (2003). Revision of the "Operational Guidelines for the Implementation of the World Heritage Convention" with 9 Annex.

UNF/UNESCO/IUCN Project: The Enhancing Our Heritage Toolkit-Book 1(prepared by Marc Hockings, Sue Stalton, Nigel Dudley and Ieff Parrish).

UNF/UNESCO/IUCN Project: The Enhancing Our Heritage Toolkit-Book 1(prepared by Marc Hockings, Sue Stalton, Nigel Dudley and Ieff Parrish)

UNF/UNESCO/TUCN (2003). UNESCO/TUCN Enhancing Our Heritage Project: Monitoring and Management for Success in Natural World Heritage Sites. Initial Management Effectiveness Evaluation Report: Keoladeo National park, India. July 2003.

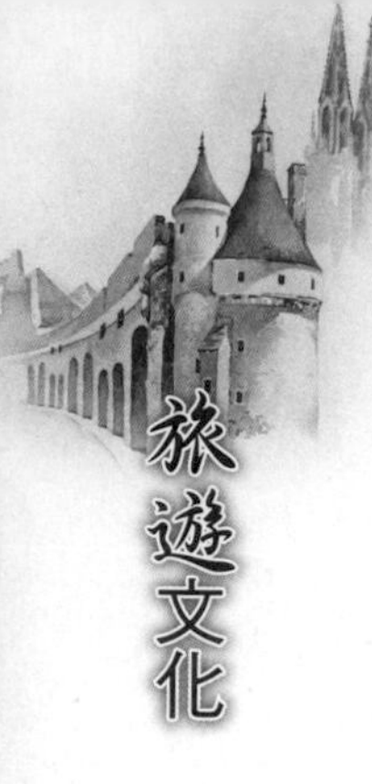

UNF/UNESCO/TUCN (2003). UNESCO/TUCN Enhancing Our Heritage Project: Monitoring and Management for Success in Natural World Heritage Sites. Initial Management Effectiveness Evaluation Report: Keoladeo National park, India. July 2003.

Wang Qingzheng, Lillian Chin (2003). *A Dictionary of Chinese Ceramics*. Sun Tree Publishing.

William Watson (1995). *The Arts of China to AD 900*. Yale University Press

觀光旅運系列

旅遊文化

作　　者／楊明賢
出 版 者／揚智文化事業股份有限公司
發 行 人／葉忠賢
總 編 輯／閻富萍
主　　編／范湘渝
地　　址／台北縣深坑鄉北深路三段 260 號 8 樓
電　　話／(02)8662-6826‧8662-6810
傳　　真／(02)2664-7633
E-mail ／service@ycrc.com.tw
印　　刷／鼎易印刷事業股份有限公司
ISBN ／978-957-818-959-1
初版一刷／2010 年 7 月
定　　價／新台幣 580 元

國家圖書館出版品預行編目資料

旅遊文化／楊明賢著. -- 初版. -- 臺北縣深坑鄉：揚智文化, 2010. 07

面；　公分. --（觀光旅運系列）

ISBN　978-957-818-959-1（平裝）

1.旅遊　2.文化人類學

992.015　　　　99009348